베트남 사상사

엮고지은이 응웬 따이 트(阮才書, Nguyễn Tài Thư, 1935~)는 타인 화(Thanh Hoá)생으로 철학박사이자 교수이다. 1961년부터 베트남사회과학한림원 철학원에서 베트남 불교사, 베트남 사상사, 베트남 유학과 유학일반 분야를 집중적으로 연구하였다. 베트남사회과학한림원 철학원 연구실장을 거쳐 부원장을 역임했다. 주요 연구 성과로는 『까오 바 꽛―생애와 사상(Cao Bá Quát―con người và tư tưởng)』, 『유학일반과 베트남에서의 유학―이론과 실제의 문제들(Nho học và Nho học ở Việt Nam―một số vấn đề lý luận và thực tiễn)』 등의 저서가 있으며, 『베트남 사상사의 제문제 (Mấy vấn đề về lịch sử tư tưởng Việt Nam)』, 『베트남 사상사와 불교에 관한 문제들(Mấy vấn đề về Phật giáo và lịch sử tư tưởng Việt Nam)』, 『베트남 불교사(Lịch sử phật giáo Việt Nam)』, 『베트남 사상사(Lịch sử tư tưởng Việt Nam)』 1집(tập 1), 『현재 베트남 인간에 있어서 종교와 사상체계의 영향(Ảnh hưởng của các hệ tư tưởng và tôn giáo đối với con người Việt Nam hiện nay)』 등의 저술에서는 주필을 맡았다. 『새로운 인간 건설 문제에 대하여(Về vấn đề xây dựng con người mới)』 외 30여 편의 공동저술과, 「베트남철학사연구방법에 대한 의견들(Một vài ý kiến về phương pháp nghiên cứu lịch sử triết học Việt Nam)」 외 60여 편에 이르는 논문이 있다. 여러 분야의 공로를 인정받아 국가로부터 구국훈장을 비롯한 과학기술사업진흥공로 휘장과 과학기술 연구업적 공로패를 수여받았다.

옮긴이 김성범(金性範, Kim, Seong Beom)은 제주대학교에서 국문학을, 충남대학교에서 동양철학과 비교철학을 전공한 후 한국철학과 베트남철학의 비교연구로 박사학위를 취득했다. 『한라일보』 기자를 거쳐 베트남 하노이대학교에서 초빙교원을, 베트남사회과학한림원 철학원에서 전임 연구원을 지냈다. 지금은 통일하는 나라의 철학을 연구하는 모임에서 관련 연구와 활동에 집중하고 있다. 『이야기 한글 한국』, 『한국사상으로의 초대』(베트남어), 『동경대전 해제』(베트남어), 『한글이야기』(베트남어), 『한국이야기』(베트남어) 등의 저서와 공역으로 『고봉 기대승』(베트남어), 『율곡 이이』(베트남어), 『한국의 기독교』(베트남어) 등이 있다.

베트남 사상사

초판 1쇄 발행 2018년 8월 6일 **초판 2쇄 발행** 2019년 1월 10일
엮고지은이 응웬 따이 트 **옮긴이** 김성범 **펴낸이** 박성모 **펴낸곳** 소명출판 **출판등록** 제13-522호
주소 서울시 서초구 서초중앙로6길 15, 1층
전화 02-585-7840 **팩스** 02-585-7848 **전자우편** somyungbooks@daum.net **홈페이지** www.somyong.co.kr

값 36,000원 ⓒ 김성범, 2018
ISBN 979-11-5905-287-3 93150

베트남 사상사

웅웬 따이 트 편저
김성범 옮김

History of Vietnamese Ideology

소명출판

HISTORY OF VIETNAMESE IDEOLOGY

by Institute of Philosophy, Vietnam Academy of Social Sciences
(the Lead Author : Nguyen Tai Thu)

Copyright © 1993 by Institute of Philosophy, Vietnam Academy of Social Sciences

First published in Vietnamese in 1993 by NXB Khoa hoc Xa hoi, Ha noi.

This Korean edition Published 2018 by Somyong Publishing Co.

by arrangement with the author

c/o NXB Khoa hoc Xa hoi, Ha noi.

• 일러두기 •

① 베트남어 원문(Viện triết học, Viên Khoa học Xã hội Việt Nam, *Lịch sử tư tưởng Việt Nam*, Hà Nội : NXB Khoa học Xã hội, 1993)을 직역한 글에서 약간의 윤문을 거친 것으로 한국어 어법상 통용될 수 있을 정도의 어색한 부분이나 낯선 단어가 있는 것은 그대로 두었다.

② 전공이 다른 여러 학자들의 글을 모은 것이므로 베트남어 문체가 각기 다르며, 각 장별로 중복 인용되거나 해석의 차이가 발생하는 것도 있으나 원문에 최대한 따랐다.

③ 베트남어의 한국어 표기는 변별성이 확보되는 한에서 베트남어 발음에 가깝게 표기하고자 했다.

④ 베트남어 참고문헌과 주석의 경우 한국어로 번역하였고, 베트남어 이외의 주석은 원문을 그대로 표기했다. 참고문헌의 베트남어 원문은 뒤에 따로 수록하였다.

⑤ 베트남어 가운데 한자로 된 낯선 개념에 대해서는 한자를 병기하였으며, 명백하게 원문의 오류라고 생각되는 몇몇 부분은 베트남사회과학한림원 철학원 연구원의 도움을 받아 확인 후 수정·번역하였다.

베트남은 오늘날 경제 분야에서 지속적인 발전을 이루고 있다. 또한 정치와 문화 분야에서도 지속적으로 발전하고 있다. 이러한 발전의 저변에는 베트남 사람들의 철학과 도덕의식, 사유방식들이 놓여 있다.

베트남사회과학한림원 철학원에 속한 '베트남사상역사연구실'에서는 이러한 사상을 연구하고 보편화하는 작업을 전개하고 있다. 이것은 분명히 어려운 과제이다.

우리가 가장 먼저 살펴본 것은 '자료'들이었다. 역사 속에서 석사와 진사를 지낸 학자들의 자료를 우선적으로 수집하고 해석했다. 그리고 이 가운데 18세기와 19세기를 중심으로 사상과 연관된 글들을 골랐다. 1972년과 1974년 베트남의 철학사상 관련 자료 4권을 묶어 출판했다.

이러한 자료들 이외에 우리는 일반적 이론에도 주의를 기울였다. 이를 해결하기 위해 세계철학사와 동양철학사의 공통점과 차이를 분석하고 연구했으며, 철학사의 대상과 방법론에 대해서는 더 관심을 기울였다.

아울러 베트남 사상사의 이론화 작업과 방법론을 정립하기 위하여 사회과학자들과 학제간 연구를 진행하였고, 다양한 주제를 놓고 토론을 벌었다. 베트남 사상사의 대상과 방법, 유학儒學과 베트남 사상사, 불교佛教와 베트남 사상사 등이 주된 내용이었다. '유학과 베트남 사상사'를 제외한 다른 연구 성과들은 출판으로 결실을 맺었다.

1984년『베트남 사상사의 이론적 과제』가 출판되었고, 1986년에는『불교와 베트남 사상사 관련 제문제』도 출판되었다.

이런 과정을 통해 베트남 사상의 기원부터 시작해서 20세기 마르크스-레닌주의의 베트남 유입에 이르기까지 모두 9권에 이르는 베트남 사상사 교과서를 편집했고, 다양한 관련 작업들도 진행되고 있다.

소련 사회과학원 철학원에서 베트남철학을 포함한 세계철학사를 출판하기 위해 사업을 추진했었지만, 소련의 해체와 더불어 이 작업은 중단되었다.

우여곡절을 겪으면서 20여 넌이 지난 오늘날 비로소 『베트남 사상사』 제1집이 세상에 빛을 보게 되었다. 이 1집에는 고대부터 18세기 말에 이르는 시기의 베트남 사상사가 담겨 있다.

1992년 8월 30일

편저자 대표 응웬 따이 트Nguyễn Tài Thư

서른 살에 고향 섬을 떠나 철학을 공부하기 시작했다. 불교와 노자, 유학을 거쳐 서양철학을 비교하면서 고민했다. 나에게 이것은 한국의 철학을 세우는 과정이자 통일하는 나라의 철학을 기초하는 일이었다. 그러나 그것은 뜻대로 나의 밖에서 찾아지지 않았고, 나의 안은 더욱 빈곤했다.

고민을 거듭하다 우연히 베트남을, 그리고 호치민이라는 인물을 알게 되었다. 하지만 철학을 공부하기 위해 베트남으로 유학하는 것은 어색한 일이었다. 지금은 작고하신 류 교수께서 우리가 베트남으로 가야 하는 이유를, 서재 한 켠에서 그 철학적 의미를 어렴풋이 알려 주셨다. 하노이에서 호치민정치학원을 찾아갔을 때, B 교수는 『호치민전집』을 모두 읽어야 하며, 연구 주제는 '대단결이론'으로 할 것을 제안했다. 내가 통일하는 우리나라에 도움이 될 조언을 찾으러 왔다고 했기 때문이다.

『호치민전집』을 무작정 읽기 시작했다. 마음은 급한데, 베트남어는 어려웠다. 하지만 계절이 지나면서 알게 된 것은 『호치민전집』에 쓰여 있는 마음을 나는 이해할 수 없다는 것이었다. 단순한 언어의 문제가 아니었다. 어떻게 베트남 사람들은 '단결하자'는 한마디 말에 그저 단결할 수 있었던가? 베트남의 문화와 역사와 사상을 먼저 깨달아야만 했다.

그때부터 베트남 사람들의 삶을, 계절의 흐름을, 역사적이고 문화적인 유적지와 인물의 사당을, 하노이에서 호치민까지 두루 다니며 배우기 시작했다. 하노이대학교에서 베트남 학생들에게 한국의 문화와 역사를 가르치면서, 그들에게 베트남 사람들의 깊은 공동체적 특성을 배웠다. 그리고 무엇보다 한국을 떠나서야 보이는 한국의 철학이 무엇인가를 조금씩 되짚게 되었다.

한국과 베트남의 철학자들이 모여 국제학술대회를 열어 보자는 제의를 받고 베트남사회과학한림원의 철학원을 찾은 것도 이 무렵이다. 그때 나는 조그맣고 낡은 『베트남 사상사』 한 권을 얻었다. 베트남의 여러 분야 학자들이 제 나라의 철학을 찾고자 고민한 흔적이 담긴 책이었다. 그리고 이제 10여 년이 지나서야 『베트남 사상사』를 겨우 완역했다. 나는 다시 한 걸음 더 베트남 사상의 안쪽으로 들어섰다. 자유로운 나라의 철학은 여러 외래의 사상을 여유롭게 받아들이고 활용할 수 있도록 만든다는 평범한 사실도 알게 되었다.

베트남은 우리나라처럼 반만 년 민족의 역사를 지녔다. 그간 베트남에 대한 연구나 관심은 만 가지로 현상한 그들의 다양성에 대체로 집중되어 있다. 그러나 베트남 민족의 저력은 불변하는 한 가지에 있다. 그들 유연성의 뿌리도 여기다. 그래서 호치민의 '이불변 응만변以不變 應萬變'이라는 말은 흔히 회자된다. 불변하는 하나는 베트남의 고유한 철학이라 할 수 있을 것이다. 이 책은 이 불변하는 것이 무엇인지를 베트남 학자들이 스스로 찾아가는 여정이다.

베트남에서 사회주의체제와 시장경제체제를 조화시켜 새로운 길을 모색하는 도이 머이Đổi Mới 정책은 여전히 진행형이다. 도이 머이 정책의 핵심은 제 민족 스스로의 자주적 원동력을 유지하고 발전시키는 것이다. 이 정책의 철학적 기초도 이 책에 담겨 있다. 이 책의 도입부에서는 유럽중심적인 시선으로 베트남 사상을 바라보면 "억지로 끼워 맞추는 것이 되고 만다. 결국 베트남의 민족사상은 가난해지고 민족사상사는 비관적 상황에 빠지고 말 것"이라고 말한다. 이는 베트남의 사상을 바라보는 독자적인 형식을 만들어야 한다는 의미이며 이 책은 그러한 기초 위에 저술되었다.

베트남과 우리나라는 경제를 비롯한 여러 분야에서 점점 더 자주 만나게 될 것이다. 이 책은 미국이나 프랑스, 중국이나 일본의 시선을 거치지 않고 직접 우리의 시선으로 베트남을 바라볼 수 있는 계기를 마련해준다. 이는 올바른 만남과 대화를 위한 조건이다. 한편 베트남의 철학을 통해 오늘날의 베트남을 살펴보면, 경제적 외교적으로 우리나라의 통일에 중요한 역할을 담당할 미래의 동반자가 될 것임을 알 수 있다.

수천 년 동안 하나의 나라를 지켜온 베트남의 민족공동체는 뛰어난 칼보다 그 칼을 쓰는 민중들의 사상적 단결을 원동력으로 삼았다. 우리도 반만년 나라를 이렇게 지켰다. 세종과 원효, 수운과 같은 위대한 한국의 사상가들은 그저 나라에서 살아가는 사람들을 하늘처럼 위대하게 여겼다. 그리고 하늘처럼 위대한 사람들은 스스로 새로운 역사의 주체임을 깨쳤다. 역사를 헤아려보면 경제와 국방도 중요하지만 민중들의 한마음이 얼마나 중요했는지 쉽게 알 수 있다. 지금 우리 민족은 남북으로 상실된 상태다. 통일에 대한 논의는 여러 분야에서 다양하게 제기된다. 그러나 통일을 이루는 한마음이 될 우리의 철학은 무엇인가? 통일 이후에 우리나라를 지탱할 철학은 무엇인가? 이 책을 번역한 이후 이러한 고민들은 나에게서 더욱 깊어졌다.

전례가 없는 베트남 사상에 관한 번역서의 출판을 망설임 없이 결정하고, 난해하고 낯선 베트남어 번역본 원고를 꼼꼼하게 교정해 주신 소명출판 여러분들께 고마움을 전한다.

무등산이 보이는 옥탑방에서
역자

제1장

베트남 사상사의 이론과 방법론의
여러 문제들

    사회적 의식과 과학의 발달에 따라 날이 갈수록 여러 사람들이 베트남 사상사에 관심을 기울이고 있다. 최근 몇 년 사이 사회과학자들은 이러한 방향에 맞춰 새로운 학술의 건설에 관한 여러 의견들을 모으고 주의를 기울이고 있다. 이러한 의견들은 유익하고 다양한 사유들을 가져왔지만, 기본적으로 여러 측면에서 서로 다른 문제들이 있었다. 이러한 양상은 좀 더 사려 깊은 물음을 요구하게 되었다. 우선 이론과 방법론에 관한 문제들, 서로 간에 더 부합하는 하나의 관념을 설정하는 문제, 철학사적 측면에서 더 전문적이고 긴밀해져야 할 문제, 그리고 좀 더 실제의 역사에서 고찰 가능해야할 것 등이다. 사상사를 편찬하는 사업은 개괄적 전개를 위한 기본적 측면은 물론 일정한 방향을 설정해야 하는 하나의 이념 또한 필요하게 되었다.

1.

　　다른 과학 분야에서도 마찬가지지만 민족의 사상사 또한 그 연구의 대상과 범위를 우선적으로 확정해야 한다. 아울러 베트남의 문학, 역사학, 철학 간 관계와 각 분야가 지닌 한계 등도 나누어 설정하는 것이 필요하다. 이 세 분야는 서로 매우 긴밀하게 연관되어 있어서 마치 하나의 도道로 모든 것이 통일되는 것과도 같다. 이렇게 보면 이 가운데 철학은 이른바 도학道學의 핵심이라 할 수 있으며, 문학은 도를 실어 나르는 것으로 도를 전파하는 방편이 되며, 역사학은 이러한 도를 증명하는 사건들에 관한 학문이라 할 수 있을 것이다. 이러한 양상은 우리에게 도학과 철학을 쉽게 혼동하는 오류를 일으키기도 하는데 흔히 유도儒道, 불도佛道, 노도老道라고 말하는 것과, 사상사적 측면에서 사상을 살펴보는 것을 문학사상 혹은 통사적 관점에서 바라보는 사상이라고 여기는 것 등이다.

　　이러한 중요한 측면들을 견지하면서 여러 베트남의 철학 연구자들은 본격적으로 내용에 들어서기 이전에 스스로의 관점들을 제시할 필요가 있었다. 이 책의 서두에서 언급한 16세기부터 8월혁명에 이르는 시기 동안 베트남에서의 사상 발전에 대해 쩐 반 지어우Trần Văn Giàu 교수는 다음과 같이 언급한다. "독자들이 이곳저곳을 살펴본다 할지라도 철학에 관한 이와 같은 한 권의 책은 찾아볼 수 없을 것이다. 독자들은 오직 사상사-역사에 관한 한권의 책을 여기에서 찾아볼 수 있다."

　　"사상사와 철학사는 긴밀한 관계이긴 하지만 두 부문이 하나인 것은 아니다. 철학은 사상에 속하지만 많은 사상들이 그대로 철학이 되는 것은 아니다."[1] 또한 근래의 과학토론회에서 응웬 카인 또안Nguyễn Khánh Toàn 교수는 다음과 같이 언급했다. "이를 일컬어 '베트남철학사'라 한다면 너무 큰 것이고, 우리는 너무 멀리 가 버리도록 만든다. 이를 일컬어 '베트남 사상사'라 한다면 좀 더 내려선 모양새지만 이 또한 무겁고 지루하다", "그렇기 때문에 나는 우리의 이러한 작업들을 '베트남 의식체계의 역사'라 부를 것을 제안한다".[2] 부 키에우Vũ Khiêu 교수는 다음과 같이 말한다. "베트남 사상사 연구는 실질적으로는 베트남 철학사의 연구이다." 이렇게 여러 연구자들의 의견들이 서로 엇갈리고, 선택들도 엇갈렸다. 우리가 '사상사'라고 말하거나, '의식체계의 역사', '철학사' 그리고 이 외에 여러 쟁론들이 있을지라도 우리는 반드시 그 범위와 대상에 대한 적절하고 명확한 인식에 도달하기 위해 지속적으로 탐구해야만 한다는 것은 확실하다.

우리들이 염두에 둔 베트남 사상사는 흔히 말하는 사상의 역사가 아니며 또한 의식체계 안에서 발생하는 여러 사상에 대한 역사적 고찰도 아니다. 하지만 기본적으로 철학사상사와 더불어 철학사상과 밀접한 관계가 있는 여러 사상들을 그 대상으로 한다. 역사적으로 보면 베트남 사상에서 철학이 따로 분리되어 발전한 것은 아니지만, 따로 자체의 철학사상을 가지고 있다고 할 수 있다. 이러한 사상들을 역사의 발전사에 따라 나열하고 체계화하고 심사숙고해야 할 필요가 있다. 독자들은 민족의 사상사 서적을 편찬하는 여러 철학 연구자들의 임무와 직능이 이에 부합하는지를 요구할 권리를 가진다. 아마도 당 또한 편찬연구를 위한 요구를 제출할 것이다. 과학과 기술 정책에 관한 정치부 의결에서는 다음과 같은 사항이 제시되었다. "베트남에서 마르크스 레닌 사상의 승리와 민족의 철학사상사 연구."[3] 그러므로 적합한 연구대상은 대체로 다음과 같은 내용들로 정리된

---

1   쩐 반 지어우(Trần Văn Giàu), 『19세기부터 8월혁명에 이르기까지 베트남에서의 사상 발전』 제1집, 사회과학출판사, 1973, 10면.
2   사회과학한림원 철학원, 『베트남 사상사에 대한 일부 이론적 문제들』, 사회과학출판사, 1984, 13 · 15면 참조.
3   「기술과학정책에 관한 정치부의 의결」, 1981, 내부문건, 33면.

다. 전前-철학, 철학사상, 철학, 철학과 유기적 관계를 형성하는 사회-정치 사상 등. 이는 철학과 그 철학의 드러남이 물레가 돌듯이 여러 발전 목표에 오르는 것을 말한다. 연구자들은 이 가운데 적절한 하나를 선택하여 연구해야 한다.

그러면 철학이란 무엇인가? 이 문제의 내용은 역사적으로 자주 바뀌었으며, 서로 다른 시대에 서로 다른 관념으로, 또한 철학자마다 바뀌기도 하였다. 한림원 회원인 오이저만T.I. Oizerman은 언급했다. "현존하는 철학에서 '철학이란 무엇인가'라는 문제에 대한 서로 다른 답변들이 매우 다양하다."[4] 심지어는 철학자가 자신의 학설을 철학이라 인정하지 않는 경우도 있다. 포이에르바하L. Feuerbach는 이와 관련해서 한 번만 언급한 것도 아니다. "나의 철학은 완전한 철학이 아니다." 하지만 포이에르바하가 철학자가 아니라고 수긍하는 사람은 아무도 없다. 이렇게 해서 철학이란 무엇인가를 우리가 이해할 수 있겠는가? 이는 단순한 문제가 아니다.

철학의 내용에 대해 서로 다른 여러 관념을 가진 여러 사상가들이 있다고 할지라도 이들은 동일한 하나의 조건을 가지고 있다. 사상가들은 철학의 내용에 대해서는 서로 다른 여러 생각들을 가지고 있지만 철학사에 대해서 기록할 때 학파, 사상가, 개념, 문제 등에 대해 거의 비슷한 범주로 묶어서 제시하고 있다. 그렇기 때문에 우리는 여기서 공통점을 찾아낼 수 있다. 이러한 공통점을 펼쳐보면 무엇보다 먼저 사유와 존재의 관계, 정신과 자연의 관계와 관련된 문제가 등장한다. 프리드리히 엥겔스는 이처럼 말했다. 모든 철학의 중요한 근본적인 문제는, 특별히 현대 철학에 있어서는 사유와 존재 사이의 관계 문제이다.[5] 사유와 존재 사이, 정신과 자연 사이의 관계 문제는 철학 전체의 주요 문제 가운데 하나이다.[6] 이 외에도 다른

---

4   T. I. Oizerman. Problemy istoriko-filosofskoj Nauki(철학사의 제문제). Mysl. 1982, p.47.
5   『칼 마르크스 · 프리드리히 엥겔스선집』 제6집, 사실출판사, 1984, 372면.

여러 문제들이 있다. 세계란 무엇인가? 세계는 왜 그리고 어디에 있는가? 인간은 세계에 대해 인식이 가능한가? 실체란 무엇인가? 물질이란 무엇인가? 주체와 객체 사이의 여러 관계는 어떻게 나오는가? 인간이란 무엇인가? 어떠한 것의 본질은 어떻게 나오는가? 이런 여러 문제에 이르는 것이 곧 철학에 이르는 것이라고 말할 수 있지 않을까?

'철학'이란 개념 자체는 서양의 것이며 얼마 전에야 비로소 동양에 유입되었다. 근대기를 지나면서 동양에서는 이러한 서양의 '철학' 개념이 언급되기 시작했다. 중국에서는 고대와 중세기에 '철哲'자가 있었으며 입으로 비평한다는 정도의 의미로 쓰였다. 또한 유학자들의 경서에 관한 연구의 전문적인 학술에 대해서는 경학經學이라 불렀다.[7] 인도에서 고대와 중세 사람들은 일상적으로 '혼(아트만)'에 관해 토론했으며, 무한한 세계정신(브라흐만)과 바라문도의 여러 경서에 나타나는 카르마의 법, 불도와 자이나 등도 있었다. 하지만 철학의 내용면에서 보자면 두 나라에서는 근대 이전 수천년 전부터 이미 출현했다고 할 수 있다. 인류는 동서양을 막론하고 자신을 중심으로 주변의 세계를 둘러보고, 인식의 과정과 세계의 개조를 통해 접하지 않을 수 없었다. 일반적인 문제들이었지만, 그들이 여러 문제들을 구체적으로 쉽게 해결하기 위한 조건들이 새롭게 등장했다. 중국과 인도는 오랜 문명을 지닌 국가이며, 추상적 사유를 일찍부터 발전시켰고, 여러 문제들을 해결하면서 진보했다. 이러한 과정을 통해 공통의 어떠한 이론에 다다랐으며 철학에 근접했다고 할 수 있다.

중국과 인도는 이러한 철학적 전통을 가진 두 문명권이다. 베트남은 이 두 거대한 문명권 사이에 위치하고 있으며 양국의 문화와 도학道學의 영향을 지대하게 받았다. 그리고 당연한 것이지만 철학사상 또한 많은 영향을 받았다.

---

6 위의 책, 374면.
7 임계유, 「중국철학사 학습 30년」, 『철학연구』 9호, 북경, 중국, 1979.

베트남은 역사적으로 보자면 그 자체적으로 독자적인 이론이 없다고 할 수가 없는 하나의 문명국이다. 나라의 강성함은 물질과 정신문화를 매우 높은 수준에 이르게 했으며, 일반적인 사유를 가능하게 하였다. 자연과 사회 인간에 대한 여러 일반적인 것들을 관찰하고 인식하였다. 미래를 위해 어떠한 것을 달성하기 위해 현재 실행해야만 하는 토대와, 현재를 깊게 관찰하기 위해서 과거로부터 가져와야 하는 것을 알고 있었으며, 운동과 발전의 흐름 안에서 물질을 고찰하는 것을 알고 있었다. 여러 사상가들이 자부심을 가지고 이야기할 때 "우리 대월大越은 문헌文賢의 나라이다"라고 하는데, 이는 민족의 아름다운 풍속과 삶에 대해서 자만스러운 얼굴을 하는 것이 아니다. 또 어떠한 이론의 수준에 대해서 오늘날에도 가로지르며 지속되고 있는 일반적 사유에 대해서 오만한 태도를 지니는 것도 아니다.

어떠한 민족이 우리 민족처럼 나라를 건설하고 유지하면서 사업에 대해 총괄하는 여러 기회가 있었다면 인식 측면에서 발전하지 않을 수 없을 것이다. 하나의 단계에서 다른 단계로 나아가면서, 들판에서의 삶에서 문명적인 삶으로 접어들면서, 혹은 노예의 시기와 식민지배 시기를 지나 독립과 자유의 시기로 접어들면서, 우리들은 다양한 경험을 겪었다. 들판의 척박한 땅을 개척하여 비옥한 논으로 만들거나 민족의 독립을 지키기 위한 싸움에서 침략자들을 물리쳤을 때, 또는 나라의 운명과 연관된 중요한 임무를 수행했을 때의 경험들은 점차 모아지고 정리되어 논리적인 사유로 바뀌었다. 이것은 어느 정도 철학적 사유가 시작되고 있음을 의미한다.

안타깝게도 베트남의 역사는 주관적 객관적 원인들로 인해 철학으로 정리할 수가 없다. 하지만 분명히 통합적인 이론, 실질적인 활동과 정신활동 등을 보면 방법론과 세계관 등이 드러나고 있다. 시와 같은 문학작품, 당시 사상가들의 학문 등에서 이를 엿볼 수 있다. 철학적 기준에는 합당하지 않는다고 할지라도 어느 정도 전前-철학적 단계에 이르고 있다고 할 수 있을 것이다. 일반적인 사상이 아니라 분명하게 철학적 사유를 전개하고 있는 것이다. 이러한 것들이 베트남 사상사에서 다루어야 할 대상과 범위가 된다.

구체적으로 살펴보면 다음과 같이 나누어 볼 수 있다. 사유와 존재, 정신과 물질의 관계와 관련된 사상, 변증과 형이상학적 사유 방법, 정치·사회의 기본적 문제와 관련된 사상(사회에 관한 철학), 인류의 기본적인 문제와 관련된 사상(인류에 관한 철학) 등이다.

유럽과 다르게 베트남은 역사적으로 '사유와 존재', '정신과 물질', '변증과 형이상' 등이 개념으로 등장하지는 않았지만, 이에 해당하는 범주와 문제들은 있다. 첫째는 '하늘-사람', '유형-무형', '마음-물질', '유-무', '리-기' 등이다. 둘째는 국가의 통치방법, 왕과 민의 관계, 성공과 실패 등이다. 셋째는 인간의 본성, 도덕 등이다. 이 세 부문은 서로 긴밀한 연관을 맺고 있으며 서로 영향을 주고받는다.

이러한 대상과 범위는 베트남 역사에서 결코 작은 부분을 차지하는 것이 아니다. 연구할만한 대상과 범위가 충분히 풍부하다고 할 수 있다.

철학사상사에서 이러한 대상은 많이 언급되지 않지만, 동양에서는 정치와 사회 그리고 인간에 대한 사상들이 다양하게 언급된다. 소련이 50년대에 출판한 『세계철학사』(4집)에서 동양의 철학사를 소개하는 부분을 보면 정치와 사회 인간에 관한 사상이 소개되고 있다.

2.

철학적 특성을 찾는 작업은 철학사에서 많은 연구자들이 수행해 온 일이다. 칼 마르크스와 프리드리히 엥겔스는 고대 그리스 철학의 특징에 대해 다수 언급했으며 뛰어난 특징들을 제시하기도 했다. 또한 그들은 영국의 유물주의로부터 기원하는 프랑스의 유물주의를 분별한다. 하지만, "프랑스인은 영국의 유물주의에 정신과 육체와 달변을 가져왔다. 프랑스인은 영국의 유물주의에 기질과 우아함도 가져왔지만, 그들은 여전히 부족했다. 프랑스인은 이를 문명화시켰다"고 언급한다.[8] 최근의 연구에서도 인도철학의 종교적이며 심령적인 특성과 중국철학의 실질적 특성에 대해 자주 언급한다. 또는 중국 사람들이 다음과 같이 스스로 말하는 것도 하나의 예가 될 수 있다. 중국철학역사의 특수성이 인식역사적인 각도에 대한 고찰이라면 사상역사 전체에서 나눌 수 있는 정도는 충분치 않으며, 체계에 대해서 고찰한다면 발전하지도 않았고 빈틈없이 치밀한 것도 아니며, 범주의 규정에 대해 고찰한다면 상세하지도 않다.[9] 그러면 베트남철학은 동서東西의 철학과 어떻게 다른 것인가?

아직도 몇몇 학자들은 베트남 철학사상이 중국철학과 인도철학의 아류이며, 특히 중국철학의 축소판이라고 오인하고 있다. 따라서 베트남 사상사의 특징을 찾는 작업은 한편 이러한 오해를 없애는 중요한 기회이다.

베트남 철학사상이 비록 일국을 기초로 형성되었다고 하거나 혹은 외부에서 들어온 것을 계승하였다고 할지라도 모두가 베트남에서 발전하고 운동하는 과정의 성과들이며 모두가 실제로 베트남 역사의 지배에 놓여 있는 것이기 때문에 베트남의 고유한 특징과 특별함이 없을 수가 없다.

우리는 쩐 반 지어우Trần Văn Giàu 교수가 언급한 '나라사랑주의'[10]가 베트

---

8 『칼 마르크스 · 프리드리히 엥겔스 선집』 제1집, 사실출판사, 1980, 172면.

9 철학연구잡지평론원, 「중국철학사 범주연구 사업의 전개」, 『철학연구잡지』 10호, 북경, 중국, 1983.

10 이를 흔히 한자어로 된 '애국주의'라고 번역할 수도 있지만, 베트남어의 경우에는 'Yêu Nước'으로 그 의미의 초점이 국가가 아니라 인민들이 살아가는 실질적 주변 환경에 모아져 있기 때문에 '나라사랑'으로 번역하는 것이 적합한 것으로 보인다. 즉 '국가'와 '나라'의 개념이 구별되고 있다. (역자 주)

남 사상사의 가장 기본적 특징이라는 관점에 동의한다. "우리 조상 대대로 이어져 내려온 전통은 '나라사랑'과 '나라사랑주의'라고 할 수 있다."[11] "고대에서부터 현대에 이르기까지 모두를 아우르고 있는 붉은 실타래를 발견하기 위해서 우리가 우리 민족의 나라를 세우고 유지한 과정 전부를 살펴보는데, 여러분들은 내가 구체적 역사 문제에 들어가지 않는 것을 용서해주길 바란다. 나는 그러한 붉은 실타래가 나라사랑주의라고 생각한다."[12] 그러나 고려해야 할 문제는 '나라사랑주의'를 어떠한 측면에서 보느냐 하는 것이다. 많은 사람들은 '나라사랑주의'를 언급할 때 감정이나 심리, 도덕적 기준이나 행위 등의 측면에서 보려 한다. 그러나 나라사랑주의는 이론적 측면에서 고찰되어야 한다.

이론적 측면에서 '나라사랑주의'를 다루려면 그것은 정치·사회사상에 속한다. 이에 따라서 세계관의 측면에서 살펴보면 사회에 대한 철학적 관점이라 할 수 있다. 즉 침략자들을 물리치고 나라를 보호하며 나라를 발전시키려는 관점이고, 그러한 이론적 체계인 것이다.

'나라'는 일반적인 개념이지만 이론적으로 살펴보면 '나라'는 사회 공동체의 문제를 안고 있는 민족과 국가의 문제가 된다. '나라사랑'도 일반적인 개념이지만 이론적 측면에서 살펴보면 공동체, 민족에 대한 책임의식이면서 민족해방의 방법과 노선과 연관된다.

베트남은 역사적으로 오랫동안 강력한 적들의 침략을 받았으며 외세의 지배를 천 년 동안 당하는 설움과 고난을 겪었기 때문에 독특한 '나라사랑주의'가 형성되어 있다. 나라사랑은 거의 본능적인 행동으로 침략자들에 대한 적개심과 저항을 일으키고, 봉기의 원동력을 형성하는 이론으로 발

---

11 쩐 반 지어우(Trần Văn Giàu), 앞의 책, 10면.
12 쩐 반 지어우(Trần Văn Giàu), 『베트남문학의 주류 흐름−나라사랑의 사상』, 문예출판사, 1983, 7면.

전했다. 이러한 '나라사랑주의'는 인민들에게 의무, 동력의 원인, 민족의 구성요소, 침략자들을 물리쳐서 나라를 보호하기 위한 방법론 등에 대한 관념으로 자리잡게 되었다. 그러면서 다음과 같은 원리를 형성했다. 같은 인종이라면 서로 사랑하고 보호하여야 할 의무를 가지며, 단결하면 힘이 생기고 힘을 모으면 산을 옮기거나 바다를 없앨 수 있을 만큼 불가능한 일도 가능하게 할 수 있으며, 장성한 민족은 따로 영토, 풍습, 역사 등의 요소를 풍부하게 지니고 있다.

이는 역사에서 비롯된 '나라사랑주의'이다. 세계사적으로 보면 여러 민족들이 '나라사랑주의'를 가지고 있다고 할 수 있지만 위와 같은 내용의 '나라사랑주의'를 가진 민족은 많지 않다고 확신한다.

베트남철학의 세계관은 복합적 세계관에 속한다. 이는 중세 서양의 세계관과 다르다. 중세 유럽의 세계관을 이루는 중심에는 가톨릭이 있었다면, 베트남의 세계관은 유학, 불교, 도가의 결합이라고 설명할 수 있을 것이다. 유학과 불교 도가는 서로 다르며 종종 반대적이기도 하지만 한편으로는 긴밀한 관계를 맺고 상보적 관계를 형성하며 베트남의 세계관을 이루고 있다.

이외에도 어떤 종교의 사상이 어느 특정 시기에 최고조에 이른다면 그것은 한 사람 혹은 특정한 계층의 주도로 이루어진 것이 아니라 당대 사회의 실질적 요구와 사회적 상황의 영향에 기인한 것이다. 이러한 상황은 동양 여러 나라들도 제각기 다르다. 중국에서는 유학, 불교, 도가가 서로 결합하고 있었지만 유학은 불교를 강하게 비판하기도 했으며, 불교와 도가가 결합하여 유학의 독선적 위세와 다투기도 하였다. 일본에서는 유학과 불교가 유입된 이후 일본 고유의 신도神道와 무사도武士道 이외에 유학이 통치적 역할을 담당하기도 하였으며 불교가 주도적 역할을 담당하는 경우도 있었고 신도와 불교가 결합하는 경우도 있었다.

사유의 경향을 중심으로 살펴보면 베트남철학의 세계관은 다른 세계관과 다르다. 그 특징으로는 사회와 인생에 관련된 문제를 중시하며, 자연적 문제와 인간의 사유형식 등에 대해서는 비교적 중요하게 여기지 않는다. 이는 주체와 객체, 인식론과 논리학을 형성하는 사상의 관계를 고찰하기보다는, 정치·사회의 원인과 윤리 구축에 더 중점을 두는 경향이다. 즉 인간들에게 세계관과 마음의 문제에 대한 새로운 인식내용을 전달하려는 것보다는 인간의 도덕교육에 더 심혈을 기울인다는 의미이다. 이러한 세계관에서 교조, 모방, 주관, 감성 등의 요소들은 결코 피할 수 없는 것이다.

우리 민족은 우리와 유사한 세계관과 경제제도를 지니고 강한 군사력을 갖춘 적의 침략을 받았을 때, 침략한 민족과 더불어 변증적이며 능동적 자기변화로 대응해 왔다. 하지만 침략자들을 물리친 이후에는 다시 예전의 모습으로 되돌아갔다.

우리와 상이한 세계관을 지니고 발전된 경제제도를 갖춘 적의 침략을 받았을 때 우리 민족은 당황하지 않을 수 없었다. 이러한 상황을 극복하기 위한 노력으로 인해 베트남적인 아시아형의 생산방식이 탄생한 것으로 본다. 이러한 방식은 상공업을 발전시키지 않으며 자연과학의 출현을 어렵게 만들고 지식계층이 두각을 드러내지 못하도록 한다.

발전과정에서 베트남철학의 세계관은 봉건주의의 범위에서 발전하지만 늘 위태로운 상태에 있었다. 초기에는 우주와 인생에 대해 본래적으로 형성된 순수한 관념위에 불교가 유입되었고, 그 후에는 세 종교(유·불·노)적인 특성을 지니게 되었다. 그 다음에는 봉건제도와 더불어 베트남의 봉건계급(리Lý, 쩐Trần, 레Lê Sơ왕조)이 성장하면서 침략자에 대한 저항과 나라를 보호하기 위한 체제로 발전하면서 국가 건설과 보호의 과정에 부응하는 독특한 특징들을 형성하였다. 하지만 오래지 않아 16세기에 이르면 국가의 경제-사회, 정치·사회적 문제의 변화 앞에서 혼란스럽게 되었다. 이러한 어려움은 세계관 내부로부터 드러나고, 어떠한 도에 따를 것인가 하는 문제를 제기하는 방식으로 또는 나라를 다스리기 위해 세 도를 결합시켜야만 하는 것으로 드러났다. 응웬Nguyễn왕조에서는 보다 더 격렬하게 유교를 회복하는 것으로 나타났으며, 근대시기에는 시국의 변화 앞에서 무기력함을 자백하는 것으로 드러난다. 이러한 어려움은 또한 혼란한 시기에 접어들면서 일부 유 또는 불의 교조적 비아냥거림과 비난함으로 표출되기도 하고, 사회통치사상체계와 더불어 인민군중의 태도에서도 나타난다. 하지만 사회는 사상적 측면에서 혁명의 씨앗을 아직 만들어내지 못하고 있었다. 따라서 지속되는 위기상태에 머물러 있어야만 했다.

역사는 종종 비약적 발전을 이룩하는 역사적인 인물을 출산한다. 19세기 말 응웬 쯔엉 또Nguyễn Trường Tộ는 유럽으로 건너가 자본주의 세계관을 접한 후 당시 베트남의 봉건적 세계관에 대해 비판을 가한 인물이다. 20세기 초 하노이에서 시작된 '동 낀 응이아 툭Đông kinh nghĩa thục'운동은 오래된 베트남의 전통 사상을 집중적으로 비판하고 있다. 하지만 이러한 비판만으로는 보수적이고 계급적인 봉건사상 체제를 무너뜨릴 수 없었다. 결국 베트남의 노동자계급이 나라의 대표가 되어 마르크스-레닌주의를 보급하면서 봉건적 세계관은 무너졌으며 과학적이고 혁명적인 세계관이 베트남에 구축되었다.

마르크스-레닌주의가 베트남에 유입된 것은 베트남 사상사에서 획기적인 이정표이다. 베트남공산당은 새로운 상황에 대처하기 위한 인식수준을 향상시키고 모순을 극복하고 새로운 사회의 건설과 재건사업의 원동력을 해방시키기 위해 사유를 새롭게 바꿀 것을 긴급하게 제안했다.

오늘날의 개혁 추세를 살펴보면 베트남 사람들의 사유방식과 특징 등이 결집되어 있는 것을 알 수 있다. 이러한 특징들을 발견하는 것이 베트남 철학사상사를 연구하는 현 단계 연구자들의 임무이다.

3.

　과학의 연구방법은 그 대상과 범위와 연관되어 있다. 베트남 사상사의 대상과 범위를 결정하고 난 후에는 그에 적합한 연구방법을 제시해야 한다. 왜냐하면 제시된 내용의 질과 관련된 적합한 과학적 방법이 적용되면 올바른 내용을 제시할 수 있는 반면, 적합하지 않은 방법은 내용을 어그러지게 만들 수 있기 때문이다. 한편 최근의 베트남 사상사 연구방법에 대해서는 여러 다른 관점들이 다양하기 때문에 이를 분석하고 적절한 방법을 선택해야만 한다. 동시에 실제 연구를 통해서는 고찰가능하고 해결 가능한 방법론적 의의가 있는 문제들을 보여주어야 한다.

　아리스토텔레스 시기부터 2천여 년이 지난 지금까지 철학사의 연구방법은 다양하게 제시되었다. 이 방법들을 서로 비교하여 보면 마르크스-레닌 철학의 방법이 가장 우수하다고 판단된다. 왜냐하면 이 방법은 다른 방법들의 뒤에 생겨난 것이며, 이전 방법들의 장점들을 계승하고 있기 때문이다. 게다가 마르크스-레닌의 방법론은 철학 역사 과학 분야가 제시하는 문제들을 합리적으로 해결하는데 매우 유용한 기능이 풍부하게 포함되어 있는 과학적 방법이기도 하다. 마르크스-레닌 철학의 제언과 연구방법을 사용하면 사상의 현상과 풍조, 사상가 개인 등과 같은 문제를 설명할 수 있으며, 사유와 존재, 논리와 역사, 개인과 사회, 계승과 창조, 내재적인 것과 외래적인 것 등도 밝힐 수 있다. 사상사를 규칙에 적합한 발전 과정처럼 제시할 가능성도 높아진다.

　마르크스-레닌 철학에서 제시하는 것과 연구방법은 과학자들이 유럽 철학사를 연구하는 일에 있어서 모범적 형식과 모형을 만드는데 도움을 주었다. 이에 따라 다양한 가치를 지닌 성과들을 얻을 수 있었다. 하지만 동양철학사 연구, 특히 베트남 철학사상사를 연구하는데 있어서는 이러한 방법이 적용될 수 없었다. 베트남 철학사상사를 본체론과 인식론, 유물주의와 유심주의, 경험론 등으로 나누어 유럽철학사와 유사하게 적용한다면 이는 억지로 끼워 맞추는 것이 되고 만다. 결국 베트남의 민족사상은 가난해지고 민족사상사는 비관적 상황에 빠지고 말 것이다. 따라서 민족사상 자료에 기초하고 있는 적합한 모형과 형식을 구축해야 했다. 인생관, 역사관, 세계관에 대해, 인간의 도, 하늘의 도에 대해서, 치국의 노선에 대해서, 사회철학 등에 대한 여러 문제들에 대해서 타당해야만 했다.

삼교(유·불·노)는 봉건시대 베트남 철학사상의 근원 가운데 하나이다. 이 삼교사상은 민족사상의 발전에 큰 역할을 담당했으며, 봉건시대 이후에도 깊은 흔적을 드리우고 있다. 베트남에서 삼교발전에 따른 사상사를 연구할 필요성이 절실하다. 그러나 베트남 사상사가 삼교에서 생겨났고 삼교를 적용했다는 이유로 민족의 철학사상사를 삼교의 발전사와 동일시해서는 안 된다. 왜냐하면 이러한 입장의 연구는 베트남에 삼교의 유입, 발전 등의 문제에 집중하도록 만들어서 세계관, 방법론, 철학사상의 기능 등의 문제들을 연구하는 분야는 소홀하게 되기 때문이다. 실제로 일부 서적들을 보면 민족사상사를 삼교의 역사처럼 제시하고 있어서 민족적인 사유를 찾고자 하는 많은 사람들을 실망시키고 있다.[13] 따라서 베트남 철학사상사는 자신이 스스로 그 방법을 찾아 나가야만 한다.

또한 사상의 설명은 각자의 영역마다 서로 다른 설명의 방법이 있다. 철학사상사에서 사상을 살펴보는 것은 문학에서 사상을 살펴보거나, 통사적으로 사상을 살펴보는 것처럼 해서는 안되며, 철학의 범주와 철학의 과제를 둘러싸고 있어야만 한다. 베트남철학의 범주는 아직 충분히 발전하지

---

13 응웬 당 툭(Nguyễn Đăng Thục), 『북속시기 베트남 사상사』 2집, 문화부출판, 1969.

않았으며 완성되지도 않았고 굳건하게 형성된 것도 아니지만 매우 중요한 것이다. 레닌은 헤겔철학을 연구했을 때 "발전적 관점에 따르는 사상사와, 논리적인 일반적 범주와 개념의 적용, 이것이 필요한 것이다"라고 언급했다.[14] 따라서 민족사상사에는 철학적 성향이 있거나 또는 철학적 개념들이 집중적으로 제시될 필요가 있다. 즉 하늘-사람, 심-물, 통치-혼란 등의 개념들이 책의 면마다 드러나는 역할을 담당해야 하는 것이다.

베트남 사상사의 개념과 범주는 중국 혹은 인도 철학사의 개념과 범주와 유사한데, 오래전부터 중국 혹은 인도철학으로부터 기원한 것이기 때문이다. 연구를 진행할 때 종종 그쪽의 체계에서 그들 동족同族 사람들과 비교하거나 그것의 근본과 비교하여 발전한 것과 서로 다른 점을 찾아보기 위해 비교 방법이 필요하다. 하지만 항상 비교하거나 근원에 대한 추적이 가능할 수는 없다.

그간의 연구에서 비교를 남용한 현상도 일어났었다. 모든 관점들이 그 근원에서 비교되었기 때문에 일반인들에게 비교라는 방법을 잘못 알도록 했을 뿐만 아니라 비교의 방법 자체도 의심하도록 만들었다. 연구에서 중요한 방법은 비교가 아니라 분석이다. 왜냐하면 개념은 생기발랄하여 같은 개념에도 다른 내용이 들어 있는 경우가 일반적이기 때문이다. 엥겔스는 "이 민족과 다른 민족, 이 시대와 다른 시대에 있어서 선-악의 개념은 서로 완전히 반대가 될 정도로 바뀌기도 한다"[15]라고 언급한다. 따라서 분석을 통해서만 이러한 개념의 의미와 가치의 진면목을 엿볼 수 있다.

베트남 사상사에서 주도적 사상이 있는지에 대해서도 명백히 밝혀내야 한다. 만약 있다면 그것은 무엇인가? 일부 연구자는 그러한 것이 있으며 제기해야 할 필요가 있다고 말한다. 어떤 학자는 '나라사랑주의'가 주도적 사

---

14 『레닌 전집』 29집, 진보출판사, 1981, 186면.
15 『칼 마르크스 · 프리드리히 엥겔스 선집』 제5집, 사실출판사, 1983, 134면.

상이며 베트남 사상사에 걸쳐져 있는 빨간색의 실과 같다고 주장한다. 어떤 학자는 주도적 사상이 유물과 유심, 변증과 형이상의 투쟁이라고도 말한다.

사상의 주도적 흐름을 제기하는 것은 좋은 것이며, 연구의 목적성과 경향성을 담보하는데 바람직한 것이다. 하지만 현실적으로 잘못을 피하는 것은 어렵다. 판단하는데 주관적이 되고, 그 때문에 연구와 분석에 있어서 실제를 제대로 고찰하지 못하게 된다. 나라사랑주의가 베트남 사상사의 주도적인 흐름이라고 말하지만, 나라를 사랑하는 사상은 단지 정치·사회 사상의 한 형식일 뿐이며, 역사적으로 철학사상 전부를 대표하지는 못한다. 게다가 나라를 사랑하는 사상은 역사의 전 과정에 걸쳐 드러나는 것이 아니라 역사적으로 일부 시기에만 드러나고 있다. 유물과 유심, 변증과 형이상의 투쟁을 주도적 사상이라고 한다면 베트남 사상사에서는 그러한 투쟁이 그다지 직접적으로 격렬하지 않았으며 눈에 띨 만큼 뚜렷하게 등장하지도 않았다.

또한 외국의 연구자들 가운데에는 그들 나라의 철학사의 주도적 사상 흐름을 제기한 사람들도 있으며 책의 '머리말'에 삽입한다. 하지만 그들의 작업 결과는 책의 뒷 부분에서야 제기될 수 있기 때문에, 혹은 강요되거나 혹은 뒤에 제기된 내용과 머리말 사이에 연결성이 없는 경우도 발생한다.

만약 주도적 사상의 흐름이 있다면 그것은 출발점에 놓여 있는 것이 아니라 마지막 지점에 속한 것이어야 하며, 미리 정하고 준비된 것이 아니라 반드시 연구의 성과로 얻어진 결과여야 한다. 과학적 측면에서 베트남 사상사는 우리들에게 단지 익숙한 요구를 제기할 수 있을 뿐인데, 이것은 사상 그 자체의 발전 규칙, 의식과 존재 사이를 왕래하며 작동하는 규칙, 규칙과 부합하는 사상의 발전을 제시하는 것이다.

대립하는 두 측면 사이의 통일과 투쟁은 자연, 사회 그리고 인간 사유의 보편적 규칙으로 필연적으로 사상의 발전에도 존재한다. 옳은 것과 틀린 것, 진리와 거짓, 적극적인 것과 소극적인 것의 투쟁을 통해 본질이 드러나며 발전을 거듭할 수 있다. 베트남 사상사 전선戰線에서 두 측면 사이의 투쟁 형태는 비록 유물과 유심, 변증과 형이상으로 드러나지 않으며 분명하지도 않지만 객관과 주관, 무신과 유신, 민주와 전제, 독립과 예속 등의 관점들 사이의 투쟁을 보충할 수 있었다. 객관, 유물, 변증, 무신, 민주와 독립의 관점들은 보통 서로 연결되어 역사에서 적극적인 역량의 소리를 내었다고 할 수 있으며, 주관, 유심, 형이상, 유신, 전제와 예속은 보통 서로 결합하여 소극적인 역량의 소리를 내었다. 베트남 사상사가 만일 단순히 사상적 가치가 있는 것들의 역사가 아니라면, 실제와 부합하지 않고 단조로운 한 방향으로만 제시하는 것을 피하기를 원한다면, 반드시 모순의 그러한 두 측면 모두를 드러내야만 한다.

주관, 유심, 형이상, 유신, 전제와 예속의 관점을 제기하는 것은 이들이 모순의 대립하는 한 면일 뿐만 아니라 다른 면과 서로 투쟁하여 발전을 만들어내는 것으로 진보적이며 적극적인 것들을 찾아볼 수 있기 때문이다. 또한 옳음과 진보와 적극적인 것들이 틀린 것, 낙후된 것, 소극적인 것들과 싸우기 위해 어떻게 투쟁해야만 하는가를 살펴보기 위한 조건이며, 민족적 사유가 좀 더 높은 단계로 진보하기 위해 매 역사 시기마다 어떻게 운동해야 했는가를 살펴보기 위한 조건이다. 따라서 연구에의 성향은 드러내거나 드러내지 않거나가 아니라, 분석과 평가 평론 비판에 있어서 틀린 것 낙후된 것 소극적인 것을 많이 드러내는가 또는 적게 드러내는가 하는 것이다.

시기를 나누는 것은 매우 중요한 방법론적 의의를 지닌 문제인데 많은 분야의 연구자들이 토론을 거듭하였지만 의견을 통일하지 못하였다. 민족 사상사는 이 때문에 자신의 시기를 분정分定하는 일에서 많은 어려움을 지니고 있다.

　대체로 우리는 왕조, 세기, 정치・사회적 사건, 경제-사회 형태 등을 기준으로 역사를 구분한다. 그 가운데 가장 합리적인 것은 경제-사회형태로 나누는 것이라 하겠다. 왜냐하면 경제적 기초가 변화하게 되면 정치체제, 법률, 사상을 비롯한 다른 모든 구조들도 변하기 때문이다. 하지만 베트남 역사는 독특한 특징을 지니고 있다. 1945년 8월혁명 이전에는 사회혁명이 출현하지 않았고 봉건제도가 역사적으로 오랜 기간을 차지하고 있었다. 하나의 사회경제적 형태가 다른 사회경제적 형태로 반복하여 바뀌는 것이 오랜 역사적 과정에서 반복적으로 진행되었는데, 심지어는 앞의 형태가 뒤에 나타나는 형태에 많은 부분에서 흔적을 남기기도 하였다. 따라서 베트남의 역사를 구분하기 위해 경제-사회 형태를 그 기준으로 삼는다면 우리는 커다란 어려움에 빠지고 말 것이다. 그래서 우리가 도출한 가장 합리적인 형태는 경제-사회형태에 드러나는 이정표와 함께 역사적으로 커다란 정치・사회적 사건의 이정표를 결합하여 이를 바탕으로 역사를 나누는 것이다.

　사상은 존재의 반영이지만, 사상은 상대적으로 독립된 성향이 있고 개별적 발전 법칙이 있으며, 그것은 존재에 앞서 가거나 뒤따를 수도 있다. 그렇기 때문에 이때 발생할 수 있는 문제는 '경계'를 어떻게 나누는가 하는 것이다. 즉 이 시기가 다른 시기로 변하는 과도기 단계를 어떻게 나눌 것인가? 앞에 들어 올리는 것인가 뒤에 내려서 두는 것인가? 예를 들어 19세기 하반기를 보자. 자본제국 프랑스의 침략으로 정치・사회제도가 변화했지만 삼교가 여전히 사상계를 지배하고 있었기 때문에 이러한 이유를 들어 어떤 사람들은 응웬Nguyễn왕조의 봉건제도시기를 이전 시기에 가져다 놓기도 한다. 다른 어떤 사람들은 근대시기에 배정하기도 하는데, 당대의 삼교는 특히나 유교는 비록 실패하였다 할지라도 이전 시기와는 다른 점들이 감지되며, 다른 측면에서는 비록 보편적이지는 않았지만 자본주의 사상체계의 초기적 요소들이 출현하여 역사의 발전에 매우 중요한 역할을 하였으며 이는 새로운 한 시기를 여는 신호였기 때문이다. 우리는 뒤의 의견이 보다 더 합리적이라고 본다.

철학적 사유는 일반적 사유의 인류사회가 상당히 높은 수준으로 발전하고, 축적한 지식이 상당히 풍요로워졌을 때 출현한다고 볼 수 있다. 좀 더 자세히 언급하면 베트남 철학사상은 베트남 사회가 다양한 계급으로 분화하고 문자 언어가 출현했을 때 비로소 등장한다고 할 수 있다. 하지만 그 이전에도 철학적 요소들이 전무했던 것은 아니다. 왜냐하면 오래전부터 사람들은 자연과 사회와 관계를 맺으면서 살아왔고, 자신을 위해 자연과 사회에 대해 알고자 노력했기 때문이다. 그래서 이들에게는 세계와 인생에 대한 상징, 관련 지식 등이 나타났다. 이러한 것들은 전前-철학적 요소들이라 할 수 있다. 베트남 사상사는 이를 우선적으로 파악해야 한다. 그래야 사상의 최초 근원적인 요소들과 발전방향에 대해 알 수 있을 것이다. 따라서 '베트남 사상사'는 이렇게 베트남의 아주 오래전 옛 선사시대로부터 출발한다.

제2장

원시시대 베트남에 살던 사람들의 사상

1. 시작하면서 고려할 것들

연구자들이 원시시대의 사상을 연구하려면 곧바로 고고학적 발굴성과와 그 흔적들을 통해 이들의 사상을 파악해야만 하는 어려움과 만난다. 이를 인정하면 여러 경우에 민족학과의 비교에 의존해야만 한다. 그 가운데 각 민족들이 공급하는 선사시대 사람들 공동체가 고고학에 흔적을 남긴 비교 증거물들이 그대로 경제-사회 수준에 상응하는 것도 아니다.

바로 그렇기 때문에 오늘날 선사시대 사람들의 사유를 평가하는 데 서로 다른 많은 관점들이 난립하고 있다.

19세기부터 진화론적 관점을 가진 연구자들은 사유법칙의 포괄성과 마찬가지로 인간 심리의 기본적 통일성을 인정한다. 이러한 학자들에게는 문명 민족의 사유와 원시 인간의 사유 사이에는 특별한 차이가 없다.

20세기 초에 이르자 진화론의 여러 경향을 포함하여 문화(문명) 민족과 자연(야만) 민족의 사유를 구별하는 관점이 나타났다. 이런 관점의 연구자는 진화론의 범위 내에서 해석하기를 원했는데, 사유와 심리가 발전 과정에 따라 다른 것처럼 문화의 유형도 다르다는 것이다.

뒤르켐E. Durkheim을 비롯한 프랑스의 사회학자들은 발전수준이 서로 다른 민족들에 있어서는 사유도 서로 상이하다는 점을 강조하려 하였다. 뒤르켐의 의견을 받아들인 레비 브륄Lévy-Bruhl, Lucien은 원시적 사유나 후진적 부족들의 사유를 '전前-논리 사유'라 여겼다.

그리고 종족주의와 식민주의를 강렬하게 비판한 미국의 보아스F. Boas는 자신의 작품에서, 역사발전의 모든 단계에서 인류의 사유와 심리의 통일에 대한 관점을 제시했다. 보아스의 이론을 계승한 사람들은 그의 사상을 두 방향으로 발전시켰다. 하나는 원시인과 현대인의 사유와 심리에는 실질적으로 다른 점이 없다는 주장이며, 다른 하나의 경향은 원시시대 서로 다른 민족과 문화 간의 심리에 대한 상이한 점들도 심도 깊게 연구하려는 것이다.

이때부터 헤르스코비츠Melville J. Herskovits를 중심으로 하는 '문화상대론'이 등장했다. 이들은 서로 다른 여러 민족들 사이에 사회적 의식의 다르다는 것과 그들 사이의 평등함에 대한 사상을 결합하였다. 이 학파에 따르면 문화에는 가치체계와 목적 등이 서로 비교할 수 없을 정도로 크게 다르게 나타난다는 것이다. 따라서 이들의 사상은 평등하고 동일한 가치를 지닌다고 인정할 수밖에 없다.

최근 수십 년 동안 원시시대의 의식과 사유의 연구에서, 인류의 여러 발전단계 전체에 대해서 인간은 모두 하나의 사유법칙의 작용을 받으며 그러한 법칙은 완전히 논리적인 것이라는 관점이 점차 대두되었다. 이러한 관점은 프랑스의 고고학자 르루와 그루앙André Leroi-Gourhan의 작업에서 드러나고 있다. 그는 "아프리카 사람과 골르와Gaulois 사람의 사유는 나의 사유와 완전히 부합한다"고 언급한다.

하지만 이러한 경향은 프랑스의 민족학자인 레비 스트로스Claude Lévi-Strauss에게서 가장 뚜렷하게 엿볼 수 있다. 그는 토템신앙, 신화, 친족계통,

현대 자연과학이론 등 인류문화의 여러 다른 현상들을 인류지혜의 피할 수 없는 요구에 따르는 표현으로 여겼다. 예를 들자면 레비 스트로스에게 토템신앙은 자연대상을 분류하는 방식이 된다. 그리고 모든 분류는 혼란 상태보다 나은 것이기 때문에 토템신앙은 자연을 인식하는 활동에 있어서 인류에게는 진보적 상태이다. 그는 토템신앙이 중세과학이 사용했던 분류와 비슷한 수준이며, 놀랍게도 오늘날 동식물학자들의 분류와도 비슷하다고 주장했다.

레비 스트로스의 관점에는 흥미로운 사상이 많이 담겨 있다고 할지라도, 우리는 원시시대 사람들을 논리인식의 기계처럼 여길 수는 없다. 또한 실천적 요구를 만족시키는 일도 그들에 대해서는 부차적인 의미를 지닐 뿐이다.

원시 사상을 연구할 때 한편으로 우리는 본질에 대한 원시 사람들의 사유가 논리적이라고 언급하는 데 주의해야 하는데, 그들의 의식 안에는 역시 상상적인 요소가 있으며, 자연 앞에서 인간의 무기력함 때문에 형성된 종교 신앙층과 같은 것들이 있기 때문이다.

사회인식의 형식 출현에 대해서 세메노프Iu. I. Semenov는 '자유로운 활동'과 '자유롭지 않은 활동'으로 나누어 설명하고, 자유로운 활동은 자연에 대한 인식을 점진적으로 향상시키는 데 반해 자유롭지 않은 활동은 사유에 상상과 마법을 끌어들이게 되어 결국 종교로 나타난다고 설명한다. 그리하여 인류의 인식계는 자연세계와 초자연세계로 나뉘게 된다는 것이다.[1]

베트남의 원시 사상에 대해서 논의할 때 우리도 역시 선사시대 사람들의 사유에 논리적인 면과 비논리적인 면이 있다는 관점에 기대어 연구해 왔다. 하지만 어느 한 측면만을 강조하는 것은 합리적이지 않다. 그리고

---

1 Iu. I. Semenov, 『*Kak vozniklo Chelovechestvo?*(인류는 어떻게 발생하는가?)』, Moskva, 1966, 351 · 413면.

사유와 사상의 발전과정은 하나의 변화 과정으로 고찰해야만 한다. 자신의 실제 활동을 통해 초기 역사 시대의 사람들은 점차 자연세계에 대한 올바른 인식을 가지게 되었지만, 여전히 그들에게 자연은 신비였다. 이와 동시에 사회구조는 사회적 관계처럼 날이 갈수록 더 복잡해졌는데 분명한 것은 인간의 사상과 사유에 이르기까지 영향을 미친다는 것이다.

바로 그렇기 때문에 원시 사유의 발전 과정을 단지 논리적 요소의 증가와 비논리적 요소의 감소로 단순화시켜 생각할 수만은 없다. 이러한 요소들은 모두가 매우 복잡하게 발전의 발걸음을 걸어 넘어뜨린다.

2. 베트남 선사시대 사람들의 사유

여기서 우리는 석기시대를 살았던 인류의 사유와 의식에 대해 살펴보려 한다. 하지만 석기시대는 인류의 역사에서 가장 긴 시기를 차지하고 있으며, 지금으로부터 수백만 년 전에서 수천 년 전에 이르는 긴 시기에 걸쳐 있다. 이 시기에는 경제-사회 측면에서 변화가 있을 뿐만 아니라 의식의 형태에도 변화가 있었다. 공동체 구성원들이 사냥과 채집경제에서 사육과 재배의 경제로 변화하는 뚜렷한 단계도 있다.

현재 베트남 랑선Lang Son지역의 동굴에서는 호모에렉투스의 흔적을 발견했지만 이곳에서 그들이 사용했던 도구들은 발굴하지 못했다. 타인 화Thanh Hóa성省에 있는 누이 도Núi Đọ, 누이 누옹Núi Nuông, 꽌 옌Quan Yên에서는 몇몇 석기시대의 도구들이 발굴되었는데 이들 유물이 구석기시대 초기의 것으로 밝혀지면서 호모에렉투스의 단계에 사용되었던 것으로 추정되고 있다. 하지만 이 지역에 대한 논쟁의 여지가 남아 있으며 몇몇 학자들은 이

유물들이 구석기시대 초기의 것이라는데 의심을 가지고 있다.

이러한 유적지에서는 잘 다듬어진 손도끼도 발굴되었다. 아몬드 모양의 손도끼는 이곳에서 다량으로 발굴되지는 않았지만, 도구를 제작해서 사용했다는 사실과 생산의 발전 정도, 지식의 수준 등을 가늠할 수 있는 지표가 되었다.

베트남의 구석기 후기를 대표하는 고고학적 성과는 선 비Son Vi 문화이다. 오늘날의 고고학자들은 120여 곳에 이르는 동굴유적과 평지의 유적을 발굴했다. 동굴유적에서는 선 비Son Vi 사람들의 석기제작수준과 생활의 흔적들을 찾아냈다. 이를 통해 선 비Son Vi 문화를 가진 사람들은 사냥과 채집을 경제활동으로 하는 공동체였음을 알 수 있었다. 짐승들 이외에도 조개와 연체동물 등이 선 비Son Vi 사람들의 주식원이었다.

선 비Son Vi 문화 사람들의 사유와 사상, 의식의 형태에 대해서는 아직 우리가 충분히 직접적인 증거를 확보하지 못하고 있다. 일반적으로 구석기시대 후기에 호모사피엔스가 출현했고, 예술, 신앙 등의 의식형태를 드러내는 뚜렷한 증거들이 있다. 발굴된 유골의 형태로 보면 선 비Son Vi 사람들은 호모 사피엔스에 해당했지만 이들의 신앙활동이나 예술활동에 대한 유적은 아직까지 발굴하지 못했다.

선 비Son Vi 사람들의 도구제작 기술에서 우리는 사유의 발전에 한 획을 긋고 있다는 것을 알 수 있다. 선 비Son Vi 문화의 대표적인 도구는 잔돌을 갈아서 만든 것들이다. 선 비Son Vi 사람들의 활동무대였던 강이나 인근지역의 돌밭에서 도구를 제작하기 위해 적당한 잔돌들을 선택했다는 것을 알 수 있다. 이러한 선택은 사유를 구분하는데 한 단계 발전된 수준을 나타낸다. 세로의 날을 가진 도끼와 가로의 날을 가진 도끼를 따로 제작해 사용했다는 것은 작업유형에 따른 공구의 다양화를 보여주는 것으로 기술발전과 사유의 진보를 드러낸다. 이들이 만든 도구들은 제작 이전에 이미 당시 사람들의 두뇌에 설계되어 있었다.

선 비Son Vi 사람들은 그들의 거주지 근처에 죽은 사람들을 매장했다. 사후의 '다른 세계'를 사유하기 시작하였기 때문에 죽은 사람이 '다른 세계'에서도 지속적으로 노동을 할 수 있도록 도구들을 함께 묻었다.

선 비Son Vi 문화에 이어서 호아 빈Hòa Binh 문화가 형성되었다. 호아 빈Hòa Binh 문화는 동남아의 다른 지역에도 분포되어 있지만 특별히 베트남의 호아 빈Hòa Binh 지역의 이름에 따라 명명된 것이다. 베트남에 호아 빈Hòa Binh 유적이 가장 많이 분포해 있기 때문이다. 지금까지 호아 빈Hòa Binh 문화는 라이 처우Lai Châu에서 빈 찌 티엔Binh Tri Thiên에 이르기까지 119곳에 이르는 유적지가 발굴되었는데, 호아 빈Hòa Binh성과 타인 화Thanh Hóa성에 집중적으로 유적지가 밀집되어 있다.

호아 빈Hòa Binh 문화를 일군 사람들은 주로 석회암 산악 동굴에 거주했다. 지금으로부터 12,000~7,000년 전까지의 시기에 형성된 문화이다.

선 비Son Vi 문화의 사람들과 마찬가지로 호아 빈Hòa Binh 문화 사람들도 사냥과 채집으로 생활을 영위했다. 열대 숲의 일반화된 생태계generalized eco-systems(이곳에서는 동물과 식물의 수가 많지만 한 종류의 개체수량은 적다) 중에서 사냥과 채집은 광역 스펙트럼broad spectrum으로 진행되었다. 즉 사람들은 한 종류의 식량을 조금씩 채집했다. 이러한 환경은 사냥에는 불리했기 때문에 주 경제활동은 사냥보다 채집으로 이루어졌다. 호아 빈Hòa Binh 사람들도 이러한 특징을 보이고 있다.

최근의 다양한 연구결과에 따르면 최초의 농업이 호아 빈Hòa Binh 문화에서 출현하였다고 주장된다. 호아 빈Hòa Binh 유적지에는 여러 종류의 나무 씨앗과 열매가 발견되었고 콩과 호리병박 종류의 식물도 있었다. 호아 빈Hòa Binh 문화시기에 농업이 출현했다면 그것은 사냥과 채집에 비해 상당히 낮은 비율을 차지했을 것으로 보인다. 하지만 농업의 시작은 개척하는 경제활동에서 생산하는 경제활동으로의 전환점이 되기 때문에 '신석기 혁명'이 시작되었다는 이정표가 된다. 동시에 농업의 출현은 사유-사상의 발전단계에 있어서도 커다란 분기점이 된다.

호아 빈Hòa Bình 문화 사람들은 자연에 대해 매우 풍부한 지식을 지니고 있었다. 많은 석회암동굴 가운데서 이들은 높고 습하지 않고 밝은 동굴들만 선택하여 거주했다. 고고학자들의 통계에 따르면 동굴의 입구가 향하는 방향은 남향이나 동남향이 동굴이 전체의 50%에 이르렀다. 그리고 대부분의 호아 빈Hòa Bình 사람들의 동굴은 동북방 계절풍을 피할 수 있었다. 계절풍은 베트남의 북부지역 기후에 커다란 영향을 미치는 요소이며 호아 빈Hòa Bình 사람들은 이러한 기후에 대응하는 방법을 알고 있었다.

호아 빈Hòa Bình 사람들은 또한 예술 활동을 통해 자연을 재연하기도 했다. 호아 빈Hòa Bình 사람들은 식물뿐 아니라 동물들도 그렸다. 동 노이Đồng Nội 동굴에는 호아 빈Hòa Bình 사람들이 풀을 뜯는 동물들을 그렸다. 이 동굴에는 머리에 뿔이 있는 사람얼굴 형태의 그림이 3개가 있다. 뿔이 있는 사람의 얼굴은 당시의 보편적 현상으로 여겨지는 토템신앙과의 연관성을 엿볼 수 있게 한다.

호아 빈Hòa Bình 동굴에서는 빨간색 토금土金이 많이 발견되고 있으며, 토금을 담았던 것으로 보이는 조개껍질도 발굴되었다. 당시 사람들은 토금을 이용하여 동굴에 그림을 그린 것으로 보인다. 특히 호아 빈Hòa Bình의 몇몇 동굴에서는 작고 둥근 돌들을 찾아볼 수 있는데, 옆 모퉁이 테두리에 나란히 짧은 선들이 그려져 있다. 랑 미Láng Mí 지역의 돌 지붕에서는 조약돌이 발굴되었는데, 조약돌의 한 면에는 사람이 새긴 18개의 선 묶음이 그려져 있었고, 하나의 묶음에는 모두 선이 3개씩 그려져 있다. 람 간Lam Gan에서도 이등변 삼각형 모양의 조약돌이 발굴되었는데, 이 조약돌의 테두리에는 9개의 선 묶음이 있고 하나의 묶음에는 선이 3개씩 그려져 있다.

이렇게 반복적으로 나타나는 3개의 선은 우리에게 많은 관심을 불러일으킨다. 호아 빈Hòa Binh 사람들이 이 유물을 어떤 용도로 사용했는지, 그리고 3개의 선이 무슨 의미인지 우리는 아직 알지 못한다. 하지만 분명한 것은 당시 사람들이 리듬에 대해서 표현하고 있다는 것이다. 리듬이란 동질적 요소의 반복으로 나타나는 규칙성이라 할 수 있다. 자연에도 리듬이 있는데 낮과 밤, 계절의 변화, 보름달과 초승달 등이다. 사람들은 자연에 대한 인식과 통찰에서 이러한 규칙성인 리듬을 이끌어냈다. 의식-이성의 발전하는 초기단계에서 이러한 리듬에 대한 인식은 인간의 정신문화에 지대한 영향을 끼쳤다. 사람들이 기호로 리듬을 표현할 때(즉 리듬을 상징적인 어떤 기호로 추상화시킬 때) 의식-이성의 능력에 새로운 발전이 일어났다. 그것은 수량의 범주와 계산하는 활동의 형성이었다. 이를 바탕으로 어떤 물건 등을 계량하는 수가 등장했다. 호아 빈Hòa Binh 동굴에서 발견되는 3개의 선이 새겨진 조약돌은 호아 빈Hòa Binh 사람들이 3을 기본적인 수의 단위로 인식하고 있다는 것을 보여주는 것은 아닐까? 하지만 그렇지 않을 수도 있다. 각각의 둥근 돌에는 9개의 그룹과 18개의 그룹을 가진 조약돌도 있다. 찌엥 센Triêng Xén 동굴에서 발견된 뼈로 된 정(끝)의 날 부분에는 9개의 작은 선이 약 5mm 길이로 가깝게 나란히 그려져 있다. 9와 18이라는 수는 모두 3의 배수로서 3과 관련이 깊은 수이다. 그렇다면 호아 빈Hòa Binh 사람들의 셈 체계에서 3이 기본수인가? 하지만 우리가 민족학의 연구 성과를 살펴보면 3을 셈의 기본수로 가지는 문화는 매우 만나기 어렵다.[2] 호아 빈Hòa Binh 문화의 늦은 단계에 속하는 박 선Bắc Sơn 문화에 이르기까지, 고고학자들은 유적에서 호아 빈Hòa Binh 문화에서 발굴된 선이 있는 조약돌과 비슷한 여러 유물들을 발굴했다. 하지만 이 선들은 호아 빈Hòa Binh 문화와 달리 3개

---

2   D. J. Struik, *Stone Age mathematics*, Scientific American, 1948, p.46.

씩 일정하게 그어진 선의 모임이 아니었다. 박 타이Bắc Thái성省 반 딱Bản Tắc 동굴에서는 진흙으로 만들어진 두 개의 노란색 유물에 선이 그어져 있었다. 한 유물의 한쪽 면에는 선이 그려진 15묶음이 있었는데 이를 정리하면, 5, 6, 6, 9, 6, 6, 5, 8, 7, 7, 6, 5, 7, 6, 6이었다. 다른 면의 15그룹의 선 묶음에는 각각 4, 4, 8, 5, 4, 5, 4, 5, 4, 5, 5, 5, 6, 6, 5의 선이 그어져 있었다. 또 다른 두 번째 유물의 한쪽 면에는 15개의 선 묶음이 그어져 있었는데 6, 4, 4, 4, 5, 4, 5, 5, 5(혹은 6), 4, 5, 4, 3, 4, 4였다. 이 유물의 맞은 편 면에는 6, 5, 4, 5, 5, 5, 6, 7, 6, 5, 5, 7, 7, 7, 8이었다. 두 유물에 나타난 이러한 선 묶음을 분석하여 보면 5개의 선이 그어진 묶음이 21번 나타나고 있으며, 4개의 선이 그어진 선 묶음이 14차례, 6개의 선이 그어진 선 묶음은 13차례, 7개의 선 묶음은 7차례, 8개의 선 묶음은 3차례, 3개의 선 묶음과 9개의 선 묶음은 각각 한 차례씩만 나타나고 있다. 5개 선 묶음의 빈도가 가장 높고 그 다음에는 4개 선 묶음과 6개선묶음이다. 우리가 주의해야 할 점은 모든 면에 15개의 선 묶음이 모두 동일하게 적용되고 있다는 것이다. 이러한 선은 당시 사람들이 기억해야 할 어떤 일이나 하루의 어떠한 내용을 나타내는 것으로 파악할 수도 있다. 왜냐하면 두면을 합치면 30으로 한 달의 30일에 해당되기 때문이다. 이것은 아직 가정이지만 호아 빈Hòa Bình 문화와 박 선Bắc Sơn 문화에서 발굴된 유물들은 확실히 사유의 발전단계를 보여준다고 할 수 있다.

5000년 전 신석기시대 말기에는 베트남의 남북 전 지역, 산과 바닷가, 여러 섬에 이르기까지 사람들이 살았다. 호아 빈Hòa Bình-박 선Bắc Sơn 문화와 달리 신석기시대 말기의 문화들은 비교적 좁은 구역에 걸쳐 분포하고 있다. 베트남 신석기시대 말기의 부락지도를 그려보면 조각들을 연결시키는 그림과도 같다. 오랜 정착생활을 하면서 농업을 발전시켰기 때문에 좁은 구역에서 그 지역의 독특한 문화적 특성들을 형성시킨 것으로 추측할 수 있다.

당시 베트남에는 지역적인 독특한 문화들이 있지만 각 지역들은 비슷한 수준의 경제-사회적 수준을 형성하고 있었다. 대부분의 부락에서 농민들은 동일하게 괭이를 이용하여 농사를 지었다.

농업의 발전으로 인류의 의식형태에는 많은 변화들이 일어났다. 토기와 도기의 제작 기술의 발전은 논리적 사유발전의 단계를 잘 보여준다. 직사각형과 다이아몬드형의 석제 도끼가 날카로운 날을 가지고 있었는데, 당시 사람들이 도구를 '신체의 연장'으로 활용하는 것에 익숙해졌음을 보여준다. 돌로 만들어진 목걸이, 액세서리 등 석기의 제작기술은 뛰어나고 정교한데 당시 사람들이 원주율을 계산하고 비교적 정확한 원에 대한 개념들을 가지고 있다는 것을 보여준다. 미적인 감각들은 이전보다 더 발전했으며, 리듬과 대칭 감각 등이 발달했다.

당시 사람들은 진흙이 마르기 전에 무늬들을 새겼다. 장식적인 기능 이외에 이러한 토기에 그려진 무늬들은 당시 사람들의 시간과 우주에 대한 사유를 잘 보여주고 있다. 이러한 무늬들은 주로 원형, S자형 등으로 해를 상징하는 기호로 알려지고 있다. 이러한 무늬들을 토기 주변에 반복적으로 새겨서 시간의 흐름과 수확에 대한 느낌들을 상징하고 있다. 따라서 당시의 사람들은 시간의 흐름을 느끼고 있었으며 이를 표현하고 기록할 수 있었다고 추정할 수 있다. 농업활동은 시간의 흐름, 특히 계절의 변화에 따른 사람들의 의식수준을 크게 발전시켰다. 이 시기에 최초로 농사와 관련된 일종의 달력이 형성되었을 것으로 본다.

이 시기의 사람들은 이전 시기 사람들과 마찬가지로 사후의 '다른 세계'를 믿었다. 농업이 가장 앞선 경제활동이었기 때문에 사후의 세계에서도 농업활동은 지속된다고 믿었다. 따라서 고고학자들은 괭이가 있는 무덤들을 발굴할 수 있었다.

이들의 주 경제활동이 농업이었기 때문에 비와 바람, 햇빛 등의 자연조건들이 특별히 숭배의 대상이 되기도 했다. 바람과 비, 그리고 해가 이들의 주요한 신의 자리를 차지하게 된 것이다. 이들은 청동기시대에 접어들어서도 이러한 숭배의 대상을 지속시키며 발전을 이루었다.

제3장

나라 건설 초기 거민居民들의 사상

약 4000여 년 전 베트남 사람들은 홍Hồng강 유역에서 동 나이Đồng Nai강 유역에 이르기까지 거주하였으며 청동기시대로 접어들었다.

새로운 재료의 출현, 즉 근본적으로 유지하고 있던 나무와 돌의 세계와 비교하여 동銅의 세계는 그 시대 공동체의 경제, 사회, 문화에 커다란 영향을 미쳤다. 오늘날까지 베트남에서는 황동이나 순수한 동銅의 단계에 대해서는 찾아볼 수 없다. 일찍부터 사람들이 제작했기 때문에 동銅의 유물은 흔적을 남기고 있는데, 동과 주석의 합금인 청동이 바로 그것이다.

베트남 북부지역의 청동기 시대는 여러 문화 또는 서로 다른 단계를 거치며 발전했는데, 낮은 곳에서 높은 곳까지, 돌로 만든 공구가 보편화될 때부터 청동으로 만든 공구와 무기와 용구用具가 우세를 차지할 때까지이다. 이러한 모든 발전 단계를 오늘날 고고학자들은 일반적으로 선先-동 선Tiền Đông Sơn 시기라고 부른다. 그러므로 이 시기를 이어서 발전한 문화를 동 선Đông Sơn 문화라 하며, 북쪽으로는 베트남과 중국의 국경에서부터 남쪽으로는 꽝 빈Quảng Bình성까지 분포되어 있다. 동 선Đông Sơn 문화에서는 청동기 제작 기술이 고도로 발달했으며, 유명한 청동북들과 아름다운 청동기들이 등장한다. 하지만 동 선Đông Sơn 인들은 청동기뿐만 아니라 철기도 다루고 만들기 시작했기 때문에 동 선Đông Sơn 문화를 초기 철기시대에 속한 것으로 보기도 한다.

남쪽으로는 트어 티엔-훼Thừa Thiên-Huế에서 동 나이Đồng Nai 유역에 이르기까지 동 선Đông Sơn 문화와 연대는 비슷하지만 철기시대에 속한 문화가 있다. 이 문화를 사 후인Sa Huỳnh 문화라고 부른다. 오늘날 고고학자들은 사 후인Sa Huỳnh 문화보다 더 일찍 출현한 문화를 찾아내었고 이를 선先-사 후인Sa Huỳnh 문화라 부르기도 한다.

베트남 북부지역에서는 선先-동 선Tiền Đông Sơn 문화에서 동 선Đông Sơn 문화시기를 거치면서 최초의 국가가 형성된 것으로 본다. 남부지역에서 사 후인Sa Huỳnh 문화의 발전은 훗날 참Chăm 사람들과 참파Champa국의 형성과 연관되는 것으로 본다.

옛 베트남 사람들, 우리 조상들의 사상과 사유를 찾기 위해 우리는 베트남 북부지역의 선先-동 선Tiền Đông Sơn 문화와 동 선Đông Sơn 문화에 대한 발전과정들을 집중적으로 연구했다. 선先-동 선Tiền Đông Sơn 문화의 발전단계를 다시 풍 응웬Phùng Nguyên, 동 더우Đồng Đậu, 고 문Gò Mun 시기로 나눈다. 풍 응웬Phùng Nguyên 시기는 청동기시대 초기이며 동 더우Đồng Đậu는 중기 청동기 시기, 고 문Gò Mun 시기는 후기에 속한다. 1970년부터 고고학자들은 이러한 청동기 시기의 발전단계들이 홍Hồng강 유역 즉 하이 퐁Hải Phong과 하노이Hà Nội, 하 떠이Hà Tây, 빈 푸Vĩnh Phú, 하 박Hà Bắc 성省의 각 지역에서 찾아볼 수 있는 발전단계와 일치한다는 사실을 알게 되었다. 마Mã강 유역(타인 화Thanh Hóa)과 람Lam강 유역(응에 안Nghệ An과 하 띤Hà Tĩnh)은 선先-동 선Tiền Đông Sơn 시기 홍Hồng강 유역의 문화와는 조금 다른 단계로 발전하였다. 홍Hồng강 유역, 마Mã강 유역, 람Lam강 유역에서 형성된 선先-동 선Tiền Đông Sơn 시기부터 동 선Đông Sơn 시기에 이르는 문화의 발전단계를 도표로 그리면 다음과 같다.

연대	홍(Hồng)강유역	마(Mã)강유역	람(Lam)강유역
기원전 2000년~ 기원전 1500년	풍 응웬 (Phùng Nguyên)	꼰 천 띠엔 (Cồn Chân Tiên)	덴 도이 (Đền Đồi)
기원전 1500년~ 기원전 1100년	동 더우 (Đồng Đậu)	바이 만 (Bái Man)	?
기원전 1100년~ 기원전 700년	고 문 (Gò Mun)	뀌 츠 (Quỷ Chử)	루 짠 (Rú Trăn)
기원전 700년~ 기원후 100년	동 선 문화(Văn hóa Đông Sơn)		

이렇게 보면 우리는 선先-동 선Tiền Đông Sơn 시기 각 발전 과정을 이렇게 형용할 수 있을 것이다. 비슷한 종류의 각각 분리된 여러 지역들은 동 선 Đông Sơn 문화로 흘러 들어가는 강물과 같다.

이렇게 보면 선先-동 선Tiền Đông Sơn 시대에는 매우 분명하게 지방의 문화적 특징을 보이는데, 여러 지역들 간의 부락연맹이나 또는 여러 부락모임들이 존재하던 시기를 반영한다. 즉 동 선Đông Sơn 문화에 이르면 넓은 하나의 지역 안에 커다란 문화적 통일성이 출현하는 것이다. 이러한 현상은 국가의 출현 단계로 나아간다는 것을 추론할 수 있게 해준다(전설에 따르면 훙 Hùng 왕의 반 랑Văn Lang국이 이 시기에 세워진 것으로 전한다).

선先-동 선Tiền Đông Sơn 시기에 지역의 문화발전은 독자적인 특징도 있지만 인근지역들과 활발한 문화교류를 한 사실도 알 수 있다. 이러한 문화적 교류는 청동기시대의 기술을 향상시키는 계기가 되었다. 홍Hồng강 유역의 풍 응웬Phùng Nguyên 토기는 마Mã강 유역의 꼰 천 띠엔Cồn Chân Tiên 토기와 람 Lam강 유역의 덴 도이Đền Đồi 토기와 비슷한 점이 많다. 다른 여러 단계에서도 역시 이와 유사한 현상이 보이는데 서로 다른 유물의 종류에서도 그렇다.

따라서 지역적인 특성들이 있지만 우리는 여기서 동 선Đông Sơn인들의 여러 공동체의 사유와 사상의 발전에 있어서 일반적인 특징들을 다수 드러낼 수 있을 것이다.

선先-동 선Tiền Đông Sơn 사람들은 모두 벼를 재배했다. 볍씨의 흔적은 거주지와 유적지에서 쉽게 발견되고 있다. 이들은 물소, 소, 돼지, 닭 등의 가축도 사육했다. 선先-동 선Tiền Đông Sơn 사람들은 정신활동이 풍부했다. 구운 진흙으로 만든 생생한 모습의 닭과 소의 상을 발굴했다. 이러한 진흙인형을 통해서 당시의 사람들이 세계를 섬세하게 관찰했고 능숙한 솜씨와 상징으로 재현해 냈다는 것을 알 수 있었다.

선先-동 선Tiền Đông Sơn 사람들의 미적 감각은 액세서리, 토기, 석제 도구 등에 잘 나타나고 있다. 많은 도구들은 광택이 나도록 갈아서 정교하게 만들어졌다. 목걸이 등 액세서리들은 연옥으로 정교하게 만들어졌고 다양한 모양들로 제작되었다. 무엇보다 선先-동 선Tiền Đông Sơn 사람들의 미적인 감각을 탁월하게 표현하고 있는 것은 토기이다. 홍Hồng강 유역의 풍 응웬Phùng Nguyên 토기, 마Mã 강 유역의 꼰 천 띠엔Côn Chân Tiên 토기, 람Lam강 유역의 덴 도이Đền Đồi 토기로 대표되는 선先-동 선Tiền Đông Sơn의 토기는 아름다운 모양과 정교한 무늬들을 가지고 있다. 이 시기 토기 표면에 그려진 문양은 아주 풍부했다. 이들은 부드러운 곡선을 이용한 물결무늬 장식을 가장 좋아했다. 선先-동 선Tiền Đông Sơn 사람들은 무늬의 대칭성을 표현하는 장식으로 리듬예술을 훌륭하게 적용했다. 놀라운 것은 선先-동 선Tiền Đông Sơn 사람들이 다양한 대칭의 형태를 잘 활용했다는 것이다.[1] 기하학적 분류에 따라 우리는 선대칭, 거울대칭, 평행대칭 등의 형태를 찾아볼 수 있는데, 특히 선先-동 선Tiền Đông Sơn 사람들은 선대칭의 원리에 대해 잘 알았고 정확하게 표현하고 있음을 알 수 있다. 이러한 대칭은 자연에서 손쉽게 모방할 수 있는 것이 아니지만 토기를 만들면서 회전시키는 과정에서 이러한 대칭을 가진 무늬들을 만들어냈다. 하지만 선대칭의 출현과 토기에 복잡

---

1 하 반 떤(Hà Văn Tấn), 「풍 응웬(Phùng Nguyên) 사람과 대칭」, 『고고학』 3-4호, 1969, 16～27면.

한 무늬가 등장하기까지는 꽤 오랜 시간이 걸렸다. 그래서 우리는 선先-동 선Tiền Đông Sơn 사람들의 추상적인 사유 활동에 대해 높게 평가할 수 있으며, 그들의 사유 속에서 과학적인 부분을 엿볼 수 있다. 이러한 사유는 생산 활동으로 발전되었는데, 생산기술에 적극적으로 영향을 끼치게 된다.

선先-동 선Tiền Đông Sơn 사람들의 석기 제작기술은 매우 높은 수준이며 금속을 가공하는 기술도 뛰어났다. 그들이 만든 아름다운 팔찌나 여러 유물들을 통해 그들이 간단한 가공 도구를 활용했음도 확신할 수 있다. 이들은 적어도 자나 컴퍼스 등을 가지고 있었다고 볼 수 있다. 작은 컴퍼스의 흔적은 물결무늬가 있는 풍 웅웬Phùng Nguyên 토기에 남아 있다. 이러한 무늬는 작은 반원형으로 만들어졌고, 특히 원형의 가운데에는 컴퍼스를 사용한 흔적이 남아 있다. 동 더우Đồng Đậu 단계의 토기에도 동심원이 발견된다.

선先-동 선Tiền Đông Sơn 사람들은 기하학적 모양에 대한 개념을 잘 이해하고 있었으며 그러한 모양을 생각하고 계산할 수 있었다. 풍 웅웬Phùng Nguyên 토기의 물결무늬 장식은 6번 반복되었으며 원형으로 만들어졌다. 풍 웅웬 Phùng Nguyên 사람들은 원주를 거의 동일한 6부분으로 나누는데, 반지름과 원주의 관계를 파악할 수 있었던 것 같다. 이들도 컴퍼스나 적어도 컴퍼스와 비슷한 도구를 가지고 있었던 것이다. 6개의 물결무늬 장식은 그러한 기하학적 이해 속에서 만들어진 것이다. 물론 이것은 다른 상징성도 지니고 있다. 예를 들면 훗날 동 선Đông Sơn 청동북에 그려진 6개의 배가 있는데, 이것도 이러한 6의 전통에 따르는 것이라고 할 수도 있다.

선先-동 선Tiền Đông Sơn 사람들의 대칭개념 연구는 그들의 기하학적 인식 발전과 명확한 사유를 보여준다. 왜냐하면 대칭 개념은 간단한 기하학개념과는 달리 복잡한 인식을 필요로 하기 때문이다. 이러한 대칭 모양을 형성하기 위해서 그들은 회전법 등을 먼저 알고 있어야 했다.

선先-동 선Tiền Đông Sơn 사람들의 인식은 경험의 성질이 있다고 말하는 사람이 있을 수 있을 것이다. 우리는 인식 발전에 있어서 경험의 역할을 부인할 수 없다. 왜냐하면 경험이 가능한 것은 생산 활동의 실천 때문이고, 그것의 축적은 지식의 중요한 일부분을 이루기 때문이다. 하지만 그런 것이 그들의 사유가 개별적인 활동이 없다는 의미는 아니다. 왜냐하면 경험에 대해 말하는 것조차도 역시 이미 총괄한 어떤 것을 말하기 때문이다. 우리가 토기를 장식하는 문양을 보면 수없이 많기도 하지만 그것들은 모두 일정한 하나의 원칙에 따라 만들어졌다. 그 때문에 그것들이 우연히 만들어져 나온 것이라고 생각할 수 없다. 서로 다른 문양들의 여러 특징은 이러한 문양들 간의 관계를 엿볼 수 있게 하는데, 이는 사유간의 관계라고 할 수 있을 것이다.

따라서 우리는 그들의 예술 형상을 통해 또한 그들의 여러 생산품을 통해 선先-동 선Tiền Đông Sơn 사람들의 사유 정도를 분석할만한 이유가 충분하다. 이러한 여러 형상은 미학적인 사유를 나타내면서 한편으로는 과학적인 사유를 드러내고 있다.

선先-동 선Tiền Đông Sơn 사람들은 점점 청동 제작기술과 금속 제련기술에서 확실하게 능숙해졌다. 이는 또한 과학적인 논리적 사유의 발전을 위한 매우 중요한 조건 중 하나이다. 특히 동 더우Đồng Đậu 단계에서부터 청동기 제작 기술의 비약적 발전이 이루어진 것처럼 보인다. 타인 덴Thành Đền 유적지(빈 푸Vĩnh Phú, 메 린Mê Linh)에서 고고학자들은 동 더우Đồng Đậu 단계에 속하는 동 주조 작업장을 발견했다. 이곳에는 50㎡를 발굴한 구덩이에서 동을 녹이던 여러 용광로를 발견했으며, 동을 녹이던 도가니(사토솥)를 발굴했고, 고고학자들은 특히 금강사와 진흙으로 만들어진 주물틀 30여 기를 발굴하였다. 이 시기의 사람들은 동과 주석을 이용한 합금으로 도구나 무기를 만들었다. 동과 주석을 합금하여 강도가 높은 제품을 만들 수 있었으며, 날카로운 도끼와 칼도 만들 수 있었다.

선사시대 사람들의 사유에는 이렇게 합리적이고 논리적인 측면이 있었지만 반면 비합리적이고 비논리적인 측면도 존재한다. 선先-동 선Tiền Đông Son 사람들도 예외는 아니다. 그들의 추상적인 사유는 실제 자연세계의 발전뿐만 아니라 초자연세계에 대해서도 합리적으로 설명하기 위해 노력한 결과라 할 수 있다. 이러한 점에서 우리는 선사시대 사람들의 사유의 한계와 더불어 동시에 그들 사유의 다양성과 풍부함을 엿볼 수 있다.

석기시대 사람들과 마찬가지로 선先-동 선Tiền Đông Son 사람들은 '다른 세계'에서의 삶에 대해 믿고 있었다. 선先-동 선Tiền Đông Son 시기의 무덤들은 거주지 인근에서 발견된다. 이 시기의 사람들은 다른 세계, 즉 죽은 사람들의 생활에 관심을 기울였다. 매장방식은 매우 다양했다. 풍 응웬Phùng Nguyên 말기, 동 더우Đồng Đậu 초기 단계에 속한 룽 호아Lũng Hòa(빈 락Vĩnh Lạc, 빈 푸Vĩnh Phú) 무덤군은 매우 독특하다. 거주지 층을 발굴한 후에 고고학자들은 무덤들을 발견할 수 있었고, 다시 깊게 더 파고 들어가야 시체를 안장한 무덤 밑바닥에 닿을 수 있었다. 모든 무덤들은 직사각형인데 평균 깊이는 3m이며 어떤 무덤은 5m에 이르기도 했다. 그리고 이 무덤군에 매장된 모든 시신의 머리는 동쪽을 향하고 있었다. 선先-동 선Tiền Đông Son 사람들은 방위에 대한 이해가 있었던 것이다. 그리고 이들이 태양을 숭배하고 있었음도 추측할 수 있다. 선先-동 선Tiền Đông Son 시기 다른 많은 곳의 무덤들에서 발굴된 시신의 머리가 모두 동쪽을 향한 것은 아니다. 무덤에서는 돼지의 턱뼈가 발굴되기도 했다. 죽은 사람과 함께 돼지의 머리도 매장했던 것이다. 이것은 죽은 사람이 사후세계에서 돼지를 먹으면서 살 수 있도록 기원했던 것으로 보인다. 당시 돼지는 집에서 키워졌다. 민족학적 자료에 따르면 동남아시아와 태평양의 많은 부족들이 돼지를 키웠으며, 돼지를 희생시켜 조상에 대한 제사를 지냈다는 것을 알 수 있다.

앞서 말한 것처럼 선先-동 선Tiền Đông Son의 토기, 특히 풍 응웬Phùng Nguyên

문화와 동시대의 토기에는 매우 아름다운 선 문양이 장식되어 있다. 이러한 문양들은 아름답게 만드는 기능뿐만 아니라, 우주에 대한 인간의 다양한 사유를 드러낸다고 할 수 있다.

여러 연구자들은 농업에 종사하던 사람들의 토기 장식에 대해서 세계에 대한 추상적인 그림이라고 하는데, 그 안에는 수확과 식물의 생장 변천이 담겨 있으며, 연속되지만 동일하지는 않은 S자 무늬가 서로 연결된 나선형으로 체현되면서 반복되어 왕복하면서 토기 주변을 장식하고 있다고 언급한다.[2] 우리는 쉽게 선先-동 선Tiền Đông Sơn의 토기에서 이처럼 주변에 둘러쳐져 있는 연속된 S자 문양들의 장식을 만날 수 있다. 또한 학자들은 농경에 종사한 이들의 토기 일부분에 장식된 문양들이 3개의 세계를 포함하는 우주의 한 모형을 드러내고 있다고 인정한다. 하늘 안의 세계, 인간의 세계 그리고 땅 아래의 세계이다.[3] 풍 응웬Phùng Nguyên 토기 일부에서도 또한 유사한 장식의 형식을 만날 수 있다. 보통 토기 입 부분에서는 띠 문양을 쉽게 볼 수 있으며, 토기 윗부분에 그려진 대각선은 비를 표현한 것이고, 원형과 반달형은 해와 달을 표현한 것으로 보인다. 그리고 S자형 장식은 보통 토기의 가운데 위치하고 있으며 사람들의 공간으로 여겨진다. 밑 부분은 윗부분과 선으로 그어져 구분되고 있으며 땅의 세계로 여길 수 있다.

이러한 판단이 맞다면 우리는 동 선Đông Sơn 사람들의 우주론에 대해 어느 정도 설명할 수 있을 것이다. 최소한 이 시기에는 예술에 실제와 같은 그림을 그리는 방식 외에도 추상적으로 상징되는 방식이 쓰이고 있음은 분명히 알 수 있다. 이것은 추상적인 사유 발전에 한 획을 그은 발전이다.

---

2 Friedrich Schlette, Konvergenzerscheinungen in der Urgesellchaft und ein Versuch ihrer Deutung In *"Aus Ur-und Friihgeschichte"*, Akademie Verlag, *NXB Viện Hàn lâm*. Berlin 1962, pp.55~63.

3 B. A. Rybakov-Kosmogonija I mifologija Zemledelcev eneolita, 『소비에트고고학』 1·2호, 1965.

이 시기에 인식한 세계는 3개만이 아니라 4개이기도 했다. 즉 3개의 세계 외에 물속의 세계를 더 추가한 것으로 용군, 용왕에 대한 전설은 이러한 상징을 반영하며, 물속세계에 대한 인간들의 관념을 드러내고 있다. '지옥'에 대한 신앙은 항상 '용궁'신앙과 더불어 같이 나타나고 있다.

다산숭배신앙은 생식기숭배로 표현되고 있으며 이 시기에 상당히 풍부하게 신앙되고 있었음이 보인다. 동 더우Đồng Đậu 유적지에서는 뼈들이 발굴되었는데 고고학자들은 이것들이 남성의 성기를 상징한다고 밝혔다. 1966년 풍 응웬Phùng Nguyên 문화에 속한 반 디엔Văn Điển 유적지에서는 돌로 만들어진 남자의 상을 발굴했다. 다리는 부러져 없었고 머리에서 무릎까지의 키는 3.6cm 정도였다. 양 다리는 붙어 있었으며 생식기가 매우 강조되어 표현되었다. 다산숭배신앙이나 자연숭배, 태양신숭배가 동 선Đông Sơn 문화에서 지속적으로 발전된 것으로 보인다.

동 선Đông Sơn 문화는 금속문화시대의 문화발전에 중요한 역할을 담당하고 있다. 베트남과 중국의 국경지역에서 꽝 빈Quảng Bình성의 지안Gianh 강에 이르기까지 광범위한 지역에서 문화적 통일성이 나타나고 있다. 이런 넓은 지역에 문화적 통일성이 나타나고 있는 것은 선先–동 선Tiền Đông Sơn 문화에서는 찾아볼 수 없는 것이다. 따라서 동 선Đông Sơn 문화의 형성은 부락들이 서로 연합하여 넓은 지역에 걸쳐서 국가의 형태로 발전하는 과정을 보여주는데, 훙Hùng 왕과 반 랑Văn Lang국이라 불리는 전설처럼, 크고 넓은 지역에 하나의 국가가 이루어지는 과정을 보여준다고 하겠다.

동 선Đông Sơn 문화의 주인공은 생산기술 측면에서도 큰 발전을 이루었다. 그들은 동을 잘 다루는 사람들이었으며, 여러 공구와 작은 무기를 만들었을 뿐만 아니라 청동제 병이나 미술성이 있는 장식 문양을 가진 커다란 청동북도 만들었다. 또 그들은 철을 주조하고 제련하는 법을 알았다. 그들은 날카로운 날을 가진 쟁기로 논밭을 갈았으며 소와 물소의 힘을 이용할 줄도 알았다.

유명한 응옥 루Ngọc Lũ, 호앙 하Hoàng Hạ, 꼬 로아Cổ Loa 등의 청동북은 동 선Đông Sơn 문화를 대표하는 유물이라 할 수 있는데, 이 유물들을 통해서 당시 사람들의 과학적인 사유와 미학적인 사유를 알아 볼 수 있다.

동 선Đông Sơn 사람들이 만들었던 청동북을 제작하는 일은 결코 쉬운 일이 아니다. 오늘날의 기술수준에서도 청동북을 제작하는 일은 만족스러운 결과를 얻기가 매우 어렵다. 청동북을 비롯한 동 선Đông Sơn 문화의 청동제품에서는 납이 함유된 합금도 있었다. 청동과 주석, 납의 합금으로 만들어진 청동제품들은 동 선Đông Sơn 문화의 특징이라 할 수 있다.

오늘날 고고학자들은 동 선Đông Sơn 시기의 철을 연마하던 야금로를 발굴했다. 야금로의 벽은 볏짚이나 왕겨를 섞은 점토로 발라져 있으며, 커다란 조약돌들로 촘촘하게 만들어져 있다. 문은 2개가 있는데 바람을 넣는 문과 재를 긁어내는 문이었다. 야금로에 바람을 넣는 관은 구운흙으로 만들어져 있다. 이 야금로의 구조를 연구한 결과 동 선Đông Sơn 사람들은 '직접 환원' 방식으로 철강을 연마한 것으로 알려졌다. 철광의 산화물을 두들겨 제거하기 위해서 탄을 사용하는 방법이었다. 실험결과 섭씨 $1,300 \sim 1,500\,^{\circ}\mathrm{C}$의 고온을 이용한 것이 밝혀졌다. 연철을 이러한 높은 온도로 조성하면 품질이 좋아지고, 탄소와 불순물이 적어지며, 부드럽고 연마가 쉬워져 가공이 가능하다. 이러한 높은 온도의 야금로를 이용하여 철강을 연마한 것은 동 선Đông Sơn 사람들의 노동에 큰 의미가 있는 창조였다. 동 선Đông Sơn 사람들은 청동제작과 마찬가지로 철에 대한 연금에 대해서도 매우 높은 수준의 지식을 갖추고 있었다.

동 선Đông Sơn 청동북은 이 시기의 사유와 기술수준을 잘 드러내는 대표적 유물이다. 하지만 청동북에는 동 선Đông Sơn 사유에 대한 여러 가지 신비로운 점이 있는 것도 사실이다.

분명한 것은 동 선Đông Sơn 청동북에 새겨진 문양의 모습에서, 또한 새길 때 사용한 공구에서 우리는 동 선Đông Sơn의 독특한 예술적 특성을 엿볼 수 있다. 다른 시기의 여러 문화의 예술적 특성과는 결코 섞을 수 없는 것들이다. 예를 들어 독특한 윈난(중국)의 디엔Điền(또는 떤 닌Tấn Ninh) 문화처럼 동 선Đông Sơn 문화와 친밀한 문화는 찾아볼 수 없다. 동 선Đông Sơn의 화가와 조각가들은 현실세계를 세밀하게 묘사하는 것에 집중하지 않았으며, 기본적인 특징만을 강조하고 생생하게 재현함으로써 '동 선Đông Sơn의 혼'을 만들어냈다.

동 선Đông Sơn 사람들은 주로 사람이나 동물의 옆모습을 잘 묘사했다. 또한 한쪽 면의 얼굴과 함께 얼굴 앞부분을 결합시킬 때도 있었다. 가로질러 날아가는 새지만 아래에서 바라보는 것과 같은 넓고 커다란 날개를 지니고 있으며, 춤추는 사람은 가로지르며 머리를 돌리고 있는데 팔은 직선으로 뻗고 있다. 이러한 묘사 형식은 고대 이집트 회화에서 보이는 사람의 여러 모양을 떠올리게 만든다. 동 선Đông Sơn 사람들은 조각 표현 기법을 사용했는데, 흔히 우리가 'X 선(투시)' 기법이라 부르는 것인데, 예를 들면 냐 산Nhà Sàn[4]의 지붕은 땅바닥에 닿을 듯 구부러지고 늘어져 있지만 그 안에 여러 앉아 있는 사람들이 잘 드러나고 있다.

동 선Đông Sơn 청동북에는 동 선Đông Sơn 예술의 양식이 집중적으로 드러나고 있다.

독특한 양식과 더불어 동 선Đông Sơn 사람들은 여러 새의 모양, 사슴 모양, 냐 산Nhà Sàn의 여러 지붕, 종鐘의 표면에 있는 손에 들린 여러 악기와 함께 춤을 추는 무리의 사람들, 청동북의 공명통에 무기를 든 여러 사람들과 더불어 새겨진 많은 배들의 문양 등이 있다. 청동북의 이러한 조각들이 실

---

4 베트남 소수민족들의 가옥으로 지상과 떨어지게 바닥을 만들고 높은 지붕을 가지고 있다. (역자 주)

제를 그대로 기록한 것인지 아니면 상징적인 의미를 지니는 것인지에 따라서 청동북의 의미를 해석하는 방식도 달라진다.

프랑스 고고학자인 마들렌 꼴라니Madeleine Colani는 청동북 가운데에 있는 별모양은 태양이며, 사람과 새, 숫사슴이 시계 반대방향으로 태양 주변을 돌고 있고, 이는 지구가 태양 주변을 회전하는 방향과 같다고 주장했다.[5] 꼴라니의 주장에 따르면 동 선Đông Sơn 사람들은 태양숭배사상을 가지고 있는 것이다. 그리고 배와 새도 모두 태양과 관련된 상징이 된다.

쿼리치 웨일스H.G.Quaritch Wales는 동 선Đông Sơn의 신앙은 샤머니즘 신앙이며 청동북의 상징들은 샤머니즘 의식과 관련이 깊다고 주장한다. 청동북 가운데에 있는 별 그림은 태양이 아니라 북극성이라고 주장한다. 왜냐하면 북극성은 하늘 가운데 있고 우주의 축이 이 북극성을 지나가며, 샤머니즘 신앙에서는 샤먼이 이 축을 따라 하늘로 날아갔다고 보기 때문이다.[6]

최근에 루프스 위소와H. Loofs-Wissowa는 위의 여러 주장에 반대하면서 청동북을 합법적인 권력의 상징이라 주장하면서 '왕권의 상징regalia'학설을 내세웠다. 그는 서양에서 교황의 권위와 마찬가지로 종교적 권위가 고대시기 베트남의 북부지역에 존재했다고 주장한다. 동남아지역의 족장들은 청동북을 가져가기 위해 베트남의 북쪽으로 사신을 파견했으며 청동북을 통해 그들은 합법적인 왕이 될 수 있었다고 주장한다.[7] 청동북의 여러 배들은 그에 따르면 '왕권의 상징'을 얻기 위한 항해와 관련된 것이라 보고 있다.

하지만 현재까지 쿼리치 웨일스와 루프스 위소와의 학설은 명확한 실증적 근거를 찾지 못하고 있다. 또한 태양숭배는 그 시기 농사를 짓는 사람들

---

5 M. Colani, *Survivance d'un culte solaire, in Proceedings of the Third Congress of Prehistorians of the Far East*, Singapore, 1940, pp.173~193.

6 H. G. Quaritch Wales, *Prehistory and Religion in South-East Asia*, Rom, 1975, pp.65~108.

7 H. H. E Loofs-Wissowa, *The distribution of Dongson drums : somes thoughts in Peter Snoy(ed.) Ethnologie und Geshicte*, Wiesbaden, 1983, pp.410~417.

의 일반적인 신앙형태였으며 특히 청동기, 철기 시기에는 꼴라니의 학설이 더 폭넓게 인정될 수 있다. 그러나 동 선Đông Sơn 사람들의 천문지식이 어느 정도로 발전하고 있었는지 우리는 정확히 알 수 없다. 부이 후이 홍Bùi Hui Hồng의 가설에 따르면 응옥 루Ngọc Lũ, 호앙 하Hoàng Hạ 청동북의 윗면은 천체의 지도이며 태양의 그림자를 측정하는 장치로 사용할 수 있었고 양력과 음력을 측정할 수도 있다. 그에 따르면 청동북의 윗면을 토대로 태양의 그림자를 이용하여 측정하면 동지, 하지, 춘분, 추분 등을 정확히 알 수 있다고 한다. 홍 브엉Hùng Vương 시대에는 밤과 낮에 각각 5시간이 있었다고 전해지며 각각의 시간은 다시 약 10으로 나누어질 수 있다.[8]

부이 후이 홍Bùi Huy Hồng의 주장은 독특하며 대담하지만 많은 증거들이 뒷받침되어야 우리가 받아들일 수 있을 것으로 보인다. 그러나 부이 후이 홍Bùi Buy Hồng의 주장은 우리를 많은 생각 속으로 빠져들게 했다. 예를 들면 그가 수집한 자료들과 응옥 루Ngọc Lũ 청동북의 윗면 테두리 안에 새겨진 원형을 세어 봤을 때 112, 147, 207, 248, 322, 336 등의 데이터를 얻을 수 있었다. 112, 147, 207, 248, 322, 336 등의 데이터는 모두 7의 배수이다. 그리고 14개의 태양빛도 7의 배수이다. 이것은 우연히 부합한다고 말하기에는 어려운 측면이 있다. 부이 후이 홍Bùi Huy Hồng에 따르면 이 7의 배수는 달의 주기력과 정확하게 시점이 일치한다. 그리고 응옥 루Ngọc Lũ의 표면 외곽에 새겨져 있는 336개의 작은 원은 태양의 주위를 도는 달의 1주기년과 상응하는 것이다.[9]

분명한 것은 청동북을 비롯하여 동 선Đông Sơn 사람들의 사유는 감추어

---

8   부이 후이 홍(Bùi Huy Hồng), 「호앙 하(Hoàng Hạ) 청동북 면의 홍 브엉(Hùng Vương) 시대의 달력」, 『고고학』 14호, 1974. 54~60면.

9   부이 후이 홍(Bùi Huy Hồng), 『1976년 고고학에서 발견한 것들 가운데 응옥 루(Ngọc Lũ) 청동북 장식에 사용된 접선(接線)이 있는 원들의 천문학적 의의』, 고고학원, 254~260면.

진 것이 많으며 우리는 이를 찾아야만 한다는 것이다. 그렇지만 동 선Đông Sơn 시대 사람들을 설명하는 가설은 농업과 항해를 위한 자신의 개별적 역법이 있었으며 비록 오늘날에 이르기까지 우리는 분명하게 확정하지 못하고 있지만 완전히 합리적이라는 것이다. 달과 한 달에 관계되고 있기 때문에 언어적 측면에서 하나의 근원을 지닌다고 볼 수 있으며, 고대 베트남인은 달의 주기에 따라 한 달을 계산했던 것이라 할 수 있다.

청동북에 새겨진 여러 문양에 대해서는 여전히 서로 다른 쟁론들이 있다. 예를 들면 빅토르 골로우베프V. Goloubew는 다야크Dayak족의 배 모양과 연결시켜 설명하면서, 북의 울림통에 새겨져 있는 여러 배에 있는 사람들은 죽은 자의 영혼을 천도하는 일종의 의식과 연관된다고 주장한다. 또 다른 사람들은 동남아에서 흔히 열리는 보트경기의 풍습과 연결시키기도 했다. 또한 농업의 의례의 하나로서 기우제와 더불어 청동북 위에 새겨진 모양들을 연결시키는 사람도 있다. 이러한 여러 의견들은 좀 더 깊은 연구가 필요하다. 어쨌든 동 선Đông Sơn 사람들이 매우 발전된 경작 기술을 가지고 벼를 심는 농업을 한다고 인정한다면, 우리는 그들에게 농업의 여러 의례가 있었다고 볼 수 있으며, 동남아지역에서 수집할 수 있는 민족학 자료들과 비교할 수 있을 것이다.

예를 들어 선先-동 선Tiền Đông Sơn 시대에 존재했던 다산의식은 동 선Đông Sơn 시대를 거치면서 더욱 발전되었고, 다오 틴Đào Thịnh 청동병의 뚜껑에서 교합하는 여러 남녀쌍을 찾아볼 수 있는 것으로 그 흔적을 알 수 있다. 청동북 일부에서도 여러 태양 빛의 주변에 음물陰物과 양물陽物의 모양이 나타나는 것을 볼 수 있다. 오늘날 베트남의 농촌 지역에서도 비를 기원하는 의식과 관련된 양물과 음물의 사당을 모시는 풍속이 남아 있다.

또한 다른 동남아 지역과는 다른 농업 의식이 많다. 우리는 동 선Đông Sơn 문화시대로부터 기원하는 남녀가 한 쌍으로 짝을 지어 발을 밟으며 노래하는 풍속, 배 경기풍속, 연날리기 풍속 등을 찾아볼 수 있다.[10] 다른 여러 기능들 이외에도 청동북에는 비를 기원하는 북이라는 기능이 있으며 확실히 농업의 의식과 깊은 연관이 있다고 판단된다. 늦은 시기의 동 선Đông Sơn 청동북 일부에는 네 마리의 두꺼비가 발견된다. 지금까지도 베트남 사람들은 여전히 "두꺼비가 비를 기원하기 위해 하늘을 향해 소리를 외친다"고 생각하며 "두꺼비는 하늘님의 삼촌(친척)"이라는 전설도 전해진다.

동 선Đông Sơn 시기는 많은 전설이 형성된 시기이기도 하다. 이는 베트남의 여러 민족 사람에 대한 폰클로Fônclo Bâhnar의 자료[11]에 근거하여 추론한 것인데, 특히 낀Kinh족과 므엉Mường족 사람들이 주가 된다. 그렇지만 역시 우리는 동 선Đông Sơn 시대의 흔적들을 통해 받아들일 수 있을 것이다. 예를 들면 응에 안Nghệ An에 있는 동 선Đông Sơn 문화 유적지의 하나인 랑 박Làng Vạc에서 발굴된 단검의 손잡이에는 두마리 뱀이 서로 휘감으면서 코끼리를 삼키는 모습이 있다. 뱀이 코끼리를 삼키는 이야기는 동남아지역에서 양쯔강까지 보편적으로 전해지는 것이다. 『초사楚辭』의 「천문天問」 편에는 이러한 전설의 한 구절이 전해진다. "한마리의 뱀이 코끼리를 삼킨다"이다. 많은 청동유물에는 이상한 동물들을 볼 수 있으며, 자연에서 우리가 찾아볼 수 없기 때문에 전설속의 동물이라 여기고 있다.

동 선Đông Sơn 시대에는 풍부한 이야기가 전해지고 있을 뿐만 아니라 하나의 체계를 갖춘 신화가 안정적으로 질서를 잡고 정리되어 형성되기 시작한다. 애석한 것은 이러한 신화의 계통들이 조각조각 부서져 버린 것이다. 북속北屬[12] 시기를 지나면서 외부에서 들어온 커다란 종교와 더불어 한

---

10 E. Porée-Maspéro, *Études sur les rites agraires de Cambodgiens*, Tập I-III, Paris 1962, 1969.

11 또 응옥 타인(Tô Ngọc Thanh), 『Fônclo Bâhnar』, 지아 라이-꼰 뚬(Gia Lai - Kon Tum) 문화통신부, 1988.

12 베트남이 북부지역에 위치한 세력의 침략으로 몰락하여 식민지 상태에 놓여 있는 상태를 말한다. 뒤에 나오는 제4장 관련부분을 참조할 것. (역자 주)

나라의 문화에 의한 문화변이가 일어났다. 하지만 역사가 흐르면서 베트남 사람들의 기록에 의해 부서져버린 파편들이 조금씩 모아졌으며, 중대 시기를 거치면서 서사시적인 신화 형식으로 기록되어 전해지고 있다. 예를 들자면 므엉Mường족에 전해지는 '땅을 낳고 나라를 낳다'라는 신화가 있다. 이를 곰곰이 사유하면 매우 합리적임을 알 수 있다. 서사시적인 신화의 형성은 사회가 계급과 국가의 형성시기에 접어들었을 때 나타나는 것이다. 하지만 동 선Đông Sơn 시기는 국가가 씨앗의 상태로서 아직 사회계급의 구별이 명확하지 않았고 공동체적인 사회로 존재하고 있었다. 그렇기 때문에 만약 하나의 신화 계통이 있었다면 다신교적 특성을 확실하게 드러냈을 것으로 보인다.

우주론에서부터 동 선Đông Sơn 사람들의 예술과 같은 신앙형태를 보면 이 시기 사유의 한 특징을 알 수 있는데 이를 양합dualisme (이중성 또는 양분이라고도 한다)이라 한다. 양합적 사유는 세계의 여러 서로 다른 지역에서 찾아볼 수 있으며, 석기시대로부터 오랫동안 존재해 온 사유의 형태라 할 수 있다. 하지만 동남아지역에 오랫동안 내려온 양합적 사유는 매우 눈에 띄는 독특한 특징을 형성하고 있다. 이러한 양합적 사유는 반대(대립, 대칭) 상징으로 표현되고 있으며, 뽀레 마스뻬로E. Porée-Maspéro의 저술에서 상세히 설명되고 있는데, 마른 것 / 젖은것, 불 / 물, 태양 / 달, 새 / 뱀, 저지대 / 고지대 등으로 나타난다. 뽀레 마스뻬로에 따르면 이 지역에서 열리는 축제, 보트경기 등의 풍습과 신화는 이중성, 반대요소의 충돌과 화해를 나타낸다고 한다. 청동북의 상징에서도 이러한 이중성을 엿볼 수 있다.

동 선Đông Sơn 청동북과 청동기의 양합적 사유는 새-수사슴 / 물고기-악어, 수컷 / 암컷(숫사슴과 암사슴이 서로 번갈아 가면서 삽입된다) 등 반대상징으로 표현되고 있다. 전설도 이중성의 세계를 반영하고 있다. 예를 들면 락롱Lạc Long(용) / 어우 꺼(Âu Cơ, 므엉Mường족 전설에 따르면 새나 사슴이며, 비엣Việt

족의 전설에 따르면 선녀) 전설에서 50명의 아들이 산으로 올라가고 50명의 아들은 바다로 내려가는 것, 선 띤Sơn Tinh(산) / 투이 띤Thủy Tinh(강물이나 바다) 등이다.

이렇다면 양합적 사유는 원래 원시시대의 한 분류방법 ― 좌우 대립으로 이끄는 대뇌의 두 측면의 기능 분화로부터 기원하기 시작하는 것으로 알려진 ― 이었고,[13] 많은 분야에서 동 선Đông Sơn 사람들의 사유세계를 지배했다. 이는 비논리적인 것들을 논리적인 것으로 이끌기도 했다.

이러한 것은 이상할 것이 없는데 왜냐하면 이 단계에서는 기술에 대한 발명까지도 모두 신비화되었기 때문이다. 예를 들어 "동Đông 할아버지와 청동북의 주조"에 관한 노래 가사, 또는 "땅을 위하여 물을 위하여"에 담겨 있는 "추동chu đồng나무를 자른" 이야기 등은 모두가 동을 제작하는 일을 신화화 한 것이다. 또한 종Dóng 할아버지 이야기도 있는데, 모두가 제련하는 일을 신화화한 것과 깊은 관련을 지닌다. 근래 들어 훙 브엉Hùng Vương이 여러 부락을 굴복시키기 위해 사용했다는 '환술(요술)'에 대한 의견들도 제시되고 있는데, 다른 특별한 것은 없으며 청동 합금에 대해 좀 더 특별한 것을 알았다는 것이다.[14]

동 선Đông Sơn 시기는 국가가 형성되는 시기이면서 부락들이 국가로 통합되던 시기였기 때문에 사회사상측면에서 보자면 대립이 나타나지 않을 수 없었는데, 그 하나는 부락이 분산되는 의식의 측면이고, 다른 한편은 국가로 통합되는 의식이다. 우리는 베트남의 역사 시기 안에서 훗날까지 지

13 V. V. Ivanov, K lingvistichekomy i kul turno-antropologicheskomu aspektam problem antr opogeneza, V kn, "Rannjaja etnicheskaja istortija narodov Vostochnoj Azii" (Về một số khía cạnh ngôn ngữ và văn hóa-nhân học của vấn đề hình thành con người), Trong "Lịch sử tộc người sơ kỳ của các dân tộc Đông Á", Moskva, 1997, pp.23~46.

14 찐 신(Trịnh Sinh), 「납 합금, 동선(Đông Sơn)문화와 훙(Hùng)왕」, 『고고학』 2호, 1989, 43~50면.

속적으로 이어지는 분산과 통합적 요소들 간의 투쟁의식을 볼 수 있다. 그리고 이러한 투쟁은 사상 안에 드러나지 않을 수 없다. 마을은 신석기시대부터 형성된 사람들의 공동체 단위였으며 청동기와 철기 시대에 접어들어서는 더욱 확대되었다. 우리는 선先-동 선Tiền Đông Sơn과 동 선Đông Sơn 유적에서 이를 확인할 수 있다. 그러나 동 선Đông Sơn 시기에 특별한 것은 무덤 구역이, 즉 각 묘지들은 사람들이 사는 곳과 떨어진 곳에 위치하며, 그 이전 시기처럼 서로 겹쳐서 일치되어 나타나지는 않았다. 이와 같이 '산 자가 머무는 곳'과 '죽은 자가 머무는 곳'은 서로 다른 지역이 되었다. 하지만 마을은 '산 자의 마을'과 '죽은 자의 마을'을 모두 포함하고 있다. 그 이유는 두 세계지만 역시 하나의 공동체였기 때문이다.

그리고 이러한 마을의 인근에는 또 다른 마을이 있었다. 이러한 마을 안에는 여러 조직이 있거나, '커다란-마을'이 있었으며, 이 시기에 접어들면서 비록 혈통과 관련된 것을 버린 것은 아니라 할지라도 점점 영토와 관련된 것들이 중요한 위치를 차지하게 되었다. 이러한 것은 하나의 마을, 여러 마을의 연합, 커다란-마을이 모두 관련되어 있었다. 하지만 이러한 모든 연계들이 늘 서로 화합하였다는 것은 아니며, 그리고 여러 시기에 걸쳐서 상호간에 모순이 발생했다. 이러한 연계의 변증법적 관계, 대립과 화합은 이 시기를 명확히 표현하는 것이다. 이는 우리가 이 시기의 사상을 연구할 때 버리고 지나갈 수 없는 조건인데, 왜냐하면 이는 그 이후 여러 시기의 서로 다른 단계에서 나타나는 공동체 사상의 기원이 되기 때문이다.

동 선Đông Sơn 시기는 우리 민족 초기의 핵심을 형성하는 시기이다. 그 때문에 이 시기의 사상과 사유를 분명히 찾는 일은 매우 중요한 것이다. 아직 좀 더 시간이 걸리고 여러 새로운 신비적 요소들이 분명하게 밝혀져야 하고, 기본적 자료들도 보다 더 축적되어야 할 것이다.

제4장

사유의 발전 경향과 그 시대

　기원전 179년 피엔 응웅Phiên Ngung(오늘날의 중국 광동)에 도읍한 남 비엣 Nam Việt 국의 찌에우 다Triệu Đà 왕은 어우 락Âu Lạc(오늘날의 베트남 북부)을 침략하여 어우 락Âu Lạc국을 지아오 치Giao Chỉ와 끄우 천Cửu Chân 두 군으로 나누었다. 기원전 111년 한나라는 남 비엣Nam Việt국을 멸망시키고 어우 락Âu Lạc 지역을 바꾸어 지아오 치Giao Chỉ 성주로 삼았고, 그 아래에 7개의 군을 두었으며, 주의 으뜸 관직을 자사로 삼고, 군의 으뜸 관리는 태수로 정했다. 어우 락Âu Lạc 사람들의 빛나는 역사는 독립과 자유로부터 미끄러져 노예와 부속상태로 전락했고, 개별적인 국가의 공동체 인민으로부터 한나라 제국의 군과 주에 속한 사람으로 추락했다. 노예의 시기는 상당히 길고 길었는데, 기원전 179년부터 시작해서 기원후 938년, 응오 꿰엔Ngô Quyền이 박당Bạch Đằng강에서 남 한Nam Hán 군과의 전쟁에서 승리를 일구고 대월국의 독립 기원을 연 시기까지 이어졌다. 식민지배시기는 1117년에 걸쳐 이어졌다. 눈물과 피가 가득했던 시기였지만 하나의 민족 구성원의 노력과 불굴의 정신을 드러낸 시기이기도 했다.

　한나라가 들어왔을 때 베트남에는 새로운 모순이 발생했다. 모순의 한편은 한나라와 베트남인 앞잡이들이었으며, 다른 한편은 나라를 사랑하는 베트남 인민들과 적을 증오하는 사람들이었다. 모순을 일으킨 두 편은 항상 투쟁해야 했다. 변화는 격렬할 때도 있었고, 온화한 때도 있었다. 한때는 잠시 안정이 되었던 시기도 있었고, 어느 한편이 승세를 잡거나 힘으로 위협하여 한편의 모순이 사라지는 듯 보이는 시기도 있었다. 이는 사회가 평화롭거나 통치가 잘 이루어지거나 혹은 베트남 사람이 적을 쫓아내어 몇 년 동안 정권을 쟁취했을 때였다. 하지만 이러한 조건은 모순을 충분히 해결할 수 없었다. 한나라는 인구와 영토가 베트남보다 몇 배나 더 크고 많았는데 셋으로 나뉘어 있을 때(삼국시기, 220~280년에 이르기까지), 둘로 나뉘었을 때(남북조시기, 420~589), 그리고 힘이 매우 약해졌을 때에도 그들의 역량은 베트남에 비해 너무도 막강한 것이었다. 베트남 민족은 애국적인 마음과 침략군에 대한 저항의지도 강했지만, 나라는 작고 인민은 적었으며 약함이 강함을 벗어나거나 작음이 큼을 이겨낼 수 있게 상황을 바꾸는 일을 빠르게 이룰 수 있는 방법은 아무것도 없었다. 모순은 여전히 지속되었고 오래 이어졌다. 이것이 북속시기北屬時期에 이어지는 기본적인 모순이었다.

이러한 모순은 한편으로는 옛 반 랑Văn Lang 사회의 근원과 동력을 없애버리는 한편, 다른 측면에서는 새로운 발전 동력과 근원을 생산했으며, 한편으로는 옛 사회에서 이어지는 역사 발전을 가로 막았으며, 다른 한편으로 새로운 사회의 새로운 방향을 규정하기도 했다. 만약 예전에는 나라 내부의 계급들과 계층이 역사를 나아가도록 촉진하는 역할을 하였다면, 이때에는 이러한 역할이 외부 통치자와 내부 나라를 사랑하는 사람들에 속하는 것이었다. 바로 이러한 의식, 대립되는 두 역량의 행동과 같은 의지는 사회를 바꾸는 동력과 근원이었다. 그리고 사회는 그들이 규정한 서로 다른 이익에 따라서 어떠한 추향趨向으로 바뀌었다.

북속北屬의 전 시기와 이후의 시기를 비교해서 특별히 다른 것은, 베트남의 땅이 조각난 위에서 한 시기에 두 개의 운동 과정이 일어나고 두 개의 발전 추향趨向으로 진행되었다는 것이다. 하나는 한화漢化의 경향이고, 또 다른 하나는 한화의 반대경향으로, 베트남 땅의 민족적 특색을 유지하는 것이었다. 이 두 추향趨向은 모두 베트남 사회와 사람, 나라를 하나의 대상으로 하여 영향을 끼쳤다.

한화는 인식 구별이 쉽고 분명한 현상이다. 북속시기에 분명히 드러나게 진행된 것이다. 한漢 봉건제국의 사학자와 사상가들은 일반적으로 한나라 사람들이 다른 나라를 침략하고 지배하는 현상을 '치국평천하'란 뜻을 이루기 위해서라고 설명했으며, 이는 '이화변이以華變夷'를 위해서라고 보았다. 이것은 개화의 책임을 실현한다는 의미인 것이다. 그러나 실제로 그것은 마음 안쪽의 실제 원인을 감추기 위한 여러 가면 중 하나일 뿐이다. 한나라 봉건제국은 서로 다른 역사적 시기에 벌어진 일임에도 근대 자본주의의 여러 제국과 마찬가지로 약탈하고 착취하기 위해 다른 나라를 침략했다. 이들이 서로 다른 점이 있다면 오직 실현방식 뿐이었다. 만약 자본주의 제국이 자원개발시장을 차지하고 물건을 판매하고 인력을 착취하기 위해 식민지를 찾았다고 한다면, 한나라 봉건제국은 식민지가 공물을 바친 것으로 사치스러운 생활을 누리기 위해 다른 나라를 침략한 정도이다. 역사서의 기록에 따르면 북속시기 동안 북방 조정을 위해 공납하는 일은 지아오 치Giao Chi에는 매우 일상적으로 일어났다. 몇 년이 지나면서 매 1년마다 한 차례 조직되었으며, 매번 공물을 헌납하는 사신단이 수백 마리의 말수레에 각종 향료와 부드러운 옷감, 명주, 대모(바다거북의 일종)의 껍질, 옥 유리, 물총새의 깃털, 코뿔소의 뿔, 코끼리 상아, 향기로운 꽃, 진귀한 초목, 바나나, 코코넛, 용안 등을 실어 날랐다.[1] 또 한의 자사와 태수 본인이 개별적으로 재능있는 베트남 사람들을 붙잡아 강제로 본국의 영토로 데려갔다. 이 이외에는 영토를 확대하기 위해서였다. 한나라 인근지역의 많은

---

1 『삼국지』「오지」권4「사섭전」, 576면; 『대월사기전서(大越史記全書)』제1집, 사회과학출판사, 1983, 154면; 『월사통감강목(越史通鑑綱目)』신편(제1집), 문사지출판사, 1957, 98면.

나라들이 차례대로 한나라의 일부가 되었으며, 한나라 통치자들은 경멸적인 이름인 '사이四夷'라 불렀다. 한화는 이러한 목적을 실현하기 위한 조건 중 하나였고, 그래서 이러한 추세는 한나라 사람들의 통치 시기에는 뒤바꿀 수 없는 것이었다.

한화는 먼저 정치·사회 영역에서 진행되었다. 한나라 통치자는 중화의 사회생활과 정치조직 모형을 베트남 땅에 이식하려는 의식이 있었다. 골자는 이 식민지에 하나의 사회구조, 하나의 정치체계, 하나의 경작 방식과 하나의 민간 습속 등을 중화와 같이 만들려는 것이다. 실제로 그들은 인민들을 한나라 사람처럼 강제로 학습시켰고, 한나라 사람처럼 먹고 입도록 했으며, 한나라 사람처럼 사회의 삶을 조직했고, 한나라의 기술에 따라 경작하도록 했다. 이외에도 그들은 북부지방에서 사람들을 이주시켜서 베트남 사람들과 뒤섞어 거주하도록 하여 물들도록 했다. 이러한 여러 그들의 정책은 북속시기 내내 관철되고 실시되었다.

그 다음으로 분명하게 한화는 사상계의 분야에서 이루어졌다. 이는 여러 학설과 여러 동양의 종교의 전파였는데, 유도와 노장도, 도교, 불교의 베트남 유입이었다.

유교 혹은 공교라 불리는 유도는 고대 중국의 위대한 사상가인 공자(기원전 551~479)가 세운 것이다. 공자 이후에 맹자(기원전 372~289)가 유심적 측면에서 발전시켰고, 순자(기원전 325~238)가 유물적 측면에서 발전시켰다. 맹자의 사상은 이후에 시기를 거듭하면서 강하게 발휘되고 계승되었다. 공자에서 순자에 이르는 시기의 유학은 선진유학 혹은 원시유학이라 부르기도 하는데, 중국에서 춘추전국시기 봉건사회에 부합하고, 엄격함과 신비화를 포함하는 특징이 있었다.

한나라 시기에 전제집권중앙봉건제도의 대표적 사상가인 동중서(기원전 2세기)는 엄격한 계급적 특성을 확장하고 신비 유심적인 경향에 따라 공맹의 유를 발전시켰는데, 이를 한유라 부른다. 위진남북조 시기(3~6세기), 유도는 노장도와 결합하여 현학을 형성하였다. 송시기에 이르면 주돈이(1017~1073), 정호(1032~1085), 정이(1033~1107) 그리고 무엇보다도 주희(1130~1200)에 의해서 전통적 유교와 불교의 사상이 결합되어 신유학을 형성하였는데 이를 '송유' 또는 '이학'이라 부르며 '이-기'를 두 기본적 범주로 삼았다. 명시기에 왕수인(1472~1528)은 유심적 측면을 더욱 발전시켜서 '심학'의 이론을 건설하였다.

2500년 동안 발전한 결과, 유교는 출현할 때와 비교하여 후대에는 많이 달라졌다. 하지만 여전히 일부 공통적인 점이 있었다. 무엇보다 먼저 그것은 종교나 철학적인 학설이 아니라, 중국 봉건계급의 정치-도덕 학설이라는 것이다. 그들은 사회를 관리하기 위해서 '인치', '덕치'를 주장한다. 공자는 이렇게 말한다. "공자께서 말씀하시기를 도덕으로서 정치를 하는 것은, 북극성이 제 자리에 있고 여러 별들이 이를 향해 도는 것과 같은 것이다." (『논어』「위정」) "덕으로서 백성을 이끌고 예로서 백성들을 따르게 한다면 백성들이 염치를 알고 복종할 것이다."(『논어』「위정」) 맹자는 이렇게 말한다. "힘으로 사람을 복종하게 한다는 것은 마음으로 복종하는 것이 아니라 다만 힘이 부족하기 때문이다. 덕으로서 사람을 복종하게 하는 것은 마음이 기뻐하여 진정으로 복종하는 것이다."(『맹자』「공손추」) 이외에도 인의예지신과 같은 유교의 도덕 원칙들은 한편 인간의 행위를 교정하기 위한 기준이 되며 한편 인의의 정치를 실현하기 위해 담보해야 하는 방법이 된다.

유교, 특히 공맹유학은 이상사회인 '대동'사회를 제기하는데 이것이 곧 유학 자신이 투쟁하는 목적이다. 여기에는 성왕聖王과 현신賢臣이 있으며, 모든 것들이 공공의 재산이며, 모든 사람들이 권리가 있고, 사람마다 모두가 개인적인 산업이 있으며, 사람마다 모두 서로 보살핀다. 서로에 대해서는 형제와 같고 사회는 화목하다. 공자는 말한다. "큰 도가 행해지면 천하는 공평함을 일삼으며, 어질고 유능한 인물을 선택하여 믿음을 강론하고 화목함을 닦았다. 그러므로 사람들은 오직 자신의 부모만을 존경하지 않았으며 홀로 그 자식만을 사랑하지 않았으며 노인으로 하여금 그 삶을 편히 마칠 수 있도록 하고 장정은 그 쓰일 곳이 있게 하였으며 어린아이는 자라날 바가 있게 하였고 환과고독과 질병에 걸린 자들도 모두 부양을 받을 수 있게 하였다."(『예기』「예운」) 그는 다시 말한다. "내가 들으니 나라를 다스리는 인물이 적은 것은 걱정하지 않으나 고르지 못한 것을 걱정하며, 가난함을 걱정하지는 않으나 편안하지 못함을 걱정한다고 했다."(『논어』「계씨」) 위의 여러 글들에 기대어서 많은 사람들이 유교는 인도人道의 학설이라고 설명한다. 실제로 이러한 조건들이 실현된 적은 없다. 후대의 유학자들은 여러 이유로 말미암아 일을 실현하는 데까지 생각하지는 않았다. 그러나 이러한 이상은 단지 상상만은 아니었다. 여러 조항들은 이후에 실제로 유교의 본질이 되었다.

유교는 사회에 질서 존비의 의식을 세웠다. 사회에서 사람들은 서로 다른 계급과 지위, 서로 다른 등급에 속하며, 모든 사람들은 반드시 이러한 질서를 준수해야 한다고 설명했다. 누구도 자신의 지위를 벗어나는 권한을 행사할 수 없었다. 이러한 의식은 '예禮', '정명正名'에 대한 관념들로 체현되었다. 예는 주周 시대에 형성된 후 바꿀 수 없는 도덕규범이자 정치제도로 여겨졌다. 그리고 정명은 철저하게 준수해야만 할 필요가 있으며 모든 사람들이 가지고 있어야 하는 이름과 지위이다. 공자는 이러한 관념을 기초한 인물이다. 후대의 여러 유학자들은 계속해서 공고화하고 더하여 발휘하였다. 공자는 당시의 제도에 불만을 가졌다. 임금은 임금답지 못하고, 신하는 신하답지 못하며, 아버지는 아버지답지 못하고, 자식은 자식답지 못하였다. 그는 어떻게든 이러한 사회질서의 회복을 주장하였다. 임금은 임금답고, 신하는 신하다우며, 아버지는 아버지답고 자식은 자식다운 것이다.(『논어』「안연」) 그는 '예'에 따라서 자신을 다스리기를 주장한다.(『논어』「안연」) 그는 '예'를 모든 언행의 기초라고 규정한다. "예가 아니면 보지 말며, 예가 아니면 듣지 말고, 예가 아니면 말하지 않고, 예가 아니면 행동하지 않는다."(『논어』「안연」) 또한 이름과 지위에 대해서 그는 자신의 직명職名과 지위여하에 맞아야 한다고 주장한다. "그러한 지위가 아니면 그 위치의 일을 도모해서는 안 된다."(『논어』「헌문」) 그 이유를 그는 이렇게 설명한다. "이름과 지위가 바르지 않으면 말이 순하지 않고, 말이 순하지 않으면 일을 이룸이 없고, 일을 이루지 못하면 예악이 흥성할 수가 없다."(『논어』「계씨」)

유교에서 아래는 반드시 위에 복종해야 한다고 주장한다. 이러한 사상은 삼강, 강상, 충효, 절의와 같은 개념들로 체현되었다. "임금이 신하에게 시킬 때는 예로 하며, 신하가 임금을 섬기기는 충으로 한다."(『논어』「팔일」) 또한 공자는 이렇게 말한다. "아버지는 인자하고 자식은 효성스럽다."(『예기』「예운」) 이러한 관계는 한편 양방향적 관계이며, 조건이 있으며, 두 방향 모두 의무가 있고, 이쪽 방향의 의무가 실현된다면 비로소 저쪽 방향의 의무를 요구할 수 있다는 것을 의미한다. 그렇지만 공자의 제자인 자하子夏는 이와 다른 관념을 가지고 있다. 자하는 말하기를 "부모 섬기기를 그 힘을 다하고 임금 섬기기를 그 몸을 다한다".(『논어』「학이」) 이러한 사상은 집권군주에 이르러 더욱 긍정되었고, 정해진 율법처럼 여러 변화가 이루어졌다. 중앙집권적 봉건시대의 사상가인 동중서는 삼강의 예를 이루어야 한다고 규정하고 있는데, 이는 따라야 하는 세 관계를 만든다. 이 안에서는 임금은 신하의 벼리가 되고, 아버지는 자식의 벼리가 되며, 지아비는 지어미의 벼리가 된다. 송나라 시대에 중앙집권 봉건제도는 한차례 더 공고화되었고, 사상가들은 실제로 혹독한 조건들의 규정을 더하여 나아갔다. 그들이 말하는 것을 예로 들자면 "임금이 신하에게 죽기를 명하는데 신하가 죽지 않는다면 불충이며, 아버지가 자식에게 죽기를 시키는데 자식이 죽지 않는다면 불효이다". 또한 정이程頤는 말한다. "굶어서 죽는 것은 작은 일이며, 절의를 잃는 것은 큰 일이다."(『이정집二程集』 22권) 중국의 봉건사회는 오랫동안 안정을 유지하지 못하는 사회로서, 이러한 사상가들은 난이 일어나는 실제 원인을 이해하지 못하고 아랫사람들에게만 계속해서 의무를 요구하였다. 그들은 엄격한 도덕을 전파한다면 이러한 상황을 수습할 수 있다고 잘못 생각하였다.

이러한 점들 이외에 유교는 객관적 유심주의 학설의 하나이다. 유교의 본질을 이렇게 겨냥하지 않는 사람이 있다면 유교는 무신론적 학설이라고 할 것이다. 실제로 유교에 따르면 우선 공자가 그렇듯, 하늘의 관념을 자연 운행의 한 세계라고 한 적이 있으며(『논어』 「양화」) 귀신을 공경하나 멀리하라고 한 적도 있었지만 공자 사상의 본질은 유물론적이나 무신론적이 아니다. 그는 바로 체색體色과 영혼靈魂 사이의 관계 문제, 사람이 삶의 이후에 죽어서 가는 곳의 유무 문제, 귀신의 유무 문제를 연구하는데 깊게 들어가지도 않았고 중시하지도 않았지만 그의 사상에는 여전히 유심적인 것과 짝을 이루는 신비적인 것들이 있었다. 이는 '천명'의 개념에서 체현된다. 공자는 군자가 세 가지를 두려워해야 한다고 언급하는데, 첫째가 천명을 두려워해야 한다는 것이다. 그는 또 이렇게 말한다. "삶과 죽음에는 명이 있다", "명을 알지 못하면 군자라 할 수 없다", "50세에는 천명을 안다". 이러한 공자의 사상은 한유에 이르러서 '천인감응' 논제와 더불어 신학적 목적론적 유심의 학설을 이루며 발전했다. 모든 것은 하늘이 정한다는 것이었다. 이는 유교를 무기력함으로 기울게 하였다. 그리고 이러한 무력함은 한유에서부터 후대로 이어지면서 나날이 분명하게 신권神權과 결합한 왕권의 경향을 지니도록 했다.

유교는 반 랑Văn Lang-어우 락Âu Lạc 시대에서 막 벗어난 우리의 사회, 즉 북속시기의 초기 여전히 락 허우Lạc hầu와 락 뜨엉Lạc tướng이라는 고유한 관직이 있었던 베트남 사회에는 결코 부합하지 않는 것이었다. 즉 우리 인민은 유교가 필요하지 않았다. 유교는 중국의 강제적 통치 집단 때문에 베트남에 들어왔다. 하지만 나중에는 상황이 달라졌다. 베트남 사회의 기초와 구조가 중국적 특성을 띄게 되면서 유교 또한 베트남 사람들도 받아들여야 될 하나의 학술사상으로서의 필요성이 대두되었다.

당연히 북속시기 동안 이러한 유학의 경향은 훗날 나라가 독립을 쟁취한 이후의 경향만큼 강한 것은 아니었다. 하지만 훗날 발전을 지향하면서 분명해졌다.

유교가 베트남에 들어온 것은 한나라 사람들이 기원전에 우리의 땅에 들어온 때부터라고 할 수 있을 것이다. 하지만 본격적으로 전파된 것은 기원후 1세기에 이르러서이다. 중국 역사에는 이에 대해 기록하기를 기원 후 초기에 지아오 처우Giao Chỉ와 끄우 천Cửu Chân에 있는 두 명의 태수인 넘 지엔Nhâm Diên, 壬延과 띡 꽝Tích Quang, 錫光은 '학교를 세워서 예의를 가르쳤다'고 기록되어 있다. 후한서의 넘 지엔Nhâm Diên 전에는 그에 대해 칭송하기를 매우 총명한 사람으로 어려서부터 유儒에 대한 학문이 넓었으며, 12살에는 『시경』, 『역경』, 『춘추』 내용을 밝게 이해했고, 중국 태학에서 유명한 인물이라고 되어 있다. 2세기에 이르러 시 니엡Sĩ Nhiếp, 士燮이 지아오 치Giao Chỉ의 태수를 맡고 있을 때 베트남에서 유학을 공부하는 것은 상대적으로 보편적인 일이 되었다. 중국의 많은 사부士夫들이 시 니엡Sĩ Nhiếp에 의지하여 찾아왔는데, 모두 유학을 가르치는 학교를 열었다.

당대 베트남에 유학을 보급한 목적은 한나라 정권을 위해 일을 할 사람들을 교육시키기 위한 것이었다. 무엇보다 먼저 지아오 처우Giao Châu를 통치하던 한나라 사람들의 자제들이 교육을 받았고, 그 다음으로는 중국의 혼란을 피해 혹은 어떠한 이유로든 이곳으로 이주해 온 사람들이 대상이었다. 그러나 베트남 사람들도 유학공부에 참여했다. 그들 가운에 일부는 한나라의 도호부 정권을 위해 일하기 위해서 유학을 공부했다. 하지만 유학을 공부하는 사람들 가운데에는 당대의 견식을 움켜잡기 위해 공부하는 사람들도 있었으며, 혼란스러운 당대의 단서를 알아내고 어려운 상황에 놓인 나라의 장래를 고민하고 단초를 마련하기 위해 공부하는 사람들도 있었다.

한나라 정권은 지배하는 군과 주 지역의 중심(루이 러우Luy Lâu, 롱 비엔Long Biên, 뜨 포Tư Phố, 끄 퐁Cư Phong 등)에 학교를 세웠다. 몇몇 베트남 사람들이 유학을 공부하여 급제하거나 이름을 날리게 되었다. 역사가들의 평가에 따르면 한 명제明帝 시기(68~75)에 지아오 처우Giao Châu의 쯔엉 쫑Trương Trọng이라는 인물은 학문에 힘쓰고 행실이 훌륭했는데, 녓 남Nhật Nam에서 관직에 오르고 훗날 중국 낌 타인Kim Thanh의 태수가 되었다고 전한다. 2세기에 지아오 치Giao Chỉ의 사람인 리 띠엔Lý Tiến은 사서오경을 통달해서 군의 관리가 되었고, 그 후 도호부에서 직책을 수행하다가 중국 린 랑Linh Lăng군의 태수가 되기도 했다. 3세기에 리 껌Lý Cầm, 복 롱Bốc Long 등의 인물도 중원의 관리가 되었다. 5세기에 이르러서는 크엉 꽁 푸Khương Công Phụ, 크엉 꽁 푹Khương Công Phục 형제가 끄우 천Cửu Chân 사람으로 당시 가장 높은 학위였던 진사에 합격하여 모두 중국의 관리가 되기도 했다. 이들은 높은 벼슬을 했기 때문에 역사서에 기록된 인물들이며 다른 사람들의 이름은 전하지 않지만 이외에도 많을 것으로 보인다.

지아오 처우Giao Châu는 당시 비교적 안정적인 지역으로 많은 중국의 유학자들이 난을 피해 와서 학술적인 경향을 만들던 곳이었다. 그래서 관리 중에는 자연스레 학위가 높은 사람들이 많았다. 예를 들면 시 니엡Sĩ Nhiếp, 응우 피엔Ngu Phiên, 虞翻은 노자의 『도덕경』, 유가의 『국어』, 『논어』에 대해 전문적인 강의를 했다. 응우 피엔Ngu Phiên의 부친은 녓 남Nhật Nam의 한림태수로 『역경』에 조예가 매우 깊었다.

이러한 상황에 따라 지아오 처우Giao Châu 사람들은 점점 유교에 익숙해졌고, 그 후에 유교에 대한 인식과 태도도 바뀌었다. 초기 어색한 반응에서 점차 접수하기에 이르기까지, 이상하고 먼 것에서부터 가깝고 친근한 것으로, 외부 사람의 도구에서부터 자신의 도구로 삼게 되었다. 이러한 현상은 북속시기 말기에 이르러서 분명하게 드러났다.

유도와 더불어 노장도와 도교 역시 베트남에 알려지게 되었는데, 베트남 사람의 관념과 사상 안에서 한 부분이 되었다.

노장도老莊道는 노자(공자와 같은 시대의 사람으로 알려져 있다)가 세우고 장자(기원전 369~286)가 발전시켰기 때문에 그렇게 부른다.[2] 노장도는 여러 측면에서 유도와 대립적인 도들 가운데 하나이다. 노자는 세계에 대해 설명하면서 도가 만물을 낳는다고 하였다. 이러한 '도'는 물질적 성질이 있기 때문에 그는 유물론자이기도 하다. 하지만 장자는 다시금 유심론자로 돌아갔는데, 만물을 처음으로 낳은 것은 물物이 아니라는 관념 때문이다. "천지가 있기 전에 먼저 생겨난 물物이 있는가? 물物을 물物되게 하는 것은 물物이 아니다."(『장자』 「지북유」)

노장도는 다른 관점들의 한 체계를 담고 있다. 그 가운데서 드러나는 것은 다음과 같은 관점들이었다. "도는 억지로 함이 없으나 하지 않음이 없다."(『노자』 37장) 그렇기 때문에 사람은 사회에 간섭할 필요가 없으며, 그대로 두면 자연스럽게 발전하며, 사람 역시 자신을 갈고 닦지 않고 그대로 두면 본래 타고난 본성을 따른다. 어떠한 세계든지 상대적 성질이 있다고 인정하고, 그것이 변하여 절대가 될 수는 없으며, 닮은 서로 다른 것 가운데 하나를 기준으로 삼을 수도 없다. 예를 들면 낮고 높은 것, 길고 짧은 것, 옳

---

2 노도(老道)의 다른 대표적인 한 인물은 양주(楊朱, 기원전 395~335)이다. 양주는 '위아(爲我)', '중기(重己)', '경물중생(輕物重生)' 등의 사상을 제기하였다. 하지만 그의 사상은 훗날 더 증대되지는 않았다.

고 그른 것, 선하고 악한 것, 복과 화와 같은 그런 절대적인 없는 것이다. 이러한 상황에서 높은 것은 다른 상황에서 보다 높은 것의 옆에 가져다 놓으면 낮은 것이 되며, 이 상황에서 짧은 것을 다른 상황에서 보다 짧은 것 옆에 두면 긴 것이 되며, 복 안에는 화가 있을 수 있고 화 안에도 복이 준비되고 있을 수 있다. 삶에 있어서 사람은 서로 다툴 필요가 없으며, 이와 반대로 부드러운 태도를 유지할 필요가 있으며, 충분함을 알고 다투지 않는다. "부드러움이 강함을 이긴다."(『노자』 36장) "군사가 강하면 무너지고, 나무가 강하면 부러진다."(『노자』 76장) "물이 비록 부드러우나, 물은 강한 어떠한 것도 이긴다."(『노자』 78장) "족함을 알지 못하는 것보다 더 큰 화는 없다."(『노자』 46장) "족함을 아는 족함이 늘 그러한 족함이다."(『노자』 46장) 장자는 이렇게도 말한다. "사람의 인생은 꿈처럼 짧으니, 무슨 의미가 있겠는가, 무엇에 관심을 가질 필요가 있겠는가."

분명하게 노장도는 유도와는 다른 세계관, 인생관을 가진 체계이지만 하나의 이유 때문에 — 우리가 나중에 해석할 것이지만 — 유도와 연관되어지고 각 유학자들이 받아들일 수 있었다.

북속시기 노장도는 주로 한나라 사람들 사이에서 유행하였으며, 정치노선에서 실각한 많은 사람들 그리고 학대받는 사람들이 위로받거나 운명에 순응하기 위해 노장을 찾았다. 이러한 영향은 초기에는 그리 많지 않은 베트남 사람들 일부에서만 찾아볼 수 있는 것이었다. 진晉 시대의 다오띠엠Đào Tiềm, 陶潛의 시문과 함께 장자의 『남화경』의 영향을 받은 베트남 시인과 유학자들 중에는 자유와 자재 경향의 흔적이 드러나고 있다. 북속시기 말엽에 중국 선종이 베트남에 전해졌을 때, 노장사상은 선종안에서 새롭고 분명하게 베트남 수행자들에게 영향을 끼쳤다.

하지만 도교는 확실하게 영향을 끼쳤다. 도교는 중국의 한 종교이며 노장사상과는 직접적 연관이 없었다. 노자의 '도' 개념을 형식적으로 차용하여 노자-황제를 숭배하고, 나중에는 노자를 신성시하였다. 이로부터 우리는 도교라 칭하는 것을 알게 되었다.

2세기 말과 3세기 초 오나라에 부 깟Vu Cát, 于吉 도사가 있었는데 도술과 부적, 마법에 능통했고, '신처럼 효험이 있게' 아픈 사람들을 치료해주면서 인민들 사이에 매우 큰 영향을 끼쳤다. 그는 똔 삭Tôn Sách, 孫策에 의해 죽임을 당했지만 그를 추종하는 세력은 점점 많아졌다. 그들의 경전은 『태평청령서太平清領書』였다. 부 깟Vu Cát 후에는 쯔엉 지악Trương Giác, 張角이 뒤를 이었다. 지악Giác은 '태평도'를 세우고, 한편으로는 병을 치료해주고 한편으로는 도를 펼쳤는데, 신도神道를 다시 되찾기 위해서 병을 치료하였다. 한나라 말기 황건의 기의에 참여한 많은 농민들에게 크게 영향을 끼쳤다. 쯔엉 지악Trương Giác 이후에는 쯔엉 다오 랑Trương Đạo Lăng, 張道陵이었다. 다오 랑Đạo Lăng은 도에 들어오기 위해서는 다섯 두斗의 쌀을 내도록 규정했다. 그는 자신이 노자의 제자이며 산속에서 장생불사의 약을 만들어 냈다고 주장했다.

4세기 초 동진(326∼334)시대에 깟 홍Cát Hồng, 葛洪은 '나이가 들어 늙었기 때문에 오래 살기 위해 수행을 한다'는 이유로 중원에서 관직을 수여받지 않았으며, 지아오 치Giao Chỉ에서 영약을 만들 수 있다는 소문을 듣고 꺼우 러우Câu Lậu, 미 반Mỹ Văn, 하이 흥Hải Hưng의 관리자로 부임했다.(『삼국지』「오지」권4) 그 뒤에 깟 홍Cát Hồng은 라 푸La Phù 산(중국 광주)에서 장생불사의 연단을 만들면서 '바오 팍 뜨'Bão Phác Tử, 抱朴子라 호를 짓고, 도교의 책을 써서 자신의 호와 동일하게 『바오 팍 뜨Bão Phác Tử』라 명명했다. 이는 신선도교였다.

마법적인 도교와 신선적인 도교는 모두 북속시기 베트남에 영향을 미쳤다. 유교 이외에도 이곳 한나라 관리들은 적지 않게 도교의 영향을 받았다. 2세기 후반 머우 뜨Mâu Tử는 지아오 치Giao Chỉ로 와서 도교의 책을 읽어보고 회의를 갖게 되었는데 '신선불사의 책을 읽었지만, 신선불사는 믿지 않으며 그것은 허구'라 보았다.(머우 쯔Mâu Tử, 『리 확 루언Lý hoặc luận, 理惑論』) 시 니엡Sĩ Nhiếp도 도교를 믿는 사람이었다. 시 니엡Sĩ Nhiếp은 "병에 걸려 죽은 지 3일이 지났다. 동 풍Đồng Phụng이라는 선인이 있어 한 환약을 입에 넣고 물을 마시게 했는데, 잠시 지나 눈이 떠지고 수족을 거동하게 되고, 안색이 점차 회복되었다"라고 하였다.(『삼국지』 「오지」, 권4) 까오 비엔Cao Biền, 高騈은 당시 안남절도사로 도교를 매우 숭상한 인물이었다. 베트남 사람들은 마법적인 도교와 신선적인 도교의 영향을 골고루 받았다. 마법적인 도교는 민간신앙과 잘 부합하며, 민간신앙에는 없는 여러 조건들을 보충해준다. 그래서 사회적인 고통, 인간의 질병 등을 고칠 수 있다고 여겨서 마법적인 도교에 심취하는 경우가 많았다. 한편 신선 도교는 베트남 사람들의 정서와 잘 어울리는 것이었다. 원래 베트남 사람들은 낭만적인 정신문화를 지니고 있는데 장수하면서 아름답게 사는 삶을 원했다. '덤 자 짝Đầm Dạ Trạch'과 같은 여러 이야기들, '뜨 특Từ Thức이 신선을 만난 이야기' 등과 오늘날 하박Hà Bắc지방에 있는 띠엔 주Tiên Du현, 티엔 타이Thiên Thai산, 란 카Lạn Kha산 등과 같은 여러 지명들은 이 옛날 시기 신앙의 흔적들이다.

유교와 도교와 함께 불교도 베트남에 유입되었고 베트남에서 가장 오래된 해탈에 대한 종교와 학설이 되었다.

불도佛道는 고대 인도에서 기원한 것으로 고타마 싯다르타에 의해 세워졌다. 기원전 563년 무렵 카필라바스투에서 정반왕의 태자로 태어났다. 세인들은 그를 석가모니라 존숭하였다. 그는 80세의 나이로 기원전 483년에 열반에 들었다.

석가모니가 태어난 시절 그를 둘러 싼 사회는 괴로움이 많았고, 많은 사람들이 야만적인 계급제도의 피해자들이었다. 당시 인도는 수많은 사상과 종교가 있었다. 베다의 도導는 많은 신을 모시고 있었고, 바라문교는 하나의 신을 모셨으며, 자이나교는 고행의 수련을 주장하였다. 석가모니의 불교는 자이나교의 고행 수련 방법에 대해, 그리고 혹독한 바라문교에 대해, 당대의 심각한 계급제도를 파기하는 성질이 있었다. 동시에 사람을 위해 구고구난의 방향과 도리를 긍정하였다.

살아 있을 때 석가모니는 책을 쓰지 않았는데, 그는 단지 말로서 설법을 했다. 불교의 여러 경, 율, 논은 그의 제자들 세대에 그의 가르침에 근거하여 전하고 편집하여 완성했다. 그렇기 때문에 그 안에는 서로 다른 여러 관점들이 출현하고 있으며, 득도와 수행에 대한 서로 다른 종파들이 있었다. 주로 두 커다란 종파가 있었는데 소승과 대승이었다. 소승은 원시불교라 부르기도 하는데, 경전의 문서에 의지하며, 자기 자신을 위한 각오를 주장하고, 나한에 이르기 위해 수행하고 오직 석가모니불을 존중했다. 대승은 자신의 깨달음과 다른 사람의 깨달음을 함께 주장하고, 경전만을 고집하지 않았으며, 부처가 되기 전에 보살에 이르도록 수행하고 여러 부처를 숭배했다. 이외에도 밀교라 부르는 금강승 종파도 있었는데, 해탈을 위한 교리와 더불어 신령스러운 부적과 진언을 주장했다.

석가모니 재세 시에 그의 도는 인더스 강을 따라서 북인도와 중부의 많은 사람들이 믿었다. 그의 열반 후 불교는 더욱 강하게 전파되었다. 기원전 3세기에 이르자 가장 최고조에 이르렀다. 이 무렵 인도에는 8만에 이르는 사찰과 탑이 있었다. 하지만 기원 후 5세기에 이르면 불교는 힌두교에 의해 공격을 받게 되었고, 그 후에 회교에 의해서 완전히 파괴되었다. 12세기 이후 불교는 인도에서 하나의 작은 종교이자 유적으로만 남게 된다.

불교는 아주 이른 시기부터 인도와 인접한 국가들로 전파되었다. 기원전 3세기 무렵 인도의 아쇼카Asoka왕의 후원으로 많은 승려들이 외국으로 나가 불교를 전파했다. 남쪽으로는 스리랑카, 미얀마, 태국, 라오스, 캄보디아, 인도네시아 등으로 퍼졌다. 이를 남종불교라 부르며 소승불교적 특징을 간직하고 있다. 북쪽으로는 네팔, 중앙아시아의 여러 나라, 중국, 조선, 일본, 베트남 등으로 퍼져 나갔다. 이것을 북종불교라 부르며 대승불교적 특징을 지닌다. 또 북쪽으로 금강승Vajrayana(밀종)종파가 몽골과 티베트, 시베리아 등으로 퍼졌다. 인도에서의 불교 침체와는 다르게 다른 국가에서 불교는 크게 융성했다. 그리고 몇몇 국가에서는 국교가 되기도 했다.

불교는 기원후 1세기 초 중국에 퍼졌고 실크로드를 넘어 중앙아시아로 전파되었다. 인도와 중앙아시아의 승려들은 무역상을 따라 중국으로 건너가 불교를 전도했다. 대승불교가 중국에 전해질 때는 밀종, 정토종 등과 같은 인도의 종파들이 전파되었다. 그러나 중국에서 발전한 종파는 중국인들이 스스로 구축한 종파들이었으며, 그것은 법상종(유식종), 천태종, 화엄종, 그리고 특히 선종이 있었다. 선종의 선정법은 본래 인도에서 비롯된 것이었지만 교리체계 등은 중국의 작품이었다. 훗날 중국에서의 불교를 연상하면 가장 먼저 선종이 떠오르게 되었다.

불교가 여러 발전단계를 거치면서 서로 다른 많은 종파를 만들면서 아시아의 여러 국가에서 유행하였지만 불교는 여전히 불교였다. 왜냐하면 불교에 있어서의 기본적인 주장과 관점은 종파와 국가를 막론하고 전파되면서도 유지되었기 때문이다.

세계에 대한 관념에 있어서 불교는 비록 크거나 작거나 혹은 종류가 서로 다르거나를 막론하고 천지와 인간, 우주를 포함한 주변 세계를 설명한다. 여기서 모든 것은 하나이며, 모든 것은 지속적으로 운동하고 변화하며, 시작점도 없으며無始 끝나는 점도 없다.無終 여기에서는 눈 깜짝할 사이에(찰나) 빠르게 변화가 일어나고, 그래서 아무것도 그것을 그렇다고 하는 고정된 늘 그러한 것은 없으며, 그것은 있다고 하지만 없으며, 그것이 남아 있는 것 같지만 그것은 사라지는 것이다.無常 사람도 이와 같아서 멈추지 않고 흐르기 때문에 그 자신이라고 할 만한 것은 없다.無我 다른 측면에서 이러한 변화는 외부에서 유발되는 것이 아니라 내부 때문이며, 자신의 운동 때문이며, 인연의 법칙이 작용하는 그 안에 있기 때문이며, 안에서 인과의 율이 규정하기 때문이다. 여기에서는 어떤 사물도 과정의 어떠한 단계에 있다면 그는 역시 모두가 이전 단계의 결과이며 뒤의 단계의 원인이 된다.※ 이러한 변화는 속세나 속세를 벗어난 여러 곳에서 일어나는데 이곳으로부터 다른 곳으로의 변화는 수레의 바퀴가 계속해서 멈추지 않고 돌아가는 것과 같다輪廻.

인생에 대한 관념에 있어서 불교는 인생이 괴로움이라고 본다. 모든 사람에게 괴로움의 눈물은 가득한 것으로 인류는 눈물의 바다였다. "중생의 눈물은 대양의 물보다도 더 많다." 이러한 괴로움은 계급적 압박이나 민족의 억압 때문에 생기는 것이 아니라, 인간 자신이 있기 때문이다. 이러한 괴로움은 사람이 태어나고 늙고, 병들고, 죽기 때문이며 원하는 것을 얻을 수 없기 때문이며, 사랑하지만 서로 헤어지기 때문이며, 서로 싫어하더라도 가까이 있기 때문이며, 오온이 지혜를 가리기 때문이며(고제), 욕망과 나쁜 습관이 쌓여 있기 때문이며(집제), 변화하기 때문이며, 윤회의 바퀴 안에 있기 때문이다. 괴로움을 벗어나기를 원한다면 수련을 해야 하며, 욕망을 버려야만 하며(멸제), 자비, 인욕, 희사를 해야 하고 심불心佛을 인식하여야 하며, 팔정도를 따라야만 한다(도제). 이러한 수련의 목적은 해탈이며, 생사 윤회의 바퀴를 벗어나는 것이며, 하나의 이상적 목적에 이르는 것이다. 이는 불교종파마다 각자 말하는 방식이 있다. 불교는 공통적으로 열반에 이르는 것을 주장하는데, 괴로움과 아픔이나 즐거움도 벗어난 적멸의 변하지 않는 곳이다. 정토종에서는 부처의 바다에 돌아가는 것으로 서방극락 혹은 정토에 건너가는 것을 말하며, 선종은 마음이 곧 부처임을 인식해야 한다는 말한다.

불교의 세계관과 인생관은 북속시기 초기에 베트남 사람들이 접했는데, 이 시기에는 하늘님에 대한 강력한 믿음이 여전히 남아 있었으며, 산신의 권능에 대한 믿음과 강물의 신에 대한 믿음 등도 이어지고 있었다. 그리고 폐쇄적이고 원초적인 사회에서 이러한 불교는 상당히 낯선 것이었다. 특히 이러한 세계관이나 인생관이 베트남의 보통 사람과 생김새가 전혀 다른 인도와 중앙아시아의 승려들에 의해 소개되었기 때문에 그 낯설음은 더욱 깊었다. 그러나 불교는 결국 베트남 땅으로 파고들 수 있었다. 이러한 사건의 첫 번째 이유는 불교 교리의 문제 때문이 아니라 불법을 전한 사람의 행위 때문이었다. 전혀 생김새가 다른 외국인 승려들이 자비스러운 태도로 사람을 구하는데 자신의 목숨을 돌보지 않았고 최선을 다해 고통에 신음하는 환자들을 돌보았던 것이다. 이러한 행위들이 지속되면서 베트남 사람들의 마음속에는 감동이 일어나게 되었고 불법도 점점 베트남 사람들의 마음속에 자리 잡게 되었다. 베트남 사람들은 이렇게 해서 불교를 받아들였고 그 후로도 베트남에 오랫동안 존재하게 되었다.

훗날 사원들은 농촌, 평야, 고원지대, 산속에 세워졌으며 독실한 신자들은 대부분 가난한 농민들이었다. 하지만 베트남에 최초로 불교가 들어와 번성한 곳은 농촌이 아니라 대도시였으며 장사꾼들로 시끌벅적한 곳이었다. 당시 도시는 사방에서 모여든 승려들이 장사꾼의 행렬을 따라 다니면서 전도하는 곳이었다. 당시 베트남의 중심지는 루이 러우Luy Lâu였다. 루이 러우Luy Lâu는 한나라의 군이 설치된 지아오 처우Giao Châu의 중심도시이자 관이 설치된 곳이었다. 이곳에 머물고 있는 장사꾼들은 직업의 특성상 낯선 사람들과 문물을 받아들이는 것에 익숙했다. 이러한 분위기를 전하는 민간의 이야기가 있다. 녓 자 짝Nhất Dạ Trạch, 덤 녓 자Đầm Nhất Dạ 전설이 그것이다. 훙Hùng왕조 시기였다. 띠엔 중Tiên Dung과 츠 동 뜨Chử Đồng Tử 부부가 시장을 열고 마을을 만들었다. 띠엔 중Tiên Dung은 츠 동 뜨Chử Đồng Tử에게 외국 장사꾼 상단을 따라 바다에 있는 섬에 갔다 오라고 권했다. 츠 동 뜨Chử Đồng Tử는 섬에서 승려가 되고 도를 전한다.[3]

이렇게 불교를 먼저 받아들인 세력은 장사꾼들이었지만 불교를 깊게 이해할 수 있었던 계층은 지식인들이었다. 당시 베트남 지식인들은 불교의 사상부분과 의식儀式부분 모두를 이해할 수 있었다. 왜냐하면 불교는 의식儀式을 제외로 하더라도 하나의 이론적 관점 체계가 있으며, 이는 새로운 견식이 있는 사람이라야 이해가 가능했다. 당시 지식인들은 주로 한학자였다. 한자를 알아야 경을 읽을 수 있었으며, 한자를 통해 산스크리트어를 공부하여 산스크리트어로 된 원전으로 경, 율, 론의 책들을 읽으며 불교를 이해할 수 있었다.

베트남은 동해와 접하면서 동과 서, 남과 북 사이를 통상하는 수로에 놓여 있으며, 두 커다란 문명인 인도와 중국 문명의 중간에 위치해 있다. 베트남은 또한 그 땅이 당시 한나라 봉건제국의 남쪽 국경지점에 위치하여, 남쪽으로 향하는 많은 사절단이 출발하는 지역으로 많은 중화의 상인들이 왕래했다. 이러한 유리한 지리적 위치로 베트남은 불교가 일찍 들어올 수 있었다. 이러한 조건에 하나의 간접적인 자료를 더한다면 응웬 랑Nguyễn Lang은 다음과 같이 언급한다. '루이 러우Luy Lâu 불교중심지(베트남)는 중국의 팽성彭城(서주)과 낙양의 여러 중심지보다 일찍 형성되었으며, 그렇게 본다면 서력기원으로 1세기 상반기에 들어와서 형성되었다고 본다.'[4] 민 치 Minh Chi도 역시 다음과 같이 인정한다. "베트남에는 아주 오랜 옛날부터 인도의 고승들이 찾아와 직접 전교했고, 그 시점은 불교가 중국으로 전래된 시점보다 훨씬 오래되었다."[5] 하지만 정사에 확실하게 기록된 증거에 따르면 그 시점은 늦어진다.

삼국지의 시 니엡Sĩ Nhiếp 전을 보면, 시 니엡Sĩ Nhiếp이 베트남을 나갔다 들

---

3 『영남척괴』, 「일야택(一夜澤) 이야기」, 한놈연구원 도서관(도서기호 VHv), 1266, 128면.
4 응웬 랑(Nguyễn Lang), 『베트남 불교사론』, 라 보이 출판사, 1974, 18면.
5 베트남 사회과학한림원 철학원, 『베트남불교사』, 사회과학출판사, 1988, 21면.

어올 때의 상황이 전해진다. "위엄을 잔뜩 갖추고, 종鍾과 경磬을 두드리면서, 피리와 각角을 불며, 길 가득 늘어선 마차, 호 사람(인도인과 중앙아시아 인들, 이곳에는 오직 인도인 또는 중앙아시아인 승려들이 있다는 의미)은 양편에 향을 피우는 마차를 따르고, 보통 수십에 이른다." 『티엔 위엔 떱 안Thiền uyển tập anh, 禪苑集英』의 기록에 등장하는 '통 비엔Thông Biện' 승려의 이야기를 보면, 쩐Trần왕조시대 이 승려가 푸 깜 린 년Phù Cảm Linh Nhân 황태후의 불교에 대한 질문에 답하면서 "종파 둘(교종과 선종)이 베트남으로 들어온 지 매우 오래다. 교종은 머우 박Mâu Bác, 牟博, 크엉 땅 호이Khương Tăng Hội, 康僧會로부터 시작되었다"라고 했다.[6] 시 니엡Sĩ Nhiếp, 머우 박Mâu Bác, 크엉 땅 호이Khương Tăng Hội 등의 인물은 모두 기원후 2세기 말과 3세기 초에 살았던 사람들이다. 이와 더불어 여러 자료를 바탕으로 살펴본다면 불교는 베트남에 기원후 2세기에 본격적으로 들어왔다고 보는 것이 거의 정확해 보인다.

베트남에 불교를 보급한 가장 우선적인 공로는 인도, 중앙아시아, 중국 승려들의 것이다. 인도와 중앙아시아 승려들은 무역선을 따라서 바다를 통해 들어왔다. 중국의 승려들은 육지나 바닷길을 모두 이용했지만 한나라 봉건제국의 영토 안에서 교류했다. 실제로 베트남 승려들도 많은 면에서 기여했다. 그중에는 남방(남아시아)불교와 중국불교를 연결하는 역할을 담당한 승려가 있었다. 번 끼Vận Kỳ 승려는 찌 히엔Trí Hiền승려(바 랑Ba Lăng, 巴陵지역 사람), 호이 닌Hội Ninh승려(중국)와 더불어서 바 랑Ba Lăng, 巴陵과 남 하이Nam Hải, 南海지역에서 번역한 『아함경』을 장안의 당나라 황제에게 올렸다.[7] 중국과 베트남 모두에서 수행으로 유명한 사람도 있었는데, 그 가운데 틱 뚜에 탕Thích Tuệ Thắng 승려가 있었다. 그는 띠엔 처우 선Tiên Châu Sơn 사찰(하 박Hà

---

6   『선원집영(禪苑集英)』, 한놈연구원 도서관, 도서기호 VHV., 1267, 20a면.

7   쩐 반 지압(Trần Văn Giáp), 뚜에 시(Tuệ Sĩ) 역, 『베트남불교─원시부터 8세기까지』, 반 하인(Vạn Hạnh)대학 도서관 서고, 사이곤, 1968, 80면.

Bắc, 오늘날의 베트남)에 머물다 훗날 남 하이Nam Hải 태수인 르우 호이Lưu Hội가 그를 초대해 우 테U Thế 사찰(중국)에 머물도록 했다. 승려들은 "항상 재능을 숨기고 살았는데, 마치 어리석은 자와 같았다. 사람들이 오랫동안 중시하였으며, 수행자는 모두 칭송과 존경을 받았다".[8] 산스크리트어와 경전에 능통한 사람도 있었는데, 직접 불교국에서 주해에 공헌한 인물도 있었다. 동인도 시기의 다이 탕 당Đại Thắng Đăng 선사와 같은 인물이었다. "산스크리트어를 배우고, 연생緣生을 비롯한 다른 경전들을 해론解論했다."[9]

유도, 불도, 노장도는 내용과 성질면에서 다르지만 항상 서로 연결되면서 중국 봉건시대 사람들의 세계관을 서로 보충했다. 통치자들은 유학의 입장에서 노장도를 강렬하게 비판했으며 불교를 없애려 했지만 이 둘은 어느 것도 없어지지 않았다. 불교를 없애기 위해 비판하는 사람이 훗날 불교를 숭상하기도 했다. 이것은 종교의 한 특징이기도 하다. 유교는 정치-도덕 과제, 윗사람에 대한 아랫사람의 의무를 중시했다. 노장도는 인간의 자유를 강조한다. 그리고 불교는 고통과 윤회에서 벗어나는 방법을 제시한다. 봉건사회는 한쪽 편으로 사람들을 밀어 붙였으며, 정신적 면에서 그들은 하나의 종교에 의지해야 되었다. 일이 잘 되었을 때에는 유교를 의지하고, 세력을 잃었을 때는 노장도에 의지하며, 어려움을 당했을 때에는 불교를 믿었다. 이러한 상황은 베트남에서 중국 식민지배 시기와 후세에 이르러서도 계속 반복되었다.

삼교는 베트남에 유입되어 다른 문화-사회적 정책처럼 한나라 사람이 정치·사회 정책을 빠르게 진행시키기 위한 사상적 기반을 만드는데 이용되었다. 그리고 베트남 사회는 사람들이 여러 측면에서 변화하는 것을 따라서 변화되어 갔다. 강압적인 이유 때문에 변화되거나 베트남에서의 여

---

8 석도선(釋道宣), 『속고승전』, 대장경, 사전부 2, 권50, 550면.
9 쩐 반 지압(Trần Văn Giáp), 뚜에 시(Tuệ Sĩ) 역, 앞의 책, 83면.

러 영향 때문에 변화되었다. 한화는 결국 통치자의 음모대로 어느 정도 일정한 성과를 이루었다. 이러한 목적은 치밀하게 지속적으로 '베트남 사회의 측면에서'[10] 진행되었다. 하지만 베트남 현지의 사상 체계에서와 마찬가지로 사회 구조 깊숙한 곳에는 기존의 흔적들이 남아 있었다.

한화의 결과는 여러 분야에서 나타났다고 할 수 있다. 생산도구와 생산방식에 있어서는 청동기에서 철기로, 고원지구나 들판에서 화전을 일구고 구멍을 파서 종자를 심는 방식에서 물을 끌어들여 초목을 심거나 경작하는 방식으로 바뀌었다. 자연에 기대는 것으로부터 시무時務를 중시하는 것으로, 1년에 한 번 심고 경작하는 것에서 3~4번으로 — 직업 계급에 있어서도 사농공상으로 — 정치체계에 있어서도 부락연맹체가 파괴되고 락 허우Lạc Hầu와 락 뜨엉Lạc Tướng의 제도가 무너졌으며, 주군州郡의 제도는 예속이 일어났다. 사회관계에서는 족장과 인민, 부락 지도자 관계에서, 호장 지주와 예속적인 농민 관계로, 문화와 사상 측면에서는 유도를 존숭하는 한편 도교와 불교, 노장도가 유행하였으며, 전통적 예술 측면에서는 건축과 조각 조형예술 등에서 한의 색채를 지니게 되었다. 장례식, 결혼식, 절기, 축제, 의복 등의 옛 습속은 한나라 사람의 새로운 습속으로 동화되었다. 베트남인의 말하는 언어에서도 역시 한자에서 온 글자가 대폭 늘어났다. 이러한 여러 한화의 결과는 홍Hồng강 삼각주의 물벼를 심는 문명에서 동아시아와 중국 중심의 문명으로 바뀌게 만들었다.

하지만 한화의 목표가 동화라고 할 때 이 목표는 달성되지 못했다. 한화 그 자체 때문이 아니라 베트남 사람이 한나라 사람들로 바뀔 수 없었고, 베트남 사회가 한나라 사회로 될 수 없었기 때문이다. 베트남의 정체성은 여전히 한나라의 정체성과 다른 것이었다. 이러한 다름은 베트남 영

---

10 판 후이 레(Phan Huy Lê) · 쩐 꾸옥 브엉(Trần Quốc Vương), 전업중학대학 출판사, 1983, 491면.

토에서 한의 요소들이 진한지 약한지, 많은지 적은지, 혹은 있는지 없는지처럼 수량적 측면이나 지역적 측면에 국한된 것뿐만이 아니었다. 형식은 같지만 그 내용은 다르거나, 현상은 유사하지만 본질은 다른 것처럼 사건들의 실질적 측면의 많은 경우에 다른 점들이 남아 있었다. 이러한 조건은 한나라의 통치자도 역시 인정하고 있었다. 그렇기 때문에 그들은 마음을 놓을 수 없었으며, 여러 차례 자신의 무기력함과 상대방의 완고함에 대해 불평을 늘어놓았다.

이러한 상황이 발생한 이유는 한나라 사람들의 동화시키려는 마음이나 동화의 방법이 모자라기 때문이 아니었다. 그들의 결심은 최선의 것이었고 동화의 방법도 결코 부족하지 않았지만 여전히 동화에는 이를 수 없었다. 이러한 조건은 북속시기에 한정해 말하자면 이렇게 이해할 수 있을 것이다. 한화의 흐름 이외에 하나의 다른 흐름이 지속적으로 외부로부터의 강압적인 것을 막아내고 변질시켰다. 이것은 한화에 맞선 반한화의 흐름으로 민족의 특성을 유지하기 위한 것이었다.

반한화 경향은 나라를 사랑하는 베트남 여러 사람들의 행동과 의지가 근거가 되어 형성될 수 있었는데, 모든 측면에서 침략자 무리에 맞섰다. 이러한 경향은 외세에 의한 천 년에 걸친 상당히 오랜 시기의 통치 기간에도 굳건하게 유지되었다. 상대의 압도적인 세력과 야만적인 탄압의 여러 국면에도 이러한 경향이 가능한 것은 통치를 받기 이전부터 베트남 사람의 공동체가 형성했던 개별적인 색채와 구조가 있었기 때문에 가능한 일이었다. 이러한 공동체는 능동적인 전통이 있었고, 적당하고 마땅한 것을 알고 어려운 환경을 극복하기 위한 해결방안을 찾아냈으며, 잔인한 사회 세력에 맞서 승리하기 위한 기초가 형성되어 있었고 심각한 자연 재난을 이겨낼 때마다 견고해졌다. 그래서 나라를 사랑하는 여러 사람들은 인민과 공동체가 깊은 애정으로 맺어져 있다는 것을 알았으며, 이러한 인민과 공동체의 역량을 가져온다면 스스로 근원을 무궁무진하게 보충할 수 있다는 것도 알았다. 적합한 방법과 굳건함과 더불어 그들의 공동체는 정의로운 일을 했기 때문에, 이러한 경향은 날이 갈수록 승세를 잡아 갔으며, 적들은 비의非義와 더불어 결코 해결할 수 없는 내부적인 여러 모순들로 인해 날로 쇠약해져 갔다.

한화와 반한화의 두 경향은 베트남의 국가, 사회, 인간이라는 하나의 동일한 대상을 두고 진행되었으며, 모두 그들의 소원, 의지, 목적을 실현하려 했다. 하지만 그러한 목적과 의지와 소원은 나누어지는 바로 그 순간부터 실현 방법이 부족했으며 상대방의 소원, 의지, 목적과 충돌하고 모순되면서 나누어졌다. 그래서 그들은 지속적으로 조정하고 관찰할 수 있었다. 시작할 때 대립한 지점에서부터, 그리고 그 후 실제 현실을 거치면서 그들은 평행한 두 힘을 이루었다. 그리고 역사의 변화 곧 사회에서의 결과는, 평행을 이루는 힘들이 과거의 지점이나 현재의 지점 어느 곳에도 속할 수 없는 상황으로 이끌어다 놓았다. 이러한 상황은 비록 두 힘들이 서로 틈입과 전화轉化를 거치면서 합쳐지도록 만들었다 할지라도, 각각 힘의 근원은 다른 것이었다. 북속시기 베트남의 나라, 사회, 사람은 한화와 반한화의 두 힘이 모아지는 방향을 따라서 변화 발전을 이루었으며, 이는 한나라와 베트남 두 나라가 하나의 합병으로 향하는 새로운 상태로 되었다. 이러한 상황은 한나라 사람과 베트남 사람 모두 원하지 않았지만, 한편 받아들일 수밖에 없는 역사적 사실이 되었다.

다른 역사적인 사건과 마찬가지로 북속시기 베트남인들의 사유는 그들이 사는 사회가 만들어낸 산물이었으며, 역사 운동과정의 결과였다. 그것은 느낌과 감정으로부터, 개념, 판단, 추리, 가설, 이론처럼 반영의 높은 형식에 이르기까지 역사적 흔적들을 가지고 있다. 하지만 다른 측면에서 보면, 그들의 사유는 다시 두뇌에서 만들어낸 것이며, 외부세계의 개조와 인식, 그리고 그들의 실천적 활동의 요구로부터 생성된 것이다. 이러한 요구는 남겨진 과거의 사상 자료들 안에서 만들어내는 것으로, 그것은 단지 현실의 발전 가능성이 있는 일정한 일부 자료에 의지하는 것이며, 일정하게 방향에 따라서 발전하기 위한 가능성이 있는 일부를 선택하고 드러내는 것일 뿐이다. 당시 베트남 사람의 사유는 그렇게 형성된 것이다. 나라의 요구는 몇몇 방향에 따라서 발전하도록 시켰고, 우리의 임무는 그렇게 드러난 것을 연구하는 것이다.

당시 베트남 사람의 문제는 하나의 발전적 사유를 이룩해야 하는 것이었다. 왜냐하면 그 당시 베트남인은 발전적인 사유를 가져야만 침략군을 이해할 수 있고 이길 수 있으며 국가의 해방방법을 찾을 수 있었다. 그러한 사유를 가지기 위해 무엇보다 먼저 베트남인은 조상들의 사유를 계승하여 발전시켜야 했다. 하지만 그러한 전통적 사유들은 그다지 많지 않았다. 그래서 그들은 그러한 사유를 보완할 다른 사유를 찾아내야 했다. 그것은 외부 통치자의 거대한 사유 체계였다. 이러한 체계는 그들이 알기를 원했던 만큼 그들의 태도를 걸어야만 했다. 다시 말하자면 베트남 사람은 처음에 한나라 사람의 사유를 알기가 어려웠다. 왜냐하면 베트남 사람들은 비밀스럽고 닫혀 있는 마을에서 태어나 자랐고, 낯선 사람들을 자주 접할 기회가 없이 외부와의 접촉이 매우 드물었기 때문이다. 그리고 무엇보다 이러한 사유는 침략자들과 더불어 들어온 것으로 원수를 싫어하였기 때문에 그들의 사유를 가져오는 것도 당연히 싫었기 때문이다. 하지만 점차 뒤로 갈수록 베트남 사람들은 한나라 사람의 사유 체계에서 통치의 기초적인 사상 이외에도 사유의 발전된 수준에 따라 체현되어 있는 많은 다른 사상들을 볼 수 있었다. 만약 받아들일 수 있다면 여러 상황들을 해결하고 이해하기 위해서 매우 좋은 하나의 조건이 될 수 있었다. 이때부터 그들은 한나라 사람들이 수천 년을 거치면서 발전시켜 온 사유 계통을 이용하는 것을 그들의 지식을 풍부하게 만드는데 반드시 필요한 필수적인 것으로 여기게 되었다. 그들은 나라가 처한 여러 문제들을 이해하기 위해 한나라 사유의 여러 가지 성취물들을 운용하고 깊게 마음에 새겨 숙고하고 학습했다.

한나라 사람의 사유를 계승한 이후의 시기에 보이는 역사를 살펴보면 많은 베트남 사람들의 수준이 한나라 사람들에 상당할 만큼 한학에 조예가 깊어지는데 오래 걸리지 않았다. 공부를 할 수 있는 베트남 사람들은 매우 높은 학문적 경지에 도달했다. 시험을 보고 유학 체계의 높은 지위에 들어서는 사람은 하루가 다르게 늘어났다. 845년에 이르게 되면 당나라는 베트남 사람이 장안 수도에 들어와 시험을 볼 수 있는 수를 제한하고, 진사과 합격자는 8인을 넘지 못하도록 하였으며, 명경과는 10인을 넘을 수 없도록 정했다.[11] 그뿐만 아니라 베트남의 여러 유학자들은 사유의 여러 영역에서 재능을 발휘했다. 한나라의 통치 무리의 행위와 이론 사이의 모순들을 볼 수 있었던 인물도 있었는데, 리 띠엔Lý Tiến과 같은 사람은 유교 경전을 인용하여 말한다. "천하 어디에서나, 왕의 땅이 아닌 곳은 없다. 이 땅에서는 왕의 신하가 아닌 사람은 아무도 없다."[12] 하지만 실제로 보면 신하는 오직 중국인일 뿐이었다. "천하의 모든 곳이 모두 왕의 신하라지만 지금 조정에서 관리를 하는 자들은 모두 중 처우Trung Châu에 있는 사부士夫일 뿐이다."[13] 실제 현실에 드러나는 것을 아는 사람도 있었지만 권위 앞에 맞서서 진리를 견지하는 인물도 있었다. 쯔엉 쫑Trương Trọng은 한나라 왕이 태양(힘의 권력) 안에 있기 위해서는 녓 남Nhật Nam이 반드시 북방으로 향해야 한다는 견해를 반박한 인물이다. 동시에 녓 남Nhật Nam에도 "따뜻한 풍기風氣와 생민生民의 머리 위에 한낮의 태양"이 있음을 긍정하였다.[14] 또 과거의 일들을 관

---

11 『안남지략(安南志略)』, 권16 「잡기」.
12 「북산시(北山詩)」, 『맹자』 「만장(萬章)」 상편, 『시경』, 「소아(小雅)」 편에서도 찾아볼 수 있다.
13 『대월사기전서』, 사회과학출판사, 1983, 151면.

찰하는 사람도 있었는데, 과거로부터 이어지면서 발전하는 방향을 살펴보고 장래에 일어날 일을 추론할 수 있었다. 크엉 꽁 푸Khương Công Phụ와 같은 사람은 사람을 알아보고 사업을 알게 되어 당 덕종에게 자신을 지키는 법과 재화災禍를 피할 수 있도록 권고하기도 했다. 이렇게 우리가 살펴본 것처럼 베트남 사람은 당대 중국의 사상, 학술적 논쟁에 참여하는 것이 충분히 가능했다. 그렇지만 그들은 이를 버리고 참가하지 않았으며 이러한 국면을 그리워하지도 않았다. 이처럼 그들에 있어서 주의해야 할 일은, 그들의 사유가 실제 나라가 요구하고 인민이 원하는 여러 측면으로 향하고 있다는 것이다.

베트남 사람과 관련해서 보면 북속시기에 급박하고 일상적인 요구는 민족의 독립이었으며, 나라의 주권회복이었고, 어떻게 하면 침략자들을 쫓아내서 나라를 구할까 하는 것이었다. 연속해서 일어나는 기의起義의 국면이 왜 매번 실패하는지, 경험으로부터 끌어내어 물어보고 총괄적으로 정리하는 것이었다. 봉기의 역량은 뒤로 가면 갈수록 점차 장성將盛해졌으며, 길을 안내하는 이론이 더욱 요구되었다. 이러한 요구들은 하나의 이론이 튀어 나오도록 종용하였고, 해방투쟁의 국면을 위한 기초가 되었으며, 그러한 이론은 결국 나타났다.

다른 하나의 문제는 베트남의 모든 사람들이 늘 맴돌면서 해답을 요구하는 것인데, 사람이 공동의 삶에서 서로 어떻게 대처해 나가는가 하는 것이다. 어떻게 해서 복을 얻고 화를 피하고, 사람이 죽었을 때 어디로 돌아가는지, 다시 살아날 수 있는 것인지 등이었다. 도덕의식과 인생관념은 그 때문에 형성되었고, 많은 사람들이 받아들이고 시간이 지나면서 보충되었다.

---

14 위의 책, 152면.

북속시기 베트남 사람들의 사유의 특색은, 외부 사유로부터의 성취와 전통적 사유 요소들의 발휘 및 계승하는 일의 능숙한 정도와 마찬가지로, 이 시기는 민족의 사유 과정에 기여하였다. 그리고 이러한 것들은 모두가 위에 언급한 영역을 통과하지만 드러나게 된다. 그러므로 이러한 각 영역에 대한 깊은 연구가 필요하다.

제5장

나라의 주권과 베트남 사람들의
공동체에 대한 의식-사상

인류역사상 베트남 민족처럼 북속시기 1000년이 지난 10세기에 이르러서야 자유 독립을 쟁취할 수 있었던 경우는 실제로 찾기 어렵다. 이러한 독립은 여러 봉건역사가들의 관념처럼 우연히 이루어지거나 혹은 행운이 따라서 얻어지거나, 또는 습하고 더운 나라이기 때문에 건조하고 추운 날씨에 익숙한 북방 사람들에게 맞지 않아서 쟁취된 것이 아니다. 하나로 의견이 모아진 결과이며, 불굴의 강건한 하나의 정신으로 쟁취한 것이다.

이러한 기적적인 일을 달성한 사람들은 그 당시 나라를 사랑하는 베트남 사람의 세대였다. 그들은 죽음(칼과 창)을 두려워하지 않았으며, 그들은 흉포하고 크고 강력한 침략자들에 맞서 대담하게 저항했다. 하지만 보다 중요한 것은 그들이 인내심을 가지고 하나의 의식과 고민을 통해 여러 길과 여러 해결방안, 그리고 해방의 여러 방식을 찾기 위해 노력한 것이다. 그들은 매번 실패할 때마다 매번 좀 더 깊게 사려하고, 좀 더 우리와 적 사이의 상관성을 전면적으로 보고, 시기와 세력을 주시하고, 물질적인 강력함과 정신의 강함 사이를 고려하고, 개인의 힘과 공동의 힘도 염두에 두고, 조건과 가능성에 대해 더욱 철저하게 계산해야만 했다. 호소하기 위해서는 호

응하는 사람이 있어야 했고, 드러내기 위해서는 밀어 붙여야 했으며, 하나의 산하가 우리들의 손에 완전히 돌아오기 위해서는 내일에도 쉽게 흔들리지 않아야 했다. 이러한 사유들은 적지 않게 문자로 기록되어 있다. 왜냐하면 그 당시에는 한자를 사용하는 베트남 사람들이 많았고, 봉기를 이끈 사람들은 일반적으로 사회에서 지위가 높았으며 문화적으로 높은 수준이었는데 그들은 자신이 고민한 사상들을 공동체내에 전파시켰기 때문이다.

북속시기 베트남 사람의 사상에서 드러나는 것은 조상대대로 전해지는 산하에 대한 자신들의 위치와 자신들의 사상-의식 이었다. 이것은 베트남 사람의 공동체 의식이라 할 수 있으며, 나라에 대한 주권의식이라 할 수 있다. 이러한 의식은 북속시기에 일정하게 드러난다. 이런 점에서 보면 거의 1,000여 년이 넘는 긴 시간 동안 초기의 사상적 단계와 후기의 사상적 단계에는 차이가 있을 수밖에 없다. 이러한 차이점은 사유의 수준에서 가장 잘 드러난다. 초기단계의 의식-사상은 간단했으며 심리적 느낌들이 주를 이루었는데 비해 후기단계의 의식-사상은 이성적이고 이론적인 다양한 요소들이 개입되었다.

베트남 사람들의 공동체에 대한 의식내용은 쉽게 알아볼 수 있다. 이러한 공동체 의식은 중국의 식민지배 이전부터 이어져 내려온 것이다. 북속시기에 이르기까지 위기는 공동체를 흩어 놓았지만 그럴수록 공고해졌으며 성숙해졌다. 외국에 의한 통치는 우리가 하나의 집단을 이루고 있는 각 구성원들 간의 긴밀한 공통점을 찾기 위해 노력하도록 만들었으며, 모든 구성원들은 공동체의 일부로 행동하였고, 이러한 이유로 개인과 공동체 모두 더욱 강력해졌다. 이 시기 베트남의 부족 안에서 구성원들 사이에는 실제 근원적으로 많은 공통점이 있었는데, 경제적 측면 언어적 측면 풍습과 습관 측면 등이다. 하지만 그들은 이러한 조건들을 전부 알지 못하였는데, 견식의 진도의 한계 때문이다. 모두가 하나로서 모든 사람들이 같은 혈통에 근원한다는 것을 알았으며, 모두가 북방의 통치자들의 동화정책 앞에서 혈연공동체를 보존하는 것이 필요하다는 것을 알았다. 이러한 의식은 서로에게 친근함을 불러 일으켰으며 베트남 사람들의 잠재의식 저변에 담겨 있는 근원에 대한 설명이 가능하도록 전설을 만들어내는 기초가 되었다.

어우 꺼Âu Cơ가 락 롱 꿘Lạc Long Quân을 얻은 이야기, 하나의 배에서 100개의 알이 태어난다는 이야기, 100명의 아이가 깨어났다는 이야기, 50명의 아이는 아버지를 따라 바다로 내려가고, 50명의 아이는 어머니를 따라 산으로 올라갔다는 이야기와 같은 전설은 공동체의 하나된 의식이 반영된 것으로, 북속시기 이전에 등장하여 당시 사람들에게도 흘러 전해 내려오면서 계승된 것이라 할 수 있다. 이 이야기는 실제로 베트남 사람의 발전과 부합하는 것은 아니다. 역사적 실제로 보면 베트남 족은 당시에 오랫동안 발전되어 온 과정을 거치면서 형성된 것으로, 여러 씨족으로부터 포족包族으로 통합되었고, 다시 여러 포족이 모여서 부락이 되었으며, 이러한 부락들은 모여서 부락연맹체가 되었고, 다시 여러 부락연맹체는 부족이 되었다. 그러니까 당시 베트남 사람들은 이야기처럼 하나의 피를 가지고 있으며 하나의 어머니에게서 나온 자식들이 아니었다. 하지만 이러한 이야기는 여전히 현실적으로 가치가 있었는데, 모든 사람들이 여전히 계승하여 받아들이고 소중하게 보존해 왔기 때문이다. 특별한 다른 이유 때문이 아니라 적과 더불어 맞서 싸우기 위해서 그들이 긴밀하게 유대적 관계를 맺기를 원하고 그러한 뜻을 가슴속에 품은 것으로부터 만들어진 것이기 때문이다.

하나의 어머니, 어우 꺼Âu Cơ로 부터 태어났다는 의식은 당시 사람들뿐만 아니라 후세에도 이어지면서 작용하였다. 북속시기 이후에도 외침은 계속되어 지속적으로 하나의 재화災禍가 되었는데, 베트남 공동체는 적으로부터 늘 맞서 싸우기 위해서는 하나의 의견, 하나의 마음을 건설하기 위한 공동의 기초가 있어야만 했다. 더욱이 베트남 사람의 사회 내부에서 보자면 계급의 분화 때문에 부자와 가난한 자의 구별이 벌어졌고, 착취와 피착취 구조가 생겨났으며, 탄압과 이에 맞선 저항이 생겼고, 사회가 안정되지 못하였으며, 삶은 보장받지 못했는데 이러한 문제의 화해를 위한 공동의 기초가 필요했다. 공동의 기초란 하나의 어머니에게서 태어났다는 의식이었다. 주변 사람들을 부르기 위해 사용되는 '동포', '친척'이란 개념은 같은 어머니를 가지고 있다는 의식에서 형성되었다. 이것은 많은 의미가 있지만 그 가운데 하나는 나라가 외침을 받아 적이 생겼을 때, 혹은 사회가 모순에 빠져서 정체된 상황일 때 중요한 의미를 가진다. 그들은 모든 사람들이 서로 사랑하는 하나의 태도와 구원하는 책임을 만들었다.

같은 어머니로부터 태어났다는 의식 이외에도 베트남 사람들은 당시 한 나라 사람들과 식민지배와 피지배의 관계가 아닌 다른 관계를 형성하길 원했다. 베트남 역사서에 기록된 낀 즈엉 브엉Kinh Dương Vương의 이야기를 구체적인 예로 들 수 있다.[1] "옛날 신농 씨의 비엠Viêm 왕의 3대 후손인 데 민Đế Minh은 데 응이Đế Nghi를 낳았다. 훗날 데 민Đế Minh은 남방을 순방한 후에 응우 린Ngũ Lĩnh에 이르러 부 띠엔Vụ Tiên의 딸을 취해 왕(낀 즈엉 브엉Kinh Dương Vương)을 낳았다. 왕은 지혜가 총명하였고 성스러웠기 때문에 데 민Đế Minh은 그를 매우 아껴 자신의 왕위를 전해주려 했다. 왕은 형에게 양보하고자 노력했으며 이 명을 따를 수는 없었다. 데 민Đế Minh은 데 응이Đế Nghi를 새롭게 세워 왕위에 오르게 했고 북방을 다스리도록 했다. 낀 즈엉 브엉Kinh Dương Vương에게는 왕을 제수하고 남방을 다스리도록 했다. 나라의 이름은 씩 뀌Xích Quỷ였다."(『대월사기전서大越史記全書』) 이 이야기에서 보이는 것은 비엣Việt 족이 본

---

1   『대월사기전서(大越史記全書)』 제1집, 사회과학출판사, 1983, 116면; 『월사통감강목』 전편(前編) 제1집, 문사지출판사, 1957, 51면.

래 한족과 더불어 비엠Viêm 황제를 하나의 조상으로 갖고 있으며 신농 씨 가문이라는 것이다. 비엣Việt 족은 중국 봉건의 무리들이 일상적으로 생각하는 만이蠻夷가 아니라는 것이다.

비엣Việt 족은 같은 어머니로부터 태어났고, 한족과 더불어 화합적인 관계를 원했는데 이것은 매우 독특한 현상으로, 옛날부터 베트남 사람들은 우호적인 연방 관계와 아름답고 좋은 사회관계를 건설하기를 원했다는 것을 잘 보여주고 있다.

이러한 공동체의식은 점점 더 높은 수준으로 발전되었는데, 통치자 무리가 날이 갈수록 착취와 압제를 심하게 했고 동화를 강화하여 베트남 공동체가 흩어지고 변화하여 없어질 위기에 처하게 되었기 때문이다. 베트남 사람들은 자신들의 공동체를 보호하기 위해서는 스스로 반드시 나라의 주인이 되어야 한다는 것을 알게 되었다. 베트남 사람들의 나라에 대한 하나의 주권 의식은 이렇게 형성되었다.

우선적으로 살펴볼 수 있는 사항은 나라의 주인이 되기 위한 의식은 단지 몇몇의 개인에 속하거나, 강건하고 이를 이해하고 아는 일부 수령에만 속하거나, 나라의 중요한 지역 일부에 속한 것이 아니었으며, 대다수 인민들과 지아오 치Giao Chỉ의 영토 대부분의 지역에 골고루 나타나는 것이었다. 만약 그렇지 않다면 어떻게 하이 바 쯩Hai Bà Trưng이 깃발을 들자 60개가 넘는 현縣에서 옹호하여 봉기가 일어날 수 있었겠는가. 바 찌에우Bà Triệu가 코끼리를 타고 대나무 가지와 북을 울릴 때는 "처우 지아오Châu Giao 전부를 진동시켰다".[2] 이러한 의식은 역사 속에서 짧은 기간에 순간적으로 등장한 것이 아니라, 북속시기를 거치면서 오랫동안 형성된 의식이었다. 그렇지 않다면 베트남 사람이 어떻게 쟁투를 벌이면서 자신을 유지할 수 있었으

---

2 『삼국지』「오지」 권16.

며, 왜 뒤로 갈수록 기의가 점점 더 늘어가고 쌓여가는 현상이 생겼겠는가. 이러한 의식은 면전의 구체적인 목적인 한 사람의 탐욕스럽고 잔혹한 태수나 자사만을 겨냥하거나, 무거운 조공품 제도 하나를 없애거나, 가혹하게 감금하는 것을 부숴 버리는 것만이 아니라 오래되고 기본적인 목적에 이르는 것을 겨냥하고 있는데 그것은 영원한 주권이었다. 그렇지 않다면 완전한 승리에 이르는 그날까지 투쟁하는 정신을 배양시킬 필요가 없었을 것이다.

우리 민족의 적은 베트남 사람들의 이러한 의식을 받아들일 수 없었다. 그들은 고의적으로 감추고 왜곡시켰다. 베트남 사람의 기의가 일어난 원인에 대해 해석하면서 북방의 봉건역사가들은 오직 개인의 관리 통치능력의 부족, 하나의 구체적인 정책의 부재, 또는 베트남 사람들이 우연히 성질을 부려 일어난 것이라 보려 했다. 예를 들면 하이 바 쯩Hai Bà Trưng의 기의에 대해서 그들은 이것이 바 쯩Bà Trưng이 한나라의 법률에 대해 화를 내었기 때문이라고 보고 있다. "지아우 치Giao Chỉ의 태수인 또 딘Tô Định은 법률로 속박했기 때문에 바 쯩Bà Trưng이 화를 내어 그렇게 반대한 것이다."[3] 바 찌에우Bà Triệu의 기의에 대해서 그들은 이것이 정상적이지 않은 베트남 여성이 일으킨 일로 규정하면서 "찌에우 집안의 여성이었는데, 3척에 이르는 긴 가슴으로 남편을 얻지 않았으며 각 군현을 강탈하는 도당을 모았다".[4] 북방의 태수와 자사들은 베트남 사람에 대해서 선천적으로 타고난 품성이 '난을 일으키기를 좋아한다'고 하였다. 예를 들어 3세기 지아오 처우Giao Châu의 태수인 띠엣 똥Tiết Tổng은 오吳의 똔 꾸옌Tôn Quyền, 孫權에게 "지아오 처우Giao Châu가 넓고 사람들이 많으며 험준한 지형이 있기 때문에 현지인들이 쉽게 내란을 일으켜서 관리하기가 매우 어렵다"[5]는 내용의 탄원

---

3 『후한서(後漢書)』 권86.
4 『대월사기전서(大越史記全書)』 「교지지」, 159면 참조.

서를 올리기도 했다. 3세기 말 지아오 처우Giao Châu의 자사인 다오 호앙Đào Hoàng은 진晉의 왕에게 "지아오 처우Giao Châu 사람들이 예의를 모르고 안정과 즐거운 것을 지겨워하고 싫어해서, 화란禍亂 일으키기를 좋아한다"[6]라는 내용의 글을 올리기도 했다.

이러한 위의 해석들은 이상할 것이 없는데, 이는 통치자의 입장을 잘 드러낸 것이기 때문이다.

베트남 봉건역사가들에 이르러서도 모호함이 있었다. 예를 들면 하이 바 쯩Hai Bà Trưng의 기의에 대해서 『대월사기전서大越史記全書』의 저자는 인정한다. "쯩 짝Trưng Trắc왕이 또 딘Tô Định 태수가 법률로 속박하자 불행해졌고, 딘Định 태수가 그의 남편을 죽인 원수이기도 했기 때문에 여동생인 니Nhị와 더불어 주州의 관아를 강탈하고 공격했다."[7] 『월사통감강목』에서도 또한 작가는 이렇게 전한다. "당시 또 딘Tô Định 태수가 통치하는데 탐욕스럽고 잔혹했으며, 바 쯩 짝Bà Trưng Trắc의 남편을 죽였다. 바Bà는 여동생인 쯩 니Trưng Nhị와 더불어 군대를 일으키고 주의 행정 중심지를 포위했다."[8] 또는 바 찌에우Bà Triệu의 기의에 대해서 『대월사기전서大越史記全書』의 작가는 이 일을 단순하게 묘사하기를, "끄우 천Cửu Chân군에 사는 딸인 찌에우 어우 Triệu Ẩu는 (…중략…) 군대를 모아 군현을 도적질하였다. 평정하여 누르자 편안해졌다".[9] 『월사통감강목越史通鑑綱目』의 저자도 유사하게 기록하고 있다. "끄우 천Cửu Chân군의 딸인 찌에우 어우Triệu Ẩu는 스스로 백성을 모으고, 각 군현을 노략질했다. 샅샅이 찾아 진압한 후 안정되었다."[10] 여기서 우리

---

5 『삼국지(三國誌)』「오지」, 권8.
6 『진서(晋書)』 권57.
7 『대월사기전서(大越史記全書)』, 145면.
8 『월사통감강목(越史通鑑綱目)』, 83면.
9 『대월사기전서』, 159면.
10 『월사통감강목』, 104면.

는 중국의 서적에 들어있는 예속성을 찾아볼 수 있는데, 베트남의 작가들은 북방의 시각 방식을 넘어서 벗어날 수 없었던 것이다. 이는 기의의 깊이와 적실함의 원인을 찾아내지 못했기 때문이다.

그럼에도 베트남의 옛 역사서에서는 어느 편이든 간에 승리를 쟁취했을 때 의군義軍의 지도자가 해야 할 일에 대해 드러나 있다. 그것은 나라를 재건하는 일이었다. 예를 들면 『대월사기전서大越史記全書』의 저자는 하이 바 쯩Hai Bà Trưng의 기의에 대해서 이렇게 전한다. "바 쯩Bà Trưng 왕은 매우 웅용雄勇했다. 또 딘Tô Định을 쫓아 내고, 나라를 세워 왕을 칭했지만 여왕이었기 때문에 재건에 성공할 수 없었다."[11] 또는 옛 민요의 구절과 바 찌에우Bà Triệu의 사업에 대해 칭송하여 부르기를 이렇게 말한다. "바 찌에우Bà Triệu 장군이 있었다네, 하늘의 명을 받들어, 상아 하나인 코끼리를 다스리고, 기를 세우고 나라를 열었다." 정확히 "나라를 세우고 왕을 칭함"(『대월사기전서』), "깃발을 세우고 나라를 열었네"(민요) 등은 새롭게 작품 안에 기록될 수 있었던 기의의 깊고 기본적인 원인이었다. 하지만 '나라를 세움', '국가를 엶' 등은 어떻게 하면 그렇게 되는지에 대해서 여러 자료에서 작가들은 언급하지 않고 있다. 우리의 임무는 이를 찾아내는 것이다.

나라를 세울 때면 어떠한 하나의 모형(당시에는 모형이란 개념이 나타나지 않았다)에 따르는 것을 알아야만 하며, 어떻게 나라와 사회를 조직하고 운영하는지도 알아야만 했다. 실제로 우리의 아버지, 할아버지들은 당시에 이러한 조건에 대해 마음속으로 떠올릴 수 있었다. 왜냐하면 인간이 다른 생물과 다른 지점은, 인간은 어떠한 일을 실행하기 이전에 따라야 하는 약도에 대해 어느 정도 분명하게 머릿속에서 밑그림을 그릴 수 있기 때문이다. 마르크스는, "가장 뒤떨어진 건축사와 가장 뛰어난 벌을 구별할 수 있는 것

---

11 『대월사기전서』, 145면.

은 벌집을 짓기 전에 건축사는 머릿속에서 이미 그것을 세우는 것이다".[12] 라고 언급했다.

북속시기 초기 단계에 지아오 치Giao Chỉ에는 여전히 지난날의 자주적 시기의 사회활동과 조직에 대한 형식들이 많이 존재하고 있었다. 이 무렵 옛 제도의 일부인 락 허우Lạc hầu와 락 뜨엉Lạc tướng이 여전히 남아 있었다. 하이 바 쯩Hai Bà Trưng 또한 락 뜨엉Lạc tướng 가운데 한 명의 딸이었다. 한나라 제국은 이를 완전히 파괴할 만큼 힘이 충분하지 못했다. 당시 사람들의 기억 속에는 지난 제도의 여러 이미지들이 분명하게 남아 있었다. 그들의 감정 안에는 여전히 구체적인 과거의 그리움이 남아 있었다. 그러므로 이를 기초적인 것으로 판단하여 말하자면, 나라를 일으켜 세우기 위한 관념은 북속시기의 여러 기의에 있어서는 홍 브엉Hùng Vương 시대의 제도 회복이었다.

이러한 판단은 완전히 새로운 것은 아니다. 일부 베트남 사학자들도 이러한 생각을 이전에 지니고 있었다. 예를 들어 『티엔 남 응우 룩Thiên Nam ngữ lục, 天南語錄』의 저자는 17세기에 하이 바 쯩Hai Bà Trưng의 기의에 대해 판단하면서 이처럼 언급했다.

"하나는 국가의 원수를 깨끗하게 씻기를 청하며, 둘은 홍Hùng 왕의 옛 업을 가져오기를 청하며, 셋은 남편 가슴속의 한이 쌓이지 않도록, 넷은 이 칙서를 온전하도록 하기 위하여!"

이때 '홍Hùng왕조의 옛 사업을 가져오다'라는 것은 홍Hùng왕조가 세웠던 국가의 사업을 다시 실현한다는 뜻이다.

홍Hùng왕조 시대의 사회는 계급분화과정에 있는 사회였다. 그 사회는 훗날의 사회와는 다른 점들을 지니고 있었다. 정치·사회에 있어서는 다음과 같은 이름의 공동체 구조였다. '씨족공동체사회 → 농촌공동체사회 → 부

---

12 『칼 마르크스·프리드리히 엥겔스선집』 제3집, 사실출판사, 1982, 261면.

락→부락연맹→국가.' 국가 조직 기구는 다음과 같은 이름이 전한다. 족장—보 친bồ chính—푸 다오phụ đạo, 락 뜨엉lạc tướng—훙Hùng왕.[13] 경제-사회에 있어서는 보편적으로 여전히 자연경제체제로 물이 오르고 내리는 것에 따라서 심고 수확했다. 훙Hùng 왕 시대의 제도 회복은 당시 사람들에게는 위와 같은 정치-사회-경제 조직의 여러 원칙을 회복하는 것이었다.

북속시기 초기 단계에 있어서 훙Hùng 왕의 자주 시대로 돌아가자는 의식-사상에 대해서 반드시 언급해야 할 것은, 이것이 나라를 구하기 위한 공동의 커다란 하나의 동력이었다는 것이다. 하지만 이러한 경향은 뒤로 가면서 한계를 드러냈는데, 목적과 해결방법이 이미 바뀐 사회와 부합하지 않았기 때문이다. 또한 베트남 사람에게도 더 이상 크게 매력적이지 않았는데, 한나라 사람의 생활 풍습과 생산 방식에 다소간 익숙해졌기 때문이다. 이렇게 해서 이러한 정치적 경향은 시간에 따라 서서히 희미해지고, 그 대신에 새롭게 부각된 하나의 경향에게 자리를 내어주어야만 했다.

약 2세기 말부터 하나의 새로운 정치적인 경향이 출현하면서 점차 뚜렷해졌다. 이것은 한나라의 모형에 따라서 국가를 건설하고 독립을 회복하려는 추세였다. 한나라의 모형에 따르는 이러한 경향에 대해 말하자면, 그것은 하나의 역리逆理와도 같은 것이었다. 상식을 벗어난 것으로서 한편으로는 한의 압박과 착취에 맞서면서 다른 한편으로 한의 사회 건설 원칙을 따라야 했기 때문이었다. 하지만 다시 고찰해보면 부합하는 측면이 있었다. 북방의 통치가 몇 세기를 지나면서, 당시 베트남 사회의 기반에는 전화轉化가 있었고, 중국 본토 지역과 같은 유사한 여러 측면이 등장했다. 한나라 사람들의 사회와 사회건설에 대한 여러 관념들은 베트남 사람들에게 어느 정도 영향을 미쳤고, 창조하고 운용할 수 있을 만큼 베트남 사람들의

---

13 『베트남사』 제1집, 전업중학대학출판사, 1983.

사상적 자료가 되었다. 또한 한나라 사람들의 정치·사회의 관점 체계는 단지 정신적 도구였으며, 이것은 한나라 사람의 도구였지만 베트남 사람의 도구로도 만들 수 있을 것 같았다. 문제는 사용하는 사람의 입장이 어디에 있는가 하는 것이었다. 그렇기 때문에 이러한 정치-사상적 경향은 베트남 사람에게 필요한 것처럼 나타나게 되었다.

하지만 이러한 경향은 서로 다른 주장을 펼치는 둘로 나뉘어 성립되었다. 첫째는 북방에 상대적으로 예속적이면서 자치를 이루려는 것이었고, 두 번째는 북방과 동등한 지위를 지니고 독립을 쟁취하려는 것이었다. 어떠한 주장에 따를 것인지는 봉기의 지도자들이 일반 백성들과 어떠한 관계를 형성하고 있는지, 외국의 지배 관리계급에 대해 어떤 인식을 가지고 있는지에 따라 나뉘어졌다. 지도자들이 인민들과 친밀하지 않으며 중국의 식민통지 지배계급에 대해 모호한 관계를 형성하고 있다면 그들은 첫 번째 경향에 따르는 것이다. 지도자가 현지의 인민들과 친밀하고 중국의 식민지배 계급에 대해 침략자라는 인식을 가지고 있다면 이들은 두 번째 경향에 따르는 것이다.

북방에 대한 상대적 예속과 자치를 주장하는 것은 시 니엡Sĩ Nhiếp(2세기 말~3세기 초), 리 펏 뜨Lý Phật Tử(6세기), 풍 안Phùng An(8세기) 등에서 살펴볼 수 있다. 그 중에서도 시 니엡Sĩ Nhiếp이 가장 대표적이라고 할 수 있다.

시 니엡Sĩ Nhiếp은 뚜렷한 정치적 신념을 가지고 있었다. 그의 사상을 알아보기 이전에 먼저 그의 인간적 측면에 대해 살펴볼 필요가 있다. 『대월사기전서』의 저자는 "왕(시 니엡Sĩ Nhiếp)은 관대하고 겸손하며 많은 사람들로부터 사랑과 존경을 받았다. 나라를 보호하여 삼국의 세력에 저항하기 위한 통찰력을 지니고 많은 책략을 펼쳤다. 그는 재능이 뛰어난 사람이라 할 수 있다"[14]라고 기록하고 있다. 『월사통감강목越史通鑑綱目』의 저자는 "시 니엡Sĩ Nhiếp은 중국 조정의 명령에 따라 베트남에 와서 태수 직위를 했고 왕이라 칭한 적이 없으며 안 즈엉 브엉An Dương Vương과 찌에우 비엣 브엉 Triệu Việt Vương과는 달랐다"[15]고 전하고 있다. 뜨 득Tự Đức은 "시 니엡Sĩ Nhiếp 은 한나라의 태수일 뿐이며 세월에 맞추어 자신의 안위만을 원했을 뿐 아무런 책략이 없었기 때문에 후손이 2대를 넘기지 못하고 권력을 잃고 말았다. 칭찬할만한 것은 없다"[16]라고 판단하고 있다. '전업중학대학출판사'의 『베트남사』의 저자는 기록하기를 "2세기 말~3세기 초 베트남은 시 니엡Sĩ Nhiếp의 형제와 부자가 할거하며 통치하던 아래에 놓여 있었다. 본래 한나라 사람이지만 베트남화 되었으며, 거의 하나의 개별적인 조정과도 같았다".[17] 그러면 시 니엡Sĩ Nhiếp은 어떠한 사람이었는가? "삼국의 강한 힘에 저항하여 베트남의 영토를 온전히 보존한 사람인가(『대월사기전서』)?" "중국의 조정 명령에 따라 건너와 태수를 한 인물인가(『월사통감강목』)?" 또는 "한나라의 태수일 뿐"(뜨 득Tự Đức)인가. 또는 "한나라 사람이지만 베트남화 되었다"(『베트남사』)인가? 객관적이고 공평한 평가는 그의 사상을 이해하는 것으로 해결 될 것이다.

시 니엡Sĩ Nhiếp은 옛날 한족의 혈통으로 "시 니엡Sĩ Nhiếp의 조상은 중국 노나라의 문양 땅 사람이었으며, 왕망의 혼란을 피해 지아오 처우Giao Châu로 옮겨왔다. 시 니엡Sĩ Nhiếp은 그 6대손이다".[18] 하지만 지아오 치Giao Chỉ에서의 삶의 환경과 형세의 영향으로 후대로 내려갈수록 한의 요소는 점차 줄어들었고 베트남적인 요소는 늘어났다. 이렇게 6대에 걸쳐 내려오면서 시 니엡Sĩ Nhiếp에 이르렀을때는 베트남적인 요소가 그의 주요한 부분을 형성하고 있었을 것이 분명하다. 하지만 시 니엡Sĩ Nhiếp이 베트남인의 요소를

---

14 『대월사기전서(大越史記全書)』, 150면.
15 『월사통감강목(越史通鑑綱目)』, 24면.
16 위의 책, 99면.
17 『베트남사』, 341면.
18 『삼국지』「오지」권4.

많이 가졌는지, 한족의 요소를 많이 가졌는지 판단하기 위해서는 그가 관리했던 지역 그리고 한나라 조정에 대한 그의 태도를 통해 알아볼 수 있을 것이다. 그리고 그의 행적을 살펴보면 그는 중국측과 상관없이 지아오 치Giao Chỉ를 독자적으로 건설하려는 의식이 있는 사람이라는 것을 알 수 있다. 그의 자식들과 동생들은 이러한 의식을 계승하였기 때문에 오왕조의 조정에 의해 살해당해야 했다. 그는 스스로를 왕이라고 한번도 자칭하지 않았지만 사람들은 그를 '왕'으로 부르며 존경했다. 그의 경우에는 6세기의 리 비Lý Bí, 13세기의 쩐 까인(Trần Cảnh, 쩐 타이 똥Trần Thái Tổng), 14세기의 호 꾸이 리Hồ Quý Ly의 경우와 비슷하다고 할 수 있다. 그들은 모두 오랜 옛날에는 중화에 뿌리를 두었던 후손들이었으며 그 당시에 그들은 베트남인의 사유의 색채와 마찬가지로 권리와 원망願望을 대변하였다. 그래서 베트남역사의 저자가 '시 니엡Sĩ Nhiếp은 중국계였지만 현지인이 되었다'고 표현한 것은 합리적인 것이다. 뿐만 아니라 우리는 좀 더 분명하게 "시 니엡Sĩ Nhiếp은 베트남 사람이다, 중화를 근원으로 하는"이라 말할 수 있다.

시 니엡Sĩ Nhiếp은 나라를 다스리고 세상을 구할만한 능력이 있었으며, 그의 재능과 도덕은 그 당시 한나라 봉건제국의 정치 지도자들 누구보다도 탁월했다. 그가 다스리던 사회는 안정적이었으며, 번성하였다. 당시에는 그렇게 인정할 수밖에 없었다. 많은 중국인들이 당시 어지럽고 혼란한 정국 때문에 피신하여 그에게로 건너 왔다. "중국의 시 니엡Sĩ Nhiếp의 부府는 난을 피하고 건너와 의지한 사람들이 수백에 이르렀다."[19] 그 가운데 비엔 후이Viên Huy는 자신의 친구였던 상서령尚書令인 뚜언 욱Tuân Úc에게 시 니엡Sĩ Nhiếp을 천거하는 서신을 보내기도 했다. 그 서신에는 "지아오 치Giao Chỉ 땅의 시 니엡Sĩ Nhiếp 선생은 학문에 심원하고 해박하며 정치적 측면에서는

---

19 『삼국지』「오지」 권4.

꿰뚫고 있다. 대란의 시기에 머물러서도 하나의 군을 유지하기를 20여 년이 넘도록 온전하게 하였다. 그가 다스리는 강역에는 일이 없으며, 인민들은 그들의 일을 잃은 적이 없다. 여러 사람들이 기대어 와서 모두들 감사해 하고 있다".[20]

그와 같은 태평성대를 만들 수 있었던 것은 그가 도량이 넓고 관용심을 마음에 품어 아래 사람들이 잘 따랐기 때문만이 아니라, 일을 함에 있어서 현명하였고, 조공품을 보내면서는 모두 잘 달래고 후하게 하여 북방 통치자들을 즐겁게 하였기 때문이다. 역사서에 기록되어 있는 것과 같은 그들의 침략적인 야만스러운 마음을 가라앉히고, 주로 당시 베트남 사회의 요구에 부응하는 그의 정치적 노선을 펼쳤으며, 그 때문에 공황을 피할 수 있었으며 인심을 공고히 할 수 있었다.

이러한 관점은『상서』에서 그 근원을 찾아 볼 수 있는데 그는 "『상서』에 통하고 겸비한다면 예나 지금이나 그 큰 뜻이 밝고 분명하다"고 말한다.[21] 특히『좌씨춘추』에 대해서는 그가 "미묘한 뜻을 상세히 알았으며", 비엔 후이Viên Huy는 이 책에 대해서 이해의 재능에 감복하며 "나는 몇 차례나 전(『좌전』)에서 이해하기 어렵고 의심나는 부분에 대해 물어보았으나 모두 단박에 해석할 수 있었으며, 그 의견이 매우 심오했다"[22]고 전한다.

『상서』는 오경 중의 하나이며, 유교에서 정리한 중요한 경전으로 중국의 초기 왕조에서 모두 중시했다.『좌씨춘추』는『좌전』또는『전』이라 부르기도 하는데,『춘추』에 기록된 삼대 왕에 대해 기원전 8세기에서 5세기 초까지의 각 왕의 사업에 대해 평론하고 해석한 책이다. 이러한 책들을 읽는 것으로 시 니엡Si Nhiếp은 지난 정치적 사건들이 많았던 시대를 이해하

---

20 위의 책.
21 위의 책.
22 위의 책.

였으며, 이 책들을 통해 통치의 노선과 정책, 사회적 모순의 해결방법, 통치자의 어려움을 극복하는 방법 등을 배울 수 있었다.

이 저서들은 여러 분야에 관해 언급되어 있다. 이론적 사유분야만을 보면 복-화, 길-흉, 행운-불행, 성공-실패 등의 원인에 대해 서로 다른 여러 이해를 찾아볼 수 있으며, 천도와 인도의 내용에 대해서, 사회에서의 삶에서 인민과 귀신의 역할 등에 대한 다양한 설명도 보인다. 이러한 서로 다른 여러 이해 앞에서 시 니엡Sĩ Nhiếp은 자신의 인식 태도를 드러내어 선택을 해야만 했다. 왜냐하면 일을 하기 위하여 공부한 것을 통해 그로부터 뽑아내어 것은 별도로 치더라도, 그가 당시 중국 학자들의 학술 논쟁에 참가하기를 원했기 때문이다. 비엔 후이Viên Huy가 열거하여 이렇게 말한다. "수도에서 고금의 역사학의 옳고 그름에 대한 논쟁이 있다는 소문을 듣자, 그가 『상서』와 『좌전』에 대해 알고 있는 여러 뜻에 대해 문제를 제기하기 위해 참가하기를 원했다. 그의 여러 견해가 이처럼 가치 있었다."[23] 진정한 학술가로서의 요구는 그를 깊은 곳으로 가도록 했고, 무엇을 배제하고 또 무엇은 향해야 하는지를 반드시 알도록 했다.

실제에 있어서 그는 옛 사람들이 서로 다른 이해에 대한 여러 문제를 처리하는 일에 있어서 자신의 입장을 드러내었다. 예를 들면 사람과 사회의 복/화, 길/흉의 근원을 설명하는데 있어서, 『좌전』에는 서로 다른 두 관점이 제기되고 있는데, 상호 대립적이었다. 하나의 관점은 하늘 때문에, 귀신 때문에 일어나는 것으로 설명된다. 다른 하나의 관점은 사람의 인위적인 것에 의한 것으로 설명된다. 예를 들면, 주나라의 사학자 내관인 툭 흥Thúc Hưng이 자연의 이상한 현상, 별이 땅으로 떨어지고, 나는 새가 태양으로 갑자기 들어가는 것에 대해서 "음양의 일로, 길흉을 드러내는 것이 아

---

[23] 위의 책.

니다. 길과 흉은 모두 사람 때문이다"라 하였다. 노나라의 먼 뜨 마Mân Tử Mã
도 똑같은 관점을 가지고 있었는데 '화복이 인간에 의해서만 발생된다'라
고 주장한다. 시 니엡Sĩ Nhiếp은 툭 흥Thúc Hưng과 먼 뜨 마Mân Tử Mã의 관점에
동의했다. 그리고 인민의 역할에 대해서『상서』와『좌전』은 다른 관점과
다른 태도를 보여준다. 하나는 인민의 역할에 대해 경멸했으며 다른 하나
는 인민의 역할을 중요하게 여겼다. 두 번째 관점에 따르면 "인민은 귀신의
주인이다. 성왕聖王은 무엇보다 먼저 인민을 세운 다음 그 뒤에 귀신에게
힘쓸 것이다",[24] "인민의 왕 된 자는 결코 인민을 능멸해서는 안 되며 사직
의 주인이다".[25] 시 니엡Sĩ Nhiếp은 이러한 두 번째 관점을 따랐다. 그가 사회
를 효과적으로 관리한 것을 근거로, 그리고 그러한 성과들과 그의 사상의
연관성들을 통해 이러한 사실을 알 수 있다.

사회적 관점과 사회적 실상은 다른 문제이지만, 만약 사회적 실상이 사회
적 노선과 관점을 실현한 결과라는 것을 인정한다면, 우리가 고찰하는데 동
등하게 놓을 수도 있을 것이다. 만약 그렇다면 우리는『좌전』과『상서』에서
실현된 사회에 대한 여러 관점들과 시 니엡Sĩ Nhiếp이 관리하는 권력 통치하
는 사회를 비교할 수 있다. 무엇보다 먼저 우리는 시 니엡Sĩ Nhiếp의 통치 하에
서 사회가 안정되고 평안하며, 난이 없었다는 사실을 통해『좌전』에 담긴 여
러 인문적인 관점이 드러난다고 할 수 있다. 왜냐하면 인간을 중시하고, 인
민의 역할을 중시하기 때문이다. 하나의 사회가 이렇게 이룩될 수 있다는 것
은 단순히 우연적으로 그렇게 되는 것이 아니다. 또한 그의 사상인식과 더불
어 연관이 있을 수 없다는 것도 있을 수 없는 일이다. 한편을 돌아보면, 그곳
에는 인과관계가 있다. 사회가 이룩하는 것 그것은 결과이지만, 관점과 과
정은 원인이다. 그 사회가 인민의 마음에서 벗어나는 관점에 따라서 형성될

24『좌전』, 환공 6년.
25『좌전』, 양공 25년.

수 없으며, 사회와 인민에 유리한 관점에 따라서 이루어진다. 왜냐하면 그 사회가 이룬 성과는 사상의식과 정책노선의 현실화 및 백성과 관련된 정책, 노선의 실현이 맞물려 이룩된 결과이기 때문이다. 원칙적으로 그 사회를 구축한 사상은 『상서』와 『좌전』에서 긍정한 사상과 비슷하다. 따라서 두 작품에 있는 인문적 관점, 인본주의적 관점은 역시 시 니엡Si Nhiếp의 관점이기도 하다.

그러나 시 니엡Si Nhiếp의 사상이 지닌 기본적인 한계와 더불어 중대한 실책 때문에 그의 사업은 점차 쓰러지게 되었다. 그것은 바로 패권에 대한 굴복적 경향이다. 그의 행동을 통해 이러한 사실을 미루어 알 수 있다. 그는 그 당시 패왕에 저항할 용기는 없었다. 지역이 안정되어 백성들이 그를 믿고 따르며 그가 강한 세력을 형성하고 있다 하더라도 혼란과 쇠약에 빠진 중국의 왕에게 감히 무례를 범할 수 없었던 것이다. 그는 한나라에 의존하여 지내다가 한나라가 망하자 오나라에 의존적인 태도를 보였다. 그는 오왕이 자신의 자치권을 인정해주도록 하기 위해서 자신의 아들을 볼모로 오나라에 보냈을 뿐만 아니라 매년 공물을 바쳤다. 『상서』와 『좌전』에 있는 왕권중심적 사상이 그의 사상을 지배하고 있었던 것이다. "먼곳 사람은 화하華夏를 도모하지 못하고, 이적夷狄은 중화를 어지럽히지 못한다"[26]라던가, "제후중에 우두머리가 없다면 그 해가 크다".[27] 확실한 것은 그를 이렇게 만든 원인은 북방에 대한 아첨인 것이다.

6세기의 리 펏 뜨Lý Phật Tử, 8세기의 풍 안Phùng An은 학문적 수준이나 사상의 심오함 측면에서 시 니엡Si Nhiếp과 어깨를 나란히 할 만큼 깊지는 않았지만, 중화의 제왕이나 패주에 대한 그들의 관점이나 행동은 서로 비슷했다.

이렇게 패주에 부속되거나 중화에 의지하는 주장과 다른 독립적이고 북

---

26 『좌전』, 정공 10년.
27 『좌전』, 소공 16년.

방과 어깨를 나란히 했던 주장도 있다. 이는 민족적 영웅의 주장인데, 리 비Lý Bí(6세기), 마이 툭 로안Mai Thúc Loan(8세기 초), 풍 흥Phùng Hưng(8세기 말), 쿡 트어 주Khúc Thừa Dụ(10세기 초), 쿡 하오Khúc Hạo(10세기 초)와 더불어 띤 티에우Tinh Thiều(6세기)등 애국적 지식인들이 이러한 경향을 형성했다. 이들 중 리 비Lý Bí가 가장 대표적이라 할 수 있을 것이다.

『대월사기전서』에 따르면 리 비Lý Bí는 문무를 겸비한 사람이었다. 중국에서 관리를 하던 시절에 그는 양梁나라의 무기력함을 볼 수 있었으며, 자신의 나라는 스스로 관리할 수 있다는 가능성을 엿보았다. 또한 중화 제국의 제도에서 벗어나 하나의 독립된 국가를 건설하고 회복할 시기에 도달했다는 것을 알았다. 그는 그러한 하나의 국가를 위해 기초를 수립하는 여러 원칙들에 대해 행동에 앞서서 미리 숙고했다. 그 안에는 여러 가지 직무에 대한 이름이 있었으며 제호帝號, 국호, 연호, 국교國敎, 수도, 정권의 여러 조직의 형식 등도 모두 고려되었다. 그리고 이러한 여러 조건은 그의 역량이 양나라를 몰아내고 독립을 선포할 수 있을 때 실현될 수 있었다.

베트남 역사서에도 이러한 조건들을 다소 찾아볼 수 있다. 『대월사기전서大越史記全書』에는 이처럼 기록되어 있다. "왕(리 비Lý Bí)이 군대를 일으켜 침략군(양나라)을 몰아냈으며, 남제南帝라 칭하고 국호를 반 쑤언Vạn Xuân으로 정하고 롱 비엔Long Biên에 수도를 세웠다."[28] "봄 1월에 왕(리 비Lý Bí)이 적에게 승리를 거두고 스스로 칭하기를 남월제南越帝라 하고 왕위에 올랐으며 연호를 세우고 백관을 세우고 반 쑤언Vạn Xuân이라 국호를 세웠다. 그 뜻은 사직이 만대에 이르기를 원하는 것이다. 만수전을 건설하여 조회를 열었다. 찌에우 뚝Triệu Túc으로 태부를 삼고, 띤 티에우Tinh Thiều와 팜 뚜Phạm Tu를 모두 장문과 장무로 삼았다."[29] 이 외에도 다른 역사서를 통해 더 알 수

---

28 『대월사기전서(大越史記全書)』, 170~171면.
29 위의 책.

있는 것은, 그가 연호를 '티엔 득Thiên Đức'이라 하였고, 수도의 사찰을 '개국 사開國寺'라 하였고, 나라 안에서 쓸 독자적인 화폐를 주조하였다는 것 등이다. 우리가 위의 여러 사정을 통해 보면 그의 독립된 국가에 대한 관념은 거의 완전한 수준에 이르고 있다.

형식적 측면에서 살펴보면, 나라의 기틀이나 정권의 구조방식이 중국과 크게 다르지 않았다. 그때까지 의존적이었고 제한된 상황에서 그는 다른 베트남 사람들과 마찬가지로 중국의 정권구조밖에 알 수 없었던 것이다. 그래서 모방은 피할 수 없는 길이었다. 하지만 중요한 것은 독립을 쟁취하고 중국과 동등한 위상을 세우려는 의식이 드러났던 것이다. 중국에 황제가 있다면 베트남에도 황제인 '남제'가 있었고, 중국에 조정이 있듯이 베트남도 독자적인 조정이 만들어졌다. 중국은 장안, 낙양, 건업 등에 수도를 세운 반면 베트남은 롱 비엔Long Biên을 거점으로 자신의 독자적인 다른 도시들을 건설했다. 뿐만 아니라 국가의 견고함에 대한 믿음과 영원히 독립 국가를 유지하겠다는 결심을 잘 보여주고 있다.

두 서로 다른 주장은(시 니엡Sĩ Nhiếp과 리 비Lý Bí) 서로 다른 해방 운동을 이끌었다. 서로 다른 역량을 조직하는 두 방식의 차이는, 동시에 서로 다른 두 결과적 국면을 야기했다. 어떠한 주장이 옳은 것인가? 어떠한 주장이 그른 것인가? 어떠한 주장이 바람직한 것인가? 어떠한 주장이 희망이 없는 것인가? 실제로 펼쳐지는 역사가 비로소 이에 대한 답변을 하게 될 것이다.

북방에 대한 상대적인 예속과 자치를 병행하는 것은 결국 실패했다. 시 니엡Sĩ Nhiếp의 사후 얼마 지나지 않아 그의 자손대에 그가 이룬 업적은 결국 오나라(중국)의 손에 넘어갔다. 리 펏 뜨Lý Phật Tử는 결국 수나라에 굴복하여 중국으로 잡혀 가야 했으며, 풍 안Phùng An은 군대와 함께 당나라의 찌에우 쓰엉Triệu Xương에게 투항하였다. 위 지도자들의 항복과 실패는 각각 다른 상황에서 발생했지만 같은 원인에서 비롯되었다. 그것은 북방의 패주에 대한 본질적인 모호한 관계에서 기인한 것이다. 그들은 패왕의 본질이 자신의 세력을 보충하기 위해 지속적으로 인근 국가들의 약한 나라를 침략하여 백성들의 재산을 빼앗고 있다는 것을 몰랐으며, 패왕들의 삶을 유지하는 것은 그 상대가 누군지를 가리지 않고 강함이 약함을 치고, 큰 것이 작은 것을 먹어 치운다는 것을 알지 못했기 때문이다. 그에 따라서 그들은 스스로 만족스러운 마음을 내고 방비하는 일에 주의를 기울이지 않았으며, 인심을 결집시키기 위해 노력하는 일을 걱정하지 않았다. 이러한 이유로 편안함은 위험을 만들고, 결국에는 잃어버리게 되었다.

북방과 더불어 어깨를 나란히 하면서 독립하자는 주장은 성공의 길로 접어들었다. 당연히 그것은 곧바로 성공을 이룰 수는 없었다. 그것은 시련, 완벽을 기함, 그리고 초기의 거듭된 실패를 경험한 결과일 수밖에 없다. 리 비Lý Bí, 마이 툭 로안Mai Thúc Loan, 풍 흥Phùng Hưng 등의 실패와 짧은 성공을 거친 이후에 10세기 초 응오 꿔엔Ngô Quyền의 결정적인 승리가 이루어졌다. 이는 베트남의 길고 긴 독립의 염원이 출현하는 기회가 되었다.

응오 꿔엔Ngô Quyền의 승리에 이어서 베트남 민족의 성장을 드러내는 다른 일련의 역사적 사건들이 이어졌다. 968년 딘 보 린Đinh Bộ Lĩnh은 12개 지역의 군을 모두 진압하여 왕위에 오르고, 국호를 다이 꼬 비엣Đại Cồ Việt으로 정하고 수도를 호아 르Hoa Lư에 세웠다. 981년 레 호안Lê Hoàn은 치 랑Chi Lăng(랑 선Lạng Sơn 북부), 떠이 껫Tây Kết(하노이 남동부) 지역에서 송나라의 침략군을 물리치고 왕위에 올라 전前-레Lê왕조를 세웠다. 리 꽁 우언Lý Công Uẩn은 왕위에 올라 리Lý왕조를 세우고 1010년 수도를 호아 르Hoa Lư에서 탕 롱Thăng Long으로 옮겼다. 이러한 것들은 바로 북방과 더불어 어깨를 나란히 하고 자주 독립의 길을 따라 분투한 일들의 결과였다. 또한 당시 베트남의 구체적인 실정에 맞게 북방의 사회 모형을 운용한 결과이기도 했다.

나라를 유지하는 일과 훗날 베트남의 여러 봉건왕조 국가를 건설하는 일, 여러 권력을 잡은 자들이 실현한 대내적인 정책과 대외적인 정책, 정권의 조직 형식, 사회 관리, 그들이 견지했던 북방과 더불어 어깨를 나란히 하고 평등, 자주, 독립의 품격과 같은 것들은, 북속시기 아래 리 비Lý Bí의 국가건설과 구국의 관념에 그 근원을 둔 것들이다.

제6장

도덕의식과 인생관념

북속시기에 경제-사회 구조가 바뀌고, 전통사상이 외래사상과의 투쟁과 작동으로 베트남에 도덕의식과 인생관념의 전화轉化가 일어났다. 이러한 과정에서 한걸음 물러서는 것도 있었고 바뀌는 것도 볼 수 있다. 만약에 옛 것에 대해 본다면, 그것은 도덕의식과 옛 인생관념인데 점차 새로운 관념과 의식을 위해 양보하였다. 하나의 양보는 좁게 이루어졌고, 자각이 없었지만 피할 수도 없었다. 만약 새로운 것에 대해 본다면 그것은 새로운 도덕의식과 인생관념으로 점점 옛 의식과 인생관념이 바뀐 것이다. 바뀜은 결코 쉽지 않은 것이었지만 필요한 것이었다.

이러한 대체는 일시적이 아닌 지속적인 것이었다. 그중 새로운 요소가 이전의 체계에 침입하여 새로운 것과 이전의 것 간에 혼합을 만들었고 전화하여 갔다. 의식과 관념의 발전수준과 베트남 사람의 사유가 스스로 인식을 발전시키는 수준으로 단계가 나누어졌다. 따라서 반 쑤언Van Xuân국이 설립된 6세기를 정점으로 이러한 단계를 설정할 수 있다. 6세기 이전에는 전통성이 주요했고 외래학설이 튼튼한 자신의 위치를 점거하기 위하여 계속 선전하였다. 6세기 후에는 베트남 사람들의 인식 자체가 뚜렷해졌고, 정치·사회 및 도덕 인생 분야에도 외래학설을 원용할 수 있을 정도의 능력으로 발전되었다.

북속시기 초기 단계에서는 반 랑Văn Lang-어우 락Âu Lạc시기의 도덕의식과 인생관념 체계가 여전히 많이 남아 있었다. 여기에는 독자적인 여러 특징이 있다. 구조적으로 보자면 여러 부분들을 포함한 비교적 간단한 체계였는데, 도덕, 예의, 풍습, 규칙, 삶의 도리 등의 사이가 명확하게 구별되지 않은 상태였다. 기능면에서 보자면 이것은 다방면에 걸쳐 역할을 수행하였다. 행동의 조정을 위한 기초, 여러 습속을 유지하기 위한 바탕, 여러 예의禮儀와, 법률을 시행하기 위해 의지할 곳으로서의 역할, 삶의 도리를 실현하기 위한 조건 등. 여러 사람이 행동을 할 때 이러한 의식 형태의 지배를 견딜 수 있는 것은, 한편으로는 양심으로부터 따라서 드러났고 한편으로는 법률과 예의에 묶여서 나타났다. 그들에게는 의식과 실현 사이에 굳게 맺어진 통일성이 있었으며, 사유와 행동, 말과 일 사이에 이러한 통일성이 있었다.

이러한 의식은 이론적 사유의 수준에 이르지는 못했다. 왜냐하면 개괄화와 분석의 능력에 여전히 한계가 있었기 때문이다. 이는 역시 문자로 이룰 만큼 실현되지도 못했다. 한자는 여전히 다소 멀고 낯선 언어였다. 그렇기 때문에 드러난 일을 통해서 다소간의 사유의 편향의 정형을 다음과 같이 찾아볼 수 있다.

조상과 부모에 대한 은혜를 알고 존경하였다. 무엇보다 부모에 대해서는 더 그렇다. 당시 사람들은 부모가 나이가 들고 약해지면 돌보아 모시고 공양하며, 부모가 돌아가셨을 때 공경하고 제사를 모시는 것을 당연한 책임으로 여기고 있다. 그 뒤에는 할아버지 할머니, 다음으로는 조상에게로 이어졌다. 그들은 부모를 본받아 따르고, 여러 사람들이 제사를 지내는 것을 습속으로 유지하고 간직했다. 당시 한나라 사람들의 문서로 되어 있는 자료들이 이 땅의 이러한 측면에 대해 기록하고 있다. 그 외에도 제사를 지내는 것에 대해 고고학적인 측면에서 매장 자료들에 대한 연구 성과가 믿을만하다. 여러 무덤에서는 정과 끌처럼 쪼아내는 것, 깎아내는 것, 갈아 다듬은 것, 칼 등과 같은 생산 공구들이 보이며, 도끼와 칼, 단검류의 찌르 개, 넓적한 칼과 창 등의 병기류가 있으며, 호리병과 비슷한 작은 항아리, 물건을 보관하는 궤, 병, 작은 대야, 쟁반, 주전자, 등잔 등의 일상생활과 관 련된 유물들이 발굴되었다. 이러한 현상은 한편은 사람은 죽더라도 영혼 은 죽지 않는다는 관념에서 비롯된 것이며, 여전히 살아 있을 때처럼 생활 하고 있다고 여겼기 때문이며, 만약 정성껏 대접하면 보호를 받을 수 있다 고 여겼기 때문이다. 다른 한편은 자신이 태어난 이후로 돌아가신 여러 사 람들에 대한 은혜를 알고 마음에 슬픔과 안타까움이 있었기 때문이다. 애 도하는 것과 이렇게 은혜를 아는 것은 이 속세에서와 같이 그의 영혼을 위 해 무엇인가를 만들어줘야 한다는 형식의 실현으로 나타났다.

존경과 더불어 여러 지도자들의 말을 따랐다. 지도자들이 명령을 하면 반드시 들었고, 지도자들이 들고 일어서면 어려움이나 고난이나 위험을 염두에 두지 않고 따랐다. 바 쯩Bà Trưng이나 바 찌에우Bà Triệu의 현상은 이 러한 일의 대표적인 예이다. 하이 바 쯩Hai Bà Trưng은 바 찌에우Bà Triệu도 마 찬가지지만 모두 선전善戰하기 위한 여건이 마련되지 않았고, 인민들의 마 음속에 나라를 사랑하는 마음에 대한 교육도 없었으며, 기의를 하기 이전 에 역량을 연결하거나 조직하기 위한 여건도 마련되지 않았지만 그들이 깃발을 휘날리면서 일어나자 모두 호응하였으며, 적의 머리의 위를 지날 만큼 힘을 만들어내었다. 이와 같은 것은 당시의 사람들 사이에 전통적인 의식이 강하게 자리잡고 있었기 때문이다. 그들에게 있어서 족장, 즉 대표 적인 지도자는 진리를 위해, 권리를 위해, 전체 공동체의 믿음을 위해, 모 든 자들의 대표였다. 이러한 의식은 각 족장과 지도자의 정의正義를 실현하 는 일에 의해서 시간이 지나면서도 사라지지 않고 오히려 반대로 공고해 졌으며 단단해졌다.

사회에서 여성의 역할도 중요하게 여겨졌다. 전해지는 많은 역사적 사건들을 통해 보면 여성들이 사회에서 중요한 역할을 담당했으며, 인민들은 그들을 존경하는 마음을 가졌다는 것을 알 수 있다. 한나라 통치의 속박에 맞서 일어섰던 여러 국면의 초기 지도자들은 다름 아닌 바로 여성들이었다. 바 쯩Bà Trưng, 바 찌에우Bà Triệu와 다른 여성 영웅들은 그들이 살아 있을 때에는 인민들이 믿고 따르는 신적인 존재였으며, 그들이 죽은 이후에는 여러 세대에 걸쳐 숭배의 대상이 되어 오늘날까지 이어지고 있다. 북을 주조하여 완성하고 초기에 청동북을 울리던 여러 사람들은 다른 사람들이 아니라 바로 사회적으로 존경을 받던 여성들이었다. 그리고 기원후 2세기 투언 타인Thuận Thành(하 박Hà Bắc)에 전해지는 '사법四法' 현상은 물벼를 심어 농업생활을 영위하는 인민들의 삶에서 부녀의 커다란 위신威信을 말해주고 있다. 사법은 바 저우Bà Dâu(구름의 신), 바 더우Bà Đậu(비의 신), 바 지안Bà Giàn(천둥의 신), 바 뜨엉Bà Tướng(번개의 신)으로 신격화 되었는데, 신과 같은 능력을 지니고 있으며, 구름과 비를 내리게 하고, 천둥과 번개로 가뭄에 마른 농지를 윤택하게 적셔주었으며, 인민들의 간절한 바람에 호응하는 존재였다. 바로 그들은, 당시의 여러 여성들의 상징으로서, 사회에서 커다란 역할을 하였던 것이다. 남아 있는 예전의 모계제도는 한나라 봉건제도의 통치 아래에서도 바로 사라지지 않았다. 유교의 남성을 중하게 여기고 여성을 경시하는 사상은 한나라 사람의 한 측면이었지만 그러한 사상이 빠르게 전파되고 발휘되는 것을 막았다.

당대를 살아가던 인민들의 삶은 간단하고 자연적이었으며 질박한 관념과 의식이 있었다. 하지만 여기에는 의미가 있는 것들이 담겨 있음을 알 수 있다. 그것은 개인과 공동체 사이의 자발적인 연관성을 엿볼 수 있게 하는데, 각 세대 사이의 관련, 지도자와 인민과의 관련, 그리고 진실한 정의情義, 순박하고 존경할만한 인본적 성질, 하나의 문명의 진도, 문화적인 삶, 따를 만한 사람이 행하는 하나의 전형 등이다.

외부의 통치세력들은 당대 베트남 사람들의 이러한 삶의 태도와 의식에 대해 이해하지 못했다. 그들은 나중에 알게 되었을 때 매우 놀랐으며 이후에는 이용할 방법을 찾았다. 회남왕 르우 안Luu An, 劉安은 한무제에게 이렇게 서신을 보냈다. "베트남 사람은 머리를 깎는 사람으로 몸에 그림을 그리는데, 모자를 쓰고 허리띠를 차는 나라의 법도를 결코 받아들이지 않으므로 다스릴 수 없다. 삼대 성치盛治 시기로부터 호胡 땅과 월越 땅은 중국의 역법에 따르지 않았다."[1] 마 비엔Mã Viện은 한 광무제에게 아뢴다. "월률越律은 한률漢律과 모든 일에서 다르다." 그리고 "베트남 사람들은 함께 유대하기 위해서 옛 규칙을 분명히 한다"라고 했다. 『한서漢書』의 작가는 베트남 사람의 삶의 방식을 묘사하면서 멸시하듯이 언급하였는데 지아오 치Giao Chi의 사람들에 대해 "부자父子의 도리를 모른다", "오로지 음탕함을 좋아하는 것에 따르며, 부부夫婦의 도리를 알지 못한다", "중국의 예교를 따르지 않는다" 등이다. 그들의 놀라움은 무시하고 오만한 태도로 나타났는데, 이것은 그들이 통치자의 정치-도덕적 입장에 서 있기 때문이다.

베트남 사람들의 전통적인 도덕의식과 인생관 외에도 새로운 두 체계가 점차 형성되고 점차 분명하게 되었다. 그것은 유교와 불교에 담겨 있는 두 인생관의 체계였다. 이 두 체계는 모두 인간과 더불어 별도로 그들 자체의 요구를 했다.

유교의 인생관념 체계는 『시』, 『서』, 『예』, 『역』, 『춘추』, 『논어』, 『맹자』 등의 서적과 더불어 유교를 가르치는 여러 곳에서 출현했다. 이러한 체계는 사람들의 삶의 일련의 원칙에 문제를 제기하였고, 그것을 가져와서 사람들의 요구와 가치를 위한 그리고 사회의 요구와 사회를 품평하기 위한

---

1 『전한서』「유안전」.

표준을 바꾸었다. 현재를 살아가는 사람의 일을 중시하는 것보다 죽은 자의 세계에 이르러서는 관심이 없었다. 윗 사람에 대한 복종의 의무가 있다. 사회질서가 형성되는 것을 존중하였다. 환난患難에 처한 사람을 불쌍히 여기는 마음이 있다. 하지만 그 당시에는 이런 새로운 주요한 원칙들이 한학을 공부한 베트남 사람 일부에서만 유행하였다.

불교의 인생관 체계는 『사십이장경』을 비롯하여 미타, 육도, 미타교, 열반, 반야, 인연 등과 함께 인민들이 사찰에 나가면서 출현하였다. 그 가운데 드러나고 있는 주요한 사항들은 욕망을 떠나 멀리하여야 하는데, "애욕을 버리고, 적정의 경계에 들어가는 것이 제일 좋다".[2] "중생들을 우매하고 미망에 빠지게 하는 것은 탐하고 욕심내는 것이다".[3] "욕망을 끊고 공空을 지켜 무엇도 구하고 탐하지 않으면 전생을 스스로 깨달을 수 있다".[4] 사람과 물物을 해하지 않는다. "인욕함이 가장 굳건하고 힘이 센 것이기 때문에"[5] 인욕을 실천한다. "인욕을 할 수 있는 사람이라야 힘을 가진 대인이라 할 수 있다."[6] 다른 사람을 도와주고 구해주며 보시가 필요한데, 왜냐하면 "남에게 덕을 베푸는 것은 보시보다 더 큰 것이 없으니 뜻을 세워 도를 행하면 큰 복이 생기기 때문이다."[7] 위의 여러 사항들은 인민계층에 두루 전파될 수 있었다.

그렇지만 유교와 불교의 도리는 당시에 전하던 전통의 도리를 가로막을 수는 없었다. 그뿐만 아니라 위의 여러 사항들 안에는 오로지 이론적으로만 서 있는 사항도 있었는데 예를 들자면 군주를 섬기는 의식, 유교

---

2 『사십이장경』, 서문.
3 『사십이장경』, 제3장.
4 『사십이장경』, 제12장.
5 『사십이장경』, 제13장.
6 『유교경(遺敎經)』, 제5장.
7 『사십이장경』, 제10장.

적 측면에서의 복종의식, 불도에서의 멸욕과 인욕의 사상 등이었다. 그렇지만 그것들은 여전히 시간이 흐르면서 하나의 발전을 이루었다. 왜냐하면 한나라 사람에 따라서 날이 갈수록 변화하는 베트남의 사회-경제 기초의 정황때문에 일정 부분에서 한나라에 상응할만한 상부구조가 필요했기 때문이다. 다른 부분은 이러한 여러 관념 때문에 사유의 수준이 향상되었는데, 서적이 있었으며, 이론이 있었고, 끌리기도 쉬웠다. 그렇지만 오래가지 않아서 유도와 불도 사이에는 투쟁이 다시 벌어졌다. 어느 편이든지 자신의 역할을 긍정하기를 원했다.

유교에서 법리法理가 우세한 것은 유교가 먼저 들어왔고 통치자들의 통치의 도구였기 때문이다. 불교가 인민들 사이에서 가깝게 유지되어 우세한 것은, 불교가 인민의 바람과 심리에 호응하는 여러 사항들을 제시했기 때문이다. 하지만 불교가 유교에 비해서 세력을 잃은 것은, 먼 지방에서 전파되어 왔기 때문이며, 전파되어 들어왔을 때 이미 유교가 베트남에서 정신사회를 점령하고 있었기 때문이다. 전파하기 위해서 불교는 우선 유교의 합법적인 위치를 승인해야만 했다. 여러 승려들은 외국인이었음에도 그들의 도를 전파하기 이전에 모두 유교를 공부해야만 했다. 치 키엠Chi Khiêm과 크엉 땅 호이Khương Tăng Hội 등 여러 예가 있다. 치 키엠Chi Khiêm은 "광범위하게 경서를 읽었지만 어느 곳에서도 정미하게 구찰究察할만한 것은 없었다".[8] 크엉 땅 호이Khương Tăng Hội는 "육경을 넓게 읽었다".[9] 그렇다고 하더라도 유교는 여전히 독자적인 권력을 유지하고자 했다. 유교는 불교에게 존재해야 하는 이유가 될 만한 역할을 분명하게 할 것을 요구했다. 불교 또한 유교의 독자적인 권력을 철폐하기 위해서 자신들이 스스로 분명하게 해야만 한다는 것을 알았다. 쟁론의 국면은 이렇게 해서 일어나게 되었다.

---

8 『대정신수대장경』 권50 「사전(史傳)」 2부, 325면.
9 위의 책, 325면.

기원후에 일어난 서로 다른 사상들의 투쟁 국면을 비교하여 보면, 한나라 제국의 영토에서 동한東漢 시대에 금문파와 고문파 사이의 투쟁과 같은 것이 있었고, 유학과 현학 사이의 논쟁이 지난 후에 비로소 유학과 불교 사이에서의 논쟁이 일어났다. 그렇지만 여러 지역에서 보편적으로 일어나고, 여러 세기를 거치는 동안 지속적으로 끊임없이 일어났다. 유교와 불교사이의 투쟁을 보면 각 논점들의 수준이 매우 깊었으며 또한 그 논쟁의 특성이 결정적이고 단호했고, 모두 한나라 제국의 영토 안에서 일어났다.

유교와 불교 사이의 투쟁은 당시 여러 영역에 걸쳐서 일어났다. 신멸神滅인가 불멸不滅인가, 공空을 존중하는 불교의 목하目下에서 권력자의 문제, 승려가 공空 이전에 형성된 한나라 예제禮制를 준수해야 하는가의 문제, 화이華夷의 관계에 대한 인식은 어떠한가 등이다. 한편으로 유학자들은 유교를 독존시키길 원했다. 그들을 대표하는 인물들은 하 트어 티엔Hà Thừa Thiên, 何承天, 닫 띤 루언Đạt tính luận, 達性論, 바오 응 루언Báo úng luận, 報應論, 팜 천Phạm Chấn, 范縝, 턴 지엣 루언Thần diệt luận, 神滅論, 르우 히엡Lưu Hiệp, 劉勰 등이다. 일부 도사들은 유학자들과 부화뇌동하기도 하였는데, 그 대표적인 인물들은 꼬 호안Cố Hoan, 顧歡, 지 하 루언Di Hạ luận, 夷夏論, 다오 황 까인Đào Hoằng Cảnh, 陶弘景, 난 텀 으억Nạn Thầm Ước, 難沈約, 꿘 타인 루언Quân thánh luận, 均聖論 등이다. 한편 다수의 승려들로부터 열정적인 반론이 제기되었다. 대표적인 인물은 똔 빈Tôn Bính, 宗炳, 민 펏 루언Minh Phật luận, 明佛論, 난 박 학 루언Nạn Bạch hắc luận, 難白黑論, 띠에우 섬Tiêu Sâm, 蕭琛, 난 팜 추언Nạn Phạm Chấn, 難范縝, 턴 지엣 루언Thần diệt luận, 神滅論, 따오 뜨 반Tào Tư Văn, 曹思文, 난 턴 지엣 루언Nạn Thần diệt luận, 難神滅論, 르엉 보 데Lương Võ Đế, 梁武帝, 다이 르엉 황 데 삭 답 턴 하 턴 지엣 루언Đại Lương hoàng đế sắc đáp thần hạ Thầndiệt luận, 大梁皇帝敕答臣下神滅論, 뚜에 비엔Tuệ Viễn, 慧遠 법사, 사 몬 벗 낀 브엉 지아 루언Sa môn bất kính vương giả luận, 沙門不敬王者論, 땀 바오 루언Tam báo luận, 三寶論, 답 호안 휘엔Đáp Hoàn Huyền, 答桓玄, 민 바오 응 루Minh báo úng luận, 明報應

論, 뚜에 통Tuệ Thông, 惠通, 박 꼬 다오 시 지 하 루언Bác Cố đạo sĩ Di Hạ luận, 駁顧道士夷
夏論, 텀 으억Thẩm Ước, 沈約, 꿘 타인 루언Quân thánh luận, 均聖論 등이다. 양편 모두
논쟁에 참가한 작품들은, 큰 부분은 양나라 시대에 땅 흐우Tăng Hựu, 僧祐의
『황 민 떱Hoằng Minh tập, 弘明集』에 모아져 있으며, 당나라 시대에는 다오 뚜엔
Đạo Tuyên, 道宣의『꽝 황 민 떱Quảng Hoằng Minh tập, 廣弘明集』에 모아져 있다.

이러한 쟁론의 국면은 여러 세부적인 사항을 넘어서 진행되었는데, 이
론적 사유의 발전과 더불어 의의가 있는 굵직한 내용들에 이르기까지 나
아갔다. 그들은 정신과 육체神-形 사이의 관계와 같은 의식-사상의 기본적
인 문제에 대해서 언급하였다. 즉 의식의 근원, 사상과 권위와 같은 것들이
다. 그들은 평론 안에서 그리고 사유 안에서 매우 깊은 수준에 이르기까지
나아갔다. 이를테면 사건의 본질에 대해서 열거하는 것, 혹은 과정의 근원
에 대해 분석 가능한 것, 발전의 여러 요소들을 논증 할 수 있었던 것과 같
은 것들이다.

이러한 쟁론의 국면은 결국은 여러 차례 재앙을 맞았다. 유교와 도교는
불교의 이론적 근거에 대해 승리할 수 없는 것처럼 보이자 정권을 격동시
켜서 권력을 써서 불교에 대처하도록 했다. 정권은 유교와 도교를 옹호하
는 듯 보였는데, 역시 자신의 권위를 보호하기 위한 것이기도 했으며, 그래
서 불교에 대처하는 노골적이고 거친 정책을 시행하였다. 여러 탄압적인
국면이 일어났다. 4세기 말과 5세기 초에 학 리엔 봇 봇Hách Liên Bột Bột은 장
안에 들어가 불상을 파괴하고 승려들을 살해하여 많은 승도들이 난을 피
해 달아나야 했다.[10] 439년에는 위나라 태무제가 북양에서 300여 명의 승
려를 붙잡아 죽이도록 명했지만, 다행히도 커우 키엠 치Khấu Khiêm Chi의 해
명 덕분에 많은 승려들이 풀려날 수 있었다. 하지만 446년에는 이 나라에

---

10 범문란(范文瀾),『중국통사간편(中国通史简编)』제2집, 인민출판사, 1958, 523면.

서 다시 자신의 영토 안에 있는 불교의 승려들을 잡아들여 죽이도록 명했다.[11] 577년에 주무제는 불교를 폐한다고 선포했다. 동시에 주와 제의 땅에서 불상을 짓밟아 부수고, 경전들을 태워 없앴으며, 4만에 이르는 사찰과 탑을 가져다 왕공王公을 위해 분배하여 살 집을 짓도록 했으며, 거의 3백만(?)에 가까운 화상을 환속시켜 보통 사람으로 살도록 했다.[12] 하지만 그리 오래되지 않아서 불교가 사회의 정신적인 삶의 초월적 측면에서 무시할 수 없다는 것을 알게 되었다. 정권은 이를 회복할 것을 다시 허락하였다. 그때 탄압의 명령을 내렸던 바로 그 사람이 회복할 것을 결정하는 것을 반포했다. 혹은 탄압의 명령을 내린 자가 죽은 뒤에 다른 사람이 권력을 잡고 지위를 바꾸어 명을 내려 회복하기도 했다.

한나라 제국의 영토와 비교하여 베트남에서 일어난 유교와 불교사이의 투쟁 국면은, 멀리 떨어진 곳에 속한 지역 내의 일로 격렬하지는 않았으며, 악랄하지도 않았다. 그렇지만 이러한 국면은 최초로 그리고 제국의 어디를 가든 그 역할을 유지했다. 6세기 이전에 이루어진 여러 쟁론의 국면 안에서, 제국과 더불어 의의가 있는 것은 그 안에서 베트남과 연관이 있는 세 쟁론의 국면이다. 첫 번째 국면과 두 번째 국면은 베트남에서 출발하거나 혹은 베트남에 그 근원을 두고 있다. 세 번째 국면은 베트남에서 벌어진 것이다.

첫 번째 논쟁은 어느 부분이든지간에 지아오 치Giao Chi에서 일어났다. 지아오 치Giao Chi는 당시 가장 평온한 지역으로 한나라에서 재능 있는 수많은 인재들이 모여들던 곳이었다. 또한 2세기 말에서 3세기 초에 혼란과 우환의 상황에서 한나라 제국 안에서는 이곳이 학술과 쟁론을 전개하기에 가장 적합한 조건을 갖추고 있었다. 이 쟁론의 국면은 유교와 도교 사이의

---

11 위의 책, 512면.
12 위의 책, 517~518면.

쟁론과 더불어 함께 나란히 일어났다. 두 쟁론 모두 머우 뜨Mâu Tử(머우 박 Mâu Bác, 이때 그는 청소년 나이였다)에 이르러 영향을 미쳤는데, 그는 지아오 치 Giao Chỉ에서 난을 피하고 있는 중이었다. 창오 땅으로 돌아간 뒤로 그는 유교, 도교, 특별하게 불교의 이론에 대해 더욱 찾아 이해하고『리 확 루언Lý hoặc luận, 理惑論』을 편찬하여 자신의 불교에 대한 기울어진 사상의 경향을 드러내고 있다.

『리 확 루언Lý hoặc luận』[13]이란 저술은 불도에 대해 소개하고, 중국에서 불교가 합리적인 위상을 지니고 있다는 것을 설명한 한나라 사람의 초기 작품이었다. 그 전에 한나라에는 불경을 소개하거나 번역된 경전들만 있었다. 이 저술을 통해서 사람들은 어떻게 어렵게 한나라 제국의 영토에 불도가 전해 들어왔는지를 볼 수 있을 뿐만 아니라, 한나라 사람의 불교에 대한 관념이 이전과 비교하여 발전한 것이 있다는 것을 찾아볼 수 있으며, 황로의 도와 유사한 현상이 불교에 남아 있지 않다는 것도 알 수 있었다.

『리 확 루언Lý hoặc luận』에 실린 37개의 질문과 답변을 통해, 머우 뜨Mâu Tử는 많은 문제들을 제시했다. 그는 한나라 사람들에게 불교에 대한 기본적인 견식을 알도록 소개했으며, 불교의 근원문제에 대해서(부처란 무엇인가, 부처는 어느 나라 사람인가, 불교는 언제 중국으로 들어왔는가 등) 제시하고 있다. 그는 불교 사상과 중국의 전통적 사상(유도, 노장도, 도교) 간의 다른 점과 같은 점을 소개하였다. 그는 수행자들의 삶의 방식(머리를 자르는 것, 가사와 의발, 유도의 예법을 지키지 않는 것, 처와 자식을 멀리 하는 것 등)에 대해 해석하면서 중국의 습속(효도를 하는 것, 조상을 모시는 것, 처자식과 더불어 살아가는 것 등)과 더불어 화합할 수 있을 것으로 보았다. 그는 사람들의 기호에 대한 관점을 드러내

---

13 『리 확 루언(Lý hoặc luận, 理惑論)』은 원래 그 이름이 '찌 확 루언(Trị hoặc luận, 治惑論)'이었는데 당 고종의 이름인 '이치(李治)'를 피휘(避諱)한 것이다. 이 작품에 대해서는 성립시기에 대해 여러 학설들이 있었다. 하지만 근래 들어 중국의 종교와 철학 분야의 여러 서적에서 모두 동한 시대 머우 박(Mâu Bác)의 작품으로 인정한다. 여기서도 이 설을 따른다.

어 말하기를 기호란 것은 다양하고, 모든 것이 반드시 유교에 따라야 하는 것은 아니라고 한다. 불교의 내용을 이해하는 일에 이르기까지 연관된다고 말할 수 있는 모든 여러 조건, 당대 한나라 땅에서 불교가 전파되는 일에 장애가 되는 것들, 이 모두에 대해서 그는 언급하고 해결할 수 있었다.

그렇지만 꼭 말해야 하는 것은, 머우 뜨Mâu Tử의『리 확 루언Lý hoặc luận』은 여러 한계가 있다는 것이다. 그의 붓끝 아래에서 석가모니는 여전히 많은 부분에서 신령스럽고 기이하며, 초인적이었다(태어나기 이전에 수천만 년 동안 덕을 쌓았다, 어머니의 겨드랑이에서 탄생했다, 태어나자마자 일곱 발자국을 걸었다, 많은 신통력으로 변화할 수 있었다). 그는 유교와 불교 사이의 기본적인 서로 다른 점에 대해서 완전하게 제시할 수는 없었다. 또한 노장도와 불도 사이에서 서로 혼동하기도 하였는데 불교에 대해서 "무위에 이르도록 사람을 이끈다"라 하기도 했고, "청궁무위는 도의 묘함이다"라 하기도 했다.[14] 이러한 설명에서 보면 견강부회한 곳도 있으며, 사건을 들어 사건을 해석하기도 하며, 때때로 엄격한 분석 대신에 궤변적인 수법을 쓰기도 하였다. 그렇지만『리 확 루언Lý hoặc luận』은 역시 가치가 있는 여러 인식을 담고 있으며, 중국에서 사상의 발전과 더불어서 의의가 있다고 할 것이다.

그는 세계에 대한 불교의 가치 있는 기본적 논점 하나를 제기하고 있는데, 그것은 만물이 '무상'하다는 것이며, 석가모니가 중생을 교화하기 위해 이 율을 사용한다고 언급하고, "만물은 무상하다. 생한 것은 결국 죽는다. 이제 시방도탈 중생을 위하여 도를 배우기를 원한다"고 한다. 만물은 시간에 따라 변화하여 바뀌는데, 한나라 사람들은 이미『역경』에서 변역의 율을 통해 미루어 알고 있었다. 하지만 불교의 '무상'의 관점은 변역보다 높았으며 좀 더 실재와 부합하는 것이었다. 한나라 사람과 그들이 말하는 동양인들은 훗날 불교의 '무상' 관점을 받아들였지만, 그는 자신의

---

14 『홍명집(弘明集)』「모자리혹론(牟子理惑論)」.

방법론으로 이를 강조하였다.

그는 철학적으로 커다란 하나의 문제를 제시했는데, 그것은 형形과 신神 간의 관계였다. 어떠한 것이 어떠한 것에 속한다고 보면, 어떤 것은 앞에 있고 어떤 것은 뒤에 있다. 그는 정신 관념을 앞에 두고, 정신과 의식은 독립성이 있으며, 사람의 신체에 들어와 속하는 것이 아니라고 하여 "혼신은 본래 멸하지 않는다. 신체가 오로지 스스로 멸하여 사라질 뿐이다"라고 한다. 이러한 그의 논점은 실제와 부합하지 않았으며, 당시의 여러 사람들을 설복시킬 수도 없었다. 하지만 형신形神의 문제는 그가 만들었고, 이후에 사람들은 끊임없이 토론하게 되었다.

보다 중요한 것은 그가 자신의 관점을 통해 처음으로, 훗날 중국과 다른 동아시아 사람들의 세계관 발전에서 드러나게 되는 특징들을 보여주는 사람이라는 것이다. 이것은 유, 불, 노 세계관의 결합적 추세로서 노장에 비해서 불교가 발전한 경향이다. 그에 따르면 상세하게 설명하고 있지 않지만, 『리 확 루언Lý hoặc luận』의 여러 정신은 이처럼 요약해 낼 수 있다.

『전한서』, 『후한서』, 『삼국지』, 『홍명집』과 당대에 한나라 사람들이 쓴 다른 여러 작품들은 모두 지아오 치Giao Chỉ가 한나라 제국의 학술적 중심지의 하나라고 인정하여 기록하고 있다. 많은 박학하고 뛰어난 유학자들과, 학문에 정통한 많은 노장 학자들, 경과 게송에 뛰어난 많은 승려들을 모두 이곳에서 찾아볼 수 있다. 각각의 면을 살펴보면 그들은 머우 뜨Mâu Tử 보다 더 뛰어났다고 할 수 있겠지만, 새로운 견해를 깨친 것은 그들이 아니라 머우 뜨Mâu Tử 였다. 이러한 조건은 이유가 있다.

머우 뜨Mâu Tử 는 넓게 듣고 많이 아는 것의 가치를 잘 이해하고 있었다. 그는 말했다. "넓게 알면 빠지지 않고, 정밀하게 들으면 미혹하지 않는다." 그는 유, 불, 노에 정통한 전문가였다. 그는 『논어』, 『맹자』, 오경 등 유교의 경전, 노자의 『도덕경』, 불교 학자들의 경전과 게송에 대해서 상세하게 이해하였다. 이런 이유 때문에 그는 모든 도의 장점과 단점을 이해할 수 있었고, 동시에 단점을 버리고 장점을 받아들일 수 있었다. 그는 말했다. "요임금, 순임금, 주공, 공자는 삶의 일을 바꾸어 수행하는 것을 걱정했고, 석가모니와 노자는 뜻이 무위에 머물러 있었다." "하늘의 도는 사계절을 따르고(노), 사람의 도는 오상을 닮는다(유)." 변화를 이해하기 위해서는 불교에 이르면 "신불神佛은 변화 자재하며, 신력神力은 무방無方이다. 어떤 이유로도 버려서 배우지 못할 것은 없다". 이외에도 그는 실재를 바로 대담하게 바라보는 정신을 지닌 사람이었다. 이러한 그의 정신 때문에 그는 사회와 사람의 생활을 바라볼 때 매우 다양하게 보았고, 그들의 필요 또한 다양하여서 하나의 학설로는 어떠한 것이든 모두를 진심으로 만족시킬 수 없으며, 시대에 따라서 상황에 따라서 환경과 쓰임에 따라서 삼교를 모두 받아들이는 것이 필요하다고 보았다. 여러 다른 사람들은 단편적이고, 고정된 견해가 있고, 교조적이기 때문에 그가 제시한 것과 같은 여러 조건들을 제기할 수 없었다.

두 번째 논쟁은 오나라(중국)에서 벌어졌는데, 한편은 원래부터 심각한 화하사상을 지닌 권력자와 홀로 존재하던 유교(대표적인 인물들은 오나라의 주인인 손권과 손호), 그리고 다른 한편은 크엉 땅 호이Khương Tăng Hội와 승려들이었다.[15] 이 쟁론은 베트남에서 비롯된 것이다. 크엉 땅 호이Khương Tăng Hội(중앙아시아지역의 강거康居 사람으로 몇 세대는 인도에서 살았으며 그의 아버지는 지아오 치Giao Chỉ를 드나들면서 무역을 했다)는 지아오 치Giao Chỉ에서 자랐으며, 지아오 치Giao Chỉ에서 수행을 업으로 삼아 목적을 이루었고, 지아오 치Giao Chỉ에서 육경을 넓게 읽었으며, 지아오 치Giao Chỉ에서 불교와 유교 사이의 쟁론에 그 자신이 흠뻑 젖었으며, 오나라로 건너갈 무렵에는 중국 내지內地로 건너가

---

15 석혜교(釋慧皎) 찬, 『고승전』 권1, 『대정신수대장경』, 「사전」 2부 권50.

전도할 의식을 지니고 있었다. "호이Hội는 도법을 위해 일하기를 원했는데, 강좌(장강의 왼편) 지역을 뒤흔들고 그곳에 사찰과 탑을 건설하였다."

이전의 쟁론과 다른 것은 이번 쟁론에서는 '불교는 어떤 측면이 유교와 비슷한가'라는 문제 자체에 한계가 정해져 있었다. 왜냐하면 쟁론의 한편이었던 오나라의 권력자들은 자신의 상대편에게 조건을 제시했는데, 만약 불교와 유교 사이에 서로 닮은 점이 있다는 것을 증명한다면, 불교를 새롭게 전파하는 것을 허락하겠다고 하였기 때문이다. 손호가 말했다. "만약 불도가 바른 진리로 성현의 전적과 더불어 부합한다면 제자리에 두기를 허락하고 숭배할 것이며, 만약 불도가 적절하지 않다면 부셔버릴 것이다." 그렇기 때문에 쟁론에 있어서 크엉 땅 호이Khương Tăng Hội는 유교와 비교해서 불교가 더 우월할 수 있는 각별한 형태를 드러낼 수가 없었다. 그는 재주를 사용할 수밖에 없었는데, 부적을 사용하여 권력자들을 놀랍고 감탄스럽게 하기도 했으며, 동시에 두 도 사이에 서로 같은 점을 설명하기도 했다.

불교와 유교 두 체계는 원래 서로 다른 것으로, 그들 사이에 공통점을 찾는 것은 어려웠다. 크엉 땅 호이Khương Tăng Hội는 하나의 공통점밖에 보지 못했는데 그것은 보응報應이었다. 그는 말했다. "『역경』에 이르기를, '적선여경積善餘慶'이라 하고, 『시경』에서 읊기를 '구복불회求福不回'라 하는데, 그러한 것들은 유학자의 경전의 말들이지만, 또한 역시 불교를 관통하는 가르침이기도 하다." 그러자 손호가 말하기를, "만약에 그렇다면 주공과 공자가 이미 말씀한 것이 아닌가? 지금 불교에 이르러서까지 쓸 필요가 없다". 크엉 땅 호이Khương Tăng Hội는 그 비슷한 점을 들어 좀 더 설명해야만 했는데, 그것은 불교의 보응의 이치가 더 정미하고, 구체적이라는 것이었다. "주공과 공자의 말씀은 다만 소홀히 하나의 자취만을 보여주는데, 석교(불교)는 이에 반해 정미하고 깊어서 충분히 실현할 수 있다. 그러므로 악을 행하면 반드시 지옥에 떨어져 오랫동안 비참함을 견뎌야 하고, 악을 선으로 고친다면 천궁에 오를 수 있으며, 영원한 즐거움을 누릴 것이다." 이 문제 이외에 그는 다른 것들에 대해서는 말할 수 없었다.

쟁론에 대해 기록한 책이 있는데, 크엉 땅 호이Khương Tăng Hội는 여러 술법을 사용하였고, 부적의 술법으로 불교를 숭배하는데 도움이 되도록 하였으며, 손호를 괴롭게 만들었다. 이러한 여러 술법에 대하여 말해야만 할 것은 그의 보응의 신앙적인 관점과 더불어 신비주의를 드러내고 있다는 것이다. 이것은 불교이론에 속한 정수라 할 수 없는 것이다. 술법의 전파와 그 사상은 당대 이론 사유의 발전을 위해 아무런 도움도 줄 수 없는 것이었다. 하지만 우리가 하나 짚고 넘어가야 할 것은, 만약에 그가 그와 같은 것을 하지 않았다면 존재의 이유도 없어졌을 것이다. 이처럼 오나라 왕이 내건 조건들 내에서 쟁론을 벌인다면, 크엉 땅 호이Khương Tăng Hội는 단지 신비한 관점을 드러낼 수밖에 없었다. 다른 하나의 환경에 있어서, 자유롭게 그의 제자들과 더불어 자신의 사상을 전파하도록 하자 크엉 땅 호이Khương Tăng Hội는 하나의 다른 사상적 경향을 발휘하였는데, 그것은 인도주의적인 경향이었다. 이러한 사정은 『육도집경六度集經』에서 찾아볼 수 있는데, 그가 강의하기 위하여 편역하고 해석하여 산스크리트어를 한자어로 옮긴 것이다. 그는 책임에 대해서 곳곳에서 여러 차례 상기하고 되풀이하고 있다. 도세, 구세, 구고구난, 보시 등. 그뿐만 아니라 그는 중생을 위한 사신捨身의 정신을 강조하고 있다. "중생을 해치는 어떠한 일을 하는 것보다, 끓는 물이나 타는 불길의 형벌과 괴로움을 참을 것이다."(『육도집경』「인욕도무극」), "중생의 걱정 근심은 긴 밤 거친 바다에서 이리저리 왕래하며 뒤척이며 잠 못 들게 한다. 독하고 해롭지만 구할 수가 없다. 보살이 이를 근심함이 마치 부자간의 지극한 효성과도 같다. 만약 중생을 구제할 길이 있다면 타오르는 불길과 끓는 물, 칼날과 독의 해가 있더라도 몸을 뛰어 들어 목숨을 아끼지 않고 중생을 구난함을 기뻐할 것이다."(『육도집경』「정진도무극」)

이러한 마음은 고명한 것이었고, 이러한 도리는 매우 끌리는 것이었다. 이를 제안할 수 있게 된 것은 한편은 그가 삼국시대의 어지러운 이론적 상황에서 인민들의 괴로움을 통감하였기 때문이며, 한편은 그가 불교와 유교를 모두 이해하고 있었기 때문이며, 자신의 관념 안에서 유교의 인도 사상과 더불어 불교의 인도 사상을 능숙하게 결합하였기 때문이다.

그는 한 사람의 승려였지만 다시 보면 한漢나라에 있는 외국인 승려였다. 그는 유교에 의존하지 않을 수 없었다. 그는 지아오 치Giao Chỉ에서 유도를 공부했다. 유교의 견식은 그가 건업(오나라의 수도)에 머물면서 한층 더 배양되었다. 그의 정치적 주장을 통해 이러한 사항을 상세하게 볼 수 있을 것이다. "하늘과 같은 왕이 되고자 한다면, 마땅히 어진 도로써 해야만 한다"(『육도집경』「명도무극」), "제불諸佛이 인仁으로 삼계의 귀중함을 삼은 것이다. 내가 차라리 자신의 몸에 해가 이를지언정 인仁을 버릴 수는 없다"(『육도집경』「계도무극」), "왕이 인덕으로서 다스리고, 관대함으로서 백성을 교화한다"(『육도집경』「계도무극」) 유교의 인의의 이론을 깊게 통달하였기 때문에 그는 유교와 불교를 결합할 수 있었으며, 강력한 화이사상을 지니고 발전된 문명을 지닌 한 국가에서 비로소 그는 석가모니의 도를 전파할 수 있었다.

세 번째 쟁론은 지아오 치Giao Chỉ에서 전개되었으며, 5세기 초에 들어와서 리 미에우Lý Miểu, 李渺라는 이름의 중국 관원과 틱 다오 까오Thích Đạo Cao, 釋道高와 틱 팝 민Thích Pháp Minh, 釋法明이라는 이름의 베트남 두 승려 사이에서 벌어졌다. 쟁론은 서신을 통해서 그리고 직접 만나서도 이루어졌는데 머우 뜨Mâu Tử의 『리 확 루언Lý hoặc luận』에 담긴 것과 같은 상황과 가정이 필요 없었다. 이 외에도 쟁론은 자유로운 형식으로 전개되었는데, 크엉 땅 호이Khương Tăng Hội의 경우처럼 앞에 주어지는 조건 때문에 속박당하는 것이 없었다.

리 미에우Lý Miểu가 먼저 질문을 던졌고, 베트남 승려들이 이에 대해 답변했다. 리 미에우Lý Miểu는 세 차례에 걸쳐 질문이 담긴 서신을 보냈고, 이에 맞서서 틱 다오 까오Thích Đạo Cao승려가 두통의 답변을 보냈으며 마지막 답변서신은 틱 팝 민Thích Pháp Minh이 보냈다. 모두 해서 양측의 서신은 6통이다.[16]

첫 번째 서신에서 리 미에우Lý Miểu는 다음과 같이 물었다. "왜 이 세상에서 인생을 살면서 부처의 실제 모습을 보지 못하는가" 첫 번째 서신의 답변에서, 틱 다오 까오Thích Đạo Cao가 말했다. "부처의 실제 모습을 보지 못하는 것은, 역시 오늘날 유가 경전 속 인물들에 대해 실제 모습을 보지 못하는 것과 같은 것이다. 그들을 알 수 있는 것은 그들의 작품을 통해서이며, 그러한 작품들은 믿을 수 없는 것이라 할 수 없다." 그의 두 번째 서신에서 보면 리 미에우Lý Miểu는 이렇게 묻고 있다. "부처의 일은 지금 어디에 있는가?" 틱 다오 까오Thích Đạo Cao가 두 번째 서신에서 답하여 말하기를, "어느 곳이든 부처의 일이다. 유교의 역할이 오로지 귀한 것이라고는 할 수가 없다". 세 번째 편지에서 리 미에우Lý Miểu가 말했다. "주공과 공자는 인생의 일을 말함에 있어서 부처가 발휘할 곳이 남아 있지 않을 만큼 다 했다." 세 번째 서신에서 틱 팝 민Thích Pháp Minh이 설명하기를 "유교는 삶의 일을 완전히 다 포함하고 있지 않다. 많은 일들에 있어서 불교의 보충이 필요하며 그랬을 경우에 인간의 요구에 새롭게 부응할 수 있다".

위에서 서로 주고받은 서신들은 해결해야할 필요가 있는 커다란 세 문제를 야기하고 있음을 볼 수 있다. 한나라의 제국 영토에서 불교의 존재 이유는 무엇인가? 주공-공자(유)의 이론과 설명은 이러한 인생의 일을 해결하는데 있어서 최선인가? 후겁(내세)에 대해 말하자면 불교의 이설은 유교의 이설과 무엇이 다른가?

첫 번째 문제에서 리 미에우Lý Miểu는 한나라의 땅에서 불교의 역할을 부

---

16 『홍명집』, 『대정신수대장경』, 앞의 책.

인하는 정통적인 유교의 입장에 서 있다. 다오 까오Đạo Cao와 팝 민Pháp Minh 은 근거를 들고 역사적 사건을 들면서 유교에 비해 불교가 더 빼어난 점을 설명하여 한나라 제국의 영토에 불교가 존재하지 않으면 안 되는 이유를 증명했다. 두 승려의 근거는 좀 더 근본적이었는데, 그래서 이설理說의 양 상에 대해 논했으며, 유교가 불교를 결코 배제할 수 없다는 것이었다.

두 번째 문제에 대해서 살펴보면 리 미에우Lý Miểu는 유교가 이곳에서의 삶의 일을 토의하고, 삶의 뒤(저 세상)의 일에 대해서는 토의하지 않는데, 이 곳에서의 삶의 여러 일은 모두 해결할 수 있다고 설명한다. 그러므로 여기 서는 불교가 활동할 곳이 남아있지 않다. 승려들은 이에 다시 맞서서 말하 기를 유교는 오로지 일을 하는 것에 대해 말하며, 창조적이지 않고, 삶을 구제하는 일에 대해서는 주공과 공자가 모두 그 설명에 무기력했으며, 유 교는 자주 중국의 고대 시기의 서로 다른 여러 학술을 설명했지만 그것은 삶을 비추는 빛의 한 부분일 뿐이라는 것이었다. 유교가 다른 학설이나 다 른 부분을 완전히 대신할 수는 없었다. 여기서 승려들의 논거에는 자기변 호와 형식적인 성질이 대거 있었지만 유교가 인간의 사회에서의 삶을 살 아가는 것을 지배하는 일에 독점적인 지위를 유지할 수 없다는 것도 엿볼 수 있었다.

세 번째 문제에서 리 미에우Lý Miểu는 미래의 삶에 대해서 설명하기를, 즉 내세의 삶에 대해서 유교의 작품인『역경』에서 이르기를 "적선지가 필 유여경 적불선지가 필유여앙積善之家 必有餘慶 積不善之家 必有餘殃", 또는 "선악 지업역불망善惡之業亦不亡"[17]이라 하였으니, 승려가 발휘하기 위한 곳은 없 어진다. 승려들은 이에 반하여, 유가의 관점이 다만 "삶과 죽음에 명이 있 고, 부귀가 하늘에 있다"고 설명하고, "하늘의 명을 듣고 따르라"고 하는데,

---

17 『홍명집』「고명이법사답이교주묘난불불견형사병이서(高明二法師答李交州淼難佛不見 形事并二書)」.

은현隱現과 흥망興亡의 이유는 찾아볼 수 없다. 오로지 불교에서 새로운 정미하고 유효한 관점이 있는데, 인간의 삶을 새롭게 알면 괴로움이며, 잠깐 동안의 거짓된 것이며, 자기 자신을 새롭게 알게 된다면 그것은 윤회의 원인이다. 이러한 여러 논거들은 유학자들이 비난하기가 어려웠다. 왜냐하면 유교와 불교 모두의 입장이 담겨 있기 때문인데, 모두 보응報應의 일을 인정하고 있으며, 불교의 보응은 유학자들의 사유의 모양과 크기를 넘어서서 올라가고, 유교보다 풍부한 상상이 있기 때문이었으며, 모델화 상세화가 가능했고, 불교의 '업'을 이루고 있는 보응의 관점을 거부하기 위해 유교의 여전히 거친 보응의 관점을 가져올 수는 없었기 때문이었다.

우리가 살펴보았던 3차례의 쟁론에서, 유교와 불교는 모두 사회에서 자신의 필요성을 힘껏 증명하려 하였다. 각 편의 근거를 거쳐, 유교는 삶의 문제에 있어서 해답을 모두 제시할 수 없었으며, 불교의 보충이 필요했다. 불교 역시 인간이 요구하는 것을 만족할 만하게 충족시킬 수는 없었으며 유교가 더 들어오는 것이 필요했다. 3차례의 쟁론 이후에 한나라 봉건 제국의 내지內地 지역에서는, 다른 쟁론의 국면이 이어졌다. 6세기, 주무제가 불교를 폐지하고, 8세기 한유가 불교를 비판하였다. 하지만 베트남의 영토 지역에서는 유교와 불교 사이의 쟁론 현상이 없어졌다.

유교와 불교의 두 인생관념은 시간이 흐를수록 베트남 사람들의 삶의 방식과 심혼心魂을 지배하였다. 하지만 이러한 조건은 베트남 사람의 삶의 이유를 온전히 지배할 수 없었다. 그들은 오직 전통의 흐름과 더불어 나란히 존재하는 두 흐름일 뿐이었다. 이 두 흐름은 오고가면서 작동하는 것이지만, 당시에는 합류에 이를 수 없었다. 합류는 다음 단계에야 일어났다.

두 번째 단계는 6세기에 리 비Lý Bí의 반 쑤언Vạn Xuân 국이 성립될 때부터 시작되었다. 이 나라의 국가 건설 정향定向과 규모는, 베트남 사람은 자신이 스스로 주인이 되는 권리를 회복하고 해방을 스스로 이룰 수 있는 실제적인 가능성을 엿볼 수 있게 하였다. 동시에 국호를 반 쑤언Vạn Xuân이라 하였으며, 제호帝號를 남월제라 하였고, 수도는 롱 비엔Long Biên, 국교는 불교로 삼았다. 또한 전통의식과 외래의식 사이, 인생의식과 정치의식 사이의 장점들을 하나로 결합하는 것을 실현하였다. 유교와 불교의 인생관념은 모두 인간과 국가건설을 위한 방편으로 볼 수 있었다.

리 비Lý Bí 황제 시대 이후부터, 유교는 나라의 실질적인 하나의 요구로서 발전을 이루었다. 왜냐하면 유교에서 사람들은 구국과 건국사업의 정치적 강령을 형성하기 위한 것을, 그리고 사회의 여러 역량들을 조직하고 결집시키기 위한 것을, 그리고 나라를 사랑하는 마음을 동원하기 위한 기초를 찾아볼 수 있었기 때문이다. 찌에우 꽝 푹Triệu Quang Phục, 마이 툭 로안Mai Thúc Loan, 풍 흥Phùng Hưng, 쿡 하오Khúc Hạo 등이 세웠던 나라들의 내용과 형식을 통해서 이러한 조건을 증명하여 세울 수 있다. 하지만 당시의 나라는 예속상태에 있었고, 유교는 강력하게 발전할 조건에 있지 않았다.

유교의 의식과 달리, 불교의 의식은 사회에서 날이 갈수록 승세를 탔다. 이러한 조건은 리 펏 뜨Lý Phật Tử에게서 잘 볼 수 있는데, 리 펏 뜨Lý Phật Tử는 리 비Lý Bí의 친척으로 리 펏 뜨Lý Phật Tử, 李佛子라는 이름을 가져와야 했는데, 이것은 당대 여러 사람들이 나라를 구하고 적을 무찌르는 공동의 일을 책임지고 담당해야 할 때 이를 담당한 사람들이 불자佛子들이었기 때문이다. 명호를 불자로 제시한 것은 군중들을 결집시키기가 수월했기 때문이다.

당대의 보편적이었던 불교의 의식은 인민들의 습관적 사유와 심리에 근원이 있었다. 불교학자들의 관념에서 '괴로움'은, 그들에게 있어서는 외방의 통치 때문에, 착취하고 억압하기 때문에, 낙후되고 궁핍한 삶 때문에, 끊임없는 여러 불행 때문에 괴롭다고 이해하였다. 불교학자들(승려)의 관념에서 해탈은, 그들에게 있어서는 속세의 모든 괴로움을 해탈하는 것이라고 이해할 수 있었다. 깊게 사려해보면 인민들에게는 분명하고 확고한 어떠한 관습이란 없었다. 그들이 불교에 따르는 것은 하나의 탈출구를 찾기 위한 것이었다.

불교는 그 당시 처한 상황에서 일정하게 적극적인 역할을 했다. 열반, 정토, 서방극락, 자비와 인욕 등의 원칙들이 있었다. 살아있는 것을 죽이지 말고 삿되고 음란하지 말며 거짓말하지 말라는 계율들도 있었다. 그리고 계, 정, 혜 등의 권하는 말들도 있었다. 이러한 것들에 이르려는 이상과 더불어 불교학자의 교리는, 실제로는 여러 불공평한 사정들과 더불어 과학이 그 빛을 비추지 못하는 곳들, 가난하고 어려운 사회에 작용하여 발휘되었다. 그것은 선에 대한 신념을 공고하게 하고, 행위를 조화롭게 하며, 변동이 크지 않은 하나의 사회 안에서 안정된 세력을 유지하고, 사회의 국면을 상대적으로 편안하고 안정적으로 담보하였다. 그러한 것에 비추면 혼란은 조금 일어났고, 만약 일어나더라도 빠르게 대처하여 해결할 수 있었다.

하지만 전통적으로 불교는 극복할 수 없는 한계를 지니고 있었다. 극락세계를 드러내고 있지만 그 세계에 이르기가 어렵고, 내세의 행복을 제시하고 있지만 그 내세가 없다면 아무것도 담보할 수가 없었다. 선을 실천하면 복을 받고 악을 저지르면 화를 당한다는 원리를 제시하고 있지만 삶의 현실 세계에서 여러 번에 걸쳐 선을 행하더라도 행복해지지 않고, 악을 저지르더라도 화를 당하지 않았다. 살아가면서 여러 차례에 걸친 경험과 검증을 통해 인민들은 의심하지 않을 수가 없었다. 그때에 이르자 그들은 더 이상 만족할 수 없었다. 이것이 중국에서 선종이 유입하게 된 계기가 되었다.

선종은 인도출신의 승려인 보리달마(?~528 또는 536)가 중국으로 북위(368~554)시대에 건너와서 창립한 것으로 알려져 있다. 이 종파는 '이입'과 '행입'이라는 새로운 선정의 두 방법과 더불어 사상의식을 단련하는 것을 주장하였다. 보리달마는 혜가에게 전하였고, 혜가는 승찬에게, 승찬은 도신에게, 도신은 홍인에게, 홍인은 혜능에게 전하였다. 혜능(638~713)은 선종의 6대조사이자 동시에 선종을 한 단계 새로운 경지로 올려놓은 인물이다. 선종이 중국에서 베트남으로 전파되어 들어와 일으킨 두 선종의 파는 6세기 무렵의 띠니다루치Ti Ni Đa Lưu Chi(위니다루치vinitaruci)와 9세기 무렵의 무언통無言通이다. 베트남의 불교는 6세기에 들어서 새로운 선이라는 정신적인 요소가 더해지게 되었다.

띠니다루치Ti Ni Đa Lưu Chi 선사에 의해 6세기 말엽 전파되어 들어온 첫 번째 선종파는 베트남에서 그의 이름과 더불어 종파를 형성했다. 13세기 쩐Trần왕조 시기에 편찬된 불학의 한 작품인 『선원집영禪苑集英』에 따르면 루치Lưu Chi의 선종파는 19세대까지 전파되었다. 북속시기 아래서 루치Lưu Chi는 셀 수 없을 만큼 많았고, 10세대가 있었다. 현재까지도 5세대에 속한 승려들의 일부 사적이 남아 있다. 루치Lưu Chi가 창립한 이후에 법현法賢(1세대), 청변淸辨(4세대), 정공定空(8세대) 그리고 라귀羅貴(10세대) 등도 있다.

루치Lưu Chi는 남인도 사람으로 574년 중국 당나라의 수도인 장안에 들어왔다. 그 후에 업(남경)땅에 이르러 중국 선종의 3대 조사인 승찬에게 가르침을 받았다. 승찬의 의식을 깨우치는 말에 따라서 그는 남방으로 갔다. 580년 그는 루이 러우Luy lâu(투언 타인Thuận Thành, 하 박Hà Bắc, 비엣 남Việt Nam)의 법운사에서 주지를 지냈다. 그는 늘 한결같이 산스크리트어 경전을 한자로 번역하여 3부의 경전을 번역할 수 있었다. 그것은 『상두경象頭經』, 『업보차별경業報差別經』, 『총지경總持經』이다. 그는 베트남에서 하나의 새로운 세대의 승려들을 가르쳐야 했는데 이전과는 다른 수련수도의 방법과 더불어 불도에 대한 새로운 관념이 있었다. 그는 594년 입적하였다. 그가 베트남에 머문 기간은 14년이다.

이 선종파의 사상적 특징은 루치Lưu Chi의 심불心佛에 대한 관념이었다. 그것은 심불을 보는 관념이, 실재 안에서는 그 어떠한 것이 하나도 없으며,

사유에서 형용하기가 어렵고, 인식에서 붙잡기가 어렵고, 그것의 어떠한 하나가 열반의 경계에 가깝다는 것이다. 루치Lưu Chi는 말한다. "자, 불자의 심인은 모두 서로가 속이는 것이 결코 아니며, 태허太虛처럼 완전히 원만하다. 모자라지도 넘치지도 않고, 가지고 오지도 않으며, 잃지도 얻지도 않고, 하나가 아니면서 역시 다른 것이 아니고, 늘 그러하지도 않고 단절되어 끊어지지도 않으며, 본래 태어나는 곳도 없고 멸하는 곳도 없으며, 멀리 떨어지는 것도 아니고 멀리 떨어지지 않는 것도 아니다. 인연에 따라서 실제가 아니기 때문에 그러므로 그것의 이름은 억지로 지은 것이다."[18] 이러한 문장들은 여러 부정 명제들을 포함하고 있으며, 오직 심불(또는 부처의 심인)이 허공虛空이라는 사상을 드러내기 위한 것이다. 하지만 이는 스스로 충분한 것이고, 어디에나 있으며 모든 것이고 다함이 없으며 본래 이름이 없다. 이러한 사상을 만약 심불을 살펴보는 사상과 비교한다면 그것은 자비희사이며, 구고구난이며, 계정혜 등이다. 이전의 불교에도 본래 있었는데 허무의 측면에서 한걸음 더 나아간 것이다. 만약 논점의 입론 자체에 대해서 고찰한다면, 그것은 다소간 인연의 변증법과 모순되며 아울러 그것의 이전에도 있었던 불도에 의지하고 있다.

이러한 사상의 목적은 정신세계에 들어가고, 심에 들어가고, 허공 관념에 들어가서 해탈하는 것이다. 하지만 실제로는 추상적이며 이해가 어렵기 때문에 일상의 인민들은 이해할 수가 없었으며, 보통 불자들도 역시 이해하기가 어려웠다. 리 타이 똥Lý Thái Tông은 권위가 있었고 유명한 불자이기도 하였는데, 루치Lưu Chi의 도에 이르러 볼 때 역시 현도玄道라고 말하여야만 했다. "어느 때에야 그 면모를 보면서, 서로 현묘하고도 현묘한 말을 함께 나눌 것인가."[19]

---

18 『선원집영』「띠니다루치」.
19 『선원집영』「띠니다루치」.

루치Lưu Chi의 관념과 같은 심불에 이르기 위해서, 이 선종파는 의발衣鉢을 전하는 일을 무시하기 시작하였고, 도리를 강의하는 일을 무시하고, 문자언어를 통한 일들을 무시하였고, 특별히 직각直覺의 방법에 들어가는 것에 오직 주의를 기울였다. 하지만 그들은 여전히 선정 수습修習을 주장하였으며, 사상을 집중하는 것을 주장하였으며, 각오覺悟에 이르기 위해서 외계外界의 존재와 같은 모든 사유를 전부 잊으라고 했다. 이러한 방법은 법현에 이르러 가장 분명하게 드러났다. 법현은 루치Lưu Chi 이후 명성이 높은 조사였으며 남방의 선학을 왕성하게 하는데 기여했다.『선원집영』에는 이렇게 정리되어 있다. "루치Lưu Chi 사후에 (법현은) 그 길로 바로 뜨 선Từ Sơn으로 들어가 선정을 수습修習하였다. 승려의 형해形骸가 마치 죽은 나무와 같았다. 승려는 그 자신과 더불어 외부의 환경과 물物을 모조리 잊었다. 새가 날아와 복종하여 엎드렸으며 들짐승들이 달려와서 이르러 주변에 항상 따라다녔다."

띠니다루치Ti Ni Đa Lưu Chi 선종으로부터 헤아려 2세기 반 즈음 후에 이르자, 베트남의 영토에 다른 하나의 선종파가 출현하였는데, 그것은 무언통 선종파였다.『선원집영』에 따르면 무언통파는 15세대에 이르도록 전하여졌다. 북속시기에는 4세대(무언통을 포함하여)가 있었다. 현재 일부 승려의 사적이 남아 전한다. 그것은 무언통無言通(창립세대), 감성感誠(2세대), 선회善會(3세대), 운봉雲峯(4세대)이다.

무언통(?~826)은 이 선종파의 개조로서, 속성은 정鄭이며, 광주廣州(중국)에서 태어났다. 어려서부터 불도를 흠모하였다. 말수가 적었지만 꿰뚫었기 때문에 무언통이라 불렸고, 혹은 '불어통不語通'이라고도 불렸다. 820년 그는 푸 동Phù Đổng 마을(지아 럼Gia Lâm, 하 노이Hà Nội)의 건초사 주지로 왔으며, 826년 입적했다. 베트남에 6년을 머물렀고 감성感誠선사에게 업을 잇게 할 수 있었다.

북속시기에 띠니다루치Ti Ni Đa Lưu Chi 선파와 비교하면 무언통선파는 심과 불의 개념 내용을 해석하는데 한 걸음 더 진전하였다. 이것은 심-불, 심-공, 불-경境, 심-경境, 생-사 등으로 이러한 여러 문제들은 깊은 철학적 의의가 있었으며, 여기에는 선파의 사상 본질이 체현되어 있다.

심-공, 심-불, 불-경의 관계에 대해서 무언통은 '심'은 즉 '공'이라 한다. 무언통은 이러한 조건들을 그가 그 자신의 직접적인 스승인 백장회해로부터 공부할 수 있었다. 그는 이렇게 말했다. "심지心地가 공空하면 지혜의 태양은 스스로 비출 것이다心地若空, 慧日自照"[20] 무언통의 직접 제자인 감성선사는 "마음이 곧 부처即心即佛"[21]를 인정하는 측면에서 한 걸음 더 나아갔다. 이처럼 논리적으로 위의 이론에 따른다면 다음과 같은 결론을 도출할 수 있다. 불은 공이므로 허공虛空의 도리를 인식할 수 있다는 것은 불을 인식할 수 있다는 것이다. 선회善會는 말했다. "여러 곳 모두 다, 심불이 없는 곳은 없다."[22] 위의 관념들은 전통적인 불교의 관념들과 비교하여보면 불이 거주하는 장소와 인불人佛에 대해 질적인 면에서 서로 다른 점이 있었다. 정토종에서의 불은 모든 것을 통찰하는 거룩한 지위로 서방에 거주하며 열반에 머물고 있으며, 밀종에서의 부처는 신성하고 현묘하다. 또한 민간적 관점에서의 불은 화를 피하고 복을 내려줄 수 있는 모습이다. 하지만 전해 내려오는 것에 대해 살펴보면 이러한 여러 조건들은 그들의 창조가 아니며, 그들은 이전의 선종 세대의 관점들을 발휘하여 계승한 것이다. 백장회해에서부터 거슬러 올라가 마조도일, 남악회양에서 육조혜능에 이르기까지이다.

위의 문제들 이외에, 무언통 선파에서는 심과 경, 생과 사, 그리고 여러

---

20 『선원집영』「무언통」.
21 『선원집영』「선회」.
22 『선원집영』「선회」.

실제의 인생에 있어서 커다란 문제들 사이의 관계를 해결하는데 관심을 가졌다. 무언통은 남악회양의 관점을 되새기면서, 경境에 대해 외부의 세계는 심에서 생겨난다고 보았다. "일체 제법은 모두 심에서 생겨난 것이다. 마음이 생겨남이 없으니 제법도 머물곳이 없다. 만약 이러한 심을 이해한다면 어떠한 일을 하더라도 역시 장애가 없을 것이다."[23] 이곳에서의 법은 외부를 둘러싼 경계 세계와 같은 내용을 지닌다. 이렇게 인정한다면, 이 선파는 극단적인 주관적 유심주의에 떨어진다. 생사의 문제에 대해서 그들은 당황스러운 하나의 방식으로 해석한다. 이러한 조건들은 선회普會-운봉雲峯선사의 언설 단계를 지나면서 찾아볼 수 있다. 선회선사가 운봉선사에게 말한다. "생사는 큰 문제다. 철저하게 이해하여야만 한다. 운봉은 답한다. 생사에 이르러서는 어떻게 해야 벗어날 수 있습니까? 선회가 말한다. 생사가 없는 곳에서야 비로소 생사를 벗어날 수 있다. 운봉은 다시 묻는다. 그렇다면 생사가 없는 곳은 어디입니까? 선회가 답한다. 생사 안에서 생사가 없는 곳을 이해할 수 있을 뿐이다. 운봉은 다시 묻는다. 어떻게 하면 이해할 수 있겠습니까? 선회가 흡족하게 말한다. 그대는 잠시 가거라."[24] 이곳에서 선회는 말에 뜻을 함축하고 있는데, 생사를 피하고 싶다면 허공의 관념 안에서 찾아야만 한다는 것이다. 하지만 선회의 설명하는 방식은 명확하지 않고 혼란스러우며, 제자인 운봉에 이르러서는 오랫동안 수습修習을 하였지만 여전히 바로 이해할 수가 없었다.

무언통 선파의 목적은 '돈오'에 있었다. 즉각적인 각오覺悟 곧 입즉立即의 각오覺悟를 의미한다. 이전에 밝혀 드러난 수습修習과 전도 방법들은 더 이상 부합하지 않았으며, 그들은 이를 모두 버렸다. 그들은 문자를 들어 설명하는 방법을 버렸고, 설교에 의지하거나 의발에 의지하는 것도 버렸다. 그

---

23 『선원집영』「무언통」.
24 『선원집영』「운봉」.

들은 또한 오랫동안 고행으로 수련하는 것도 버렸다. 감성 선사는 말했다. "만약에 문자를 찾아 깨달음을 증명하기를 원한다면, 날이 갈수록 어리석음에 머물게 되고, 고행에 기대서 성불하기를 원한다면 미혹에 빠질 것이다."[25] 그들은 이심전심을 주장했다. 그리고 그러한 심을 받아들여 인정하기 위해서 그들은 특별한 즉각卽覺의 방법에 의지하기를 주장했다.

하지만 이 선파의 즉각卽覺은 여러 경험과 오랫동안 누적되어 쌓인 이해 분별을 기초로 그 위에 기대는 것이 아니라, 신비한 우연에 의지하고 있다. 이해하기가 매우 어렵다. 그래서 그들은 여러 다른 변법을 추가해야만 했다. 보통 강제적인 변법을 사용할 것을 볼 수 있는데, 제자들의 질문에 직접적인 답변을 하지 않는 것과 같은 것들로 제자들을 강제하고 다른 질문들을 제기하는 것, 스승이 제자들에게 고함을 치거나, 때리거나, 제자를 자신이 말한 조건을 받아들일 수 있도록 묶는 것, 해결하기 힘들고 기이한 곳에 들어가도록 하는 것 등이다. 혹은 제자들은 자신이 이해한다는 것을 증명하기 위해서 하나의 관념적인 것을 이용했다. 그렇지만 실제로 이해하는지 또는 어떠한 것을 이해하는지에 대해서는 아무도 정확히 알 수 없었다.

북속시기 띠니다루치Ti Ni Đa Lưu Chi와 무언통 두 선파는 모두 나란히 발전했다. 비록 띠니다루치Ti Ni Đa Lưu Chi 선파의 11대 세대에 속한 라귀羅貴 선사가 무언통 선파의 영향을 받아서 육조혜능을 기리기 위하여 금으로 상을 주조한 일도 있었지만(혜능은 무언통의 5대 조사이다), 기본적으로 보자면 여전히 두 파는 개별적이었다. 뒤의 시기에도 그렇지만, 서로 분명한 영향은 주고 받지 않았다.

두 선파라고 부르지만 실질적으로 세계관에 있어서는 서로 비슷했다. 모두 심은 불, 심은 공이라 하였다. 서로 다른 것은 단지 설명하는 형식과

---

25 『선원집영』「선회」.

정도뿐이다. 무언통파는 보다 철저한 방식으로 객관 세계를 부인하고, 루치Luu Chi 파보다 좀 더 전도에 있어서 즉각^{即覺}의 역할을 강조하였다.

두 선파가 모두 인정하는 것은 허공^{虛空}이었다. 속세의 모든 괴로움에서 벗어나기 위해서 인간의 해탈을 목표로 하였다. 하지만 이러한 괴로움은 실제의 괴로움으로 이러한 관념으로 없어지는 것이 아니었다. 그들은 인간을 대상으로 했는데, 인간 일반으로서 민족과 계급, 계층과 어떠한 환경 등을 막론하고 분별하지 않았다. 그들은 이와 같은 인간들을 위해 허공^{虛空}의 사상을 전파하기를 원했다. 하지만 실재에서는 그러한 추상적이고 일반적인 인간은 없었다. 실재로 당시의 베트남 사람은 압박을 받는 사람들이었고, 외방^{外方}에 의해 예속되었으며 이러한 예속과 압박으로부터 벗어나 탈출하기를 간절히 원했다. 객관적 측면에서 보자면 6세기부터 10세기 초에 이르기까지 점점 쌓여 온 민족해방운동의 역량을 모아서 사람들이 서서히 떨쳐 일어서야 했는데, 이들은 예외없이 허공의 관점을 제시하여 민족과 나라에 대한 의무를 회피하고 벗어나는 역할을 하도록 작용하였다.

두 종파, 특히나 무언통 선파는 자신들의 전도 대상을 위해 각오^{覺悟}를 빠르고 쉽게 하기를 원했다. 하지만 그들 자신이 운용하는 방법은 여러 한계가 있었다. 극복할 수 없는 여러 모순이 있었다. 문자와 언어가 필요하지 않다는 것을 보면 무언^{無言}이지만 통^通한다는 것인데, 하지만 문자와 언어는 사상의 외피이며 서로가 만나기 위한 도구이다. 그것을 통과해서야만 새로운 사상을 실현할 수 있고, 다른 사람들이 새롭게 이해할 수도 있다. 무언통 선사 자신은 스스로 "나는 본래 말이 없다"고 하면서도 역시 감성선사가 듣도록 종교 발전의 역사를 소개하기 위하여 이야기를 해야만 했고, 자신의 교리의 주요한 여러 조건들을 요약하여 게송을 만들어야만 했다. 루치Luu Chi 선파의 훗날 세대는 개별적으로 정공선사나 라귀선사의 경우처럼 일반적인 방법으로 전도하고 도를 배울 뿐만 아니라, 나라의 정치·사회 환경에서 자신의 역할을 드러내고 정치적 상황을 예단하기 위하여 밀어와 예언의 말을 사용하였다. 또한 고행을 수행하지 않는다고 주장하였지만 그러한 승려의 삶 그 자체가 고행이었다.

베트남 사람들의 인생관념은 북속시기 초기부터 말기에 이르기까지를 염두에 두면, 오랫동안 발전하는 하나의 과정의 결과물로서 약 1000년이 넘는 동안 정치·사회와 경제-사회의 변화와 더불어 변화하였다. 이러한 인생관념은 북속시기 말기에 새로운 형태로 정형화의 한걸음을 내디뎠다. 그것은 북속시기 초기의 인생관과 비교해보면 많이 달랐다. 그것의 여러 주요한 특징은 아래와 같이 제시되고 실현되었다.

첫 번째는 관념 안에서 일체화가 있었다. 유교, 불교, 노교는 모두 하나의 체계로 돌아가게 되었는데, 유교, 불교, 노교는 또한 본래의 전통적 사상, 독립과 자유의 사상 등과 더불어 하나의 체계로 또한 돌아갔다. 하지만 이러한 귀취歸聚와 일체화는 완전히 새로운 하나의 인생관을 형성할 수 없었고 나란히 발전하는 여러 부분을 포함하는 종합적인 하나의 인생관을 드러나게 하였으며, 동시에 합성된 각 부분들 서로간에 융화되어 갔다. 이러한 관점에서 보면, 불교에서는 선-정-밀, 유-불-노 삼교의 사상과 전통사상, 독립과 자주의 의식들이 나란히 발전하면서 상호간에 융화되어 갔다. 이러한 통합적 인생관은 외견상 역사시기를 거치면서 베트남 사람의 여러 계층의 심혼心魂과 사회의 다양한 생활에 답응하기 위해서 충분한 것이었다.

두 번째는 한나라의 형식을 지녔지만 내용면에 있어서는 한나라와 여러 면에서 달랐다. 당대 관념의 형식은 역시 하나의 구조였으며, 개념과 범주 등의 체계와 원리가 한나라와 유사했다. 베트남 사람은 무엇인가를 더 추가하지 않았다. 당연히 한나라와 비슷한 것들을 포함한 내용들이 많았다. 이를

테면 천명의식이나, 질서와 존비의식, 괴로운 인생 등이다. 하지만 한편 많은 부분이 유사했지만 또한 많은 부분이 달랐다. 그것은 독립과 자주에 대한 의식, 삶의 풍속에 대한 의식, 대인처세에 대한 의식, 인생관의 발전 추세와 방향에 대한 의식 등이었다. 꿋꿋하게 이어지는 정신과 더불어 공동체가 아득한 옛날부터 지켜온 문화전통은 독립을 쟁취하기 위한 투쟁의 국면에서 자라날 수 있었으며 그러한 현상을 만들기 위한 초석이 되었다.

바로 이렇기 때문에 한나라에 속하고 있었지만 한나라로 변성變成하지 않았고, 유학을 배웠지만 유교의 화이華夷원리에 다시 맞서 싸웠고, 불교에 따르지만 입세간적이 되는 등으로 드러난 것이다.

이러한 인생관념은 이어지는 뒤의 시기, 나라의 독립과 자주의 시기의 인생관념을 위한 출발의 선험 명제가 되었다. 동시에 이러한 인생관의 외형과 특성은 지속적으로 유지되고 발전하였고, 뒤에 이어지는 단계에서는 풍부하게 되었다.

10세기의 938년에 응오 꾸옌Ngô Quyền의 위대한 박 당Bạch Đằng강의 승리와 더불어 베트남 사상사는, 비록 일정한 정도는 여전히 우리 민족의 사상 인식과 정신문화 측면에 대한 오랜 발전 과정을 지속하였지만, 새로운 한 시대로 발걸음을 옮겼다. 그렇기 때문에 그것은 반드시 베트남의 이전 시기 정신생활의 상황과 사상에 대한 성과들로부터 출발해야 한다. 베트남 사상사는 독자적 본색이 있으며 강렬한 삶의 힘이 있는 정신 상태로, 북속의 10세기가 넘는 시간을 관통해 온 민족독립을 위한 투쟁의 화롯불 안에서의 시련을 겪었다. 그것은 또한 10세기가 넘는 시간동안 나라의 외부에서 틈입해 들어 온 유교, 불교, 도교와 같은 외래 학파와 종교의 영향을 다소 참아낸 하나의 정신 상태였다.

그렇게 보자면 10세기에서 14세기에 이르는 베트남 사상사의 새로운 시기는, 실제로는 하나의 시기일 뿐이었지만, 베트남에서 이 시기 사상의 경향은 자주독립을 쟁취할 수 있었던 한 민족의 패기 넘치고 활력이 가득 들끓어 오르는 한 형식으로 발전하였다. 이때 우리 민족의 사상 인식 측면에서 성취한 것들은 나라를 일으켜 세우려는 공동체의 찬란한 승리와 밀접한 관련을 맺는다. 또한 이렇게 나라를 유지하는 것은 당시 베트남 사상사의 발전 추세와 내용을 규정하였다. 10세기에서 14세기, 특히 리-쩐Lý-Trần 시대 베트남의 경제, 정치, 문화적 측면에서 발전의 발자취는 다양한 향기와 색이 있고 아름다우며 싱그러운 민족 사상의 꽃밭을 위한 기초와 조건이 되었다.

제7장

사상적 측면에서의 새로운 발전의 발자취

10세기 중엽에 접어들어 베트남 인민들의 용감하고 굳건한 민족해방운동은 북속시기를 끝내고 완전한 승리를 쟁취하였다. 응오Ngô왕조가 확립되고, 하나의 시기를 열었는데, 베트남 인민들은 실제로 막 새롭게 독립을 쟁취한 조국 보호와 건설을 위해 손을 잡았다. 나라의 해방, 생산력과 인간의 해방은 베트남의 사상과 문화, 정치, 경제 측면 모두에 대해서 발전을 위한 유리한 조건을 조성하였다. 하지만 응오Ngô왕조에 이어서 딘Dinh왕조와 전前-레Lê왕조에 이르기까지 10세기 말에서 11세기 초 무렵에 이르기까지 베트남은 내내 전국이 통일과 단결되는 것을 실현하고, 국방력을 강화하며 사회안정과 질서를 확립하고, 상황을 안정시키는 목표를 겨냥해야만 했다. 이것은 독립된 하나의 국가를 진흥하고 존재시키기 위해서는 초기에 기본적이고 매우 필수적인 것이었다. 이러한 기초에서 출발하였지만 리Lý 시기부터 그리고 리-쩐Lý-Trần 두 왕조 시기 내내, 베트남은 여러 측면에서 번성하고 나라를 건설하는 긴 발걸음을 내디뎠다.

경제분야에 있어서 이 시기 봉건국가들은 특별히 농업생산에 관심을 가졌다. 농지에 있어서 농민의 노동력과, 농업을 이끄는 힘으로서 물소 등을 봉건국가로서는 보호해야 했다. 불모지를 개간하자는 주장, 봉건국가의 홍수를 막기 위한 수리 시설 공정의 관리와 건설은 여러 인민계층의 지원을 얻을 수 있었다. 홍강 유역의 제방들과 북부와 북중부의 여러 커다란 강 유역의 제방들은 리-쩐Lý-Trần 시대에 일상적으로 보수되고 흙을 쌓아올려 덮을 수 있었다. 꺼 싸Cơ Xá 제방은 리Lý 시기에 쌓아 올려졌다. 또한 리-쩐 Lý-Trần 시기에 조정은 여러 정사正使로서 하河(홍강)의 제방의 직무를 맡게 하였고, 부사副使로서 제방의 조절과 수리를 관리·감독하게 하였다. 버려 진 땅을 개간하여 여는 일은 리Lý 시기부터 그리고 특별하게 쩐Trần시대에 들어서 매우 강하게 문제가 제기되어 나왔다. 전-레Lê 시기부터 리-쩐 Lý-Trần 시기에 이르면서, 매년 왕은 인민들에게 농사를 중시하는 의식을 고무시키기 위하여 1월 초순에 일상적으로 쟁기질을 하는 적전례를 거행 하였다. '우병어농寓兵於農'을 포함한 모든 정책은 리Lý 시기부터 시행될 수 있었으며, 농업에서의 생산력을 보호하는 일과 더불어 군대를 건설하는 일을 결합시켰다.

농업발전은 강력한 수공업 생산을 위한 조건을 마련해 주었다. 그러므로 수공업 분야가 비록 봉건국가에서 농업만큼 중시되지는 않았다 하더라도, 역시 리-쩐Lý-Trần 시기에는 매우 커다란 진보를 이룰 수 있었다. 이 무렵 베 트남에서는 실크를 짜는 공예, 기와와 벽돌을 굽거나, 토기를 만들거나, 금 속을 제련하고, 종을 주조하고 미술적 공예를 하는 일들이 발달하였다. 이 시기의 수공업 제품들은 매우 품질이 뛰어났다. 아름다운 무늬를 넣어 짠 비단은 왕과 관리들의 예복을 위해 사용될 수 있었다. 토기는 외형의 종류 가 매우 풍부하였고 아름다웠을 뿐만 아니라 정교하였다. 몇몇 수공업 마 을도 출현했는데 탕 롱Thăng Long(오늘날의 하노이) 시민들의 성과 마을에 분배 하여 나누었는데, 이 무렵 베트남 수공업의 발전 수준을 증명하고 있다. 이 처럼 풍부한 수공업과 농업 생산품들을 기초로 하여 국내에서 상품이 거래 되었고 외국과의 무역도 역시 매우 활발해졌다. 여러 도시와 더불어 오늘 날의 번 돈Vân Đồn 항구와 탕 롱Thăng Long에서 왁자지껄하게 물건을 사고파는 광경은 이러한 상황을 우리에게 잘 보여준다.

생산품들의 발전 및 교역과 더불어 그에 상응하는 수로 교통, 그리고 리
-쩐Lý-Trần 시기 교역 거점체계가 더해지면서 보다 더 많이 운반하는 길을
열 수 있었다. 탕 롱Thăng Long에서 각지로 퍼져 나가는 곳에는 모두 하나의
수로길 체계가 있었는데, 그 가운데 첫째는 강의 물길과 해안선을 따라서
요란스럽게 왕래하는 커다란 많은 배들이 있었다.

대월大越국의 경제는 그 당시의 특수한 봉건소유제도의 범위 내에서 꽤
높은 진도에 다다를 수 있었고 풍부한 활력과 더불어 발전할 수 있었다.

딘Đinh왕조에서 쩐Trần왕조 사이에 이르기까지 베트남은 농경지에 대한
국가소유제도가 사회적으로 우세를 차지하고 있었다. 이 시기 국가에서
대부분의 농경지는 공전公田이거나 마을 공동 소유의 토지였다. 하지만 이
러한 농경지는 왕이 최고 소유권을 가지고 있었다. 왕은 마을의 공전과 공
토를 가져다가 관리와 귀족들에게 나누어 줄 수 있었다. 마을 공동의 경작
지 이외에도 조정의 국고에 속한 경작지도 있었고, 귀족의 채읍采邑, 디엔
짱điền trang(귀족을 위한 집단생산 농업조직)도 있었고, 불교사찰의 경작지도 있
었다. 이 시기를 벗어나 쩐Trần 시대 말기에 이르러서는 경작지에 대한 사
유제도가 출현하였고 날이 갈수록 더 강화되는 추세가 되었다. 이것은 소
작농과 지주의 경작지였는데, 관리와 귀족을 위해 영원히 봉급으로 하사
된 토지는 사유 경작지로 전환되어 갔다.

위에서 언급한 경제 관계와 관련된 딘Đinh 시대, 전前-레Lê 시대, 리Lý, 쩐
Trần 시대에는 이에 상응하는 계급 구조가 있었다.

봉건통치계급은 무엇보다도 먼저 귀족계층과 관료로 대표되는데, 왕은
사회와 조정에서 모든 권리와 행위를 유지하고 움켜쥐었다. 이에 이어서
지주계급은, 초기에는 매우 수량이 작았지만 뒤로 갈수록 점점 커졌다. 승
려는 언급할만한 사회계층으로, 북속시기 말에서 쩐Trần 시대 초기에 이르

기까지 많은 힘을 가지고 있었다. 하지만 단지 귀족들만 수행하러 갈 수 있었고, 승려계층은 실제로 봉건계급의 대열에 들어가 합류하였다. 봉건국가는 조정의 권력을 공고히 하고 사회 안정을 유지하기 위해 출현한 새로운 유학자계층과 더불어 이러한 일부의 승려들을 사용하였다.

그리고 지주의 경작지 또는 공전이나 공토를 소작하는 마을의 농민을 포함하여 다수의 인민 군중들은 통치를 받았다. 이 옆에는 농노와 노비가 각 귀족의 집안과 디엔 짱디엔 trang에 있었다. 이외에 또한 우리가 생각해야 하는 것은 수공업자들과 물건을 판매하는 사람들이다.

이러한 모든 계급과 등급은 당시 국가를 건설하고 국가를 유지해야 하는 두 임무 앞에 서 있었다. 이러한 두 임무 가운데 무엇보다도 먼저 국가를 유지해야 하는 임무가 중요했다. 10세기 11세기 그리고 13세기에 국가를 유지하기 위한 여러 전쟁 상황에서 인민의 각 계층과 각 계급의 군건한 정신 투쟁에 동원되었다. 우리의 군과 민은 군사적 측면에서 혁혁한 전공과 더불어 국가를 구하는 임무를 실천하였다. 국가를 구하는 임무에 있어서는 국내에서 항전하는 여러 계급이 원수의 무리들에 맞서 투쟁하기 위해 서로 가깝게 다가가도록(쇠사슬로 서로 묶듯이) 만들었다. 이러한 이유로 봉건통치계급과 인민간의 모순들은 이런 시기에는 격렬한 방식으로 드러나지 않았고 뒤에 이어지는 세기에 이르러서야 깊어졌다. 하지만 이러한 모순은 여전히 암암리에 있었고, 결국에는 점차 발전하여 일어나게 되었는데, 12세기 말엽과 14세기 말엽에 농민의 여러 기의起義가 있었다. 대표적인 기의는 응오 베Ngô Bệ와 쩐 떼Trần Tế가 일으킨 것이다.

11세기에서 14세기에 이르는 동안 베트남에서 정치 기구와 생활에 있어서 유의할 필요가 있는 여러 변동은, 위에서 말한 것과 같은 압박에 맞서고 침략에 맞서 투쟁하는 국면의 발전뿐만이 아니라, 유학자계층의 그리고 지주계급의 성장이 있었다는 것이다. 거대한 디엔 짱điền trang 제도의 기초

위에서 이루어진 이러한 성장은 점차 사유재산제도에게 그 자리를 양보하는 일이 벌어졌다. 그것은 리Lý에서 쩐Trần왕조에 이르는 봉건국가 체계를 위한 것이었는데, 일차적으로 14세기에 접어들자 커다란 변화가 생겼다. 본래 귀족계층의 손아귀에 놓여 있던 중요한 관직들이 점차 유학자들의 손아귀로 넘어갔다. 쩐Trần 시대 말기에 이르면 유학자 관료계층은 왕이 국가를 통치하기 위해서는 중요하게 기대어야 할 부분으로 되어갔다.

정치-경제의 발전에 발맞추어 10세기부터는 자주독립의 봉건국가를 형성한 이후에 대월국의 정신문화 역시 강하게 발전하였다. 첫째는 리Lý왕조가 확립되었을 때 이러한 정신문화 발전은 눈부신 성취들을 이룩하였다. 몇 세기 이후에도 정신문화 측면의 발전은 여전히 지속되었고, 특별한 것은 쩐Trần 시대에 우리 인민들이 3차례에 걸친 몽골의 침략군으로부터 승리를 얻은 이후에 더욱 발전하였다는 것이다.

우리는 과거科擧와 교육의 일로부터 바로 쉽게 문화발전을 엿볼 수 있을 것이다. 리Lý 시대에 출현한 유학 교육은 승려들의 교육과는 확실히 다르게 봉건국가를 관리하기 때문에 세속적 성질이 있었으며, 대월국의 사상과 문화생활과 더불어 매우 커다란 하나의 의의를 지닌 것이었다. 따라서 유학교육은 민족 지식인들의 대오 형성과 관료기구를 위한 인원의 선발에 직접 작동했을 뿐만 아니라, 또한 인간의 도덕과 정치규범 등과 세계관에 이르기까지 영향을 미쳤다. 조금 더 살펴보면 그것은 과학적 창조와 예술 문학 창작에 있어서도 사유의 형식과 변화를 이끌어 왔다. 11세기의 70년대(1070~1080 사이)에, 리Lý왕조가 문묘文廟를 세우고(1070), 최초의 과거 시험을 열고 명경박학明經博學이라 이름하였으며(1075), 국자감國子監을 세웠다(1076). 그 후에 여러 과거시험이 1086, 1152, 1193, 1195년 계속해서 열렸다. 쩐Trần왕조는 과거시험을 여는 기간이 리Lý 시대보다 더 많았는데, 각지에서 학행의 일을 관리하기 위해서 학관學官을 보충하였다. 이 외에도 리-쩐Lý-Trần 시대에는 일부분 삼교三教의 과거 시험도 있었다.

문학의 영역에서 보면 리Lý 시대에는 많은 시문詩文이 출현하였다. 불교의 여러 주제를 둘러 싼 여러 시와 문 이외에, 민족의 국가를 유지하고 국가를 건설하는 직무를 반영하는 유명한 정론 문건들도 있다. 이 안에서 가장 대표적인 것은 리 꽁 우언Lý Công Uẩn의 「천도조遷都詔」이다. 쩐Trần 시대로 넘어가면서 문학 활동은 더욱 더 활발해졌다. 이 시기 창작의 역량은 여러 승려들 이외에도 귀족들과 유학자들이 있었다. 이렇기 때문에 쩐Trần 시대 시문의 주제는 불도의 문제를 둘러 싼 것들뿐만 아니라 유도의 문제를 둘러싼 것 그리고 가장 우선시하는 것은 실제 삶과 관련된 것이었다. 하지만 모든 것들 보다 현저하게 드러난 것은 여전히 나라를 사랑하는 주의를 실현하는 시문과 몽골에 맞서 항전하는 시기의 우리 인민들의 영웅주의 등이다. 그 뿐만 아니라 쩐Trần 시대의 문학은 형식적 측면에서 매우 풍부함이 있었다. 유의할 만한 것은 쩐Trần 시기에 이르러서 츠 놈chữ Nôm이 문학 전반에 걸쳐 넓게 운용되었다는 것이다. 이러한 조건은 우리 민족의 독립 정신이 있는 사상문화를 증명하고 있으며, 민족의 언어와 민족의 말을 운용하여야만 하는 목적에 이를 만큼 발전하였다는 것이며, 새롭게 하나의 강력한 형식으로 기지개를 펴고 있었다고 볼 수 있다.

리-쩐Lý-Trần 시기에는 또한 가무 음악, 무대 예술 분야에서도 손꼽을 만큼 진보가 있었으며, 핫 아 다오hát ả đào, 핫 체오hát chèo, 핫 뚜옹hát tuồng과 같은 가극 형식이 출현하고 있다. 특별히 건축과 조각 분야에 있어서도 중요한 성취를 놓을 수 있었다. 리Lý 시기에 문묘를 비롯하여 추어 못 꼿chùa Một Cột, 추어 펏 띡chùa Phật Tích 그리고 탑 바오 티엔tháp Báo Thiên(추어 께오chùa Keo) 등을 건설했다. 쩐Trần 시기에 이르러서는 탑 빈 선tháp Bình Sơn, 탑 추어 포 민tháp chùa Phổ Minh 등이 있다. 1397년 여러 성문과 더불어 호Hồ왕조의 성이 건설되었는데, 오늘날에도 그 시대에 건설하던 기술자들의 능력을 엿볼 수 있다.

위에 언급한 여러 예술 활동과 더불어 역시 사학史學의 출현을 들 수 있다. 리Lý 시기부터 역사를 기록하는 업무는 시작되었다. 그리고 쩐Trần 시기에 이르면 민족 역사 편찬의 일을 강력하게 추진할 수 있었다. 국사원이 성립되었다. 여러 역사 관련 부서가 이 시기에 들어 출현하였다. 이 중에서 제일 주의해야 할 것은 레 반 흐우Lê Văn Hưu의 『대월사기大越史記』이다.

그 당시 우리 민족의 의학 역법 천문과 같은 자연과학분야도 일부 출현하였고 유의할 만한 성과를 거두었다. 쩐Trần 시대 말기에 당 로Đặng Lộ와 쩐 응웬 단Trần Nguyên Đán이 있었는데 그들은 천문과 역법으로 유명한 인물들이었다. 의학 분야에서는, 쩐Trần왕조의 태의원이 인민들의 병을 치료하기 위해 남약南藥을 사용하는 일에 관심을 가졌다. 쩐Trần 시기에는 의학자들과 약학자들이 출현하였고 발군의 능력을 지닌 사람으로는 뚜에 띤Tuệ Tĩnh, 응웬 바 띤Nguyễn Bá Tĩnh을 들 수 있다.

이처럼 10세기에서 14세기에 이르는 시기동안 베트남에서 정신 문화 영역의 여러 활동은 봉건체계의 의식에 의한 지배를 벗어나지 못했다고 말할 수 있다. 무엇보다 먼저 유교, 불교, 도교에 의한 지배이다.

10세기에서 14세기에 이르는 시기 베트남 사상사의 발전은 나라의 문화 정치 경제 상황에만 한정되는 것일 뿐만 아니라, 과거의 여러 유산에도 역시 부속되어 있었다.

이러한 유산의 가치는, 사회와 자연에 대한 적확한 인식의 정도이다. 모든 사람 사이에 응하여 대처하는 일과 삶, 풍속에서 실현되는 개별적인 본색이 있는 하나의 심리와 천재지변의 적대적인 재앙에 맞서 투쟁하는 삶에 대해서, 또한 사회와 자연에 대해서 가지게 되는 견고한 인식의 진도이다. 나라를 사랑하는 주의는, 이러한 유산 안에서 외방의 악랄한 통치를 전복시키고 조국 보호를 위해 용감하게 투쟁하는 정신으로서, 빛나게 타오르는 하나의 불꽃처럼 민족 해방을 겨냥한다.

하지만 대략 10세기에서 14세기에 이르는 시기 베트남에서의 사상 경향과 사상 인식은 당시 베트남의 사회에 존재하고 있으면서 인민의 문화와 사상의 활동영역에서 일정한 위치를 차지하고 있던 불교와 유교와 도교로부터 출발하였다.

10세기에 이르러 불교는 커다란 발전의 발걸음을 내디뎠다. 여러 사찰들이 출현하였다. 불교의 승려와 신도들은 양적으로 질적으로 모두 발전하였다. 많은 유명한 고승들은 베트남인이었다. 당시 선종은 베트남의 주요한 종파였다. 베트남이 북방 봉건무리들의 악랄한 통치를 벗어나 해방을 이룩하고 자주 독립 시기에 들어서서 발걸음을 실제로 옮긴 바로 직후에 불교는 사회와 삶에서 중요한 하나의 위치를 차지하였다. 승려들은 많은 경작지를 대거 점유하였는데 그러한 이유로 일정한 경제적 여지가 있었다. 그때 유사儒士들은 여전히 드물었는데, 그러므로 승려들이 역시 교육하는 곳에 나서서 지식층으로서의 역할을 유지하였다. 많은 승려들은 인민들을 위해서 병을 고치는 의약 선생의 역할을 하였다. 농촌에서는 사찰은 신앙이 모여드는 곳일 뿐만 아니라 문화생활의 중심지이자 군중들의 문예와 축제의 장소였다. 응오Ngô 시기부터 리Lý 시기에 이르기까지 불교는 나라의 정신문화 측면에서 뚜렷한 흔적들을 남겼다. 그것은 시문과 예술에서 분명하게 영향을 찾아볼 수 있다. 첫째는 건축과 조각예술이다. 리-쩐Lý-Trần 시대의 시문은 불교의 영향을 받았는데, 사상 내용의 측면에서뿐만 아니라 형상과 언어 측면 모두에서 그렇다. 승려들의 생활과 의례를 통해 불교는 사상, 심리, 풍속과 여러 마을의 수많은 인민들의 삶에 이르기까지 작동하였다. 그 뿐만이 아니라 응오Ngô, 딘Đinh, 전前-레Lê 시대와 리Lý 시대의 여러 고승들은 조정에서 정사에 참여하였다. 그들은 왕의 앞에서 자신들의 정견을 발표하였다. 당연히 그들의 정견은 불도의 교리의 영향을 받은 것에서 벗어나는 것이 아니었다.

북속시기가 물러가고 자주독립의 시기로 발걸음을 옮길 때에도 유교는 강하지 않았지만, 유교는 한자와 더불어 분명하게 사회의 한 현상으로 베트남 사회에 존재하였다. 유교는 무엇보다도 우리 인민들을 대상으로 한 북방 봉건무리들의 통치의 요구에 답응答應하여 기원 초기에 베트남으로 깊이 들어왔다. 그것은 침략자의 통치 기구의 사회 관리 활동과 긴밀하게 연관되어 사용되었다. 사회에서 그것의 영향은 한계가 있었다. 10세기 초 중간에 이르러서도 유사의 계통은 여전히 매우 적었고 주목할만한 사회적 역량을 형성하지 못하였다.

10세기 말의 중엽 응오Ngô왕조, 딘Đinh, 전前-레Lê왕조 아래에서 베트남의 유교는 여전히 눈여겨 볼만한 어떠한 역할도 없었다. 하지만 11세기에 접어들어 리Lý왕조가 성립된 시기에 이르면 봉건제도는 공고해졌고 봉건제도를 위해 복무하는 문화가 발전하였는데, 봉건계급은 사상과 문화 정치 영역에서 강력한 도구와 같은 유교를 사용하는 것과 유교를 강화하는 것이 반드시 필요하였다. 이처럼 유교는 사회의 여러 요구와 봉건국가의 요구에 부응하여 부각되어 나타났다. 14세기 중엽에 이르러서 유교는 여러 측면에서 대월국의 정신생활에 들어가 깊게 자리하고 궁전에서 우세를 점할 수 있었다.

그리고 도교는 응오-딘Ngô-Đinh왕조 시대부터 리-쩐Lý-Trần왕조 시대까지 실제로 베트남 사회에 존재했다. 하지만 도교는 인민들의 미신에 이르러서 많은 부분에 영향을 끼쳤지만 사상의 영역에 놓인 여러 문제에는 답응하지 못했다.

10세기에서 14세기까지 베트남 사상사 내부 여러 문제의 발전은, 이미 언급한 것처럼 전제와 유산들로부터 출발하지만 내용과 추세는 베트남 사회의 요구에 답응하는 것을 겨냥해야만 했다.

앞줄에 놓여 진 문제들로서 당시의 인민계층들 모두가 관심을 가지는 것은 나라를 건설하고 유지하는 사업을 둘러싼 문제들이었다. 무엇보다도 북속 천년 이후에 쟁취할 수 있었던 나라의 주권과, 민족 독립의 기초를 굳건하게 유지하는 문제였다. 베트남 인민들은 대표적인 봉건계급 사상을 경험하였지만 나라의 자주독립권에 대한 깊은 인식을 드러냈다. 이에 따라 자주독립권을 지키기 위하여 나라를 유지하는 전쟁 상황의 기본적 규칙들이 제기되었다.

국가를 유지하기 위한 전쟁의 기본적 규칙 가운데 하나는 반드시 인민에게 의지해야 한다는 것이고, 반드시 전 인민이 하나로 단결된 집단이 되어야 이룩할 수 있다는 것이며, 인민 조직은 적들에게 전승을 거두기 위해서는 물질적 역량을 이룩해야 한다는 것이었다. 그러므로 인민에게 의지하고, 전 인민이 단결하고, 나라를 구하고 적을 무찌르기 위한 힘을 기르기 위해서는 통치 계급 내부의 단결이 당시대의 사유의 중심 문제를 형성해야 했으며, 특별히 나라를 구하는 전쟁에서 지도자로 참가할 때마다 늘 염두에 두어야 할 사유는 쩐 꾸옥 뚜언Trần Quốc Tuấn과 리 트엉 끼엣Lý Thường Kiệt과 같은 승리에 이르러야 한다는 것이었다.

이 시기에 베트남 사상의 발전은 국가유지와 국가건설의 조건과 조직을 위해 국가 기구의 건설 문제에 이르기까지 연관되었다. 국가를 통치하고 유지할 수 있도록 강력한 봉건국가 건설의 요구에 답응하기 위해서, 사상의 영역에서는 봉건국가에 대한 견해와 여러 관념들이 출현하였는데 시간이 지날수록 고찰은 더욱 깊어져 갔다. 그뿐만이 아니라 베트남의 봉건계급은 국가를 구하는 사업을 위한 쟁투의 정신을 고무시키고 사회질서의 안정을 위해 도덕에 대한 학설과 이론을 여전히 이용하였다. 이렇기 때문에 여러 도덕의 기준은 사상생활에서 드러났는데, 그것은 나라를 사랑하는 주의이며, 영웅주의, 그리고 영예롭게 치욕을 씻는 것, 충의忠義, 효순孝

順 등이다.

리-쩐Lý-Trần시대 사회와 정치사상 영역에서 유교의 영향은 충효, 덕치, 신권神權 등의 문제에서 가장 분명하게 드러났다. 이것은 당시 환경과 더불어 적합한 문제였는데 베트남에서 봉건국가는 안정적이고 발전적인 세력으로 들어가는 중이었고, 국가를 유지하는 전쟁의 여러 국면의 시련 앞에 굳건히 서 있었다.

이 시기 유교는 나라 안에서 정치가 실제에 들어서는 초기의 발걸음을 내딛는데 운용할 수 있었다. 하지만 여기서 유교는 자신의 여러 개념들을 민족성과 일정한 정도로 인민성을 지니도록 개변改變할 수 있었다.

좀 더 살펴보면 봉건제도건설을 위해서 그리고 사회질서를 안정시키기 위해서, 베트남 봉건계급은 신권神權과 종교에 이르기까지 모두 사용하였다. 이 때문에 신권사상과 종교도 베트남의 사상생활에 출현하였다. 신권사상은 하늘님이나 옥황상제로 대표되는 각 신위神位의 무한한 권능에 대한 믿음에서 드러났다. 하늘님 혹은 옥황은 최고 인격신의 역할을 한다.

불교는 베트남 봉건계급이 북방 봉건무리들의 악랄한 통치를 벗어나 해방을 이룩하고 국가를 건설한 이후에 여러 세기에 걸쳐 적극적인 형식으로 사용하고 제고하는 하나의 종교가 되었다. 하지만 유의해야만 할 조건은 불교는 이 역사 단계에서 베트남 사람의 세계관과 사상생활에 이르기까지 영향을 끼쳤다는 것이다. 즉 불교 사상을 대표하는 철학적 관점을 발표하는 것이다. 무엇보다 먼저 세계의 본체 문제였다. 이 문제는 불교 신자들이 스스로의 설교에서 맨 앞줄에서 제기한 것이었다. 이러한 본체를 증오證悟(깨달음을 증명함)하는 것은 불도를 따르는 사람들이 진지하게 원망願望하는 것이다. 그러므로 그러한 본체가 발생해 나오는 것을 목표로 하는 주체의 변법과 가능의 문제는 그들의 사상에서 매우 중요한 위치를 차지하는 견성성불의 주된 문제이다.

이러한 두 문제(변법과 가능)를 둘러싼 철학적 관점들의 기초 위에서 당대 베트남 불교 사상을 대표하는 것은 인간의 생사문제에 대한 관심과 입세간적 철리라 부르는 것을 제기하는 것이었다. 이러한 여러 문제는 유심주의에 따르는 불교의 한 종파인 선종의 관점에 따라서 답을 구할 수 있었는데, 특별한 것은 인식 측면에서의 주관적 유심주의였다.

여기서의 이러한 여러 문제들은 이 역사시기에 베트남 민족의 사상생활 전부에서 보자면 다만 윤곽의 일부였다. 서로 다른 사회계층의 이러한 문제들에 대한 견해를 통해서 보면 우리는 의식이 있고 단호한 방식으로 서로 투쟁하는 전선戰線들이 출현하는 것을 찾아볼 수 없었다. 그러나 이 시기 베트남 사상사의 관점에서 서로 상반되고 충돌한 것은 보통 낙후된 사상과 진보 사상들 간의 대립으로 기울어져서 드러났다. 발전의 노선에서 민족의 급박한 임무들을 해결하는데 기여하는 실질적 성질이 있는 커다란 사상과 심지어는 민족의 권리를 배반하는 실제와 동떨어진 비관적인 공상적 사상 사이에서, 실제로부터 출발하는 독립적 사유와 경색된 틀에 뒤덮인 교조주의 사이에서 나타났다.

10세기에서 14세기에 이르는 시기 베트남 사상의 발전상을 보면 우리가 유의할 필요가 있는 두 사상 경향이 있지만, 우리는 지속적으로 더욱 연구해야 한다. 하나는 나라를 유지하고 나라를 건설하는 실제와 긴밀한 관련을 맺고 있는 사회정치사상이고, 다른 하나는 불교의 신앙 성질이 있는 유심주의이다.

제8장

사회정치사상의 발전

리Lý왕조의 확립과 더불어 11세기로 발걸음을 옮기면 사회와 정치사상이 강력하게 발전하였고, 당시 베트남의 사상생활에서 가장 앞에 놓이는 중요한 위치를 차지하고 있다. 이는 베트남 봉건계급의 이익을 보호하고 사회질서를 공고히 하는 요구를 둘러싼 급박하고 뜨거운 정치적 문제들에 대한 나라 전체의 민족적 호기 넘치는 인식의 정도를 반영한다. 이 시기 베트남에서 사회정치사상의 경향은 투쟁의 성질을 지닌 나라사랑주의와, 하나의 민족이 외침한 적들과 힘을 겨루는 상황에서 이를 넘어서기 위한 노력들을 하는 민족의 영웅주의가 담겨 있다. 11세기에서 14세기에 이르는 역사시기에 대해서 베트남의 사회와 정치사상은 중요한 전진의 발걸음을 내딛고 있었다고 말할 수 있을 것이다. 이러한 과정은 아래와 같은 여러 이정표를 통해 드러난다. 리 꽁 우언Lý Công Uẩn의 「천도조遷都詔」, 리 트엉 끼엣Lý Thường Kiệt의 「남국산하南國山河」, 그리고 가장 대표적인 것으로는 여전히 정치사상과 더불어 국가를 유지하고 적을 물리쳤던 쩐 꾸옥 뚜언Trần Quốc Tuấn의 노선이다.

「천도조遷都詔」는 1010년 리 꽁 우언Lý Công Uẩn이 직접 쓰고 전해져 내려온 것이다. 「천도조」의 내용은 호아 르Hoa Lư에서 탕 롱Thăng Long으로 수도를 옮기는 일이 언급되어 있다. 여기서 리 꽁 우언Lý Công Uẩn은 근본적이고 힘을 다해 깊은 수준의 정치 인식을 실현하고 있다. 리 꽁 우언Lý Công Uẩn은 나라를 건설하는 일과 수도를 옮기는 일을 긴밀하게 연결하고 있다. 하지만 나라를 건설하는 일은 곧 독립을 유지하고 공고히 하는 것을 겨냥하고 있는데 베트남 민족은 독립을 막 쟁취한 지 반세기 정도가 지난 상태였다. 「천도조」에는 다음과 같이 강조하고 있다.

"옛날 상나라의 반 까인Bàn Canh, 盤庚왕은 다섯 번 수도를 옮겼고 주나라의 성왕은 역시 세 번 수도를 옮겼다. 삼대의 왕들이 스스로 편하기 위해서 자신의 의견에 따라서 함부로 옮기겠는가? 오로지 중심되는 곳에 수도를 건설하고자 함은, 커다란 업을 꾀하고, 아들과 손자들의 세대가 원하는 것을 염두에 두기 때문이다. 인민의 의견에 따라 그 아래에서 하늘의 명에 따르고, 만약 적당해 보인다면 바꿀 것이다. 그러므로 나라의 운명은 오래가고 풍속은 번성할 것이다. 그러나 딘Đinh과 레Lê 두 왕조는 자신의 뜻에 따라 하늘의 명을 무시하고, 상주의 옛 흔적을 따르지 않고, 명령하여 이곳 도성을 계속 지켜 머물고자 한다. 왕조의 후대가 오래 단단하지 못할 것이고, 운명은 짧을 것이고, 일반 백성들은 손해를 당할 것이다. 만물이 의심하여 좋아할 수가 없다. 짐이 매우 아프고 애가 타서 이 일을 옮겨 바꾸지 아니할 수가 없다."[1]

이렇게 「천도조」에서 리 꽁 우언Lý Công Uẩn은 넓게 보려는 시야를 밝히고 있다. 그는 단지 한 왕조가 오래 견고함을 공고하게 하려는 요구만을 바라보는 것만이 아니라, 민족의 그리고 국가의 앞날을 바라보고 있다. 그렇기 때문에 그는 뜻을 정한다. "오로지 중심되는 곳에 수도를 건설하고자 함은, 커다란 업을 꾀하고, 아들과 손자들의 세대가 원하는 것을 염두에 두기 때문이다. 인민의 의견에 따라 그 아래에서 하늘의 명에 따르고, 만약 적당

---

1 『이진시문(李陳詩文)』 제1집, 사회과학출판사, 1977, 229~230면.

해 보인다면 바꿀 것이다. 그러므로 나라의 운명은 오래가고 풍속은 번성할 것이다." 이 「천도조」의 짧고 간결한 몇 구절의 문장을 통해 왕은 하나의 군건하고 지속가능한 왕조, 하나의 강력한 집권 봉건국가, 부강한 독립국가를 건설하려는 원망顧望을 드러내고 있다. 왕의 이러한 원망顧望은 또한 민족의 원망顧望이기도 하였다. 이러한 조건은 여러 군신들이 답할 때에도 긍정할 수 있었다.

"폐하는 천하를 위하여 크고 큰 업을 기초하기 위해 오랫동안 계획하여 세웠다. 아래로는 인민을 위하고 여러 사람들이 넉넉할 수 있다. 이익이 이러한데 누가 감히 따르지 않겠는가."[2]

리 꽁 우언Lý Công Uẩn의 고도古都를 이전하자는 주장은 나라를 건설하는 사업의 실제적 요구에 답응하고 역사의 추세와 부합하는 것으로, 이는 필연성을 지닌 것이지 어떠한 개인의 주관적 기호嗜好에 따른 간단한 일이 아니었다. 그렇기 때문에 왕은 이렇게 말한다. "어디 삼대의 왕들이 자신의 개인의 뜻에 따라 마음대로 옮겼겠는가?"

다이 라Đại La(탕 롱Thăng Long)성이 전국의 수도로 적합하다는 것을 증명하기 위하여 리 꽁 우언Lý Công Uẩn은 다만 이렇게 설명한다. "더구나 다이 라Đại La성은 이 세상의 중심에 있는 까오 브엉Cao Vương의 옛 수도이며, 용이 감싸고 호랑이가 앉은 형세이다. 남북동서로 바로 앉았으며 산에 기대고 강을 보는 방향으로 편안하다. 세勢는 광대하지만 고르고, 땅은 높지만 넓다. 거주하는 인민들은 물이 넘치는 괴로움과 어려운 환경을 벗어날 수 있고, 만물이 특히 풍부하고 싱그러워 아름답다. 우리 베트남의 땅들을 살펴보니 오직 이 곳이 승지勝地이다. 실로 나라 사방에서 모이는 중요한 곳이다. 또한 이곳 수도는 만대 제왕의 제일가는 곳이다."[3]

---

2 『대월사기전서』제1집, 사회과학출판사, 1972, 191면.
3 위의 책, 191면.

여기서 리 꽁 우언Lý Công Uẩn은 탕 롱Thăng Long 성의 지리적 위치와 산과 강의 형세에 대해 우월한 곳임을 깊은 형식으로 분석하고 있다. 그리고 그는 이러한 긍정에 이른다. "우리 베트남 땅을 둘러 보니 오로지 이곳이 승지이다."

이 승지로서의 위치는 탕 롱Thăng Long의 자연적인 아름다움을 들어 언급한 것뿐만 아니라, 중요한 조건은 이 도성이 강성하고 독립된 국가에서 영향력 있는 수도의 유리한 조건을 두루 갖추고 있다는 것을 설명하고 강조하는 것이다. 왜냐하면 탕 롱Thăng Long은 "천지의 중심"에 있으며, "남북, 동서로 올바르게 앉아 있으며", "만물이 또한 특별히 풍부하고 싱그러워 좋기" 때문이다. 우리가 고찰하여 본 바로는, 리 꽁 우언Lý Công Uẩn은 탕 롱Thăng Long을 나라 전체의 교통과 문화·경제의 중심이며, 영토 전체 또는 적어도 북부 들판지역에서 베트남 민족의 공동체 생활을 지배할 것이라고 명확히 인식한다. 이렇게 말할 수 있을 것이다. 탕 롱Thăng Long은 바로 나라를 건설하고 유지하는 사업의 기초가 되는 영토와 문화 경제 측면을 통일하는 연결된 모든 실의 단서이다. 그러므로 리 꽁 우언Lý Công Uẩn이 호아 르Hoa Lư에서 탕 롱Thăng Long으로 수도를 옮기는 것은 국가의 통일을 공고히 하는데 실제적 기여함이었고, 중앙정권에게 날이 갈수록 위력威力을 보태었으며 이는 전국에 있는 지방의 여러 관리들을 위한 것이기도 했다. 그리고 「천도조」는 또한 실제로 놓여 있는 삶을 위한 문화와 정치, 경제 문제에 대한 우리 민족의 중요한 인식의 한 발걸음의 흔적을 남겼다. 무엇보다 먼저 국가의 통일과 국가 발전의 진보 문제였다.

반세기가 지난 후 송나라에 맞서 항전하면서 독립문제와 국가의 주권문제는 리 트엉 끼엣Lý Thường Kiệt의 불후不朽의 시를 통해 분명하게 다시 출현하고 있다.

남국산하(南國山河)

남국산하남제거(南國山河南帝居)
절연정분재천서(截然定分在天書)
여하역로래침범(如何逆虜來侵犯)
여등행간취패허(汝等行看取敗虛)**4**

이 시는 베트남의 주권과 독립에 대한 엄숙한 선포이다. 이것은 시의 첫
번째 문장부터 긍정되고 있다. "남국의 산하에는 남제가 거한다." 봉건제
도 안에서 보면, 우리가 주권을 지닌 한 독립된 나라라는 관념은 반드시 왕
이 있는 나라인 것이다. 만약 하나의 나라에 주권과 민족 독립을 상징하는
왕이 없다면, 그 나라는 다른 나라의 봉건집단에 의해 노역을 당하고 말 것
이다. 대월국은 자신의 영토가 있고 주권이 있는 독립된 한 국가이다. 그리
고 이러한 독립된 대월국의 지위는 어떠한 나라를 막론하고, 북방의 송나
라와 같이 커다란 나라들을 모두 꼽더라도 결코 부족한 것이 아니었다. 왜
냐하면 대월국의 선두에 선 사람은 '남제南帝'였는데, 다른 봉건제국 여러
나라의 황제와 동등한 것이었다. 만약에 이렇다면 대월국의 자주 독립은
존중되어야 하는데, 왜냐하면 여기 하나의 황제가 있는 나라가 자주 독립
을 이루고 있기 때문이며, 하나의 제후국이거나 속국이 아니기 때문이다.
리 트엉 끼엣Lý Thường Kiệt이 '남제'의 명호를 긍정하는 것은 바로 베트남 군
민軍民의 신념과 자부심을 공고히 하는 것을 겨냥하고 있으며, 동시에 북방
봉건무리의 큰 나라의 사상을 부인하는 것이며, 그리고 "그때에 우리 민족
이 여러 나라 사이에서 평등하고 자주독립을 누릴 수 있었던 권리는 분명

---

4 『이진시문(李陳詩文)』 제1집, 321면.

한 것이었고 신성한 것으로 누구도 부인할 수 없는 것이다"라고 강조하는 것이다. 이러한 진리에 대한 굳건한 믿음을 건설하고 인식할 수 있었던 것은 쉬운 일이 아니었는데, 많은 시기에 나라를 구하고 나라를 유지하는 실천적 기초에 근거한 오랜 고난의 과정 전체인 것이다. 당시 우리는 필연성을 하나의 객관적 법칙으로 드러낼 만큼 이해하지 못하였는데, 왜냐하면 모든 일은 천명으로 환원되었고, 모두 천서에 이미 규정된 일들로 보았기 때문이다. 그리고 베트남의 주권과 독립의 시기도 천서에서 결정되었는데, 이는 필연적인 힘을 지닌다는 의미로 침범이 불가능하고 굳건하게 존재하게 되는 것이었다. 어떠한 적이든지 이러한 자주와 독립을 손상시킨다면 모두 실패를 피할 수가 없는 것이다. 리 트엉 끼엣Lý Thường Kiệt은 당당하게 선포한다. "어찌하여 너희 무리들이 침범하는가, 너희들은 패배를 보게 될 것이다."

리 트엉 끼엣Lý Thường Kiệt의 이러한 선포의 말은 외부 침략 적에게는 엄격한 경고이며, 동시에 자신의 자주 독립 보호와 국가 수호 사업에 베트남 민족의 필승과 가능성에 대한 무한한 신념을 드러내는 것이다.

리 트엉 끼엣Lý Thường Kiệt의 「남국산하」라는 시는, 독립에 대한 인식과 인민의 주권 및 영토를 분명한 형식으로 공포한 것이다. 이러한 인식은 11세기부터 비롯되는 베트남 인민의 민족의식 측면에서의 장성한 발걸음을 증명한다. 그는 응오 꾸옌Ngô Quyền 시기부터 쟁취한 국가의 주권과 이후 1세기가 넘는 과정에서 공고해진 우리 인민의 민족 독립을 보호하려는 결심의 의지를 긍정했다.

쩐Trần 시기에 이르면, 몽골에 맞선 항전의 국면에서 휘황찬란한 여러 승리의 기초 위에, 우리 인민은 국가의 자주독립과 민족의 장구한 생명력에 대한 깊은 자긍심을 가지게 되었다. 쩐 꽝 카이Trần Quang Khải의 『탈삭장양도奪槊章陽渡』와 쩐 년 똥Trần Nhân Tông이 치에우 랑Chiêu Lăng에서 헌부례獻俘禮

를 할 때에도 이처럼 깊은 수준의 인식이 드러난다.

> 탈삭장양도(奪槊章陽渡)
> 금호함자관(擒胡鹹子關)
> 태평의노력(太平宜努力)
> 만고차강산(萬古此江山)

> 사직양회노석마(社稷兩回勞石馬)
> 산하천고전금구(山河千古奠金甌)

뜻은 다음과 같다.

> 츠엉 즈엉(Chương Dương)을 적에게서 빼앗고
> 함 뜨(Hàm Tử)관에서는 오랑캐 군을 붙잡았다.
> 태평은 마땅히 힘을 기울여야 하니
> 나라는 늘 만고(萬古)에 이르리.[5]

> 사직은 두 차례 석마(石馬)를 수고롭게 하고
> 산하는 천년에 이르도록 금잔(나라)이 굳건하다.[6]

쩐 꽝 카이Trần Quang Khải와 쩐 년 똥Trần Nhân Tông의 이러한 시의 문구는 몽골에 맞선 항전의 국면에서 빛나는 승리에 대한 자부심을 담고 있으며, 베트남 민족의 앞날과 존재에 대한 새로운 인식을 표시하고 있다.

5　『베트남문학』 제1집, 전업중학대학출판사, 1983, 143면.
6　위의 책, 144면.

리-쩐Lý-Trần 시기에 나라의 자주와 독립에 대한 여러 관념들은 조국 보호 사업에 결정적인 역량이 인민을 위한 인민에 의한 것이라는 인식과 굳게 관련되어 있다.

리Lý 시기 베트남 봉건계급의 사상 대표들은 늘 '인민의 의견', '인민의 마음'에 주의를 기울였는데, 이는 정치 활동을 진행할 때에 관심을 가질만한 것이었다. 그들에게 있어서 '인민의 의견', '인민의 마음'은, 전쟁을 일으키거나 왕조를 바꾸거나 제위를 계승하거나 수도를 옮기자는 주장처럼 큰 정치적 주장을 위한 목적을 이루는데 근거가 되었다. 다오 깐 목Đào Can Mộc은 리Lý왕조의 기초를 닦은 공이 있는 권신權臣이었는데 백성이 바라는 뜻에 이르고 인민의 마음에 이르는데 주의를 기울였는데, 이는 리 꽁 우언Lý Công Uẩn이 왕위에 오르는 것을 옹호하기 위한 기초가 되기도 했다. 그는 당시 좌친위전전지휘사左親衛殿前指揮使였던 리 꽁 우언Lý Công Uẩn과 더불어 말하기를, "친위親衛께서는 어찌하여 이 기회에 결단을 내려 기묘한 계책을 가지고 오지 않으십니까? 멀리는 탕무의 옛 흔적을 따르고 가까이는 딘Đinh 레Lê의 일을 보며, 위로는 하늘의 뜻에 따르고 아래로는 사람의 마음을 살펴보면서도, 계속해서 고집하여 작은 일에 매달리는 것은 무엇을 하기 위함입니까?"[7] 그리고 "오늘날 백성들이 궁핍하여 위의 명을 감당할 수가 없는데, 친위親衛께서 인정人情으로 이러한 기세를 은덕으로 위로한다면 사람들이 반드시 서로 경쟁하듯 낮은 곳으로 물이 흘러가듯이 할 것이다. 누가 막을 수 있을 것인가!"[8] 리 꽁 우언Lý Công Uẩn의 유명한 「천도조」에서도 역시 긍정한다. "위로 하늘의 명에 따르고, 아래로 인민의 뜻에 따르며, 알맞은 때를 본다면 바꿀 것이다. 그러므로 나라의 운명이 오래 가고 풍속이 번성한다."

---

7 『대월사기전서』 제1집, 사회과학출판사, 1972, 186~187면.
8 위의 책.

쩐Trần왕조을 일으킨 대사업의 기초를 건설한 인물인 쩐 뜨 카인Trần Tự Khánh 역시 자신의 정벌 상황을 변호하기 위하여 일상적으로 인민의 마음을 얻어야 했다. 그는 인민들을 위해 리 후에 똥Lý Huệ Tông과 이야기를 나누었다. "신이 보기에 폐하의 곁에 있는 소인 무리들은 충량忠良한 사람을 위협하고, 폐하의 귀를 막고 눈을 덮고 있습니다. 인민의 억울한 사정이 위에까지 올라와 통하지 않습니다. 그래서 나라 안 사람들의 분개한 마음을 들어 신은 거병하여 그러한 무리를 평정하고, 인민의 마음을 평온하게 하기 위하여 화근의 근원을 뿌리 뽑고자 할 뿐입니다."[9]

쩐 년 똥Trần Nhân Tông 또한 나라를 구한 항전에서 아래 사람들의 공로를 눈여겨 보았다. 『대월사기전서』 5권에는 이렇게 기록되어 있다.

"왕은 밖에서 높은 자리에 앉아 노닐 때에 길에서 여러 왕후의 가동家僮을 만나면 반드시 분명하게 이름을 불러 이르기를, '그대의 주인은 어디에 있느냐 물었다. 그리고 여러 무사들을 훈계하여 소리쳐 쫓아내지 못하도록 했다. 궁에 돌아올 때는 좌우에 이렇게 일렀다. '평상시에는 좌우에 시위侍衛가 있더니, 환난이 나라에 있을 때에 이르러서는 오직 그대들만 볼 수 있구나.'"

이렇기 때문에 바로 승리의 날이 올 때까지 가난과 위험을 무릅쓰고 왕과 함께 투쟁하기로 결심한 사람들은, 이런 비천한 아래 사람들에서 많이 나왔다.

하지만 무엇보다도 대표적인 것은 인민이 나라를 유지하는 국가 수호 전쟁의 수행을 위한 기초라는 쩐 꾸옥 뚜언Trần Quốc Tuấn의 관념이다. 그러므로 이러한 전쟁에서 승리를 쟁취하기를 원한다면 반드시 '여유 있고 힘 있는 인민'이어야 하며, 반드시 전 나라 인민들의 하나로 된 마음을 얻어야만 한다.

---

9 위의 책, 305면.

이처럼 인민들의 중요한 역할에 대한 분명한 인정은, 바로 리-쩐Lý-Trần 시기부터 관심이 인민의 원망顚望과 삶에까지 이른 것이라 본다면, 이를 나라를 다스리는 도道에 맨 앞의 일로 볼 수가 있었다는 것이다. 리 트엉 끼엣 Lý Thường Kiệt이 송나라와 전쟁을 벌일 때 『벌송로포문伐宋露布文』에서 말하기를 "하늘이 백성을 낳았으며, 현명한 군주는 반드시 화목해야 한다. 도는 백성을 주인으로 삼고, 주요한 것은 백성을 기르는데 있다". 『앙산영청사비명仰山靈稱寺碑銘』에 이르러서는 리 트엉 끼엣Lý Thường Kiệt의 공덕을 칭송하는 노래에서, "일을 하는데 있어서 근면하고, 인민에게 지시하는데 있어서는 온후하며, 그러므로 민이 의지할 수 있었다. 온후하게 일반 백성을 돕고, 인자하게 모든 사람들을 사랑하며, 그러므로 인민이 존경한다 (…중략…) 태위太衛는 백성들이 배부르고 따뜻함을 우선시한다는 것을 알았고, 나라는 농업을 근간으로 삼는다는 것을 알았다. 그리하여 시무時務를 놓치지 않았다. 재능이 뛰어나지만 자랑하지 않고, 시골 들판의 늙은이에 이르기까지 모두 가르친다. 그러므로 늙은이가 이에 의지하여 몸을 편안히 할 수 있다. 이러한 법칙은 국가를 다스리는 원천이라고 부를 수 있을 것이며, 백성은 안정시키는 술術이며, 모두에게 아름답고 좋은 것이다". 그리고 일단 백성의 힘을 배양하고 인민의 삶을 걱정하고 책임지는 것이 나라를 다스리는 도에 있어서 그처럼 중요한 부분이 된다면, 이것은 역시 쉽게 임금이 이에 의지하고 자숙自肅하기 위한 정치의 기준이 될 수 있다. 1207년 리 까오 똥Lý Cao Tông이 조칙을 내려 말하였다. "짐이 어렸을 때 큰 일을 짊어져야만 했는데, 여기 중생을 구하는 곳에서 인민의 괴로운 환경을 알지 못하였다. 소인의 무리배의 말에 아래 사람들이 원망한다는 것을 들었다. 백성이 원망하고 한탄한다면 짐은 누구에게 의지할 것인가? 이제 짐은 잘못을 고쳐 백성과 함께 완전히 바꿀 것이다."[10]

인민의 가난과 괴로움은 쩐 민 똥Trần Minh Tông에게서도 찾아볼 수 있는데, 비통하고 감동적이다. "모든 인민은 우리의 동포이다. 사해는 어떠한 마음으로 곤궁하게 하는가."

14세기를 살아가던 유학자들의 백성에 대한 관심은 국가를 통치하는 도를 세우기 위한 중요한 문제로 인식되기도 했지만, 이 문제는 또한 유학에 있어서 덕치 개념의 한 요소이기도 했다. 그렇기 때문에 이들은 설명하기를, 왕이 덕이 있고 늘 덕을 고치는 것을 안다면 "은덕이 군중에까지 미치고", "인민의 삶이 쉽도록" 할 수 있으며, 태평성치의 환경을 "만호^{萬戶}가 모두 노래할 것이다".

요약한다면, 리-쩐Lý-Trần 시기 사상 분야에서 인민은 하나의 사회적 역량으로 받아들여 여겨졌으며, 사회질서를 유지하고 여러 구국전쟁을 진행하기에 이르기까지 반드시 관심을 가져야 할 필요가 있었던 것이다. 다른 식으로 이야기하면, 당시의 인민에 대해서는 무엇보다도 자격에 대해 언급할 수 있었는데, 이것은 봉건제도의 정치적 요구들을 위한 필수적인 현상이다. 그러므로 인민은 여기에서 고려될 수 있더라도 또한 이러한 정치적 요구의 규범을 벗어나는 것은 아니었다. 권력을 가진 자들에게는 인민들이 왕의 최고 권한과 봉건착취 제도를 굳건히 하기 위하여, 사용하고 일을 부릴 수 있는 비천한 사람들로 보여 졌다는 것을 피할 수 없다.

베트남의 중앙집권 봉건국가의 발전과 군건함을 위하여 봉건계급의 사상적 측면에서는 무엇보다도 대표적으로 군권^{君權}의 문제에 관심을 가졌으며, 왕의 최상의 지위를 공고히 하는 일에 관심을 기울였다. 전^前-레^{Lê} 왕조시기에 팝 투언Pháp Thuận 승려는 황제의 지존의 자리라고 부르는 것에 대해 레 다이 한Lê Đại Hành 왕에게 해답^{解答}하는 시문을 짓고 있다.

---

10 위의 책, 301면.

나라의 복록은 덩굴이 휘감듯하고

남쪽 하늘은 태평하다.

전각(殿閣)에서 무위(無爲)하나

곳곳에서 도병(刀兵)이 그친다.

이 시를 통해 승려는 나라의 태평성치의 풍경과 더불어 왕위王位의 존재와 왕위의 여러 관계를 드러내고 있다. 그리고 이러한 태평성대가 왕의 '무위無爲'에 의하여 나라가 다스려지는 길이 되기를 원하고 있다. 이것은 서한西漢 시대 황로학파의 '무위이치無爲而治' 노선의 영향을 다소간 받은 국가통치의 노선이다.

리Lý 시기에 넘어가면, 군권과 왕이 행해야 할 도의 문제에 대해 좀 더 분명하게 비엔 통Viên Thông 국사(1081~1151)는 이렇게 설명하고 있다. "천하 역시 물건을 쓰는 것과 같아서, 평안한 자리에 두면 평안할 수 있으며, 위험한 자리에 두면 확실히 위험해진다. 중요한 것은 인주仁主가 행위를 어떻게 하느냐 일 뿐이다. 만약 덕과 효가 생겨나 백성의 마음과 합한다면 평안한 백성이 마치 부모와 같이 대하고, 우러러봄이 마치 해와 달과 같다. 이것이 천하를 평안한 곳에 두는 것이다."[11] 만약 다스림과 혼란스러움이 왕의 덕德의 높고 낮음과 행위에 따르는 것이라면 분명하게 수신修身하고 덕을 갈아야 하며, 왕이 스스로 고치는 것은 반드시 해야만 하는 것이다. 리Lý 시기의 왕들은 나라를 다스리기 위해서 자신을 고치는 일에 매우 관심을 기울였으며, 그리고 행정의 공무는 엄숙하고 신중함을 드러내고 있다. 리 타이 똥Lý Thái Tông은 이렇게 말했다. "짐은 덕이 모자란 사람으로 신민臣民의 선두에 서서, 일찍 일어나고 한밤중에도 깨어 있으며, 늘 깊은 곳을 건너는

[11] 『이진시문(李陳詩文)』, 461~462면.

것처럼 두렵고 걱정스럽다. 천지를 꿰뚫기 위해 어떠한 도를 얻어야 하는지 알지 못하고 요순에 이르기 위해서는 어떠한 덕을 얻어야 하는지 알지 못한다."[12]

집권 봉건국가 체계 안에서 왕에 이어 두 번째로 중요한 위치는 왕의 신하인데, 지방에서 중앙에 이르기까지 관통하는 관료 체계이다. 이는 리Lý 시대의 사상 영역을 반영하는 것으로 여러 관리의 정치적 위치에 대한 관념을 이루고, 신하를 대우하고 이용하는 원칙들을 이루었다. 비엔 통Viên Thông 국사는 이런 말을 했다. "나라가 다스려지거나 혼란스러운 것은 관리에게 달려 있다. 훌륭한 인물이라면 나라가 다스려지고, 악한 인물이라면 나라가 혼란스러워진다. 이전 시기 여러 제왕들은 그러므로 군자를 쓰는 것으로 업을 일으키는데, 국가를 잃는 것은 소인을 쓰기 때문이었다."[13] 왕의 시위侍衛 신하들, 조정의 관리 대오隊伍는 이처럼 중요한 역할이 있으며, 그러므로 왕은 반드시 이를 얻어 나라를 다스리는 일을 위한 기반으로 의지하여야 한다.

쩐Trần왕조 귀족 집단의 여러 대표들은 단지 관리들의 역할을 강조하였지만, 또한 관리와 각 비장裨將을 쓰고 대우하는 일에 대한 여러 관념들도 제기하였다.

「힉 뜨엉 시」Hịch tướng sĩ(檄將士, 또는 論諸裨將檄文)에서 쩐 꾸옥 뚜언Trần Quốc Tuấn은 여러 비장에 대한 우대와 무궁한 처우에 대해 언급하였으며, 이는 상설 군대의 건설에 있어서도 연관되었다. 하지만 이러한 처우는 장수와 관리를 우대하여 쓰는 방식으로, 쩐 민 똥Trần Minh Tông이 말한 것과 같은 목적을 지향하고 있다. "왕이 사람을 쓰는 것은 그 사람이 특별해서가 아니다. 어진 사람이라고 불린다면, 그 사람은 우리의 마음을 넓히고, 우리의

---

12 위의 책, 216면.
13 『이진시문(李陳詩文)』, 462면.

직職을 지켜주고, 우리를 위해 일을 하며, 우리를 위해 치욕을 참으니, 그래서 우리는 말하기를 어질어서 쓴다고 한다."[14] 여러 신하가 왕에게 쓰일 수 있다면, 모두 왕의 목적과 의도를 실현하는 임무가 있다고 말할 수 있을 것이다. 14세기의 유학자인 응웬 팝Nguyễn Pháp이 묘사한 「러우 껀 친Lầu Cần chính, 勤政樓」에 나타난 것처럼 나라를 다스리는 일을 진행하기 위해 조정에서 왕과 관리들이 조화로운 방식으로 서로 결합하는 것이다.

봉건국가체제를 잘 운영하기 위한 조직과 군권君權을 공고히 하는 일에 대하여 이곳의 여러 관념들은 나라의 한 강성한 봉건집권국가 건설의 염원을 반영하고 있다. 리-쩐Lý-Trần 시기 역사의 추세와 부합하는 기본적인 이러한 원망願望은, 정치생활에서 개인의 역할을 매우 높게 평가하는 것과 연관이 있다. 이러한 평가는 비엔 통Viên Thông 국사가 발표한 사직社稷의 안위치란安危治亂에 대한 군신君臣의 결정에 기여하는 것 가운데 관리의 중요한 역할에 대한 글에서 극단적으로 나타난다.

정치사상은 여러 도덕적 관념과 관련되어 발전하였다고 말할 수 있다. 왜냐하면 당시 구국 전쟁에서 백성들의 수많은 힘을 동원하기를 원한다면 그들이 전투에 참여하도록 돕는 작용을 하는 순수한 도덕적 정서를 일깨워 그들이 일어나서 싸우지 않을 수 없도록 하는 것이었다. 더구나 리-쩐Lý-Trần 두 왕조시대를 통틀어 베트남의 치국안민治國安民의 도道는 다소 덕치德治의 성질을 지니고 있다.

리-쩐Lý-Trần왕조시대에 왕과 더불어 봉건적 의식수준에서 가장 중요하게 여겨진 도덕적 개념은 충忠이었다. 리Lý왕조시대와 쩐Trần 왕조시기 조정의 관리들은 모두 풍속이 있었는데, 4월 4일이 되면 동 꼬Đồng Cổ 산신 사당에 모여 피를 마시고 맹세를 하는 의식을 가졌는데, 왕과 더불어 충성을

---

14 『대월사기전서』 제2집, 사회과학출판사, 1972, 120면.

마음에 다하는 것이었다. 그리고 실제로 왕은 통치봉건집단의 사상적 대표로서 신하의 충용忠勇의 여러 본보기를 고무하고, 여러 사람들 앞에서 드러내 보이는데 힘을 기울였다. 리 타이 똥Lý Thái Tông은 주저없이 레 퐁 히에우Lê Phụng Hiểu를 빛나게 칭찬하고 있다. "우리가 종종 당나라 역사를 보면 우엇 찌 낀 득Uất Trì Kính Đức, 尉遲敬德이 난리에 왕을 도왔는데, 스스로 생각하기를 후대 신하들이 비교할만한 사람이 없었다. 이제 변화를 맞이하니 퐁 히에우Phụng Hiểu의 충용忠勇이 낀 득Kính Đức보다 훨씬 더 많다는 것을 새롭게 알았다. 또 히엔 타인Tô Hiến Thành은 자신의 말과 행동이 충의忠義의 측면에서 모범적인 한 기준을 만들어 내었으며, 후대의 여러 유학자들이 꾸준히 보고 따랐다. 권력과 이익과 매수는 그가 선제先帝의 유언을 따를 때 결코 그의 충의의 마음을 흔들 수 없었으며, 어린 주인(나이어린 황제)을 도왔다. 그는 말했다. "불의로서 부자가 될 수 있지만 그것은 충성스러운 신하와 의로운 선비로서 즐겨 하는 것이 아니다."

쩐Trần 대에 이르러 충의忠義는 쩐 꾸옥 뚜언Trần Quốc Tuấn의 「힉 뜨엉 시Hịch tướng sĩ」에서 강조되고 있는데, 몽골에 맞선 항전의 국면에서 비장裨將들과 더불어 중요하게 요구되는 덕목이었다. 여기서 쩐 꾸옥 뚜언Trần Quốc Tuấn은 자신들 휘하의 각 장사將士에게 중국 역사의 충신열사를 거울로 삼아서 교육하였다. 그는 말했다. "우리는 흔히 듣는다. 끼 띤Kỷ Tín, 紀信은 자신을 죽임으로서 고제高帝를 죽음에서 구하고 탈출시켰다. 조 부Do Vu, 由于는 자신의 등을 내밀어 창을 참아내면서 치에우 브엉Chiêu Vương, 昭王을 막아 보호하며 옮겼다. 즈 느엉Dự Nhượng, 豫讓은 주인을 위해 원수를 알리려 숯을 참아내었다. 턴 코아이Thân Khoái, 申蒯는 나라를 위하여 난을 구하기 위해 손을 잘랐다. 낀 득Kính Đức, 敬德, 한 젊은이는 타이 똥Thái Tông, 太宗을 돕는 신하로서 테 숭Thế Sung, 世充의 포위를 탈출하였다. 까오 카인Cảo Khanh, 果卿은 멀리 떨어진 신하로서 입으로 록 선Lộc Sơn, 安祿山을 꾸짖으며, 역적의 음모를 따르지 않았다. 옛날부터 여러 충신 열사들은 나라를 위해 자신을 버렸는데, 없는 시대가 없었다."[15] 이러한 충군忠君의 입장에서 출발한 쩐 꾸옥 뚜언Trần Quốc Tuấn은 여러 비장들의 잘못된 사상 경향들을 비판했다. "이제 여러 사람이 주인의 치욕을 보지만 걱정함을 알지 못하고, 나라가 치욕을 당함을 보지만 수치스러움을 알지 못한다. 조정의 장수를 하면서 적의 군대를 돕고 있지만 그 화禍를 알지 못한다. 거짓 사자를 연회로 대접하면서 태평하게 일상의 음악을 들으면서도 원망할 줄은 모른다."[16]

요약하여 말하자면 충의忠義의 개념은 리-쩐Lý-Trần 시기에 만들어 낼 수 있었으며 왕과 신하의 관계를 공고히 하는 것을 겨냥했다. 이것은 왕의 이익을 위한 신하의 절대적인 충성과 희생을 요구하였다. 그렇기 때문에 이것은 효의 개념과 연결되어 있다는 것을 피할 수 없다. 효의 개념이 부모에 대한 자식의 무한한 경외와 복종을 규정하기 때문이다. 이것은 보다 작은 범위 안에서 충성스런 마음의 표현이다. 그러므로 효의 개념은 가정에서 봉건질서를 유지하는 것을 겨냥했고, 군신간의 충 의식을 공고히 하는데 기여했다. 그렇기 때문에 동 꼬Đông Cổ 묘廟에서 의식을 행할 때 군신君臣들은 신 앞에서 맹세의 말을 읽었다. "자식으로서 불효하고, 신하로서 불충하면 신이시여 나를 죽음에 이르게 하소서." 린 쓩Linh Xứng 사의 비석에서도 역시 쓰여 있다. "아! 우리가 태어남과 살아감에서 누가 군부君父와 견줄 것인가. 마땅히 경중敬重해야만 한다."

충의 개념은 리-쩐Lý-Trần 시대 귀족과 관료계층의 사상생활에서 중요한 위치를 차지하였기 때문에 전제군주제도의 발전은 사람들이 이러한 원칙에 따라서 준수할 것을 요구하였다. 위에 언급한 충군忠君 관념의 성행은 군권君權의 공고한 요구에 답응하고 당시 베트남에서 하나의 왕조가 길게

---

15 『이진시문(李陳詩文)』 제2집, 사회과학출판사, 1989, 390면.
16 위의 책, 391면.

이어지는 것을 겨냥하였다.

그렇지만 딘Đinh, 전前-레Lê, 리Lý, 쩐Trần왕조를 전부 관통하는 군신君臣의 권리는 민족의 권리와 기본적으로 통일되고 있다. 이때 왕과 여러 재주가 뛰어난 장군들은 일상적으로 승리에 이르는 나라를 지키는 전쟁에서 조직하고 지휘하는 사람들로서의 역할을 하였다. 그러므로 이러한 여러 전쟁에서 '주인을 위해 죽음'과 같은 행위들은 동시에 '나라를 위해 나를 버림'과 같은 행위였다. 역시 그렇기 때문에 이러한 시점에서 충군忠君의 개념은 분명하게 나라를 사랑하는 내용을 지니고 있는 것이었다.

하지만 충의忠義에서 나오는 개념 이외에, 나라사랑주의는 역시 리-쩐Lý-Trần 시기의 다른 도덕 개념들 — 영웅, 명예, 치욕 등의 개념들 — 에게도 깊게 침투하였다. 당시에 시대의 지식인들은 상민常民과 마찬가지로 모두 영웅호걸의 관념이 있었는데, 나라를 유지하는 전쟁에서 잘 드러나고 있는 공적이 있는 사람들이었다. 리 트엉 끼엣Lý Thường Kiệt은 「영칭사비명靈稱寺碑銘」에서 칭송되기도 하였다.

> 베트남의 리(Lý) 공이여
> 인민의 앞에 흔적을 드러낸다
> 군사를 들면 필승하니
> 나라가 다스려지고 인민이 편안하다
> 이름이 곳곳에 울려 퍼지고
> 소리가 곳곳에 퍼진다.

그리고 당시의 인민은 후대에도 여러 세대에 존숭한 것처럼 쩐 꾸옥 뚜언Trần Quốc Tuấn, 쩐 꽝 카이Trần Quang Khải, 쩐 빈 쫑Trần Bình Trọng 등과 같이 나라를 구하고 적을 물리친 공이 있는 영웅계층들을 존숭하였다. 이러한 영웅들의 기백이 충만한 말들은 모든 사람의 마음에 영원히 널리 퍼졌다.

예를 들면 쩐 꾸옥 뚜언Trần Quốc Tuấn은 왕 앞에서 선포하였다. "폐하께서는 항복하기 이전에 신의 머리를 먼저 자르십시오." 또 쩐 빈 쫑Trần Bình Trọng은 사로잡혔을 때 여전히 당당하게 적군의 면전에서 소리쳤다. "나는 차라리 남쪽 나라의 귀신이 될지언정 북쪽 땅의 왕이 되는 것을 탐내지 않겠다." 이것은 눈부신 모범이 되는 것으로 시간과 더불어 결코 파묻어 버릴 수 없는 것이다. 그러므로 쯔엉 한 시에우Trương Hán Siêu는 이렇게 썼다. "여러 불의한 자들은 소망消亡하고, 아득한 옛날 오직 영웅의 이름만 흐른다."

존경을 받을 수 있는 계층은 리-쩐Lý-Trần 시기의 영웅이었는데, 이들은 또한 충의忠義를 지킨 사람들이었다. 그들의 전투 때문에 조국의 독립이 있었는데, 당시에는 곧 왕좌를 보위하는 것이었다. 모든 큰 영예는 전승戰勝과 영용英勇의 사람들, 그러한 사람들에게 속한 것이었다. 이러한 영예는 쩐 꾸옥 뚜언Trần Quốc Tuấn의 눈앞에서 여러 전공戰功과 깊게 관련되었다. "궐하闕下에서 홋 떳 리엣Hốt Tất Liệt, 㒤必烈을 공개적으로 망신을 줄 수 있었던 것과, 까오 냐이Cảo Nhai, 藁街에서 운남왕雲南王의 살을 썩게 만든" 그러한 전공, 이것은 휘황찬란하게 밝은 승리를 드러낸 것이었다. 그때에 쩐 꾸옥 뚜언Trần Quốc Tuấn이 말한 것은 옳았다. "결코 이 시대에 우리의 신체가 득지得志한 것은 아니지만, 훗날 100년이 지나도 우리들 소리 소식은 여전히 흘러 전할 것이다. 우리의 명호名號가 매몰되어 버리지는 않을 것이라 할 수는 없겠지만, 자네들의 이름은 역시 역사서와 함께 흘러 향기를 낼 것이다."

이러한 영예의 개념과 대립되는 치욕의 개념도 있었다. 쩐 꾸옥 뚜언Trần Quốc Tuấn에 따르면 장사將士가 모든 백성들과 더불어 무엇보다도 두려워해야만 하는 치욕은, 왕이 치욕과 경멸을 당하고 나라가 치욕을 당하는 것, 전장에서 패전하여 침략군이 베트남의 고향 곳곳을 모조리 짓밟아 오르는 것, 여러 장사가 임무를 완성하지 못하였다는 나쁜 소리를 깨끗하게 씻을 수 없는 것이다.

그리고 정말로 굴욕적인 것은 "내가 너희들과 같이 사로잡히면 얼마나 괴롭겠느냐? 내가 다스리던 곳뿐만 아니라 너희들의 봉록도 잃어버릴 것이며, 내 가족이 전멸할 뿐 아니라 너희들의 아내와 자식들도 고생을 당할 것이며, 나의 조상이 유린될 뿐만 아니라 너희들 부모의 무덤이 파혜쳐질 것이고, 내가 살아서 치욕을 당하면 천년이 지나도록 씻기지 않을 뿐 아니라 너희 집안도 싸움에서 패한 치욕을 피할 수가 없을 것이다"[17]라고 했다. 그러므로 쩐 꾸옥 뚜언Trần Quốc Tuấn은 자신의 각 장사將士들에게 반드시 치욕을 씻는 것을 알도록 요구했다. 그러므로 그는 다음과 같이 말했다. "적은 결코 우리와 같은 하늘을 머리에 이고 살아갈 수 없는 사람들이다. 그대들이 계속 아무렇지 않은 듯 치욕을 씻는 것을 알지 못하고, 흉凶을 없애는 것을 걱정하지 않고, 군사를 훈련시키지도 않는다. 이는 결코 다른 것이 아니라, 창을 돌려 투항하는 것이며, 손을 들어 올리는 것은 아니지만 적에게 패배하는 것과 같다."[18]

위에서 언급한 것처럼 나라사랑주의에 습윤濕潤된 도덕개념 이외에, 우리는 또한 이 시기에 성행했던 여러 도덕개념들을 찾아볼 수 있는데, 왕과 각 권신들의 행위의 기준이 되는 것으로서 경근敬謹, 인자仁慈, 관화寬和, 복혜伏慧 등이다. 레 응와Lê Ngọa 왕이 붕어할 때, 반 하인Vạn Hạnh 승려와 다오 깜 목Đào Cam Mộc은 리 꽁 우언Lý Công Uẩn을 '관자寬慈한 사람, 인서仁恕한 사람'이라고 추천하고 있다. 리Lý 시기의 승려인 비엔 통Viên Thông 국사는 제왕들에게 요구하고 있다. "자신을 고치는데 마음 속을 조심해야만 하며, 얇은 얼음을 밟고 오른 것처럼 두려워 떨어야 한다." 특별히 「영칭사비명」에서 리 트엉 끼엣Lý Thường Kiệt을 칭송한다. "안에는 늘 관화寬和로 가득 차

---

17 위의 책, 391~392면.
18 위의 책, 392면.

있으며, 밖으로는 소박하고 인자하다 (…중략…) 일을 함에 있어서는 근면하며 인민들에게 지시함에 있어서는 온후하다. 그러므로 인민들이 믿고 의지할 수 있다. 관화寬和는 일반 사람들을 돕고 인자함은 모든 사람을 소중히 아끼므로 인민들이 존중한다." 쩐 꾸옥 뚜언Trần Quốc Tuấn과 더불어 보면 '여유 있고 힘이 있는 인민'은 제왕계층에 있어 필요한 덕일 뿐만 아니라 나라를 유지하기 위한 상책이기도 하였다. 이러한 도덕의 기준은 보통 통치계급의 집정자들의 하나의 요구처럼 생각되었다.

리-쩐Lý-Trần 시대에 통치계급은 한편으로는 도덕의 깃발을 높이 게양하였고, 다른 한편으로는 여전히 나라를 다스리기 위한 율례律例를 마련하였고, 법률에도 관심을 드러내고 있다. 1042년 리 타이 똥Lý Thái Tông부터 "중서中書에 율령을 산정하도록 명령하고, 산정할 때 시세에 쓰임이 좋도록 의견을 조율하였다. 다음에 문류門類로 구분하고 조항으로 편성編成하는 것을 명령한다. 사람들로 하여금 쉽게 이해하고 볼 수 있도록 왕조대의 형서刑書를 완성하였다. 책을 마치면 조서를 내리고 공포하여 백성들이 얻어 편리하도록 하였다. 이때에 이르러 판결을 내리는 법은 명확하게 평정되었으며 그러므로 연호를 새롭게 바꾸어 민 다오Minh Đạo, 明道라 하고 민 다오Minh đạo 전錢을 주조한 것이다."[19] 쩐Trần 시기에 리Lý 시기와 비교하여 바뀐 것은 각 법령의 규정이 제기되어 나올 수 있었다는 것이다. 1230년 쩐 타이 똥Trần Thái Tông은 『국조형률』을 찬하였다. 약 100여 년 후 1341년에 쩐 주 똥Trần Du Tông은 쯔엉 한 시에우Trương Hán Siêu와 응웬 쭝 응안Nguyễn Trung Ngạn에게 명하여 『황조대전』을 변정辯定토록 하고 반포하기 위하여 형서를 고찬考撰하도록 하였다. 법률을 편찬하는 일과 동시에 리-쩐Lý-Trần 두 왕조는 모두 사법기관을 조직하는 일과 완벽하게 여러 체례體例를 검사하여 판단

---

19 『대월사기전서』 제1집, 앞의 책, 271~272면.

하는 일에 관심을 기울였다.

이러한 형서를 편찬하는 일을 지도하는 사상에 대해서 무엇보다 먼저 계산해야 할 것은, 왕의 최상위 위권威權과 봉건국가의 존재를 보호하기 위한 법률 사용의 관점이다. 그러므로 모반의 죄, 조정에 맞서거나 왕의 생명, 능침, 종묘에 위해를 가하는 행위들은 모두 10대죄악의 가장 앞에 무거운 죄로 연결되었으며 극형에 처해졌다. 동시에 리-쩐Lý-Trần 시기 법률은 관리귀족계층의 권리를 보호하는 주장을 분명하게 드러내고 있으며, 무엇보다 먼저 봉건제도의 조건에서 농지를 경작하는 사유私有제도를 보호하고 있다. 리-쩐Lý-Trần 시기의 법률은 집, 의복, 여러 생활시설 등에 대해 인민과는 다른 관료귀족계급의 특권과 특별한 이익을 규정해놓고 있었다. 만약 상민常民이 관리나 귀족처럼 집을 짓거나 입고 먹거나 자주색 햇빛막이로 덮는 것 등은 죄로 처벌되었다. 좀 더 살펴보면 돈으로 죄를 대속하는 관례는 귀족계층이나 관리, 지주와 여러 부유한 집안에서 이루어졌는데, 이들은 법률보다 더 우세하였다. 농경지의 사유제도를 긍정하기 위해서 리Lý 시기에서부터 경작지를 받거나 죄를 대속하는 것에 대한 율례律例가 제시되어 나왔다. 쩐Trần 시기에 이르면 경작지 분쟁에 대한 율례律例가 분명하게 규정될 수 있었다. 이러한 법률의 조항을 보면 경작지에 대한 개인의 소유권을 공인하고 합법화하며 이에 대한 모든 침범을 막는 것을 겨냥하고 있었다. 이외에 사유경제의 보호를 위하여 도적죄에 대해서는 매우 무거운 처벌이 내려졌는데, 곤장을 때리거나 묵자를 하거나 두배로 갚아야 했다. 만약 갚지 못한다면 부인과 자식을 노비로 만들었다. 도적죄를 지었을 때 재범再犯의 경우에는 손과 발을 자르거나 심지어는 죽이도록 하였다.

리-쩐Lý-Trần 시대에 규정된 법률들을 살펴보면, 농업생산력을 보호하기 위해 법률을 사용하는 사상이 매우 분명하게 체현되고 있다. 여러 법률의 조건들을 보면 제지하는 것을 겨냥하고 있는데, 물소를 도적질하여 죽여서 잡아먹는 일과 물소를 죽이는 일은 법을 어기는 일이었는데, 이는 리Lý 시대에서 매우 분명하게 농업의 힘을 끌어 올리고 담보하기 위한 이익과 관련된 것이었다. 동시에 1043년 리 타이 똥Lý Thái Tông의 황남黃男[20] 거래 금지령은 농업생산인력을 담보하는 것과 군대에 참여하는 인력이 줄어들지 않는 것을 겨냥하고 있다.

리Lý왕조시대에는 일부 법률 조항이 일반적인 범죄행위에 대해서는 쩐Trần왕조에 비해 엄격하지 않았는데 쩐Trần왕조는 살인죄에 대해 "그렇다면 장 100대에 가까운 조치를 취하고 50자를 얼굴에 자묵하는 것이 충분하다". 하지만 리Lý왕조와 쩐Trần왕조의 법률은 본질적으로 닮은꼴이었다. 왜냐하면 둘은 모두 잔혹한 형벌 적용의 사상을 관철하고 있기 때문인데, 여러 모반죄, 대역죄를 막고 봉건국가를 보호하고, 왕좌와 관료귀족계층의 권리를 보호하기 위해서였다. 이 시기의 베트남의 법권法權 사상은 국가를 건설하고 보호하는 사업의 길에서 통치자의 지위와 특권을 굳건히 하려는 봉건계급의 의지를 잘 보여주고 있다.

요약하자면, 10세기부터 14세기까지 특히 리-쩐Lý-Trần시대에 베트남의 사회정치사상은 풍부하고 수준도 높았다고 밝힐 수 있다. 이는 문제들의 한계를 벗어나 넘어선 것은 아니었지만 나라 안에서 요구하는 것에 대한 실천이었고, 베트남의 그러한 훌륭한 역사 시기에서 사회정치 생활의 기본들을 매우 분명하게 반영하는 본보기이다.

---

20 『대월사기전서』에 따르면 리(Lý)왕조 시기 정남(丁男)이 18세에 이르면 황책(黃冊)에 이름을 기록하고 황남(黃男)이라 불렀다고 전한다. 20세가 넘는 남자는 대황남(大黃男)이라 불렀다. (역자 주)

제9장

쩐 꾸옥 뚜언Trần Quốc Tuấn, 陳國峻

천재적 전술가이자 발군의 사상가

쩐 꾸옥 뚜언Trần Quốc Tuấn은 안 신 브엉An Sinh Vương, 安生王 쩐 리에우Trần Liễu, 陳柳의 아들이다. 그는 또 쩐 까인Trần Cảnh, 陳太宗을 숙부로 두었고 흥 다오 브엉Hưng Đạo Vương, 興道王으로 불리었다. 그는 쩐 타이 똥Trần Thái Tông왕조 시대에 태어났지만 정확한 연도는 알려져 있지 않으며, 쩐 안 똥Trần Anh Tông대인 1300년에 별세했다. 역사서에 따르면 그는 어려서부터 비상한 용모와 뜻을 품고 있었다고 전한다. "그는 자라날수록 용모가 빼어났고 사람들보다 훨씬 총명했으며, 온갖 서적을 두루 섭렵하여 재주가 문무를 겸비했다." 그리고 쩐 리에우Trần Liễu는 "꾸옥 뚜언Quốc Tuấn을 교육시키기 위해 전국에서 재능있는 뛰어난 인재를 모두 찾았다". 그는 응웬 몽Nguyên Mông, 元蒙에 맞선 항전에서 세 차례 참가하였고 민족의 빛나는 역사에서 앞에 그 공을 새길 수 있었다.

1257년 몽골군은 최초로 윈난雲南에서 베트남으로 쳐들어왔고, 당시 쩐 꾸옥 뚜언Trần Quốc Tuấn은 북쪽의 변방 국경에서 적과 싸워 이를 저지한 군대를 거느린 장수였다. 그 후 몽골군은 다시 두 차례 더 군대를 이끌고 베트남을 침략했는데, 1285년과 1287년이었다. 이 두 차례에 그들은 노련한 장군들을 포함한 강력한 많은 군대를 동원하였으며 원세조의 황자皇子인 진남왕鎭南王 토앗 호안Thoát Hoan, 脫歡의 지휘권 아래에 놓여 있었다. 이러한 강한 적들을 다시 맞아 싸우기 위해서 그리고 이처럼 선전하기 위해서, 두 차례 모두 쩐Trần 왕은 쩐 꾸옥 뚜언Trần Quốc Tuấn에게 군대의 총사령관을 맡겼다. 총 지휘권을 가진 한 사람으로서의 위치와 더불어 쩐 꾸옥 뚜언Trần Quốc Tuấn은 2차와 3차 두 차례에 걸친 항전에서 전투를 조정하고 조직하여 승리를 이끌어 낸 인물이다.

대몽 항쟁에서 쩐 꾸옥 뚜언Trần Quốc Tuấn은 결승決勝에 대한 결전決戰의 정신을 드러내고 있으며, 통찰력이 있고 의식이 확실한 사유를 보여주고 있다. 전략과 전술과 같은 정치적 노선에서도 그는 쩐Trần 시대의 위대한 구국전쟁을 위해 전개하고 있으며, 실천으로 옳은 것임을 증명하였다.

쩐 꾸옥 뚜언Trần Quốc Tuấn은 또한 덕망이 있는 인물로 인재를 소중하게 여겼는데, "나라를 위하여 어진 사람을 자주 천거하였다". 이를테면 옛 끼에우Yết Kiêu, 자 뜨엉Dã Tượng, 팜 응우 라오Phạm Ngũ Lão, 쯔엉 한 시에우Trương Hán Siêu 등이다. 이 뿐만 아니라 그는 「힉 뜨엉 시Hịch tướng sĩ, 檄將士」, 『빈 지아 지에우 리 여우 르억Binh gia diệu Lý yếu lược, 兵家妙理要略』, 『반 끼엡 똥 비 쭈엔 트Vạn Kiếp tông bí truyền thư, 萬劫宗秘傳書』와 같은 유명한 작품들을 후대에 전하고 있다. 현재『빈 지아 지에우 리 여우 르억Binh gia diệu lý yếu lược』, 『반 끼엡 똥 비 쭈엔 트Vạn Kiếp tông bí truyền thư』두 작품은 전해지지 않는다. 하지만 현재까지 전해지는 그의 작품들을 통해 그가 베트남의 사상사에서 중요한 위치를 차지한다는 것을 알 수 있다.

1300년에 쩐 꾸옥 뚜언Trần Quốc Tuấn은 위중한 병으로 반 끼엡Vạn Kiếp에 있는 그의 집에서 그해 가을이 다가오자 세상을 떠났다. 그가 남긴 말에 따라서 후손들은 화장한 후에 안 신An Sinh 마을의 숲(오늘날의 동 찌에우Đông Triều, 꽝 닌Quảng Ninh지역)에 있는 공원에 모시고 그후 땅을 평평하게 고르고,

옛날처럼 나무들을 심었다.

전쟁은 우리 민족의 주권과 독립을 겨냥하고 있는데, 이것은 딘Đinh, 레Lê, 리Lý, 쩐Trần 시대의 가장 주된 실천이라고 할 수 있다. 그러므로 이 시기의 정치와 사회의 여러 사상들은, 보통 국가를 유지하기 위한 전쟁의 기율을 운용하고 인식하는 일에 집중하고 있다. 민족의 뛰어난 군사이자 정치가의 한 사람인 쩐 꾸옥 뚜언Trần Quốc Tuấn은 실천적 삶의 이러한 요구에 대응하였다. 1300년 쩐 안 똥Trần Anh Tông의 다음과 같은 질문에 답하고 있다. "운이 없어 (그대가) 돌아가시고, 북의 적이 다시 침략한다면 어떻게 해야 하는가?" 쩐 꾸옥 뚜언Trần Quốc Tuấn은 경험을 담고 정신을 모아 판단한 여러 일들을 제시하고 있다. 북속시기부터 몽골에 맞선 항전에 이르기까지를 관통하고 있는 나라를 유지하는 전쟁의 기율을 제시하고 있다.

"옛날 찌에우 보 데Triệu Võ Đế, 趙武帝가 나라를 세울 때 한나라가 군사를 일으켜 공격했습니다. 이때 백성들은 청야전술을 펼치고 컴 처우Khâm Châu, 欽州와 리엔 처우Liên Châu, 連州에서 대군을 일으켜 쯔엉 사Trường Sa, 長沙를 공격했으니 이것이 첫 번째 시기입니다. 딘Đinh 레Lê 시기에는 뛰어난 인물들을 등용하여 남국은 점점 강해지고 북쪽 나라는 약해졌습니다. 백성들은 한마음으로 일치단결하여 빈 로Bình Lỗ성을 건설하고 송나라의 침략군을 물리칠 수 있었습니다. 이것이 또 한 시기입니다. 리Lý왕조가 설립된 후 송나라가 변방을 침략해 들어왔을 때 리 트엉 끼엣Lý Thường Kiệt이 컴 처우Khâm Châu와 리엔 처우Liên Châu를 치고 몇 차례 마이 린Mai Linh까지 치고 공격할 수 있었습니다. 또아 도Toa Đô, 唆都와 오 마 니Ô Mã Nhi, 烏馬兒 무리를 사방에서 포위한 것은, 왕과 인민이 한마음이 되고, 형제가 화목하여 국가의 힘을 모두 하나로 모아서 적이 스스로 잡히도록 하는 것으로 이것은 하늘이 시켜 그와 같이 되는 것입니다. 요약하자면 적은 긴 전쟁(장기전)에 의지하지만, 우리는 단병短兵에 의지합니다. 단으로 장을 제압하는 것은 병법에서 흔한 일입니다. 만약 적군이 떼지어 몰려드는 것이 불이 타는데 바람이 불고 있는 듯이 보인다면, 쉽게 제압하여 막을 수 있습니다. 만약 그들이 밥을 먹을 사이만큼 서서히 온다면 인민도 필요 없고 빠르게 대응할 필요도 없으며, 훌륭한 사람을 써서 뽑는데 살펴보면서 임기응변으로 대처하기를 장기를 두듯이 하며, 시간에 따라서 처리합니다. 부모 자식과 같이 그 군대의 병사들을 한 마음으로 모으고, 다시금 관서寬恕로 인민의 힘을 모아 깊은 책략의 근원을 그 견고한 뿌리(인민)로부터 쓴다면, 이것이 나라를 유지하기 위한 상책입니다."[1]

위에서 쩐 꾸옥 뚜언Trần Quốc Tuấn이 명확하게 받아들이고 정한 것 중에서 가장 중요한 조항은, 나라를 지키기 위해 적과 싸우기 위해서는 인민에 의지한다는 주장인데, 모든 인민들이 각자 전사가 되어 침략군에 맞선 투쟁에 참가하는 것이었다. 이를 원한다면 반드시 전 인민의 단결을 실현해야만 하는데, 쩐 꾸옥 뚜언Trần Quốc Tuấn이 말한 것은 옳다. "인심은 하려하지 않는다", "왕과 신하는 같은 마음이며, 형제가 화목하고, 모든 나라가 힘을 모은다면 적은 스스로 포로가 될 것이다". 이러한 단결을 이루고 인민들을 근간으로 하는 물질과 정신의 강력한 힘을 발동하여 나라를 유지하는 공공의 일을 하기 위해서는, 반드시 '관서寬恕와 인민의 힘'을 쓰는 정책을 시행하여야만 한다. 이 정책은 인민의 삶과 경제와 함께 나라에 대한 관심을 드러내는 것으로, 그렇기 때문에 인민을 옹호하고 하나의 마음을 성취해야 하는 것이다. 쩐 꾸옥 뚜언Trần Quốc Tuấn의 입장에서는 이렇게 말할 수 있을 것이다. 인민은 바로 나라의 주권과 독립의 견고함을 담보하기 위해 국방과 경제에 대한 잠재력을 담고 있는 장소였다. 이렇기 때문에 그는 '깊은 책략의 견고한 뿌리의 기원'과 '나라를 지키기 위한 상책'으로서 '관서寬

---

1 『대월사기전서』 제2집, 88~89면.

恕와 인민의 힘'의 일을 고려하는 것이다.

구국전쟁을 진행하면서 쩐 꾸옥 뚜언Trần Quốc Tuấn은 출중한 영웅들의 재능및 발전과 더불어 인민 군중의 결정적 역할을 눈여겨 보고 있다. 그는 옛 끼에우Yết Kiêu가 적의 포위로부터 자신이 벗어나도록 도움을 줄 때 이러한 조건을 긍정하였다. 그는 말한다. "붉은 새가 높게 날 수 있는 것은 6개의 긴 깃털 날개의 도움 때문이다. 만약 6개의 날개 깃털이 없다면 그저 일반적인 보통 새일 뿐이다." 그에 따르면 여러 출중한 영웅이 큰 사업에 올라 일을 할 수 있는 까닭은, 군중의 옹호와 도움의 덕택이다. 만약 이러한 옹호와 도움이 부족하다면 이처럼 출중한 영웅으로서의 인간은 존재할 수 없을 것이다.

쩐 꾸옥 뚜언Trần Quốc Tuấn은 나라를 유지하는 전쟁에서 전 인민의 단결이라는 빛나는 하나의 진리를 부각시켜 제시했다. 전 나라의 모든 힘이 함께 적과 싸우기 위해서는 '관서寬恕와 인민의 힘'이 단결된 집단을 위한 기반이 되고, 전쟁이 일어날 때에는 인민의 힘을 증대시킬 수 있게 된다. 이 진리는 정의로운 모든 전쟁에서 보편성을 지니고 있는데, 크고 강한 침략 군대에 재차 맞서는 것을 겨냥하고 있다. 이는 13세기 몽골에 맞선 항쟁에서 할 수 있었고, 우리 민족이 지난 수십 세기에 걸쳐 외침에 맞서 실현하는 데에도 완전히 옳았다는 것을 확인할 수 있다. 이 진리는 10세기에서 13세기에 우리 인민이 송나라 군에 맞선 항전으로부터 실현되었다. 그리고 몽골군에 맞서 대월국 인민들의 결렬決烈한 힘의 한계를 넘어서면서 이 진리는 처음으로 쩐 꾸옥 뚜언Trần Quốc Tuấn에 의해 하나의 관조적 이론으로 드러날 수 있었다.

하지만 전 인민의 단결을 실현하기 위해서 쩐 꾸옥 뚜언Trần Quốc Tuấn은 귀족계급의 내부에서도 단결해야 하며, 민족의 침략세력에 저항하는 의지의 구심점인 쩐 꾸옥 뚜언Trần Quốc Tuấn 자신부터 주변에 있는 사람들과 긴밀한 협력과 단결을 이루어야 된다고 보았다.

그러므로 그는 몽골과의 전쟁을 치르는 데 일치단결하는 것을 높이기 위해, 쩐Trần왕조 조정을 위해 쩐 꽝 카이Trần Quang Khải와의 관계를 주동적으로 개선시켰다. 이것은 쩐 타이 똥Trần Thái Tông의 전통을 이은 것으로 자신이 왕으로서 안 신 브엉An Sinh Vương 쩐 리에우Trần Liễu와 더불어 심정과 덕으로 충분히 화해한 것이었는데, 훗날 쩐 주 똥Trần Dụ Tông이 이렇게 칭송하고 있다.

> 당월이 모두 양(兩) 태종으로 일을 시작하였고
> 당은 정관이라 칭하고, 우리는 원봉이다.
> 끼엔 타인(Kiến Thành)은 죽었지만, 안 신(An Sinh)은 남았다.
> 묘호(廟號)는 서로 같으나, 덕은 같지 않도다.[2]

'인민의 마음이 분열되지 않음', '나라의 모든 힘을 모음'과 같은 쩐 꾸옥 뚜언Trần Quốc Tuấn의 적에 맞서는 정치사상은 쩐Trần왕조 시대 의병세력과 상설군대를 구축하는데 기초가 되었다. 정식 군대 이외에도 그 당시 베트남에는 민병과 인민들이 단결하여 조직된 군대가 곳곳에 있었고 조정의 지휘에 따라 한 마음으로 침략군에 저항했다. "모든 나라 안의 군현은 만약 외적의 침입이 있다면 죽음을 무릅쓰고 싸워야 하며, 만약 힘이 대적하기에 부족하다면 몸을 숨겨 숲과 산으로 피하는 것은 가능하나 투항하는 것은 안 된다."

상설 군대 건설의 측면에 대해서 쩐 꾸옥 뚜언Trần Quốc Tuấn은 개인적으로 분명한 하나의 형식으로 자신의 관점을 발표하였다. 그는 군대의 질을

---

2 『대월사기전서』 제2집, 45면.

매우 중시하였다. "군대에는 정예가 필요한 것이지 많은 수가 필요한 것은 아니다. 보 끼엔Bồ kiên, 符堅에게 백만 대군이 있다 한들 무엇을 할 수 있었던가." 하지만 그에 따르면 군대의 질은 일치단결하는 목적에서 벗어나는 것이 아니었으며, 군사軍士의 마음과 여러 힘을 벗어나는 것이 아니었다. 이러한 단결은 전 인민의 집단적 단결을 나타낸다. 그는 쩐 안 똥Trần Anh Tông에게 말한다. "부자지간처럼 한 마음으로 군의 병사들을 복종하게 하다면 새롭게 쓸 수 있다." 이것은 쩐Trần 시대 군대를 건설하는 하나의 원칙이었다. 이러한 뛰어난 원칙 아래에서 쩐Trần왕조의 군대는 적군과의 투쟁에서 대오를 굳건히 유지하고 서로 깊게 연결되었다. 특별히 팜 응우 라오Phạm Ngũ Lão가 지휘하는 군대는 "모두가 한 마음으로 서로 아끼는 것이 아버지와 아들과 같았으며, 전투에서는 필승을 거두었다".

하지만 쩐 꾸옥 뚜언Trần Quốc Tuấn은 군사들의 자발적 복종만을 걱정한 것이 아니라, 장사將士들의 자발적 복종에 대해서도 걱정하였다. 그러므로 그는 각 비장들에게 한없이 정중하게 대접하는 정책을 부각시켜 제기하였다. "그대들과 더불어 우리는 오랫동안 병권을 지켜왔다. 입을 것이 없다면 나는 옷을 줄 것이며, 먹을 것이 없다면 나는 밥을 줄 것이다. 작은 관직이라면 나는 직을 올려 줄 것이며, 급여가 작다면 나는 봉급을 올릴 것이다. 물에 나아간다면 나는 배를 마련할 것이고, 걸어 간다면 나는 말을 구할 것이다. 전장터에서 돌격할 때에는 서로 죽음과 삶을 함께할 것이며, 집에서 한가하게 머물 때에는 서로가 함께 즐겁게 즐길 것이다."[3]

쩐 꾸옥 뚜언Trần Quốc Tuấn은 자신의 휘하 비장들이 더욱 믿음을 가지고 활발하게 전투에 임하도록 지도하였는데, 쩐Trần왕조의 귀족과 왕후王侯 집단의 권리와 긴밀하게 연결하고 있다. "나와 함께 그대들이 붙잡히게 된다

---

3 쩐 꾸옥 뚜언(Trần Quốc Tuấn), 「힉 뜨엉 시(Hịch tướng sĩ)」.

면 그 아픔을 어떻게 가늠할 수 있겠는가. 우리의 채읍采邑(봉토)이 남아 있지 않다면 그대들의 녹봉 또한 잃는다. 나의 가족이 흩어진다면 그대들의 부인과 자식 또한 곤궁하다. 나의 조종祖宗 사직이 유린당한다면 그대들의 부모의 무덤 또한 파헤쳐진다. 나의 몸이 이 세상에서 욕을 당하여 백년 후에 이르러서도 더러운 이름을 씻기 어렵고 오명은 여전히 흐르게 되는데, 그대들 가족의 명예 또한 명성을 얻지 못하고 패전한 장수가 된다." 한편 만약 전쟁에서 적들에게 승리한다면 "나의 채읍采邑이 영원히 굳건해지고 그대들의 봉록 또한 대대로 누리게 된다. 나의 가족의 명예가 따뜻하게 이불을 덮고 베개를 삼게 된다면 그대들 부인과 자식 또한 백년해로한다. 나의 종묘가 만대에 영원히 제례祭禮를 올린다면 그대들의 조종 또한 일년내내 숭배할 것이다".[4]

위에 언급한 것처럼 이러한 권리에 대한 통일을 제시하는 것은 필수적인 것이었는데, 이는 장수와 왕 및 제후 사이에 의지意志를 통일시키기 위한 기초였으며, 어떻게든지 적을 멸하려는 결심을 가지고 한 마음 아래에 모으려는 기초였다. 이것은 또한 군사의 투쟁 정신을 고무시키기 위해 유효한 하나의 해결방법이었다.

쩐 꾸옥 뚜언Trần Quốc Tuấn은 군대의 정신적 요소에 대해 매우 큰 관심을 기울였다. 제3차 몽골의 원나라에 맞선 항쟁에서 그는 쩐 년 똥Trần Nhân Tông에게 이렇게 말하고 있다. "만약 몽골군이 다시 넘어오면 우리 군대는 그들을 진압하는 일을 이미 알고 있으나, 그들의 군대는 먼 곳에서 오기 때문에 꺼리게 될 것입니다. 그들이 항 꽌의 패배에 대해 다시 떠올린다면 더 이상 싸울 마음도 없게 될 것입니다. 신의 의견으로 보자면 그들을 반드시 싸워서 흩어버릴 수 있습니다."[5] 전쟁에서 군사의 정신적 요소에서부터 출발하여

---

4 쩐 꾸옥 뚜언(Trần Quốc Tuấn), 「힉 뜨엉 시(Hịch tướng sĩ)」.
5 『대월사기전서』 제2집, 사회과학출판사, 1971, 63~64면.

쩐 꾸옥 뚜언Trần Quốc Tuấn은 적의 피할 수 없는 실패를 예단하고 있다.

군사들의 정신적인 요소를 높게 평가하기 때문에 쩐 꾸옥 뚜언Trần Quốc Tuấn은 사상의 문제를 매우 중요하게 여겼는데 무엇보다 여러 비장들의 사상이었다. 그의 유명한 「힉 뜨엉 시Hịch tướng sĩ」는 바로 이러한 올바른 사상의 건설을 겨냥하고 있다. 여러 높고 뛰어난 자질은 각 장군들과 병사들의 대오에서 승리에 대한 결심과 강력한 전투의 정신을 위한 기초가 되었다.

「힉 뜨엉 시Hịch tướng sĩ」에서 쩐 꾸옥 뚜언Trần Quốc Tuấn은 나와 적의 관계를 명확하게 설정하였다. "적과 우리는 결코 같은 하늘 아래 살 수 없는 사람들이다. 그대들이 그대로 침착하게 치욕을 씻는 것을 알지 못하고, 흉악을 없애는 것을 걱정하지 않고, 군사들을 훈련시키지도 않는 것은 창 끝을 돌려서 항복하는 것과 같고, 빈 손을 들어 올려서 적에게 항복하는 것과 다른 것이 결코 아니다."[6]

이러한 입장에서 출발하여 그는 이런 사람들을 격렬하게 비판했다. "주인이 치욕을 당하는 것을 보고서도 걱정을 알지 못하며, 나라의 치욕을 보면서도 부끄러움을 알지 못한다. 조정의 장수를 하면서 적의 군사에게 시중을 들면서도 화를 내는 것을 알지 못한다. 태평하게 음악을 들으면서 가짜 사신을 중요하게 대접하면서도 한을 품는 것을 알지 못한다."[7]

그는 각 장사들을 위해 적을 증오하는 불길을 전달하는 것이다. "나는 종종 식사 시간을 잊고, 한밤중에 베개를 털고 일어나며, 심장(마음)이 아픈 것이 눈물로 뒤덮여 에이는 것과 같다. 다만 분하고 원통한 것은 적군의 피를 마시고 간을 내고 껍질을 벗기고 살점을 도려내지 못하는 것일 뿐이다."[8]

쩐 꾸옥 뚜언Trần Quốc Tuấn이 장사들에게 요구하였던 가장 중요한 자질은

---

6 쩐 꾸옥 뚜언(Trần Quốc Tuấn), 「힉 뜨엉 시(Hịch tướng sĩ)」.

7 쩐 꾸옥 뚜언(Trần Quốc Tuấn), 「힉 뜨엉 시(Hịch tướng sĩ)」.

8 쩐 꾸옥 뚜언(Trần Quốc Tuấn), 「힉 뜨엉 시(Hịch tướng sĩ)」.

충의가 있어야 한다는 것이었다. 당연한 이유겠지만 그에 따르면 충의는 왕에 대한 충성으로 끼 띤Kỷ Tín, 조 부Do Vu, 즈 느엉Dự Nhương, 낀 득Kính Đức 등과 같은 충열을 모범으로 삼았다. 하지만 나라에 외적이 침략하여 혼란하다면 왕에 대한 충성으로 적을 멸하기로 결심하고 항전을 승리로 가도록 이끌어 내는 것이 바로 나라를 사랑하는 마음이 드러난 것이다. 쩐 꾸옥 뚜언Trần Quốc Tuấn은 "강한 적을 부수고 황은에 보답하자"라는 기치 아래에서 전투를 하면서 이러한 것들을 입증하였다. 쩐 꾸옥 뚜언Trần Quốc Tuấn은 그의 「힉 뜨엉 시Hịch tướng sĩ」에서 충의의 문제를 제기하고 각 장수들에게 교육시키기 위해 자세한 조항을 제기했다.

장사將士들과 또한 전군全軍을 위한 높고 뛰어난 자질을 건설하기 위하여 쩐 꾸옥 뚜언Trần Quốc Tuấn은 일련의 여러 도덕개념을 제시하고 있는데, 영웅, 명예, 치욕 등이다. 이러한 중요한 조건들은 그가 '나라사랑주의'와 베트남인의 호기로움을 변화시켜 이러한 모든 도덕 개념 안에서 완전히 관통하는 하나의 내용을 이루고 있다. 그에 따르면 영웅이란 명예를 알며 언제든지 나라를 구하고 적을 무찌르는 전공과 반드시 깊은 연관을 이루었다. 이러한 여러 도덕 관념들은 여러 장수와 군사에 있어서만 작동하는 것이 아니라 사회 전체의 도덕 규범이 되었다.

쩐 꾸옥 뚜언Trần Quốc Tuấn의 「힉 뜨엉 시Hịch tướng sĩ」는 단지 각 장령將領과 군사를 위한 뛰어난 정감과 올바른 사상을 배양시키는 것일 뿐만 아니라, 향락을 편안하게 구하고자 하는 사상을 깨뜨리는 것도 겨냥하였다. 친한 사람들이 장군을 하는 상황에서 그에게 있어서 이러한 것은 "닭싸움을 들자면 이는 즐기는 일이며, 도박하는 일을 들자면 이는 기분전환하는 일이며, 또는 즐겁게 논밭을 가꾸거나, 혹은 아내와 아이를 사랑하거나, 혹은 부자가 되는 것을 걱정하지만 나라의 일을 잊어 버리거나, 혹은 사냥하기를 매우 좋아하지만 나라를 지키는 일을 잊어 버리거나 혹은 좋은 술을 좋아하거나 또는 어머니의 노래 소리를 좋아하거나" 타협의 여지가 없는 투쟁이었다.

이러한 편안함과 향락享樂의 사상은 나라에 전쟁이 없었던 오랜 시기 동안 여러 장사將士에서 생겨난 것이다. 이때 몽골군은 국경 외곽에서 호시탐탐 침략을 시도하고 있었다. 그들을 격퇴하기를 원한다면 무엇보다 먼저 이러한 편안함을 구하고 향락을 누리려는 사상을 격퇴하여야만 했다.

쩐 꾸옥 뚜언Trần Quốc Tuấn은 편안함을 구하고 즐거움을 누리는 무사안일주의에 맞서고 자신의 장사將士들을 격려하여 군대의 건설에 열중하였으며 병사들을 훈련시키고 전투준비와 경각심을 높였다. 그는 자신의 여러 장사將士들에게 반드시 해야 한다고 요구하고 있다. "사람마다 방 몽Bàng Mông, 逢蒙(허우 응에Hậu Nghệ, 后羿의 제자)처럼 잘하고, 집집마다 모두 허우 응에Hậu Nghệ이다. 궐하闕下에서 홋 떳 리엣Hột Tất Liệt에게 망신줄 수 있고, 까오 냐이Cảo Nhai에서는 운남왕의 살을 썩게 할 수 있다."

이렇게 상설 군대를 건설하는 측면에서 쩐 꾸옥 뚜언Trần Quốc Tuấn은 전투에서의 정신 교육의 일을 제고하는 것뿐만 아니라 병사들의 작전 수준을 높이고 장령將領들의 지휘 능력을 연마하는 일에 이르기까지 관심을 기울였다.

쩐 꾸옥 뚜언Trần Quốc Tuấn에게 있어서 전략과 전술은 당시 전쟁의 상황에서 하나의 정치적 노선이었다. 동시에 전력과 전술의 정확한 목적은 구체적 전투의 전장에서의 승리를 지배하는 작용이었다. 『반 끼엡 똥 비 쭈엔 트Vạn Kiếp tông bí truyền thư, 萬劫宗秘傳書』에 쓰여 있는 쩐 카인 즈Trần Khánh Dư의 서문에는 쩐 꾸옥 뚜언Trần Quốc Tuấn의 그러한 관점이 언급되고 있다.

"무릇 뛰어난 인물이 군사를 가진다면 전쟁터에 드러날 필요가 없으며, 뛰어난 인물이 전장에 드러난다면 반드시 싸울 필요가 없으며, 뛰어난 인물이 싸운다면 패배가 없고, 솜씨 좋은 사람이 패배한다면 죽지 않는다. 옛날 까오 자오Cao Dao, 皐陶가 사사士師직을 주관하니 사람들은 감히 명을 어길 수 없었다. 주나라의 문왕과 무왕이 문무사文武師를 하여 은밀하게 드러나지 않도록 상나라를 전복시키기 위해 주물을 수리하였으나 왕업王業을 일으켰다. 이는 뛰어난 사람이 군사를 이끌면 전장에서 드러날 필요가 없다는 것이다. 순임금은 오직 나무와 꿩의 깃털을 샀지만 흐우 미에우Hữu Miếu, 有苗족은 스스로 다가와야만 했고, 오나라의 똔 부Tôn Vũ, 孫武는 미인을 데리고 궁에서 군사훈련을 실시하였지만 서쪽에서는 (초)나라의 관청을 부수었으며, 북쪽에서는 진秦나라와 진晉나라에 위세를 떨쳤다. 이것이 솜씨 좋은 인물이 전장에 드러났으나 싸울 필요가 없다고 한 것이다. 진晉나라의 마 응업Mã Ngập, 馬岌에 이르러서는 팔진八陣에 따라서 수천리에 이르도록 싸워 투 꺼 낭Thụ Cơ Năng, 樹機能을 부수고 양주涼州를 다시 얻었다. 이를 일러 잘 싸우는 인물은 결코 패배하지 않는다는 것이다. 그러므로 '군사의 진陣'은 펴서 방비하는 것이며 교묘한 것이다. 옛날 히엔Hiền, 軒 황제는 군사의 제도를 마련하기 위해 정전井田의 법을 세웠다. 지아 깟Gia Cát, 諸葛은 팔진八陣을 만들기 위해 강의 돌을 정리하였다. 베 꽁Vệ Công, 衛公은 룩 화Lục hoa, 六花의 진陣을 다시 고쳤고, 호안 온Hoàn Ôn, 桓溫은 사세진蛇勢陣을 만들어 펼치는 차례를 정하고 명백하게 법으로 만들었다. 당시의 여러 사람들 가운에 극소수만 이해할 수 있었는데, 리 투엔Lý Thuyên, 李筌은 그 추이만을 정하여 고민하였고, 후세에도 그 뜻을 밝게 알지 못하였다. 그러므로 우리 국공國公은 곧 제가諸家의 도법圖法을 교찬校撰하여 모아서 한 편編을 이루었다."[9]

총지휘의 위치에 있는 인물로서 쩐 꾸옥 뚜언Trần Quốc Tuấn은 창조적인 지혜와 계략으로 몽골에 맞선 항쟁을 지도하였다. 쯔엉 친Trường Chinh 동지同志는 이렇게 썼다. "쩐Trần 시대 항전에서 가장 빼어나게 우월한 점은 지략

---

9 『대월사기전서』제2집, 사회과학출판사, 1971, 94~95면.

이 높고 술책이 뛰어난 것이다."[10] 적과 싸우는데 '온나라가 힘을 모으고' '인민의 마음이 일치 단결하는' 정치사상에서부터 출발하여 쩐 꾸옥 뚜언 Trần Quốc Tuấn은 하나의 작전을 만들어 몽골군의 침략에 맞서 모든 곳에서 그리고 면전面前과 등 뒤의 모든 면에서 싸웠다. 돌격으로 치는 것과 강력한 급습을 결합시킨 쩐Trần왕조의 주력군은 민병대의 흩어지는 유격전과 결합하여 싸웠다. 평탄한 지대에는 쩐 통Trần Thông, 응웬 카 럽Nguyễn Khả Lạp, 응웬 쭈엔Nguyễn Truyền의 민병대가 있었고, 산악지대에는 하 봉Hà Bổng, 하 츠엉Hà Chương, 응웬 테 록Nguyễn Thế Lộc, 응웬 린Nguyễn Lính 등의 민병대가 있었다.

인민의 정신을 담은 정의로운 구국 전쟁의 국면에서, 이러한 기초 위에 쩐 꾸옥 뚜언Trần Quốc Tuấn은 정확한 작전 지도 방침을 제시하였다. "적은 장전長戰에 의존하고 우리는 단병短兵에 의지한다. 단을 들어 장을 제압함은 병법에서 흔한 일이다." 여기에서 단을 들어 장을 제압한다는 것은 적은 것으로 많은 것을 공격하고 작은 것으로 큰 것을 이기는 것이다. 장전長戰이라는 것은 한 군대의 병사를 사용하는 방식으로 큰 병력으로 규모가 크고 분병하게 전선이 드러난 노선을 따라서 싸우는 일상적인 것이다. 하지만 단병은 작은 군대로 싸우는 방법으로 신축성 있고 예기치 않게 나타났다가 숨는 운동에 치우친 것으로, 보통 급습과 매복 전선을 사용한다. 쩐 꾸옥 뚜언Trần Quốc Tuấn은 '단을 들어 장을 제압한다'는 병법이 인민의 옹호와 정의를 위한 전쟁에서 우리의 군을 위해 적합하다고 믿었던 것으로 보인다.

2차 대몽 항쟁에서 쩐 꾸옥 뚜언Trần Quốc Tuấn은 역량을 보전하기 위해서 전력을 물릴 것을 주장하였는데, 적의 예봉을 빗겨서 피하면서 그들의 장전長戰이 완전히 분산되며 한편 그들의 장점인 전력을 다할 수 없을 때 비로소 싸우기 위한 것이었다. 그들이 내지內地의 깊숙한 곳으로 들어올 때를

---

10 쯔엉 친(Trường Chinh), 『일정한 승리의 항전』, 사실출판사, 1964, 8면.

기다리고, 역량이 분산되고 얇게 배열되도록 전개되었을 때, 우리의 군이 역량을 집결시켜 갑작스러운 급습과 매복의 전술을 활용하여 적의 중요하고 활발한 부분부터 차례로 소멸시킨다. 함 뜨Hàm Tử, 츠엉 즈엉Chương Dương, 반 끼엡Vạn Kiếp의 전장에서 우리는 찬란한 승리를 얻을 수 있었다. 왜냐하면 우리는 적을 능숙하게 기만하여 싸울 준비가 되었을 때 비로소 작전에 들어가 단병의 강력한 세력으로 싸웠기 때문이다. 이러한 여러 전장에서의 승리와 더불어 쩐 꾸옥 뚜언Trần Quốc Tuấn은 늘 전력을 반격에 나설 수 있도록 비축하여 적군을 완전하게 패퇴시켰다.

1287년 제3차 대몽 항쟁에서 쩐 꾸옥 뚜언Trần Quốc Tuấn은 '단으로 장을 제압한다'는 방침을 주동적으로 운용하였는데, 이전보다 더 신축성 있었고 빠르고 능숙한 방법을 썼다. 그래서 바로 전쟁이 벌어진 그 순간부터 그는 손 안에 이미 승리를 단단히 움켜잡고 있었다. 그는 쩐 년 똥Trần Nhân Tông에게 이렇게 말했다. "올해 들어온 적들은 우리가 쉽게 싸울 것입니다."

과연 몽골군이 국경지대를 위협하며 침략하였을 때, 그는 적들이 강력한 힘을 발휘하지 못하도록 하고 적들이 왕성한 시기를 피하기 위하여 빠르고 간결하게 전력을 후퇴시키는 것을 주동적으로 실현하였다. 동시에 그는 적의 가장 어렵고 위험한 곳을 들어가서 싸우도록 병력을 배치하기도 하였는데, 그것은 양식의 공급을 차단하는 것이었다. 번 돈Vân Đồn에서의 전승은 이러한 조건을 증명하는 것이었다. 적이 위험을 보고 전투의 정신을 모두 상실하고 불안하게 후퇴하여야만 할 때, 비로소 그는 준비시킨 것을 전환하여 박 당Bạch Đằng강을 전력의 결전장으로 실현하였는데, 적의 수군부대를 완전히 소멸시키는 것을 목표로 하였다. 박 당Bạch Đằng 전승과 나란히 하여, 베트남의 동북부 산악지대로 적들이 피해 후퇴하면서 달아날 때 적의 보병과 기병을 흩어버리기 위한 매복전을 전개하였다.

'단을 들어 장을 제압한다'는 방침을 실현하기 위해 쩐 꾸옥 뚜언Trần Quốc

Tuấn은 매우 신축성이 있고 통찰력이 있는 것들을 드러내었다. 그는 늘 전쟁의 실제 변화하는 양상을 밀접하게 관찰하면서, 이러한 실제의 변화양상을 근거로 하여 가장 적합한 싸움의 노선과 방법, 작전계획을 제기하였다. 이러한 이유로 그는 장수를 하는 자가 반드시 알아야 할 것으로 "권변權變을 잘 살피기를 장기를 두는 것과 같이 하며 때에 따라서 행한다"는 것을 요구하였다. 전력과 선전善戰을 지도하는 측면에서 보자면 쩐 꾸옥 뚜언 Trần Quốc Tuấn의 변증 사상이 매우 분명하게 체현되고 있다고 말할 수 있을 것이다.

쩐Trần 시대 몽골에 맞선 항전을 위해 '단을 들어 장을 제압한다'는 방침을 제출할 때, 쩐 꾸옥 뚜언Trần Quốc Tuấn은 중국의 역사에서 드러나고 있는 하나의 작은 군대가 커다란 군대를 맞이하여 싸워 흩어버릴 수 있는 여러 연구에 주의를 기울여야만 했다. 피 투이Phì Thủy, 淝水의 전장을 예로 들자면, 보 끼엔Bồ Kiên의 백만군은 진晉나라의 아주 작은 수의 군대와 싸워 패배했다. 그리고 브엉 꽁 끼엔Vương Công Kiên, 王公堅과 비장裨將인 응웬 반 럽 Nguyễn Văn Lập, 阮文立 또한 적은 수의 군을 매우 잘 유지하면서 "한 되처럼 작은 디에우 응으Điếu Ngư, 釣魚 성城이 백만 몽 카Mông Kha, 蒙哥 군과 싸운다. 송宋의 인민들이 지금에 이르기까지 칭송을 받음이 남아있다". 쩐 꾸옥 뚜언 Trần Quốc Tuấn의 천재적인 정치와 군사 사상 전부를 아우르는 "단을 들어 장을 제압한다"는 방침은 쩐Trần 시대 나라의 주권과 독립을 보호하기 위한 민족 항전의 결심과 지혜의 결정체였다.

이처럼 쩐 꾸옥 뚜언Trần Quốc Tuấn은 승리를 쟁취하여 쩐Trần 시대 나라를 지키고 전쟁을 이끈 공로만 있는 것이 아니라, 여러 정치와 군사의 천재적 사상을 아울러 지니고 있다. 그는 베트남의 사상사에 있어서 발전에 중요한 공헌을 한 것이라 할 수 있다. 이러한 정치와 군사사상들은 쩐Trần 시대에만 국한된 것이 아니라 나라를 유지하는 전쟁에 있어서 기본적인 규율이 되었으며, 베트남의 훗날에 있어서도 나라를 지키기 위한 모든 전쟁에서 보편적인 의의를 지니게 되었다.

제10장

딘Đinh, 레Lê, 리Lý, 쩐Trần 시대
선사禪師들의 철학과 불교

1. 불교와 사회

당나라의 시기, 특히 10세기 초반 베트남에 전국적으로 민족해방운동 이 퍼져나갈 때 불교는 번성하였으며 사회에도 적지 않은 영향을 미쳤다. 이러한 경향은 자주독립시대에 들어서도 지속되었고 사회적으로 불교는 더욱 중요한 역할을 담당했다. 사원은 독자적인 토지를 보유하였고 일정 한 경제적 바탕을 가지고 있었다. 당시에는 유학자계급이 소수였기 때문 에 사원은 승려들을 지식계층으로 훈련시키는 일종의 학교역할도 담당했 다. 이러한 상황에서 베트남의 봉건지배계급은 사회질서를 안정시키고 국 내에서 봉건제도를 발전시켜 국가를 수호하는데 불교를 적극 이용하였다. 딘Đinh, 레Lê, 리-쩐Lý-Trần왕조 아래에서 베트남의 불교에 생기를 불어 넣 고 발전을 이룩할 수 있었던 시기를 제공한 것은 바로 민족의 독립이었다.

10세기 말과 11세기 초 조정은 정치적 목적 특히 외교관계를 원활하게 유지하는데 승려들을 적극적으로 활용했다. 왕명으로 쿠옹 비엣Khuông Việt 이란 승려와 팝 투언Pháp Thuận승려가 중국 측의 사신을 맞이하였다. 또한 반 하인Vạn Hạnh 승려는 레 다이 하인Lê Đại Hành이 송나라를 치기위해 출군하기에 앞서 의견을 묻기도 한 인물이었다.

리-쩐Lý-Trần 시기 불교의 지위는 점점 더 높아졌다. 반 하인Vạn Hạnh, 다 바오Đa Bảo, 비엔 통Viên Thông과 같은 승려들이 정사政事에 참여하였다. 왕은 고승들을 매우 중시하였다. 비엔 치에우Viên Chiếu, 꽝 찌Quảng Trí, 찌 바오Trí Bảo 등과 같은 많은 고승들은 관료나 귀족계층 출신이었다. 리-쩐Lý-Trần 시기에는 몇몇 왕들이 수행의 길로 나서기도 하였는데, 리 타이 똥Lý Thái Tông, 리 타인 똥Lý Thánh Tông, 리 안 똥Lý Anh Tông, 리 까오 똥Lý Cao Tông, 쩐 년 똥Trần Nhân Tông 등이다. 이 가운데 리 타인 똥Lý Thánh Tông은 타오 드엉Thảo Đường, 草堂파를 창립하는데 기여하기도 하였다. 그리고 쩐 년 똥Trần Nhân Tông은 쩐Trần 시대 베트남에서 성립된 티엔 쭉 럼Thiền Trúc Lâm, 竹林禪파의 첫 번째 조사祖師였다.

자주독립시기의 초기의 몇 세기 가운데 특히 리-쩐Lý-Trần 시대는 선종 불교가 우세를 점하였다. 베트남에서 이 시기 선종파와 함께 헤아려볼 수 있는 것은 당나라에 속하던 시기에 중국에서 베트남으로 들어왔던 선종의 두 파가 지속되었다는 것이다.

신앙적인 측면으로 본다면 베트남의 선종은 전통적 토착신앙의 요소와 도교, 그리고 인민들이 실질적으로 바라는 요구들을 결합한 것이었다. 그렇기 때문에 이는 주문을 중시하고 신비적 요소가 있는 밀교적 요소를 매우 많이 지니고 있었다. 동시에 선종은 선지적이고 역학易學적 성질을 지닌 수학, 연금술적인 학문과도 결합했는데 반 하인Vạn Hạnh 승려가 송나라군의 실패에 대한 예언을 한 것을 예로 들 수 있을 것이다.

우리가 아울러 주의해야 할 점은 이 시기 베트남의 불교는 타력他力에 의한 해탈의 길과 더불어 자력自力 해탈의 길이 결합되고 있다는 것이다. 이는 여러 보살 가운데서도 관세음보살의 구제로 해탈에 이르는 길이었다.

이처럼 타력에 의한 해탈의 길을 숭배하는 일은 베트남의 선종이 정토종과 융화되도록 만들었다. 이 종파는 아미타불을 전념專念하는 불자들의 한 종파이며, 여러 보살 가운데에서도 관세음보살의 신력으로 서방극락으로 건너가고자 하였다.

리 타인 똥Lý Thánh Tông 시대 타오 드엉Thảo Đường, 草堂 선학禪學이 출현한 것은 타력에 의한 해탈의 길과 자력해탈의 길 사이의 결합과 더불어 정토종과 선종 사이의 결합을 드러낸 것이었다. 이 선파는 창립자로서 이름을 날리던 타오 드엉Thảo Đường 선사와 매우 밀접한 관련이 있었다. 리 타이 똥Lý Thái Tông은 바로 이 선종파의 첫 제자였다.

만약 리Lý 시기에 선종의 발전이 타오 드엉Thảo Đường 파의 출현을 만들어냈다면, 쩐Trần 시대에 이르러서는 선종이 감추어진 위에 쭉 럼Thiền Trúc Lâm선파가 출현하였다. 쭉 럼Thiền Trúc Lâm선파는 꽝 닌Quảng Ninh성에 있는 옌 뜨Yên Tử 산에 있는 사찰을 자신의 종교 활동의 중심으로 삼았다. 이 선파의 시조라 할 수 있는 세 인물은 쩐 년 똥Trần Nhân Tông, 팝 로아Pháp Loa, 휘엔 꽝Huyền Quang이었다. 하지만 이렇게 직접적인 인물들과 더불어 쭉 럼Thiền Trúc Lâm선파의 출현을 위해 초석을 다진 인물로는 쩐 타이 똥Trần Thái Tông과 뚜에 쭝 트엉 시Tuệ Trung Thượng Sĩ를 손꼽을 수 있다.

10세기부터 13세기에 걸쳐 베트남에서는 불교가 크게 융성했고, 발전 과정에서 헤아릴 만한 여러 변화·발전 또한 있었다. 리Lý왕조부터 이전으로 거슬러 올라가면, 승려들은 조정에서 중요한 지위를 지니고 있었고, 나라에서는 외교와 행정의 공무에 이들을 사용하였다. 쩐Trần 시기에는 비록 몇몇 왕들이 불교를 믿거나 또는 쩐 타이 똥Trần Thái Tông과 쩐 년 똥Trần Nhân Tông처럼 직접 출가도 하였지만, 머리를 깎고 수행에 들 때에 그들은 사찰에 머물렀다. 이는 불교가 정치와 사회의 영역에서 점차 뒷걸음질 치고 있다는 것을 보여준다. 만약 리Lý 시기 승려들이 불교에서 강조한 점이 "죽음과 삶의 괴로움에서 벗어나고, 있음과 없음을 끊는다"의 문제를 해결하는 것이었다면, 쩐Trần 시대에 이르러서는 책임이 나누어지고 있다. 석釋은 도道의 일(출세간)을 고민하고, 유儒는 삶의 일(입세간)을 걱정한다.

쩐Trần 시기에 이르면 불교의 입세간적 철리哲理는 점차 강해졌다. 리Lý 시기에는 속세에서 벗어나지 않고서도 오도悟道를 이룬 인물에 대한 관념이 생겨났다. 하지만 쩐Trần 시기에 이르면 쩐 타이 똥Trần Thái Tông, 쩐 년 똥 Trần Nhân Tông, 뚜에 쫑 트엉 시Tuệ Trung Thượng Sĩ, 휘엔 꽝Huyền Quang 등과 같은 불교의 뛰어난 대표적 인물과 더불어 새로운 입세간적 철리가 여러 관점에서 넓고 자유롭게 드러나게 되었다.

동시에 리Lý 시기부터 쩐Trần 시기에 이르는 사이 베트남에서 불교의 발전은 하나의 과정을 겪었는데, 신비스러운 주문이나 마술적인 요소와 더불어 점술적인 성질들이 점차 감소하게 되었다. 쩐Trần 시기에 이르자 모든 예언, 주문, 점술적인 부적 등은 그들의 대표적 수행의 사상에서 거의 사라지게 되었고, 이외에도 선정의 해탈 철리哲理는 입세간적 경향을 지닌 문제와 현실적 삶에 이르는 문제들과 연관을 가지게 되었다.

10세기부터 14세기까지 특히 리Lý, 쩐Trần왕조 시기 베트남의 불교는 승려들의 행도行道와 더불어 민간에서 통상적인 하나의 신앙 형식으로만 존재한 것이 아니며, 또한 사찰을 세우고, 탑을 쌓고, 종을 만들고 불상을 조성한 것으로만 표현된 것도 아니다. 불교는 그 자신의 종교적 세계관과 철리로 드러났다. 이 시기 베트남의 불교는 불교 신도와 고승들이 발표한 말과 시문을 통해 사상영역이 드러나고 있다. 여러 견지에서 풍부하게 표현되었지만 몇 문제들로 드러내어 취집聚集할 수 있을 것이다.

2. 무상과 무아, 그리고 변동성과 사물의 잠시暫時성

괴로움이 가득 찬 현상 세계, 세간의 세계에서 벗어나 해탈에 이르기 위해서 이 시기 승려들과 불교의 신도들은 주변 세계의 현상들에 대해 판단하고 평가하는 것이 없을 수 없었다. 그들에게는 눈앞의 실제와 하나의 형식으로 존재하는 모든 현상들은 고정된 것이 아니었으며 무시무종하게 영원히, 일상적으로 변하여 바뀌는 것이었다. 이것은 현유現有라 불리는 모든 것들이 모두 무상하다는 것이다. 무상을 이해할 수 있으면 사물이 변화하는 것을 볼 때 고통을 겪는 것에 동요하지 않고 평정심을 유지할 수 있었다. 반 하인Van Hạnh 선사는 유명한 다음의 게偈를 통해 이러한 조건을 잘 드러내고 있다.

> 몸이 번쩍하며 있더니 되돌아 없어지고
> 모든 나무는 봄에 푸르더니 가을에 다시 시드는구나.
> 잠시 성쇠를 옮긴다고 두려워하지 마라
> 성쇠는 마치 점포 머리에 있는 풀잎의 이슬과 같으니.[1]

이러한 무상의 관념은 특히 여러 수행자들이 인간의 육체적 변화에 대응하기 위해 사용하였다. 이는 쩐 타이 똥Trần Thái Tông의 『콰 흐 룩Khóa Hư Lục, 課虛錄』에 상세히 드러나고 있는데, 그의 관념에 따르면 인간의 몸은 아주 잠시 그리고 생멸윤회의 바퀴에 놓여 있는데, 다른 말로 하자면 그것은 무상의 법칙에 의해 지배를 받는 것이다. 『콰 흐 룩Khóa Hư Lục』의 서두에서

---

1 『이진시문(李陳詩文)』 제1집, 사회과학출판사, 1977, 218면.

쩐 타이 똥Trần Thái Tông은 사산四山의 이론을 제시하였는데, 보편적인 4개의 괴로움을 4개의 산에 이르는 것으로 비유하여 인간의 생리적인 삶에서 반드시 이르게 되는 것을 상징한다. 이 네 개의 산은 한 사람의 생애에서 생멸의 변화 흐름에 있어서 움직이지 않는 뿔처럼 가로막고 서 있다. 인간의 삶과 죽음의 과정에서는 이러한 네 산의 결과의 길 이외의 다른 어떠한 길도 있을 수 없다. 이 네 산은 번갈아가면서 자연과 경치가 노쇠하여 시들어감을 서로 촉진하는 1년의 4계절과 같이, 짧은 인생의 네 길을 표시하고 있다. 모든 사람은 결국은 비참한 죽음에 빠질 것인데, "밤(지옥)은 길고 칠흑처럼 어둡고, 쓸데없이 북풍이 불어대는 소리만 들리며", "어두운 구천에는 오로지 암담하고 슬픈 구름만이 보이는" 것과 같은 모양이다.[2] 쩐 타이 똥Trần Thái Tông의 시각에서 보자면 "수명은 100년을 누리기를 원한다. 삶은 갑자기 꿈이 된다". 그리고 "100년 광경光景이 모두 죽음에 이르는데, 몸의 사대가 어찌 장구長久할 수 있으랴". 몸의 사대는 다만 시간적 측면에서 보아 일시적인 것뿐만이 아니라, 여러 요소들이 거짓으로 일시적으로 결합한 것이다. 따라서 이는 그것의 진정한 본체가 아니며, 불교의 용어로 말하자면 그것은 '무아無我'이다.

무상無常과 무아無我의 개념과 더불어 리-쩐Lý-Trần 시기의 불교 신도들은 현상세계의 모든 사물들을 고정불변의 한 형식이 아니라고 보고 있으며 그것들은 일상적으로 변화하는 것이라고 여기고 있다. 또한 모든 사물은 변화와 전환의 흐름에서 찰나적인 것일 뿐만 아니라 전적으로 인과 관계에 따라 서로 연관이 있는 것으로, 하나의 사물이 별립別立된 어떠한 세계처럼 저 사물과 동떨어져서 이 사물로 나뉘는 것이 결코 아니다. 이러한 태도는 리-쩐Lý-Trần 시기의 승려들이 현상세계를 설명하여 언급할 때 다소

---

2   쩐 타이 똥(Trần Thái Tông), 『콰흐룩(Khoa hư lục)』.

변증법적 요소가 들어 있다는 것을 보여준다. 하지만 이러한 변증의 요소들은 한계가 있으며 부족함이 많다. 왜냐하면 이는 사물의 일상적인 변화에 있어서 한편만을 강조하며, 사물의 상대적인 안정성을 지나쳐 버리기 때문이다. 또한 현상세계의 사물들은 서로 연관이 있는 것을 좇아 여기에 이른다고 말하지만, 모든 것들이 단지 위태로운 인과관계에 돌아서 들어가는 것은 아니며, 현실의 삶에서도 인과관계가 실제로 모두 부합하는 것은 아니다. 결국 모든 존재의 궁극적인 원인이 비록 하나의 창조에 속한 것이 아니라 할지라도, 현실 세계에 놓여 있는 것도 아닌 것이다.

그렇기 때문에 현실 세계에 현존하는 모든 것들은 결국 모두 다오 후에 Đạo Huệ 선사가 말한 것처럼 가상의 불가사의한 것이 된다.

> 지, 수, 화, 풍, 식
> 본래 일체가 공(空)이다.[3]

현존하는 모든 사물을 긍정하는 동안에 잠시暫時적이고 무상하다면, 리-쩐Lý-Trần 시대의 불교는 어떠한 하나의 실재를 승인하는 것으로, 영구히 상주한다는 것을 아는 것이 아니겠는가? 리-쩐Lý-Trần 시대에 특히 관심을 가진 수행계修行界의 문제, 사물의 본체 또는 자성 진심에 대한 관념을 설명하여 밝힐 때에 이러한 것들을 분명하게 이해할 수 있을 것이다.

---

3 『이진시문(李陳詩文)』 제1집, 486면.

3. 자성, 사물의 진심 또는 본체

현실 세계에서 일상적으로 일어나는 변화를 관찰할 때에 리-쩐Lý-Trần 시대 마음을 다해 수행하는 자들은 여전히 영원히 불생불멸하는 가치를 볼 수 있었다. 이러한 가치는 인간과 식물이 변하더라도 늘 신선한 매화로 상징되거나, 불속에 빛나는 밝은 보석이나 꽃잎이 지지 않는 연꽃 등으로 상징되었다. 만 지악Mãn giác 선사는 이렇게 강조했다.

봄이 저물어 꽃이 모두 진다 말하지 마라
지난 밤 앞 뜨락 매화 한 가지여[4]

응오 언Ngô Ấn 선사도 자신의 게송에서 이렇게 말한다.

마치 옥(玉)이 산위에서 불에 타지만 색은 여전히 늘 빛나는 것처럼
마치 화로 가운데 피어난 연꽃이 마르지 않고 여전히 싱그러운 것처럼.[5]

여기서 드러나는 것은 만물의 둘 없는 유일한 본체로서 '일여一如'라 부르는 것이다. 그리고 이러한 일여는 현상과 모든 물체의 본성 또는 자성으로서 진세塵世의 천형만상千形萬狀과 여러 물체에서 드러나는 것이다.

이러한 본체 일여는 비록 현상세계의 만물에 체현된다 할지라도 만물과 동일한 것은 아니다. 쯔엉 응웬Trường Nguyên 선사는 이렇게 말한다. "속세의 빛 안에 있으나, 속세의 빛과 항상 떨어져 있다." 그리고 이러한 본체와 모든

---

4 위의 책, 299면.
5 위의 책, 264면.

현상 — 무엇보다도 인간의 몸(살았을때와 죽었을때의 몸)과 더불어 — 사이의 연관은 다오 휀Đạo Huệ 선사가 게송에서 잘 묘사하여 나타내고 있다.

> 색신(色身)과 묘체(妙體)는
> 합하여지지도 않고 멀리 떨어지지도 않는다.
> 만약 사람이 이를 나누고자 한다면
> 화로 속 꽃가지 하나.[6]

리-쩐Lý-Trần 시기 선사들의 관념에서 이러한 묘체와 일여본체는 하나의 초월적 실체이고 잠시 공空이라고 부를 수 있는 것이며, 무위, 법성 혹은 여래이다. 비록 공이라 부를 수는 있으나, 현상세계에서 잠시 머무는 것과 반대되는 절대적인 공空은 아니다. 그러므로 그것은 '완전한 공'이라 할 수 없다. 그것은 물결과 바다처럼 세간의 모든 사물과 더불어 하나이다. 그것은 어느 곳에나 있는 보편적인 것으로 없는 곳은 어디에도 없다. 인간에게 있어서 그것이 드러나는 것은 본심本心, 진심, 불성이다. 그렇지만 심에는 진심이 있고 망심妄心이 있다. 진심은 실實이며 상常이며, 망심은 가假이며 무상無常이다. 이렇게 진심은 본체이며 자성이며 동시에 바로 불이며, 여래이다. 그러므로 불교의 모든 신도들과 더불어 여래 또는 불은 다른 어디 먼 곳에 있는 것이 아니라 마음에 있다. 이것은 구체적인 여러 인간의 서로 구별되는 심이 아니라 여래와 더불어 동일한 보편적 대동심이다.

이렇기 때문에 리Lý 시기의 통Thông 승려는 "불은 무엇입니까"라는 제자의 물음에 답하기를 "본심이 불이다"라고 한다. 더불어 트엉 치에우Thường Chiếu 선사의 이런 게송이 있다.

---

6 위의 책, 486면.

이 삶에서 인간의 몸이 되었으니

심은 여래의 창고라

어느 곳에나 빛을 비추니

찾을수록 넓은 것을 본다.[7]

쩐Trần 시기 불교의 사상에 있어서 뛰어난 대표적인 인물들은 이러한 조건들을 긍정하였다. 『티엔 똥 치 남Thiền tông chỉ nam, 禪宗指南』의 서두에서 옌 뜨Yên Tử산 국사의 말이 기록되어 있는데, 쩐 타이 똥Trần Thái Tông과 이런 이야기를 나누었다. "산에는 본래 불이 없다. 불은 심에 있으며, 이러한 고요히 통찰하는 마음이 진불眞佛이다." 『뚜에 쭝 트엉 시 응으 룩Tuệ Trung Thượng Sĩ ngữ lục, 慧中上士語錄』에서는 "심불이 우리 마음과 더불어 같다"고 언급한다.

요약하자면 자성, 진심은 하나의 초월적 실재이며, 하나의 신비한 본체이며, 비물질적이고 규정된 성질이 없다. 하지만 그러면서도 그것은 영원히 존재하며, 모든 현상의 근원이고 끄우 치Cứu Chỉ 선사가 "그것은 신통하게 변화하여 여러 형상을 나게 한다. 유위와 무위가 그것으로부터 나오는 것인가?"라고 긍정한 것처럼 유형적 사물이다. 이는 곧 리-쩐Lý-Trần 시기 불교 신도들의 유심론적 관점인데, 왜냐하면 그들은 하나의 비물질적 근원을 들어 모든 존재를 위한 기초로 삼기 때문이다. 하지만 리-쩐Lý-Trần 시기 여러 수행자들은 이런 초월적 본체, 만법의 자성에 대해 토의하고 해석하여 드러내려 하였을 뿐만 아니라 그것에 대해서 직접 체험하고자 하였다. 그러므로 진심자성을 보는 문제와, 견성성불에 관심을 가지는 문제는 당시 베트남 불교에서 매우 커다란 의의를 지니는 것이다.

---

7   위의 책, 531면.

4. 개념과 언어적 사유의 부정과
더불어 견성성불에 관심을 가지는 문제

리-쩐Lý-Trần 시기 불교 신도들에게 있어서 해탈은 실현하는 과정임과 동시에 자성을 볼 수 있는 진심을 명확하게 인식하는 과정이었다. 또한 적멸무위의 초월본체와 서로 조화를 이루기 위한 과정이었는데, 불교에서는 이를 불성 여래라 불렀다. 그리고 오도悟道라 불렀다. 바오 지암Bảo Giám 선사가 말한 것처럼 불자들은 오도에 이르면 온 천하에 후광이 찬란하다고 하였다.

> 그 현묘(玄妙)한 뜻을 알아서 얻는 것은
> 결코 다른 것이 아니라 푸른 하늘에 태양이 드러남이여.[8]

그래서 리-쩐Lý-Trần 시기의 선사들은 각오覺悟하기를 열망했고, 자성을 보고 만물의 본체를 깨치고 신묘한 허무의 경계에 들어가기를 원했다. 이러한 조건은 천 콩Chân Không 선사가 게송에서 잘 말하고 있다.

> 묘한 본체는 나날이 허무하다.
> 온화한 바람이 불어 사바세계에 퍼지고
> 사람마다 알아 무위를 즐기니
> 만약 무위를 얻는다면 그곳이 바로 집이다.[9]

---

8 위의 책, 482면.
9 위의 책, 304면.

이러한 것을 실현하는 것은 역시 견성성불에 관심이 있다는 의미이며, 완전한 해탈에 도달하려는 것이다. 여기에서 성불을 위한 요점이 되는 지점은 여전히 망념으로 뒤덮인 만법의 초월적 자성을 되돌아 발현하는 곳이다. 하지만 이러한 견성은 인간의 일상적인 인식의 길을 통과하는 것이 아니므로 보편적 인식방법으로 도달할 수 없다. 왜냐하면 이러한 일상적인 인식은 오온五蘊과 쪼개어져 떨어지는 것이 아니고, 여러 가상假相과 더불어서 부합한 것이기 때문이다. 이는 '유념' 또는 '망념'에 이르도록 이끌 뿐인데, '망념' 또는 '유념'은 사람을 잘못된 것에 몰두하게 하여 "실實을 잊고 뿌리源를 잊고, 위僞를 내고, 허虛를 낸다(…중략…) 애써서 고생하고 힘들여 부산스레 서두르지만 허상幻을 들어 진眞을 삼고 공空을 버리고 색色을 따른다". 이렇기 때문에 인간은 생사윤회의 굴레 안에 영원히 잠기게 되고, 세계를 끊어 벗어날 수 없다.

유념에 따라 행하니 무념을 잊어버리고
무생에 반하여 어기게 되어 유생을 받는다.

그 때문에 필수적인 조건은 잘못 아는 마음과 망심妄心을 버려야만 하는 것인데, 왜냐하면 이는 거짓에 부합하는 모든 색이 생겨나는 근원이기 때문이다. 망념을 없애기 위해서 리-쩐Lý-Trần 시대 불교의 지도자들은 무엇보다도 육근의 단멸을 위해 참회와 지계의 방식으로 감정-인식의 단계를 청산하는데 이르러야 했다. 하지만 지계와 참회는 감정-인식의 단계를 청산하는데 기여할 수 있을 뿐이다. 문제는 사유의 여러 활동을 포함하고 있는 이성-인식의 모든 단계를 취하여 해소하는데 놓여 있었다. 리-쩐Lý-Trần 시대 불교의 지도자들은 '유념'이라 불리는 이성-인식의 단계를 설명하는데, 사유의 분석활동을 촉진하는 것이고 그렇기 때문에 이것은 사물의 모든 차별을 만들어 내고 또한 주체와 객체간의 대립을 만들어 내는 것으로, 자성을 보기를 원한다면 사유의 모든 분석 활동을 버려야만 하는 것이 필요하다고 하였다. "그것을 알려거든 분별을 거두라."

리-쩐Lý-Trần 시기의 불교에 따르면 자성, 만법의 진여본체는 확정되지 않은 어떠한 것이며, 대립 개념으로는 추론하거나 분석할 수 없는 것이다. 그러므로 시비是非나 허실虛實, 색공色空과 같은 개념으로 그것을 드러낼 수 없다. 뚜에 쭝 트엉 시Tuệ Trung Thượng Sĩ가 설명하여 제시하고 있다.

> 심체는 시(是)도 아니며 또한 비(非)도 아니다
> 불성은 허(虛)도 아니며 또한 실(實)도 아니다.

또한 트엉 시Thượng Sĩ와 더불어 리-쩐Lý-Trần 시기의 선사들은 언어를 그러한 초월적 본체를 드러내지 못하는 불가능한 수단으로 보았다.

잘못된 길에서 벗어나 견성성불에 이르기 위해서, 리-쩐Lý-Trần 시대 불교의 대표적 인물들은 모든 인식활동을 버리는 것으로부터 시작해야 한다고 설명하는데, 무념심을 실현하기 위해서는 감정-인식과 이성-인식을 모두 버리는 것이다. 절대적인 고요한 상황에 들어간 인간의 정신을 위해서, 외부세계와 대응하는 의식의 반영 성향이 있는 언어와 개념에 의한 생동하는 직관에서부터 추상적인 사유에 이르기까지의 여러 활동들을 모두 꺼버릴 필요가 있으며, 이때 반야의 지혜가 빛을 내고 인간은 자성진심을 알게 되고 오도에 이른다는 것이다. 그렇다면 진심자성은 오직 의식의 모든 활동이 정지 될 때에만 실현될 수 있는 것으로, 색이나 공과 같은 대립적 개념의 집착이 남아 있지 않은 인간 정신을 위한 것이다. 그런데 자성은 곧 진심이며, 곧 불이다. 그러므로 리-쩐Lý-Trần 시대 불교의 신도들에게 있어서 '마음에 있는 부처'의 관념과 '견성성불'은 자기 자신의 밖에서 어떠한 하나의 대상으로서 찾을 수 있는 것이 아니었다. 찾으려는 대상은 본래 모든 인간과 모든 사물의 안에 존재하는 것이다. 그래서 쩐 년 똥Trần Nhân Tông 은 분명하게 제기하고 있다.

나에게 옥이 있는데 어디에서 더 찾는가
경계(境界) 전에 그 무심(無心)이 선(禪)의 도이다.

실제 리-쩐Lý-Trần 시기 불교의 대표적 사상은 현실세계인식을 배제하고 신비스러운 고요한 상태의 심적 상태를 긍정하였는데, 이는 이러한 상태가 자성을 발견할 가능성이 있고, 물질을 초월한 본체를 즉각할 수 있으며, 그리고 이를 보는 것이 모든 현상의 근원을 보는 것이다. 그러므로 그들은 객관적 유심주의의 입장에 서 있는 것이 된다.

한편 다른 측면에서 그들은 하나의 매우 중요한 결정에 도달하고 있는데, 이는 인식의 주체에 속하는 개념으로서 '망념'이라 불리는 것에 속하는 모든 유형의 사물과 신색身色에 따르는 것이다. 더욱이 견성과 오도는, 종종 개인적 성질이 있는 내관內觀 또는 관심觀心과 동떨어진 것이 아니었다. 그러므로 인식의 측면에서 보자면, 각오에 이르는 방법에 대해서 그들은 더욱 더 주관적 유심주의의 늪에 빠져 들어갔다. 이러한 주관적 경향은 시간이 지날수록 당시 베트남 불자와 선사들의 사상에서 우세를 차지하게 되었다.

5. 해탈과 입세간적 철리

리-쩐Lý-Trần 시대 불교에 따르면 자성이나 여래라 부를 수 있는 초월적인 진여본체인 불佛은 규정성이 없으며, 천주교의 천당과 같이 속세에서 떨어져 위치하는 것도 아니었다. 한편으로 그것은 속세에 바로 존재하는 것이었으며, 바로 생사의 경계에 있는 것이었다. 속세의 여러 중생과 만가지 모습의 사물은 모두 불생불멸하는 본체의 드러남이었다. 그러므로 한 화상이 "보리와 번뇌는 어떻게 다른가?"라고 물었을 때 뚜에 쭝 트엉 시Tuệ Trung Thượng Sĩ는 이처럼 대답했다. "물 속에 있는 소금의 짠 맛이고, 색色속에 있는 엉겨붙은 색깔이다." 이것은 괴로움과 해탈의 사이, 진성과 망심의 사이, 색과 공의 사이가 서로 통일되어서 분리될 수 없다는 의미이다.

그렇기 때문에 이러한 본체를 즉각하는 일, 견성성불의 일은 바로 속세에서 실현될 수 있고, 사람의 생사의 경계에서 실현될 수 있는 것이 된다. 이러한 이유로 번 퐁Vân Phong이 이르기를, "어떻게 하여야 생사가 없는 곳입니까?"라 하였고, 티엔 호이Thiện Hội 선사는 이르기를, "생사에 있어야만 새롭게 얻어 이해할 수 있다"라고 하였다.

더 나아가 자성을 발현하는 것, 즉 오도는 또한 하나의 통일된 물체의 두 모퉁이처럼 오류와 빈틈없이 연결되어 있다. "미혹은 공색을 낳는데 이르니, 깨치면 색공이 아니라. 색공과 미혹과 깨침 모두가, 예나 지금이나 한 이치로 함께한다."

바로 그렇기 때문에 한 사람은 자신의 활동을 바꿀 필요가 있는데 그것은 오류에 빠진 미혹함으로부터 오도로 바꾸는 것이다. 이것은 현실의 삶 그 안에서 바로 실현 가능한 오도이지만, 사람은 여전히 '가합假合 무상無常'이라 부를 수 있는 모든 것들의 현유現有와 긴밀하게 연관되어 있다. 그렇기 때문에 다만 반야의 한 빛줄기를 비추는 것만이 필요한데, 이는 그들의 절대적인 일여 진성의 원형을 드러낼 것이기 때문이다. 여기에서 인간은 열반으로 들어가지만 여전히 속세에서의 삶과 더불어 일상적인 생활을 할 수 있게 된다.

『콰 흐 룩Khóa Hư Lục』에는 이렇게 쓰여 있다. "조사의 뜻 심불을 아직 꿰뚫어 견주지 못한다면 먼저 지계持戒 염경念經에 의지하라. 그때 불 역시 공이며 조사 역시 공이니 어느 경계든지 지이며, 어느 경이든지 염이다. 이러한 모습을 실제 모습이라 부르고, 몸을 벗어나 새로운 것이 진신 바로 그것이다."

한 사람이 오도悟道에 이르는 것이 곧 현실의 삶에서 떨어져 나뉘는 것이 아니라면, 이는 여전히 생사윤회에 침잠하여 있는 것으로, 단지 생사가 두렵지 않다고 일상적으로 여기면서 되뇌여 본다는 것일 뿐이다. 게다가 삶과 죽음의 일은 본래 자성이 없으니, 단지 잠시 이름하여 삶과 죽음이라 하는 것일 뿐이다. 열반에 이르러서는 모두가 그와 같은 것이다. 그러므로 한 사람이 '무주無住', '무상無常', '무념無念'의 마음에 이르렀다면, 생사열반 어느 하나에도 얽매임이 남아있지 않고, 또한 삶의 앞에서 비관적이고 낙담할 필요가 전혀 없으며 심지어 다르게 삶을 사랑하고 낙관할 수도 있다. 그래서 리-쩐Lý-Trần 시기 불교에 따르는 여러 시인들은 낙관적인 인상이 매우 많은데, 자재하고 여유있는 심혼이 이러한 것들을 증명하고 있다.

리-쩐Lý-Trần 시기 불교의 대표적 인물들은 해탈에 이른 인간이라면 승려의 여러 계율을 엄격하게 준수할 필요가 없이 다시 인생에서 편안한 삶을 살 권리가 있다고 보았다. 이것은 억지로 계율을 강제하지 않는 삶이지만, 쩐 년 똥Trần Nhân Tông이 말한 것처럼 여전히 도에 어긋난 것이 아니다. "속세에 머물며 도를 잃음 또한 인연에 따르는 것. 배고프면 먹고, 피곤하면 잠에 든다. 주보珠寶가 집에 가득하여 아껴 쓰지 않으니, 무심無心을 배경

삼아 선禪이 무엇이냐고 묻는다."

여기서 한 인간이 오도를 얻을 때 평상의 삶으로 돌아가게 된다면, 또한 행동과 사유가 그러한 삶의 여러 도리에 따라야만 하며 사회와 더불어 자신의 본분을 올바르게 행하여야만 한다. 그래서 옌 뜨Yên Tử 산의 국사國師가 쩐 타이 똥Trần Thái Tông과 함께 이야기를 나눌 때 다음과 같이 말한다. "무릇 천하의 임금 노릇을 한다면 반드시 천하의 하고자 하는 바를 들어 자신의 하고자 하는 바를 행하여야 하고, 반드시 천하의 마음을 얻음으로써 자신의 마음을 일삼아야 합니다. 이제 모든 천하가 폐하께서 돌아와 왕이 되기를 원하고 있는데 어찌하여 폐하는 돌아가지 않으려 하십니까?"

이러한 관점에 따라서 속세의 삶에서 불교의 발전이 요구되었기 때문에, 여러 리Lý 시기의 고승들이 정사에 참여하였고 반 하인Vạn Hạnh, 다 바오Đa Bảo, 비엔 통Viên Thông, 지악 하이Giác Hải 등 여러 승려들이 사회활동을 하였다. 특히 쩐Trần 시기에 타이 똥Thái Tông과 년 똥Nhân Tông과 같은 왕들과 뚜에 쭝 트엉 시Tuệ Trung Thượng Sĩ와 같은 비장神將들은 한없는 마음으로 불도를 우러러 존경하였지만, 왕의 일을 하거나 장군의 일을 할 때에는 여전히 민족의 위대한 국가 수호 사업과 더불어 부합하는 사유와 행동을 하였다. 그리고 이렇게 현실의 삶과 친밀하게 연관되었을 경우 불교의 신자들은 바라거나 그렇지 않거나 간에 어쨌든 이러한 삶의 여러 원칙들을 준수하여야만 했다. 예를 들면 심지어 유교보다도 더 강하게 입세간적 성향이 있는 다른 학설들의 규칙까지도 모두 이용하였다.

아무리 이렇게 말할 지라도 이러한 입세간적 경향은 여전히 소극적인 출세간적 종교의 범위 안에 놓여 있는 것이었다. 이것은 10세기에서 13세기에 줄곧 우리 민족의 국가 수호와 국가 건설이라는 공동적 국면의 현실을 충분히 반영하지 못하는 회의적인 빛일 뿐이었다. 이러한 현실의 발전 앞에서 베트남의 불교는 날이 갈수록 점점 무기력함을 드러냈다. 그렇기 때문에 불교는 14세기 중반 쩐Trần왕조의 쇠망과 더불어 점차 몰락하게 되었다.

6. 쩐Trần 시기 불교의 주요 사상가와 저술

쩐Trần 시기의 거사와 고승들은 말할 필요도 없이 리Lý 시기의 선사들보다 많았다. 그들이 입적시에 남긴 게송뿐만 아니라 선도의 이론적 측면에 관해서도 가치 있는 소논문과 시부詩賦가 있었다. 예를 들면 쩐 타이 똥Trần Thái Tông은 『티엔 똥 치 남Thiền Tông Chỉ Nam, 禪宗指南』, 『콰 흐 룩Khóa Hư Lục, 課虛錄』 그리고 시집 작품이 전해지고 있다. 쩐 년 똥Trần Nhân Tông은 『티엔 럼 티엣 취 응으 룩Thiền Lâm thiết chủy ngữ lục, 禪林鐵嘴語錄』이 있으며 『다이 흐엉 하이 언 티 떱Đại Hương Hải Ấn thi tập, 大香海印詩集』, 『땅 지아 토아이 스Tăng già toái sự, 僧伽碎事』, 『탁 텃 미 응으Thạch thất mị ngữ, 石室寐语』가 있다. 뚜에 쭝 트엉 시Tuệ Trung Thượng Sĩ는 『뚜에 쭝 트엉 시 응으 룩Tuệ Trung Thượng Sĩ ngữ lục, 慧中上士語錄』이 있다. 휘엔 꽝Huyền Quang은 『응옥 띠엔 티 떱Ngọc Tiên thi tập, 玉鞭詩集』이 있다. 이러한 여러 작가들의 여러 많은 작품들은 실전되었다. 오늘날 여러 작품들 중에 수집할 수 있었던 것은 『콰 흐 룩Khóa Hư Lục』과 『뚜에 쭝 트엉 시 응으 룩Tuệ Trung Thượng Sĩ ngữ lục』인데 쩐Trần 시대 불교의 세계관을 반영하는 사상과 철리의 측면에서 가치가 높은 작품이다. 그러나 무엇보다 쭉 럼Thiền Trúc Lâm파가 하나의 형식으로 매우 분명하게 감지된다. 쩐 타이 똥Trần Thái Tông과 뚜에 쭝 트엉 시Tuệ Trung Thượng Sĩ는 비록 쭉 럼Thiền Trúc Lâm파의 조사가 아니라 하더라도 이 두 인물의 작품과 사상은 베트남에서 이 선파가 탄생하는데 기초를 놓고 있었다.

쩐 타이 똥Trần Thái Tông의 속명은 쩐 까인Trần Cảnh으로 1218년에 태어나고 1277년에 입적하였다. 그는 쩐 트어Trần Thừa의 차남이다. 쩐 까인Trần Cảnh의 선조와 부모, 할아버지는 본래 티엔 쯔엉Thiền Trường 부府(오늘날의 남하Nam Hà) 뜩 막Túc Mạc 지역에서 물고기 잡이를 업으로 삼았다. 리Lý 시기 말기에 이르면 쩐Trần 족의 세력이 날이 갈수록 매우 강성하여진다. 쩐 투 도Trần Thủ Độ는 리Lý 족을 멸하고 정권을 쥐어 쩐 까인Trần Cảnh을 왕위에 앉혔다. 대월의 황제로서 쩐 까인Trần Cảnh은 제1차 원몽元蒙에 맞선 항쟁에서 커다란 공을 세웠다.

어릴적 부터 쩐 까인Trần Cảnh은 선학에 관심을 가졌고 책을 읽는 것을 좋아하였다. 그는 태자에게 왕위를 물려주고 나서 약 1258년에서 1277년 사이에 『콰 흐 룩Khóa Hư Lục』을 저술하였다.

『콰 흐 룩Khóa Hư Lục』은 이름이 그렇게 불리는 것처럼 허와 공의 이치에 관해 강의한 저술이다. 『콰 흐 룩Khóa Hư Lục』의 주요한 목적의 다른 하나는 흔히 진여본체, 초월자성과 견성을 실현할 수 있도록 집착을 버리고 평온한 정신 상태를 밝히는 것이라고 말해진다. 쩐 타이 똥Trần Thái Tông은 다음처럼 「금강삼매경주해」에서 그러한 본체에 대해 요약하여 제시하였다.

본성은 현응(玄凝)하고 진심은 담적(湛寂)하다. 이룸과 어그러짐이 모두 끝나더라도 성지(性智)는 그 근원을 따져 알 수 있는 것이 아니다. 그것은 합하지도 흩어지지도 않으며, 남지도 잃지도 않으며, 눈이 보고 귀가 들더라도 그것은 찾을 수 없다. 그러므로 그것은 유(有)가 아니며 역시 무(無)도 아니며, 출세도 아니며 역시 입세도 아니며, 그것은 초월적으로 제멋대로 독존하는데, 그것 이외에 다른 무엇이 있을 수 없기 때문에 그것을 불러 금강자성이라 한다.

「포 퀴엔 머 롱 보 데Phổ khuyến mở lòng bồ đề, 普勸發菩提心」에서 쩐 타이 똥Trần Thái Tông은 다시 견성과 심을 언급한다. "어찌 알겠는가, 보리 각성이 하나 하나 원만하고 충분한 것을. 어떻게 아는가, 반야선근이 사람마다 구족具足하다는 것을. 대은大隱이니 소은小隱이니 묻지 말고, 재가와 출가를 나누지 말며, 승과 속에 얽매이지도 말라. 다만 중요한 것은 본심이다. 본래 남녀도 없으니 어찌 상相에 집착하겠는가. 분명하지 못한 사람은 삼교三敎로 나누어 행하고, 알게 된다면 일심一心임을 함께 깨닫는다. 만약 회광반조廻光返照한다면 모두가 견성성불見性成佛할 것이다."

쩐 타이 똥Trần Thái Tông은 견성見性이나 증오證悟는 고향으로 돌아가는 일과 같은 것이라 보았다. 인간이 식識을 깨고 고향으로 돌아가는 길을 알도록 하기 위하여 그는 "몸은 괴로움의 근원이다"라고 설명하고 이를 증명하는데 힘을 기울였다. 그는 한 사람의 인생에서 가장 큰 네 괴로움을 심원한 한 형식으로 보여주기 위하여 네 산을 비유로 들었는데, 곧 생로병사였다. 결국 그는 사람들을 이끌어 다음의 구절을 읽고 따라 받아들이도록 하였다. "신명身命은 매우 중요한 것이다. 그렇지만 무상보리를 위해서 버려야만 한다. 하물며 버리는 것이 금이나 옥이라면, 이를 아주 가볍게 여긴들 무슨 아쉬움이 있겠는가?"

쩐 타이 똥Trần Thái Tông의 이러한 여러 논증은 불도의 수행의 길에 들어가도록 그들을 이끌어 모든 사람의 깨달음을 강하게 촉진하기 위한 것이 목적이었다.

쩐 타이 똥Trần Thái Tông에 따르면 수행자의 "고향으로 돌아가는" 길은 견성성불을 이루는 것을 목표로 하는데, 삼학三學의 법과 차례를 따라서 지켜야만 한다. 그는 특히 지계와 참회의 일을 높게 본다. 그는 강조한다. "부처를 스승으로 삼으려면 먼저 계율에 따라야만 한다. 그리고 몸과 마음을 씻고 싶지만 참회의 예를 행하지 않는 것은, 편하게 가기를 원하면서 배와 수

레를 쓰지 않는 것과 무엇이 다른가." 그렇지만 그는 염불좌선의 일과 수행하는 사람의 지혜를 여전히 매우 중시한다. 그는 "삼업을 모두 지닌 몸을 가진 인간이 부처의 땅에 나기를 원하면서 염불을 하지 않는다면 역시 괜찮다고 하는 것은 어렵지 않은가?"라고 말하였다. 그는 "단지 앉아 있는 것만이 아니라, 가고 서고 앉거나 눕는 것이 모두 선禪이다"라는 관념에 반대하는 것은 결코 아니지만, 그는 여전히 다른 모든 것보다 앉아서 선을 수행하는 자세를 높게 평가하고, "무릇 지혜란 심정心定에 의해서 능정能定에 나와야 그 본보기가 된다"라고 말한다.

『콰 흐 룩Khóa Hư Lục』을 요약하여 말하면, 쩐 타이 똥Trần Thái Tông은 돈오頓悟의 법과 점오漸悟의 법 사이를 해화諧和시켜 하나의 방식으로 결합하고, 자력 해탈의 길과 타력에 의한 해탈의 길을 해화시켜 하나의 방식으로 결합한다. 그는 상지上智 단계의 해탈에 이르는데 관심을 기울였을 뿐 아니라 하지下智 단계의 해탈에 이르는 데에도 모두 관심을 기울였다. 이것이 쩐Trần 시대 선종이 중화의 선종과 다른 특별한 점이다.

주요 사상 측면에서『콰 흐 룩Khóa Hư Lục』의 성취는 선도禪道의 기본적 철리 문제를 논증하는 곳에 있으며, 불교의 종교적 유심세계관의 표현 문제를 논증하는 곳에 있다. 『콰 흐 룩Khóa Hư Lục』에는 제1차 원몽元蒙에 맞선 항쟁에서 비록 쩐 타이 똥Trần Thái Tông이 영도자로 참여하였다고 할지라도, 우리 민족의 예리한 인식과 호기로움은 담기지 않았다. 그렇지만『콰 흐 룩Khóa Hư Lục』은 역시 베트남 사상사의 발전에 유익한 여러 문제들을 제기하고 있다. 세계의 본체 문제, 주체의 내심內心 문제, 인간의 도덕적 관계와 생리적 심의 여러 활동과 더불어 현실적 인간의 문제 등이다. 비록 이러한 유심적 입장을 드러내는 여러 문제가 있지만, 한편으로는 인식을 밀어서 나아가기 위해 앞부분을 들어 올리는 역할을 감당하고 있다.

『콰 흐 룩Khóa Hư Lục』에 이어 또 다른 유명한 작품은『뚜에 쯩 트엉 시 응으 록Tuệ Trung Thượng Sĩ ngữ lục』이다. 그렇지만 뚜에 쭝 트엉 시Tuệ Trung Thượng Sĩ는 누구인가? 이 작품의 마지막 부분에 있는 트엉 시Thượng Sĩ 행장에 따르면, 그는 쩐 뚱Trần Tung으로 컴 민 뜨 티엔 타이 브엉Khâm Minh Từ Thiện Thái Vương의 아들로 보이며 응웬 타인 티엔 깜Nguyên Thánh Thiện Cảm(쩐 년 뚱Trần Nhân Tông의 모) 황태후의 큰오빠로서 쩐 타이 뚱Trần Thái Tông이 흥 니인 브엉 Hưng Ninh Vương으로 봉작한 인물이다. 제2차, 제3차 대몽 항쟁에 참가한 후에 그는 띠인 방Tịnh Bang(하이 흥Hải Hưng) 땅에 은둔하였고 불교의 한 거사로서 삶을 마쳤으며 선학 연구에 전심하였다.『뚜에 쭝 트엉 시 응으 룩Tuệ Trung Thượng Sĩ ngữ lục』은 그의 이러한 연구 성과이다.

뚜에 쭝 트엉 시Tuệ Trung Thượng Sĩ는 비록 쭉 럼Thiền Trúc Lâm파의 세 비조의 하나가 되지는 못했지만, 그는 여전히 쭉 럼Thiền Trúc Lâm의 조사祖師로 존중되고 있는데, 이는 그가 쩐 년 뚱Trần Nhân Tông에게 직접 선禪을 전한 중요한 인물이기 때문이다. 그리고『뚜에 쭝 트엉 시 응으 룩Tuệ Trung Thượng Sĩ ngữ lục』은 불교의 다른 경전들과 더불어 쭉 럼Thiền Trúc Lâm 선파에서 강의되었다.

『뚜에 쭝 트엉 시 응으 룩Tuệ Trung Thượng Sĩ ngữ lục』은 또한 트엉 시Thượng Sĩ가 늘상 이야기하던 진성眞性, 불성佛性 또는 심체心體라 부르는 진여본체를 언급하고 있다. 하지만 이 작품에서 트엉 시Thượng Sĩ는 이러한 본체에 대해 온전하게 바른 정의를 제기하지는 않았는데, 그것은 그가 설명하듯이 언어나 개념으로서 드러낼 수 있는 어떠한 것이 아니었기 때문이었다. 그는 일상적으로 강조하는데, 성性은 확정할 수 없으며, 위치도 없고, 그것의 모습이나 모양도 없고 색상色相도 없다.

심체는 그러한 것도 아니며 또한 그렇지 아니한 것도 아니다.
불성은 허(虛)도 아니며 또한 실(實)도 아니다.

법신(法身)은 오지도 않고 또한 가지도 않는다.

진성(眞性)은 옳은 것도 아니고 또한 그른것도 아니다.

심은 불이고

불은 심이다.

영(靈)은 묘하게 비추어 금고(今古)를 모두 통하고

봄이 와서 스스로 꽃을 피우지만 봄은 미소만 짓는다.

가을은 어디로 돌아가는가 물은 가을 속에 없구나.

이렇게 하나의 본체와 더불어 본다면 언어적 사유와 함께하는 인간의 인식과 개념은 쓸모없게 되고 불가능한 것이며, 심지어 단지 사람들을 잘못된 타락으로 이끌어 들이는 망념을 조성하는 것이 될 뿐이다. 바로 이러한 망심과 망념은 트엉 시Thượng Sĩ가 말하는 것처럼 수천만의 세계 현상을 만들어내는 원천이 된다. "날마다 날마다 경境을 대對함이요, 경境들은 심心을 따라 생겨난다."

일상적으로 외부 세계의 어떠한 하나의 물物를 고찰할 때, 우리의 사유는 여러 대립되는 측면으로 이루어진 물物을 분석하거나 또는 죽음과 삶, 시始와 종終, 어리석음과 깨달음, 색과 공처럼 서로 대립되는 여러 관계 안에 그 사물을 둔다. 이렇게 해야 물物의 본질을 인식하는데 깊게 들어갈 수 있게 된다. 하지만 이것은 진심이나 불성을 증오證悟하는 일에 있어서는 금기되는 것이다. 그렇기 때문에 트엉 시Thượng Sĩ는 '소제이견消除二見'을 주장한다. "만약 이견二見을 버릴 수 있다면 법계法界를 모두 포용包容한다."

요약하자면, 뚜에 쯩 트엉 시Tuệ Trung Thượng Sĩ는 하나의 무념無念, 무상無相, 무주無住의 심心을 실현하기를 원하는 것인데 이것은 완전히 고요하고 허무한 적멸의 심心이며, 어떠한 것에도 기대는 집착이 남아 있지 않은 것이다. 그는 이것을 견성성불을 실현하기 위한 선결조건으로 중요하게 보았다. 그러므로 모든 인간의 노력은 오직 이러한 마음을 실현하는데 들어가는 것이 반드시 필요하며, 주체의 정신세계 주변을 도는 것이 반드시 필요하다. 이것은 인식의 측면에서 보면 극단적인 주관 유심주의의 한 종류이다.

주관적 정신을 닦는 것을 중시하는 곳에서부터 출발함은 오도를 결정하는 요소인데, 뚜에 쯩 트엉 시Tuệ Trung Thượng Sĩ는 이를 가볍게 보았다. 심지어 지계, 염불, 인욕, 좌선과 같은 대승불교에서 일반적으로 이야기하는 것과 선도에서 개별적으로 이야기하는 중요한 요소인 수양법에 이르기까지 도외시 하였다.

만약 『콰 흐 룩Khóa Hư Lục』에서, 쩐 타이 똥Trần Thái Tông이 비록 "가고 서고 앉고 눕는 것 어느 것이나 모두 선이다"라는 것을 받아들이지만, 그럼에도 타이 똥Thái Tông은 여전히 다른 것보다 좌선의 우월성을 높게 평가하는 반면 뚜에 쯩 트엉 시Tuệ Trung Thượng Sĩ는 다시 "맑은 글이 선의 싹이다. 우리는 앉지 않는다"라고 강조한다. 당연히 그럴 수밖에 없겠지만 그는 불도를 수행하는 길에서 좌선을 완전히 버리는 것은 아니었다. 그는 좌선과 좌선이 아님 사이의 비교를 묘사하기 위해 하나의 매우 사실적인 비유를 들고 있다. "나무의 붉은 복숭아, 시절에 맞구나. 담 옆의 노란 국화, 무엇이 봄인가."

하지만 트엉 시Thượng Sĩ에 따르면, 앉아서 선을 하지 않으면서 오도가 가능하다면 이것은 또한 "팜 라이Phạm Lãi, 范蠡라는 배가 세상을 떠도는 것"과 같은 것이 된다. 그렇다면 좌선을 하지 않지만 무상, 무주, 무념심을 얻을 수 있다는 뜻이며, 사람은 그때에 완전히 자유자재이다. 삶의 요구에 파격적으로 놓아서 완전히 세속의 강물에 따라서 흐르지만, 그러면서도 여전히 선도禪道의 규범 밖으로 벗어나는 것은 아니다. 바로 이러한 관념이 트엉 시Thượng Sĩ라는 활달하고 자유로운 한 젊은 영혼의 근원지가 된다. 여기서 그는 또한 장자 학설의 '소요逍遙'의 심혼을 우연하게 보여준다.

『뚜에 쭝 트엉 시 응으 룩Tuệ Trung Thượng Sĩ ngữ lục』의 입세간적 사상은 수행자들이 속세에서 살아갈 수 있도록 하는 관념이며, 출가 승려의 계율인 채식과 염불, 지계, 인욕 그리고 좌선이라는 규정에 얽매이지 않는다는 것이다. 그리고 그들은 이러한 속세의 삶 가운데에서 바로 견성성불을 실현하고자 하였다. 이것은 속세에서 수행하는 사람의 삶이 불교의 궁극적 목적에 이르는 것을 염두에 둔 것이었다.

『뚜에 쭝 트엉 시 응으 룩Tuệ Trung Thượng Sĩ ngữ lục』은 또한 선학의 기본적인 여러 문제에 깊게 들어간 작품이기도 하다. 여기에서 그는 선도에 충실함을 드러내고 있다. 다만 그는 매우 명백하게 선학의 한 형식으로 본래부터 있었던 입세간적 철리와 인식 측면에 대한 주관유심적 관점을 여실히 드러내고 있는데, 심지어는 극단적인 성향을 지니고 있었다. 그리고 그것은 바로 그의 파격적인 자유로운 심혼에서 출발한다. 그렇지만 이러한 심혼은 선학 자체에 맞서서 반란을 일으키는 데까지 이르지는 못하였다.

요약하자면 불교는 10세기에서 14세기 초·중반에 이르기까지 베트남 사회 상층계급을 굳건히 세우는데 중요한 요소가 되었다. 이것은 베트남 봉건통치계급의 지위를 공고히 하려는 요구에 답응할 수 있었으며, 베트남 봉건계급은 사회의 질서 안정과 인민을 복종하게 하는데 사용할 수 있었다. 게다가 이것은 나라를 유지하고 나라를 건설하는 측면의 첫 발걸음에 있어서도 결코 부족하지 않았다.

하지만 인식 측면에서 보자면 주관적 유심의 교리는 당시 베트남의 불교가 현실적인 삶의 여러 문제 — 그 가운데 가장 우선하는 것은 사회정치의 문제이다 — 를 해결하는데 있어서 효력이 부족하다는 것을 점점 더 드러내고 있다. 이러한 이유로 그것은 14세기 중반에 이르면 유교에게 발걸음을 양보하며 점차 쇠퇴하게 된다.

제11장

10세기~14세기까지 유교와
14세기 말기 불교 비판

1. 유교와 봉건제도의 발전

10세기에 들어서 응오Ngô, 딘Đinh, 전前-레Lê왕조 아래에서 베트남 유학은 번성하지 않았다. 그 당시에는 유학에 기초하여 성립된 정론政論들과 유학자계층을 양성하기 위한 과거 교육이 출현하지 않았다. 그렇지만 유교는 당시 베트남 사회에 분명한 인상을 남기지는 못하였지만 정치와 사상 영역에서 영향을 끼쳤다.

리Lý 시기에 들어서 서서히 베트남에 유학자들이 출현하기 시작하였고, 점차 다수의 계층을 이루며 강하고 큰 사회적 역량을 형성하였다. 그렇지만 봉건사회의 질서와 국가를 공고히 하려는 요구 때문에 유학은 정치와 사상의 영역과 당시 베트남 사회에서 군건한 실제가 되었다. 봉건국가 기관의 여러 사람들은 먼저 조詔, 제製, 표表, 격檄 등의 문서를 작성할 때, 불교의 교리로부터 국가 관리의 경험과 이론측면에서의 근거들을 찾아낼 수 없었다. 되돌아보면 유교는 그들 자신의 경經과 역사를 통해 이러한 문건들을 위한 여러 원칙과 규범을 실제 활동에 적합하게 드러낼 수 있었다. 그러므로 유교는 국학國學이 열리거나 문묘文廟가 세워지는 것보다 먼저 베트남 정치와 사상의 무대에 일찍 등장할 수 있었다. 이러한 측면에서 분명한 흔적을 드러내는 것은 리 꽁 우언Lý Công Uẩn의 「천도조遷都詔」이다. 「천도조」에서 리 꽁 우언Lý Công Uẩn은 삼대三代시기 은나라 반경盤庚과 주나라 성왕成王의 전적典跡을 끌어 쓰고 있다. 리 타이 똥Lý Thái Tông 시기에 이르러 군신들이 존호尊號를 바치자 이에 답하면서 역시 당우唐虞 시대 사회를 보면서 따를 만한 가치가 있는 아름다운 사회로 긍정하고 있다. 이에 이어서 왕은 이렇게 말한다. "짐은 (…중략…) 천지를 꿰뚫기 위하여 무엇을 얻어야 하는지 알지 못하고, 당우唐虞 요순堯舜과 같은 수준에 이르기 위해서는 어떠한 덕을 얻어야 하는지 알지 못한다." 이러한 전적이 자격을 지닌 것으로 제기된 것은, 경험과 국가 통치라는 공공의 일에서 여러 배울 점이 있었기 때문이다. 리Lý왕조의 여러 왕들은 유가의 경전을 확실하게 파악하여 드러내고 있는데, 가장 우선적으로 경서經書이며 이는 또한 여러 유학자들이 영원한 성경聖經처럼 여기는 것이었다.

「천도조遷都詔」와 리 트엉 끼엣Lý Thường Kiệt의 「남국산하南國山河」에서 드러나는 천명 사상은 유교의 천명사상과의 관련을 벗어나는 것이 아니었다. 우선적으로 왕은 하늘과 사람의 사이에서 천명을 시행하는 존재라는 관념으로 상감相感과 연관되는 것이며, 이는 한유漢儒의 천인감응사상의 여러 흔적들을 지니고 있다. 비엔 통Viên Thông 승려, 응웬 트엉Nguyễn Thường 승려와 같은 선사에 이르기까지 모두 통틀어서, 임금에게 상주할 때 나라를 다스리는 도에 대한 견해들이 유교의 영향을 받았고 유교의 경전을 끌어쓰고 있음이 드러난다.

특별하게 리Lý 시기부터 유교의 충효와 인의의 개념이 정치 영역에 운용되고 있다. 레 풍 히에우Lê Phụng Hiếu, 또 히엔 타인Tô Hiến Thành은 자신들의 정치적 주장과 행동에서 충의의 깃발을 높게 펼치고 있다.

이렇게 유교는 리Lý 시기 사회정치사상에서 강하게 일어나고 있었다. 그 이유는 유교를 통해 국가 통치에 대한 여러 경험을 배울 수 있었기 때문이며, 국가를 조직하고 사회를 관리하는 분야에서 통치에 관한 학설을 베트남 봉건계급에게 공급하였기 때문이다. 이렇게 보면 유교는 바로 이 시기부터 베트남 사회 발전의 긴급한 요구를 만족시키게 된다. 이는 또한 봉건제도를 공고히 하고 강력한 집권군주의 국가를 건설하는 것이었다.

쩐Trần 시기에 이르면 유교의 영향은 더욱 강해지고 깊어진다. 쩐 타이 똥Trần Thái Tông은 인간들의 정치와 사회생활은 불교의 영향 보다는 유학의 영향을 받는 분야라고 언급한다. 『티엔 똥 치 남Thiền Tông Chỉ Nam』의 서문에서 쩐 타이 똥Trần Thái Tông은 "(…중략…) 어리석은 마음을 여는 방법, 삶과 죽음에 대해 빛을 비추는 것이 부처의 큰 가르침이라면, 후세에게 권도權道의 규율을 전하고 장래의 규범을 알려주는 것은 선성先聖의 책임이다"라고 언급한다. 이렇게 불교는 인간의 생사윤회의 흐름에서 해탈하는 일을 걱정하게 된다. 그리고 유교는 나라를 다스리는 길을 가르쳐주고 유학자들이 이상에 따라 현실 사회를 안정시키기 위한 도덕규칙들을 제시해준다. 14세기에 이르면 베트남은 그 이상을 이루기 위해 힘을 쓰면서 정치에 적극적으로 참여하는 유학자계급이 출현하였다. 그들은 정치 사회와 사상생활을 실천하기 위한 도덕의 측면에서 그들의 관점을 발전시켰고, 국가의 문화에 활기찬 생기를 불어 넣게 되었다. 추 반 안Chu Văn An, 레 반 흐우Lê Văn Hưu, 쯔엉 한 시에우Trương Hán Siêu 등이 이 시대를 대표하는데 이들은 자신의 이상에 충실한 삶을 살았다.

쩐Trần 시기 유학자들이 관심을 기울인 첫 번째 문제는 덕치였다. 여기에서 왕의 밝은 덕은 태평성대를 누리는데 가장 우선되어야 할 조건이었다. 레 반 흐우Lê Văn Hưu는 이렇게 썼다.

"요동 땅에 기자가 없었다면 모자를 쓰고 옷을 입는 풍속이 이루어지지 않았을 것이다. 오회吳會땅에 태백이 없었다면 패왕이 될 만큼 강하지는 않았을 것이다. 대순大舜은 동이 사람인데 오제의 뛰어난 임금이다. 문왕은 서이 사람인데 팔대의 현명한 임금이다. 그렇다면 나라를 다스림을 잘 하는 인물이란 그 땅이 넓든 좁든, 중화인이든 이인夷人이든 상관없이 단지 덕을 보는 것일 뿐이라는 것을 알 수 있다.”

그래서 왕은 항상 정심 수신하고 덕을 닦아야 한다. 덕을 닦는 일은 함부로 할 일이 아니라 유학의 원리와 경서에 제시된 모범에 따라 행해야 한다. 「탕왕의 반盤」이라는 부賦에서 작가는 탕왕의 수양을 들어 이러한 덕을 닦는 일의 전형으로 삼고 있다. 소반小盤을 쓸 때마다 새겨진 글귀를 보며 탕왕은 수신하고 덕을 닦는 것을 늘 잊지 않았다. 특히 「근정루勤政樓」라는 부賦에서 작가인 응웬 팝Nguyễn Pháp은 왕에게 나라를 다스리는 일에 집중하고 물욕의 유혹을 피하라고 충고하고 있다.

“여색을 멀리하고 사냥놀이를 끊으며, 수놓은 비단을 금하여 보배로이 여기지 않고 인민 앞에서 소박하게 보여야 한다. 왕위를 여유롭게 즐기지 않고, 왕의 업이 고되고 힘겨운 것이라 여긴다. 정사에 부지런하며 현재賢才를 가려 쓴다. 친히 임하여 여러 정사를 보고, 총괄하여 관할한다. 몸은 정사를 보고 위엄을 한껏 잡는다. 그러함이 당우唐虞의 때와 비교하여 그 아름다움이 견주고, 문왕의 때와 그 공을 다스림이 뒤따라야 한다.”

왕이 이렇게 수신하고 덕을 닦는 것은 다른 사람들에게 본보기가 되고 다른 사람들을 잘 이끌기 위해서이다. 다른 한편으로는 왕 자신이 덕을 수양하는 것을 통하여 전체 사회의 도덕관계를 세우기 위해서이다. 『떰 그엉 상 응안 투Tấm gương sáng ngàn thu, 千秋鑑賦』의 작가인 팜 낀 케Phạm Kính Khê는 이렇게 썼다. “도덕은 넓게 퍼져 규범이 되고, 예의는 견고함이 금철金鐵과 같다. 꿋꿋한 그 기운은 추상과 같고, 밝은 그 문장은 일월이구나. 빛을 비추니 어두운 사람도 가히 밝힐 수 있고, 갈고 닦으니 어리석은 사람도 가히 총명하게 한다."

그런데 쩐Trần 시기의 유학자들은 나라를 다스리고 왕위를 지키는데 있어서 왕이 덕을 닦는 것뿐만 아니라 지세의 험난함과 무력武力의 역할에 대해서도 주시하고 있다. 쓰 히 냔Sử Hy Nhan의 「끼엠 쳄 잔Phú Kiếm chém rắn, 斬蛇劍賦」에서 악을 멸하고 없애는 작용을 하는 예리한 검으로 상징되는 봉건국가의 무력을 찬양하고 있다. 또한 응웬 바 통Nguyễn Bá Thông은 「티엔 흥 쩐Thiên Hưng trấn, 天興鎮」이라는 부賦에서 베트남 서북쪽의 험난하고 웅장한 풍경에 대해 묘사하고 있다. 그는 이러한 험난한 지형이 바로 쩐 응에 똥Trần Nghệ Tông이 즈엉 녓 레Dương Nhật Lễ의 난을 평정하고 쩐Trần 왕조의 사업을 다시 회복시키는데 근거가 되고 있음을 강조한 것이다.

하지만 당시 유학자들에 따르면 봉건국가의 강력한 힘과 험한 지세는 국가를 유지하는데 중요한 것이지만 덕치에 비하면 모두 차선의 것이다. 왜냐하면 덕치만이 태평성대와 봉건제도를 일통一通할 수 있기 때문이다. 이에 대해서 위의 두 부賦는 다음과 같이 강조한다. "천하가 일통一統이니 편안하고 일이 없다. 만약에 검이 있더라도 무엇에 쓰랴." "기상이 장엄하니 하늘이 일어나 남방의 드러남이 지극하구나. 우리 황제의 기틀이 천억년을 드리움이여. 뛰어난 황제는 험한 땅을 믿지 않으며 덕에 기대는구나."

덕치의 관념과 더불어 쩐Trần 시기의 유학자들은 그들의 이상을 언급하고 있다. 그것은 태평성치의 봉건제도 건설이었다. 그 안에는 '왕이 밝으면 백성이 복된다'라는 인식이 있었으며, 인민을 편안하게 하고 나라를 다스리기 위한 '동심협덕'이 있었다. 여기서 왕은 덕이 있는 인물이며, 관리는 부지런하고 충성스럽다. 그러므로 '은택이 백성에 이르기까지 퍼지는' 것이며, 그들 모두가 행복하고 안녕할 수 있는 것이었다. 여러 유학자들은 이러한 이상을 실현하기 위하여 정치 무대에 올라서기를 간절히 바랐으며, 그들 스스로 다음과 같은 책임을 분명하게 인식하고 있었다. "왕의 기강이

흔들리면 반드시 보충해야 하고, 국가의 법률이 부서지면 반드시 바로 들어 올려야 한다. 소인배의 악한 마음을 끄고 치우기 위해서, 후대의 왕과 제후들에게 경고하여 밝은 문장이 버려지지 않도록 하기 위해서, 강한 주장은 붓끝에 담고 후대를 위해 훌륭한 문장으로 남긴다."

위에 언급한 덕치 관념은 본래 리Lý 시기부터 생겨났지만 쩐Trần 시기에 들어 이 덕치 관념은 여러 유학자들이 유학 경전의 원리에 따라서 여러 곳에서 풍부하게 적용 발전시켰다.

2. 유학에서 교조주의를 극복하려는 경향

쩐Trần 시기 중반에 접어들 무렵 유교는 사회의 상층계급을 건설하는 데 절대적인 우세를 획득하고 발전하게 되었다. 그러자 유교는 베트남 사회와 정치사상 영역에서 교조주의를 가져왔다. 이러한 교조주의는 유학자들이 베트남의 풍부하고 생기발랄한 현실적 틀을 사라지게 하였는데, 여러 성현이 긍정하였던 것과 북사北史에 있는 여러 경험적 학술에 따르게 하려는 지점에서 표출되었다. 이에 따라서 베트남에는 이러한 교조주의에 반대하고 극복하려는 경향이 생겨났다. 역사가인 판 푸 띠엔Phan Phu Tiên은 이렇게 쓰고 있다. "지금 조정신하인 레 바 꽛Lê Bá Quát, 판 스 마인Phan Sư Mạnh 같은 이들은 제도를 바꾸기를 원한다. 왕Trần Minh Tông이 말하기를 '국가에는 일정한 법칙이 있다. 남북이 서로 다른데 만약 백면서생의 책략에 따르고서 출세하는 길을 찾는다면 바로 혼란이 일어날 것이다.'"

쩐 응에 똥Trần Nghệ Tông 역시 유학자들에게 교조의 병이 드러남을 보고 이렇게 말한다. "이전 조정에는 나라를 세우고 스스로의 법도가 있었다.

송나라의 제도를 따르지 않았다. 그것은 남북이 모두 자기 나라의 주인이 기 때문이다. 서로 뒤따르는 것이 아니다. 대치大治 연간에 백면서생을 중 용하였다. 법을 세움의 깊고 넓은 뜻을 이해하지 못하고 조종의 옛 법을 가 져다 의복과 악장과 같은 것들을 모두 북방의 풍속에 따라 바꾸었는데 차 마 다 이야기 할 수가 없다."

위에 언급한 교조주의에 맞서는 경향과 더불어 나란히, 쩐Trần 시기 말엽 에 접어들면 유학의 신조와 여러 원리를 바로잡아 고치려는 추세가 있었 다. 이러한 경향의 대표격인 인물은 호기로운 개혁의 사유를 가지고 있었 던 호 꾀 리Hồ Quý Ly이다. 호 꾀 리Hồ Quý Ly는 타인 화Thanh Hóa 성省의 다이 라이Đại Lai 마을 사람으로 쩐 응에 똥Trần Nghệ Tông과 혈연관계였으며 왕은 후이 닌Huy Ninh 공주를 그에게 출가시키기도 하였다. 그래서 호 꾀 리Hồ Quý Ly는 병권을 왕으로부터 전해 받을 수 있었다. 손에 큰 권력을 쥐게 되자 호 꾀 리Hồ Quý Ly는 쩐Trần왕조의 왕위를 찬탈하였고 호Hồ왕조를 세우기에 이 르렀다. 그는 쩐Trần왕조 말기에 이르러 위기에 빠진 봉건제도를 개혁하기 위해 다각도의 개혁정책을 시행하였다. 하지만 상황을 역전시키기 못하고 실패만 거듭하게 되었다. 호 꾀 리Hồ Quý Ly는 유교를 그대로 답습하던 당대 유학자들과는 달리 매우 비판적으로 받아들여 사용하였다. 『대월사기전 서』에는 이렇게 전한다.

"호 꾀 리Hồ Quý Ly는 「명도明道」 14편을 써서 올렸는데 대강 살펴보면, 주 공에 대해서는 선성先聖으로 공자孔子는 선사先師로 여겨 문묘에서 남향의 가운데에는 주공이 모셔져 있고 공자는 서향 인근에 있다고 하였다. 『논 어』에 대해서는 4곳을 언급하는데, 공자가 남자南子를 만난 일, 공산불뉴公 山不狃가 불러서 공자가 가고자 하였다는 것 등이다. 한유韓愈는 유도儒道라 하며, 주무숙周茂叔, 정호程顥, 정이程頤, 양시楊時, 라중소羅仲素, 이연평李延平, 주자朱子는 모두 배움에는 넓었지만 재능이 부족하여 사정事情에 이르기까지 관철시키지 못하였고, 다만 옛 사람의 문장만 잡아들고 일삼는데 전념한다고 평가하였다.”

애석하게도 「명도明道」를 비롯한 호 뀌 리Hồ Quý Ly의 여러 작품들이 실전되어 오늘날에는 찾아볼 수 없다. 따라서 우리는 그의 사상에 대해 명확하게 알만한 다른 방법이 없으며, 유학의 문제들과 관련하여 그가 어떠한 내용들을 비판적으로 수정하였는지도 알 수가 없다. 하지만 위에서 언급한 것들과 호 뀌 리Hồ Quý Ly의 태도 그리고 그가 행했던 일들을 중심으로 미루어 보면, 우리는 어느 정도 호 뀌 리Hồ Quý Ly의 사상에 대해서 살펴볼 수가 있을 것이다. 그는 공자에 대해서 재평가하고, 공자의 가르침의 말을 직접 기록한 유학의 중요한 경전인 『논어』가운데 일부분에 대해서는 회의적인 문제를 제기하고 있다. 또한 송유의 대표적인 인물들에 대해 호 뀌 리Hồ Quý Ly는 호되게 비판하고 있다. 이는 호 뀌 리Hồ Quý Ly가 여전히 유교를 따르고 사용하지만, 그가 고민한 독립적인 사유체계가 있었으며 당대 유학자들의 교조적인 길을 따르지 않았다는 것을 말한다.

호 뀌 리Hồ Quý Ly에 의해 이루어진 유교의 여러 신조들을 수정하려는 추세는 당대 유학의 교조주의에 맞서는 추세를 대표한다고 할 수 있는데, 이는 쩐Trần 시기의 자강 자립 정신의 관대하고 자유로운 학풍에서 비로소 실현될 수 있었다.

3. 14세기 우리나라 유학자들의 불교에 맞선 투쟁의 국면

리Lý 시기부터 베트남에서 정치와 사상의 무대에 오른 유교는, 처음에는 불교와는 서로 다른 관점 체계의 하나로 나타나서 동시에 불교를 보충하고 봉건제도에 복무하기 위해 불교와 협력하였다. 쩐Trần 시기에 유교와 불교 사이의 모순은 새로운 서로 다른 것이 되었는데, 심지어 두 사상체계는 서로 완전히 독립되었다. 이러한 대립은 내용적인 측면에서 주로 이루어졌으며, 실제로는 11세기에서 13세기에 이르기까지 유교는 불교와 더불어 평화롭게 함께 지냈다. 14세기 중반에 이르기까지 끊이지 않고 유교의 지위는 유지되었지만, 유교가 한 걸음 더 올라서게 되고 유학자계층이 가득 차게 되자 이러한 대립에서 점차 유학자들이 의식적이고 공개적으로 자신들의 우위를 선포하기에 이르렀다. 당연한 것이지만 이러한 상황이 처음으로 유교가 불교에 맞서서 목소리를 낸 것은 아니었는데, 리Lý 시기 말기에 담 지 몽Đàm Dĩ Mông이 불교를 폐지하자는 목소리를 냈었다.

"오늘날 나라 안에서 승려의 수가 부역하는 사람의 수와 비슷할 정도로 가까워졌다. 그들은 스스로 작당패를 이루고, 제멋대로 수령을 세우고, 온갖 나쁜 일을 행하여 눈에 보이도록 만들어서 벌려 놓는다. 혹은 계장戒場 정사精舍에서 술과 고기를 공공연히 하며, 혹은 승방僧房 정원淨院에서 사적으로 간음을 한다. 쥐 무리들처럼 낮에는 숨고 밤에 나간다. 무리가 하는 일이 풍속을 문란하게 하고, 교리教理를 방해하여 점점 습관을 이루게 되었다. 금하지 않기에는 너무나 오래되었고 날이 갈수록 더욱 나빠진다."

하지만 리Lý 시기 말기 담 지 몽Đàm Dĩ Mông의 불교를 공격하는 목소리는 외로운 것이었으며, 활발하게 하나의 형식으로 전개된 불교에 반대하는 사상적 조류로서의 보편적인 목소리가 아니었다. 14세기 중엽을 기다려서야 비로소 불교에 반대하는 그와 같은 조류가 형성되었다. 그것은 한 개인이 아니라 일련의 유학자들이 불교에 대한 비판의 소리가 베트남에서 드러난 것이었으며, 유교를 위한 사상의 싸움터에서 쓰이기 위하여 축적되었다. 당시 유학자계층을 대표하는 특출한 인물인 쯔엉 한 시에우Trương Hán Siêu는 이렇게 말하고 있다. "절을 버리고 다른 곳에 다시 세움은 우리의 뜻이 결코 아니며, 비석을 만들고 글자를 새기지만 무엇을 말하는지 알겠는가? 지금 성조聖朝는 타락한 풍속을 고치기 위하여 교화하기를 원한다. 이단은 응당 폐하여 없애고 성도聖道는 응당 부흥시켜야 한다. 사대부의 일은 요순의 도가 아닌 것은 드러나지 못하게 하고, 공맹의 도가 아닌 것은 앞서 말하지 않는 것이다. 그런데도 우리는 불교의 말을 되풀이하여 계속 움켜쥐고 놓지 않으려고 한다. 기만하는 것은 누구인가?"

특히 레 반 흐우Lê Văn Hưu는 유교를 조정의 정치활동 전체의 이론적 기초가 되는 지위로 만들기 위해 불교를 비판하였다. 그는 다음과 같이 쓰고 있다. "말하자면 장막 안에서의 계획으로 천리 밖의 승리를 결정하는 것이 승리를 만들어내는 군사를 지닌 뛰어난 장수의 공이다. 태부 리 꽁 빈Lý Công Binh은 응에 안Nghệ An을 도적질한 천 랍Chân Lạp(크메르군)을 부수었다. 사람에게 명하여 전장의 승리를 전하였다. 턴 똥Thần Tông은 태묘太廟에서 전장의 승리를 고해야 하고, 적과 싸운 공에 대해 공 빈Công Binh의 군사들에게 상을 주기 위해 조정에서 논공행상함이 당연하다. 지금에 다시 불도에 그 공을 돌리고, 여러 사찰에 가서 감사의 예를 올린다. 이렇게 하는 것이 어떻게 공이 있는 자를 고려하여 위로하는 것이라 하겠는가?"

쯔엉 한 시에우Trương Hán Siêu와 레 반 흐우Lê Văn Hưu 이외에도 여러 유학자들이 불교를 비판하는데 참여하였다. 이번 비판에서 유학자들은 주로 불교의 인력과 재력의 낭비를 겨냥하였으며, 게으른 승려들의 폐단을 겨냥하였다. "쟁기질하지 않으나 먹고, 옷감을 짜지 않으나 입는다." 나라의 의무는 회피하고 유학자의 풍속 성도聖道에 이르기까지 손상시킨다고 지적했다.

쯔엉 한 시에우Trương Hán Siêu는 '간사한 요마妖魔', '가증스러운 여러 말을 행하는' 불교의 신도를 말살하려 하였다. 하지만 이렇게 당대 유학자들이 불교를 공격한 것은 사상과 철리 측면에서 불교를 무너뜨리기 위한 것이 아니었다. 또한 불도의 종교적 믿음에서 비논리적인 성질을 증명하기 위한 것도 아니었다. 다만 실제 생활에서 불교가 일으킨 문제와 폐해, 그리고 사회발전에 나쁜 영향을 끼친다는 것을 비판하는 것이었다. 이것은 한편 베트남에서 실제의 삶에서 뿐만 아니라 사상과 의식의 형태, 사회분야에서도 불교가 타락하였다는 것을 의미하였다. 이러한 비판들이 이어지면서 불교는 더 이상 예전처럼 사상의 무대에서 중요한 역할을 차지할 수 없었다. 다른 한편 이는 15세기 베트남에서 유학의 독주시기를 여는 것이었다.

10세기에서 14세기까지는 베트남이 자주독립의 기원을 여는 역사적인 한 시기였다. 우리 인민은 이 역사적 시기에 들어서면서 어두운 밤에 약속되었던 아침의 아름다운 햇살이 비추는 밖으로 나왔다. 이때 우리 민족은 주권이 있고 독립된 봉건국가의 형식 아래에서 국가를 보호하고 건설하는 일에 간절히 그리고 적극적으로 들어서기 시작하였다. 이 역사적 시기 안에서 베트남 인민은 정치, 경제, 문화에 대한 여러 성과를 얻었는데, 특히 국가의 독립을 지키기 위해 외세의 침략을 잘 막아내고 영광스러운 전승을 거둔 것이었다.

이를 바탕으로 당시 나라의 사상사가 생기가 넘치도록 강력하게 발전하였다. 이렇게 발전하는 기세는 리-쩐Lý-Trần 시기에서 가장 두드러지게 드러났다. 이 시기 우리 민족은 사상적 측면에서 많은 창조가 있었으며, 이는 인간과 객관 세계에 대한 매우 깊고 풍부한 인식의 발전으로 표출되었다. 그 중에서도 가장 중요한 것은 나라를 구하고 나라를 건설하는 공공의 일에 이르기까지 연관되는 도덕과, 사회 정치문제에 대한 것이었다.

우리 민족의 나라를 건설하고 지키는 일은 이 시기 베트남의 사회와 정치사상의 발전을 위한 근원이고 기초이다. 그래서 리-쩐Lý-Trần 시기의 사회와 정치사상은 나라사랑주의와 상호 밀접하게 연관되어 있었고, 여러 전쟁에서 적에게 전승을 거둘 때마다 민족에게 호기로움을 가져다주었다.

그리고 또한 리-쩐Lý-Trần 시기 사회와 정치사상의 주요한 문제들은 국가의 주권과 독립권을 긍정하는 문제였으며, 전 인민의 단결 문제, 국가 보위와 건설에 참여하는 인민을 격려하고 인민과 하나 된 마음을 확보하는 문제, 봉건계급의 이익을 보위하고 동시에 침략에 맞서 항전하는 일과 봉건국가 기틀을 전체적으로 완성하기 위한 문제 등이다. 이러한 여러 문제들은 시대가 사상의 영역에 부여한 것이었다. 당시 베트남의 명석한 두뇌들은 이러한 문제들에 대답하기 위해 나섰다. 이러한 응답은 우리 민족의 국가유지와 국가건설의 공공의 법칙들을 입증하는 것으로, 실제의 삶에서 운용하고 발현할 수 있었던 첫 발걸음이었다. 특히 나라의 주권과 독립을 굳건하게 자리매김하기 위하여 인민에게 의지해야 한다는 법칙이었으며, 침략에 맞서 싸우는 전쟁에서의 법칙이었다. 쩐 꾸옥 뚜언Trần Quốc Tuấn은 이러한 규칙에 대해 정확한 여러 견해들을 보여주었다. 그것은 여러 세기 동안 우리 민족이 국가유지의 경험을 총결한 것이다. 그러므로 그것은 이후 우리 민족의 국가 유지를 위한 여러 전쟁에서도 보편적인 의미를 지니고 있었다.

동시에 10세기에서 14세기에 이르는 역사 단계에서 베트남 불도佛道 역시 인간의 종교적 성향이 있는 해탈과 관련된 주변의 여러 문제들 앞에 서 있었다. 이러한 문제들은 한편 국가의 실제 삶과 더불어 연관되어 있었으며, 다른 한편 불도의 종교신앙 자체의 내재적 발전 법칙에 따르는 것이었다. 이것은 인간의 죽음에 관한 문제이며, 모든 현상의 본체 문제이며, 그런 본체를 발현하기 위한 주체의 대응과 가능성에 대한 문제이다. 그것에 따라서 인간의 오도가 실현된다. 당시 베트남 불교의 사상 측면의 여러 대표적 인물들은 소극적 출세간적 종교의 유심적 입장에서 이러한 문제에 대해 대답하였다. 그들의 풍습을 따르는 관점, 입세간적 철리 역시도 이러한 범위를 넘어서는 것이 아니다. 아울러 그들이 대답하는 문제들도 베트남의 문제들로서, 그들의 사상은 분명치 않은 선학禪學의 한 가지가 아니라 분명한 방식으로 베트남의 색채를 지닌 것이었다.

10세기에서 14세기에 이르는 베트남 사상 발전의 역사적 의미는 이전 시기에 비해 많은 공헌을 하였다는 것이다. 그리고 첫걸음을 내디딘 것이었지만 후대를 위해 매우 확고하고 튼튼한 것이었다. 이는 정치, 사회사상 분야에서 매우 분명히 표현되었다. 바로 이러한 영역에서의 국가유지와 국가건설의 법칙들에 대한 매우 정확한 견해는, 북속시기 1000년과 비교하여 보면 전혀 찾아볼 수 없었던 새로운 견해이며, 이어지는 후대의 사상적 측면에서도 매우 가치 있는 최선의 유산이었다.

또한 당시 불교의 유심적 사상 경향은 당나라에 속한 시기에서부터 있어 온 베트남의 선학에 비해 한 걸음 더 발전한 것이었으며, 그러나 문제의 논설과 철리의 측면에서 보자면 이전보다 훨씬 깊은 곳으로 나아간 것이었다. 그리고 이러한 문제 안에서 불교의 사상을 대표하는 인물들은 여러 유심적 해답을 들고 나왔지만, 이러한 해답들은 역시 우리의 사유를 위해 도움이 되는 정신활동의 심오한 측면에 깊게 파고 들어갔으며, 그로 인해 발전된 민족의 사유를 촉진하는데 기여하였다.

10세기에서 14세기에 이르는 베트남에서의 사상 경향의 이러한 추세들은 모두 베트남 사상사에서 중요한 지위를 차지한다고 긍정된다. 만약 그 시기 세계적으로 여러 나라의 사상적 측면에서 발전의 상황과 비교한다고 하더라도 베트남의 사상 측면에서의 발전적 발걸음은 역시 자랑스러워할 가치가 있는 성취이다.

제4부

안정적 시기의 사상과
봉건제도의 번성
- 15세기

제12장

사회 정치 상황과 사상 문화

　15세기는 영웅의 시기였는데 민족 독립을 쟁취하는 투쟁에서의 영웅이며, 국가를 건설하는 일에 있어서의 영웅이었다.

　그 이전의 역사는 한편 가슴 아픈 세월들의 결과였다. 14세기 중엽에 들어서 기근은 자주 일어났다. 1358년, 1362년, 1370년, 1375년은 특히 더 심했는데, 기록에 따르면 '굶어죽는 사람이 너무나 많아서 왕이 왕족들을 독려해 빈민들에게 쌀을 나누어주라고 했다'라든가, '벼농사가 망해서 나라에 떠돌아다니는 사람이 늘어나자 많은 사람들은 스님이 되었다'고 한다. 쩐Trần 귀족의 경제체제는 추진력이 약해졌다. 농노-노비를 착취하는 쩐 Trần 귀족의 장전莊田 채읍采邑의 소유제도와 경영방식은 날이 갈수록 심각하게 국가의 신민臣民을 흡수하였고, 소농小農경제는 쇠약해졌으며, 상품경제는 억제되었다. 아울러 마을의 경작지는 공전과 관전 모두 심각하게 침범당했다.

　1360년대에 접어들어 모순은 가혹해졌으며, 타인 화Thanh Hóa와 홍Hồng강 인근 들판의 여러 곳에서 농민, 농노, 노비의 봉기가 일어났다. 응오 베Ngô Bệ는 하이 즈엉Hải Dương에서 봉기의 선두에 섰는데 '가난한 백성을 구하여 건진다'라는 기치를 내걸었다. 팜 스 온Phạm Sư Ôn이라는 승려는 법호가 천연天然이었는데, 꾸옥 오아이Quốc Oai(하 떠이Hà Tây)에서 기의를 일으키는

선두에 서서 진군하여 탕 롱Thăng Long을 포위하였다. 응웬 타인Nguyễn Thanh
은 르엉 지앙Lương Giang(타인 화Thanh Hóa의 추Chu강 유역)에서 기의하였고, 응
웬 끼Nguyễn Kỵ는 타인 화Thanh Hóa의 농 꽁Nông Cống에서 일어섰다.

이러한 위기상황이 벌어지기 이전에 1380년대와 1390년대 재상이었던
호 꿰 리Hồ Quý Ly는 경제, 정치, 문화개혁의 변법을 시행하였다. 경작지에
대해서 호 꿰 리Hồ Quý Ly는 "오직 대왕과 장공주長公主일 경우에만 한정이
없으며, 일반 백성은 10묘를 넘을 수 없다", "어떠한 사람의 경작지이든 규
정된 법의 한정을 넘으면 관전에 귀속된다" 등을 주장하였다. 이러한 조치
는 여러 사람들의 반대를 불러 일으켰다. 하 득 런Hà Đức Lân은 "이러한 법을
두는 것은 단지 백성을 갈취하는 것이다"라고 말한다. 이렇게 전田의 소유
를 제한한 이후, 호 꿰 리Hồ Quý Ly는 노비 제한법, 즉 사회적 지위에 따라서
쓸 수 있는 구체적인 가노의 수를 규정하는 법을 제시하였다. 이를 넘는 수
의 노비는 몰수하여 관노로 만들었다. 노비에 한계를 둔 것 역시 전田에 한
계를 둔 것과 더불어 귀족세력을 강하게 공격하는 것을 겨냥한 것이며, 국
가를 위해 사회 경제 역량을 강화하는 것이었다.

호 꿰 리Hồ Quý Ly는 또한 화폐개혁도 실시했다. 명령을 내려 동전銅錢으
로 거래되던 화폐를 모아 응아오 찌Ngao Trì 창고에 집어넣었고, 바오 사오
Bảo Sao라는 지폐를 발행하였다. 이러한 조치로 많은 상인과 수공업자들이
가게 문을 닫았다. 이에 따라서 1403년 호Hồ왕조는 "서로 감싸고 숨겨주는
사람, 가게 문을 닫는 행위, 높은 값으로 판매하는 행위, 지폐를 쓰지 않는
여러 사람들은 처벌한다"[1]는 법을 다시 제시하였다. 호 꿰 리Hồ Quý Ly는 다
시 불교의 역량을 공격하여 들어갔다. 승려들을 붙잡아 군대에 집어 넣었
다. 1396년에 조정은 명을 내려 50세가 되지 않은 모든 승려는 반드시 환속

---

1 『대월사기전서』 2집, 사회과학출판사, 1985, 205면.

해야 하고, '사찰에서 관의 일이나 부역을 회피하는 일'을 하지 못하도록 했다.

이렇게 호 뀌 리Hồ Quý Ly의 개각은 귀족, 지주, 불교 승려의 거대한 소유 재산을 강하게 공격하는 것이었으며 상인계층을 약화시키는 것이었다. 호 뀌 리Hồ Quý Ly는 사유재산을 공격한 것이었지만 여전히 눈앞의 고난한 삶을 해결하지 못하였으며, 농민과 농노들에게 운명처럼 새겨진 예속을 조금 줄였을 뿐이다.

호 뀌 리Hồ Quý Ly는 또한 교육 개혁 조치도 시행하였다. 그 자신이 「명도明道」라는 책을 저술하고, 『서경』「무일無逸」편을 츠 놈Chữ Nôm으로 번역하고 『국어시의國語時義』라는 책을 편찬하여 황궁에서 사용하였다. 그는 서문에 "자신의 뜻을 따르며, 주자에 따라서 문장을 습전習傳하지 않는다"라고 썼다. 호 뀌 리Hồ Quý Ly는 공자의 『논어』를 비평하고, 한유韓愈는 유도儒道라 했으며, 주돈이, 정이, 정호, 주희는 "학문을 넓으나 재능이 부족하고 일과 더불어 살피지 못하였으며, 단지 능숙하게 옛 사람의 문장만을 모은다"고 하였다.[2]

이러한 일들을 시행한 것은 혁신적인 의의가 있는 것이었지만, 역시 도안 쑤언 로이Đoàn Xuân Lôi, 다오 스 띡Đào Sư Tích과 같은 많은 대신들의 반대를 낳았다.

1400년 호Hồ왕조는 쩐Trần왕조를 교체하였다. 대월大越 사회는 난국이 지속되었다. 1406년 명나라의 적이 베트남을 침략했다. 몇 달 후 호Hồ왕조의 항전은 실패하였다. 우리 민족의 역사상 외세의 침략에 맞선 어떠한 항전도 이렇게 빨리 실패한 적은 없었다.

호Hồ왕조는 홀로 적과 싸웠다. 호Hồ왕조는 인민을 잃었기 때문에 국가

---

2 위의 책, 185, 190면.

를 잃은 것이다. 호 응웬 쯩Hồ Nguyên Trừng은 이렇게 말한다. "적은 두렵지 않으나 다만 두려운 것은 인민의 마음이 따르지 않는 것이다." 응웬 짜이 Nguyễn Trãi는 이러한 실패의 증인이다. 태학생을 마치고 호Hồ왕조의 어사가 된 응웬 짜이Nguyễn Trãi는 이렇게 고찰하였다. "호Hồ 무리는 나라를 도둑질하기 위하여 간지奸智를 쓰고, 인민의 마음을 위협하기 위해 간지奸智를 들었다. 바오 사오Bảo Sao의 명을 반포하였으나 모든 사람들의 심경에 분노가 일었고, 이민移民을 시행하였으나 모든 사람이 의지할 곳을 잃고 서로를 부른다." (⋯중략⋯) "단지 이기적인 일로 집안을 살찌우고, 나라에 해가 되는 것과 인민들의 괴로움은 생각하지 않는다."[3] 호 꿔 리Hồ Quý Ly는 이전에 쩐 흥 다오Trần Hưng Đạo가 제기하였던 "인민의 힘을 관서寬恕하여 확실한 뿌리로 삼아 깊은 계책을 실현한다"는 일을 하지 않았다. 명나라의 침략과 통치(1407~1427)는 베트남 역사에서 암흑기였다. 우리는 이러한 일들을 당하였다.

　─민족의 독립이 폐지되었고, 베트남은 명나라의 군현으로 전락했다.

　─인민의 힘은 철저하게 착취당하고, 재산은 강탈당했으며, 우리 인민의 봉기를 야만적으로 학살하여 박해하였다. 응웬 짜이Nguyễn Trãi는 "20년 동안 증오를 엮어 군사를 일으키고, 인의의 땅은 모두가 제멋대로 구겨졌다"고 말한다.

　─민족을 동화시키려 하였고 대월의 문화를 말살하였으며, 책을 불태우거나 우리 인민의 책들을 중국으로 가지고 갔다. 응오 시 리엔Ngô Sĩ Liên은 "병기가 길에 가득하고, 잔인한 명나라의 흉악한 무리가 없는 곳이 어디에 있는가", "나라의 모든 책들이 잿더미가 되어 시들었다"고 말한다.

　나라를 잃자 쩐 꿔Trần Quý, 쩐 꿔 코앙Trần Quý Khoáng 같은 귀족들은 적에

3　『응웬 짜이(Nguyễn Trãi) 전집』, 사회과학출판사, 1976, 197면.

게 맞서 일어섰다. 그들은 숨이 남은 마지막 순간까지 싸웠지만 실패하였다. 옛 귀족 계급은 역사에서 제 역할을 다하였다. 람 선Lam Sơn봉기에서 레 러이Lê Lợi는 '영도자 계급의 측면에서, 참여의 역량 측면에서, 국가를 구하고 적과 싸우는 사상에 관한 측면에서' 새로운 공동체의 지도자였다. 람 선Lam Sơn 의군義軍은 깊은 민주적 요소와 민족적 성질이 담긴 해방 전쟁을 진행하는데 있어서 인민에게 기대어야 한다는 것을 알았다. 10여 년 동안 (1416~1427) 힘겨운 괴로움을 참아내고 희생을 감수하면서 전투를 지속시킨 레 러이Lê Lợi와 의군의 지휘부는 기의를 진행하는 한편 봉기의 건설적 역량을 결집시켰다. 람 선Lam Sơn 의군은 타인 화Thanh Hóa의 산악 지대에서 봉기한 이후에 응에 안Nghệ An, 투언 화Thuận Hóa로 내려왔고, 이곳을 중심으로 북부지역으로 밟아 나아가며 나라의 해방전쟁 국면을 넓혔다. 1427년 12월 드디어 나라가 완전히 해방되었다. 명나라의 통치는 이제 완전히 끝났다. 이 봉기의 승리는 새로운 지주세력의 승리였다.

하지만 여전히 레 러이Lê Lợi 스스로가 자신을 람 선Lam Sơn 동주洞主라 자인하고, 여러 장군들은 자칭 동사洞士라 하였다. 그리고 무엇보다도 타인 응에Thanh Nghệ 지역의 농민을 내세운 마을 농민군대의 승리이며, 정점에 이르도록 발전한 인민의 사상과 민족 의지意志의 승리였다.

람 선Lam Sơn 기의의 승리는 역사에서 새로운 한 단계를 열었다.

레 서Lê Sơ 봉건국가가 쩐Trần왕조와 다른 점은 경제, 정치, 문화의 개혁 정책 결과와 긴밀하게 연관되어 형성된 집단이라는 것이다. 경제적 측면에서 레 서Lê Sơ 국가는 호Hồ왕조의 경제개혁의 결과들을 계승하였다. 대규모 농장들의 형성과 존재가 최대한 억제되었다. 옛 귀족은 호 뀌 리Hồ Quý Ly의 개혁에 의해 약화되었으며 이때에 이르러서는 거의 시들었다. 레 러이Lê Lợi의 녹전祿田 제도는 왕위를 계승한 왕들에게로 이어져, 왕실 귀족, 고급 관리, 여러 공신들에게 최대한의 권리를 보장하였다. 하지만 녹전계층의 경작지는 매우 분산되었고 그들이 권력을 집중시키기에는 한계가 있었으며, 조정에 대립하여 할거하는 경향을 방지하였다. 새로운 지주 계급과 새로운 관료계급은 날이 갈수록 넓게 늘어났다. 다른 한편 레 서Lê Sơ왕조는 균전均田제도도 실시하였다. 레 서Lê Sơ왕조는 레 러이Lê Lợi에서부터 시작하여 레 타인 똥Lê Thánh Tông에 이르는 시기까지, 예전 공전의 기초 위에 권세가가 약화된 후 흩어져 있거나 적으로부터 몰수한 재산을 조금 더 보충하여 균전을 완전히 정비하였는데, 규정에 따르면 6년마다 정기적으로 마을의 공공 경작지를 나누었다. 마을의 농민들은 국가를 위해 충분한 조세를 납부해야 했다.

균전均田제도의 실시는 베트남 봉건제도의 발전의 길에서 중요한 하나의 변천이었다. 국가 소유는 호Hồ왕조 아래에서 넓어졌고 강화될 수 있었으며 우세를 점하였고 확실하게 확정할 수 있었다. 명의名義와 실제實際적 측면에서, 마을의 경작지는 나라에 속하였다. 이에 따라 국가는 조세를 걷고, 국가의 주권과 소유권을 실현하였다. 칼 마르크스는 이를 일컬어 아시아적인 소유라 하였다.[4] 어쨌든 균전제도 아래에서 마을의 농민들은 두 자격으로 존재하였는데, 조정의 신민임과 동시에 최고 지주인 황제와의 차전佃田관계였다. 모든 개인은 반드시 마을과 긴밀한 관계를 지녔으며, 국가는 마을을 통해 통치하였다.

균전제도를 통해서 마을은 전제집권군주제도의 경제적 기초가 되었다. 이는 바로 조정이 마을의 사상문화를 지배하는 방식을 찾기 위한 기초였다. 당연히 균전제도 안에서 국가는 하나의 원칙을 받아들여야 했는데, 마을의 공공 경작지는 그 마을이 사용하고 스스로 여러 구성원들에게 나누도록 하였다. 이는 마을의 자치적 성격이 형성되는 마을규약의 경제적 기

---

4 칼 마르크스, 『자본』 3집 권3, 사실출판사, 1963, 33 · 244면.

초였다. 마을규약은 자기조건적이고 자기조절적으로 조정이 이를 완전히 다 지배할 수는 없었다. 때때로 마을규약은 국가의 법과 모순되기도 하였다. 레 타인 똥Lê Thánh Tông은 명을 내려 어떠한 마을이든 향약鄕約을 실시토록 했는데, 여러 유학자들을 임명하여 실현하도록 하였다. 풍속, 신앙, 축제, 노래 등의 민간문화는 이렇게 어느 정도의 범위에서 발전하고 유지될 수 있었다.

15세기의 균전제도는 사회분열을 제한하고 소농경제를 안정시키는데 적극적으로 공헌하였다. 이 시기에는 농민들이 봉기하는 현상도 기록되어 정리된 것을 찾아볼 수 없으며, 다른 한편 민간에서는 이렇게 기억하고 있다. "태조와 태종 왕 시대에는 벼와 쌀이 들판에 가득하여 닭들도 먹으려 하지 않는다."

15세기 농업과 농민은 상대적으로 안정적이었지만 시장경제활동은 제한적이었으며, 쩐Trần 시기에 비해서도 오히려 위축되었다. 수공업 분야에서는 국가가 관급 공장을 열어 돈, 무기, 장신구 등을 전문적으로 생산하였다. 궁실, 별궁, 성루의 건물들을 전문으로 하는 공장工匠이 조직되었다. 관의 공장과 공장工匠의 생산품들은 시장에서 유통되는 것이 아니었으며, 이는 시장 경제의 발전을 제한하였다. 이외에 조정은 여러 조례를 통해 서로 다른 사회계급들에게 집을 지을 때의 격식, 옷을 지어 입을 때 계급에 따른 옷 색깔, 금은 장신구 등을 규정하였다. 왕이 허락하지 않는 한 인민들은 '고상'한 여러 종류들도 사용할 수 없었다. 이러한 법들은 생산기술의 개선을 억제하였다. 레Lê왕조는 또한 탕 롱Thăng Long 수도의 발전도 제한하였다. 1481년 조정은 명을 내려 잡다하게 흩어져 살면서 행상을 하는 사람들을 쫓아내고, 점포를 내는 사람들도 성에서 나가도록 하였다. 부도어사副都御史 꽉 딘 바오Quách Đinh Bảo는 간하는 소를 올려야만 했다. 탕 롱Thăng Long은 대도시의 중심지로 발전하고 넓어질 수 없었으며 여전히 탕 롱Thăng Long의 주요 기능은 정통적인 문화중심, 정치중심에 머물렀다. 지방의 중심지들도 더 큰 경제·사회적 역할을 담당하지 못했다. 도시는 발전하지 않았으며 상품은 모여들었지만 모두 농촌의 시장에서 자리를 깔아 판매 되었으며, 도시와 농촌의 두 구역으로 분명하게 분리되지 않는 거주민과 경제의 구조를 만들었다. 베트남에서 도시는 농촌 속으로 흩어져서 농-공-상의 마을 형태를 만들었다. 이러한 조건은 문화발전 안에서 체현되었다. 민간 문화는 탕 롱Thăng Long 도시보다 마을에서 더욱 넓어지게 되었다. 무역은 여전히 부족하였다. 응웬 짜이Nguyễn Trãi의 『여지지輿地誌』에서는 번 돈Vân Đồn에 들어온 외국 무역선에 대해서 기록하고 있다. 이곳에서의 상거래 또한 리-쩐Lý-Trần 시기보다 번화하지 않았다. 다른 면에서 레 서Lê Sơ왕조는 억상정책을 실행하였고, 그래서 외국 무역선의 왕래는 드물었다. 1467년 씨엠 라Xiêm La 사람이 번 돈Vân Đồn 항에 와서 금으로 된 잎과 여러 물품들을 진상하였지만 레 타인 똥Lê Thánh Tông은 이를 거절했다.

레 서Lê Sơ 시기 사회 경제 구조는 총체적으로 보자면 여전히 주로 농업-농민-마을이 주축이었고, 상품경제는 단지 농업을 보충하는 부분을 차지할 뿐이었다.

람 선Lam Sơn 기의의 승리와 더불어 장군들은 모두 레 서Lê Sơ 봉건정권의 지배층으로 바뀌게 되었다. '동주洞主'는 황제로 바뀌었고, 여러 '동사洞士'는 대신이 되었다. 이 왕조는 사상체계와 조직 면에서 쩐Trần 시기의 국가에 비해 여러 점에서 달랐다. 베트남의 중·고대 시기 봉건국가는 모두 권력집중적, 전제군주적, 그리고 관료화의 추세가 있었다. 하지만 모든 왕조 대에는 각자의 특징들도 있었다. 쩐Trần 시기의 쩐 타인 똥Trần Thánh Tông은 "천하는 조종祖宗의 천하이고, 조종의 업을 이은 사람은 왕실의 형제와 더불어 부귀를 누려야만 한다"고 언급한다. 실제 쩐Trần 왕실의 가문은 조정과 지방의 요직을 두루 점하여 서로 나누었으며, 이러한 추세는 사학자인 응오 시 리엔Ngô Sĩ Liên이 '종자유성宗子惟城'이라고 말하였듯이 귀족화 체제를 유지하도록 만들었다. 레 서Lê Sơ가 다른 점에 대해서 레 뀌 돈Lê Quý Đôn은 이렇게 지적한다. "태조는 쩐Trần왕조의 옛 일로부터 말미암아 가문 내에서만 모든 사람을 임명하는 것을 모방하지 않았다. 당시에 레 코이Lê Khôi, 레 캉Lê Khang처럼 가문 안에서도 뛰어난 인재들이 있었고 모두가 공신의 자격을 지녔고 작을 주었으나, 땅을 나누어 봉작하지는 않았다."[5] "고황高皇(레 러이Lê Lợi)은 나라를 평정하고 문신보다 무신을 더 중하게 여겼다. 타인 똥Thánh Tông은 명明이 정한 관제를 따라서 문신, 귀척貴戚을 더 중히 여겼다."[6]

이렇게 쩐Trần왕조에서 레 서Lê Sơ로 넘어가면서 나라의 모든 정권을 점하기 위한 왕실 종친의 연합은 일정한 원칙을 이루지는 않았다. 관리를 선발하는데 있어서 조정은 군공軍功과 유학의 과거가 주요한 것이었다. 물론 당연히 천거와 가문의 음서는 여전히 있었다. 귀족과 황족은 일부 경제적인 권리를 지녔는데 "관저(부府)로 드러나게 다스리기 위한 것이 아니라, 인민과 더불어 친밀하게 만날 수 있도록 하기 위한 것이었다. 왕후와 번부藩附는 권세를 박탈당하고 약화되었다. 부르기는 천승千乘이라 하지만 그저 평민에 불과하였으며 (…중략…) 친해야만 할 사람은 성기게 되었고, 성긴 관계의 사람들은 친하게 되었으니, 모순됨이 이에 이르렀다".

군공과 과거에 의해 관리를 선발하는 제도는 행정관료체제를 만들었다. 레 서Lê Sơ 초기에는 무관이 매우 많았는데, 레 타인 똥Lê Thánh Tông 시기 그 이후로는 과거를 통해 등용된 문신이 중요한 위치를 차지하였다. 이러한 관료 계급은 그들의 정권 계급에 따르는 관리의 권력과 밀접한 관련을 맺는 경제적 권리가 있었다. 과거에 따라서 선발하는 형식은 사대부계급을 만들어내었다. 사대부와 무관들은 보통 사람들이 많았고, 심지어는 가난하

---

5 「대월통사」, 『레 뀌 돈(Lê Quý Đôn) 전집』 3집, 사회과학출판사, 1978, 142~143면.
6 「견문소록」, 『레 뀌 돈(Lê Quý Đôn) 전집』 2집, 사회과학출판사, 1977, 267면.

고 곤궁한 사람들도 있었다. 하지만 출신이나 귀족에 따라 관리가 되는 것이 아니라 개인의 노력에 따라서 국가의 관리체제에 뛰어 들어 사회적 지위와 그에 상응하는 경제적 권리를 가지게 되었다. 그러므로 그들은 직책을 존숭하였고 과거제도를 숭배하였다. 이름을 찾고, 지위를 찾고, 이익을 찾기 위해서 과거시험에 따르는 학문에 대한 열렬한 심리가 만들어졌다.

레 서Lê Sơ 시기에는 1442년부터 과거제도가 정착되었는데, 3년마다 한 번씩 향시鄉試와 회시會試가 열렸다. 학문하는 학자의 수가 날이 갈수록 많아지고, 과거에 응시하는 수도 날이 갈수록 늘어났다. 임오년(1462) 향시과를 예로 들면 선 남Sơn Nam 지역에서만 4,000여 명이 응시하였고 1,000여 명이 삼장三場에 들었으며, 100여 명이 중선中選에 들었다. 레 타인 똥Lê Thánh Tông 시기는 베트남의 과거제도 역사상 시험과 학문에서 가장 왕성한 시기였다. 수도에서는 여러 차례 회시과가 열렸고, 4,000~5,000명의 선비들이 올라왔다. 1475년처럼 적은 해에도 3,200여 명이 응시하였으며, 1499년처럼 많은 해에는 5,000명이 넘는 수가 응시하였다. 1075년 유학의 과거시험이 시작된 해부터 시작하여 1918년 마지막 유학의 과거시험에 이르기까지 대략 세어본다면 2,335명의 진사가 있으며, 그 가운데 30명의 장원이 있었는데, 레 타인 똥Lê Thánh Tông 재위 시기인 38년 사이에만 501명의 진사와 9명의 장원이 있었다. 레 타인 똥Lê Thánh Tông 시기의 진사의 수가 이와 같다면 총 진사수의 1/5을 차지하는 것이며, 총장원수의 1/3을 차지하는 것이다. 이러한 수치는 다만 고급 사대부의 수량만을 계산한 것으로, 하급 관리의 수는 이보다 훨씬 더 많았을 것으로 볼 수 있다.

관료봉건국가는 일상적으로 인사人事를 보충하였다. 판 후이 쭈Phan Huy Chú가 분명히 쓰고 있다. "쩐Trà 시기에는 과거가 있었지만, 사람을 등용하여 씀은 반드시 과거에만 있는 것이 아니었으며, 갑과 출신 가운데서 뽑아 올릴 필요가 없었다. 그저 사람을 쓸 수 있으면 되었다 (…중략…) 홍 득

Hồng Đức 시기에는 시과試科로 많은 사람들을 발굴하였으며, 지금의 대원에 있는 내관과 지방에 있는 외관을 모두 진사인 사람들로 등용하였다. 또한 중장中場에 있는 국자감의 관리와 유생은 다만 현縣과 부府의 관직에 보충되었다."[7] 그래서 유사儒士는 관료의 대오에서 매우 큰 수량을 점하였다. 황제와 관료의 관계는 리-쩐Lý-Trần 시기와 같이 비좁은 왕실 혈연중심에 비하여 아주 다른 하나의 폭넓은 연결 관계를 만들어냈다. 이것은 행정관료 체제였다. 레 서Lê Sơ의 관료 국가는 하나의 정권조직이면서 또한 사대부가 들어와서 그 자신이 하나의 사회 계급과 같은 것을 형성하게 되었다. 쩐Trần 시기는 왕실귀족이 곧 국가의 의미를 지닌 왕족국가라 한다면, 레 서Lê Sơ 부터 비롯하여 그 이후 시기에는 과거를 본 사대부들이 국가의 정권을 장악하였다.

레 서Lê Sơ 시기의 과거 제도와 여러 개국공신 후손의 음서제도는 다수의 새로운 거족巨族또는 망족望族을 만들어 내었으며, 국가에 관리를 공급하였다. 레 타인 똥Lê Thánh Tông은 「민 르엉Minh Lương」이라는 글에서 이러한 일에 대해 자부심을 드러내고 있다. "정鄭 씨 열형제가 모두 부귀현달하고, 신申 씨 두 부자父子는 작록과 영광을 누렸다"

당시에 출현한 다수의 거족 혹은 망족으로는 응에 안Nghệ An의 공신 응웬 시 Nguyễn Xí 가문, 타인 화Thanh Hóa의 공신 레 라이Lê Lai 가문, 타인 화 Thanh Hóa의 공신 응웬 꽁 주언Nguyễn Công Duẩn 가문, 모 짝Mộ Trạch, 하이 흥Hải Hưng의 부Vũ 가문 등을 들 수 있는데 '진사의 둥지'라 불렸다. 15세기 거족들은 여러 세기에 걸쳐 이어졌으며 레Lê 조정에 매우 충성하였다. 당연히 레 서Lê Sơ 시기 정권체제는 여전히 망족이 아닌 사람들을 망족으로 더하고 보충하는 것으로 구성되었다.

---

7   판 후이 추, 『역조헌장류지(歷朝憲章類誌)』 2집, 사학출판사, 1961, 69~70면.

과거제도를 건설하고 공고화하는 일과 나란히 여러 레Lê 조의 왕들은, 특히 레 타인 똥Lê Thánh Tông은 정권 계급을 조직하는데 힘껏 집중하였다. 레 타인 똥Lê Thánh Tông이 명나라의 모형에 따라 관제를 고친 것은, 조정이 관리를 임명하여 꿔 닌Quy Ninh(빈 딘Bình Định)의 끝에 이르기까지 각 지방을 지배하고 장악하기 위한 권력을 강화하기 위한 것이었다. 관료체제 안에서의 서열, 의례, 직책들이 구체적으로 규정되었다. 레 타인 똥Lê Thánh Tông은 꽝 남Quảng Nam 지역까지 모두를 포함하여 전국을 13개의 도道로 나누었다. 도道 혹은 쓰Xứ(베트남의 지방 구분 단위로 오늘날의 성과 유사함) 아래에는 부府가 있었다. 부府 아래에는 현縣이 있었으며, 산악지대는 주州라 불렀다. 주현州縣 아래에는 여러 싸(Xã社)가 있었으며, 산악지대는 책柵이나 동峒이라 불렀다.

이는 조정에서 싸(Xã社)에 이르기까지 5등급으로 정권을 나누고, 정치와 문화에 대해 전국적인 통일을 단정 짓는 것이었다.

1469년 레 타인 똥Lê Thánh Tông은 전국 단위의 지도를 그리도록 조직하였다. 1470년, 「홍 득Hồng Đức 지도집」이 만들어졌는데 조정이 각 지방의 민거民居, 지리, 경제, 정치 등에 대해 전면적으로 이해하고 알 수 있도록 도움을 주었다. 이 시기에 레 타인 똥Lê Thánh Tông과 조정대신들은 이전 시기까지는 찾아볼 수 없는 가장 완전하게 정비된 전면적인 법전인 『홍 득Hồng Đức 율』을 지었다. 레 서Lê Sơ 시기의 대월국은 레 타인 똥Lê Thánh Tông에 이르기까지 발전하고 안정적이었으며, 법률이 정비되고 사회가 기강이 서 있었다고 말할 수 있을 것이다.

불교는 14세기 말에 한계를 드러내었고, 15세기에 이르자 약화되었다. 불교의 위세는 모질게 비판을 받았는데, 상류층의 많은 사람들도 불교를 버리게 되었다. 그렇지만 불교는 여전히 농촌에서 유지되었으며, 마을에 의지하고 있었다.

불교에 대한 모진 비판의 시작은 정권에서부터 비롯되었다. 1429년 말 조정은 명을 내려 모든 승려에 대해 "관아에 와서 보고하여야 하고, 심사하고 허가하여 시험을 보는데, 합격하면 승도僧道에서 일하며, 합격하지 못하면 환속해야 한다"[8]고 하였다. 시과試科는 불교의 문장에서 여러 경전에 대한 이해와 암기한 것을 검사하는 것이었는데, 이것은 경전분야에서 불학의 진도가 수련할 준비가 되어 있는지를 판단하는 것이었다. 이러한 정책은 불교를 손상시키고 해치는 일이었다.

이러한 레 서Lê Sơ 조정의 일은 유교의 독존獨存을 원하기 때문에 요구되었으며, 삼교三敎의 형식을 없애버리고 유교가 모두를 지배하기를 원하였다. 정권은 인식론이나 우주관에 대한 것이 아니라 주로 인륜도덕의 관점에서, 다스리는 입장에서 불교를 비판하였다. 그런데 르엉 테 빈Lương Thế Vinh과 같이 불교에 대한 연구로 유명한 사대부들도 있었다. 르엉 테 빈Lương Thế Vinh은 티엔 반Thiên Bản 현(부 반Vụ Bản, 남 하Nam Hà) 까오 흐엉Cao Hương 마을 사람으로, 1463년에 장원에 급제하였고 레 타인 똥Lê Thánh Tông이 창립한 따오 단Tao Đàn 시회詩會의 채부採否를 맡았다. 그의 창작과 연구는 『다이 타인 또안 팝Đại thành toán pháp, 大成算法』, 『히 프엉 포 룩Hý phường Phổ lục, 戲坊譜錄』, 『티엔 몬 콰 지아오Thiền môn khoa giáo, 禪門科敎』의 저술과 『남 똥 뜨 팝 도Nam tông tự pháp đồ, 南宗嗣法圖』의 서문에 남아 있다. 『티엔 몬 콰 지아오Thiền môn khoa giáo』는 소실되었는데 불교의 입문서로 보인다. 『남 똥 뜨 팝 도Nam tông tự pháp đồ』는 트엉 치에우Thường Chiếu 승려에 의해 편찬된 것으로 베트남에서 불도佛道의 전파에 관한 것이다. 이 책도 실전되어서 르엉 테 빈Lương Thế Vinh의 서문 또한 찾아볼 수 없다. 유신儒臣으로서 르엉 테 빈Lương Thế Vinh처럼 불경을 연구하고 창작한 것은 매우 특이한 현상이었다.

---

8 『대월사기전서』 2집, 사회과학출판사, 1985, 302면.

레 서Lê Sơ 시기 승려들의 신분은 매우 낮았다. 「십계고혼국어문十戒孤魂國語文」 가운데 홍 득Hồng Đức 시대 무렵에 유행한 것은 '선승계禪僧戒'이다. "신심身心을 닦아 깨끗하게 하니 고향은 어디에 있는가, 계행戒行은 바로 석가가 가르치던 시절이구나. 말은 여러 천당과 지옥을 말하는데, 법은 어찌하여 우리에게 이르지 않는가."

『홍덕국음시집洪德國音詩集』에는 파 라이Phả lại 사찰의 풍경을 읊는 구절이 전하는데, 매우 유교적이다. "마음에 그리움이 일어 사모하게 되니, 임금과 부모가 천근만큼 무거운 어깨 짐이구나."

불교처럼 도교 또한 정권의 심한 공격을 받았다. 1429년 말 도사들도 여러 관아로 모여서 시험을 치러야 했는데, 합격하지 못하는 사람은 고향으로 돌아가서 쟁기를 갈아야만 했다. 도교는 정식으로 중시된 것은 아니라 할지라도 여전히 사회에 영향을 끼쳤다. 인민들은 여전히 여러 방술을 믿었다. 탕 롱Thăng Long에 있는 쩐 부Trấn Vũ와 같은 도관들은 나라 안 곳곳에 있는 도관들과 더불어 예배하는 사람들을 가득 끌어들였다. 관료계급 특히 그들의 부인과 자녀들은 여전히 도사들의 도술을 믿고 기원하기를 좋아하였다. 레 타인 똥Lê Thánh Tông 역시 도교를 믿은 적이 있었다. 『티엔 남 즈 하 떱Thiên Nam dư hạ tập, 天南餘暇集』에는 도교의 영향을 받은 것으로 보이는 글귀가 있다.

신앙의 측면에서 보면 도교와 불교는 여러 번 뒤섞였다. 동시에 둘은 모두 민간신앙과 더불어 뒤섞여서 복잡한 하나의 융합을 만들어 냈다. 옛 역사를 보면 여러 차례 레Lê왕조의 왕이 팝 번Pháp Vân 사찰(하 박Hà Bắc지역, 저우Dâu 사찰))에서 기도하였다는 기록이 있으며, 또한 돌림병이 돌았을 때 사람들을 위하여 사찰이나 도관에 가서 안녕과 복을 빌기도 하였다.

레 서Lê Sơ 시기에 유교가 정점에 이르기까지 발전한 것은 역사적인 선택의 과정과 오랜 발전의 결과였다. 리Lý 시기에는 유학의 과거가 있었고,

문묘를 세워 공맹을 모셨다. 일부 승려들은 여전히 정권에 참여하였다. 쩐Trần 시기에 넘어오면 불교는 여전히 숭상되었지만 정권의 조직들은 송나라의 모형을 따랐고,[9] 이곳에 승려는 없었으며 귀족과 유신儒臣들이 주를 이루었다. 쯔엉 한 시에우Trương Hán Siêu, 추 반 안Chu Văn An 등은 선성과 공맹의 선현들과 더불어 문묘에 추존될 수 있었다.

레 서Lê Sơ 시기에 이르면 유교는 여러 분야에서 지배적이었는데, 무엇보다도 지방에서 조정에 이르기까지의 교육체제에서 두드러졌다. 레 뀌 돈Lê Quý Đôn은 "홍 득Hồng Đức 연간에(1470~1417)는 매년 사서오경四書五經, 『옥당문범玉堂文範』, 『문헌통고文獻通考』, 『문선文選』, 『강목綱目』 등의 공서公書를 여러 부府에 배급하였다. 학관에서 가르치는데 그것에 의해 가르쳤고, 과거에서 인재를 얻는 데에도 이에 의거했다"[10]라고 언급한다. 여기서 교육된 내용들은 주로 경학經學과 사학史學이었다. 수도에서는 개별적으로 레 타인 똥Lê Thánh Tông이 오경박사를 두었다. 유교가 통치하면서 경학은 교조화 되었다. 여러 시회試會들은 모두 『논어』, 『맹자』, 『춘추』, 『중용』, 『대학』 등과 같은 경전을 주제로 삼았다. 이로부터 레 서Lê Sơ 시기 말에 이르기까지 과거시험의 지문의 물음이 정해졌다. "왕이 말하기를, 짐이 생각하기를 예전부터 성제명왕은 가운데에서 하늘을 대신하는 것일 뿐만 아니라 성치盛治를 베풀어야만 한다. 하지만 공자가 나라를 다스리는 일에 대한 안연의 물음에 답하여 말하기를, '하나라의 역曆을 쓰고, 은나라의 수레를 타며, 주나라의 관을 쓰고, 음악은 순임금의 소무를 한다'고 하였다. 논설하는 사람이 말하기를 예악은 사대四代라 하였다. 그렇다면 제왕이 천하를 다스리는 법이 오직 두 일인 예악禮樂 뿐인가! 송나라의 유학자인 구양수가 말하기를 '삼대三代에는 다스림에 있어 오직 하나의 길이 있어서 예악이 천하에 고루

9 『레 뀌 돈(Lê Quý Đôn) 전집』 2집, 111면.
10 『레 뀌 돈(Lê Quý Đôn) 전집』 2집, 96면.

이르렀다. 삼대에서 내려오면서 정치에는 오직 두 길만이 있어 예악은 다만 그 허명만이 남게 되었다.' 하지만 지금의 도학道學, 대유大儒는 모두 구양수가 말한 것을 합리적인 토의라 말한다. 태조 고황제(레 러이Lê Lợi)로부터 베트남은 신무神武를 들어 길태吉泰의 업을 일으켜 세우고 수백년을 이어왔으나, 예악은 시대에 따라 사람에 따라서 어떠한 것이든 모자람이 없었다."[11] 권력을 장악한 계급은 매우 강한 유교적 관념을 가지고 있었다.

유교를 존숭하는 일이 드러난 중요한 하나의 사건은 레 타인 똥Lê Thánh Tông이 국자감에 진사비進士碑를 세운 일이다. "중요한 도道로 유儒를 들어 숭상함은 먼저 할 일이며, 사대부를 선택하는 것은 나라를 다스리는 법에 있어서 먼저 할 일이다."[12] 진사비를 세우는 것은 레 서Lê So 시기 그리고 그 이후 시기에도 모두 유교사상의 지배적 위치가 점점 더 확정되었음을 드러낸다.

레 타인 똥Lê Thánh Tông은 또한 유교를 마을의 문화에까지 파급시켰다. 1470년 조정은 24개조의 교훈을 반포하였는데, 삼종지도, 충, 효, 의, 예에 따라서 작은 마을과 종족, 가정을 돈독히 하는 문제에 이르기까지 언급하고 있다. 매년 설날, 또는 커다란 예식禮式이 있으면 마을의 촌장이 사람들을 모아놓고 이 24조를 강해講解하였다. 이 외에도 조정은 다시 칙유勅諭를 마을에 내리고 이러한 24조를 분명히 정하였다. "도道가 성하거나 약해지는 관계는 모두 풍속에 있으며, 풍속이 좋거나 나빠지는 관계는 운기運氣에 있다. 역경에서 말하기를, '군자는 현재賢才를 찾아 관리로 삼아 풍속을 교화하여 백성을 좋게 한다'라고 하였고 서경에서 말하기를, '백성이 바뀌도록 하기 위해 법칙이 있고, 모든 사람을 가르쳐 오교五敎를 알게 한다'라고 하였다. 시경에서 말하기를, '의를 유지함이 앞과 뒤가 하나와 같고, 모든

---

11 『흠정대남회전사례(欽定大南會典事例)』「예부(禮部)」, 111면.
12 1442년 임술 진사과 비문; 1448년 무진 진사과 비문; 1463년 계미년 진사과 비문 등 참조.

사방의 주인이 된다'고 하였으며 예경에 말하기를, '바른 그릇을 잡아 정도가 지나치는 것을 피하기 위해 금지하고 경고하며, 모든 나라 안에서 풍속이 서로 같도록 도덕을 통일시킨다'라고 하였다. 성인의 경은 분명하게 가르쳐서 근거로 삼기에 충분하여, 옛날 여러 제왕이 왕위에 올라 나라를 다스릴 때, 자신의 안에 간직하고 모든 사람들에게 응하여 접할 때 이를 들어서 하지 않는 사람은 아무도 없었다."[13]

리-쩐Lý-Trần 에서 레 서Lê Sơ에 이르기까지 여러 왕조를 지나면서 유교를 사용한 것은 봉건통치계급의 의식적인 선택이었다. 불교와 유교는 모두 통치계급이 사회를 구축하는데 사용하였다. 하지만 해탈과 같은 불교 사상은 가정과 가문을 공고히 하는데 크게 주의를 기울이지 않았으며, 유교는 가정과 가문을 공고히 하였다. 유교는 인륜도덕에 대해서 그리고 시과試科 교육에 대한 하나의 학설로 기능하였으며, 전제집권군주제도와 부합하는 나라의 정치 이론이었다. 하지만 불교는 어떠한 것도 이에 견줄만한 것이 없었다. 리-쩐Lý-Trần 시기의 여러 왕들은 불교를 매우 존숭하였지만 관료집권국가를 건설할 때에는 유교를 빼놓을 수가 없었다. 생각해보면 불선佛禪은 비록 적극적으로 입세간적이라 할지라도 결국 유교와 같을 수는 없었다. 두 사상체계 사이에는 건너기 어려운 틈이 있었다. 쩐 타인 똥 Trần Thánh Tông이 비록 불교와 불학佛學에 정통했다고 할지라도 여전히 쩐익 딱Trần Ích Tắc에게 명하여 "푸 데Phủ đệ에서 학교를 열고 학습을 위해 사방의 문사들을 모으고, 인재를 가르쳤다".[14] 유교사상은 명분에 따르는 복잡한 사회 계급을 나누는 일을 유지하고, 조정의 주변과 가문, 가정을 연결하는 일을 비호하였다. 하지만 유교는 정치와 윤리 도덕의 토대 위에서, 그리고 서로 뒤섞여 있는 법화法化와 예禮의 활동과 관념들의 기초위에서, 이들

---

13 『대월사기전서』 4집, 15면.
14 『대월사기전서』 2집, 34면.

을 연결하고 분리하며 융합할 줄 알았고, 봉건통치계급의 요구에 부응하는 삼강과 충효를 신성화할 수 있었다.

쩐Trần왕조는 유교를 보편적으로 활용했지만 당시 사회상황에서는 한계가 있었다. 지방과 탕 롱Thăng Long에서는 경제적 권력이 있고 사회적인 지위가 있는 귀족세력이 여전히 보편적이고도 강력하게 불교를 옹호하는 역량이 있었다.[15] 호 뀌 리Hồ Quý Ly의 개혁, 명明의 잔인한 통치, 여러 변법들은 쩐Trần 조정의 옛 귀족들과 그들의 본거지를 약화시켰고 이들 계급을 흩어지게 하였다. 반면 균전均田제도는 공공의 경작지를 보호하고, 가문과 가정과 더불어 마을을 공고하게 하여 소농경제를 적극적으로 안정시키는 데 기여하였고 농촌에서 사회중간계급을 확장시켰다. 이는 바로 유교를 받아들인 것에 기초하고 있으며, 그 이전에는 이룰 수 없는 것이었다.

사회는 지속적으로 변화하고 스스로 조정하지만 동시에 사회는 하나의 정체整體이기도 하다. 문화사상과 사회경제적 요소들은 상응하여 부합할 필요가 있다. 리-쩐Lý-Trần 시기 유교와 불교 사이의 투쟁은 조용할 때도 있고 공개적인 경우도 있었으며, 대부분 길고 복잡한 과정을 거치며 융합하였는데, 이는 대월 통치 계급이 자신들의 정신적 도구를 찾는 하나의 과정을 반영하는 것이다. 결국 유교는 15세기에 이르러 완전히 불교를 대체하게 되었다. 사회경제적 기초위에서 경작지와 농민 가장家長은 강하게 발전하였고, 봉건관료제도의 기초 위에서 집권과 통일된 국가를 건설하려는 바람을 확대할 때에 유교는 불교보다 확실히 뛰어났다. 다른 한편 이러한 사상계의 의식은 관료집권봉건국가를 공고히 하고, 농업사회의 통일을 공고히 하는데 적극적으로 기여하였으며, 예와 법에 따르는 하나의 사회 기

---

15 『삼조실록(三祖實錄)』과 1362년에 새겨진 『청매원통탑비(青梅圓通塔碑)』에 따르면 쩐(Trần) 시기의 귀족들이 사찰에 희사한 것을 찾아볼 수 있는데, 이는 그들이 불교에 의지하고 있음을 의미한다.

강을 만들어냈다. 주로 농업으로 통일된 경제적 기초는 행정관리의 조치에 의지해야 했는데, 이럴 때에는 유학사상체계가 가장 적극적으로 도움이 되었다.

레 서Lê Sơ 시기의 유교사상은 어떠한 특이점이 있고 베트남사회의 어디에까지 침입하고 있는가? 이는 복잡한 문제이다. 유교의 내용을 간단하게 인과 예라고 규정해서는 안 된다. 어떠한 학설이든지 사회에 들어오기를 원하지만, 서로 다른 특색들과 함께 사람에 이르기까지는 언급하지 못했다. 유교도 마찬가지이다. 유교의 특이점은 삶과 죽음을 논외로 하는 것이며, 구세주와 창세주를 만들어내지 않고, 또한 기독교나 불교처럼 구고구난에 대해 언급하지 않는다. 하지만 예에 대해서는 여러 번 말한다. 공맹, 한유, 송유는 모두 대월에 들어왔다. 통치계급은 이를 폐지하지는 않았지만,[16] 처음부터 곧바로 모두를 받아들일 수 있었거나 그대로 수용한 것은 아니었다. 대월의 통치계급은 사회를 조직하기 위한 구체적인 조건에 따라 유교를 선택하여 사용하였다.

15세기의 중엽에 이르는 동안 조정의 여러 공신과 무장들에게 유교의 영향은 그다지 깊지는 않았다. "오늘날 재상은 모두가 개국대신이며, 유술儒術은 좋아하지 않고, 공적을 조사하기 위해 서류를 기록하는 것을 일삼는다."[17] 꽝 투언Quang Thuận(1460~1469) 시기에 쓰여진 『중흥기中興記』에 따르면 "레 쿠옌Lê Khuyến은 슬기로운 토끼가 명命을 지키듯이 하는데 (…중략…) 리 뜨 떤Lý Tử Tấn과 찐 투언 주Trịnh Thuần Du와 같은 유신儒臣들은 벌떼가 들고 일어서는 것처럼 또는 개와 쥐가 으르렁대는 것처럼 시끄럽고 무식하기 이를 데가 없으며 한직閑職과 지방地方을 찾아 들어간다. 레 승Lê

---

16 호 뀌 리(Hồ Quý Ly)의 경우에 앞부분에서 일부 유학자들을 비판하고 있음을 살펴보았지만, 그 역시 유학자라는 사실을 우리는 알 수 있다.

17 『대월사기전서』 2집, 339면.

Súng, 레 삿Lê Sát과 같은 재신宰臣들은 우둔하기가 여섯 종류의 가축도 분별하지 못하며, 레 디엔Lê Diên과 레 뤼엔Lê Luyện과 같은 장병掌兵들은 깜깜하여 1년에 왜 4계절이 있는지도 이해하지 못한다. 찐 카Trịnh Khả, 칵 푹Khắc Phục과 같은 양신良臣들은 말다툼을 하였다고 죽여 버리고, 재능이 있는 선비인 유신儒臣 응웬 몽 뚜언Nguyễn Mộng Tuân 같은 이도 참변을 당하고 만다(…중략…) 꽁 소안Công Soạn과 같은 문관은 80여 세에 이르며, 레 에Lê Ê 와 같은 재신宰臣은 글자를 하나도 알지 못한다."[18]

이러한 상황들을 보면 당시에는 유교는 완전하게 지배하지 못하고 있었다. 레 타인 똥Lê Thánh Tông 시대에 이르러서야 유교가 강력하게 발전하여 과거와 교육에서 가장 높은 위치에 있게 되었다. 그렇지만 강의한 내용이나 과거를 살펴보게 되면 주로 사서오경과, 주희朱熹, 마단림馬端臨의 역사서들이다. 동중서董仲舒의『춘추번로』와 송명대의『성리대전』이 조정에서 사용된 흔적은 찾아볼 수 없다.[19] 판 후이 추Phan Huy Chú에 따르면 "대략 티에우 빈Thiệu Bình(1434~1439) 연간과, 홍 득Hồng Đức(1470~1497) 연간에 경의經義와 관련된 어떠한 장章도 찾아볼 수 없고, 어떤 편篇에도 주의가 기울여지지 않았다. 만약에 학자가 경전을 넓게 공부하지 않았다면 드러나지 않는 것이 당연하다. 녹錄, 시詩, 부賦에는 간혹 고사에 나오며, 이외에 당시 시사성이 있는 정사政事와 관련된 물음에서 — 레 니엠Lê Niệm이 평장平章 관직을 할 때의 제거문制擧文, 점성국에서 코끼리를 헌납할 때의 표문 — 찾아볼 수 있다".[20] 레 서Lê Sơ 시기의 왕 중에서 가장 유학을 숭상한 인물인 레 타인

---

18 위의 책, 389면.

19 이전 시기 명의 지배를 받을 때, 명나라는『성리대전』을 각 부현(府縣)에 들여왔는데, 레 뀌 돈(Lê Quý Đôn)의『예문지(藝文志)』와 판 후이 추(Phan Huy Chú)의『문적지(文籍志)』에는 당시 사람들의 경학에 대한 해석서가 한권도 기록되지 않고 있다

20 판 후이 추(Phan Huy Chú),『역조헌장류지(歷朝憲章類誌)』3집, 사학출판사, 1961, 20면 참조. 레 니엠(Lê Niệm)은 공신 레 라이(Lê Lai)의 친손자이다.

똥Lê Thánh Tông 시기에도, 좨주祭酒 겸 문명전대학사文明殿大學士를 지낸 응웬 바 끼Nguyễn Bá Ký는 여러 경사經史에 주의를 기울이지 않고 '쓸모없이 겉모양 만 번지르르한 학문의 길'을 좋아한다고 비판한다. 레 타인 똥Lê Thánh Tông 무렵 도道와 이理에 대해 신하인 도 뉴언Đỗ Nhuận과 언급한 것이 있다. 그는 이렇게 말한다. "도는 당연한 일이어서 분명하고 이해가 쉽다. 이는 당연 한 원인인데 보기가 어려운 것이다."[21] 레 타인 똥Lê Thánh Tông은 분명하게 유교철학의 기본적인 두 개념에 대해서 언급하고 있지만 구체적으로 정한 것은 아니었다. 레 타인 똥Lê Thánh Tông 시대의 왕과 관료들은 실천적 정신 으로 유학을 확대하고 경사經史를 공부하였으나, 고지식한 하나의 틀에 따 라서 완전히 규제하는 것은 아니었다고 말할 수 있을 것이다.

리-쩐Lý-Trần왕조처럼 레 서Lê Sơ 정권도 본래 유교에서 나와서 일상에서 공고화된 충효의 관계와 사상을 언급하였다. 1468년 레 타인 똥Lê Thánh Tông은 『영화효치英華孝治』라는 시집을 만들어 아이들을 가르쳤다. 1470년 그는 효충사상에 따라서 왕과 신하의 관계에 대한 24개조를 만들어 반포 하였다.

여러 봉건국가들이(레 서Lê Sơ를 포함하여) 천하를 다스리기 위해 '효'를 드 는 것은, '얼굴을 대하는' 가정들을 연결하여 자신들의 통치를 위해 유리한 사회로 끈끈하게 융합되도록 만드는 한편, 마을과 조정을 결속시키기 위 해 종족宗族이라는 관계를 이용하려는 것이었다. 동시에 그들이 천하를 다 스리기 위해서 '충'을 든 것은 황제와 신하, 상하계급과 같은 '공민公民' 관계 를 위한 것으로, 정권을 공고하게 만들고 건설하기 위한 '기둥 축'이었기 때문이다.

'얼굴을 대하는 것'과 '기둥 축'은 유교사상의 기본적인 사회에 관한 내

---

21 『대월사기전서』 2집, 448면.

용으로, 15세기부터 그 이후에도 유지될 수 있었다.

정통적 문화들이 유교로 완전히 옮겨가는 동안에 민간의 문화는 마을과 고향에서 지속적으로 발전하였다. 민간문화의 측면을 충분하게 형용하기는 어렵지만 아직 남아 있는 것들을 수집하는데 기대어 그 내용의 일면을 엿볼 수가 있을 것이다. 타이 화Thái Hòa(1443~1453), 홍 득Hồng Đức(1470~1497) 연호 연간에 응웬 반 첫Nguyễn Văn Chất은 『월전유령越甸幽靈』을 편찬하고 일부 새로운 전傳을 보충하였다. 15세기 거의 전 시기를 살았던 응오 시 리엔Ngô Sĩ Liên은 『대월사기전서』를 쓸 때 민간문화와 민간문예의 자료들에 주의를 기울였다. 응오 시 리엔Ngô Sĩ Liên은 야사野史의 일부를 국가의 정사正史에 옮겨 놓았다.

정통문화와 더불어 민간 문화와 문예의 영향은 가장 우선적으로 문학에 매우 깊이 나타난다. 깊은 인민성을 지닌 람 선Lam Sơn봉기는 응웬 짜이Nguyễn Trãi, 레 러이Lê Lợi 등에 대한 역사 고적古迹 이야기 속에 반영될 수 있었다. '옹 라오Ông Lão가 레 러이Lê Lợi와 낚시를 하다', '호국부인護國婦人', '다오 느엉Đào Nương이 명나라와 싸우다', '묵 턴Mục Thận, 호안 끼엠Hoàn Kiếm 호수' 등의 여러 이야기처럼 막 창작된 작품들은 민간 이야기의 창고를 더욱 풍부하게 만들었다. 여러 속담과 속어, 시가와 민요들은 나라의 적에 대한 증오심과 람 선Lam Sơn봉기군에 대한 옹호를 드러내고 있는데, 레Lê왕조와 더불어 오늘날에 이르기까지 여전히 유행하고 있다. 이러한 여러 민간창작은 인민의 역할과 민족의 정신을 드러내고 있으며 『남산실록藍山實錄』의 홍 득Hồng Đức 츠 놈Chữ Nôm 시, 응웬 짜이Nguyễn Trãi의 츠 놈Chữ Nôm 시 안에 다시 기록되고 있다.

강력한 민간문학의 영향은 레 타인 똥Lê Thánh Tông의 야사野史에 대한 관심을 촉진시켜, 응오 시 리엔Ngô Sĩ Liên으로 하여금 국사를 보충하기 위해 야사를 이용하도록 하였고, 또한 『월전유령越甸幽靈』과 『영남척괴嶺南摭怪』를 편찬하는 일의 동기가 되었다. 이는 명망 높은 유학자들을 끌어들였는데, 장원 르엉 테 빈Lương Thế Vinh과 같은 유학자는 핫 체오Hát Chèo를 열정적으로 연구하여 『희방보록戱坊譜錄』을 쓰게 되었고, 또 다른 명망이 높은 유학자의 한 사람인 진사進士 꽉 흐우 응이엠Quách Hữu Nghiêm이 서문을 썼다. 이 두 유학자는 모두 이러한 민간의 무대 예술을 찬양하였다.

민간문학과 문화의 영향은 또한 한자와 츠 놈Chữ Nôm을 쓰는 문학의 발전에도 짙게 각인되어 있다. 비록 이러한 문학이 날이 갈수록 점점 더 제약이 심해지는 추세에 놓여 있다고 할지라도, 이는 적지 않은 부분에서 박학한 유학자들이 문학에 뛰어난 민족성을 만들어내는 데 기여하였다.

레 서Lê Sơ 시기에 쓰인 문학작품은 주로 유학자들에 의해 창작된 것들이다. 선사禪師들은 드물게 나타났다. 오늘날까지 전해지는 작품의 150여 작가들은 — 레 타이 또Lê Thái Tổ, 레 타이 똥Lê Thái Tông, 레 타인 똥Lê ThánhTông을 제외하고 — 모두 유학자들이다. 이 시기의 유학자들은 강력한 계층이었다. 과거에 급제하였든 아니든, 관료든 아니든 그들은 봉건국가를 위해 기강과 제도를 건설한 직접적이거나 간접적인 인물들이다. 그들의 행렬은 날이 갈수록 붐볐으며, 그들의 작품은 날이 갈수록 많아졌다. 그렇지만 문학사상은 여러 면에서 철학사상과는 달랐다. 레 서Lê Sơ 시기 공맹사상의 영향은 매우 짙었다. 하지만 유학자들에 있어서 이러한 사상은 일상적으로는 도덕으로 드러나거나 사회에 대처하는 것으로 드러났다. 또한 문학은 특히 시가는 개인들의 창작이었는데, 창조적인 개성이 있었기 때문에 유교의 철리가 미치는 영향은 제약이 있었다. 문학적 영감, 미학적 영감은 자신만의 개인적 정서가 드러나는 구체적 환경에서 직접 체현되었다. 응웬 짜이Nguyễn Trãi, 응웬 몽 뚜언Nguyễn Mộng Tuân, 리 뜨 떤Lý Tử Tấn, 찐 투언 주 Trịnh Thuấn Du 등 15세기 초기에 속한 유학자 문인계층은 쩐Trà 시기 문학의 전통과 호기를 계승하고 민족의 봉기 안에서 이를 더 키울 수 있었기 때문에, 나라와 인민의 상승한 기세를 반영하는 여러 작품들을 쓸 수 있었다. 그들은 나라를 높게 평가하고, 사람을 긍정하고 있다. "인민을 부드러운 돗자리와 따뜻한 이불에 올리다"(응웬 몽 뚜언Nguyễn Mộng Tuân), "사람이 있어야 비로소 땅이 신령스럽다".(리 뜨 떤Lý Tử Tấn)

민족의 강성함과 나라의 호기浩氣 안에서 문학가들은 고체誥體, 부체賦體와 같은 생기 가득한 문체들로 우리 인민의 침략자에 맞선 투쟁을 찬양하였다.

여러 부賦편들은 영웅의 노래나 규모가 큰 그림처럼 아름다웠다. 이 시대는 부체賦體가 가장 강하게 발전한 시기이다. 15세기 중반 이후의 문학가들, 레 타인 똥Lê Thánh Tông이 만들고 선두에 섰던 따오 단Tao Đàn 시회詩會에서도 깊은 민족의 정신을 드러내고 있다. 따오 단Tao Đàn 회원들은 대부분 과거시험의 장원이거나 진사들로, 서로가 왕을 칭송하고, 제도를 칭송하는 동시에 나라를 칭송하면서 다른 주제와 다른 사상의 민족 역사를 칭송하여 노래하였다. 15세기의 문학가들은 응웬 짜이Nguyễn Trãi에서 레 타인 똥Lê Thánh Tông에 이르기까지 모두가 사회정치적인 목적을 위해 문학을 이용하려는 의식이 있었으며, 한편으로는 자신들의 책임을 드러내고 한편으로는 민족을 긍정하였다.

15세기 레 타이 또Lê Thái Tổ에서 레 타인 똥Lê Thánh Tông에 이르기까지는 승리의 시기였다. 관료와 집권 봉건제도는 최고 정점에 이르기까지 발전하였고, 유교는 사회사상을 지배하는 독존의 도구가 되었으며, 정통적인 양상인 삼교의 한 시대를 마감하였다. 하지만 암울했던 20년 명나라의 지배를 끝맺는 람 선Lam Sơn기의의 승리 이후에 시대의 웅장한 기운이 사상방면에 작동하면서 인간과 민족에 대한 각성을 일깨운 것이 가장 주목할 만한 것이다. 인간과 그 시대의 역할 그리고 그에 대한 책임, 민족과 누대에 걸친 문명 문헌에 대한 자부심은 모두 서로가 융해되어 하나가 되었다. 15

세기 초에 들어서 호 응웬 쯩Hồ Nguyên Trừng은 '인민의 마음'을 상기시켰다. 이후 레 러이Lê Lợi는 투언 티엔Thuận Thiên, 順天이라 칭하고, 응웬 짜이Nguyễn Trãi는 천天과 신神을 말하고, 따오 단Tao Đàn 회와 레 타인 똥Lê Thánh Tông의 시문에는 '천도문天道門'이라는 주제도 있었지만, 여러 사람들과 동시에 그들의 인식에는 인애仁愛, 인의仁義, 안민安民의 책임, 인민의 힘과 더불어 사람이야말로 여전히 무엇보다 가장 앞에 있는 주요한 사상이었다. 이 시기 유명한 사학자인 응오 시 리엔Ngô Sĩ Liên은 이렇게 말한다. "하늘은 정확한 것이다. 땅은 험한 곳도 평평한 곳도 있는 것이 당연지사이다. 그러나 인간의 힘은 험한 곳을 넘어설 수 있으며, 이 또한 당연지사이다."[22]

사람에 대한 인식이 이와 같이 높았던 것이다. 람 선Lam Sơn 기의의 민족봉기의 승리가 바로 사람에 대한 믿음을 만들어 낸 것이었다. 동시에 나라를 되찾은 이후 레 러이Lê Lợi에서 레 타인 똥Lê Thánh Tông에 이르기까지 개혁을 진행하였는데 모두 국가의식을 고취시키고 민족독립을 공고히 하는 방법을 찾는 것이었다. 그들은 나라의 통일된 땅을 공고히 하여 국경을 위로 올려 넓혔으며, 행정구역을 다시 나누었고, 전국의 지도를 작성하고 법률을 편찬하였다. 이렇게 15세기는 민족독립사상의 빛나는 세기가 되었다.

---

22 『대월사기전서』 1집, 193면.

제13장

응웬 짜이|Nguyễn Trãi, 阮廌

15세기와 민족사상사의 위대한 사상가

　15세기 전반기 나라를 사랑하는 사상가들 가운데에서 응웬 짜이Nguyễn Trãi는 가장 뛰어난 인물이다. 그의 이름은 민족의 찬란한 역사에서도 혁혁하다. 그러한 위치에 있게 된 것은 그의 삶, 그의 나라를 위하는, 인민을 위하는 의식과 도량이 넓고 관대했기 때문만이 아니라, 그보다 더 중요한 것은 시대의 최정점에 이르는 그의 사상 때문이다. 그는 나라를 구하고 나라를 세우는 사업의 법칙성이 있는 여러 문제들을 총괄하였고, 실제 활동에 있어서 이론적 인식의 중요성을 지목할 수 있었으며, 여기서부터 민족의 사유를 새로운 수준으로 들어 올렸다. 그의 여러 이론들은 당시에도 의의가 있을 뿐만 아니라 이후에도 깊고 멀리 작동하였다.

　응웬 짜이Nguyễn Trãi는 호가 윽 짜이Úc Trai이며, 1380년에 응웬 피 카인 Nguyễn Phi Khanh과 쩐 티 타이Trần Thị Thái의 아들이자 사도司徒 관직에 있던 쩐 응웬 단Trần Nguyên Đán의 외손으로 태어났다. 하 떠이Hà Tây 성의 트엉 띤 Thường Tín 현 니 케Nhị Khê 마을이 고향이다. 20세에 호Hồ왕조 아래의 태학생 시험에 합격한 후에 어사대御史臺 정장正掌에 충직充職되었다. 명군이 침략하고 통치하던 시기에 그는 나라를 구할 방도를 찾아 여러 곳을 유랑하였고, 결국에는 람 선Lam Sơn 의군義軍의 영수인 레 러이Lê Lợi를 만나 빈 응오 삭Binh Ngô Sách, 平吳策을 올리고 레 러이Lê Lợi를 도와 명나라 적을 쫓아냈으며, 나라의 독립을 되찾았다. 그는 레 타이 또Lê Thái Tổ 아래에서 입내행견入內行遣 겸 상서이부尙書吏部를 지냈고, 레 타이 똥Lê Thái Tông 시절에는 간의대부諫議大夫 겸 지삼관사知三館事, 한림원승지翰林院承旨 겸 국자감國子監을 지냈다. 후에 레 타이 똥Lê Thái Tông이 갑작스럽게 죽은 일 때문에 비난을 받았고 1442년 죽임을 당한다.

응웬 짜이Nguyễn Trãi의 작품으로는 『군중사명집軍中詞命集』, 『평오대고平吳大誥』, 『억재시집抑齋詩集』, 『국음시집國音詩集』, 『여지지輿地志』, 『빙호유사록冰壺遺事錄』 등이 있다.

응웬 짜이Nguyễn Trãi는 유학자로서 높은 곳에 도달하였지만, 그의 관심은 역사 속의 다른 많은 유학자들처럼 선인先人 유학자들을 뒤따르고 찬사를 보내며 그들의 의견을 맹목적으로 받아들이는 것도 아니었고, 경전을 끌어들여 분석하는 것도 아니었다. 그의 관심은 다만 나라 앞에 놓여 있는 실제의 문제에 있었다. 그렇기 때문에 그의 사상은 지속적으로 실제와 연관되어 있다. 이러한 가운데에서 여러 내용들이 나타났다. 국가와 독립국가, 국가통치노선, 사람됨의 도道, 흥망의 원인, 여러 왕조의 성패, 나라를 구하고 건설하는 일에 있어서 사람의 사유방법 등이다.

1. 국가와 독립국가에 대한 관념

명군이 침략하고 베트남을 악랄하게 통치하면서 이전에는 찾아보기 어려운 재해를 우리 민족에게 입혔다. 조국의 모든 곳 어디를 가든지 죽음과 한탄의 혼란스러운 풍경을 볼 수 있었고, 어디를 가든지 적들이 선량한 백성들을 학대하고 약탈하는 모습을 볼 수 있었다. 그뿐만 아니라 적들은 베트남 사람들의 문화의 보물창고인 역사유적을 몰수하고, 재능이 뛰어난 여러 인물들을 붙잡아 중국으로 데려갔으며, 영원히 동화시키고 병합하고자 하였다. 적의 죄는 "동해의 물을 퍼내어 마르더라도 얼룩을 다 씻기에 충분치 않고, 남산南山의 대나무를 모두 자르더라도 죄악을 모두 기록하기에 충분치 않다".[1]

응웬 짜이Nguyễn Trãi의 가정도 역시 비참한 환경에 빠졌다. 아버지와 남동생이 붙잡혀 중국으로 갔고, 응웬 짜이Nguyễn Trãi 자신은 오늘은 여기 내일은 저기로 떠돌았다. 무거운 책임과 비참하고 아픈 심경이 그의 양 어깨 위에 놓여졌다.

나라의 빚과 집안의 원수를 갚아야만 했다. 하지만 어떻게 갚을 것인가? 자연스레 자신에게 나누어진 사명처럼, 응웬 짜이Nguyễn Trãi는 자신의 재능과 지혜를 이용하여 나라를 구하는 일을 담당해야만 했다. 거절할 수 없는 하나의 사명처럼, 그는 적극적으로 탐구하고 사유했다. 하나의 측면에서 그는 군사적 모의를 미리 계산하고 계획하는 일을 생각하였고, 나라를 구하는 책략, 전략, 방침을 분명히 드러내어 람 선Lam Son 의군의 지도자와 더불어 공헌하였다. 다른 측면에서 그는 이론과 사상영역의 측면에서 적들과 투쟁하였다. 그에게 있어서 후자의 영역에서의 투쟁은 또한 나라를 구하는 책략, 전략, 방침을 현실에서 실현하는 것이었다.

명나라의 적들은 베트남을 한당漢唐 시대에 군현이었던 작고 약하고 뒤떨어진 나라로 여겼으며, 천조天朝가 혼란하여 잠시 분리되었던 것으로 보고 이제 다시 속지屬地로 돌아감이 옳은 때에 이르렀다고 여겼다. 그래서

---

1 『응웬 짜이(Nguyễn Trãi)전집』, 사회과학출판사, 1976, 64면.

응웬 짜이Nguyễn Trãi는 적의 이러한 기괴한 논리를 쇠약하게 만들어야 하는 동시에 우리 군민軍民의 결승과 결전의 정신을 드높이기 위한 자신의 주체적 이론이 반드시 필요하다고 보았다.

이러한 문제에서 적과 투쟁한다는 것은 매우 어려운 일인데, 이들은 모두가 하나의 사상체계로 기초를 삼고 있었기 때문이며, 그들의 이론은 압제적 성질을 지니고 군사적으로도 강력한 이론이기 때문이었다.

역사는 많은 일들을 남겨 주었는데, 베트남 사람의 공동체에 대한 응웬 짜이Nguyễn Trãi의 고민의 전제가 될 수 있었다. 긴 즈엉 브엉Kinh Dương Vương 이야기에 대해서는 베트남 첫 임금에 대해서 '현명하고 성인과 같은 덕을 지닌 사람'이라고 말한다. 락 롱 꿴Lạc Long Quân과 어우 꺼Âu Cơ 이야기에서는 100개의 알이 있는 하나의 자루를 낳았고 100명의 아이가 깨어났으며, 50명의 아이는 어머니를 따라 산으로 가고 50명의 아이는 아버지를 따라 바다로 내려갔는데, 나라의 여러 지역의 인민들은 서로 다르지만 역시 하나의 근본에서 나온 것임을 강조하고 있다. 리 본Lý Bôn이 황제를 칭하고 연호를 '반 쑤언Vạn Xuân'이라 한 일은, 베트남이라는 나라는 그 자신의 주인이 있고 영원히 튼튼할 것이라는 의미라고 보았다. 이러한 여러 이야기들과 일들은 그가 민족과 나라에 대해서 믿는 마음을 더욱 굳게 가질 수 있게 하였다. 하지만 이러한 것들은 대월大越이 따로 떨어져 영토가 있고, 역사가 있고, 독립의 자격이 있는 국가라는 것을 증명하기에는 충분하지 않았지만 당시의 투쟁에 있어서는 필요한 것이었다.

이렇게 응웬 짜이Nguyễn Trãi 앞에 놓인 문제들은 이러한 숙고에서부터 대월국에 다다르기 위하여 국가를 형성하는 여러 요소들에 대해서도 고민하도록 하였다. 응웬 짜이Nguyễn Trãi가 때때로 사용하는 '국國' 개념과 때때로 사용하는 '방邦' 개념에서 이를 엿볼 수 있다. 양측이 대등하다는 것을 알기 위해서는 일일이 중화의 국가와 비교해야 했다. 이를 위해서는 대월 민족

국가에 대한 사유는 좀 더 깊은 의미를 지녀야 했다.

영토는 우선적으로 응웬 짜이Nguyễn Trãi가 주의를 기울인 것이다. 이는 그가 어떠한 체계보다 앞서서 언급한 것이다. "어떤 사람은 지아오 처우Giao Châu가 익성翼星과 진성軫星의 경계에 있다고 말하고, 어떤 사람은 대월을 일러 남방의 나라라 한다. 또 어떤 사람은 베트남이 응우 린Ngũ Lĩnh의 남쪽에 있다고 전한다." 이러한 모든 이야기들은 나라를 정위定位하기 위한 것이다. 하지만 여전히 명확하지 않았고, 완전히 확정되지 않은 영공과 영토를 포함하고 있었다. 인식 측면에서도 명확하고 구체적인 것에 도달하지 못했으며, 또한 그런 이유로 인해 정치 의식의 측면에서는 강력한 방식으로 자신을 긍정하지 못하였다. 응웬 짜이Nguyễn Trãi는 이러한 것들을 알아볼 수 있었다. 그래서 그는 대월 영토의 침범 불가능성, 완전성, 확실성을 강력하게 휘어 잡았다. 그는 이렇게 말한다. "생각해 보면 예로부터 지아오 치Giao Chỉ는 확실히 중국의 땅이 아니다"(왕통王通, 산수山壽, 마기馬騏에게 보내는 서신), "여전히 신중히 생각하면, 지아오 남Giao Nam 지역 땅은 실제로 중국 강계疆界의 밖에 놓여 있다"(진공進貢의 표表), "안남의 나라는 옛날에 진한秦漢 이후부터 중국의 침략을 받았다. 더구나 하늘은 남북으로 나뉘어 있고, 산이 높고 강이 넓으며, 경계가 분명하다. 비록 진秦나라처럼 강하고 수隨나라처럼 부자라 할지라도, 그렇게 즐거이 세력을 쓸 수가 있겠는가".(타충打忠과 양여홀梁汝笏에게 보내는 서신)

문현文賢은 응웬 짜이Nguyễn Trãi가 고찰해야만 했던 요소이다. 문현에 대한 관념은 동양 여러 나라의 일반적 기반이었는데, 그는 인간과 인간의 행동, 도道의 요소들에 이르기까지 생각하였다. 그 가운데 도道란 시서詩書이며, 공맹 성현의 사상체계이며, 인간은 인인군자仁人君子로서 이러한 사람들의 행동과 지모智謀의 수준은 하늘에 합하고 인간에 따른다고 여겼다. 이러한 모든 것들은 중국과 비교한다면 수준에서 별 다른 것이 없다. 따라서 그는 말한다. "사람은 남북이 있지만 도는 따로 다른 것이 아니다. 인인군자仁人君子는 안남에 없겠는가. 비록 응우 린Ngũ Lĩnh 밖에 멀리 떨어져 있지만 시서詩書의 나라라고 말하며, 지모와 재능은 어느 시기에도 늘 있었다."

(박 지앙Bắc Giang성城 유서諭書)

풍속 습관의 영역에서 응우옌 짜이Nguyễn Trãi는 대조할 필요가 있었다. 그가 보기에 베트남의 풍속 습관은 중국과 완전히 달랐다. 이빨, 머리, 입고 먹는 것에서부터 혼인, 궂은 일, 제사와 명절, 마을모임과 축제, 일하는 방식까지 하나하나 모두가 달랐다. 이렇게 서로 상이한 것들은 매우 중요한 것인데, 왜냐하면 이는 이 나라와 저 나라를 분별하기 위한 분명한 지표 가운데 하나이기 때문이다. 그렇기 때문에 그는 결정적인 방식으로 선포한다. "신臣의 나라는 중화의 풍화風化로부터 멀리 동떨어진 곳에 피해서 머무르고 있습니다."(쩐 까오Trần Cảo 이름으로 된 구봉求封의 주奏) 그뿐만 아니라 나라가 해방을 맞이하게 된 후에 그는 책임을 제시하면서 반드시 나라의 풍속과 습관을 유지해야 한다고 주장했다. "나라의 사람은 나라 안의 풍속을 혼란스럽게 만드는 오나라(중국), 치엠Chiêm, 라오Lào, 시엠Xiêm, 천 랍Chân Lạp의 의복과 언어를 흉내 내어서는 안 된다."(『여지지輿地志』)

민족의 역사 또한 그가 고민해야 할 문제였다. 이러한 역사는 오랫동안 길게 존재한 역사는 아니었지만 매우 강대한 역사였다. 그는 나라가 발전하는 과정에서 원수에 눈을 뜨기 위해서 드러낼 필요가 있는 사실들이 있음을 보았다. 나라에는 여러 왕조가 세워졌고, 자신들만의 독자적인 황제가 있었으며, 여러 호걸들이 끊이지 않고 태어났다. 이러한 기초 위에서 그는 적들이 베트남 역사의 이런 사실들을 알지 못했기 때문에 여러 번 대패한 것이라고 지적하여 말한다. 동시에 그는 역시 명나라 적에게 호Hồ왕조가 패배하였음을 인정하는데 주저하지 않지만, 그는 이를 가려내어 특별한 경우라 하고, 호Hồ왕조가 인민의 마음을 잃었기 때문이라고 하였다.

위에 언급한 조건들은 모두 하나의 사상을 배어 나오게 하는데, 그것은 베트남이 발전한 독립된 국가였으며, 일정하게 자신들의 나라를 해방할 수 있으리라는 것이었다. 그뿐만 아니라 명나라의 적이 다스리려는 야심을 버리고 자신들의 나라로 철퇴撤退해야 한다는데 필요한 논리를 뽑아냈다. 결론적으로 그가 충고한대로 되었다. "이제 무엇보다도 그대들이 알아야 하는 계책은 다른 게 아니라 갑옷 입은 병사를 일찌감치 버리고 잇달아서 태도독의 군대 또한 성 밖으로 나가는 것이며, 이는 또한 우리에게 안남국의 영토를 돌려주고 양쪽 편 모두에게 편안함을 끼치기 위함이다."(타충 打忠과 양여홀梁汝笏에게 보내는 서신)

베트남나라의 사상은 반드시 독립과 자유가 있어야 하며, 구체적 현실 상황에 따라 여러 곳에서 보편적으로 드러나야 한다. 명나라의 적을 몰아낸 후에 그는 막 지난한 20여 년 기간 전투의 총결이라고 할 수 있는 작품에서 충분하고 응축된 집중적인 한 방식을 제시하였다. 동시에 고대부터 지금에 이르기까지 베트남의 역사 과정 전체를 총결하고 있는데, 이것은 바로 『평오대고平吳大誥』이다.

우리 대월을 생각하면
실로 문헌의 나라이다.
자신의 국경과 강과 산이 있고
풍속 역시 남북이 다르다.
조(趙), 정(丁), 이(李), 진(陳)을 지나 대를 이어 나라를 세우고
한(漢), 당(唐), 송(宋), 원(元)과 더불어 모든 길에서 각자의 방(方)으로 제(帝)를 삼았다.
강하고 약함은 때가 있어 서로 다르지만
호걸은 부족한 적이 없었다.[2]

『평오대고平吳大誥』에서는 다른 작품들과 마찬가지로 민족에 대한 응웬 짜이Nguyễn Trãi의 정의定義를 찾아볼 수는 없으며, 민족의 구성 요소가 어떠한가를 드러내지도 않는다. 하지만 그가 제시하는 내용과 형식에서 보면 민족국가에 대한, 민족국가를 조성하는 요소에 대한 분명한 관념을 엿볼 수 있다. 이것은 영토, 문화, 역사 풍속 등이다.

유럽에서 민족은 자본주의적 조건에서 출현하여 드러났으며, 이러한 민족은 공통적 요소-언어, 영토, 민족문화 안에서 체현되는 심리 구성과 경제 생활-를 지닌 하나의 인간공동체이다. 베트남은 이와 다르다. 일상적으로 여러 차례에 걸쳐 자신보다 강력한 외침 세력에 맞서야만 했기 때문이며, 자본주의가 출현하기 이전에 일찍 형성된 베트남민족은 흉악한 적들의 손에 의해 동일성을 잃고 늘 땅을 잃을 위기에 처했기 때문이었다. 그렇기 때문에 비록 자본주의가 없었고 공공의 시장市場이 없었지만, 여전히 여러 지방과 여러 부족이 서로 뭉치기 위해 노력하고 접촉하였으며, 하나의 영토에서 살아가는 여러 부족들이 하나의 운명체, 하나의 역사, 하나의 문화, 하나의 풍속습관을 형성하게 되었다. 그렇기 때문에 바 쯩Bà Trưng의 '한 소리의 함성'에 65개에 이르는 성이 들고 일어나는 일이 벌어질 수 있었으며, 북속시기 내내 연속적으로 궐기하는 일이 있을 수 있었다. 영토, 문화, 풍속과 역사의 여러 요소들은 응웬 짜이Nguyễn Trãi가 베트남국가를 개괄하기 위해 의지한 것이었는데, 이는 다른 것이 아니라 바로 현실적인 여러 조건들을 반영한 것으로 역사 안에서 하나의 민족국가를 만들어 내는 것이었다.

문화, 영토, 풍속습관과 역사와 같은 요소들로부터『평오대고平吳大誥』에서는 베트남이 하나의 독자적인 국가로, 모든 면에서 북방과 대등하고 베트

---

2 『응웬 짜이(Nguyễn Trãi) 전집』, 63면.

남은 반드시 독립해야 한다는 것을 긍정하였다. 그 뿐만 아니라 『평오대고平吳大誥』에서는 여전히 제기하고 있다. 자신의 주권을 확보하기 위해서 베트남 사람들은 전투와 희생을 마다하지 않았고, 그리고 또한 이렇게 주권을 존중하지 않았기 때문에 명군은 반드시 수치스러운 실패를 받을 수밖에 없었다. 『평오대고平吳大誥』에 보이는 이러한 일들은 실로 15세기 우리 민족의 호기로운 독립선언문이라 하겠다. 베트남 봉건시기 가운데 사상과 인식에 대해 모든 것들을 심사숙고한다면 이는 가장 가치가 있는 독립선언문이다. 이후의 시기는 다만 이에 대한 구체화가 추가된 것일 뿐이다.

18세기에 이르러 응웬 훼Nguyễn Huệ의 「힉 다인 꿘 타인Hịch đánh quân Thanh, 檄打淸軍」에서는 제기한다. "긴 머리를 위해서 싸우고, 검은 이빨을 위해서 싸우고, 그들의 병거가 한 대도 돌아가지 못하도록 싸우고, 그들의 한 조각 갑옷도 온전한 것이 없도록 싸우고, 남국영웅의 주인이 있음을 알리기 위해 싸운다." 이 말은 비록 강렬하고, 신중하며, 분명하지만 격문의 말이다. 이것은 다만 풍속과 역사 두 가지 요소만을 제기하고 있으며, 『평오대고平吳大誥』에서처럼 전면적이지 않다. 봉건계급이 무능력하게 약화되었을 때 그들은 계속해서 우왕좌왕하면서도 적과 싸워 나라를 구하려는 결심을 스스로 격려하기 위한 나라에 대한 인식을 형성하지 못하고 있었다.

고대로부터 15세기에 이르는 동안 세계 역사는 침략에 맞서는 여러 침략전쟁을 증언하고 있는데, 많은 민족해방전쟁 가운데에서 식민지 또는 부속된 여러 민족들이 찬란한 승리를 쟁취하는 것을 볼 수 있다. 그렇지만 『평오대고平吳大誥』처럼 독립선언의 성질을 가진 어떠한 자료도 찾아볼 수 없다. 15세기 이탈리아의 르네상스에 있어서도 위대한 인물과 여러 위대한 사상들이 나타나고 있지만 이들의 목적은 단지 모두가 하나의 민족 안에서의 사회해방, 인간해방을 목적으로 하는 종교와 신학의 측면에 대한 것일 뿐이다. 그렇기 때문에 응웬 짜이Nguyễn Trãi의 『평오대고平吳大誥』는 세계 정치사상사 가운데에서 세계 민족해방전쟁의 역사에서 처음으로 출현한 한 나라의 독립선언서이다.

2. 인의仁義사상

응웬 짜이Nguyễn Trãi의 작품 가운데 가장 많이 언급되고, 가장 존중된 개념은 인의仁義이다. 가장 간절하고 진실한 말도 인의仁義이다. 철과 돌처럼 가장 단단한 수준에 도달하고 하나처럼 앞뒤가 같은 신념 역시 인의에 대한 신념이다. 그의 인의는 실제로 저력의 근원이 되는 것이다. 잠재력의 저력, 정의의 저력은 다음과 같은 것이다. "인仁이란 것은 약함을 들어 강함을 만들고, 의義란 것은 적은 것을 들어 많은 것을 쌓는 것이다."(방정方政 답서答書). "결국 대의大義를 들어 잔악함을 이기고, 지인至仁을 들어 강폭함을 바꾸도록 하는 것이다."(『평오대고平吳大誥』)

응웬 짜이Nguyễn Trãi에 있어서 인의는 무엇보다도 먼저 정치의 길이며, 나라를 구하고 나라를 건설하는 정책이다. 이는 적에 맞선 항전에 사용될 수 있었고, 적의 논조를 비판하기 위한 무기로 쓰일 수 있었으며, 그들의 야만적인 행동을 드러내도록 하는 것이었다. 동시에 평화를 건설하는 데에도 운용할 수 있었으며, 람 선Lam Sơn 의군과 그 뒤에 레 서Lê Sơ왕조의 소임을 선양하기 위한 도구로도 쓰일 수 있었다.

응웬 짜이Nguyễn Trãi에 있어서의 인의는 범위가 넓은데, 방책과 주장을 넘어서는 보다 높은 목적이 있고, 구체적인 여러 문제들을 앞지르고 있으며, 어떠한 일에 대처하여 해결하기 위한 규범과 방책의 기초를 형성하는 것이었다. 이러한 인의는 사실 사유와 행동의 방법론적 토대에 다다르고 있다. 응웬 짜이Nguyễn Trãi는 이렇게 말했다. "장수가 일삼는 도는 인의를 들어 근본으로 삼고 지용智勇을 재산으로 삼는다."(방정方政 답서答書) "무릇 큰 모의하는 일은 반드시 인의를 근본으로 삼아야 하며, 그러므로 커다란 공功은 반드시 인의를 들어 먼저 일삼는 것이다."(방정方政 재답서再答書)

인의는 새로운 문제는 아니다. 공자는 '인'과 '의'에 대해 가장 먼저 언급했고, 이후에 맹자는 '인의仁義'와 '인정仁政'을 말했다. 중국 한나라 시기의 학자인 동중서董仲舒도 인의에 대해 여러 차례 말했다. 심지어는 명나라의 적들 역시 치켜든 것은 인의의 깃발이었다.

응웬 짜이Nguyễn Trãi의 시대에도 여러 사람들이 인의에 대해 말하고 있다. 응웬 몽 뚜언Nguyễn Mộng Tuân, 리 뜨 떤Lý Tử Tấn, 찐 투언 주Trịnh Thuấn Du와 같은 인물들도 모두가 인의 사상을 제기하고 있다. 그들의 인의사상은 응웬 짜이Nguyễn Trãi의 인의사상과 더불어 한 종류이다. 하지만 응웬 짜이Nguyễn Trãi의 인의사상에는 이들과 서로 구별되는 조건이 있다. 이러한 구별조건은 운영하는 범위에 있는 것일 뿐만 아니라 사유의 수준에도 있었고, 사상적 깊이에도 있었다.

나라를 구하는 것은 무엇보다도 백성을 구하는 것이며 이는 응웬 짜이Nguyễn Trãi의 인의 사상 가운데 윤곽이 들어난 것이다. 그는 말한다. "인의를 실천하는 본질은 인민을 편안하게 하는 데 있다"(『평오대고平吳大誥』), "대덕은 우리 사람이 살아있음을 좋아하고, 신무神武는 사람을 죽이는 것을 즐겨하지 않으며, 인의의 군대를 들어다 평정하기 위해 싸우러 가는 것이 주요한 것이다"(「빈 탄Bình Thanh성 항유서降諭書」), "왕자王者의 군대는 다만 평정하여 안정시키나, 목을 쳐서 싸우지는 않는다. 인의의 일은 인민을 편안히 함이 본질이다".(「류승柳昇에게 보내는 서」)

그가 이러한 관점들을 제시한 여러 이유가 있다. 첫째는 민족을 대표하는 계층, 혹은 당시 이러한 역할을 실현하기 위해 주목한 계층은, 항상 스스로 책임이 있다는 것을 자각했다. "인민을 기르고", "인민을 편하게 하고", "인민에게 베푼다". 레 러이Lê Lợi, 응웬 짜이Nguyễn Trãi 그리고 람 선Lam Son 의군의 다른 지도자들에게 역사는 다시금 명나라의 적을 몰아내고 나라를 구하는 사명을 쥐어 주었고, 그들은 점점 더 이러한 책임에 대한 의식이 높아졌다. 둘째, 인민은 우선 노동하는 사람들이며, 침략한 적들의 착취와 압박에서 가장 괴로움을 받는 사람들이었다. 이러한 환경은 가슴과 피가 흐르는 여러 사상가들의 마음에 감동을 불러 일으켰다. 적을 보았을 때 응웬 짜이Nguyễn Trãi의 고통이 얼마나 깊은지를 알 수 있다. "인민은 잔악하게 갱 안에서 검게 그을리고, 간난 아이는 강탈당하여 구덩이 아래에서 변을 당한다"(『평오대고平吳大誥』), 그 스스로 생각할 때 "괴로운 백성의 감정은 모두 확실히 이해할 수 있었으며, 괴로운 인생의 길 역시 그도 경험한 적이 있었다".(군애왕郡哀王 사제思齊 항조降詔) 셋째, 안민安民은 사회를 편안하게 하고 정의가 승리를 쟁취하여 왕조를 공고히 할 수 있도록 하는 조건이다. 이는 누구를 막론하고 시세時勢를 아는 정치적인 사유가 있는 사람이라면 모두가 도달하는 생각이다.

사람을 사랑하는 마음, 사람의 정, 진실함, 아량이 있는 관용은 여러 잘못된 길로 접어든 사람들을 감화시킬 수 있을 것이며, 투항한 노략질하던 적들까지도 감화시킬 수 있다는 것이 응웬 짜이Nguyễn Trãi의 인의 사상의 독특한 특징이다. 적을 따라서 잘못된 길로 접어든 사람들에 대해서도 그는 그들을 구제하기 위하여 너그러움을 주장한다. 그는 말한다. "만약 내가 정말로 그대들을 해치고자 원한다면 그대들은 방법이 전혀 없는데 어디로 빠져 나갈 것인가." 하지만 그는 "크고 작은 나라가 모두 평안 무사"(타충打忠과 양여홀梁汝笏 재서再書)하기 위하여 그들이 개사귀정改邪歸正하기를 원했다. 여러 도적들에 대해서 그는 교화를 위한 정도의 형벌은 원했지만, 인仁의 마음으로 일곱 명을 모두 죽이지 않도록 왕에게 권하고 나이가 어린 도적들은 재범再犯의 죄를 짓지 못하도록 막았다.[3] 이미 투항한 적들에 대해서 그는 레 러이Lê Lợi와 더불어 눈앞에서 화풀이를 하기 위해서 죽여서는 안된다고 주장하였으며, 그들이 쉽게 자신들의 나라로 철수하여 돌아가기 위한 조건들을 만들어 주었다. 레 러이Lê Lợi의 말은 곧 그의 말이었다. "복수하여 원수를 갚는 것이 모든 사람들의 상정常情이지만, 사람을 죽이는 것을 좋아하지 않는 것이 인인仁人의 본심本心이다. 게다가 사람들이 이미 항복하였는데 죽인다면 상서롭지 못한 일이며 그 크기가 견줄만한 것이 없을 것이다. 만 년 동안 영원히 투항한 사람을 죽였다는 소리를 들을 것을 알면서 한 때의 화를 푸는 것은 억만 사람의 목숨을 놓아주는 것에 견줄 바가 아니지만, 이후의 전쟁에서도 경탄할 것이며, 청사에 기록될 것이며, 명성과 향기가 만대에 이를 것이니, 어찌 이보다 더 큰 것이 있겠는가!"[4] 이유를 따지자면 적에 따르는 무리들, 도적질하는 무리들, 나라를 찬탈하는 군대는 사회에 대해 그리고 나라에 대한 죄를 저지른 무리들이다. 법에 따라 비추면 그들은 반드시 무거운 징치를 받아야 한다. 우리들의 봉건시대 아래에서는 그처럼 처리한 적이 있었다. 역사적으로 중국의 춘추전국시대를 보면 전쟁에 승리한 무리들이 한 주州, 한 성城 전체를 풀을 베는 것처럼 말살했던 일이 있었고, 잠시 동안에 수십만 명을 죽이기도 하였는데, 응웬 짜이Nguyễn Trãi는 이를 모두 알고 있었지만 그는 그처럼 주장하지 않았다. 이러한 그의 주장들은 여러 사람들에게 모질게 비판당하고 왜곡도 당하였으며, 심지어는 사람들로부터 죄의 혐의를 받기도 했다. 하지만 그는 대의大義를 믿었고, 인도仁道의 마음, 진리와 옳은 이치의 힘과 나라의 상승하는 저력을 믿었기 때문에 이를 극복할 만큼 용감하였다.

나라가 평화롭고, 인민이 충분히 배부르고, 위로는 성왕聖王과 현신賢臣이,

---

3 『대월사기전서』 3집, 103면.
4 위의 책, 49~50면.

아래로는 침울한 원한과 성내는 소리가 더 이상 없는 것이 그의 인의仁義의 이상이다. 그는 말한다. "성인의 마음은 백성과 더불어 쉬기를 원하고, 문치文治는 결국엔 태평을 이루어야만 한다",[5] "만사가 만족하여 더 바라는 것이 없어, 기원하고 구함은 오직 탕평의 시절을 보는 것이다",[6] "요순의 임금, 요순의 백성, 우리가 양보함은 다른 것을 바람이 아니다",[7] "꾸짖고 즐거워함은 천하에 두 가지이다. 재상은 현재賢才, 왕은 성명聖明".[8]

그렇지만 어떻게 해야 태평의 사회에 이를 수 있는 것인가? 응웬 짜이 Nguyễn Trãi는 '화和'를 주장한다. 그는 말한다. "오늘날 총관대신으로부터 원院, 청廳, 국局에 있는 각 기관의 관장官長에 이르기까지 무릇 사람이 있어 군軍을 살피고 민民을 다스리는 직무가 있는 곳이라면 모두 공평한 규칙에 따라야 하며, 부지런하고 능숙하게 일해야 하고, 왕을 모실 때는 충을 다하고, 백성을 대할 때는 화和를 다하고, 착복하는 관습은 바꾸어서 버리며, 나쁜 게으름은 고치고 제거한다"(여러 관료 대신과 총관, 원院, 청廳, 국局에 있는 여러 관리들의 탐욕과 게으름을 금하는 조詔), "아, 금슬琴瑟이 화和함이 없으니, 반드시 조율調律을 바꾸고 줄을 갈아 옳은 소리를 찾아야만 한다".[9]

응웬 짜이Nguyễn Trãi가 주장하여 제기한 '화和'는 여러 악기들을 포함하는 하나의 오케스트라처럼 사회를 보는 관념으로, 사회의 운동은 오케스트라에서 여러 악기들이 합창하는 것처럼 보았으며, 여기에서 성음聲音은 조화를 이루면 새롭게 즐거움을 만들어 낼 수 있으며, 그러한 것과 마찬가지로 사회의 이익과 지위가 조화를 이룬다면 상하가 편안해진다고 보았다. 그는 말한다. "말하자면 난亂의 시기에는 무武를 쓰고, 평平의 시기에는 문文을

---

5   『억재시집(抑齋詩集)』「관열수진(觀閱水陣)」.
6   『국음시집(國音詩集)』「자탄(自嘆)」.
7   『국음시집(國音詩集)』「자탄(自嘆)」.
8   『국음시집(國音詩集)』「술흥(述興)」.
9   『응웬 짜이(Nguyễn Trãi) 전집』, 148면.

좋아합니다. 이제 옳은 것은 예악禮樂을 해야 할 시기입니다. 아울러 뿌리가 없으면 설 수 없으며, 문文이 없으면 행行할 수가 없습니다. 화和는 악樂의 뿌리이며, 성음聲音은 악樂의 문文입니다. 신이 삼가 악樂을 함에 비추어, 감히 마음을 다하고 힘을 다하지 않을 수는 없으나, 얕은 학술로 인해 대략 성율聲律이 조화를 이루기가 어려울까 두렵습니다. 폐하께 바라옵건대 백성을 키우고 사랑하셔서 각 마을마다 깊은 탄식과 원한을 품은 소리가 없도록 하십시오. 이것이 악樂의 옛 뿌리를 잃지 않는 것입니다."[10]

사회가 균형 잡힌 상황에 이를 수 있도록 만들기 위해서 여러 권력과 여러 이익들 간의 조화와, 이러한 상황을 굳게 지키는 것이 이 당시의 요구였다. 그렇기 때문에 안정된다면 사람의 마음이 즐거우며, 사회는 발전할 수 있다. 이러한 응웬 짜이Nguyễn Trãi의 관념은 적극적인 관념이다.

평화를 사랑하는 것도 응웬 짜이Nguyễn Trãi의 인의 사상에 있는 특색이다. 이는 응웬 짜이Nguyễn Trãi가 전쟁터를 비난한 일로 체현될 수 있었는데, 전쟁을 소름끼치는 것으로 보았고, 위험을 만드는 일로 보았으며, 여러 사람의 생명에 해를 끼치는 것으로 보았다. "병兵이라는 것은 흉폭한 것이며, 서로 싸운다는 것은 위험한 일이다. 한 나라의 흥성興盛이냐 패망이냐의 일은 인민이 사느냐 죽느냐의 일과 모두 관련되어 있다."(왕통王通 서書)

그렇지만 현실적으로 그는 나라를 구하고 인민을 구하는 전쟁을 다시금 감내하였다. 하지만 이는 그의 평화사상과 더불어 모순되는 것이 아니었다. 왜냐하면 나라가 독립을 이루고 인민이 자유를 누리기 위해서는 다른 어떠한 길도 없었기 때문이다. 그가 전쟁을 받아들인 것은 부득이한 상황으로 "말하자면 병兵이라는 것은 흉폭한 것이고, 서로 싸운 일은 위험한 일이다. 성인은 부득이하게 이를 사용한다".(쩐 까오Trần Cảo를 대신하여 명나라 장

---

10 『대월사기전서』 3집, 113면.

수에게 쓴 편지), "병兵은 인민을 보호함이 핵심이며, 인민을 해치는 것이 아니다. 죽이지 않기 위해서 평정하는 것으로, 여러 사람을 죽이기 위한 것이 아니다. 그러므로 이러한 말이 있다. 병兵은 부득이하게만 쓸 수 있는 것이다".(양명梁銘, 황복黃福에게 보내는 편지)

바로 위의 이러한 이유들 때문에, 외침에 맞선 전쟁을 진행할 때에 그는 여전히 평화에 이르는 꿈을 꾸었고, 비참한 죽음의 풍경을 벗어나고자 꿈을 꾸었다. 그리고 특별한 점은 여기에서 그는 자신의 나라의 인민의 행복뿐만이 아니라, 침략하기 위해 온 나라의 인민의 삶에 대해서도 마찬가지로 본 것이다. 그는 적에 대해 이렇게 말했다. "대인大人이 만약 사랑의 마음이 있어 군대를 물린다면, 지아오 치Giao Chỉ 한 지방의 개별적인 행운뿐만이 아니라 또한 천하의 모든 인민을 위한 우리들의 행운이다"(총사령관 왕통王通 등에게 보내는 편지), "20여 년이 넘도록 전쟁이 이어지고, 재난은 크기만 하다. 중국의 병사들도 열에 하나만 남았을 뿐이다. 내 나라의 죄 없는 인민들은 쓸모없는 죽음을 많이 겪었다. 잃어버린 것을 보상한다면 무엇을 들어도 충분치 않고, 수확한 것으로는 잃어버린 것을 결코 갚을 수 없다. 이러한 일에 이르러 말하자면 아마 그대들은 듣기에 좋지 않을 것이다".(류승柳昇에게 보내는 편지) 이뿐만 아니라 그는 튼튼한 평화를 만들어 낼 수 있도록 어떻게든 전쟁을 끝낼 변법變法을 생각하기에 이르렀다. 전쟁에서 승리하였기 때문에 자만하여 복수하지 않고, 모두를 죽일 수 있다고 모두 죽여 버리는 것이 아니며, 이후에 전쟁을 일으키도록 도발하는 어떠한 일도 하지 않는 것이었다.

위의 여러 사항들을 통해 보면 응웬 짜이Nguyễn Trãi의 인의는 전면적이고 고귀한 인도人道주의이다. 이러한 인도주의는 유교 또는 불교의 인도주의처럼 그렇게 간단한 형식으로 판단할 수가 없었는데, 이는 민간의 인생관이라고 말할 수도 없는 것이었다. 공맹은 사람을 애처롭게 여기기 때문에 사람을 구하려고 하며, 불교는 과보이기 때문에 '선자선보善者善報'로 제도 중생하며, 민간에서는 '다른 사람을 보면서 나를 다시 생각하기' 때문으로 자신의 처지에 대한 두려움 때문에 쉽지 않더라도 다른 사람의 생명을 구한다. 응웬 짜이Nguyễn Trãi는 민족의 독립 때문에, 백성의 행복 때문에, 나라의 평화 때문에 고민하고 분투하고 실현한다. 그렇기 때문에 그의 인도주의는 당시에 이르기까지 민족의 역사에서 인도주의의 최고 정점에 서 있다. 이는 동기와 목적에서, 내용과 성질에서 이전의 모든 인도주의를 넘어선 것이다.

응웬 짜이Nguyễn Trãi의 인도주의는 람 선Lam Sơn봉기에서 이루어 질 수 있었다. 넓게 나라를 구하고 적에 맞선 봉기의 주장主將은 레 러이Lê Lợi로 인덕이 있어서 사람들이 따랐고 대의大義 때문에 인민이 옹호할 수 있었는데, 그 때문에 인도주의는 봉기의 본바탕에 반영될 수 있었으며 동시에 운동을 고무시키고 공감을 얻을 수 있었다. 하지만 다른 측면에서 말해야만 하는 것은, 그러한 인도주의는 그의 사람과 사회에 대한 진보적이고 유물적 성질이 있는 인식들 위에 건설될 수 있었다는 것이다.

응웬 짜이Nguyễn Trãi의 물질적 인생에 대한 관념을 보면 사회의 기초이며, 인간의 존재 조건이며, 물질적 삶이 담보되어야 사회질서가 유지될 수 있고, 삶에서 충분히 배가 불러야 인간 도덕이 존중될 수 있다고 보았다. "몸이 배고프고 추우면 예의禮義에 무슨 생각이 있겠는가"(구봉求封의 주奏), "한끼 먹을 것이 없다면, 부자父子의 정의情義도 다한다".(왕통王通 재서再書) 이러한 관념은 그의 모든 정감情感과 심사心事를 규정하였다. 이는 그를 격렬하게 격동하도록 만들었는데, 무엇보다도 밥에 굶주리고 옷이 다 해진 사람들의 풍경이었다. 이러한 관념은 그의 행동과 모든 주장을 규정하였고, 그에게 급박한 일이 무엇인가를 보도록 하였는데, 가장 먼저 어떻게든 인민들이 배고프지 않고 헐벗지 않도록 만들어야 한다는 것이었다. "전쟁이 끝나면 군대를 흩어 반으로 나누어 돌아가서 경작하도록 한다."(투언 화Thuận Hóa, 떤 빈Tân Bình, 응에 안Nghệ An에 있는 여러 군과 장군을 효유曉喩하는 령令) 여러 다른 이유들 이외에도 백성들이 따뜻하고 배부른 상황을 만들어야 하는 이유가 있었다. 그의 인의사상은 속이 빈 말이 아니었으며, 그것은 바로 유물적 인식의 기초 위에 건설된 것으로, 그러한 원리에 도달하는 일들을 이해하여 꿰뚫고 있었다.

응웬 짜이Nguyễn Trãi의 관념은 말하자면 평화, 따뜻하고 배부름, 즐겁고 안락한 삶과 같은 보편적인 마음이다. 모든 사람과, 모든 계층과, 모든 민족의 간절한 바람이며 이것은 매우 자연스럽고 진정한 문제이다. 그는 이를 일컬어 '하늘의 호생好生의 이유', '하늘의 도道'라 하였다. 그는 말한다. "하늘의 도는 삶을 좋아하고, 사람의 마음은 난亂을 싫어한다."(왕통王通 총병摠兵에게 보내는 편지) "사람의 목숨을 내쫓아 병장기 속으로 들여 보내는 것은, 우리가 상제의 호생好生하는 마음에 두려운 것이니 어디서도 그처럼 하는 일은 있을 수 없다."(왕통王通에게 보내는 편지) "신무神武는 죽이는 것이 아니니, 우리가 호생好生을 드러냄은 곧 하늘의 마음이다."(『평오대고平吳大誥』) "죽음을 싫어하고 삶을 좋아하며, 힘든 것을 피하고 편한 것을 찾는 것은 사람의 늘 그러한 마음이다."(타인 화Thanh Hóa를 호위하는 관부官府 총병摠兵에게 주는 서書)

호생好生의 개념은 호생好生의 사상과 더불어 본래는 종교의 것이지만, 응웬 짜이Nguyễn Trãi는 이를 운용한 것이다. 다른 점은 그는 민족과 인민의 입장에서 이를 대처하고 정확한 형식으로 인식한다는 것이다. 그렇기 때문에 응웬 짜이Nguyễn Trãi의 호생好生은 역시나 인의와 마찬가지로 슬퍼서 눈물 흘리는 상태로 전락하지 않으며, 또한 공功과 죄罪 사이, 아름다움과 추함 사이, 선과 악 사이, 옳은 것과 그른 것 사이의 경계가 흐려지는 곳으로 전락하지도 않았다.

응웬 짜이Nguyễn Trãi의 인의 사상은 당시에 매우 의미가 있는 것이었다.

쩐Trần왕조가 쇠퇴할 무렵에는 곤궁에 빠진 인민을 그냥 내버려두었고, 호 Hồ왕조는 인민의 마음을 위협했으며, 명나라의 적은 인민을 학살하고 강탈했다. 그러나 당시 레 러이Lê Lợi의 그리고 응웬 짜이Nguyễn Trãi의 인의는 강하게 생동하는 물살처럼, 높고 아름다운 이상들에 의해서 사람들의 마음을 격동하고 열렬하게 만들어서, 나라를 구하고 적에 맞서서 일어서게 했다. 명나라의 적에 맞선 항전이 끝난 이후에 항전을 영도했던 사람들은 새롭게 통치하는 계층의 사람들이 되었다. 그리고 전통적인 하나의 관습을 따라, 그들은 자기 개인을 위해 부자가 되기 위한 착취를 진행하였다. 응웬 짜이Nguyễn Trãi의 인의는 이러한 당시를 일깨우고 상기시키는 말이 되었으며, 그들의 욕망 가득한 마음을 제한시켰고, 객관적인 측면에서 인민들이 생산하고 국가를 건설하는데 일정하고 안정적인 힘을 지닌 사회를 만들었다. 그렇기 때문에 응웬 짜이Nguyễn Trãi의 인의 사상은 당시 사회발전을 촉진시키는 강력한 동력과도 같은 것이었다.

15세기가 지난 이후에 항상 사상에 대해 언급할 때에는 인도적이고 적극적인 정치노선의 하나로서 여러 사상가들이 일상적으로 인의에 대해 말하게 되었다. 람 선Lam Sơn 기의로부터 몇 세기가 지나고 인의는 아름다움과 선함의 표상이 되었다. 사람들이 그렇게 만들도록 사상적 기초를 놓은 것은 다른 사람이 아닌 바로 응웬 짜이Nguyễn Trãi였다.

3. 사람됨의 도에 대한 관념

입신立身을 위해서 그리고 왕을 도와 세상을 구하기 위해서 응웬 짜이 Nguyễn Trãi는 사람됨의 도가 있어야만 할 필요가 있는 것을 보았다. 이는 사람됨의 도가 있어야만 했고, 사람됨의 여러 원칙이 있어야 할 필요를 보았다는 뜻이며, 그 안에는 여러 인륜, 여러 도덕관계, 인간이라면 있어야 할 필요가 있는 여러 요소들을 포함하고 있었다. 그는 그렇게 원칙과 더불어 살아가는 지식인이기를 바랐으며, 이는 당대 사람의 고귀한 명성들인 여러 호걸, 여러 장부, 여러 군자에 이를 수 있게 되기를 바랐다.

당시의 대표적인 도는 유도, 불도, 노도였다. 응웬 짜이Nguyễn Trãi는 유도를 선택하여 자신의 사람됨의 도를 만들었다. 그는 자연스럽게 유도를 들었다. 위의 세 도 중에서 유는 입세간적인 도이고 세상을 구하고 국가를 경륜함에 이르기까지 언급한 도로서, 그가 백성을 구하고 나라를 돕는 이상을 실현하는데 도움을 줄 수 있었다. 이에 더하여 당시 불교는 여세가 쇠퇴하였고 유교는 세력이 발전하였다. 이외에도 그의 집안은 전통적으로 유학자의 집안이었다. 응웬 짜이Nguyễn Trãi의 외조부는 쩐Trần 시기 말 유명한 유학자이다. 아버지는 재능있는 유학자였으나 중용되지 못하였다. 그 자신도 역시 유학자 출신이며 호Hồ왕조 아래에서 태학생에 합격하였다.

응웬 짜이Nguyễn Trãi는 유학을 매우 믿었으며, 숭상하였고, 장애가 많이 느껴지더라도 유를 버릴 수 없었으며, 유의 주요한 조건인 '강상綱常'들을 멀리 떨칠 수 없었다. "지난 날 배운 글은 형태는 모조리 잊어 버렸지만, 강상이라는 한 글자는 결코 잊을 수가 없다",[11] "은은한 도의 내음이 지극히 끓여 맛있으니, 천겁에도 기름이 늘 여전하구나. 일월日月은 쉬이 지나 아침으로 가고, 강상은 그 진실함을 알기가 어렵다",[12] "예나 지금이나 역시 한 길이니, 여기 삼강의 길을 단단해지도록 닦는다. 이 도道는 하늘땅에 머물고, 저 의義는 금을 끓인 듯 단단하다".[13] 이러한 것들을 보면, 응웬 짜이

---

11 『국음시집(國音詩集)』 「자탄(自歎)」.
12 『국음시집(國音詩集)』 「자탄(自歎)」.
13 『국음시집(國音詩集)』 「자탄(自歎)」.

Nguyễn Trãi의 행동과 사유에서 유도의 범위를 벗어나는 것들이 있어서 그를 유학자가 아니라고 판단하거나 또는 그에게 있어서 유학은 하나의 형식일 뿐이라는 지적에 대해서, 그의 속마음은 그렇지 않다는 것을 엿볼 수 있게 해준다.

유학자로서 '오륜五倫'은 응웬 짜이Nguyễn Trãi가 이미 많이 배웠고 잘 알고 있었다. 하지만 그는 이 모든 것들에 주의를 기울이지는 않았고, 가장 관심을 기울인 관계는 군신君臣과 붕우朋友이다.

왕과 더불어 신하는 그의 첫 번째 관심사항이었다. 당시에 왕은 나라의 맨 앞에 서 있는 사람이었기 때문이며, 사회를 다스리는 체제가 왕과 관리 체제였기 때문이다. 그는 신하는 왕에게 충성해야 할 의무가 있다고 보았다. 그 자신 또한 스스로도 충과 더불어 완전히 책임을 져야 한다고 보았다. 그는 사람들이 충효忠孝하기를 기원했으며, 군신君臣의 의를 완전히 실천하기를 기원했다. "잔에는 효가 이어져 충과 한마음이 되었고, 기와는 물들임이 잘못되지도 않고 검지도 않구나."[14] "많은 병의 약은 군신이 안다",[15] "잔에 군신君臣의 은혜가 지극히 무거운데, 남의 것을 자기 것으로 만들어 알리지 않으니 여전히 걱정스럽다",[16] "인간 만사 모두가 사람이 그 끝이니, 군신君臣의 한 일도 역시 사람이 즐거운 것이 아니겠는가".[17]

오로지 응웬 짜이Nguyễn Trãi의 충에 대한 관념에만 있는 것은 전통적인 것 특히 송유와 같지 않은 부분이 있다는 것이다. 당시에 송유는 동양 사상계 전체를 뒤덮고 있었으며, 그것은 오로지 한 임금, 한 왕조에 대한 충을 말하고 있었다. 필요한 경우에는 한 사람, 한 왕조를 위해 죽음을 감수해야

---

14 『국음시집(國音詩集)』「술흥(述興)」.
15 『국음시집(國音詩集)』「만술(謾述)」.
16 『국음시집(國音詩集)』「만술(謾述)」.
17 『국음시집(國音詩集)』「자탄(自歎)」.

만 했다. 만약 응웬 짜이Nguyễn Trãi가 요구하는 바를 이러한 형식으로 이해한다면, 그의 행동은 충이 아니며 그의 충에 대한 관념은 벗어나는 부분이 있다. 그의 부자父子는 쩐Trần 씨를 버리고 호Hồ 씨를 따랐다. 명나라 적이 침략할 때 그는 호Hồ 씨를 위해 따라서 죽지 않았으며, 쩐Trần 씨 후손의 뜻에 응하지도 않았고, 새롭게 레 러이Lê Lợi를 돕기 위해서 따랐다. 그의 기여로 레Lê왕조의 사업이 이루어진 이후도 그는 반드시 충이라고 할 만한 어떠한 일들을 하지 않았다. 그렇지만 그는 여전히 충에 대해 열렬한 방식으로 말하고 있다. 왜냐하면 그는 충신에 대해, 숭배할만한 성스러운 왕을 선택하는 것을 아는 사람이며, 요순처럼 재덕才德이 있는 왕을 위해서 일을 할 줄 아는 사람이고, 왕을 모셔다가 나라가 태평 성치에 이르도록 도울 수 있음을 아는 사람이라고 스스로 설명하고 있다. "신은 명주明主의 은혜에 힘을 다해 부도扶道하여 성인聖人을 이루며, 비록 기묘한 방책을 쓰더라도 국부國富 병강兵强하게 하고, 어떠한 신하라 하더라도 뭇 백성의 이익에 다하도록 할 것입니다",[18] "여러 성주聖主가 다스림을 노래하니, 신하로서 한가하게 남은 세월을 보냄이 애석하구나",[19] "한 마음으로 나라 일을 걱정함이 남아 있으니, 밤마다 일어나서 마지막 두려운 길을 참아 낸다".[20]

관리들의 서로에 대한 일은 그가 매우 관심을 기울인 부분이다. 왜냐하면 그가 옛 사람이 "치治와 란亂은 백관에 달려 있다"라고 말한 구句에 대해서 심혈을 기울여 생각하기 때문이다. 더불어 그의 동료들이자 당대의 관리계층은, 일부는 창업공신들이며, 일부는 레Lê왕조가 교육한 새로운 지식층이었다. 그들은 강하게 나라를 사랑하고, 충성스러웠으며, 새 왕조를 위해 마음을 다했다. 하지만 그들은 봉건사회의 봉건관료였기 때문에 특

---

18 『국음시집(國音詩集)』「진정(陳情)」.
19 『국음시집(國音詩集)』「자탄(自歎)」.
20 『국음시집(國音詩集)』「술흥(述興)」.

권과 이익과 관련되어 서로 다투는 일에 쉽게 기울어지는 환경에 놓여 있었다. 그들 가운데에서 자신의 책임과 왕조의 사명을 인식하는 사람도 있었고, 욕망의 마음을 줄이는 것을 자각하고 경쟁을 적게 하기도 하였다. 하지만 전체적으로 보자면 명예와 이익에 대한 탐욕스러운 성질이 있었고, 날이 갈수록 발전하고 드러나게 되는 그러한 계층의 권리에 대해 서로를 시기하였으며, 그렇기 때문에 사회적으로 모든 계급의 공동의 사업을 위험에 빠뜨리고, 또한 나라의 안정을 해치게 되었다. 이는 반드시 해결해야 할 문제였다.

하지만 어떻게 해결해야 할 것인가? 당시에 정치와 경제체제의 측면을 바꾼다는 것은 매우 어려운 일이었다. 시대가 허락하지 않았다. 걸출한 개인들도 생각해 낼 수가 없었다. 다만 도덕적 측면에서 고민할 수 있었을 뿐이다. 이에 대처할만한 하나의 원칙과 적합한 하나의 도리를 제기해야 했다. 이에 답응하는 것처럼 응웬 짜이Nguyễn Trãi는 전통 안에 있었던 아름다운 도덕 원리를 긍정하면서 추가하여 깊게 만들었다. 그것은 자신에 대한 손해를 참는 것이고 사람을 위해 더 많은 부분을 양보하는 것이었다. 그는 겸양, 인, 손해를 참음, 불의하지 않음을 간절하게 호소하였다. 그는 말한다. "골목의 집은 겸양함이 미덕이니, 다툰다면 누가 쉽게 부족함을 나누겠는가",[21] "이러한 겸양은 곧 보기 좋은 군자이니, 누가 백이 숙제가 다툴 때를 보았던가", "흉폭한 혈기를 내리 누르니, 재난은 결코 쉽게 재발하지 않는다",[22] "다른 사람보다 내가 손해를 보니 감귤 시중을 받는구나".[23]

위에 든 여러 일들 이외에도 응웬 짜이Nguyễn Trãi는 일부 덕성을 추가하고 있는데, 인간은 갈고 닦을 필요가 있다는 것이다. 그는 이도 역시 유도

---

21 『국음시집(國音詩集)』 「자탄(自歎)」.
22 『국음시집(國音詩集)』 「자계(自戒)」.
23 『국음시집(國音詩集)』 「보경경계(寶鏡警戒)」.

에서 선택하고 있다. 유교에는 이러한 상황에 맞는 개념들과 관념들이 충분히 많았다. 하지만 응웬 짜이Nguyễn Trãi는 이 모두에게 주의를 기울이지는 않는다. 그는 단지 필요해 보이는 사항들에 집중하고 있다. 그 안에는 세 덕성이 드러나고 있다. 인仁, 지智, 용勇이었다. 그는 이러한 세 덕성을 들고 사람으로서 요구되는 것과 사람을 평가하는 척도로 삼고 있다. 그는 레 러이Lê Lợi 역시도 이러한 세 덕성이 모두 충분하다고 보았는데, 그래서 성공할 수 있었다. "재산을 버리고 쌀을 나누어 가난한 사람을 돕는다"(인), "지용智勇의 총명함이 보통 사람의 한계를 넘는다"(지, 용). 그리고 레 타익Lê Thạch의 경우에는 용勇과 인仁이 있으나, 지智가 부족하여 해를 입었다고 보았다. "타익Thạch은 사람들보다 용기가 강하고 인애의 정신이 있어 배우기를 매우 좋아한다. (…중략…) 애석한 것은 지모가 부족함일 뿐이다."(『남산실록藍山實錄』) 동시에 그는 인, 지, 용을 갖추기 위한 조건들을 지적한다. 이는 단순한 것이 아니라서 책에 따라 말하고 기억해야 하는 것이다. 그렇지만 반드시 실천적 활동에 참가해야만 하며, 실제의 요구에 복무하여야 하고, 반드시 탐욕스럽고 야만적이며 잔인한 적에 맞서 싸워야 한다. 투쟁하여 "독毒을 제거하고, 탐貪을 제거하고, 폭학暴虐을 제거하니, 인仁이 있고, 지智가 있고, 영웅英雄이 있다".[24] 세 덕성인 '인', '지', '용'은 그의 사람됨의 관념에 있어서 실제로 이전의 사람들보다 더 적극적인 성격을 지니고 있다.

응웬 짜이Nguyễn Trãi가 위에서 요구한 것들은 이미 알고 있는 '오상五常'의 체계에서의 요구와 다른 점이 있다. 다수 인간의 성질을 억제하거나 심각하게 얽매고 있는 것에서 벗어나고 있다. 하지만 좀 더 의미가 있는 것은, 이러한 여러 사항들이 당대의 발전 요구에 정확하게 답응하고 있다는 것이다. 인민들은 전승을 거두었고, 새 왕조가 요구하는 정신과(인) 물질에

---

24 『국음시집(國音詩集)』「보경경계(寶鏡警戒)」.

관심을 기울였고, 사회가 원하는 태평성치에 나아가기 위해 필요한 여러 면(지)의 견식이 있었으며, 위의 여러 사항들을 실현하기를 원하면서 사람들은 용감해야만 했으며 시대의 여러 잘못과 방해들을 대담하게 뿌리쳤다(용). 만약 위의 여러 사항들을 관철시킬 수 있다면 역사는 인간과 나라 건설의 사업에서 커다란 발걸음을 내디뎠음을 보여줄 수 있을 것이다.

요약하자면, 응웬 짜이Nguyễn Trãi의 사람됨의 도道는 유도의 여러 관점을 발전시켰다. 유儒였지만 원시유학이나 한유, 송유는 아니었다. 여기서는 공맹의 존비질서 의식과 정명사상을 찾아볼 수 없으며, 한유의 신비적인 색채도 찾아볼 수 없고, 역시 송유의 엄격한 윤리도 찾아볼 수 없다. 충은 한 왕조에 대한 충일뿐만 아니라 나라에 대한 충이며, 인은 모든 사람에게 있는 확실치 않은 사랑의 마음이 아니라 가난하고 고단한 사람들을 향한 것이며, 지는 교조적 도덕을 잘 이해하는 것일 뿐만 아니라 주요한 것은 인간의 삶에 필요한 종류의 견식을 겨냥한 것이었다. 응웬 짜이Nguyễn Trãi는 유교의 사람됨의 도의 정화精華를 발휘하고 계승하기 위한 가능성과 전망을 충분히 지니고 있는 역사 앞에서, 그러한 사명이 있는 계급과 민족국가의 입장에 서 있었다. 그의 사람됨의 도는 당시 나라를 세우고 나라를 유지하는 상황에서 유도를 발전시킨 것이다.

응웬 짜이Nguyễn Trãi는 자신의 사람됨의 관념을 믿을 때마다 자신이 스스로 실현하고 다른 사람에게 성실하게 권유하였다. 하지만 이러한 관념은 하나의 폭넓은 방법으로 삶에 들어설 수가 없었다. 그뿐만 아니라, 눈 깜짝하는 순간에 그것은 지나가 버리고 말았다. 레Lê왕조가 나중에 공고하게 되었고, 집권화와 전제화의 방향에 따라서 발전하면서 사회에서의 이기利己를 야기하는 것들은 날이 갈수록 증가하고, 인간은 도덕적 측면에서 점차 퇴화하였다. 사람들은 점차 그의 충고들로부터 멀어져 갔다. 그뿐만 아니라 그들은 그를 없애고자 하였기 때문에, 그의 심경은 한탄하기에 이르

렀다. "그들이 충성스러운 사람을 시기하니 실로 가슴이 아프다."²⁵

이러한 정황 앞에서, 응웬 짜이Nguyễn Trãi는 매우 고심하였다. 어쨌든 '왜'라는 물음을 던질 수 있었다. 그는 대답할 수 없었다. 이러한 사태는 그가 그동안 믿고 따르고 격려하도록 힘을 주었던 도를 다시금 고찰하도록 만들었다. 그는 회의하고 원한을 품는 지경에 이르렀다. 회의와 원한은 자신의 삶의 경험과 역사적 경험의 기초 위에 이루어졌다. "입신立身은 헛되고 그저 은둔하여 책을 읽는다",²⁶ "아 우리는 유학자의 관을 쓰고서 잘못함을 일으킴이 오래 되었다",²⁷ "글을 아는 사람의 삶은 우환이 많구나".²⁸ 하지만 사대부의 삶에서 하나의 도가 기초를 이루지 않았다고 할 수는 없을 것이다. 이 도道에 대해 불만이 있다는 것은, 다른 도로 건너가도록 방향을 바꾼다는 의미이다. 응웬 짜이Nguyễn Trãi가 유儒를 회의하고 분노할 때에, 그의 삶에 대한 관념에서 전화轉化가 시작되고 있었다. 그리고 그렇게 다른 도가 형성되었고 시간이 지날수록 더 분명해졌다. 그동안 그가 안위하고 기대었던 그러한 도는 점점 그 역할을 마감하였다. "마침내는 만 가지 일 모든 것이 헛되고 미혹하구나, 아서라 범증을 잃고 초楚나라가 있음을 논하는 것을",²⁹ "떠도는 세상 백년이 실로 꿈만 같고, 사람의 삶 만사 모든 것이 하늘에 달렸다",³⁰ "사람은 어찌하여 여전히 아직 돌아오지 않는가, 반평생 먼지를 품고 바둥거리는구나. 만개의 종鐘과 아홉개의 정鼎은 무엇을 하려는가, 흐르는 물에 밥하고 야채 씻어 지족知足하고자 한다".³¹ 이러한

---

25 『억재시집(抑齋詩集)』「원탄(冤嘆)」.
26 『억재시집(抑齋詩集)』「우성(偶成)」.
27 『억재시집(抑齋詩集)』「제서중보경은당(題徐仲甫耕隱堂)」.
28 『억재시집(抑齋詩集)』「만홍(漫興)」.
29 『억재시집(抑齋詩集)』「추야객감(秋夜客感)」.
30 『억재시집(抑齋詩集)』「하일만성(夏日漫成)」.
31 『억재시집(抑齋詩集)』「곤산가(崑山歌)」.

것은 바로 노장적인 삶에 대한 관념이다.

하지만 응웬 짜이Nguyễn Trãi는 새 왕조를 건설할 때에도, 명에 맞선 항전의 성공을 체험하고 오랜 세월을 성찰하면서도, 이 도를 쉽게 잘라 버리지 못하였다. 노장의 도로 옮겨 갔지만 그것은 불완전한 것이었고, 옮겼더라도 여전히 유감이 남아 있었다. 그렇기 때문에 비록 심정은 그다지 가볍지는 않더라도, 결국에 가서 그는 다시 유도로 돌아왔다. 그의 당시의 심사는 "나라의 은혜는 갚지도 못하였는데 늙음이 측은하다. 평생 홀로 먼저 걱정의 뜻을 끌어안고 차가운 다리를 감싸 안고 앉아 밤새 잠 못 이룬다",[32] "엄격한 집에서 나는 공안孔顔의 도 곁에 머물고"[33] "님을 그리는 마음은 여전히 홀로 한 척尺인데, 그럭저럭 머리카락이 새하얗게 되었구나".[34] 그리고 이러한 심정은 영원히 그의 뒤를 쫓는다.

응웬 짜이Nguyễn Trãi 사상의 발전은 당시의 시점에서는 특별한 현상이다. 이러한 현상은 그의 동시대의 사상가들에게서는 찾아보기가 어렵다. 리 뜨 떤Lý Tử Tấn, 응웬 티엔 띡Nguyễn Thiên Tích, 찐 타인Trịnh Thanh 등은 자신의 사상을 옮기는데 완전히 옮겨서 조금도 미련이 남아있지 않았다. 응웬 짜이Nguyễn Trãi의 나라를 위하고 백성을 위하는 의식은 훨씬 강하였고, 훨씬 깊고 무거웠다. 그렇기 때문에 그는 나라를 돕고 백성을 도울 수 있는 하나의 도로서 결국 유도를 뒤따라야만 했다. 이러한 현상은 이후의 세기에 있어서도 찾아보기 어렵다. 응웬 빈 키엠Nguyễn Bỉnh Khiêm, 응웬 즈Nguyễn Dữ, 응웬 항Nguyễn Hàng 등이 활약하던 16세기에는 유도가 더욱 혼란스러운 시기였다. 16세기는 응웬 짜이Nguyễn Trãi의 시대와는 다르다. 당시 베트남 봉건제도는 꽉 막힌 채 분열하여 흩어졌으며, 유도의 측면에서만 보면 당시의

---

32 『억재시집(抑齋詩集)』「해구야박유감(海口夜泊有感)」.
33 『국음시집(國音詩集)』「보경경계(寶鏡警戒)」.
34 『국음시집(國音詩集)』「보경경계(寶鏡警戒)」.

어떠한 것도 해명할 수 없었고, 벗어날 어떠한 길도 찾을 수 없었다. 응웬 빈 키엠Nguyễn Bỉnh Khiêm을 비롯한 여러 다른 유학자들은 당대의 혼란한 사회상황으로 인해 시세時勢를 온전히 이해할 수 없었고, 이 시기가 지나면서 불만스럽고 따분하게 되었다. 그들은 응웬 짜이Nguyễn Trãi와 같은 유교의 세계관으로 돌아가기 위한 조건이 없었던 것이다.

유교의 사람됨의 도는 외부에서부터 유입되어 서서히 사회 통치의 도가 되었다. 이러한 현상은 우연한 것처럼 보이지만, 실제로는 역사적 필요의 하나이다. 집권을 향해서 베트남 봉건제도가 발전하였기 때문에, 하나의 가문에 대해서 하나의 개인에 대해서 집권을 보증하는 정치-도덕 학설에 이를 필요가 있었다. 유도는 이러한 요구에 대답해야 했으며, 그렇기 때문에 통치 가문은 존숭되어야 했다. 하지만 유도는 빨리 난국으로 떨어지는 것에 맞서야만 했다. 이 또한 필요한 한가지였다. 베트남 봉건제도가 일찍 집권을 하기에 이르렀지만, 경제적 기초가 발전하지 못하였고, 견고한 경제체제도 없었으며, 집권의 기초가 되는 공공의 시장이 전국적으로 없었다. 그렇기 때문에 집권을 이루었지만 다시 분산되고 흩어졌다. 레Lê 통일 왕조에서부터 시작해서 16세기에 이르자 다시 남조와 북조로 나뉘어 분열하였다. 이러한 상황은 유교의 사람됨의 도가 더 이상 사람의 마음을 끄는 힘이 남아 있지 않음을 반증한다. 마지막 시기에 드러난 응웬 짜이Nguyễn Trãi의 사람됨의 도에 대한 사유와 심정은 이후 단계에 있어서 유교의 이러한 난국을 여는 첫 흔적이다.

4. 이론적 사유의 측면에서의 공헌

람 선Lam Sơn 기의는 민족과 더불어 빛나는 사명을 완성하였다. 적을 몰아낼 수 있었고, 나라를 구할 수 있었고 역사적 추세에 부합하는 새 왕조를 건설할 수 있었다. 그러나 그 안에서 모든 사람들은 자신들의 장점과 상황에 따라서 개별적으로 기여하였다. 레 러이Lê Lợi는 장수들의 지도자로서 영도하고 수행하는 공공의 책임을 졌고, 여러 장령將領들은 전쟁터에서 싸움을 지휘하고 조직하는 사람들이었으며, 응웬 짜이Nguyễn Trãi는 대학자로서 최고 지도자의 천막에 드나들 수 있었다. 그는 군의 참모로서 헤아리고 나누는 일을 할 수 있었고, 문건을 편찬하고 토의하였다. 이후에 그는 레 서Lê Sơ왕조 아래에서 행동과 사유의 방법론적 의의가 있는 문제에 대한 고민과 더불어 나라를 세우고 구하는 책략와 전략, 노선에 대한 여러 고민을 하였고, 아울러 행견行遣과 승지承旨의 여러 관직도 담당하였다. 그렇기 때문에 그는 민족의 이론적 사유의 발전 가운데 크고 넓게 이바지하였다.

당시 동아시아 여러 나라의 이론적 사유를 통치하는 것은 송유였다. 베트남은 다소 그 영향을 받았다. 그 가운데 송유의 기본적 특성은 실제와 동떨어지고, 책에서 얻은 지식을 중시하고, 추상적이었다. 송유의 세계관은 어떠한 부분이든지간에 베트남 사람이 자신의 상황에 따라서 나라를 발전시키고 건설하는데 걸림돌이 되었다. 호 뀌 리Hồ Quý Ly는 송유의 대표적인 학자들에 대해 "유학을 도둑질해 먹는" 사람들이라 비판하였고, "배움은 넓고 재능은 부족하며 사정事情에 이르기까지 관철하지 않고 단지 옛 사람의 문장을 훔쳐다가 일삼는 것을 전문으로 하였다"[35]고 평가한다. 하지만

---

35 『대월사기전서』 3집, 213면.

호 뀌 리Hồ Quý Ly는 나라의 현실과 분리된 이론과 실천으로 실수를 저지른다. 그뿐만 아니라 이기적인 정치적 입장에서 출발하고 있다. 송유의 방법과도 다르고, 호 뀌 리Hồ Quý Ly의 노선과도 다르게 응웬 짜이Nguyễn Trãi는 자신의 사유의 방향을 나라의 현실에 두었다. 그뿐만 아니라 그는 과거의 일과 현재의 일을 분별하여 알았다. "오늘날의 일은 이전 날의 일과 서로 다르다."(왕통王通에게 보내는 편지) 그는 실제와 이론을 결합하는 것을 알았고, 나라를 건설하고 나라를 구하는 일을 위해 여러 형식과 적합한 발걸음을 찾아내려 노력하였다. 그렇기 때문에 이론적 사유의 측면에서 넓고 큰 여러 공헌과 여러 성공들이 있다.

응웬 짜이Nguyễn Trãi의 이론적 사유는 두 측면에서 형성될 수 있었는데, 한 측면은 그가 역사적 변천들을 총결하고 그로부터 여러 인식이론을 뽑아낸 것이고, 다른 측면은 그가 선배들의 방법론 문제들을 발휘하고 계승하고 있다는 것이다. 총결은 그가 새로운 사상과 새로운 사유를 형성하기 위한 기초가 되었는데, 반면에 옛 사람들의 방법론에 대한 여러 성과들을 주의 존중함은 진실과 심오함에 이르는 그의 총결을 위한 전제가 되었다.

여러 지난 역사 시기의 총결과 눈앞에서 현재 펼쳐지고 있는 여러 변화들의 분석에서, 응웬 짜이Nguyễn Trãi는 나라를 건설하는 사업과 나라를 유지하기 위한 전쟁의 법칙성이 있는 공통의 결론들을 뽑아낼 수 있었다. 다음과 같은 여러 점들이 드러났다.

반드시 공동체를 존중하고 공동체의 사상을 배양하는 것이다. 그는 나라를 세우고 구하는 것을 여러 사람, 수백 가문의 일로 보았다. 이러한 사업 가운데에서 만약에 모든 사람들이 한 마음이 된다면 힘이 있을 것이다. 그는 호Hồ 가문이 실패한 원인을 지적하기를 "호Hồ 가문의 군軍은 백만 사람이 각자 백만 마음"이기 때문이라 보았고, 지적하기를 레 러이Lê Lợi의 필승의 원인은 "군은 비록 수십만이 되지 않지만 누구든지 한 마음"이기 때문이라 보았다. 개인과 공동체는 반드시 연결되어 있으며, 개인은 공동체와 더불어 결합하려 노력하는 하나의 분자가 되도록 해야 한다. 오직 애정과 권리와 같은 것으로, 공평함으로, 동고동락으로, 여러 이익을 해결하는 일로, 군중이 요구하면 군중과 결합하도록 한다. 배고픈 군사들로 하여금 아직 탈만한 자신의 코끼리 고기를 먹이고, 술을 조금 가져와 물과 섞음은 모든 사람들이 함께 마실 수 있게 함이다. 절반의 군으로 하여금 돌아가 농사를 짓도록 허락하였고, 완전히 승리한 후에 여러 사람들이 좋아하는 뜻이 있으면 산으로 돌아갈 수 있었다. 공동체를 위하는 사상, 공동체를 걱정하고 돌보고 공동체의 힘을 발휘할 줄 아는 것은 실제 그의 활동과 모든 주장 안에서 지켜지고 있다.

응웬 짜이Nguyễn Trãi는 의무와 권리 사이의 관계에 대한 문제까지는 도달하지 못하였다. 그러나 그의 공동체 의식을 강화하기 위한 조건에 대한 관념은 의무와 권리 사이의 관계를 올바르게 해결함으로 체현되었다. 여기서는 일방적으로 말을 하는 것은 없었으며, 의무가 있으면 반드시 권리도 있었고, 권리를 해결할 수 있으면 바로 의무를 제시하였다.

작은 것을 들어 많은 적을, 약함을 들어 강함에 맞서는 방법을 알아야만 했다. 동등하게 맞설 수는 없었으며, 싸우기 위해 적들처럼 진을 펼칠 수도 없었는데 왜냐하면 적군은 수량적 측면에서 우세하였고 상대방을 압도하기 위해 이러한 우세함을 드는 전통이 있었다. "10배로 군이 많다면 적을 포위하고, 5배가 많으면 적을 공격한다." 베트남의 이러한 방법은 강한 곳을 피하는 것으로, 적의 약한 곳을 치고 들어가 적의 강한 곳을 발휘하지 못하도록 상황을 만드는 것이다. 또한 우리의 약한 곳은 메우고 강한 세력을 만드는 것이며, 싸움터마다 그 안에서 역량을 바꾸는 저울이 되도록 하여, 적으나 많은 적을 감당할 수 있고, 약하나 강함을 이길 수 있도록 한다. 이는 적의 경계를 푸는 곳을 치고 들어가는 것이고, 적이 생각지도 못한 곳

을 치고 들어가는 것이다. "매복하여 두고, 기병을 쓰며, 창끝을 피하고, 구
멍 난 곳을 이용하고, 적은 것을 들어 많은 적을 상대하고, 약한 것을 들어
강함에 맞선다"(영릉永陵 비문), "약함을 들어 강함에 맞서 종종 적군의 방비
하지 않은 곳을 진공하여 들어간다".(『평오대고平吳大誥』) 이렇게 '일상적으로
하는' 그리고 '자주 잘하는' 일은 전승戰勝을 만들어내는 방법이며, 정의로
운 사업을 위한 그러나 수량면에서 적고 장비면에서 약한 전투 군대의 법
칙으로서 의의가 있다고 볼 수 있을 것이다.

반드시 인민이 나라의 근본임을 봐야 하며, 왕조의 안위에 이르기까지
연관된다. 그렇기 때문에 그에 따르면, 인민은 수가 많고, 사회의 기초이
며, 하나의 왕과 하나의 왕조의 통치 바탕을 폐출하거나 옹호하는데 이르
러 결정하는 역할을 하는 힘이다.

그는 부정할 수 없는 역사적 사실들을 들어 자신의 여러 관점을 논증하
고 있다. 쩐Trần왕조는 인민이 싫어하기 때문에 넘겨졌고, 호Hồ왕조는 인민
이 원한이 있기 때문에 명나라 적에게 잃었으며, 명나라 적은 인민이 분개
하기 때문에 패배하였고, 람 선Lam Sơn봉기는 인민이 믿고 따를 수 있어서
'쌀과 물로 맞이하고, 따르는 사람이 길에 가득'하였기 때문에 성공하였다.
그는 자신의 사상을 '급박한 현실성이 충분한 내용'과 더불어 옛 사람의 말
을 되풀이하는 방식으로 체현하였다. "인이 있는 사람을 좋아하는 것은 인
민이며, 배를 나르고 배를 뒤집는 것 역시 인민입니다. 덕이 있는 사람을 돕
는 것은 하늘이며 믿기도 어렵고 항상함이 없는 것 역시 하늘입니다"(태자太
子 유고諭告 조詔), "배가 뒤집힘에 있어서 인민이 물과 같다고 생각하고, 험한
땅 가운데에 들어가 또한 의지하기가 어려우니 명은 하늘에 있다".[36]

모든 주장, 노선, 정책, 조정의 대처하는 모든 관계는 모두가 인민의 마

---

36 『억재시집(抑齋詩集)』「관해(觀海)」.

음에 근거하여야만 한다. 그에 따르자면 조정의 여러 일들은 모두가 인민에 관계가 되고, 그것이 즐거움이든 원한이든, 옹호하거나 대립하여 맞서는 의식이거나 모두 인민의 반응을 일으킨다. 인민의 마음이 옹호한다면 할 일이며, 반대하여 맞선다면 반드시 철회해야 한다. "나의 뜻에 따르면 사람의 마음은 반드시 원한이 백년에 이른다"(백관百官에게 전하는 조詔), "인재를 쓰는 여러 일에는 간하는 말을 듣고, 하나의 정책과 하나의 명령을 내며, 하나의 말을 드러내고, 하나의 일을 하는데 모두 정충正忠을 지키고, 상전常典에 따라서 써야 합니다. 이렇게 한다면 비로소 천심天心에 답할 수 있을 것이며, 아래에서 인망에 만족할 수 있다면 국가는 평화롭고 든든하게 오래 갈 것입니다"(태자太子 유고諭告 조詔), "짐이 여러 대신에게 명을 내리니, 백관과 내외의 여러 사대부 누구든지 시무를 밝게 이해한다면 먼저 돈을 쓰는 규칙에 대해 토론하고 어떻게든지 인민의 마음에 따르도록 해야 한다. 행하기 위해서 한 사람이 원하는 바에 이르지 못한다면 강제하더라도 천만인이 따르기를 원치 않을 것이다"(통화通貨법에 관한 조詔), "인민을 데려오는데 인민의 마음을 잃어버리는 것을 더 이상 하지 말라".[37] '민심民心', '인망人望'은 실제로 그의 정치사상의 기초가 된 것이다.

외부의 강폭한 적들에 맞선 전투 방법에 대한 관념과 공동체 의식, 인민이 나라의 근원이며 인민의 마음을 보는 것이 모든 공공의 일을 정하기 위한 기초라는 사상은 민족의 전통사상 안에 다소간 있었던 것이다. 응웬 짜이Nguyễn Trãi의 공로는 이를 계승하고 높였으며, 구체화하고 풍부하게 만들었으며, 동시에 개괄하여서 나라를 세우고 나라를 유지하는 일의 법칙과 같은 가치가 있는 여러 일을 이룩한 것이다.

총괄할 필요가 있는 여러 사상 이외에 응웬 짜이Nguyễn Trãi는 방법론 문

---

37 『국음시집(國音詩集)』「보경경계(寶鏡警戒)」.

제에 대해 주장하고 있다. 왜냐하면 당대의 많은 사람들은 여전히 본능에 따라 행동하고 있었고, 준비없이 되는대로 행하며, 미래를 헤아려서 미리 걱정함이 없었다. 이러한 행동으로는 성공에 이를 가능성이 적고, 피동적이며, 많은 혼란스러움을 만나지 않을 수가 없다. 그래서 여러 방법들은 비록 사물의 운동을 인정하더라도 전통적으로 나라를 세우고 나라를 구하는 일의 늘 새롭고 복잡한 발전에 대응하기 위해서는 충분하지 않음을 그대로 방치하였다. 이러한 현실적 요구로부터 응웬 짜이Nguyễn Trãi는 그 자신의 책임을 정확한 일 처리와 인정하는 방법의 중요도를 제기하는데 두었다. 그에게 있어서 방법에 관한 하나의 이론은 형성되었다. 그 안에는 그가 전통의 관점을 계승하고 발휘한 부분이 있으며, 그가 스스로 발견하고 건설한 부분도 있다.

응웬 짜이Nguyễn Trãi는, 사람의 일은 늘 바뀌고 이러한 바뀜은 모두 인과관계가 있으니 설령 자신의 행동과 사유 안의 일이지만 사람은 모든 인과관계를 이해할 필요가 있음을 인정한다. 그는 레 러이Lê Lợi에 관해서 모여든 사람들이 가진 심정의 실제 원인을 지적할 뿐만 아니라, 이 영웅이 진실하며 사람을 사랑하고 인을 쌓고 덕을 쌓는 사람이기 때문으로 보았다. 당시에 침략에 맞선 항전의 승리에 이르는 커다란 원인에 대해서, 선두에 선 사람이 여러 왕조의 흥망을 초래하는 경험을 운용하고 뽑아낼 줄 알았다고 선을 그을 뿐만 아니라, 새로운 관념들 — 행동과 사유의 일반적 기초가 되는 모든 인과관계에 대한 특출한 현실성이 있는 — 을 제기하였다. 그 가운데 여러 관념들이 드러난다. 어떠한 일이든지 출현하면 그 원인이 있고, 과果가 있으면 반드시 인囚이 있고, 어떠한 과果라면 그러한 인囚이 있으며, 일의 잘하고 못함은 그에 상응하는 좋거나 나쁜 결과가 있을 것이다. 그의 이러한 사상의 실현은 여러 구句로 만들어졌다. "복이든 화든 모두 오래된 것으로부터 비롯되며, 단 하루가 원인이 되어 일어나는 것이 아니다"[38], "일을 어떻게 봐야 할 것인가, 왜 다시 그렇게 심사숙고해야 하는가, 즐거움은 어디에나 있다. 그렇다면 인성人性의 진실과 거짓은 어떠한가, 아주 조그마한 것이라도 흔적을 숨길 수는 없다'.(왕통王通, 산수山壽에게 보내는 재서再書)

여러 복잡한 관계와 더불어 엇갈리는 이익과 상호 모순들, 작은 일과 큰 일 사이의 관계, 가까운 일과 먼 일 사이, 눈앞의 이익과 길고 오래되는 이익 사이에서 응웬 짜이Nguyễn Trãi는 결합을 주장한다. 만약 결합할 수 없다면 반드시 큰일을 우선하고, 먼 일과 오랜 이익을 우선해야 한다. 그는 말한다. "작은 일도 들지 않으면 큰일이 해롭고, 가까운 곳을 보지 않으면 멀리 보는 것에 방탕하다"(『남산실록藍山實錄』). 큰일에 이르기까지 생각해야만 비로소 큰 이익이 있을 것이다. "그 사이에 군신君臣이 큰 의를 들어 서로 함께 먹고 지냈으며, 혈육처럼 서로 친하였고, 어떠한 싫어함이나 기대도 없으며, 그러므로 사람을 사랑할 수 있었으며 누구든지 즐거이 따랐다."(『남산실록藍山實錄』). 멀리 보았기 때문에 피동적이 안 될 뿐만 아니라 크고 넓은 결과를 얻을 수 있었다. "먼 일을 헤아리면 묘하게 성공한다."(「지령산부至靈山賦」) 게다가 오래 갈 수 있고 이익을 얻을 수 있다. "나라가 오래도록 이어짐에 대해 생각하고, 수십만 투항한 병사들을 용서한다. 고쳐서 두 나라가 화호和好하고, 전쟁을 만대에 그친다."(「지령산부至靈山賦」) 이는 커다란 사유의 결과이다.

응웬 짜이Nguyễn Trãi의 멀리 내다보는 관점 안에는 멀리 걱정하고, 멀리 생각하는 문제가 있다. 그는 인간이 행동할 때 먼저 헤아리고 나중에 되뇌임을 알아야만 한다고 요구하며, 일어날 가능성이 있는 고난들을 먼저 재어 알아야 하고, 이는 불리하게 진행될 여러 추세들을 미리 경계해야 하기 때문이다. 왜냐하면 사물은 한 장소에 고요하게 서 있는 것이 아니며, 이것

---

38 『억재시집(抑齋詩集)』「관해(觀海)」.

안에는 저것의 씨앗이 있고 이것에서부터 저것으로 옮겨 이루어지기도 하고, 일을 기다리는 까닭은 복잡하고("하늘은 어렵다") 볼 수 있는 경험은 일부분 인간이 계속 바꿀 수 있기 때문이다.("명은 늘 그러하지 않는다") 그는 말한다. "이르기를 하늘은 어렵고 명은 늘 그러하지 않으니, 반드시 괴로운 곳을 생각하고 쉬운 일을 꾀하라. 이르기를 공功은 이루기 어려우나 쉽게 부서지니, 반드시 애초부터 조심하여 훗날을 헤아리라. 반드시 모든 화란禍亂에 주의를 기울여 평안하도록 하여야 한다. 거만한 생각을 멀리하여 나누어 맞이하여 때때로 즐거움에 이른다."(『남산실록藍山實錄』), "이르기를 하늘은 믿기 어렵고 명은 늘 그러하지 않으니, 난이 없을 때에도 다스림을 고쳐 생각하고, 이르기를 공功은 이루기가 어렵고 일은 쉽게 부서지니, 위기가 없을 때부터 나라를 유지함을 생각한다".(군애왕君哀王 사제思齊 항조降詔), "반드시 앞의 시기를 조심하여 뒤의 때를 헤아리고, 큰 일을 행함에는 반드시 작은 일로부터 한다"(군애왕君哀王 사제思齊 항조降詔). 비록 인간의 활동 양상에서 새롭게 세워진 것이지만, 아울러 응웬 짜이Nguyễn Trãi의 총괄은 각 사물의 전화轉化의 문제와 이러한 변화의 조건에 이르기까지 언급하고 있다. 여기서 분명한 것은 눈앞에 놓인 현실과 최선을 다하는 심오함이 부합하는 관점이다.

행동의 측면에서 보면, 첫째는 정치행동으로 응웬 짜이Nguyễn Trãi는 인간이라면 반드시 두 종류의 상황을 헤아려야 한다고 생각한다. 첫째는 하늘의 법칙, 하늘의 운행-이를 이해함은 역사적 추세, 시대적 추세이다-과 사람의 마음과 뜻이다. 둘째는 자신에 최선을 다함이며, 사람에 최선을 다함이다. 그는 이러한 두 종류의 조건이 모두 중요하며, 모두 사람의 행동에 있어서 부족하면 안 된다고 보았다. 각각 행동으로 나타나는 것을 보면 둘 모두를 숙고해야만 적합하다. "군자에 있어서 귀중한 것은 때를 알아 변화함을 이해하는 것이고, 자신이 처한 상황에서 힘이 충분한지 고려하는 것이다"(박 지앙Bắc Giang 성 유서諭書), "때를 알아 숙고하여 자신의 힘을 고려하는 것은 지식을 가진 사람의 일이다".(쓰엉 지앙Xương Giang 성 유서諭書)

이러한 두 종류의 조건 가운데 첫째 응웬 짜이Nguyễn Trãi의 기초가 되고 행동의 조건이 되는 관념은, 이러한 것과 더불어 사람은 반드시 알고 이해해야 하며, 이를 따라서 행해야 하고, 반대로 하면 안 되며, 반대로 행한다면 실패한다는 것이다. "왕자王者의 군軍의 근본은 아래로 사람의 마음에 합하며, 위로 하늘의 마음에 따른다"(천조天朝의 비장裨將에게 보내는 글), "무릇 우리의 여러 일들이 모두가 때에 맞고, 때는 사람에 따른다".(박 지앙Bắc Giang 성 유서諭書) 그리고 하늘의 마음을 이해하기 위해서 그는 무엇보다 먼저 하늘의 운용과 하늘의 이치를 이해할 수 있어야 했다. 왜냐하면 바로 하늘의 이치와 하늘의 운용이 사람의 마음을 규정하기 때문이다. "하늘의 마음에 따라야만 사람의 마음에 합할 수 있다."(군애왕君哀王 사제思齊 항조降詔) 이는 하나의 명확한 관념으로, 사람의 마음에 대해 제멋대로 주관적 판단을 내려 회피함을 방지하는 데 도움을 줄 수 있다. 또한 두 번째 조건, 즉 인간 본인의 행동에 대해 외부적 조건을 이해하는 것뿐만 아니라 자신의 가능성, 자기 자신의 역량에 대해서도 올바른 이해를 해야만 한다고 설명한다. 동시에 강력한 방식으로 목적에 이르는 의식이 있고, 자신의 능동성을 향상시킨다면 성공할 수 있을 것이다. 때문에 그가 말한 것처럼, 레 러이Lê Lợi는 사업을 일으켜 세울 수 있었다. "사람을 알고 자신을 알고, 부드럽기도 하고 강하기도 하여"(「지령산부至靈山賦」), "하늘에 따랐으니 때를 알고, 공을 이루기 위해 다시 결심한다".(「지령산부至靈山賦」)

첫째는 행동의 객관적 조건이라고 부를 수 있을 것이며, 둘째는 행동의 주체, 인식의 주체라 할 수 있을 것이다. 응웬 짜이Nguyễn Trãi는 자신의 입론을 통해 역사 안에서 인식론의 커다란 문제, 주체와 객체의 관계에 이르기까지 언급하였다. 하늘의 법칙, 하늘의 운용, 사람의 마음, 사람의 힘, 자신의 힘 등의 개념은 이전에도 있었던 것이지만, 실제와 부합하는 방식으로 해석하고 유기적으로 긴밀하게 관계를 맺는 가운데에 이것들을 제시한 인물은 응웬 짜이Nguyễn Trãi가 최초이다. 그의 해석은 한편 행동에 있어서 이익을 줄 수 있으면서 한편 방종적인 태도 주관적인 의지에 빠지는 것을 막는 작용이 있고, 또한 신비적인 천명에 따르는 유심주의의 오류를 방지하기도 한다.

한 가지 더 반드시 제시해야만 하는 사항은 '시時'에 관한 응웬 짜이Nguyễn Trãi의 인식이다. 그는 선배 학자들과 마찬가지로 모두 시의가 적절하고, 때에 맞고, 때를 놓치지 않는 문제를 강조한다. 왜냐하면 시時는 객관적 환경으로 인간의 주관적 활동을 가능케 하여 결과를 예측할 수 있게 하는데, 심지어 결과가 기대하는 것과 다르더라도 다른 때에 놓을 수가 없기 때문이다. 그는 강조한다. "시時자의 의미는 어떻게 그리 큰 것인가!", "시時여, 시時여, 실로 놓쳐서는 안 된다", "예로부터 지금까지 유사儒士란 사람들의 관습은 시무時務를 이해하지 않으니, 비록 시무를 이해한다고 하더라도 다만 준걸에 미칠 뿐이다".(왕통王通 재유서再諭書)

그러나 응웬 짜이Nguyễn Trãi에서 우리는 시時에 대한 관념이 수동적이 아니며, 뜻이 없이 다만 시時를 기다리는 적극적 행동이 없는 것이 아니라는 점을 인식할 필요가 있다. 반대로 보면, 이러한 관념은 임무를 만들어낸다. 오는 시기를 알기 위한 시국의 변화를 관찰해야만 하는 한 측면이 있다. "군자에게 있어 귀중한 것은 변화를 통通하는 것뿐이다."(타충打忠과 양여홀梁汝笏 서書) 다른 측면은 기회에 대응하기 위해서, 주동적이 되기 위해서, 시時를 맞이하기 위해서 주관적 역량을 만들어내야만 한다는 것인데, 이는 그가 '세勢'라고 부르는 것을 만들어낸다는 의미이다. 왜냐하면 시時는 있으나 세勢가 없으면 시時를 놓치게 될 것이며, 반대로 돌아보면 기회가 없어질 것이기 때문이다. 만약에 다시 시時가 있고 세勢가 있으면 시국을 바꾸는 일을 할 수 있고, 강하게 수준을 높일 수 있게 된다. "시時에 맞고 세勢가 있다면 잃은 것을 바꾸어 얻음을 남길 수 있고, 작은 것을 크게 바꿀 수 있다. 시時를 잃고 세勢가 없으면 강함은 약하게 바뀌고, 편안함은 다시 위험하게 된다. 이러한 바뀜은 단지 손바닥을 뒤집는 것처럼 순간이다."(왕통王通 유서諭書) 이렇기 때문에 그는 결론을 내린다. "준걸에 있어서 귀중한 것은 시세時勢를 알고 변화를 이해하는 것일 뿐이다."(왕통王通 재유서再諭書)

요약하자면 응웬 짜이Nguyễn Trãi의 사유는 변증적이고 과학적인 사유이다. 모든 관계 안에서, 변화하여 바뀌고 발전하고 여러 요소들의 왕래하고 작동하는 안에서, 사물을 보는 방법에 있어서의 변증이다. 총괄의 수준과 사유의 깊이, 그리고 현실을 반영하는 정도에 있어서, 행동을 이끌어내는 가능성에 있어서의 과학이다. 그가 내놓은 것은 논리와 역사, 연역과 귀납, 비교와 변론辯論, 종합과 분석의 방법을 결합한 것이다. 칼 마르크스와 프리드리히 엥겔스 또한 이러한 점을 인정하고 있다. "귀납, 분석, 비교, 관찰, 실험, 이는 유리적唯理的인 방법의 주요한 조건들이다."[39] 이렇기 때문에 우리는 이렇게 말할 수 있다. 응웬 짜이Nguyễn Trãi의 이론적 사유는 유리唯理주의의 초기적 요소들을 가지고 있다. 그리고 이는 동양의 유리唯理주의의 한 형태라고 부를 수 있을 것이다.

응웬 짜이Nguyễn Trãi의 위의 이론 사유는 독특한 현상이며, 여러 물음들을 일어나게 한다. 왜 당시 베트남 사회처럼 발전하지 않은 한 사회에서 이러한 정도의 사유가 생성되었는가? 왜 교조적이고 보수적인 유교 학설의 무거운 영향을 받으면서도 응웬 짜이Nguyễn Trãi의 사유는 그렇게 계몽적인 성질을 지니게 되었는가? 천재의 예기치 않은 우연한 것인가? 완전히 그렇지 않다. 여기에는 주관적 객관적 원인과 시대와 인간적 원인들이 있다.

---

39 『칼마르크스 · 프리드리히 엥겔스선집』 제1집, 169면.

무엇보다도 객관적 시대적 원인에 대해 헤아려 봐야만 한다. 당시 나라를 세우고 나라를 구하는 사업은 충분히 어려운 일이었으며, 충분히 고된 시련을 겪는 일이었고, 용감하고 지식이 있는 사람들을 필요로 하는 일이었다. 시국을 이해하기 위해서, 미리 일의 변화함을 알기 위해서, 결과를 얻는 행동을 위해서는 지식이 있어야만 했다. 응웬 짜이Nguyễn Trãi는 이러한 상황을 잘 인식하고 있었다. 그는 말했다. "지자智者는 일이 벌어지기 이전에 일을 본다"(박 지앙Bắc Giang성 유서諭書) "일이 일어나기에 앞서서 일을 꾀하면 일에 이르렀을 때 꾀를 헤아림이 쉽다. 일이 이미 일어난 후에 새롭게 꾀를 헤아린다면 꾀를 헤아릴 기회가 없게 될 것이다"(천조天朝의 비장裨將들에게 보내는 글) 탈출할 길을 찾기 위해서, 위험한 정세에 대항하기 위해서 용기가 있어야 했다. 고난을 받아들이고, 사유를 새롭게 바꾸기 위해서도 용기가 있어야 했다. 응웬 짜이Nguyễn Trãi 역시 이러한 상황을 볼 수 있었다. 그는 레 러이Lê Lợi를 대신하여 말한다. "여러 환난患難은 나라를 세우게 하였고, 커다란 근심걱정은 사람을 일깨우게 만든다. 오늘날의 고단함은 하늘이 우리를 시험하는 것일 뿐이다"(『남산실록藍山實錄』), "많은 재난은 나라를 세우는 근원이고, 많은 걱정거리는 성인의 업을 여는 바탕이다. 많은 변화를 경험하면 깊은 책략을 꾀하고, 먼 일을 헤아리면 경이로운 성공을 이룰 것이다".(「지령산부至靈山賦」) 이와 같은 응웬 짜이Nguyễn Trãi의 사유와 능력의 발전은 시대의 요구에 답하여 응한 것이다.

그 다음은 주관적 원인, 인간적 원인이다. 실천과 이론을 결합하는 의식 이외에, 사회적 실천 과정에서 자신의 실천적 밑천에 보충시킬만한 것들을 관찰할 수 있는 상황들을 얻을 수 있었다. 응웬 짜이Nguyễn Trãi는 또한 당시 다른 사람들보다 훨씬 우세한 점이 있었다. 사도司徒 관직에 있던 외조부 쩐 응웬 단Trần Nguyễn Đán의 집에서 나고 자랐는데, 외조부는 당시의 자산과 더불어 역사의 풍부한 경험과 견식을 전해줄 수 있었다. 이 때문에 응웬 짜이Nguyễn Trãi는 어려서부터 사회적인 일을 체험하고 관찰하기 위해 확실하게 이해하고 아는 밑천을 지니게 되었다. 그는 역사적으로 자주 되풀이되는 여러 변화들을 겪었다. 쩐Trần왕조에서부터 호Hồ왕조로 옮기고, 호Hồ왕조에서 명나라 적의 통치로 옮기고, 명나라 적의 통치에서 람 선Lam Sơn 기의의 일로 옮겼다. 그렇지만 이러한 개개의 변화와 더불어 그는 정보를 얻고 분석하고 심사숙고하여 해결의 길을 찾아내고 평가해야 하는 객관적 환경 때문에 늘 사람들의 위에 서 있었다. 바로 이러한 여러 조건들은 그의 인식을 능동적이고 계몽적이고 현실의 발전과 더불어 부합하도록 하였다.

응웬 짜이Nguyễn Trãi의 특수한 성질을 지닌 사유 방법과 발전과정은 이후에 더욱 발전하지 못했다. 이러한 상황은 인생의 초기 단계에서 바로 찾아볼 수 있을 것이다. 그는 새롭고 깊이 생각하는 법과 더불어 국가 대사의 각 문제들에 이르기까지 마음을 두었다. 하지만 삶의 후반기에 그는 비참한 심정과 한탄스러운 말과 더불어 운명과 인심의 세태 문제에 다시 빠져들고 말았다. 레Lê왕조의 전제집권은 그의 재능이 발전하는 것을 가로막았다. 이후에 이어지는 여러왕조의 전제집권 역시 당대 탁월한 사유의 품격과 여러 종류의 재능들을 질식시켰다. 응웬 짜이Nguyễn Trãi와 같은 현상은 더 이상 다시 생겨날 수 없었다. 그런 점에서도 그의 사상은 날이 갈수록 가치를 더한다.

제14장

레 타인 똥Lê Thánh Tông

세계관과 사회정치사상

레 타인 똥Lê Thánh Tông(1442~1497)의 실제 이름은 레 뜨 타인Lê Tư Thành이다. 그는 레 타이 똥Lê Thái Tông과 응오 티 응옥 자오Ngô Thị Ngọc Dao 사이에서 태어났다. 유학의 시기, 궁정 안에서 모순 때문에 뜨 타인Tư Thành은 한때 어머니와 더불어 온갖 고생을 하며 도피생활을 해야만 했다. 응이 전Nghi Dân이 일으킨 난이 레Lê 조정에서 강력하게 일어났다. 다행히 응웬 씨Nguyễn Xỉ가 일부의 조정신하와 함께 응이 전Nghi Dân을 죽인 후에 그를 맞아들여 왕위에 오르게 하였다.

레 타인 똥Lê Thánh Tông의 시기는 레Lê왕조가 성장하였을 때였다. 이때 중앙집권적 봉건제도는 공고하여진 상태였다. 레 타인 똥Lê Thánh Tông은 토지를 넓히고, 개척하고, 농장을 세우고, 농업을 장려하였다. 레 타인 똥Lê Thánh Tông의 사업과 레Lê 조정의 자산은 당시에 레Lê왕조의 제도를 지극히 왕성한 곳으로 옮겨 놓았다. 나라 안에서는 항상 풍작이 들었고, 백성은 충분히 배부르고, 도적질이 없었으며, 전쟁도 없었다. 대외적으로는 이웃한 나라들이 존경하였다.

레 타인 똥Lê Thánh Tông은 학문에 해박한 사람일 뿐만 아니라 여러 면에서 유능함이 있었다. 나라를 다스리는 방법과 노선에 대한 이해 이외에도, 그는 자신의 현실 활동에서 나라를 다스리는 유능함 이외에 천문, 지리, 역사, 문학에도 통달하였다. 그는 시문詩文을 창작하고, 스스로 여러 조詔, 제製, 고誥를 제정하고 법률, 교육, 군사, 외교 등에 대한 여러 문건들도 제정하였다. 그의 작품은 『천남여가집天南餘暇集』, 『홍덕국음시집洪德國音詩集』에 모아져 있다. 그 안에는 위에 언급한 여러 측면에 대한 그의 수준과 재능을 볼 수 있을 뿐만 아니라, 인생과 사회에 대한 그의 여러 사상, 여러 관념들을 볼 수 있다. 이러한 여러 관념과 사상 안에는 가치가 있는 요소들이 있고, 특색들이 있다. 그러므로 우리는 그를 사상가의 한 사람으로 인정할 수 있을 것이다.

1. 레 타인 똥Lê Thánh Tông의 세계관

누구든지 레 타인 똥Lê Thánh Tông이 유학자로서의 천명사상을 믿는다는 것을 볼 수 있는데, 여러 왕조의 흥망이 하늘에 달려 있다고 해석하고 있다. 그뿐만 아니라 그는 나라에 가뭄이 들거나 범람했을 때마다, 곤충이 수확기를 파괴할 때, 우박이나 산사태 혹은 땅이 갈라지는 등의 자연에서 일어나는 일상적이지 않은 현상이 있을 때마다 기원을 했다. 이는 그가 인류사회와 인간을 지배하는 초자연적인 힘을 믿었다는 증거라 할 수 있다. 하지만 적은 수의 사람들만이 주의를 기울이는 것이지만 이러한 유심적 세계관에서 레 타인 똥Lê Thánh Tông은 문제를 제기하고 있으며, 일부분 전통사상과 투쟁하고 있으며, 인식과 관점의 일부를 새롭게 바꾸고 있다. 이러한 국면으로부터 우리는 그가 당시 개인적인 태도를 지닌 한 사상가로 볼 수 있을 것이다.

레 타인 똥Lê Thánh Tông에 있어서 사상 경향은 무엇보다도 그가 선종파의 신비한 유심적 성질이 있는 '심전心傳'과 '돈오頓悟'관념을 회의하는 곳에서 드러나고 있다. 석가모니가 연꽃을 들었을 때 모두가 이해하지 못할 때 오직 가섭만이 웃었고, 이 때문에 석가불은 가섭이 깨달음을 얻었다고 보았는데, 선종의 신도들은 이를 '심전심心傳心'의 깨닫는 방법으로 영원히 아름다운 형상이라 보고 있는 것에 대해서 그는 회의하였다. 그는 말한다. "행위를 완전히 통달한다는 것이, 다만 사람들이 연꽃을 들어 올렸을 때 웃은 자리에서만 있을 뿐이랴." 여기서 그는 인정하는데, 사람들의 모든 인식은 사물에 접촉하는 감관 때문에 가능한 것이며, 눈과 귀와 같은 감관에 기대어서야 사람은 명석하거나 총명할 수 있다는 것이다. "눈과 귀는 사람을 총명하게 하며, 결국 다른 것은 없다." 이외에 그는 여러 종교의 몽상에 맞서고, 당시 풍수지리와 도교, 불교의 화복과 응보의 관념에 맞서서, 이러한 관념의 이치에 맞지 않는 것과 선을 그었다. 우리는 종종 그가 불교의 무기력함과 황당함을 비판하는 소리를 들을 수 있다. "여러 천당과 지옥에 대해 말하는데, 법은 어찌하여 우리 자신을 제도하지 않는가."(「십계고혼국어문十誡孤魂國語文」), 그는 도교의 무력함과 거짓말을 비판한다. "천존의 율律이 세상을 제도하고 사람을 제도하는데, 누가 그 자신을 제도하려 하겠는가?" (「십계고혼국어문十誡孤魂國語文」) 그는 여러 풍수가들이 지어낸 이야기를 비판한다. "많은 사악한 말들이 잘 되면 땅 때문이라 설명하니, 어떻게 땅이 사람들에게 우열優劣을 줄 수 있는가"(「십계고혼국어문十誡孤魂國語文」) 위에서 볼 수 있는 여러 예들을 보면 그는 유학자이며, 유교의 독존을 주장하며, 유교를 높이 평가하기 위해 다른 도를 비판한다.

당연히 레 타인 똥Lê Thánh Tông의 위의 여러 관점에 대한 비판은, 유물론적 세계관이나 과학적 입장을 밑바탕으로 전개된 것은 아니지만 현실적 관찰에 입각한 것이다. 또 분석적 판단을 위한 과학적인 추상적 사유의 높은 수준으로부터 비롯된 것은 아니지만, 일상사를 해석하기 위해서 일상사를 들고 있으며, 판별하기 위해서 실제의 경험을 들고 있다. 이러한 입장과 방식은 비록 높다고 일반적으로 말할 수준에 이르는 것은 아니며, 모든 판별들이 전부 객관적 실제와 부합한다고 장담할 수도 없지만, 아울러 그것은 실제를 잘 이해할 수 있도록 해주며, 가치가 없는 신앙들을 멀리 하는 이점이 있다.

유신有神적 관점이 보편적으로 남아 있는 사회에서, 자신의 장래를 신비스러운 보응報應에 집어넣으며 행복을 불러오기 위한 관습이 남아 있는 여러 사람들 앞에서, 레 타인 똥Lê Thánh Tông의 위의 사상적 경향은 중요한 인문적 의의가 있다. 그는 사람들에게 신비한 유심주의적 세계관을 피하고 해방하기 위해 현실을 직시하는 한 방법을 만들어 내고 있다.

옛 역사에 통달한 사람이며 자신의 왕조를 건설하기 위해 역사적 경험들을 운용하는 의식이 있는 사람인 레 타인 똥Lê Thánh Tông의 왕조에 대한 관념은 흥할 때도 있고 망할 때도 있으며, 다스려질 때도 있고 난이 일어날 때도 있고, 성하고 쇠할 때도 있는 것이었다. 사람에 있어서는 운이 좋을 때도 있고 불운할 때도 있으며, 건강할 때도 있고 약해질 때도 있으며, 부자였을 때가 비천하게 가난할 때로 바뀌고, 아무것도 없는 것이 일어서서 원래 그랬던 것처럼 끊임없이 세를 이루기도 하며, 아무것도 없는 것이 지나고 지금은 반짝이기도 한다. 이는 변화적 관념이며 유학의 학설에 원래부터 들어 있는 것으로, 당대 많은 사람들의 대물림되는 운명적 사상과 완고한 초월적 사상에서 다소간 벗어난 관념이다. 하지만 주의할 점은 레 타인 똥Lê Thánh Tông의 변화 관념에는 진화론적 요소가 있다는 것이다. 일반적으로 당시 사상가들은 모두 지금이 옛날만 못하고 현재가 예전보다 못하며, 오늘날의 왕은 요순과 같은 예전 시기의 왕보다 못하고, 오늘날의 왕조는 당요^{唐堯}, 우순^{虞舜}과 같은 예전 왕조보다 못하다는 관념이 있었다. 당연히 이러한 요순왕조는 전형화와 이상화가 될 수 있었고 확장될 수 있었지만, 실제로는 역사에서 어떠한 왕조도 요순왕조와 달랐다. 또한 이처럼 문제를 제기하는 방식은 반진화적이고, 밝은 장래로 나아가는 것을 가로막는 한계라 할 수 있다.

레 타인 똥^{Lê Thánh Tông} 또한 마찬가지로 요순의 왕조는 자신의 왕조가 분투해야할 목표였지만 그는 또한 이러한 목적의 관념을 제기할 수도 있었다. "일찍이 알기를 순 역시도 사람의 일에서 말미암으니 오늘날의 모습이 옛날만 못하다고 말하지 말라." 그리고 때때로 그는 자신의 왕조가 요순의 왕조라고 자인하고 있다. "낀^{Kinh}족 사람과 이민족 사람이 모두가 서로 화목하고, 바람은 순하게 불어 시원하니, 태어나서 요순의 시대를 만나지 못하였다고 말하지 말라."[1] 도덕적 측면에서 살펴보면, 그는 자부심이 강하고, 스스로를 높이는 사람이라고 평가할 수도 있을 것이며, 아울러 인식 측면에서 살펴보면 그처럼 문제를 제기하는 방식은 결과적으로 역사의 진화와 부합하고, 신선하며 대담한 것이다.

언젠가 전통이 되어 버린 것은 역시나 심각한 것이며, 언젠가 여러 사람들의 관념으로 형성되어 있는 것은 맞서기가 힘든 것이다. 비록 그처럼 맞서는 사람이 왕이라 하더라도 세력이 있어야 했다. 레 타인 똥^{Lê Thánh Tông}은 실제적 관점 때문에, 자신의 왕조를 성치^{盛治}로 옮기기 위하여 뜨거운 마음을 가졌기 때문에, 전통적 사상을 베어낼 만큼 대담했고, 여러 사람의 관념을 베어낼 만큼 대담했으며, 인식에서 새로운 방식으로 의의를 지니는 문제들을 제기할 수 있었다. 따라서 그 새로운 것은 진화론의 한 요소이

---

1   레 타인 똥(Lê Thánh Tông)은 스스로 '화(華) 사람'이라고 부르고 중국 사람(華人)은 '오(吳) 사람'이라고 불렀으며 훗날 응웬왕조의 일부 임금은 스스로를 '한(漢) 사람'이라 부르고 중국 사람(漢人)은 '당(唐) 사람'이라고 불렀다.

다. 반드시 이전보다 발전이 있어야 하는데, 그의 사상은 역사에서 진보적인 사상의 한 조류가 되고 있다.

레 타인 똥Lê Thánh Tông에 대해서 많은 옛 사람들은 그가 유학자이며 유교사상의 영향을 깊게 받았다고 말하는데, 그뿐만 아니라 그들은 그의 모든 성공 또는 실패가 지배적인 유가儒家 때문이라고 여기면서 그가 동양 유교의 역사에서 유학자의 한 유형에 들어간 탓으로 돌리려고 노력하였다. 형식적 측면에서는 맞지만 학술적인 학파의 측면에서 보자면 레 타인 똥Lê Thánh Tông은 유학자이지만 이 유학자의 특징이 무엇인지에 대해서는 좀 더 연구할 필요가 있다.

예전부터 당시에 이르기까지 나라를 사랑하는 많은 사람들처럼 레 타인 똥Lê Thánh Tông은 유교를 받아들이는데 민족적 입장에 서 있다. 이러한 입장은 그가 유교를 받아들이는 방식을 결정하고 있다. 그는 단지 민족의 생활에 도움이 되는 부분들을 받아들이고 있으며, 이러한 생활에 도움이 되지 않는 것들은 버리고 있다. 그는 원리적이거나 추상적인 성질이 있는 것들은 주장하지 않지만 인간의 행동과 나라에 실천적 이익이 있는 것들에 대해서는 발휘하고 운용하고 있다. 그는 유교의 어떠한 한 단계를 학습하는 것을 겨냥하지는 않지만 그 스스로 생각하기에 예전부터 당대에 이르기까지 유교의 정수가 되는 것들 모두를 선택하고 계승하고 있다. 이것은 그가 취미처럼 좋아하기 때문이 아니라, 나라의 당시 현실이 요구하고 있기 때문이다. 당연히 그의 사상 안에서는 '삼강', '오상'이 언급되고 있으며, 한유漢儒의 여러 문제를 개괄해 제시하고 있지만, 이와 나란히 그가 그렇게 한유에 깊은 영향을 받은 사람으로 볼 수만은 없다. 왜냐하면 한漢 시기의 큰 정통적 유학자의 한 사람인 동중서의 주요한 '천인상감'과 같은 사상들, 그리고 동중서의 신학神學적 목적론의 성질을 지닌 이설理說과 같은 것들은 그의 작품 안에서는 찾아볼 수 없다. 그의 사상 안에는 송유宋儒의 개념들인 '도道'와 '리理'에 대한 언급이 있는데, 이와 나란히 그의 근신近臣인 도 뉴 언Đỗ Nhuận이 인정하는 것처럼 "고금古今의 정화를 모두 갖춘 이학자"도 아 니다. 왜냐하면 여기서의 '도'와 '이'는 단지 구체적 상황들에 운용하고 있 을 뿐이며, 송유宋儒의 관념처럼 객관적 사물의 근거로서의 본체론적 성질 에 따라서 이해하는 것이 아니다. 요컨대 그는 베트남 유학자의 한 사람으 로, 원시유학이든 한유든 송유든 관여치 않고 통치를 위해 이익이 되는 것 들을 계승하는 것을 알고 있을 뿐이다.

훗날의 많은 유학자들과 비교하면 레 타인 똥Lê Thánh Tông에 있어서 유교 사상은 여러 적극적인 요소가 있으며, 나라의 기세를 높이 올리고 민족 정 신을 체현하는 여러 특징들이 있다. 하지만 이러한 성질들 옆에서 볼 수 있 는 것들은, 그의 사상 안에는 위험한 명분名分과 심각한 신권神權, 분명한 전 제專制와 같은 부정적 요소가 많다. 이러한 부정적 요소들은 유교 자체에 본래적으로 있는 것인데 돌려서 말하자면 이러한 여러 요소들은 적극적인 여러 요소들과 더불어 모두 당대 작가의 계급적 위치, 계급적 입장에 따라 규정된다. 유교가 단지 작가가 당시 사회에 놓여 있는 여러 문제에 대한 해 답을 얻는 한 방편에 지나지 않는 것이라면, 작가가 원하는 대로 개발하고 만들어 내는 것에 속한다.

레 타인 똥Lê Thánh Tông은 당대 왕과 관리의 시문 창작 조직의 하나인 따 오 단Tao Đàn회의 지도자일 뿐만 아니라 15세기 후반기 사상의 진지陣地에 서 있는 깃발이다. 그러한 깃발을 쟁취하는 것은 그가 쉽게 군신들을 모을 수 있는 세력이 있는 왕이기 때문이 아니라 사상방면과 세계관의 측면 그 리고 박식함 모두에서 당대의 다른 사람과 비교하였을 때 그가 우세하기 때문이다.

2. 레 타인 똥Lê Thánh Tông의 사회적 이상과 정치적 노선

분투하는 방향을 설정하기 위해서 그리고 모든 사람의 열정적인 마음을 고무하여 모으는 조건을 정하기 위해서 레 타인 똥Lê Thánh Tông은 자신의 왕조 건설의 사업을 위한 여러 목표들을 제시한다. 동양의 어떠한 봉건적 왕도 그러하겠지만 레 타인 똥Lê Thánh Tông은 당요唐堯와 우순虞舜 시대의 사회를 이해하고 그러한 사회를 만들기를 바라고 있다. 이것은 태평성치를 누리는 봉건사회를 의미한다. 이러한 사회는 레 타인 똥Lê Thánh Tông의 작품을 통해서 보면 네 가지 특징을 엿볼 수 있다. 나라는 평화롭고, 백성은 배부르고 따뜻하며, 예교禮敎는 발전하고, 통치권은 레Lê왕조에 속한다는 것이다.

실제적으로 레 타인 똥Lê Thánh Tông 시대의 베트남 사회는 기본적으로 이러한 곳에 이르게 되는데, 사회는 평화롭고, 나라는 넓게 확장되고, 국경은 확고하며, 인민은 충분히 배가 부르며, 유교는 중시되었으며 레Lê왕조의 통치는 단단하게 나타나고 있다. 후대의 인민들은 노래의 말을 통해 그리워하고 인정하고 있다. "태조와 태종 임금 시절에 곡식이 들판에 가득하고 닭들도 더 이상 먹지 않는다." 이 때문에 레 타인 똥Lê Thánh Tông은 자신의 왕조에 대한 자부심을 가질만한 근거가 있는 것이다. "사방은 고요하고, 고래 같은 곡식에 느긋하게 사람들은 그물을 둘러 고기를 잡는다"(『홍덕국음시집洪德國音詩集』), "먼 변방에 사는 백성들은 오랫동안 태평의 경치를 즐길 수 있었다. 40여 년이 지나도록 전쟁을 알지 못한다".(『안방풍토安邦灃土』) "남쪽 집도 북쪽 집도 모두가 배부른 얼굴로 유명한 태평가를 부른다."(『홍덕국음시집洪德國音詩集』) 이 때문에 이어지는 세대가 베트남 봉건제도의 역사에 있어서 다시 찾아볼 수 없는 왕조에 대한 존경과 감복으로 즐거워하는 것이다.

레 타인 똥Lê Thánh Tông 성치盛治 치하의 사회에 이르러서, 여러 이유 가운데 중요한 객관적인 원인을 헤아려봐야만 한다. 명군과의 전승戰勝 이후에 외침外侵의 난亂이 더 이상 직접적인 위협으로 한 차례도 없었다. 왕조는 국가의 건설에 집중할 수 있었고, 외침과의 전승戰勝을 통해 모든 인민계층의 민족 자강自强과 독립 의식이 드높게 이어지면서 그들은 나라를 부강하게 만들어야 할 책임을 의식하게 되었다. 장전莊田 채읍采邑제도는 제한을 받고 있었고, 나라 안의 경제적 연맹은 넓어졌으며, 사유私有제도가 발전하게 되면서 농민들은 생산에 있어서 열심히 일어서고 흥겨울 수 있었다. 이러한 여러 원인들은 모두가 레 타이 또Lê Thái Tổ, 레 타이 똥Lê Thái Tông, 레 년 똥Lê Nhân Tông 치하의 사회 발전을 위한 기반이 되었다. 하지만 통틀어 6년에 이르는 레 타이 또Lê Thái Tổ 시대에는 단지 경제를 회복하고 새 왕조의 기틀을 형성하는 것으로 만족해야 했다. 레 타이 똥Lê Thái Tông과 레 년 똥Lê Nhân Tông 시대에는 내부의 모순이 발생하고, 그다지 많은 것들을 건설하지 못한다. 레 타인 똥Lê Thánh Tông 시기에 이르러서야 역사가 만들어낸 모든 자연스러운 조건들을 고도로 발휘할 수 있게 되었다. 이렇게 말한다고 해서 레 타인 똥Lê Thánh Tông의 기여를 부인한다는 의미는 아니다. 반대로 이러한 공헌 덕분에 잠재된 가능성이 현실에서 실현될 수 있었다.

레 타인 똥Lê Thánh Tông의 중요한 공헌은 당시 사회 발전의 요구에 답응할 수 있는 치국의 노선을 건설할 수 있었다는 것이다. 이것은 나라를 다스리는 노선으로서 '문치文治' 또는 다르게 말하자면 '예치禮治' 또는 '덕치德治'이다.

'예치'의 내용을 살펴보면 우리는 레 타인 똥Lê Thánh Tông이 유교의 원칙에 입각하여 사람을 교육해야 함을 주장하고 있는 것을 볼 수 있으며, 유가儒家 출신의 여러 사람들을 중용하고 중시함을 주장하고, 제도와 조정에 사람들을 결속시키기 위해 예의禮義를 써야 함을 주장한다. "문장文章을 멈추는 것은 여러 좀벌레가 갉아먹는 것과 같고, 조정 관리의 의복은 본래 유학자에서 비롯되어 나오는 것이다", "일반적으로 영웅들은 유학자의 관을 쓴 사람에서 나온다". '임현任賢'을 주장한다는 것은 덕이 높고 재능이 있는 사람들을 선택하고 승진시켜 조정의 중요한 직무에 앉히는 것을 뜻한다. '과욕寡慾'을 주장한다는 것은 봉건국가의 이익에 해가 되는 것을 피하기 위해 개인의 포부를 어쨌든 적게 하도록 수양하는 것이다. 요약하자면, 이는 유학자의 나라를 다스리는 원칙들이다. 하지만 만약에 여기에서 틀에 맞추어 멈추어 버린다면 레 타인 똥Lê Thánh Tông 사상의 특이점들을 찾아볼 수 없을 것이며, 그의 치국의 노선에서 적극적인 요소들을 찾아볼 수 없을 것이다.

레 타인 똥Lê Thánh Tông의 예치 노선을 좀 더 깊게 들어가면 우리는 새로운 진보적인 요소들을 볼 수 있다. 또한 사람을 결속시키기 위해 예의를 들고 있다고 주장하는데, 그에게 있어서 이러한 예의는 백성의 배부르고 따뜻한 삶의 기반 위에 건설되어야 하는 것이다. "그 성현聖賢이나 영웅이라도, 기갈飢渴에는 염치廉恥를 벗어난다"(『홍덕국음시집洪德國音詩集』), "배부르면 부처가 되고, 배고프면 마귀가 된다"(『홍덕국음시집洪德國音詩集』). 또한 나라를 다스리기 위해 현재賢才를 중용한다. 그런데 그에게 있어서 현재賢才란 성현의 책을 통달함에 있어서 어느 곳에서도 한계가 있어서는 안 되며, 아울러 실천적으로 조직하는 능력을 갖춘 인물이었다. 직稷은 백성에게 농사짓는 법을 가르치고, 우禹는 물을 막는 법을 가르쳤으며, 이윤伊尹과 주공 단周公旦은 나라를 세우는데 임금을 도왔다. 이러한 현재賢才의 인물들은 현실에 놓여 있는 실천적 문제들을 해결할 가능성이 높은 인물이라는 의미를 지닌다. 또한 왕에게는 '인仁'이 있어야만 한다는 책임을 제시한다. "격정의 끝은 자식은 효孝하고 임금은 인仁하는 것이다." 그에게 있어서 이러한 '인仁'은 인민을 위해 조세를 줄이는 의무와 연관되었다. "인민이 배부르고 따뜻하기 위해서 징세와 부역을 줄일 필요가 있다." 변방을 아름답게 하는 일과 관련해서는 "천자는 태평 시기에 변방을 아름답게 한다"라고 하며, 잔인한 무리를 제거하는 일과 관련해서는 "잔인한 무리를 제거하는 것은 제왕의 인仁한 마음이다"라고 한다.

이러한 상황들은 그의 치국 노선이 보수적인 유학자들의 치국 노선과는 달리 민족적이고 민주적인 요소를 내포하고 있다는 것을 증명하고 있다. 또한 이것은 그가 응웬 짜이Nguyễn Trãi의 인의 사상을 계승하고 있다는 것도 증명하고 있다. 바로 이러한 노선에 대한 사상들은 왜 레 타인 똥Lê Thánh Tông 치하에서 세워진 『홍덕법전洪德法典』이 베트남의 다른 봉건왕조가 세운 법률보다 적극적인 요소가 많은 것인지를 설명해준다. 그리고 왜 레 타인 똥Lê Thánh Tông 시대의 봉건국가는 농업생산을 북돋우고 수리水利의 일을 걱정하고 책임지는지, 왜 레 타인 똥Lê Thánh Tông 치하에서 우리 민족의 문장과 법률이 여러 측면에서 성장하고 강화되었는지를 설명해준다.

이 외에도 레 타인 똥Lê Thánh Tông의 '예치禮治'의 길은 일상적으로 군비의 일을 공고히 하고 경각심을 강화하는 일을 빠뜨리지 않았다. 그는 군사의 일을 돌보는 것을 왕이 행할 도道의 여러 조건들 가운데 하나라고 보았다. "병융兵戎의 일에 대해 꼼꼼하게 안부를 묻고, 장령將領의 권리를 중히 여긴다." 그는 말한다. "왜 옛날에 실패할 때가 있었는지를 물어보니, 바로 평안한 때에 군사의 일을 완화했기 때문이다." 여기서 분명하게 알 수 있는 것은 그가 '문文'의 일과 '무武'의 일을 대립시키지 않았는데, 일부 보수적인 유학자들의 일상적인 관념은 군비를 중시하는 태도를 보이지 않는 것이야말로 패도覇道라고 여기는 것과는 다르다. 실제로 그의 관점이 올바른 것이라고 본다. 이러한 관점은 왜 레 타인 똥Lê Thánh Tông 치하의 군대가 확실하게 조직되고, 전투 능력은 뛰어났으며, 한 사회에 태평성치를 건설하는 일을 감당할 만큼 막강한 역량을 조성하였는지를 설명하게 해준다.

요약하자면 레 타인 똥Lê Thánh Tông의 국가 건설 노선은 비록 강하게 유가의 흔적을 지니고 있으며, 비록 전제군주제도를 강화하기 위한 변법이지만, 그는 인민의 민주와 민생의 요구에 일부 답응할 수 있었으며, 민족 자강 의식을 드높이기 위해서 나라의 발전을 위해서 일부 전제前提를 만들어낼 수 있었다. 이는 시세를 알고 역사를 받아들인 노선이다.

3. 레 타인 똥Lê Thánh Tông 사상의 한계들

적극적 측면 옆에 레 타인 똥Lê Thánh Tông은 매우 분명한 한계들도 지니고 있다. 이러한 한계들은 국가를 조직하는 일에 있어서나 시문을 창작하는 일 등 여러 방면에서 드러나고 있는데, 집중적으로 표현된 곳은 세계관, 인생관 측면에서다. 이러한 한계들은 멀리서 찾을 필요가 없는데 여러 우세한 점들 바로 옆에서 볼 수 있으며, 때때로 그의 사상 내부에서 끌어당기는 힘을 형성하고 있다. 이러한 한계들은 초기부터 있었으며, 심각한 수준으로 발전하면서 그의 시대의 마지막 해에 들어서까지 이어진다. 만약 그의 사상을 살펴보면서 이러한 여러 한계에 대해서 헤아려보지 않는 것은 실로 크게 잘못된 것이다.

주관주의는 레 타인 똥Lê Thánh Tông의 사상에서 분명하게 나타나며, 이러한 주의는 자신과 자신의 왕조를 스스로 평가하는데 있어서 자신을 성인으로 여기고 자신의 왕조를 당요唐堯, 우순虞舜의 왕조라고 여기게 한다. "세잔 술에 스스로 자신을 보고 성인이라고 칭한다", "태어나서 요순堯舜의 시대를 만나지 못하였다고 말하지 말라." 자신과 다른 사람 사이의 관계를 맺음에 대해서 자신을 태양이라고 인정한다. "수백의 꽃이 태양을 향해 올려 보고, 서로 아름다움을 과시하여 다투는구나." 또는 조정의 정책 노선을 결정하는 일에 있어서, 문무^{文武}의 결합 노선을 '문치^{文治}'의 경향이 있는 노선으로 전환하도록 결정을 바꾸는 일에 있어서 다음과 같이 주장한다. "만세^{萬世}토록 남쪽하늘 강과 산은 여기에 있고, 지금은 바로 문^文의 일을 고칠 때이며 무^武의 일을 쉽게 할 때이다." 만약 실제로 그와 같다면 찬양은 필요한 것이고 할 만한 것이겠지만, 여기서 보면 실제와는 지나치게 동떨어졌으며 자만과 주관적인 사상에 걸려 넘어진 것이다.

이렇게 '주관적인 사상'이라고 말하는 것은 근거가 없는 말이 아니다. 왜 냐하면 레 타인 똥Lê Thánh Tông 시기처럼 자급자족의 성질을 지닌 경제는 비록 안정적이라고 할지라도 일시적일 뿐이고 공고해 보일 지라도 부귀와 빈천으로 나누어지게 되기 때문이다. 또한 레 타인 똥Lê Thánh Tông 시대처 럼 경제적 기초가 발전하지 않은 토대에 의지하고 있는 중앙집권적 봉건 제도는 항상 분산, 분열, 적대의 씨앗을 품고 있기 때문이다. 이러한 제도 는 찬란할 때도 물론 있지만, 전체적으로 보자면 여전히 여러 불공평함과 괴로움, 복잡하게 뒤얽힌 것들이 존재한다. 레 타인 똥Lê Thánh Tông은 이러 한 현실을 인정해야만 하는 시기가 있었다. "머리를 돌려 다시 사람의 일을 살펴보니 실로 단서^{端緖}가 복잡하구나", "사악한 노래가 여전히 남아, 빠져 나가 도처에서 채찍질하는구나". 하지만 공명^{功名}을 성취하려는 열망 때문 에 그는 회피하고 만다. 그는 그의 역할과 마찬가지로 그의 시대의 사회에 대해 객관적이지 않은 방식으로 판단하고 있다.

자신의 민족과 자신의 왕조와 자신의 개인적 성취에 대한 자부심은 정 당한 것이다. 하지만 정도가 지나치면 다시금 비난을 당한다. 레 타인 똥Lê Thánh Tông의 경우에는 자만과 자부와 거만함이 드러나고 있다. 이는 행동 적 측면에서의 퇴행이며 사상적 측면에서는 퇴화의 징후이다.

레 타인 똥Lê Thánh Tông의 다른 한계는 자기중심적 의식이 깊고 무겁다는 것이다. 그의 작품에서는 어디에서든 그 자신을 중심에 두고 있음을 볼 수 있고, 모든 사람들은 그의 권력 아래에 있음을 볼 수 있으며, 어디서든 공로功勞는 그에 속한 것임이 드러나고 있다. 그가 민족과 국가와 왕조를 칭송하는 것을 보면 자기 자신을 칭송하기 위한 것이다. 그가 물형物形에 대해 글을 쓰면 마치 자기 자신에 대해서 쓰는 것처럼 보인다. 그렇기 때문에 그에게 있어서 관은 왕처럼 인격이 있다. "세간 모두가 의지하여 덮어 가리우나, 누구도 머리에 올려 쓰지 않는다."(『홍덕국음시집洪德國音詩集』) 부엌과 살림살이 역시도 봉건도덕의 관계를 포함하고 있다. "한 끼 식사라도 내 주인의 뜻을 기억한다." 두꺼비 역시도 고상하게 그려진다. "묘당廟堂에 소리가 울려 퍼지는 때가 있으니, 햇살을 가려 정직한 인민을 돕는다." 이는 자기 자신을 과시함에 지나지 않는 것이다.

위의 이러한 의식들을 지니고 있어서 레 타인 똥Lê Thánh Tông은 판단이나 평가에 객관적이 될 수 없었고, 그의 아버지가 명明에 맞선 기의起義에서 분명하게 보여준 인민 군중의 저력을 볼 수 없었다. 그는 새로운 분투의 방향을 찾아 낼 수 없었다. 그래서 비록 총명하고 의지가 있었지만 그는 사상 분야에서 높은 수준에 이를 수 없었다.

이 외에 레 타인 똥Lê Thánh Tông은 도덕과 사상의 역할을 단편적이고 유심적 방식으로 바라보고 있다. 그는 태평성치의 사회에 이르도록 하는데 결정적인 요소로 유가의 도덕과 사상을 중시하고 있지만, 이러한 도덕과 사상이 당대의 현실과 부합하였기 때문에 발전 작용을 촉진하였다는 것을 알지 못한다. 그래서 그는 자신의 판단에 자만한 것이다. "진흙같은 날에도 아름다운 도덕에 주의를 기울이고 문文의 일을 배양하였기 때문에 사방이 더 이상 걱정근심이 없고 오로지 태평의 풍경에 즐거움만 있다." 그뿐만 아니라 만년으로 갈수록 그는 비록 경사經史에 숙련되었다고 하지만 나라의 현실과 멀리 떨어진 유학자 계급을 더욱 믿게 되었다. 심지어는 나라를 도와 강성하게 만들 가능성이라고는 전혀 없는 턴 년 쯩Thân Nhân Trung 부자

父子와 같은 사람들을 조정의 기둥이나 지혜로운 사람이라고 믿었다. 그렇기 때문에 그의 역할은 후대로 갈수록 점점 더 흐릿해져 간다.

대체로 보면 레 타인 똥Lê Thánh Tông의 사상은 복잡한 현상이며 커다란 장점도 있고 동시에 여러 심각한 한계도 있다. 이러한 좋고 나쁨의 두 측면은 서로 투쟁하고 서로 억제하여 그의 사상은 일관되지 못하게 밖으로 표현되어 나온다. 대체로 그의 초기 단계에서는 여러 탁월한 점이 많이 있는데 후기 단계에서는 여러 한계들이 있다. '인仁'을 보면 이전에는 삿된 것을 없애고 폭력을 제거하여 백성의 삶을 걱정하고 책임지려는 내용이 있었는데, 후대에는 "모든 사람이 함께 즐겁다"는 내용에 국한되고, 정치적 태도에서 초기에는 나라의 부강에 대한 열정이 있었는데 후대에는 이를 무시하고 회피하였으며, 초기에는 재능이 있는 선비를 중시하고 좋아하였다면 후대에는 독단적으로 전권을 휘둘러 의견에 맞지 않은 사람은 제거하여 버렸다.

한계가 우세를 점하게 되었을 때 그의 사상은 내려서기 시작하였고 그의 사회는 붕괴하여 부서지게 되는 씨앗을 품게 되었다. 그래서 우리는 레 타인 똥Lê Thánh Tông 시기의 이후에 얼마 되지 않아서 레Lê왕조가 급속하게 쇠퇴의 길로 걸어 들어가는 것을 볼 수 있는 것은 놀라운 일이 아닐 것이다.

제15장

레^{Lê}, 黎 시기(15세기~17세기)
사학자들의 역사 관점

당대의 사학^{史學} 또한 연구를 진행한 기초로부터 당시대에 봉사하기 위해서 과거의 사회를 들어서 대상으로 삼고 출발점으로 삼는 특이점이 있었다. 사학은 단순히 옛 사람의 옛 일을 정리하여 기록하는 방식을 지닌 과학만은 아니며 시대의 정신을 반영하는 측면이 있다.

17세기 초에 이르기까지 봉건제 아래에서 공식적으로 유행한 사학의 작품은 모두가 조정의 국사^{國史} 기관에서 편찬한 것들이다. 쩐^{Trần} 시기부터 레 쭝 흥^{Lê Trung Hưng} 시기에 이르기까지 시대를 이어서 후대로 이어지면서 써 내려갔고, 『대월사기전서』의 형성을 위한 공동의 과정을 조성하였다. 이 역사서는 편년체로 쓰였고, 여러 사신^{史臣}의 개별성을 인정하고 있다.

『대월사기전서』의 작가들은 13세기의 레 반 흐우^{Lê Văn Hưu}에서 17세기 말의 레 히^{Lê Hy}에 이르기까지 대과^{大科}에 급제한 학자들이며, 조정에서 중요한 관직을 맡고 있었다. 유학자와 관리는 이 시기 사가^{史家}의 두 부류의 사람들이었다.

유학자는 무엇보다 먼저 경학^{經學}의 영향을 받은 사람들이다. 경학의 철학 사상은 천명과 천도, 천자^{天子}를 높이 평가한다. 조정 관료들 가운데 때때로 재상의 지위에 있는 사학자들은 일반적으로 정통적 관점에 따라서 시사적 문제들과 자신의 작품을 연관시키곤 하였다.

레 서Lê Sơ왕조의 최초의 사학자는 판 푸 띠엔Phan Phu Tiên인데, 자는 띤 턴Tín Thần이며, 호는 막 히엔Mạc Hiên으로 동 응악Đông Ngạc 마을(베Vẽ 마을), 뜨 리엠Từ Liêm 현(하노이 외곽) 사람이다. 그는 1396년 쩐Trần왕조 아래에서 태학생의 지위에 있었고 그 후 1429년에 실시된 명경박학 과거에 합격하였다.

응오 시 리엔Ngô Sĩ Liên은 대사필大史筆이라 불리는데, 어린 시절에는 람 선Lam Sơn 기의에 참가하였고, 1442년에 진사에 올랐다. 응오 시 리엔Ngô Sĩ Liên에 이르러 사학史學은 새로운 진전이 있었는데, 국사國史가 10권에서 15권에 이르기까지 더 늘어나게 되었다. 동시에 그는 116편에 이르는 역사평론을 기술하였다. 응오 시 리엔Ngô Sĩ Liên의 평론들과 보충한 부분들은 후대에 이어지는 여러 사학자들에게 거의 고스란히 받아들여졌다.

응오 시 리엔Ngô Sĩ Liên을 계승한 인물은 부 뀐Vũ Quỳnh과 레 뚱Lê Tung으로 부 뀐Vũ Quỳnh(1452~1516)은 1478년에 진사에 올랐다. 1511년 그는 국사관도총재國史官都總裁가 되었다. 레 뚱Lê Tung은 부 뀐Vũ Quỳnh과 거의 동시대 인물로서 이름은 즈엉 방 반Dương Bang Bản으로, 1484년에 진사에 합격하였고 뜨엉 즉Tương Dực(1500~1516) 연간에 국사원國史院에서 일을 맡아 보았다. 레 뚱Lê Tung의 「월사통감총론越史通鑑總論」은 16세기 초기 시기의 정신을 반영하고, 사회의 인식을 표상하는 역사학을 개괄하는 작품이다.

17세기로 넘어가서 레-쩐Lê-Trịnh 시기에 국사를 편찬하는 일은 팜 꽁 쯔Phạm Công Trứ와 레 히Lê Hy의 지도 아래에서 진행될 수 있었다. 팜 꽁 쯔Phạm Công Trứ(1600~1675)는 1628년에 진사에 올랐고, 턴 똥Thần Tông(1649~1662)과 휘엔 똥Huyền Tông(1663~1671) 시기에 재상이 되었다. 그는 『여조교훈조례黎朝教訓條例』를 지어, '인륜을 돈독히 하고, 풍속을 두텁게' 하기 위하여 1663

년 47개조로 공포하여 시행하였다. 팜 꽁 쯔Phạm Công Trứ는 국사원에서 근무할 무렵에 참송參訟의 직을 맡아 보았으며, 이부상서吏部尚書 겸 동각대학사東閣大學士를 겸직하였다. 또한 팜 꽁 쯔Phạm Công Trứ와 더불어 참여한 여러 진사들로 호 시 즈엉Hồ Sĩ Dương, 응웬 꾸옥 코이Nguyễn Quốc Khôi, 당 꽁 첫Đặng Công Chất 등이 있는데 팜 꽁 쯔Phạm Công Trứ를 중심으로 한 일행들은 이전 역사의 각 부분을 그대로 유지하였고 레 턴 똥Lê Thần Tông시대를 더하여 기술하였다.

레 히Lê Hy(1646~1702)는 『대월사기전서』를 완성한 마지막 인물이다. 레 히Lê Hy는 1664년에 18세의 나이로 진사에 급제하였다. 1697년에 그가 참송參訟 겸 형부상서刑部尚書의 일을 맡아 볼 때 국사편찬의 일까지 담당하게 되었다. 12명의 대과大科들도 참여하였는데, 응웬 뀌 득Nguyễn Quý Đức, 부 타인Vũ Thạnh, 하 똥 묵Hà Tông Mục, 응오 꽁 짝Ngô Công Trạc 등이다. 레 히Lê Hy의 일행들은 팜 꽁 쯔Phạm Công Trứ의 일을 계속하였고, 지아 똥Gia Tông에서 1675년에 이르는 시기를 더하여 편찬하였다.

국사를 편찬하는 과정에서 후대의 사람들은 이전 사람들을 보충하거나 또는 다소간의 자료를 정리하였지만, 여전히 '술이부작述而不作'의 원칙에 따라 이전 사람들을 계승하였다. 여러 사신史臣들의 평론은 충분히 이루어졌다. 레 반 흐우Lê Văn Hưu, 판 푸 띠엔Phan Phu Tiên, 응오 시 리엔Ngô Sĩ Liên, 레 뚱Lê Tung, 부 뀐Vũ Quỳnh, 당 빈Đặng Bính, 팜 꽁 쯔Phạm Công Trứ의 일행, 레 히Lê Hy의 일행 등 사학자의 여러 관점들은 여전히 이러한 역사서에 반영되었다.

위의 여러 작가들과 역사학은 그 시대에 어떻게 작용하고 봉사했는지 연구의 대상이다. 구체적으로 살펴보면 "오랫동안 국가의 기틀을 조직하여 백성을 다스리고 국가를 유지하는 것, 나라를 다스리고 백성을 보살피기 위해 성조聖朝에서 찾아볼 수 있는 규모가 크고 깊은 계획을 엿보는 것", "치평治平의 도道의 전모典謨로 삼는 것"이다.[1] 레 히Lê Hy는 분명히 언급한다. "천하의 사람은 누구든지 이 책에서 푸른 하늘처럼 더욱 분명히 본다고 말할 수 있을 것이며, 큰길을 가는 것처럼 마음이 놓이고, 선한 사람은 알아서 격려하고, 악한 자 또한 알아서 경계할 것이다."

과거를 들어 경계의 거울로 삼는 것은 현재를 위한 것이며, 당대를 위한 것이다. 팜 꽁 쯔Phạm Công Trứ는 이렇게 썼다. "왜 국사國史를 일삼는가? 사史를 위함의 주요한 것은 일을 정리하여 기록하기 위한 것이다. 한 시대의 정치政治가 있으며, 반드시 한 시대의 역사도 있다. 하나의 언필로 역사를 씀은 매우 엄격하게 의론議論을 지속하는 것이며, 성치盛治의 시대를 칭송하는데 해와 달처럼 명백하게 관통하며, 반역의 무리를 드러내는데 있어서는 가혹함이 추상처럼 서늘해야 한다."

그들에게 있어서 고금古今은 지속적으로 서로 조화를 이루고 어그러지는 관계다. 레 뚱Lê Tung은 말한다. "조, 정, 이, 진왕조의 일을 읽으면 사람의 마음을 잃고 얻음과 천명을 알게 되고, 국통國統 기도基圖의 흥함과 폐함을 분명하게 알게 된다. 장과 단, 군자와 소인을 분별하고, 풍속 기수氣數의 성함과 쇠함을 분명히 고찰할 수 있고, 그렇기 때문에 각 왕조의 정사政事의 큼과 나쁨이 어떠한지를 분명하게 알아 볼 수 있는 것이다 (⋯중략⋯) 천지를 위하여 도심道心을 세우고, 강상을 위하여 한계를 세우고, 생민生民을 위하여 운명을 세우고, 태산과 반석과 같은 찬란하고 굳건한 나라의 세勢를 위하여 억만대에 이르는 태평의 기틀을 연다."[2] 역사학은 흥폐興廢, 성쇠, 장단의 이치를 찾아 내려는 사람을 도와줄 매우 무거운 책임이 있는데, 나라의 움직임을 가능하게 하는 인식을 위해 경험에서 뽑아냄을 겨냥한다는 의미이며, 이는 직관에 의한 것이 아니라 학문學問, 지식知識, 추리推理에 의한 것이다.

---

1 레 뚱(Lê Tung), 「월감통고총론」, 『대월사기전서』 1집, 사회과학출판사, 1983, 98~114면.
2 위의 책, 99 · 114면.

역사학의 보다 중요한 기능중 하나는 도덕수양이다. 명확하게 상을 내려야만 하고, 비판해야만 한다. 팜 꽁 쯔Phạm Công Trứ는 분명히 쓰고 있다. "역사학에 있어서 대의大義는 사필史筆의 공론公論을 기록함에 있어서 상벌을 분명히 하는 것이다."

이러한 수양은 유교의 관념을 따르고 있는 것이다. 레 뜽Lê Tung은 말한다. "강상의 도는 분명하게 끼친다. 『대학大學』에 이르기를 '마음이 바른 이후에 자신을 닦을 수 있으며, 자신을 닦은 이후에 제가할 수 있고, 제가 이후에 치국할 수 있고, 치국 이후에 평천하 할 수 있다'고 하였다."[3]

도덕수양과 경계의 본보기를 찾는 기능에서부터 시작하여 레Lê 시기 역사학은 역사를 총결산하기를 원했다. 15세기는 여러 시기 가운데 역사학의 기틀이 가장 강력하게 발전한 시기였다. 레 서Lê Sơ 시기의 여러 왕들은 나라 발전 과정을 재인식하고자 했으며, 인민을 지탱하고 나라를 유지하기 위해 정권이 학습할만한 것들을 뽑아내기를 원했다. 그러므로 판 푸 띠엔Phan Phu Tiên에서부터, 응오 시 리엔Ngô Sĩ Liên, 부 뀐Vũ Quỳnh, 레 뜽Lê Tung 등 모두가 차례로 잇달아 역사를 심의하였다. 역사학은 온고이지신溫故而知新이라는 물음의 답변에 기여해야만 했다. 커다란 변고가 대월국에 뛰어든다면 어떻게 할 것인지 왕이 옛 것을 거울삼아 제기하면 금세 장래를 위한 새로운 배움을 제출하였다.

15세기 이후 사학가들은 편찬하는 방법에 있어서 인물에 대한 평론가로서 특출한 민족정신을 드러내고 있다. 판 푸 띠엔Phan Phu Tiên, 응오 시 리엔Ngô Sĩ Liên 그리고 이후에는 팜 꽁 쯔Phạm Công Trứ, 레 히Lê Hy 등 모두가 국가정신을 존중하고 있다. 람 선Lam Sơn 기의의 위대한 승리는 시대의 공공의 정신적 기초 위에 민족을 높게 들어 올렸다. 이때 사학자들은 의식체계의

---

3 위의 책, 99면.

평면 위에 민족을 지속적으로 긍정하였다.

일찍이 응웬 짜이Nguyễn Trãi가 맨 처음으로 『평오대고平吳大誥』에서 이런 의식을 제기하고 오롯이 드러내었던 대월 문헌文獻이라는 이념을 확정하였다. 이 『평오대고平吳大誥』는 응오 시 리엔Ngô Sĩ Liên에 의해 전문全文이 정사正史에 수록되었다. 그리고 바로 응오 시 리엔Ngô Sĩ Liên에 의해 역시 사필史筆로 드러나고 있는데, 그는 이렇게 말하고 있다. "문체가 강하게 드러나고 더불어 큰 운이 힘차게 일어날 때, 사필史筆을 연마하고 이전 시대의 성장하는 단서를 찬하여 기록하여야만 한다." 그는 이렇게 쓰고 있다. "대월국은 오령五嶺의 남쪽에 있으며, 하늘도 남북의 경계가 나뉘어져 있다. 우리의 시조는 신농 씨의 혈통이니 그렇다면 하늘이 참 주인을 내어 북조와 더불어 한 방方의 제를 삼을 것이다", "남쪽 나라 구역을 열어 이어졌을 때부터 헤아린다면, 실로 북조와 맞선다. 억만년 혈통은 하늘이 같지 않으며, 뛰어난 임금이 많으며, 옛날에 비하여 눈부시다. 강함과 약함이 서로 다른 때도 있었지만 호걸은 어느 시대에나 있었다".[4] 이는 응웬 짜이Nguyễn Trãi의 '각제일방各帝一方' 사상을 긍정하는 것이며 또한 15세기 시대정신의 내용이기도 하다.

민족 문헌을 조사하는 정신 위에서 응오 시 리엔Ngô Sĩ Liên은 전설에 의지하여 『외기外紀』1권을 보충하였는데, 낀 즈엉 브엉Kinh Dương Vương에서부터 흥 브엉Hùng Vương을 지나 안 즈엉 브엉An Dương Vương에 이르기까지 '나라를 연 시대'를 가져와서 정사에 수록하였다. 당대 사학의 방법과 발전상황에 비추어 보면 전설적인 성질이 있는 자료는 작가에게 곤혹스러운 것이었다. 옛날 아주 오래전 역사 시기에 대해서 한편은 긍정하고 한편은 고뇌하며, 한편은 믿고 한편은 의심스러움이 일어나는 상황을 벗어날 수는 없었

4　『대월사기전서』1집, 81, 101, 147면.

다. 하지만 분명한 것은 이것은 민족적 자부심의 사상을 드러내기 위한 일이었으며, 나라의 오래된 역사를 제기하여 높이기 위한 것이었고, 또한 그 시기에 성장하였던 민족적 감성과 역사 인식 사상의 요구에 답응하기 위한 것이었다.

평론가들 가운데 특별히 나라를 구하기 위해 적과 싸운 여러 사람들과 민족 문제와 연관이 있는 여러 사건들의 경우에 예전 사학자들은 가부장적이고 부권父權적이며 남존여비의 한계를 넘어섰다. 하이 바 쯩Hai Bà Trưng의 기의에 대해서 이야기할 때 응오 시 리엔Ngô Sĩ Liên은 이렇게 쓴다. "쯩Trưng 가문은 한나라 태수의 잔악함에 화를 내어 한 소리 부르짖고 휘저으니 국통國統의 기미를 회복할 수 있었으며, 영웅의 기개는 나라를 세워 칭왕을 하였고 살아 있을 때뿐만 아니라 죽은 이후에도 여전히 참화를 가로막을 수가 있었다."[5] 바 찌에우Bà Triệu의 기의와 더불어서 레 뚱Lê Tung은 이렇게 썼다. "비록 린 비에우Lĩnh Biểu의 옛 땅을 점령하지는 못하였으나 역시 여성으로서 웅대한 재능을 지닌 뛰어난 인물이다."

응오 시 리엔Ngô Sĩ Liên과 레Lê 시기 사신史臣들은 완고한 투쟁정신과 나라를 사랑하는 사상을 제기하였다. 나라를 구하는 항전의 여러 인물들은 모두가 성공한 것은 아니었으며, 심지어 패망하는 경우도 있었는데, 사신史臣들은 또한 희생의 본보기를 칭송하였다. 응오 시 리엔Ngô Sĩ Liên은 매우 엄격한 어조로 적에게 투항한 리 펏 뜨Lý Phật Tử를 비판하였다. 심지어 곤궁함에 이르러서도 반드시 성을 등지고서 전쟁터에서 싸우며, 사직과 더불어 죽어서 남기를 맹세한 이후에라야 부끄럽지 않다고 보았다. 그는 당 중Đặng Dung을 칭송하기를 "비록 실패하였으나 여전히 영광스러움은 왜 그러한가? 중Dung의 무리는 의義를 들어 적과 더불어 살 수 없었으며, 그 무리를

---

5 『대월사기전서』1집, 81, 101, 147면.

소멸하였다는 소리를 들어야만 했기 때문에 마음을 다하고 힘을 다하여 회복하려는 계책을 위해 쭝 꽝Trùng Quang을 도왔다. 5년여 동안 적과의 투쟁을 이어갔고, 비록 불리함이 있었으나 의지는 나약해지지 않았으며, 기세는 갈수록 매서워져 전력을 다하는데 이를 뿐이었다. 우리 사람의 나라를 위하는 충忠의 마음은 비록 100대代 이후라도 여전히 남아 볼 수 있을 것이다".

평론가의 말들 가운데에는 단지 역사의 인물들만 있는 것은 아니었다. 레Lê 시기 사가史家들은 또한 웅장하고 세부적인 것들을 선택하여 나라를 사랑하는 행동과 의지를 매우 정확하게 묘사할 수 있었다. 예를 들면 람 선Lam Sơn 기의에서 쩐Trần 귀족의 의군義軍이 명나라 적과 싸운 활동들이나, 응웬 짜이Nguyễn Trãi의『평오대고平吳大誥』와 레 러이Lê Lợi의 말들을 기록한 것이다.

중국의 일을 들어 비교하는 여러 상황에서 레Lê 시기의 사학자들은 의지의 측면에서 재능과 인의仁義의 측면에서 대월의 왕이 중국의 왕보다 뛰어나다고 보았다. 응오 시 리엔Ngô Sĩ Liên은 레 러이Lê Lợi 군주가 탕왕湯王과 무왕武王보다 인의가 더 뛰어나다고 여겼다. 부 꿔인Vũ Quỳnh은 레 타인 똥Lê Thánh Tông이 하왕조의 소강少康, 주나라의 선왕宣王, 한나라의 광무제光武帝, 당나라의 현종玄宗과 더불어 어깨를 견줄 수 있으며 오히려 위에 있다고 보았다. 송宋나라가 소함蘇緘에게 충용忠勇이 있다고 하는 것에 대해 응오 시 리엔Ngô Sĩ Liên은 매우 정확하게 숙고하여 리 트엉 끼엣Lý Thường Kiệt의 충용忠勇을 분명하게 제기하고 있다. 그는 쩐 녓 히에우Trần Nhật Hiệu가 쩐 타이 똥Trần Thái Tông에게 '입송入宋'하기를 충고한 것에 대해 비판하고 있다. "녓 히에우Nhật Hiệu는 대신으로서 왕족이기도 하다. 적이 들어오자 막고 지킬 계책은 없이 겁을 집어먹고 당황하여 다른 나라에 구원하기를 부탁하는 자리에 왕이 달려가도록 독려하는 방법을 구하니, 그를 쓴다면 장군은 무엇을 한단 말인가."[6]

대월은 일상적으로 한漢 제국과 대면하였다. 작은 나라, 적은 백성이라는 배경을 가진 베트남은 북방 봉건에 의해 남만이라 불렸고, 오로지 그들만이 문명이며 그들의 왕만이 천자로서 베트남을 개화시킬 임무가 있다고 보았다. 그래서 당대 사학에서 연관과 비교에 의의를 두지 않는 것은 결국 대월 민족과 국가를 긍정하는 것이다. 이러한 사상으로부터 레Lê 시기의 사학자들은 국통國統의 문제를 지속적으로 제기하였다. 판 푸 띠엔Phan Phu Tiên, 응오 시 리엔Ngô Sĩ Liên, 레 뚱Lê Tung 그리고 팜 꽁 쯔Phạm Công Trứ, 레 히 Lê Hy 등은 모두 대월의 국통國統에 대해 언급하고 있다. 유교에는 도통道統이 있고, 불교에는 법통法統이 있으며 대월의 사학자들은 국통國統에 대해 토의하고 있다. 여기에서 국통은 한 왕조의 정통이 아니며, 일정하게 구체적인 하나의 혈연도 아니지만 나라와 생민生民의 오래된 운명에 대해 말하는 것이다. 레 뚱Lê Tung은 말한다. "조, 정, 이, 진의 일들을 읽으면 천명을 알고 사람의 마음을 알고 국통을 안다." 국통에 대해서 분명히 이해하고 국통을 굳게 지키는 것은 하나의 사상이며, 당대 사학자들은 강조하기를 원하였다.

민족의 사상과 더불어 레Lê 시기의 사학자들은 인본人本사상을 제기한다. 안민安民과 인민의 힘에 대해서 가장 많이 언급한 사람은 응오 시 리엔Ngô Sĩ Liên이다. 그는 안 즈엉 브엉An Dương Vương이 나라를 잃은 것에 대해서 "공功을 홍興하게 하여 성을 덮었으나 민民의 힘에 주의를 기울이지 않았다"고 말한다. 그래서 금거북이가 떠올라 충고한 것은 "민民을 어루만지라는 책망의 말을 하기 위한"것이다.[7] 레 뚱Lê Tung의 총론은 모든 왕조의 흥망과 치란의 이유에 대해 말할 때 모두 인민과 연관 짓고 있다. 이후에 팜 꽁 쯔

---

6 『대월사기전서』1집, 26면.
7 『대월사기전서』2집, 126면.

Phạm Công Trứ 또한 이에 이어서 16세기 초의 왕인 위 묵Uy Mục과 뜨엉 즉Tương Dực의 활동을 평론하면서 인민에 대해 언급하고 있다. 사학자들은 하나의 나라를 다스리기 위한 학설로서 민본民本사상을 들어 올리고 있다고 말할 수 있을 것이다.

응오 시 리엔Ngô Sĩ Liên은 인민이 마음을 제기하고 인민이 옹호한다면 모든 일은 전부 승리할 것이며, 인민이 옹호하지 않는다면 모든 일은 실패하게 될 것이라고 보았다. 그에 따르면 호 뀌 리Hồ Quý Ly의 실패와 레 타이 똥 Lê Thái Tông의 승리를 대표적인 증거로 인용하고 있다. 레 뚱Lê Tung은 역사를 총괄하면서 다음과 같이 언급한다. "조무제趙武帝는 인민을 아끼는 마음이 있었고, 응오 쓰엉 반Ngô Xương Văn이 즈엉 땀 카Dương Tam Kha를 무너뜨리고 기틀을 다시 잡은 것은 나라 안에서 인민을 안정시킨 것이며, 레 다이하인Lê Đại Hành이 일찍 자리를 잃은 것은 토목土木의 일을 그르쳤기 때문이다. 인민에게 관심을 기울이는 것을 간과하여 일을 일으키는 것은 쓰레기와 다른 것이 아니다. 리 타인 똥Lý Thánh Tông은 인민을 사랑하였으나 뒤에는 바오 티엔Bảo Thiên 탑을 세우고, 점 담Dầm Đàm 궁을 건설하여 인민의 힘을 피로하게 하였고, 재산을 낭비하였다 (…중략…) 호 뀌 리Hồ Quý Ly가 인민에게 버림을 받고 나라를 잃게 된 것은 인민을 해롭게 하는 잔인한 힘을 풀어 놓았기 때문이다."

경제적 측면에서 민본民本의 내용은 노동하는 사람, 주로 농민들의 삶을 근심하는 것이다. 인민을 사랑하는 것은 인민의 힘을 아끼는 것이고, 춥고 가난한 인민을 위해 일하는 것이다. 레Lê왕조의 사신史臣은 리 타인 똥Lý Thánh Tông에 대해 평론하면서 레 뚱Lê Tung의 의견을 되풀이한다. "왕은 능숙하게 계승하고, 실로 인민을 사랑하는 마음이 있고, 농사의 일을 중시하였고, 형을 당하는 사람에 대해 아파하고, 먼 사람은 무마撫摩하고, 가까운 사람은 안위安慰하였다 (…중략…) 훌륭한 임금이자 학자라 부를 만 하다.

더불어 인민의 힘을 피곤하게 하였고 (…중략…) 인민의 재산을 낭비하였
으니 이것은 부족한 것이다."[8] 여러 사신史臣들은 리 타이 똥Lý Thái Tông을 칭
송하여 말한다. "천하의 모범이 되고자 적전籍田에서 스스로 농사를 지었
고, 위로는 종묘에 제사지내고 아래로는 만민을 보살피고자 하였으며, 나
라를 다스린 공효功效가 추운 사람들을 부유하도록 이끌었다. 마땅히 바꾸
어야만 한다."[9]

여러 사학자들의 민본사상은 무엇보다도 먼저 인민을 위한다는 것은 아
니며, 무엇보다 먼저 왕과 통치계급의 오랜 권력을 위한 것이었다. 여기에
서 민본은 인민, 농민을 기르는 것이고 레 뚱Lê Tung이 나라를 다스리고 인
민을 돌보는 것은 "영원토록 하늘 땅과 더불어 제왕의 크고 넓은 사업의 기
틀을 위해 생민生民을 화목하게 하고 따스하게 하는데 이르는 것"[10]이라고
말한 것처럼 인민을 위해 은혜를 베푸는 것이었다. 현실에서는 통치와 피
치 사이의 권리를 조정하는 것, 사회의 여러 모순들을 조화시키는 책략이
다. 그러므로 실제로 민본은 왕과 인민 사이의 조화에 부합함을 만들어 내
고, 이러한 의미에서 또한 왕본王本이라 할 수 있으며, 민본은 왕권王權과 왕
의 이익을 촉진하는 것을 바라는 것이다.

레Lê 시기 사학자들의 민본사상의 발전은 쩐Trần왕조 후기대와 비교하
면 한걸음 발전한 것이다. 쩐Trần 시기에는, 쩐 흥 다오Trần Hưng Đạo가 나라
를 다스리는 법칙은 인민의 힘을 편안하게 해야 한다고 분명하게 제기하
였지만 호 뀌 리Hồ Quý Ly에 의하여 망각되어 버려졌다. 람 선Lam Sơn봉기의
승리는 인민 군중의 강력한 힘을 실현시켰고, 민본 사상이 다시금 여러 사
학자들에게 재인식되고 높게 제기하고 주의를 기울이게 된 것은 한편 통

---

8 『대월사기전서』 1집, 283, 266면.
9 『대월사기전서』 1집, 283, 266면.
10 『대월사기전서』 1집, 114면.

치계급을 위한 역사학의 가르침이다.

동시에 민본사상과 더불어 사학자들은 인의사상을 제고提高하고 있다. 팜 푸 띠엔Phạm Phu Tiên, 응오 시 리엔Ngô Sĩ Liên, 레 뜽Lê Tung과 팜 꽁 쯔Phạm Công Trứ와 같은 사신史臣들까지 모두 인의仁義, 인仁에 대해 토의하고 있다. 민본과 인의는 밀접한 유기적 관계를 맺고 있으며, 많은 경우에 분별하기가 어렵다. 그들에 따르면 인은 무조건적인 것이 아니며, 사회에서 어떠한 사람이든지를 불문하고 사랑하는 것이 아니며, 반드시 원칙이 있었다. 응오 시 리엔Ngô Sĩ Liên은 리 턴 똥Lý Thần Tông이 옥살이하는 죄인들을 풀어주는 일은 인仁이 아니라고 생각한다. "그렇다 하더라도 모반하는 신하의 무리를 위해 죄를 용서한다면 이러한 인의 마음은 때 묻고 왜곡된 것을 만들어 낼 것이다. 이것이 약점이다." 팜 꽁 쯔Phạm Công Trứ의 사신史臣 일행은 레 히Lê Hy와 함께 리 년 똥Lý Nhân Tông이 자주 죄인을 풀어주거나 죄가 있는 사람을 무죄라고 풀어주는 일을 숙고한다. "만약에 일률적으로 모두를 풀어준다면 소인배 무리들이 운이 좋게도 죄를 벗어날 수 있을 것이다. 이는 결코 군자 된 자의 복이 아니다." 그들은 처리하는데 있어서 경중의 정도를 판별할 필요가 있다고 말한다. "옛날에는 치국의 도에 대해 말하는데 비록 죄를 사함이 없을 수는 없다고 할지라도, 또한 죄를 사함에도 해가 있다. 실수한 잘못을 용서함은 그럴 수 있으나 죄를 풀어줌은 그럴 수 없다."[11]

응오 시 리엔Ngô Sĩ Liên은 1103년 내부內府의 창고에서 돈을 나누는 리Lý 왕조의 일을 제고한다. 돈을 갚기 위해서 가난한 여성들은 스스로를 팔아야만 했는데, 데려다가 홀아비에게 시집을 보냈다. 그는 썼다. "가난한 여성들은 자신을 스스로 빌려주는데 쓰고, 가난한 남성들은 집사람이 없는 심경에 이른다. 이 또한 천하 가운데 인민이며, 역시 인정仁政의 일이다." 레

---

11 위의 책, 319면.

Lê 시기의 여러 사가史家들은 리Lý왕조, 쩐Trần왕조가 오래 이어진 것은 여러 인仁을 실현할 수 있었던 덕택이라고 생각한다. 그들에 따르면 인의는 나라를 다스리기 위한 하나의 원리이다. 응오 시 리엔Ngô Sĩ Liên은 오吳왕조의 남진왕南晉王이 거병하여 즈엉 땀 카Dương Tam Kha와 싸운 것을 "의義를 들어 잔악함을 없애고, 옛 기틀을 회복하고, 조종의 영령을 만족케 하고, 신神의 분개한 마음을 풀 수 있었다. 이는 인仁의 마음 때문이다"라고 평가한다. 그는 호 꾀 리Hồ Quý Ly를 비판하는데 인의 마음이 없이 지나치게 잔혹하였기 때문에 "나라 안의 사람들이 그들을 죽이고 그럴 수 없다면 이웃 사람이 죽이게 될 것이다"라고 비판한다. 그러므로 여기에서 인의 마음은 잔혹한 무리를 죽이고 복수하는 것으로 드러나게 된다.

팜 꽁 쯔Phạm Công Trứ는 호Hồ 시기에 대해서 이렇게 고찰한다. "윤호閏胡 왕조에 이르러서는 잔혹함이 지나쳤으며 나라를 잃게 되었고 몸은 치욕을 당하였다. 북쪽의 적은 잔악하였으며, 남쪽의 인민은 비참하였다." 인의 마음은 왕의 지위와도 관계가 되었고, 나라의 운명과도 관련되었다. 인의仁義는 구체적으로 다음과 같은 세 가지 내용을 지니고 있다.

— 인의는 가난한 사람을 해방시키고, 그들의 삶을 바꾼다.

— 인의는 원칙이 있으며 잔학함에 맞서기 위해서 폭력을 사용할 수도 있다. 명의 침략에 맞서 람 선Lam Sơn 기의가 나라를 해방하고 여러 인민계층의 삶을 되살린 것은 인의의 첫 번째 단계이다. 이는 응웬 짜이Nguyễn Trãi가 말한 것과 같이, "인의의 본질은 민을 편안케 함에 있다"는 일이다.

— 인의는 힘이다. 응오 시 리엔Ngô Sĩ Liên과 여러 사신史臣들은 모두 제왕의 사업은 인의와 긴밀하게 연관되었다고 생각하였다. "인의가 깊어질수록 영향은 넓어진다." 팜 꽁 쯔Phạm Công Trứ 사신史臣 일행은 "사람이 인仁이 있다면 천하에 적이 일어나지 않을 것이다"라고 하는데, 이는 제왕의 기틀

을 굳건하게 만드는 힘이 인의에 따라서 증대되어서 "인의가 충분하면 왕조에 적이 없을 것이다"라는 의미이다.

그러므로 민본民本주의와 인의仁義는 서로 긴밀하게 연관되어 있다. 레Lê 시기 사학의 관점에서 드러나는 것은, 특히 레 서Lê Sơ 시기의 사학자들에게 드러나는 것은 인간에 대한 인식 과정의 진보와 당대 사가史家들이 권고하는 것이다.

역사의 원인과 동력 그리고 운동형식은 사학적 관점에서 역사철학적 관점에서 기본적인 문제이다. 레Lê 시기 사학은 이러한 문제에 이르기까지 제기하지 않았다.

무엇보다도 독자들은 옛 사학자들의 편찬 방법에서 쉽게 찾아볼 수 있겠지만, 역사는 여러 왕조의 주요한 활동이었다. 이러한 활동들은 하늘의 뜻을 실현하는 것이다. 판 푸 띠엔Phạm Phu Tiên은 이렇게 썼다. "쩐Trần왕조가 끼엔 쭝Kiến Trung(1225)에 나라를 세우고 끼엔 떤Kiến Tân(1400)에 나라를 잃었다. 명나라 군사는 갑오년 12월 12일에 강을 넘어 들어오고, 정묘(1427)년 12월 12일에 철군하여 자신들의 나라로 돌아갔다. 비록 사람의 계략이 그렇지 않다고 하더라도, 천운은 가장 큰 운명이다. 실로 타이 똥Thái Tông이 까인Cảnh이라는 휘를 가졌고, 티에우 데Thiếu Đế는 안An이라는 휘를 가졌으니 글자 획이 서로 거의 비슷하다. 명군이 강을 넘을 때, 나라로 돌아갈 때 모두 12월 12일이었다. 단지 우연이 아니라 하늘의 운 때문이 아니겠는가."[12] 응오 시 리엔Ngô Sĩ Liên은 말한다. "하늘의 주기 안에서 새롭게 열어 가져와서 사람이 기화氣化하여 나오니 이는 반고盤古 씨이며, 기화가 나온 후에 형화形化가 있으며, 모두가 음과 양 두 기이다. 역경에 이르기를, 천지

---

12 『대월사기전서』 2집, 1985, 289면. 갑오년의 연대는(1354년 혹은 1414년) 유의할 필요가 있는데, 판 푸 띠엔이 잘못 본 것이 아닌가 한다.

가 합기合氣하고 만물이 화순하여 남녀가 합정하고 만물이 화생한다. 그러 므로 부부가 있고 후에 부자父子가 생기고 부자가 있은 이후에 군신이 있다. 그러나 성현이 나옴은 반드시 보통과 다른 것이 있으니, 이는 천명 때문이 다.”[13] 응오 시 리엔Ngô Sĩ Liên과 다른 사신史臣들은 각 왕조의 흥망의 예에 대해 논의할 때 천덕과 천명을 매우 여러 차례 언급한다. 그는 이렇게 쓴다. “리 남 데Lý Nam Đế는 군사를 일으켜 폭력을 제거하였으니 마땅히 하늘의 도에 순한 것이다. 그러나 결국에는 패망에 이르렀으니, 이는 하늘이 베트 남이 태평성대에 이르기를 원하지 않았기 때문이 아니겠는가? 신이여. 군 사를 잘 쓰는 사람인 선왕을 만났기 때문일 뿐만 아니라, 역시 강물이 갑자 기 치솟아 오르는 기세를 만나게 하였으니, 역시 하늘 때문이 아니겠는 가?”[14] 리Lý 왕조가 끝나는 것에 대해 생각하면서 응오 시 리엔Ngô Sĩ Liên은 “나라를 얻음도 하늘 자신이며 나라를 잃음도 역시 하늘 자신이다”.

여러 곳에서 사학자들은 신神에 대해 언급한다. 응오 시 리엔Ngô Sĩ Liên은 이렇게 쓴다. “신이 사람을 따라서 움직이니, 물物의 죽음을 말하기가 어렵 다. 나라가 장차 성하려 하니 우리 신神이 덕화를 보이기 위해 내리고, 나라 를 장차 잃으려 하니 우리 신神이 죄악을 조사하기 위해 내려온다. 그러므 로 신이 흥함을 내릴 때가 있으며 또한 신이 망함을 내릴 때가 있다.” 그는 안 즈엉 브엉An Dương Vương을 질책하기 위해 떠오른 금거북 이야기를 설명 하면서 안 즈엉 브엉An Dương Vương이 성을 건설할 때 인민의 힘을 지나치게 써서 신이 인민을 대신하여 드러나 책망한 것으로 설명하였다. 사학자가 보기에 신은 수단이며, 하늘과 사람의 사이를 중재하는 것이다.

천명에 대한 믿음은 15세기 사회에서 일반적인 관념이었다. 1425년 중 반 람 선Lam Sơn 의군이 응에 안Nghệ An, 떤 빈Tân Bình, 투언 화Thuận Hóa를 해

---

13 『대월사기전서』 1집, 117, 174, 126면.
14 위의 책, 117, 174, 126면.

방시키고 그 세력이 강력하게 일어설 때, 여러 장수들이 레 러이Lê Lợi를 존경하여 '대천행화代天行化'라 칭하였다.

이러한 일반적 관념에 따라서, 응오 시 리엔Ngô Sĩ Liên은 레 러이Lê Lợi에 대해 "왕의 덕이 하늘의 예와 더불어 합하였으니 하늘이 돕고 사람의 마음이 아름답게 되어 사람들이 따랐다"고 긍정한다. 후대의 역사가들 또한 일컬어 말하기를 "다행스럽게도 하늘의 마음이 여전히 그곳에 있고, 성군聖君이 나서, 의로서 정복하고 인으로서 진압한다"[15]고 하였다.

역사가들은 하늘과 사람을 두 실체로 여겼으나 서로 대립하는 것은 아니며 음양처럼 서로 기대고 있다고 보았다. "하늘과 땅은 다만 음양의 두 기일 뿐이다. 임금 된 사람으로서 중화中和에 이르면 하늘과 땅이 정위定位하며, 만물이 번식하고 두 기가 역시 조화를 이룬다. 만약에 음기가 성하여 양기에 뒤섞여 범하면 천지에 반드시 재변이 나타나 사람들에게 증명하여 임금이 알게 한다. 그러므로 재변이 먼저 나타난 이후에 곧바로 증엄함이 있게 된다. 일식이 일어날 때, 태양이 움직일 때, 땅이 갈라질 때, 우박이 내릴 때, 별이 떨어질 때는 언제든지 모두 음기가 양기보다 왕성한 것이다. 비록 임금 된 사람이 하늘의 경고 앞에 미리 신중하더라도, 사람이 할 수 있는 일을 다하여 걱정한다 하더라도, 이것은 재변을 다시 돌이키는 하늘의 도이다."

사신史臣들이 천명에 대하여 토의하였으나 역시 사람 때문에 재변을 다시 돌이키는 도라고 간략히 언급했을 뿐이다. 그들은 "송나라는 하늘의 재변을 다시 돌이키지 않을 수 있었으나, 월나라는 다시 몽골 오랑캐에게 침략을 당했다. 다행스럽게 우리 임금이 함께 근심하고, 군민이 함께 힘써, 마침내는 북녘의 적을 멸하여 몰아낼 수 있었으며 무공을 크게 정하여 완

---

15 『대월사기전서』 2집, 291면.

성하였다. 이렇기 때문에 말할 수 있다. 천명의 경고 앞에 신중하여 사람의
도리를 애써 다하는 것은 하늘의 재변을 다시 돌이키는 도이다".[16] 팜 꽁
쯔Phạm Công Trứ 사신의 무리들은 레 서Lê Sơ왕조의 소망에 대해 이렇게 쓴다.
"광소光紹(1516~1522)년간 외부의 적이 안정되지 않아 여러 군신들이 서로
다투고 대궐문 아래에서 서로 죽여 잠깐 사이에 수도 곳곳이 피가 되고, 태
양은 붉어지고, 하늘의 구름은 흩어져 날리고, 나라의 운은 이로부터 날이
갈수록 쇠퇴할 조짐이 나온다."[17] 여러 사신史臣들은 리Lý왕조가 약해지고,
쩐Trần이 흥한 후에 쩐Trần이 약해지고, 다시 레Lê가 흥함도 모두가 하늘 때
문이라고 보는 것이다.

예전의 동양철학은 존재와 사유의 관계에 대해서 토의하지 않았고 인식
론에 이르는 경우도 매우 드물었다. 옛 베트남 사학자들도 이와 같았다. 그
러므로 여러 사학자들은 여러 차례 하늘과 인간에 대해서 언급하고 있다.
천과 인은 대립적이지 않고 서로 감응한다. 정권은 칭찬인지 비난인지, 격
려인지 질책인지 하늘의 뜻을 살피기 위해서 자연현상을 반드시 살펴 알
아야 한다. 유학자들은 이를 일러 '천인감응'이라 하였는데, 사람이 주체가
되고 하늘이 객체가 되는 것과 비슷한 관계로 서로 상감할 수 있다는 것이
었다.

사학자들이 따르는 하늘의 개념은 창조주가 아니며 절대적인 의지를 지
닌 종교적인 것도 아니었다. 또한 신비적인 심령과 같은 것도 아니었으나
하늘은 사람의 운행을 지도한다. 여러 사학자들은 이렇게 말한다. 전前-리
Lý왕조Lý Nam Đế가 실패한 것은 하늘이 승리를 주지 않았기 때문이며, 레 러
이Lê Lợi가 성공한 것은 '순천승운順天承運'을 알았기 때문이다.

사람은 자연현상을 통하여 하늘의 뜻과 하늘의 명을 비로소 이해할 수

---

16 『대월사기전서』 2집, 43면.
17 『대월사기전서』 4집, 90면.

있다. 지진과 일식, 월식, 태풍, 유성 또는 폭풍우가 조화를 이루는 것은 모두가 '하늘의 경고'이다. 실제로 말하면 자연의 변천은 이와는 달리 왕조의 흥망이나 제도의 성쇠와 연관이 없었다. 옛날 역사가들은 여러 왕조의 사회, 혼란, 성쇠의 여러 변화를 보았으나, 사람의 활동이 하늘의 뜻에 부합하는 것인지를 증명하기 위하여 자연 현상을 해석하는 것과 관련시켰다. 그렇지만 16, 17세기 사학자들은 레 러이Lê Lợi의 여러 사건들을 매우 구체적으로 기록하였는데 '순천승운順天承運'을 금처럼 새겼으며, 후에 레 타인 똥Lê Thánh Tông도 '순천승운順天承運'으로 일을 하였다고 보았다.

하늘이 무엇인가에 대한 본질은 아무도 이해하지 못했으며, 그래서 여러 사학자들은 사람의 일을 들어서 하늘의 일을 삼았고, 사회본체를 들어서 자연의 본체를 일삼았다. 위의 관점에서부터 사학자들은 하늘에 대하여 개별적으로 독립된 하나의 본체로 분리시켜서 논의하지 않았지만 단지 사람의 일에 대해서 해석할 때에 언급하였다. 사회가 배고픔이 없거나 동란動亂이 일어남은 하늘이 변화를 드러내는 것으로, 그들에게는 하늘의 일이 곧 사람의 일과 관련된 것이었다.

옛날 사학史學은 사람을 들고 있지만 사회 전체가 아니라 왕과 관리를 대상으로 삼았기 때문에 실질적으로는 하늘을 들어서 왕권을 '신격화神格化'시킨 것일 뿐이었다.

하늘 그리고 하늘이 '조작하는 것'에 대해 믿었지만 사학자들은 여전히 적극적인 관념도 지니고 있었으며, 응오 시 리엔Ngô Sĩ Liên이 가장 두드러진다. 그는 재변이 다시 돌이키는 도에 대해 언급하면서, "땅에는 험한 곳이 있고 사람의 힘은 위험을 지날 수 있는 것"이라고 말한다. 호 응웬 쯩Hồ Nguyên Trừng이 호 꿔 리Hồ Quý Ly에 답하여 말한 구절에 대하여 평론하기를, "신은 싸움은 두렵지 않으나 인민들의 마음이 따르지 않음이 두려울 뿐입니다"라고 한다. 응오 시 리엔Ngô Sĩ Liên은 예리한 명제를 드러내고 있다.

"하늘의 명은 인민의 마음에 있다. 쯩Trưng이 말한 구절은 이의 본질을 잘 이해한 것이다."[18] 사람의 힘을 높이 평가하고 사람을 믿는 것은 여러 사학자들이 '인정승천人定勝天'의 관점에서 접근하였기 때문이다.

레Lê 시기의 사학자들은 또한 성인이 역사의 한 동력이라고 여겼다. 응오 시 리엔Ngô Sĩ Liên은 성인이 천지와 부합하여 화육化育의 일을 돕는다고 보았다. "하늘과 땅이 있고 산천이 있으나 하늘의 기가 운전하고 성인이 나타남이 모두가 다 제 운명이 있는 것이다."[19]

사회를 뒤바꾸기를 원한다면 반드시 하늘의 마음이 있어야 하며, 반드시 성스러운 지도자가 있어야 한다. 베트남은 15세기에 들어서서 여러 변동을 만났는데, 명나라 적은 베트남을 중국의 군현으로 만들고자 하였다. 여러 사신들은 이렇게 쓰고 있다. "다행스럽게도 하늘의 마음이 그러하여 성스러운 임금이 드러나셨고, 강산이 완전히 바뀌어 새롭게 될 수 있었고, 일월은 맑아 빛나게 되었다."[20] 게다가 위의 관점에서 그들은 쩐Trần 귀족의 실패를 설명하고, 아울러 승리의 배경이 레 러이Lê Lợi가 성인이기 때문이라고 설명했다. 레 타인 똥Lê Thánh Tông에 대한 평론에서, 부 뀐Vũ Quỳnh 역사가는 "왕이 스스로 하늘처럼 높고 초월적이며 총명하고 결단력이 있으며, 문무가 뛰어나 성현을 배움에 늘 부지런하고 (…중략…) 성선의 일은 정통함을 포괄하지 아니한 일이 없다"고 말한다.

성스러운 천자는 무엇이든지 알고, 뛰어나야 하지만 이는 왕이 되기 위한 중요한 기초가 아니다. 중요한 것은 하늘을 대신하는 것으로 하늘의 명을 쫓는 것이다. 응오 시 리엔Ngô Sĩ Liên은 이렇게 쓴다. "왕은 문무 성현의 본질이며, 하늘을 대신하여 만날 때는 불쌍히 여기며 (…중략…) 하늘을

---

18 『대월사기전서』 2집, 앞의 책, 212, 291면.
19 위의 책, 212·291면.
20 위의 책, 212·291면.

대신하여 우리의 적과 싸운다고 여긴다."

그렇다면 성인은 역사의 운명을 바꾸는 존재로 하늘이 전하며, 사람이지만 특별히 초월적 사람이며, 하늘에 앞서 책임을 지는 비인非人이며 인人이다. 이는 왕을 종교화하는 것으로, 왕을 최고의 신과 비슷한 절대적인 의미를 지니는 자리에 올리려는 것이다.

옛 역사가들은 하늘과 성인을 역사의 동력이라 여겼기 때문에 그들은 노동하는 인민의 활동을 기록하지 않았다. 뒤돌아보면 왕과 관리의 활동은 옛 사학자들에게 매우 분명하게 반영될 수 있었다. 응오 시 리엔Ngô Sĩ Liên은 생년월일과 죽음에 이르기 까지 관심을 가졌으며, 장례의 일은 국가의 일이었고, 국사國史에 기록하지 않을 수가 없었다. 게다가 생산하는 일과 인민 군중의 투쟁은 최소한으로만 상기할 수 있어야 하며, 옛 역사의 장면에서는 시든 그림자와 같았다.

레Lê 시기 사학자들은 역사의 운동 관념을 변역과 순환이라고 보았다. 응오 시 리엔Ngô Sĩ Liên은 이렇게 말한다. "천지의 운이 나빠지고 난 후에는 틀림없이 태평해지며, 북남이 모두 이러한 까닭이다. 북조 오대시기 쇠란衰亂이 끝나고 송태조가 올라섰다. 남조에서는 12사군이 나뉘어 초조하게 하더니, 끝나고 딘 띠엔 황Đinh Tiên Hoàng이 올라섰다. 이는 우연한 것이 아니라 하늘의 운 때문인 것이다."[21] "북에서 하늘의 기가 변하여 남으로 내려오고, 남에서 다하여 다시 돌아 북으로 간다. 성인이 100년마다 태어나고, 시작함에서 다시 돌아감에 그 수가 충분하다. 시운이 느릴 때도 있고 빠를 때도 있으며, 성길 때도 있고 조밀할 때도 있어 고르지 않으나 대략 이러한 세勢이다."[22]

17세기 사학자들도 역시 이러한 관념이 있었다. "혼란기가 극에 달하면

---

21 『대월사기전서』 1집, 203면.
22 『대월사기전서』 2집, 20면.

치평治平의 시기가 온다. 이는 하늘의 운행이다. 성인이 태어나고 만물이 되살아나니 이는 하늘의 형통함이다", "화란이 극에 달하면 반드시 치평이 생겨난다", "난이 극하면 반드시 다스려진다".[23]

옛 사학자들에 따르면 정권의 바뀜, 왕조의 바뀜은 불안하면 태평하고 화란이 끝나면 치평이 오고, 하늘의 기가 북에서 남으로 내려와 그치면 남에서 북으로 오르고, 그렇게 세가 순환하는 것이다. 위와 같은 변역은 낮은 곳에서 높은 곳으로, 간단한 것에서 복잡한 것으로의 진화가 아니다. 사학자들은 다만 순환론에 멈추어 서서 진화론으로 발걸음을 옮기지는 않았다.

아울러 응오 시 리엔Ngô Sĩ Liên과 17세기 사학자들은 '참위讖緯'에 대해 긍정하는데, '하늘의 전조'를 믿는 것이다. 응오 시 리엔Ngô Sĩ Liên은 리 타이 또Lý Thái Tổ가 꼬 팝Cổ Pháp 고향에 돌아갈 때 올린 참위의 시에 대해 믿는다. "한 그릇의 물을 공덕하니, 인연따라 세간에 태어난다. 눈부시게 빛나 두 차례 촛불을 비추니, 빛이 다한 태양은 산에 오른다."[24] 세상 사람들은 암송하여 전하지만 아무도 이 시의 의미가 무엇인지는 알지 못했다. 이 시는 리Lý왕조를 잃어버렸다는 의미로 볼 수 있다. 리Lý왕조의 마지막 왕이라 할 수 있는 리 후에 똥Lý Huệ Tông의 이름이 '참旵'이기 때문이다.[25] 또한 팜 꽁 쯔Phạm Công Trứ도 이렇게 쓴다. "막Mạc 가문은 해亥년에 나라를 세우고 해亥년에 나라를 잃으니, 막 당 중Mạc Đăng Dung이 정해년에 왕위를 찬탈하고, 막 머우 헙Mạc Mậu Hợp은 계해년에 잃은 것을 말한다. 인과응보가 이와 같다."[26] 참위에 대한 믿음은 천명설과 순환론의 결과이다.

레Lê 시기의 여러 사신史臣들은 또한 도에 대해서도 토의하였다. 여기에

---

23 위의 책, 290~291면.
24 「日登山」, "一鉢功德水, 隨緣化世間. 光光重照燭, 影沒日登山".
25 『대월사기전서』 4집, 159면.
26 위의 책.

서 사가들이 토론한 개념들은 종교와 철학과 정치적 이상의 통합이었다. 도는 사회와 자연 현상계의 운동 방식이었다.

응오 시 리엔Ngô Sĩ Liên은 도에 대해서 이렇게 말한다. "적에 맞서 나라를 지키는 일은 스스로 그러한 도리가 있으니, 도리에 맞으면 여러 사람이 도와 나라가 흥하며 도리를 잃으면 적은 사람이 도와 나라를 잃게 된다. 군자는 큰 도를 밝히나 그 공을 논하지 않는다."

레 뜽Lê Tung은 수제치평修齊治平의 도, 삼강의 도, 천지와 도심에 대해 여러 번 생각하였다.

당 빈Đặng Bính은 세도勢道에 대해 여러 차례 언급하였다. "리 타이 또Lý Thái Tổ와 쩐 타이 똥Trần Thái Tông은 순도順道이며 막 당 중Mạc Đăng Dung은 도를 어겼다."

팜 꽁 쯔Phạm Công Trứ는 이렇게 쓴다. "역사를 쓰는 것은 풍속을 위해 도움이 되고 치도에 이익이 되는 것이다."

그렇다면 여기에서 말하는 도란 치도, 세도, 도심과 같은 의의를 지니고 사회의 운행을 반영하는 객관적 한 범주이며 유교도통의 원리를 객체화한 것일 뿐이다.

사가들에 있어서 유교 경학을 하나로 표현하자면 의義, 귀의경리貴義輕利 사상이다. 유교의 의義를 중시하는 귀의경리貴義輕利는 윤리도덕에서는 사람들마다 처세의 방침이 되고, 치국의 방법에 있어서는 정권의 정책이 된다. 레 뜽Lê Tung은 총론에서 이렇게 말한다. "남월南越의 문왕文王은 의를 들어 이웃나라를 감화시키고 적군을 싸워 물리쳤으며, 또한 체제를 굳건히 하였다."

레 뜽Lê Tung은 쩐Trần왕조의 가문 내 혼인에 대해 의를 잃은 일이라고 비판하였다.

사가들은 의義와 리理, 왕도와 패도를 경학의 범주에까지 제기하였다.

이런 측면은 사회 범주에서는 군자와 소인으로 드러난다. 응오 시 리엔^{Ngô} ^{Sĩ Liên}은 리 펏 뜨^{Lý Phật Tử}가 찌에우 꽝 푹^{Triệu Quang Phục}과 더불어 쟁탈한 것을 격렬하게 비판하였다. "패술霸術을 들어 살펴보면 후後-리 남 데^{Lý Nam Đế}가 조월왕趙越王과 훌륭한 계획으로 친 것이지만, 왕도王道를 들어 살펴보니 이 일은 개돼지보다 못한 것이다. (…중략…) 때문에 후後-리 남 데^{Lý Nam Đế}는 인류의 정도를 버리고, 공리公利를 탐하였으나 인의를 멸하고 나라를 도둑질하였다."[27]

또한 쩐^{Trần} 시대 도 티엔 흐^{Đỗ Thiên Hư}는 전장에 나아가고자 할 때에 "소인배는 생각하고 계산하기를 이익을 보면 나아가고 손해를 보면 물러서며, 다만 자신의 마음에 맞고 자신을 위한 이익에 맞기만을 바란다"[28]고 말한다. 응오 시 리엔^{Ngô Sĩ Liên}은 다시금 쩐 응웬 단^{Trần Nguyên Đán}에 대해 이렇게 말한다. "의를 분명히 행함은 이익을 도모함이 아니니, 이는 군자의 마음이다."[29] 당 빈^{Đặng Bính}은 또한 막 당 중^{Mạc Đăng Dung}에 대한 견해를 드러내고 있다. "작위와 봉록을 탐하여 충의를 잃어 버리고 개돼지와 같은 행동에 죄악은 가득하니 옛 성현에 비해 심히 멀도다."[30]

사학자들은 의義와 이利를 대립시켰다. 그들에 따르면 정신은 물질보다 더 높은 것이고, 물질적 이익에 따라 움직이는 것은 비난받고 경멸당할 만한 것이다.

여러 사학자들에 따르면 의義, 인의仁義, 충의忠義는 매우 큰 행동 원칙으로 인간은 반드시 의에 따라야만 하는 것이다. 응오 시 리엔^{Ngô Sĩ Liên}은 인을 가장 큰 것이라 하였다. "의를 위해 삶을 버리는 것이 사는 것보다 더 나

---

27 『대월사기전서』 1집, 176면.
28 위의 책, 123면.
29 위의 책, 165면.
30 『대월사기전서』 4집, 120면.

은 것이다. 삶을 구하는 것은 부끄러운 것으로, 군자는 그와 같지 않다. 역경에 이르기를, 군자는 자신의 뜻하는 바를 이루기 위하여 차라리 목숨을 희생한다고 하였다."[31] 의는 사람의 목숨보다 더 높은 가치를 지니는 것으로 절대적인 하나의 이념처럼 조성되었다. 이러한 의의 관념은, 종교적 수행에서 일상적으로 개인의 생명을 희생하기에 이르는 것과 같이 매우 엄격한 수행의 형식을 따르는 인격을 만들었다.

중고시대에 만약 불교와 기독교를 교조적으로 실현하는 것이라고 한다면 그것은 속세의 인간을 승려나 신부로 만들려는 것이라 할 수 있는데, 역사가들이 위에 제시한 의에 따르는 수행은 경학의 여러 관점들을 종교화, 교조화 시키는 것이라 할 수 있다. 많은 사학자들은 경학을 제고하면서 역사적 인물과 사건을 논해하기 위해서 사서오경을 인용하였다. 이러한 면에서 그들은 경학을 설명하기 위해 경학의 형식으로 역사를 편찬한 것이었다.

학자를 높이는 것 또한 당대 사학의 관점이었다. 여러 사신史臣들은 모두 쩐 주 똥Trần Dụ Tông이 추 반 안Chu Văn An을 중용하지 않음을 비난하였다. "추 안Chu An이 갔으니 누가 있어 도를 조언하며 예를 행하는가. 이는 실로 훌륭한 현인을 믿지 않음이니, 사람이 없는 것과 같이 텅 빈 나라이다." 그들은 칭송하기를 "만언서萬言書(레 까인 뚜언Lê Cảnh Tuân의 작품, 15세기 초)는 충성스러운 마음이 해와 달처럼 철저하다. 칠참소七斬疏(추 반 안Chu Văn An의 작품)는 의가 귀신을 움직이니 우리 유도의 공이 어찌 옳다 하지 않겠는가".

유사儒士와 학행, 과거를 제고함은 여전히 여러 면에서 실현되었는데 사가들은 매우 구체적으로 향시, 회시, 정시, 명경시, 굉사시 등을 기록하고 있다. 여러 진사비의 내용도 국사에 기록되고 있다. 사학자들은 풍속과 연

---

31 『대월사기전서』 1집, 123, 165면.

관된 학자들의 활동도 설명하고 있는데, 풍속은 오경에 있는 것으로 인정된다. "성인의 경은 증거로 삼을 만큼 충분히 분명하게 가르친다."[32]

레Lê 시기 사학자들은 또한 불교를 비판한 사람들이기도 하였다. 응오 시 리엔Ngô Sĩ Liên, 팜 꽁 쯔Phạm Công Trứ의 사람들, 레 히Lê Hy에 이르기까지 모두가 불교를 비난하는 많은 의견들을 내놓았다. 그들은 리 타이 또Lý Thái Tổ를 칭송하기를 제왕으로서 모략이 있다 하면서도 "오직 불도, 노도 만을 좋아한 점이 있으니 이는 부족한 것이다"라고 평가한다. 또는 그들은 리 타인 똥Lý Thánh Tông에 대해서는 "충효忠孝 인서仁恕, 존현尊賢 중도重道, 하지만 일승一乘도의 흔적을 찾아 삼매의 경계에서 거닐었으니 이는 나라를 다스리는 도가 아니다"라고 평가한다. 실제로 사학자들은 인식론 측면에서 불교를 비판하지 않았고, 교리를 비판하지도 않았지만 주로 유교가 주장하는 군신의 도, 집안과 가정에 해가 되는 불교의 해탈윤리를 비판하였다.

여러 사학자들은 또한 정통을 제고하였다. 공자의 명분 관점에서 출발하여, 일부 왕조를 무겁고 매우 격렬하게 비판하였다. 응오 시 리엔Ngô Sĩ Liên은 호 뀌 리Hồ Quý Ly를 가리켜 "난신적자, 누구든지 역시 죽일 수 있을 것이다"라고 혹평한다. 17세기 사신들은 호Hồ왕조를 하나의 개별적 장으로 넣지 않았으며 단지 쩐Trần왕조대에 덧붙여서 기록하고 있다. 그들은 말한다. "옛 역사는 1274년에 두 사람의 호Hồ 씨를 들어 1275년에 기록하니, 지금 작爵을 버리는 것은 옳다." 당 빈Đặng Bính은 막Mạc왕조를 엄격하게 비판하였다. "지난 날 막Mạc 씨는 마음대로 왕위를 선양받아, 레Lê왕조의 여섯째 통원 해에 기록되었으나, 더 이상 기록할 연호가 없었으니, 막Mạc 씨의 명덕 연호를 들어 두 줄기로 나누어 기록하였다. 정통이 되는 데에 붙일 수 없는 것은 왕위를 찬탈한 것이 잘못된 것임을 밝히기 위한 것이다. 계사

---

32 『대월사기전서』 4집, 15면.

년(1533)에 이르러 짱 똥Trang Tông이 다시 아이 라오Ai Lao에서 기병하였는데, 그때 나라 안은 비록 완전히 회복하지는 못하였으나 정통으로 삼아 기록하니, 이는 왕과 신하의 신분이 그와 같다는 것을 보여주기 위한 것이다."[33] 하지만 유자儒者는 여전히 시時 자를 이해하는 사람으로, 그들은 호Hồ왕조를 비판하고 막Mạc왕조는 잘못된 것으로 지적하지만 감히 '레Lê왕王-찐Trinh 주主'에 대해서는 비판이 닿을 수 없었다(그러나 찐Trinh 주主는 명분원칙을 심하게 어긴 인물이다).

옛 사학은 국가의 관방 사상을 실현하고 국가적으로 관심을 기울인 과학 분야라 할 수 있다. 『대월사기전서』는 정통 역사이며 목적은 매우 실용적이었다. 사학자들은 견해를 드러내고 편찬할 때 매우 신중하게 밝히고 있다. 그들은 여러 범주 쌍에서 역사적 사건과 인물들을 고려하였다. 금고今古, 왕도와 패도, 군자와 소인, 의리와 이익, 공과 사, 도道의 관점에서 시時와 세勢, 민본, 인의 등이다. 실제로 이것들은 도덕적 범주이며 정치적인 철학의 성격이 강하다. 그들의 역사적 원동력에 대한 관념과 역사의 운동형식에 대해서 보자면 유심적이라고 할 수 있으나, 무엇보다도 인간을 제고하고 나라를 제고하고 깊은 민본과 민족 정신에 대한 평가의 말들은 뛰어난 것이었다. 매우 정확하게 인의와 나라 사랑의 정신을 드러내는 옛 사가들의 인물과 사건에 대한 평가들은 오늘날 여전히 우리 인민이 계승하고 받아들일 수 있는 것이다.

---

33 위의 책, 121면.

제16장

사회, 문화, 사상의 상황

레 서Lê Sơ 봉건집권 국가의 16세기 초 10여 년은 쇠퇴기에 접어드는 시기였다. 위 묵Uy Mục(1505~1509), 뜨엉 즉Tương Dực(1509~1516)부터 시작하여 레 서Lê Sơ 정권은 회복이 불가능할 정도로 부패하였다. 조정에서는 여러 파들이 지위와 권리를 두고 서로 다투었다. 위 묵Uy Mục은 허약하게 타락한 삶으로 내던져져서 더 이상 정사를 돌볼 뜻이 없었으며 환관과 외척들을 그대로 두었다. 당대 사람들은 이러한 임금을 일러 '간사한 귀신 왕'이라 불렀다. 또한 환관과 외척은 왕가의 인력을 저급하게 만들었고 제 고집스러움이 가득하도록 만들었다.

이러한 위 묵Uy Mục에 맞서 르엉 닥 방Lương Đắc Bằng은 격문에 이렇게 고하고 있다. "아첨하고 제멋대로 행하는 무리들인 외척을 사랑하고 정직한 사람은 멀리하여 강직한 사람으로 하여금 멀어지게 하고, 작爵은 다했으나 보상함에는 다함이 없고, 인민이 곤궁하나 그 거두어들임은 궁하지 아니하고, 아름다운 머리카락에 이르기까지 세금을 부과하며 재산을 사용함은 진흙땅처럼 허비하고, 포악함이 떤 친Tần Chính(진시황)과 같고, 공신을 대함을 개 말과 같이 하고, 인민을 대함을 풀과 쓰레기 같이 한다."[1]

눈부신 관아와 궁전 사원을 짓는 일은 조정과 지방의 인민 사이의 모순

---

1 『대월사기전서』 4집, 52면.

을 더 깊게 만들었다. 「홍순중흥기洪順中興記」의 작가인 응웬 즉Nguyễn Dực은 이렇게 전한다. "뚜엔 꽝Tuyên Quang의 산과, 타이 응웬Thái Nguyên의 집을 짓는 일은 욕심 때문에 재목이 충분하지 않으며, 응에 안Nghệ An, 안 방An Bang 해변의 많은 젓갈과 소금이 배고픈 입에 충분하지 않다."[2]

위 묵Uy Mục이 죽임을 당하고 뜨엉 즉Tương Dực이 오르자 그 또한 타락의 길을 걸었다. 뜨엉 즉Tương Dực은 경성에 구층의 구중대九重臺와 100칸 대전을 짓기 위하여 탕 롱Thăng Long 인근의 여러 현에서 인민을 붙잡아다 노역을 시켰고, 남자 병사들은 5년 동안 날마다 토목공사에 시달렸다. 1514년 뜨엉 즉Tương Dực은 또한 인민들을 붙잡아 또 릭Tô Lịch 강의 외곽 성 주변에 흙을 더 쌓아올렸고, 뜨엉 꽝Tương Quang 궁전 주위를 보호하도록 둘러쌓는 공사를 하고, 낌 꼬 티엔 화Kim Cổ Thiên Hoa 사찰을 건설하였다. 명나라의 한 역사가는 이무렵 베트남에 왔다가 뜨엉 즉Tương Dực에 대해 "얼굴은 곱상하나 몸이 굽었고, 모양은 돼지처럼 음색淫色을 좋아하니 난망亂亡은 더 이상 오래 걸리지 않을 것이다"라고 묘사하고 있다.

레 서Lê Sơ 조정은 레 타인 똥Lê Thánh Tông 시기에 들어서 매우 엄중하게 행정관료체제를 만들었다. 레 타인 똥Lê Thánh Tông의 조정은 귀족화 경향을 막고 줄여서 날이 갈수록 무질서하고 복잡한 행정관료제도를 건설하여 국가 계급의 역량을 만들어 내었다. 레 타인 똥Lê Thánh Tông 치하의 여러 해 동안 관료제도는 하나의 압력으로 작동하여 사회 안정에 기여하였지만 16세기에 접어들면서 이 나라는 훗날을 도모하는 사회경제의 모순들을 극복할 힘이 충분하지 않았다. 거꾸로 정사政事는 무질서해지고 이는 부담을 주게 되었지만 정작 왕은 격심하게 모순을 더욱 부추겼으며 인민들의 삶을 더욱 고달프게 만들었다. 나라가 사회와 대립하자 나라에는 농민봉기의 풍조가 일

---

2 『대월사기전서』 4집, 54면.

어났다. 레 타인 똥Lê Thánh Tông이 "정 씨 열형제가 모두 부귀현달하고, 신 씨 부자父子는 작록과 영광을 누렸다十鄭第兄聯貴顯 二申父子佩恩榮"고 쓰던 화합의 시기는 지나가고 문신과 무장, 관직에 나아가지 않은 유사들과 개국공신들의 후손들인 군대 지휘관 사이에는 심각하게 금이 가게 되었다.

1510년 르엉 닥 방Lương Đắc Bằng은 말한다. "도적질이 일어나고, 전쟁이 꽃을 피우기 시작하는구나." 여러 기의가 곳곳에 흩어져서 1511년부터 농민봉기가 넓게 퍼지고 길게 이어져 1522년까지 이르렀다. 일부의 하급 관리와 불만스러운 사대부들이 들고 일어나 정권에 맞서 농민의 편에 섰다.

농민의 기의풍조는 10년이 넘는 동안 매우 들끓었지만 결국에는 실패하게 되었다. 칼과 교화로 정권을 유지하던 봉건통치의 멸망은 봉기하는 의군義軍에 따라서 좌지우지되었다. 의군의 봉기가 실패하였다고 하더라도 이는 결국 레 서Lê Sơ왕조를 더욱 약화시키고 부서지도록 만들었다.

이런 시기에 조정은 농민의 기의를 탄압하는데 힘을 쏟게 되었고, 내부적으로는 여러 파벌이 형성되었고 무관인 막 당 중Mạc Đăng Dung이 기회를 잘 이용하여 재상직에 오르게 되었다. 1516년에서 1519년에 이르기까지 막 당 중Mạc Đăng Dung은 실권을 장악하고 레 치에우 똥Lê Chiêu Tông의 의부義父라는 이름으로 찐 뚜이Trịnh Tuy, 응웬 황 주Nguyễn Hoàng Dụ와 같은 반대파들을 제거하였다. 1519년 막 당 중Mạc Đăng Dung은 명군公明郡公에 봉작되었고, 몇 년 후에는 인국공仁國公에 봉작되었다. 그는 한편으로 찐 까오Trần Cảo의 봉기를 탄압하는데 집중하면서 다른 한편으로 집안 사람들을 데려다가 조정과 여러 진鎭의 주요 관직을 움켜쥐었다. 동생인 막 꿰엣Mạc Quyết은 숙위군宿衛軍의 지휘를 담당했고, 아들인 막 당 조아인Mạc Đăng Doanh은 낌 꽝 Kim Quang 전殿을 감시했으며, 사위인 보 호Võ Hộ는 선 떠이Sơn Tây 진의 진수鎭守로 삼았고, 딸은 왕의 행동을 감시하기 위하여 후궁으로 삼았다. 팜 지아 모Phạm Gia Mô, 응웬 티 웅Nguyễn Thị Ung, 찐 치 섬Trịnh Chí Sâm 등 측근의 신하들은 모두 상서의 관직을 맡았다.

왕조가 쓰러지기 이전에 치에우 똥Chiêu Tông과 일부 조정 신하들은 경성을 피하여 군사를 모집하여 막 당 중Mạc Đăng Dung에 맞서 싸우려 하였다. 그러자 중Dung은 쑤언Xuân을 황제로 옹립하고 하이 즈엉Hải Dương으로 근거지를 옮겼다. 1526년 중Dung은 치에우 똥Chiêu Tông을 죽이고 1527년 쑤언Xuân을 협박하여 자신에게 왕위를 양위하도록 하였다. 이렇게 레 서Lê Sơ왕조는 100여 년을 이어오다가 막Mạc왕조로 바뀌었다.

막 당 중Mạc Đăng Dung의 왕위찬탈은 일부 공신자제들과 응웬 타이 밧Nguyễn Thái Bạt, 레 뚜언 머우Lê Tuấn Mậu, 담 턴 후이Đàm Thận Huy, 응웬 주이 뜨엉Nguyễn Duy Tường, 응웬 흐우 응이엠Nguyễn Hữu Nghiêm 등의 일부 과방科榜 사대부들의 거친 반대를 야기하였다. 맞서서 기의를 일으키는 사람도 있었고, 막 당 중Mạc Đăng Dung을 심하게 꾸짖는 사람도 있었으며, '기절氣節'로 자결하는 사람도 있었다. 이는 이전 세기부터 전해지는 '사기영웅士氣英雄'으로서의 유교 사대부가 보인 '충신불사이군'의 반응이며, 한편으로는 레Lê왕조에 대한 회한이 깊게 남아 있는 일반적 반응이었다.

막Mạc왕조는 불완전하고 연약한 채로 존재했다. 막 당 중Mạc Đăng Dung과 뒤에 이어 왕위에 오르는 왕들은 명나라와 긴장을 완화하는 방법을 찾아야만 했다. 결국 옌 꽝Yên Quảng에 속한 변경지역 마을들을 중국에 잘라주었다. 다른 면에서 레Lê왕조의 구신舊臣들과 대처할 방법을 찾고 정권 건설에 힘을 기울여야 했으며, 사회를 안정시켜야 했다. 막Mạc왕조는 의지할 곳을 구축하기 위해 연속적으로 유학의 과시科試를 열어 새로운 사대부계층을 만들었다. 막Mạc왕조의 국가 조직과 사회관리, 행정관료체제는 여전히 레 서Lê Sơ의 모형을 따라서 근본으로 삼았다.

막 당 중Mạc Đăng Dung이 왕위에 오르자마자 바로 그 직후 다른 봉건집단이 '복여멸막復黎滅莫'의 기치를 들고 타인 화Thanh Hóa에서 들고 일어나 힘을 모아 '레 쭝 흥Lê Trung Hưng, 黎中興'이라 부르는 새로운 조정을 세웠다.

여러 봉건세력들 사이에 충돌이 일어나는 가운데 나라는 전쟁의 상황으로 빠져 들어갔다. 막Mạc 씨 정권은 오늘날 북조北朝라 부르는 북부 지역을 통치하고, 레 쭝 흥Lê Trung Hưng의 기치를 내건 찐Trịnh 정권은 '남조南朝'라 부르는 타인 화Thanh Hóa 지역을 관리하였다. 이로부터 거의 50여 년(1546~1592) 동안 레-찐Lê-Trịnh과 막Mạc 세력 사이에 크고 작은 전쟁이 벌어졌다. 1592년 남조가 북조에 승리를 거두고 탕 롱Thang Long 경성을 차지할 수 있었다. 막Mạc 왕조의 자손은 까오 방Cao Bằng으로 달아났다. 이러한 악랄한 전쟁에서 괴로움을 겪은 사람들은 인민이었다. 인민의 힘과 사회의 힘은 완전히 불에 타버리고, 생산력은 저하되었다.

찐-막Trịnh-Mạc이 남북조로 나뉘어 벌이던 전쟁이 점차 끝날 즈음 다시 찐-응웬Trịnh-Nguyễn간의 전쟁으로 나라가 나뉘었다. 1558년 응웬 황Nguyễn Hoàng은 투언 화Thuận Hóa 진수鎭守 겸 꽝 남Quảng Nam 진수鎭守로 들어가 세력을 확장하려는 찐 끼엠Trịnh Kiểm의 압력에서 벗어나기를 원했다. 응웬 황Nguyễn Hoàng과 자손들은 자신들의 세력을 형성하여 왕위를 계승하기를 원하였으며 투언-꽝Thuận-Quảng을 건설하여 자신들의 독자적인 세력권으로 만들고자 했다. 1627년에서부터 1672년 사이에 7차례의 커다란 싸움이 있었는데 해를 넘기면서 싸우는 경우도 있었다. 응에 안Nghệ An, 보 친Bố Chính, Quảng Bình지역은 매해마다 전쟁터였다. 결국 두 봉건집단인 찐Trịnh과 응웬Nguyễn은 서로 합병할 수 없었으며 정전停戰을 해야만 했다. 지아인Gianh 강은 경계선이 되고, 찐Trịnh 가문에 속한 북부는 당 응와이Đàng Ngoai 또는 박하Bắc Hà라 불렸고, 응웬Nguyễn 가문에 속한 남부지역은 당 쫑Đàng Trong 또는 남 하Nam Hà라 불렸다.

당 응와이Đàng Ngoai에서 레Lê왕조는 '유명무실'했고, 레 쭝 흥Lê Trung Hưng 정권에서는 실질적으로는 찐Trịnh 가문의 부주府主가 실권을 모두 잡고 있었다. 이러한 상황은 18세기 말까지 길게 이어졌다.

봉건정권의 끊어지고 꺾어짐과 막Mạc, 찐Trịnh, 응웬Nguyễn 집단의 통치 범위를 분할한 것은 정치형태에서 두드러지게 드러났다. 그러나 당 응와이Đàng Ngoại와 당 쫑Đàng Trong의 봉건국가들은 모두가 레 서Lê Sơ 시기의 옛 모형에 따르고 있었고, 점점 더 복잡해지는 봉건행정관료국가 형식에 근본을 두었으며, 특히 당 쫑Đàng Trong의 성질을 일정한 정도로 유지하였다. 레 맛Lê Mạt 시기 말에 이는 사회발전을 이루는데 장애물이 되었다.

당대 봉건집단들이 권력과 지위를 차지하기 위해 다투면서 나라는 갈라졌고 우리 인민은 비록 전쟁으로 재산과 많은 역량을 낭비했지만 여전히 근면한 노동을 멈출 수 없었고 부지런히 삶을 쌓아 나갔다. 16세기에서 18세기 중엽에 이르기까지 우리가 나라의 경제를 보면 여전히 일정한 정도로 발전하였다.

당 응와이Đàng Ngoại에서는 여러 곳의 황무지를 넓게 개간할 수 있었으며, 마을은 여러 면에서 성장하였다. 선 남Sơn Nam, 타인 화Thanh Hóa, 하이 즈엉Hải Dương 바닷가의 여러 지역은 농업생산에서 여러 차례 발전할 수 있었다. 많은 지역에서는 전쟁이 없었고 전쟁이 있었던 마을들 또한 여전히 안정적이었다. 옛 민요(까 자오Ca Dao)의 구절에 "빈 또Vinh Tộ(1619~1628) 왕의 제위 시절에, 솥에 가득한 밥은 붇고 아이들은 더 먹지도 않는구나"라고 전한다. 어느 정도 이는 실제를 드러낸 것이다.

당 쫑Đàng Trong에서는 불모지를 개간하여 투언 화Thuận Hóa, 꽝 남Quảng Nam 지역을 중심으로 발전된 경제지역으로 만들어냈다. 즈엉 반 안Dương Văn An 시대에 오 처우Ô Châu의 땅은, 16세기에서 17세기 말에 이르기까지 마을들이 서로 밀어내어 들판과 경작지 농장이 모두 바닷가에까지 이르렀다.

17세기 말 베트남 유민들은 동 나이Đồng Nai 지역까지 개척하였다. 이러한 개척의 방향은 베트남 사람들을 미 토Mỹ Tho와 롱 호Long Hồ에 이르는 지역까지 진출시켰다. 18세기에 접어들어 그들은 하 띠엔Hà Tiên, 라익 지아 Rạch Giá 지역까지 번져 나갔다.

당 쫑Đàng Trong 지역에서는 베트남 사람들 곁에 여전히 화華 사람들이 있었고, 비교적 많은 사람들이 개척해 나갔다. 그들은 호이 안Hội An, 동 포 Đông Phố, 미 토Mỹ Tho 그리고 하 띠엔Hà Tiên으로 들어갔다. 화華 사람들 가운데 많은 사람들이 수공업과 장사에 종사했으며, 농업에 종사하는 사람들도 적지 않았다. 짧은 시간이 경과하고 그들은 베트남 거민화居民化가 되었고, 공통의 공동체가 되어갔고 베트남의 일부가 되어갔다. 그들이 당 쫑 Đàng Trong의 땅을 개척하는 일은 당 쫑Đàng Trong 농업경제 상황을 안정시키는데 공헌하였다. 레 뀌 돈Lê Quý Đôn은 이렇게 기록하고 있다. "지아 딘Gia Định 지역은 벼가 아주 많고 (…중략…) 일상적으로 사람들은 푸 쑤언Phú Xuân에서 팔기 위해 쌀을 날라 왔다."[3] 이러한 조건은 당 쫑Đàng Trong의 경제 발전을 일으켜 세웠다.

17, 18세기 경제의 그림에서 하나의 새로운 획은 시장 경제가 매우 강력하게 발전한 것이다. 당 응와이Đàng Ngoài에서는 경성 근방에 오랜 전통이 있는 생산 시설들이 출현하여 많은 상업, 수공업 마을을 형성하였다. 커다란 강가에는 토기 마을(흐엉 까인Hương Canh, 토 하Thổ Hà, 푸 랑Phù Lãng, 밧 짱Bát Tràng, 꺼이Cây 등)들이 있었다. 탕 롱Thăng Long 주변과 큰 시골마을의 중심지에는 옷감을 짜는 마을이 있었다. 청동의 중심지는 다이 바이Đại Bái, Hà Bắc 꺼우 놈Cầu Nôm, Hải Hưng, 짜 동Trà Đông, Thanh Hóa, 꼰 깟Cồn Cát, Nghệ Tĩnh 이었다. 호 리에우Hồ Liễu, 리에우 짱Liễu Tràng, Hải Hưng 마을은 조각과 인쇄를 전문으로 하였다.

당 쫑Đàng Trong에서도 수공업과 수공업 마을이 모두 빠르게 증대하였다.

---

3 『레 뀌 돈(Lê Quý Đôn) 전집』 1집, 345면.

꽝 남Quảng Nam에서는 고 노이Gò Nổi, 퐁 트Phong Thứ와 같은 옷감을 짜는 마을이 있었고, 청동은 프억 끼에우Phước Kiều가 있고, 철 연마는 땀 타이Tam Thái가 있고, 꿰 선Quế Sơn, 디엔 반Điện Bàn, 호이 안Hội An에는 토기 업이 성행했다.

대나무들처럼 뀌 년Quý Nhơn, 탕 화Thăng Hoa, 디엔 반Điện Bàn 부府에는 여러 농촌 안에 흩어진 절반의 도시처럼 시장이 출현하였다.

수공업의 발전과 동시에 마을시장 네트워크가 형성되어 정기적으로 서는 시장이 많이 출현하였다. 정기적 시장 근처에는 수로를 이용하는 교통의 여러 축軸을 따라 작은 길들이 형성되었다. 이 시기의 마을에 있던 시골 시장과 당 응와이Đàng Ngoài와 당 쫑Đàng Trong에 있었던 시사市肆는 모두 소규모 시장 경제 방식이었다. 소규모 시장경제는 계속하여 흩어져 지속적으로 소농경제와 긴밀하게 연결되면서 소농경제를 공고히 유지하였다. 이러한 상황은 대다수 베트남 마을의 경제를 구성하는데 영향을 끼쳤는데, 단순하던 농업을 기초로 공상工商이 보충하는 형태로 복잡해졌다. 당 응와이Đàng Ngoài에서는 이와 더불어 독특하게 직업적으로 학문을 가르치는 선생들의 마을이 생겨났다. 이렇게 농, 공, 상, 사(뀐 도이Quỳnh Đôi, 화 꺼우Hoa Cầu 등과 같은) 마을이 형성되었다. 하지만 '열린' 정도는 역시나 매우 제한적이었으며, 매듭처럼 대여섯 마을을 중심으로 형성된 마을 시장이었다. 여러 시골 마을에는 수공업과 상업 방회坊會(동업자들의 조합)가 있었다. 마을의 농민들은 때때로 수공업과 상인을 돕는 역할을 하였다. 이러한 사회와 경제 구성은 여러 세기 동안 공통된 형태로 농촌 안으로 성시城市를 녹여 넣는 양식으로, 농촌에 있어서 매우 복잡하고 다양한 측면을 조성하였다. 스스로 조정이 가능하고 통제할 수 있는 넉넉한 생활수준은 풍부한 민간 문화를 위한 기초가 되었다.

17세기와 18세기 초에 접어들면서 일반적인 소규모 시장 인근에는 성시城市가 다양하고 넓게 출현하였다. 당 응와이Đàng Ngoài에 있는 탕 롱Thăng

Long, 포 히엔Phố Hiến과 당 쫑Đàng Trong에 있는 타인 하Thanh Hà, 호이 안Hội An, 지아 딘Gia Định, 하 띠엔Hà Tiên은 국내무역과 해외무역을 위한 커다란 무역항이 있었다. 호이 안Hội An은 당시 베트남의 가장 특출한 거대 무역항이며 국내와 국외 사이의 경제-문화의 유통을 여는 날개였다.

당 응와이Đàng Ngoài에는 '첫째는 낀 끼Kinh Kỳ, 둘째는 포 히엔Phố Hiến'이라는 문구가 있었다. 일본, 중국, 태국, 포르투갈, 네덜란드, 영국, 프랑스 등 여러 아시아와 유럽의 무역선들이 몰려들어 물건을 팔고 사는데 여러 해 동안 국가적 상업거점이 되었다. 장사하는 일본과 중국의 상인들은 호이 안Hội An과 포 히엔Phố Hiến 등지에서 몇 세기가 지나도록 오랫동안 거주민 지역을 조성하였다.

많은 중국인들이 이주하여 들어왔으나 여러 지역으로 들어온 것이 아니었으며, 응웬Nguyễn 주主는 민 흐엉Minh Hương이라 불리는 개별적 지역들을 나누어 주었다.

성시城市, 마을시장, 시사市肆는 전문적 시장사람과 절반의 시장사람을 만들어내었다. 이러한 현상은 당시 베트남 사람의 정신과 삶에 이르기까지 영향을 끼치면서 새로운 형태로 사회를 보충하였다. 베트남 성시城市는 봉건시기 말에 접어든 서양의 것과는 같지 않다. 서양의 성시城市는 특색이 있고 개별적인 지역에 만들어졌다. 성시의 사상과 문화는 특이한 것으로 훗날에는 기독교의 학문적 사상과 대립하였다. 베트남 성시 문화는 그렇지 않았다. 왜냐하면 성시의 대부분은 정치적 정권으로부터 무거운 영향을 받았기 때문이다. 하지만 이는 별도로 공맹유학의 교리에 영향을 받은 것이 아니라, 그보다 더 넓고 개인이 보다 더 자유로웠다. 이렇게 시성市城 지역과 시민市民은 다시금 좁아졌는데, 거민居民의 수에 비해서도 작았고 영토의 범위에서도 작은 지역으로 마을에 뒤섞인 한 지역일 뿐이었다. 그러므로 이러한 작용이 농촌과 농민의 사회 속으로 들어와서 삶에 영향을 끼치기에는 한계가 있었다.

위와 같은 경제·정치적 원인은 16, 17세기 베트남 사회의 사상과 문화와 삶의 측면을 규정하는데 공헌하였다.

유교는 여전히 봉건집단이 정권을 건설하고 사회질서를 공고히 하는데 사용하는 주요한 도구였다. 여전히 유교의 교육과 과거는 사서와 오경의 내용을 가져왔다.

과거 시험은 어떠한 경우에도, 비록 향시나 회시라 하더라도 경의經義가 아닌 시험을 보는 사람은 반드시 시詩나 부賦를 해야만 했다. 유교에서 문학은 홀로 서 있는 것이 아니며, 시문은 인간의 도덕과 의지 재능의 체현으로 여겨졌다. 문학은 덕德과 재才로서 사회관리를 위해 필요한 것이었다. 그렇기 때문에 과거시험에서 문학은 반드시 있어야 하는 것이다. 학자들은 오래전부터 과거시험을 보러 갈 때 반드시 시와 부를 공부하였다.

봉건집단들은 모두가 사대부계층의 수량을 증대시키고 과거교육을 조직하는데 힘을 쏟았다. 막Mạc조의 60여 년 통치시기에 21차례의 회시가 조직되었고, 11명의 장원을 포함한 468명의 진사를 배출하였다. 이러한 수치는 레 타인 똥Lê Thánh Tông 시기 과거와 교육의 전성기와 견줄만하다. 판 후이 추Phan Huy Chú는 "막Mạc조는 민 득Minh Đức, 다인 친Đại Chính대의 두 차례 과거 이후에 3년에 한차례씩 시험을 치렀다. 그래서 재능이 뛰어난 사람들이 등용되어 레Lê조에 맞서 나라를 유지하는 일을 도울 수 있었으며, 60년이 넘도록 길게 이어졌다. 이는 역시 그러한 과거시험 덕분이다"[4]라고 쓰고 있다.

레Lê 중흥조는 타인 화Thanh Hóa에 막 설립된 그때부터 바로 즉시 과거제도를 열었다. 탕 롱Thăng Long에 돌아왔을 때 규칙적으로 조직할 수 있었던

---

4   판 후이 추(Phan Huy Chú), 『역조헌장류지(歷朝憲章類誌)』 3집, 16면.

정식 과거시험 이외에도 레Lê왕조는 대과급제한 사람들을 우대하는 제도를 정하고 선거選擧, 동각東閣, 사망士望과 같은 별시別試 과거를 열었다. 1580년에서부터 레Lê조의 마지막 시회가 열린 1787년에 이르기까지 68차례 과시科試가 있었고, 6명의 장원을 포함한 717명의 진사급제자를 배출했다. 이것은 생도生徒와 공생貢生은 포함하지 않은 것으로 향시鄕試에서의 급제자를 든 것이다. 학자들의 수는 이보다 훨씬 더 많았다. 시거試擧를 통한 선발의 방법 때문에 — 귀족이나 관리의 자손에 기대는 것이 아니라 주로 개인의 노력에 기대고 있는 — 사대부계층의 출신 성분은 늘어났다. 심지어는 적지 않은 관리와 적지 않은 대과급제자들이 곤궁하고 낮은 가정 출신이며, 많은 사람들이 장사하는 가정에서 생겨났다.

이처럼 15세기에 유사儒士는 지식인이었으며, 사회의 사상가였다. 하지만 16, 17세기에 유가들이 이전 세기의 그들 계층과 다른 것은 혼란 속에서, 형제상잔의 전쟁 속에서, 산하가 나뉜 가운데 끊임없이 하나의 나라와 반대편에서 대면하는 것이었다. 이러한 국면은 그들로 하여금 어떻게 나라가 하나의 통일체로 되돌아갈 수 있는지, 어떻게 사회를 편안하고 즐겁게 할 수 있겠는가의 문제를 숙고하도록 만들었다. 무엇보다도 그들은 모두 태평한 사회를 꿈꾸었다. "언제 다시 당우의 평치 시대를 바라볼 것인가, 천지가 옛날처럼 태평해지기 위해서", "요순의 시절을 언제 다행히 다시 만날 것인지, 한 조정의 원칙은 백성이 태평함이다".(응웬 빈 키엠Nguyễn Bình Khiêm) "이 시대에 희망하기를 치평治平의 국면을 열고, 운이 따른다면 순임금의 태평 성치의 날과 요의 하늘을 볼 수 있을 것이다"(풍 칵 콴Phùng Khắc Khoan), "사람의 마음은 잔인하여 잘못된 길로 접어드니, 밤낮으로 성인을 바라보며 경계를 늦추지 않는다".(『천남어록天南語錄』) 그들 가운데 대부분은 난리의 기원을 찾는데 심혈을 기울였으며 자신의 나라를 다스리는 여러 길과 주장들을 제기하였고, 당시에 받아들여지길 원했다.

정치 · 사회 사상은 예전에도 있었지만 이 시기부터 점점 더 드러나게
되는, 베트남 사상사의 주요한 내용이다. 눈앞에 펼쳐진 사회는 철저히 숙
고해서 증명할 수 있는 환경이다. 그렇기 때문에 사상을 분류하려는 성질-
적극적이거나 소극적인, 현실적이거나 이상적인, 옛것을 따르거나 새롭게
추구하는 것과 같은-은 쉽게 찾아볼 수 있는 것이었다.

예전 유학자들처럼 그들은 치국의 길을 패도와 왕도로 일반화하였는데,
패도는 전쟁에 쓰는 것이고 폭력을 쓰며 국가를 통치하기 위해서 힘을 쓰
는 것이며, 왕도는 인민을 따르게 하고 평화로운 인민을 위해 인의도덕을
쓰는 것이다. 하지만 그들의 관념은 이전과는 많이 달랐다.

당대 유학자들의 견해를 살펴보면, 막Mạc 씨가 레Lê조의 왕위를 찬탈했
고, 찐Trịnh 씨가 막Mạc 씨 응웬Nguyễn 씨와 싸우기 위해서 레Lê왕조를 도와
의義의 명분을 세웠으며, 응웬Nguyễn 씨가 레-찐Lê-Trịnh에 저항한 것은 모두
가 패자霸者이다. 하지만 유학자들은 이 통치 집단을 위해 복무하지 않으면
다른 통치 집단을 위해 복무해야 했다. 자신이 선택한 조정의 깃발 아래에
서 그들이 여전히 변치 않고 고수한 것은 인의仁義의 깃발이었다. 풍 칵 콴
Phùng Khắc Khoan은 일생을 막Mạc을 멸하기 위해 레-찐Lê-Trịnh을 따랐지만 계
속 왕도를 주장하였다. "임금에게 단오端午 - 인의仁義의 약을 삼가 올릴 수
있었다." 그렇기 때문에 패도는 다만 힘이 있다는 것을 아는 길이며, 전쟁
이 있고, 인의에 이르는 것을 알지 못한다. 또한 왕도는 전쟁 밖의 길로서
인의에 이르는 것을 주장하고 인민을 위해 공덕을 가져오는 일에 이르고
자 하는 것이다.

당대에 가장 실제적이고 인문적인 내용이 있으며, 가장 진심어린 방식
으로 인의를 언급한 인물들은 관직에 있는 유학자들이 아니라 은둔하는
유사儒士들이었다. 많은 사람들은 그들의 주장 때문에 여러 조정을 받아들
일 수 없었기 때문에 은둔생활로 돌아가야만 했다. 은둔생활을 하면서도

그들은 여전히 사회적 문제들과 더불어 고민하였다. 그러므로 여전히 사회의 변동을 지속적으로 관찰하였고 의견을 피력해야 할 필요가 있으면 드러내어 언급했다. 관념의 심원함의 정도, 인민의 소망을 파악하는 한도는 모든 사람의 견식의 수준과 사유의 능력, 삶의 환경에 의지하는 것이다. 응웬 빈 키엠Nguyễn Bỉnh Khiêm은 가장 뛰어난 대표적인 인물이다. 응웬 즈Nguyễn Dữ, 풍 칵 콴Phùng Khắc Khoan, 『천남어록天南語錄』의 작가 등은 다음 단계에 속한다.

하지만 이러한 치국을 주장하는 것은 그렇게 되기를 바라는 마음일 뿐이었으며 예비적인 초안으로 구체적으로 문서로 제시되지 않았고, 현실을 변화시키는 것도 아니었다. 당시의 조정은 수많은 변법에도 여전히 그들의 권력을 공고히 지속하려는 것에만 관심이 있었다. 사회는 여전히 주관적인 행동과 소망하는 것, 계산하는 것과는 상관없이 자신의 길을 따라 나아갔다. 나라는 레-막Lê-Mạc이 끝나고 찐-응웬Trịnh-Nguyễn에 이르러서도 나뉘어 있었다. 인민들은 여전히 비참한 풍경들을 참아내야만 했다. 그러므로 봉건계급의 치국의 길에 대한 이론과 역사에서 이 시기는 어느 때보다도 더 심각한 공황에 빠져 있었다.

15세기에 응웬 짜이Nguyễn Trãi는 다음과 같은 상황이었다. "옛날 배운 글자는 모두 잊더라도 강상 한 글자는 결코 잊지 않는다", "오직 한가지 충忠 한마음과 효孝가 있을 뿐이며, 갈아도 부족하지 않고, 물들여도 검지 않도다". 또한 레 타인 똥Lê Thánh Tông이 "모든 것은 유학자의 관에서 나온 것이다"라는 선포를 보면, 통치 계급의 세계관에는 오직 단지 유교만 있었다. 하지만 16, 17, 18세기로 넘어가면서 상황은 이와 같지 않았다. 유교는 사회의 문제 앞에서 그들의 무기력함을 드러내었다. 그들은 과거의 사상이 담긴 창고에서 찾아야만 했고, 어떻게 적합하게 운용하여 선택할지를 엿보아야 했다. 유도나 불도나 노도에 따르는 문제는 이제 하나의 도를 선택하거나 여러 도를 결합하여 가장 좋은 것을 찾아내야 하는 상황에 놓였다.

지난 세기에 유교는 꾸준히 중용될 수 있었고, 한 번 접힌 사유는 바꾸기가 어렵다는 것을 보여주고 있었다. 이러한 관념을 가진 사람들, 많은 유신儒臣들에게는 여전히 오직 유교가 유익할 뿐이었다. 지압 하이Giáp Hải(1507~1586), 풍 칵 콴Phùng Khắc Khoan(1528~1613), 르엉 흐우 카인Lương Hữu Khánh(16세기), 다오 주이 뜨Đào Duy Từ(1572~1634), 팜 꽁 쯔Phạm Công Trứ(1599~1675), 호 시 즈엉Hồ Sĩ Dương(1621~1681), 당 딘 뜨엉Đặng Đình Tướng(1649~1735) 등이 대표적인 인물들이다. 풍 칵 콴Phùng Khắc Khoan은 시대를 돕는 것은 유학자의 도라는 것을 인정하면서 스스로 노력해야만 했다. "나라를 다스리고 세상을 구제하는 도는 유학자의 일이다. 어떻게 하여야 사람을 도와 영광스러울 것인가." 팜 꽁 쯔Phạm Công Trứ는 오직 유교만이 유일하게 전파되어야 한다고 주장하였다. "오직 경經, 사史, 자子, 집集만이 유익하며, 노, 불은 있으나 역시 시가가 음탕하고 여러 국음國音의 전傳은 인쇄하여 유통할 수 없으니 풍습에 이르러 해를 입히기 때문이다." 이렇게 이들에게는 여전히 유교의 독존적 관념이 있었다.

하지만 당시에 유가 완강함을 견지하였지만 결코 주도적인 사상으로 지속되지는 못했다. 그렇게 해서 등장한 경향이 바로 사상들의 결합이었다. 유와 노장사이의 결합(응웬 빈 키엠Nguyễn Bỉnh Khiêm), 유와 도교(응웬 즈Nguyễn Dữ) 또는 순수 노장(응웬 항Nguyễn Hàng) 등이 있었다. 이 가운데 가장 대표적인 것은 유와 노장사상간의 결합이었다. 이러한 사상은 일정한 양상에 따라서 개별적인 형태를 드러내었다. 사상가들의 일생을 살펴보면 이전 단계에서는 주로 유儒였고, 뒤의 단계에서는 주로 노장이었다. 그들 학설의 효용을 살펴보면 유학은 삶을 돕는 것이고, 노장은 삶을 위해 벗어나는 길을 찾는 것이었다. 그들 사상의 정체성을 살펴보면, 여러 요소들 사이에 대립이나 끊어짐이 없었다. 오히려 서로 교차하는 것이 있었으며, 단지 유교의 사상이 드러나 있거나 노장사상이 드러나 있었을 뿐이었다. 이러한 현상을 대표하는 인물은 응웬 빈 키엠Nguyễn Bỉnh Khiêm이다.

당시에 등장한 주장은 유, 불, 노가 결합하여 하나의 덩어리가 되는 것이었다. 그들은 모든 학설에는 저마다 하나의 기능과 한계가 있다고 보았으며, 하나의 사유의 공구로 삼기 위해서 따로 떼어 나누어 하나만을 선택하지 않았고, 복잡하고 다양한 객관적 환경과 더불어 대처하고자 하였다. 그들은 그것들을 서로 결합하여 하나의 완전한 세계관을 만들어내었고, 사회와 자연에서 인간의 행동과 인식에 답응할 수 있었다. 흐엉 하이Hương Hải 선사는 이러한 주장을 처음으로 드러낸 인물이다. 그는 말한다.

> 여기에 가르침의 이름이 셋이 있다.
> 유는 국가를 돕고 집을 고치고 인민을 다스린다.
> 도는 양기(養氣) 안신(安身)하며
> 약은 사악한 병을 치료하고 부지런히 단을 수련한다.
> 석(釋)은 삼도의 괴로움을 벗어나는데 심혈을 기울이고
> 구현칠조(九玄七祖)를 초월방편으로 벗어난다.[5]

그렇다면 이러한 모든 도는 각각 인간과 사회를 위해 필요한 하나의 측면이 있다. 이러한 주장이 출현함은 베트남의 사상역사에서 새로운 현상은 아니다. 리-쩐Lý-Trần 시기에도 있었다. 하지만 16, 17세기에 전개된 삼교三教의 결합은 이전과는 다른 내용을 지니고 있었으며, 이후 18세기에 이르러서는 분명하게 드러난다.

유교는 정치 · 도덕 학설로서 중국에서 전파한 봉건계급의 철학으로 베

---

5 흐엉 하이(Hương Hải), 『사리융통(事理融通)』.

트남에는 북속시기 초에 들어왔고 민족의 독립을 쟁취한 이후 11세기 리Lý왕조 초기부터 발전하였다. 14세기에 송宋시기에 접어들어 유교는 베트남 사상가들에게 알려지기 시작하였다. 하지만 송유가 구체적으로 드러난 사상의 거목은 16세기를 기다려서야 비로소 등장했는데, 그가 바로 응웬 빈 키엠Nguyễn Bỉnh Khiêm이었다. 응웬 빈 키엠Nguyễn Bỉnh Khiêm은 정 씨氏 형제의 명성을 이어받을 수 있었기 때문에 세상에서는 그를 짱 찐Trạng Trình, 狀程이라 불렀다. 그는 중국 사람들이 보기에 당대 베트남의 이학理學 사상가였다. 여러 문제들, 여러 범주들, 당시 송유의 방식으로 입론立論하는 방식 등이 정식으로 등장하였다. 송유에 기대어 사유하려는 이성의 성질은 이전 시기 보다 더 높아졌다.

14, 15세기에 비록 많은 뛰어난 사상가들이 있었다 할지라도, 그들의 사상은 대부분 정치·사회 사상에 머물러 있었다. 철학적 부분은 여전히 적었다. 16세기부터 그 이후로 사유에서의 철학적 성질은 갈수록 분명하게 체현되었다. 그들은 인욕과 천리, 하늘의 명과 사람의 능력, 음과 양, 비否인지 태泰인지, 치治인지 란亂인지 등과 같은 동양철학의 여러 범주쌍에 관하여 토의하였다. 그들은 '천도'라는 법칙성이 있는 문제에 관해서도 토의하였다. 기본적으로 해결하는 입장은 여전히 유심적이었고 소극적이었다. 그렇지만 그들의 사유는 실제 철학의 영역으로 발걸음을 옮겨 들어서고 있었다.

아울러 이전 세기처럼 이 두 세기의 사상가들은 삶에 대한 관념의 문제를 지속적으로 만들어낼 수 있었다. 하지만 상황은 달랐다. 이전의 여러 세기 동안 삶의 관념은 여전히 유도에 제한되어 있었는데, 이 두 세기에 이르러서 이러한 관념은 다원적이고 다양함이 두드러졌다. 출세出世를 주장하는 사람과 처세處世를 주장하는 사람, 그리고 관직에 나아갔다가 다시 처세하는 사람 등 출세관에 있어서 개별적인 특성들이 있었다. 출세를 주장하

면 명리名利를 향하게 되고, 사상적인 특색은 크지 않으며 인정이 넘칠 수
도 없었다. 처處의 주장은 당대의 주요한 경향이었다. 하지만 처處의 격식
역시 세갈래 길이 있었다. 응웬 빈 키엠Nguyễn Bỉnh Khiêm의 처處는 여전히 우
민애국의 사상을 지니고 있으며, 여전히 윤상倫常 인의와 더불어 사랑이 있
었다. 응웬 즈Nguyễn Dữ의 처處는 조정과 협력하지 않는 태도를 드러내지만
윗사람이 빛나는 정치의 길을 열어서 여전히 출出할 날을 바라보며 기다리
고 있다. 또한 응웬 항Nguyễn Hàng의 처處는 분명한 처處로서 이는 자유 자재
하기 위한 것이며, 스스로 좋아함에 따라서 살기 위한 것이다. "마음대로
거처居處하고, 아무렇게나 산책한다."(「벽거영체부僻居寧體賦」) "이파리 부채
를 들고 겉치레로 차려입고 단정치 못하게 시詩의 가방을 어깨에 맨다."
(「벽거영체부僻居寧體賦」) "문 아래에서 다리를 꼬고 한들거리며 눕는다."(「벽
거영체부僻居寧體賦」) 이렇게 보면 이 시기의 삶의 이상은 공황과 폐쇄의 상태
안에 놓여 있기도 한 것이다.

위의 인생과 사상 경향들은 다음과 같은 당시의 대표적인 인물들을 통
해 살펴볼 수 있을 것이다. 응웬 빈 키엠Nguyễn Bỉnh Khiêm, 응웬 즈Nguyễn Dữ,
풍 칵 콴Phùng Khắc Khoan.

제17장

응웬 빈 키엠Nguyễn Bỉnh Khiêm, 阮秉謙

16세기의 대표적 사상가

응웬 빈 키엠Nguyễn Bỉnh Khiêm은 1491년생으로 자는 형보亨甫, 호는 백운거
사白雲居士이며 다른 이름으로는 응웬 반 닷Nguyễn Văn Đạt이고, 고향은 빈 라
이Vĩnh Lại현 쭝 암Trung Am 마을로 오늘날 하이 퐁Hải Phòng의 빈 바오Vĩnh Bảo
이다. 그는 1535년에 막Mạc조에서 장원에 급제하고 좌시랑 부리部吏 겸 동
각東閣 대학사에 이르렀다. 하지만 단지 8년 동안만 조정에 머물렀고, 사직
한 후 고향으로 돌아가 백운암을 세우고 대학을 열었다. 1585년 94세의 나
이로 세상을 떠났다.

그는 여러 시문을 지었는데, 여러 편에서 천리와 도리에 대한 관념들이
언급되고 있지만 소실된 작품들이 많다. 남아 전하는 작품들은 『백운시집
白雲詩集』에서 찾아볼 수 있다. 그는 16세기 거의 전 시기를 살았다. 그는 봉
건제도가 할거하다가 쇠미하기 시작할 때를 목격할 만큼 시간적으로 충분
히 생존하였을 뿐만 아니라, 관리가 되어 조정에 나아갈 때가 있었기 때문
에 사회에 대해 깊이 이해할 수 있었다. 당대 최고 지성인으로서 응웬 빈
키엠Nguyễn Bỉnh Khiêm은 인민의 운명과 긴밀한 관계를 맺으면서 해결되지
않는 근심걱정이 또아리를 틀었고 그는 이에 대해 심각하게 숙고하지 않
을 수 없었다. 그는 당시에 막Mạc조 왕에게 올리는 수많은 표表, 주奏, 개凱를
통해 사람됨의 도에 대해서, 나라를 다스리는 길에 대해서 자신의 여러 건
의들을 올렸다. 수천 편에 이르는 시들도 창작하였는데 대다수의 작품이

철리에 관한 시이거나 도리에 관한 시들이었다. 응웬 빈 키엠Nguyễn Bỉnh Khiêm은 자신의 인생관념과, 사람과 역사와 우주의 운동의 법칙과 같은 여러 조항들에 대해 자신의 인식을 드러낼 수 있었다. 그에게 있어서는 하나의 발전된 세계관도 형성될 수 있었다. 그의 사상은 당시에도 드러날 만한 그런 위치에 있었을 뿐만 아니라, 뒤에 이어지는 역사의 단계에서도 중요한 영향을 미치고 있다. 민족의 사상역사에 응웬 빈 키엠Nguyễn Bỉnh Khiêm은 16세기 대표적 사상가라고 언급해야만 한다.

1. 응웬 빈 키엠Nguyễn Bỉnh Khiêm의 철학적 세계관

봉건시대 베트남 역사에서 응웬 빈 키엠Nguyễn Bỉnh Khiêm은 인생과 세계에 대한 관념에 이르기까지 토의를 한 사람들 가운데 한 명이다. 이는 그가 타고나서 그러한 것이 아니다. 또한 사람들이 말하는 것처럼 단지 송시대의 '이학理學'과 『대학大學』의 깊은 영향을 받았기 때문이라고 확신하여 단정할 수도 없다. 보다 더 근본적인 하나의 원인은 당대의 혼란한 시국時局과 관련된 원인이 있다.

응웬 빈 키엠Nguyễn Bỉnh Khiêm은 인생과 사회의 여러 문제에서부터 자연의 여러 문제에 이르기까지 살펴보았다. 그 후에 그는 자연에 대한 인식들로부터 인생과 사회의 여러 문제들에 되비추어 반성하였다. 마르크스와 엥겔스는 이렇게 말하고 있다. "자연에 대한 인간의 제한적 관계가 인간의 서로에 대한 제한된 관계를 규정하고, 인간의 서로에 대한 제한적 관계는 다시금 우리 인간의 자연에 대한 제한적 관계를 결정한다."(『독일이데올로기』) 그의 시대에 우리 인간의 상호 제한적 관계는 자연에 대한 그들의 제한적 관계를 결정하고 그 역도 역시 그러했다. 이러한 까닭으로 비록 응웬 빈 키엠Nguyễn Bỉnh Khiêm이 이전의 인물들과 비교하여 더욱 깊게 살펴보았고 합리적이며 적합한 인식을 하였다 할지라도, 이러한 제한들로 인해 그에게는 여전히 유치하고 조잡한 관점들이 존재하게 된다.

응웬 빈 키엠Nguyễn Bỉnh Khiêm은 인간은 자연의 한 부분이고 인간과 하늘의 사이에는 상호간의 통일이 있다고 적절한 인식으로 설명하고 있다. "하늘과 사람은 서로 관계가 있으며 또한 서로 부합함이 있다." 확실하게 그는 동중서의 '천인감응'의 관념을 쭉 살펴보았을 것이다. 하지만 그의 인식은 동중서의 신비적 유심唯心의 인식과는 완전히 멀리 떨어져 있다. 그는 정확한 인식으로 이를 설명한다. 그의 관념에 따르면 우리 인간은 역시 만물처럼 모두가 다 자연의 한 형식으로 생겨난 것이며 하늘은 단지 자연계일 뿐으로 인격을 지닌 상제가 아니다. 그는 이렇게 말한다. "낳은 뜻은 생각이 없으니 만물이 모두 그러하다", "하늘은 원래가 마음이니, 그 뜻이 어디에 있겠는가". 하지만 그는 인간사회와 인간의 특이점을 볼 수가 없었다는 한계가 있으며, 자연의 법도와 더불어 사회의 법도도 같은 것으로 여겼고 그러하였기 때문에 유심적이고 운명론적인 관점에 이르게 되었던 것이다.

응웬 빈 키엠Nguyễn Bỉnh Khiêm이 자연의 발전이라 부르는 것은 천도이다. 그는 『주역』처럼 천도의 발전을 제시하고 있다. 여기에서 우리는 생성과 발전이 가능한 사물과 같은, 혹은 발전의 동력은 사물 그 자체에 있다는 것과 같은 변증법적이고 합리적인 요소들을 볼 수 있다. 이러한 인식은 만물이 태어나는 것은 하늘의 뜻이라는 목적론적인 유심 관점에 반대되는 것이다. 하지만 그의 한계는 발전을 보는 관점이 다만 순환적이라는 점이다. 한 점에서부터 시작하여 발전하고 이 점으로 돌아와 끝맺음을 하는 것이다. 그는 이렇게 말한다. "가고 다시 오는 순환의 법칙, 이는 늘 그러한 이치이다." 그는 전화轉化를 받아들이고 발전을 부르짖는 한 형식으로 "홀로 된 후에는 짝이 이루어지고 가득 찬 후에는 비게 되며, 음기 양기가 때로 소멸하고 늘어나 충분히 자라나는 것은 조화의 곱하고 나누는 법칙을 입증하는 것이다".(「독주역유감讀周易有感」) 전화轉化는 이러한 사물이 다른 사물로 변성變成하는 조건이다. 여러 대립적 측면 사이의 전화轉化는 자연과 사회의 보편적인 법칙이다. 하지만 응웬 빈 키엠Nguyễn Bỉnh Khiêm의 오류는 그가 전화轉化의 조건들을 볼 수 없었다는 것이다. 그는 다만 홀로되면 짝이 되고, 가득차면 기울고, 둥글게 되면 결여되고, 바다가 모래사장으로 변하는 그러한 것들만을 보았을 뿐이다. 그는 그러한 대립적 측면들이 변화하여 바뀌기위한 조건들은 볼 수 없었다. 이외에도 그의 발전 관념은 여전히 간단하고 『역경易經』의 '하나의 이치'안에 가지런히 담겨있으며, 태극도太極圖의 모양처럼 되돌아가는 것이다. 하지만 실제 세계의 발전은 풍부하고 다양하며, 깊이 연구하여 과학적 인식에 도달하고 올바르게 표현하기 위해서는 많은 면에서 살펴보고 연구할 필요가 있다.

천도에 대한 관념은 그가 인도에 대해 해석하는 기초가 된다. 사회의 발전과 인간의 운명은 그가 일반적으로 말하듯이 사람의 도이다. 만약에 그의 천도에 대한 관념과 같다면 여러 합리적이고 변증적인 요소들이 있겠지만, 그의 사람의 도에 대한 관념은 신비와 운명론적 유심주의에 다시금 빠져들고 있다. 그는 사람의 도가 발전한다는 것을 인정하지만 그러한 발전은 순환의 고리를 따르는 것이다. 내려가는 추세에 따르다가 올라가는 추세로 발전하고 그 후에 다시 내려오며, 수축이 다하면 풀어지고, 얼음이 다하면 잃게되는 그러한 형식으로 발전한다고 간주한다. 이러한 관념은 사회와 인간의 발전을 보는 올바른 것은 아니다. 아울러 그는 사회와 그 자신의 발전에 있어서 인간 활동의 역할을 받아들이지 않았다. 그는 모든 것들이 운수와 운명, 하늘의 지배 때문이라고 생각하였다. "얻는 것 상하는 것, 궁하고 통하는 것 모두 하늘이 정하기 때문이 아닌 것이 없다." 이것은 신비적이고 유심적인 관념으로, 이러한 관념은 당대 사회에서 스스로 발전하려는 세력 앞에서 아무런 해결책도 내놓을 수 없도록 만드는 바탕이 되었다.

그는 유도를 이상화하기 위한 바탕으로 인도를 세웠다. 그의 논점들은 모두가 유도에서 뽑아져 나온 것으로, 유도의 원리를 발전시키고 유도를 지키기 위한 것이다. 그는 이렇게 말한다. "인간의 성性은 하늘에서 품부한 것이기 때문이다", "인간의 성은 본래 선하다", "인간의 성이 선하지 않다고 함은 물욕物慾때문에 숨겨지기 때문이다", "선함으로 돌아가고자 한다면 멀리에서 찾을 것이 아니니 다만 마음에 있을 뿐이다", "천리가 없다면 인간의 마음은 야만적인 것을 피하기가 어렵다." 이러한 여러 도리들은 맹자와 주희의 도리들과 유사하다. 그에 따르면 이러한 도리에 대한 언급은 당시 통치자들의 무도하고 탐욕스러움을 비판하는 의견을 세우기 위한 것이었다. 아울러 인식의 본질은 유심唯心으로 이것은 잘못된 것이다. 바로 이것이 그의 사상 분야를 제한하는 것이다.

응웬 빈 키엠Nguyễn Bỉnh Khiêm의 세계관에서 적극적인 의의가 있는 부분은 인간의 도에 대한 일반적 이론이 아니라 인간의 도의 내용을 이루는 여러 건의들이다. 그에 따르면 인간의 도의 내용은 '중정中正'이다. '중정中正'은 '선善'하다는 의미이며 '인仁'한 것이며 사람을 도와 구제하는 것이다. 봉건집단은 그들의 통치를 돕기 위하여 유도의 윤상을 필요로 하였는데, 응웬 빈 키엠Nguyễn Bỉnh Khiêm이 제시한 인간의 도는 본래의 위치에서 비스듬하게 벗어난 것으로 통치자들의 요구와 부합하지 않았으며, 오히려 이것은 그들의 요구에 반대되는 것이라고 말할 수도 있을 만한 것이었다.

일반적으로 보자면 응웬 빈 키엠Nguyễn Bỉnh Khiêm의 철학적 세계관은 유심적 세계관이다. 이러한 세계관은 그로 하여금 때때로 소극적인 인생의 태도를 지니게 하였고, 안분安分적 사상을 전파시켰으며, 투쟁이 없는 '부드러운' 주장들을 드러나도록 만들었다. 또한 이러한 세계관은 그의 이론 곳곳에서 모순을 만들어냈으며, 그가 저술한 예언서들의 기초가 되었다.

이러한 상황들은 그가 쇠퇴하여 가는 봉건계급의 본질을 볼 수 없었던 이유이며, 당대 사회의 모순들을 해결할 수 없었던 이유가 된다. 더불어 여전히 운명론적인 이론과 중국 고대 철학에서 찾아볼 수 있는 신비주의적 유심 학설들의 깊은 영향으로 인해 그는 당대 사회의 모순을 해결할 수 없었다.

응웬 빈 키엠Nguyễn Bỉnh Khiêm이 세상을 떠난 후 그의 제자들은 이렇게 평하고 있다.

"6부 시서의 뜻을 꿰뚫었고 노를 저어 배는 주선생朱先生, 朱熹의 항구에 다다랐다.

마음속 『태을경太乙經』은 불을 피워 양자揚子 : 揚雄의 간담을 비춘다.

하늘을 가로지르고 땅과 나란히 하여 종횡무진하니, 역시 마음은 주재周宰 : 周公의 심사心事이다. 먼저 생각하고 나중에 알며, 배움은 요부堯夫 : 邵雍의 문하를 따른다."

이러한 말들은 그의 후학들이 선생의 학문의 근원에 대해 매우 자부심을 가지고 있었다고 생각하게 하지만 실제 역사적으로 응웬 빈 키엠Nguyễn Bỉnh Khiêm의 스승들의 이론을 생각해보면, 그의 이론은 당대 사회를 고찰하는데 커다란 이익이 되지 않았던 것이다.

2. 응웬 빈 키엠Nguyễn Bỉnh Khiêm의 정치사회사상

격량의 사회에서 살아가면서 지속적으로 인민과 친밀했던 그는 인민의 괴로움과 고난의 심경을 보고 느꼈으며 자신의 고난의 심경으로 삼았다.

그가 전 생애를 통해 꼭 끌어안았던 소망은 자신의 사랑하는 나라에서 태평성대의 사회가 실현되는 것이었다. 이러한 사회는 시문에 형영形影되어 있는 그의 표현에 따르자면, 경쾌한 색채와 밑그림을 드러내고 있다. 전쟁이 없고 백성은 평안한 삶을 살고 배가 부른 평화로운 사회다. 이러한 사회는 위로는 왕은 빛나고 신하는 현명한 토대 위에 구축된 것으로, 왕은 탐욕스럽고 무력하며 쥐처럼 백성을 갉아먹는 것이 결코 아니다. 또한 아름다운 도덕의 면모를 지니고 모든 사람이 진실과 온화함으로 서로 대처하는 사람들의 사회이다. 그는 일상적으로 이러한 사회를 비교하여 당우唐虞라 칭하고 있다. "언제 다시 당우의 평치 시대를 바라볼 것인가, 천지가 옛날처럼 태평해지기 위해서", "요순의 시절을 언제 다행히 다시 만날 것인지, 한 조정의 원칙은 백성이 태평함이다". 응웬 빈 키엠Nguyễn Bỉnh Khiêm의 당우唐虞 사회는 실제로는 가깝게 레Lê 시기 성치 사회의 이미지이기도 하다. 하지만 당대 봉건계급은 아무리 해도 레 타인 똥Lê Thánh Tông 시기 아래와 같은 성치盛治사회를 다시금 조직할 수는 없었다. 응웬 빈 키엠Nguyễn Bỉnh Khiêm은 삶의 마지막까지 계속 원망顧望하였으나 실현될 수 없었다.

응웬 빈 키엠Nguyễn Bỉnh Khiêm은 일찍 은거하였다. 은둔한다는 것은 인생을 피하는 것이고, 정치와 시세時勢에 대한 모든 사유들을 벗어나는 것이다. 하지만 아름다운 사회를 품에 품고 있었기 때문에 그는 여전히 인생을 완전히 무시할 수 없었으며, 인생의 일을 버리는 태도를 가질 수가 없었다. 이러한 상황은 그의 유유자적하는 은둔의 성질을 규정하였다. 은둔하지만 여전히 삶을 알았고, 유유자적하지만 여전히 나라의 일과 인민의 일에 이르기까지 걱정하였다.

이러한 사회를 위하여 응웬 빈 키엠Nguyễn Bỉnh Khiêm은 '패도'의 길이 아니라 '왕도'의 길을 실현하기를 주장하였다. 그의 시기의 한계였지만 그는 고전정치의 두 길인 왕도와 패도 이외에 다른 생각들을 해낼 수 없었다.

응웬 빈 키엠Nguyễn Bỉnh Khiêm은 서로 긍정하거나 부정하는 태도의 두 정치 노선을 계속해서 비교하였으며, 왕도의 노선을 긍정하였고 패도의 노선을 부정하였다. 그는 당대 전쟁과 패자를 자칭하는 쟁웅爭雄에 대해서는 패도의 주요한 예로 판단한다. 이것은 뼈가 쌓여 산을 이루고 피가 흘러서 강을 이루는 풍경들을 자아내는 근원이며, 높은 부역과 무거운 세금의 원인이며, "집을 들어내고 잘라 땔감을 삼고" "농사짓는 물소를 데려다가 죽여서 고기로 만들어 버리는" 풍경의 원인이다. 이러한 인식은 패도를 비난하는 것이며, 전쟁을 고발하는 것이다. 우리들이 보기에 이러한 고발은 근거가 있다. 왜냐하면 당시 전쟁의 국면은, 단지 서로간의 패권 다툼이 목적이었기 때문이다. 양편 모두가 무의미하게 참전함이 부당하였고 어느 편도 나라를 위하거나 인민을 위하지 않았으며 오히려 생산력을 파괴하고 인민의 평온한 삶의 터전을 파괴하였다. 산하山河를 통일하지는 못하고 점점 더 심각하게 나라를 나누어 잘라 내고 있었다. 분명히 사회가 진보하기를 원한다면, 반드시 평화통일의 상태가 되어야 하며, 인민의 삶이 안정되고 향상되어야 한다. 그렇기 때문에 응웬 빈 키엠Nguyễn Bỉnh Khiêm의 패도의 노선에 대한 반대는 일종의 진보적 사상으로 역사의 발전 요구에 부합하는 것이다.

하지만 그가 주장하는 왕도의 노선이란 어떠한 노선인가? 베트남의 사상 역사에 있어서도 동양의 다른 나라들처럼 주문왕, 주공, 공자와 맹자의 왕도의 노선이 있으며, 또한 인민들과 긴밀하게 연관된 유학자들의 왕도의 노선들이 있다. 주문왕, 주공, 공자와 맹자의 노선은 전쟁과 형벌과 힘으로 사람을 다스리는 것이 아니라 덕으로 사람을 다스리며, 사람들을 결속시키고 집중시키기 위해 삼강과 오상을 쓰는 노선이다. 교화의 변법을 목표로 하는 노선은 주로 봉건통치 가문이나 왕의 통치 지위를 강화하고 공고하게 하는 것이 주요한 목적이었다. 인민과 긴밀하게 연관된 유학자들의 왕도의 노선은 비록 성현의 말씀에 근원을 둔 것이라 할지라도 그것은 다른 내용을 지니고 있었다. 공통적으로 덕을 들어 사람을 다스린다고 주장하더라도 덕의 내용이 달랐다. 이때의 덕은 인간을 감화시키기 위해 '인의'를 드는 것으로, 사람들을 속박하기 위해 '삼강'의 체계를 드는 것이 아니었다. 응웬 빈 키엠Nguyễn Bính Khiêm의 왕도의 노선은 단지 차선의 방침으로, 인민과 더불어 친밀한 삶을 살아가는 유학자들의 노선이라 할 수 있을 것이다.

인민들과 긴밀하게 연관된 다른 유학자들처럼 응웬 빈 키엠Nguyễn Bính Khiêm의 왕도의 노선은 인의의 내용을 지니고 있다. "옛날부터 지금까지 인자는 무적임을 아는데, 무엇이 필요하여 전쟁하는 일을 쫓겠다고 고집하는가." 그는 인의가 한나라를 도와 왕업을 이루었고, 기이한 책략은 오히려 진나라를 잃게 만들었다고 본다. 하지만 구체적인 내용을 말하지 않고 이렇게만 인의를 모호하게 언급한다면 하나의 내용없는 공론을 주장하는 도덕가로 떨어져 버릴 것이다. 응웬 빈 키엠Nguyễn Bính Khiêm은 그와 같지 않았다. 그의 인의의 노선은 인민의 삶을 걱정하였고, 특별히 가난한 인민들과 함께하는 정책의 실현으로 드러났다. 구체적으로 살펴보면 나라는 반드시 평화로워야 하며, 조정은 반드시 가난하고 고단한 인민들을 구원해야 하며, 임금은 반드시 가난한 인민의 삶에 이르기까지 주의 깊게 관찰하여야 한다. "만약에 임금이라면 횃불을 들어 밝힘이 가난한 마을 허름한 집에서 살아가는 인민에까지 이르러야 한다."(『백운암시집白雲庵詩集』「감흥感興」) 이것은 분명하게 나라를 사랑하고 인민을 사랑하는 정치 노선으로, 겉으로는 왕도라는 이름을 지니고 있지만 실질적으로는 그 안에 인민을 지닌 것이다. 이러한 노선은 15세기의 응웬 짜이Nguyễn Trãi의 인의를 이어서 지속하는 것이다.

위의 노선을 건설하기 위해 응웬 빈 키엠Nguyễn Bính Khiêm은 윗사람이 아랫사람을 이해하는 태도로부터 출발할 수 없었다. 왜냐하면 그럴 경우 단지 불쌍하게 여기는 마음이라는 감정위에 세워지기 때문이다. 또한 그가 읽었던 『서경』의 「홍범」편의 "하늘이 돕는다는 것은 백성들의 삶을 돕고 화합하게 하신다"는 원리에서 출발한 것도 아니다. 「홍범」편의 인식은 일반적인 것으로 절박함이 부족하기 때문이다. 그는 사회에서 인민의 역할에 대한 기본적 요구들을 깊게 인식하는 것으로부터 출발한다. "하늘이 무릇 백성을 내었으니, 따뜻하고 배부름은 누구든지 모두가 다 바라는 마음이다."(「증서憎鼠」) "옛날부터 오늘에 이르기까지 나라는 반드시 인민을 들어 기원으로 삼아야 한다. 그러므로 나라를 유지하기를 원한다면 본질은 반드시 인민의 마음을 얻어야 함을 알아야만 한다."(「감흥感興」) "옛 사람들의 구절에는 잘못된 곳이 없다. 양陽의 때를 들면 음陰의 때를 알고, 백성이 평안하면 치도治道가 평안하니, 천금千金을 잃더라도 인심人心을 잃어서는 안 된다." 그렇기 때문에 왕도의 노선은 이러한 인의를 내용으로 하며, 민주와 민생의 요구들의 굳건한 기초 위에 건설할 수 있었던 것이다. 이는 베트남 봉건제도 역사 전 과정에 대해서도 마찬가지지만 당대에 있어서도 진보적 정치 노선이다.

출신 환경과 교육을 받은 내용이 응웬 빈 키엠Nguyễn Bỉnh Khiêm에게 영향을 끼친 것은 봉건계급에 속한 인간과 이러한 계급의 이익에 대한 보호였다. 하지만 인민과 더불어 살아가기 때문에, 인민의 원망願望과 심사心事를 이해하였기 때문에, 응웬 짜이Nguyễn Trãi의 뛰어난 사상을 이어받았기 때문에, 그리고 역사의 경험을 모아서 총괄하는 것을 알았기 때문에, 그렇기 때문에 그는 인의 정치 노선을 건설하였다. 그 안에는 왕의 권리가 인민의 권리와 긴밀하게 연관되어 있었으며, 일을 하는 데 있어서는 인민의 삶을 기초로 삼아야 한다는 것이 들어 있었다. 당시 통치 봉건집단은 자주 그에게 여러 대책과 시국에 대한 견해를 물었다. 그는 결코 자신의 견해를 은닉하지 않았다. 하지만 어떠한 인물도 감히 그의 정치노선을 실현할 수 없었는데, 왜냐하면 인민의 권리와 대립하는 그들의 통치적 본질 때문이었다.

그에게서는 사회의 안위와 관련된 우리 인민의 커다란 역할을 긍정하고 있음을 엿볼 수 있지만, 더불어 인민 군중이 역사를 창조해내는 역할을 담당했다는 인식은 여전히 찾아볼 수 없었다. 그는 여전히 자신의 노선을 실현하기 위한 뛰어난 장수와 현명한 왕을 기다리고 있으며, 사대부 계급이 정의正義를 쫓고 마음의 욕망을 버릴 수 있다는 믿음을 버리지 않고 있다. 하지만 관리에서부터 왕에 이르기까지, 조정의 관직을 받은 사람들로부터 그렇지 않은 사람들에 이르기까지 모두 명리名利를 쫓아 내달리고, 모두 바람이 불고 구름이 흐르듯이 인의를 스쳐 지나는 것으로 보았다. 그는 스스로 고독함을 느꼈고 그래서 뒤로 갈수록 그는 점점 더 크게 지친 기색을 드러내고 있다. 이 때문에 그의 정치사상과 사회이상은 높고 고결할지라도 여전히 비관적이고 구슬픈 모습으로 걱정을 드러내고 있다.

3. 응웬 빈 키엠Nguyễn Bỉnh Khiêm의 사람됨의 도에 대한 관념

응웬 빈 키엠Nguyễn Bỉnh Khiêm이 사람됨의 도의 좋고 나쁨을 살펴본 것은, 역사적 폐쇄성과 사회적 모순들을 해결하는 데에 이르기까지 영향을 끼쳤으며 걱정과 고난의 사회에서 인간의 가치를 규정할 수 있도록 하였다. 그는 스스로 여기기를 사람됨의 도를 실현하는 선두에 선 사람으로, 스스로 거울이 되어 다른 사람을 감화시키기 위해 자신이 주장한 인도를 실현해야 한다고 생각했다. 그는 체험을 통해 자신의 삶의 방식과 관념에 대해 자부심을 지니고 있었으며, 모든 사람들이 알 필요가 있다고 보았다. 그렇기 때문에 그의 작품에서 사람됨의 도에 이르는 여러 언급을 하였다.

유도의 정신에 따라 교육을 받은 당시의 사대부들처럼 응웬 빈 키엠 Nguyễn Bỉnh Khiêm 또한 유가의 도덕 원칙들을 따르는 삶을 살아야 하며 '강상' 을 실현하여야만 한다고 주장하였다. 그는 '삼강'을 실천해야 할 여러 이유 들을 열정적으로 칭송한 적이 있었다. "의란 것은 왕을 숭상하기를 일월이 밝은 것처럼 하는 것이다", "군신과 부자는 천고千古에 굳건한 강상의 의 다". 그리고 그는 그렇게 될 수 있다고 설명한다. "위를 올려다 하늘을 보 고, 앞으로 구부려 사람을 보니, 부끄러울 만한 것이 아무것도 없다."

하지만 이러한 사람됨의 도에 대한 관념은 빠르게 지나갔다. 비록 이러 한 관념들이 그의 사상에서 깊게 이해되었다고 할지라도, 현실의 변화는 그를 얽어매어 관념의 틀과 인식의 틀을 바꾸도록 만들었다. 날이 갈수록 그는 현실의 왕을 바라보게 되었는데 그것은 결코 '성군聖君'이 아니었다. 현실에서의 신하들 또한 도덕을 좋아하고 군신의 의를 지닌 '현자賢者'들이 아니라 명리名利를 추구하고 좋아하며 이익과 명성을 바라보면서 떼를 지 어 꼬이는 것이 마치 파리와 개미가 떼를 지어 꿀과 지방에 꼬이는 것과 같 았다. "도마에는 비린내가 있어 파리가 와서 앉고, 동으로 된 그릇에는 달 콤함과 기름기가 없어 개미가 버리고 간다."

이들은 이익과 이름을 얻을 일이 아니라면 고개를 돌려서 침묵한다. 사 회에는 이러한 정신의 측면들이 있었는데, 만약 그가 '삼강'의 조건들을 실 현하기를 사람들에게 지속적으로 권유한다면 그것은 실로 시기를 잃게 되 는 것이고 고집을 부리는 것에 지나지 않는 것이었다. 응웬 빈 키엠Nguyễn Bỉnh Khiêm은 이러한 조건들을 분명하게 알고 있었다. 그의 사명에 걸맞게 주어진 책임은, 사람들을 위해서 그리고 자신 스스로를 위해서도 위와는 다른 사람됨의 도리를 만들어내야만 하는 것이었다.

이러한 도리는 그의 작품 곳곳에서 찾아볼 수 있는데, 『중진관비기中津館

碑記』에 집중적으로 모아져 있다. "어떤 사람이 있어 나에게 묻기를 이 관館을 중진中津이라 이름 지음은 무슨 뜻이 있는 것인가? 나는 대답하여 말하기를 중中은 치우치지 않음을 지키며 서 있는 것이며, 선善을 온전히 간직하면 때마다 모두 중中이 아님이 없다는 뜻이다. 진津은 나루터라는 의미이다. 정박할 만한 곳을 알게 되면 그것이 바로 나루터지만, 정박할만한 곳을 알지 못한다면 잃어버린 나루터이다. 이것이 내가 관의 이름을 '중진'이라 지은 바로 그 의미이다. 왕과 더불어 충忠하고, 부모와 더불어 효孝하며, 형제들 사이에 순順하며, 부부 사이에 화和하며, 친구들 사이에 신信하는 것, 이것이 바로 중中이다. 비의非義를 본다면 탐하는 마음을 가지지 않고, 선善을 즐거워하며 다시금 다른 사람에 대한 포용력이 있고 도량이 있으며, 모든 사람과 더불어 대대對待하는데 지성으로 마음을 다하는 것, 이것 또한 중이다." 사람됨의 도에 대한 이러한 그의 기본적 논점들은 이곳에서 체현되었다고 말할 수 있을 것이다.

위에서 우리는 충, 효, 신 등 유교의 개념들에 대해 말하고 있는 것을 볼 수 있는데, 정통적 유가로부터 비롯되는 '오상', '삼강'의 여러 관념들과 많은 부분에서 다른 부분을 볼 수 있다. 하지만 우리가 조금 더 관심을 기울여야 할 것들은 그가 사회에서 인간의 관계들 체계에서 인민의 도덕적 관념들을 드러낸다는 것이다. "형제가 순順하고", "부부가 화和하고", "비의非義를 보면 탐하는 마음을 가지지 않고, 선을 즐거워하며 다른 사람을 포용하는 도량이 있고" 등이다.

이러한 조건들은 단지 계급존비의 관계로서 인간의 관계들을 중시하는 도덕 — 동생은 형에게 반드시 공경해야 하고, 부인은 남편에 대해서 반드시 종도從道하는 것 등과 같은 — 이나 봉건도덕과는 실제로 멀리 떨어져 있다. 그는 인민과 어울려서 가깝게 살았기 때문에 그들과 더불어 정감과 심사心思를 함께하였다. 그는 인민들이 사람됨의 도에 부응하기를 희망하며 말할 수 있었는데, 사람들의 인격을 수양하는데 도움이 되고, 인민들의 대처하는 태도가 공동체의 원칙들을 이룰 수 있도록 구체화할 수 있었다.

하지만 사회의 발전에 대한 정확하지 않은 관념 때문에 — 순환의 길을 따라 발전하고, 투쟁이 없이 발전하고, 사람을 배제한 채 발전하고 — 응웬 빈 키엠Nguyễn Bỉnh Khiêm은 자신의 사회의 활동에서 인간의 주관적 능동성을 부인하는 길로 나아갔다. 이렇게 때문에 그는 위의 원리들을 지속적으로 견지할 수 없었을 뿐만 아니라, 잘못된 삶의 원리들과 해가 되는 충고들을 제기하게 되었다.

그의 '이화위귀以和爲貴'원칙은 투쟁을 버리고 진리를 버리는 길로 사람들을 이끌었다. 정의에 기초하는 '화和'는 귀한 것이며, 성공을 이루기 위한 방법이며 발전의 동력이다. 하지만 '화和'를 무조건적인 목적으로 본다면 왼쪽과 오른쪽, 그른것과 옳은 것, 진리와 오류를 균등하게 여기는 것이 된다. 이렇게 관찰하는 방법은 다만 진리를 버리고 투쟁을 억누르는 작용이 있으며, 사물의 발전을 이끌어내는 것을 정체시켰다. 이러한 충고는 그의 사람됨의 도에서 소극적인 측면을 드러내는 것이다.

그의 현명함을 벗어난 '미숙한' 관념은 사람들에게 정치의 길을 버리고 멀어지도록 권한다. 개인의 명리名利를 달성하기 위해 부정직한 수단들을 비난하는 것은 옳은 것이지만, 사회의 발전과 나라와 인민을 위해서 고민하는 지모智謀들을 동일시해 버리는 것은 옳은 것이 아니다. 더구나 이러한 지모智謀를 '적敵'이라고 보는 것은 더욱 잘못된 것이다. 이러한 '미숙함'을 이상적이고 아름다운 시처럼 미화시키면서 '능숙함'을 꺼리는 것은 우리들에게 정치적 투쟁의 노선을 버리고 횡행하는 악한 무리들을 그대로 두라고 충고하는 것이다. 실로 이는 이익이 없는 충고의 말이다.

정치적 측면에서 '안분安分'의 주장은 그의 사람됨의 도리에서 소극적인 표현이다. 운명에 따라서 살아간다는 주장은 다시금 더 심각한 것이다. 실제적으로 이것은 투항하자는 주의이다. 그의 동기는 아마도 그렇지 않겠지만 객관적인 결과는 그렇다.

응웬 빈 키엠Nguyễn Bình Khiêm의 관념에서 사람됨의 도는 모순이다. 이러한 측면도 있고 또한 저러한 측면도 있다. 일관되게 하나를 긍정하거나 부정하는 것은 옳지 않은 태도이지만, 우리가 보건대 이러한 도리는 비관적이고 소극적 태도로 기운다. 왜냐하면 그의 적극적인 부분은 꿈꾸었던 곳에만 머물고 단지 한차례만 출현하지만 소극적인 부분은 여러 차례 반복적으로 후대에 깊은 영향을 끼치기 때문이다.

권귀權貴의 무리들이 서로 명리名利에 대해서 다투고 있을 때 응웬 빈 키엠Nguyễn Bình Khiêm은 무관심하게 그들을 경시하였다. 마땅히 사회에서 위신이 높고 재능이 뛰어났으며 박학했던 그는 고관대작으로 권력을 거머쥘 수 있었으며 즐겁고 부유한 삶을 누릴 수도 있었다. 하지만 그는 모든 것들을 거부하고 봉록과 관직을 모두 버렸으며, 촌야로 돌아가서 질박한 농민들과 어울려 살았다. 그의 삶은 실로 청백淸白하며, 실로 고귀한 것이다. 그의 은둔의 태도를 비판하는 사람도 있지만 곰곰이 따져보면 혼란스러운 당대를 살아가는 사람으로서 고귀한 인간성을 유지하기 위해서는 다른 길을 가기가 어려웠던 것도 사실이다.

인민이 배부르고 따뜻하며 평화로운 사회에 대한 그의 원망願望은 아름다운 것이다. 바로 이러한 그의 간절한 소망은 당시 은둔하던 일반적 사람과 분별되는 것이다. 아울러 그는 나라와 인민에 대해 고민하고 사랑한다. 그래서 그는 여러 시대에 걸쳐서 여전히 인민들의 존경을 받고 있다.

제18장

응웬 즈Nguyễn Dữ, 阮璵,
풍 칵 콴Phùng Khắc Khoan, 馮克寬

두 사상의 경향

응웬 빈 키엠Nguyễn Bính Khiêm은 많은 제자들이 있었지만 이 가운데 유명한 인물들이 있다. 부 컴 런Vũ Khâm Lân은 18세기 초기의 유학자로『백운암거사원문달보기白雲庵居士阮文達譜記』편에서 부분적으로 이에 대해 언급하고 있다. "응웬 빈 키엠Nguyễn Bính Khiêm은 여러 제자들이 있는데, 다만 풍 칵 콴Phùng Khắc Khoan, 르엉 흐우 카인Lương Hữu Khánh, 응웬 즈Nguyễn Dữ 그리고 부이 티 끄Bùi Thì Cử 만이 뛰어나다. 칵 콴Khắc Khoan과 흐우 카인Hữu Khánh은 수학數學에 정통하였고, 베트남 중흥中興 조정의 명신名臣 이다." 르엉 흐우 카인Lương Hữu Khánh과 부이 티 끄Bùi Thì Cử는 필적이 얼마 남아있지 않다. 오직 응웬 즈Nguyễn Dữ와 풍 칵 콴Phùng Khắc Khoan의 작품을 찾아볼 수 있으며, 그들의 사업과 인생에 대해 다른 사람들의 기록들도 남아 있고 여전히 남아 전래되고 있다.

응웬Nguyễn과 풍Phùng은 당시에 견식을 움켜쥐었다고 평가하는 제자들이 많았으며, 관직에 나아가 심혈을 기울인 인물들도 많았다. 일부는 실제로 사회에서 활동하면서 인생과 사회를 깊게 이해할 수 있었으며, 시세時勢

에 대한 주장을 펼칠 수도 있었다. 하지만 한 사람은 막Mạc왕조의 명사名士 (응웬 즈Nguyễn Dữ)로 관직에 나아갔으나 일찍이 은둔하여 돌아갔으며, 한 사람은 레Lê 중흥조의 명사(풍 칵 콴Phùng Khắc Khoan)로 이 조정에서 끝까지 한마음으로 복무하였다. 이렇게 그들은 한 나라에서 각각 다른 지역의 사상 경향을 대표하는 사람으로 그들 각자의 개별적 인생관과 사회관을 지니고 있었다. 이 두 인물을 통해서 우리는 16세기 말에서 17세기 초에 베트남 사회의 사상 측면을 어느 정도 엿볼 수 있을 것이다.

응웬 즈Nguyễn Dữ는 16세기에 접어들어 태어났으며 하이 흥Hải Hưng 성의 트엉 떤Thường Tân현 도 뚱Đỗ Tùng 마을(오늘날은 닌 지앙Ninh Giang현 도 럼Đỗ Lâm 마을) 사람이다. 그는 응웬 빈 키엠Nguyễn Bỉnh Khiêm의 뛰어난 제자들 가운데 하나이다. 그는 막Mạc조 아래에서 현에서 치러지는 회시會試에 나간 적이 있었다. 하지만 오래지 않아서 그는 관직을 구실로 삼아 시골 들판에서 삶을 살아갔다. 뒤에 그는 레-찐Lê-Trịnh의 통제하에 있던 타인 화Thanh Hòa 지역으로 갔지만 관직에 나아가지 않았고 단지 산수山水를 방랑하는 것을 흥취로 삼았다.

응웬 즈Nguyễn Dữ의 남겨진 작품은 『전기만록傳奇漫錄』으로 그의 사상을 연구하기 위한 유일한 자료라 할 수 있다. 작품의 명칭에서 알 수 있듯이 이 작품은 당대에 유전流傳하는 기이한 이야기들을 한데 모아 놓은 것이다. 당대에는 그렇게 수많은 이야기들이 있었고, 작가는 자신의 사상 취향과 정치적 입장과 연관되는 이야기들을 고르고 가져다 기록하였다.

작가는 은둔하는 곳에서 머무는 시간동안 『전기만록』을 집필할 수 있었다. 하지만 그가 집필하게 된 이유는 윗사람이 강제로 시켰기 때문이 아니며 궁핍하기 때문도 아니었다. 그렇기 때문에 부이 끼Bùi Kỷ가 말한 것과 같지는 않다. "유학은 불러서 나아가면 달성하고 처處하면 궁窮하다. 세리勢利가 횡행하는 시절에는 시비是非가 전도顚倒되는데, 바로 '궁窮'자 덕분에 사대부의 기개氣槪는 다소 보존될 수 있었으며, 인심과 세태에 있어서도 역시 이롭지 않은 것이 아니었다."[1] 『맹자』 「진심장」에 "궁색하여 일이 안 풀리면 홀로 자기 몸을 닦는데 잘하고, 나아갈 때는 세상과 더불어 잘한다"라는 구절이 있다.

위의 맹자의 구절은 그의 환경과 부합하는 것이 아니었다. 그는 은둔하였지만 오직 자신의 몸만을 아는 것이 아니었다. 그가 전傳을 쓴 이유는 당대의 퇴화하는 현상을 비판한 것이었으며, 한편으로는 자신의 사회적 이상을 제기하기 위한 것이다.

각 전傳 안에서 중심이 되는 인물들은 여러 학자들과 관리들이었다. 그들이 살아간 배경은 쩐Trần왕조, 호Hồ왕조, 레Lê왕조 초기였으며 레-막 Lê-Mạc시대가 아니었다. 그렇기 때문에 작가는 자신의 심사를 솔직히 토로하기가 쉬웠다. 「항왕사기項王祀記」 말미에 있는 작가의 평가하는 말은 이러한 사정을 떠올리게 한다. "초楚나라와 한漢나라를 비교한다면 한漢이 더 나은 것이지만, 왕도王道로서 말하자면 한나라는 여전히 아주 멀다." "초나라는 인의를 어그러지도록 두었으나, 한漢은 인의와 비슷한 것을 행했다." 이것은 당대 막Mạc왕조와 레Lê 중흥왕조에 대한 평가였다. 그에 따르면 둘은 모두가 다 인의에 어긋나는 노선이었다.

응웬 즈Nguyễn Dữ에게 은둔하는 것은 정치사상을 지속적으로 익히는 것이었다. 이는 공맹의 정치 노선을 발휘하고 따르는 사상이며, 인심을 중시하고 인심을 얻는 것이었다. 그에 따르면 사람의 마음을 얻기 위해서는 왕도의 노선을 실현할 필요가 있었으며, 그뿐만 아니라 철저한 방식으로 왕도를 실현해야만 했다. 그는 말한다. "천하의 치자治者들은 순수한 왕도에 이르기까지 추구해야 한다."(「항왕사기項王祀記」)

---

1   부이 끼(Bùi Kỷ), 『전기만록 소개』, 문학출판사, 1971, 8면.

위의 노선은 도덕적 성질과 정치적 성질이 있는 문제들 위에 실현할 수 있었다. 여기에서 도덕은 정치를 실현하기 위한 기초였다. 나라를 다스리기 위해서는 무엇보다도 강상에 의지하여야만 한다. "내가 듣건대 사람들은 일을 하고 살아가기 위해 천지를 떠날 수 없고, 정치를 하는 사람은 나라를 세우는데 강상을 떠나지 않는다."(「항왕사기項王祀記」) 하지만 이러한 강상의 관념은 당시 송유의 깊은 영향을 받은 관념과는 다른 것이다. 송유는 단지 윗사람에 대한 아래에 있는 사람들의 의무를 강조하였는데, 그의 강상 관념은 왕과 신하의 관계에서 신하에 대한 왕의 태도를 주장하는 것이었다. 그의 주장은 아랫사람에 대한 윗사람의 의무를 강조하는 관념으로 공맹의 관념을 회복하는 것이다. "왕은 예로서 신하를 시키고, 신하는 충으로서 왕을 섬긴다."(「항왕사기項王祀記」) 하지만 부부관계에 있어서는 항우項羽와 우虞 씨가 부부의 거처居處의 예를 아는 것을 긍정하고, 부자관계에 있어서는 아버지가 반드시 자식이 도道를 행하도록 사랑할 줄 알아야만 한다고 보았다. 이러한 관념은 사상의 적극적인 성향을 표현하고 있는데, 당시 봉건제도의 영역에서 민권民權과 민주民主의 요구를 반영하는 것이다.

뒤이어 보다 더 중요한 것은 인의仁義의 사상이다. 만약에 강상의 사상에 대상이 있다면 사회와 가정의 기본적 관계(부자, 부부, 군신)이며, 인의의 사상에 대상이 있다면 일반적으로 말해서 인민이다. 인민과 더불어 그는 왕가王家라면 반드시 인의의 정책을 써야 한다고 주장한다. 그는 제기한다. "무릇 천하의 운세는 기미에 있으며 힘에 있지 않다. 천하의 마음을 얻음은 인仁으로서 하는 것이지 폭暴으로서 하는 것이 아니다."(「항왕사기項王祀記」) "동공董仲舒의 말을 듣고 인의仁義의 행동을 실행함으로써 문란해질 뻔한 제왕의 계통을 다시 바로잡았으며 (…중략…) 끊어질 뻔하다가 다시 이어졌다."(「항왕사기項王祀記」) 이러한 인의의 정책은 인민을 위해 이익을 가져다주는 일 이외의 것이 아니다. 당시의 인민들은 누구나 전쟁을 피하고 싶어

했으며, 누구나 배부르고 평온한 삶을 살기를 원했다. 어떠한 사람이든지 이러한 조건을 진심으로 만족시킬 수 있다면 인민은 그들을 따를 것이다. 그의 사상은 당대의 사상을 반영한 것이다.

도덕적 관점에서 응웬 즈Nguyễn Dữ는 사대부라면 반드시『대학』의 도덕(수신, 제가, 치국, 평천하)이 있어야 한다고 주장하였다. 이중에서도 수신修身을 근간으로 삼았다. 이와 더불어 호 뀌 리Hồ Quý Ly는 비록 치엠Chiêm 사람과 중화 사람과 쟁론을 벌일 때에 승리하였다 할지라도, 여전히 유인원과 여우의 이야기 앞에서는 당황하였는데, 왜냐하면 호Hồ 자신이 진실한 사람이 아니었기 때문이다. "아! 천지가 만물을 낳으나 오직 사람에 있어서는 후했다. 그러므로 우리는 만물보다 영靈이 뛰어난 것이다. 비록 봉황이 신령스러운 새의 종류이며, 기린이 어진 짐승이나 동물에 불과하다. 타강沱江의 논의에서 호Hồ는 어찌하여 물物에 굴복하는가. 아아, 여기에는 이유가 있다. 호 뀌 리Hồ Quý Ly는 심술心術이 바르지 못하여 요괴가 그처럼 희롱할 수 있었던 것이다."(『타강야음기沱江夜飲記』) 그는 또한 분명하게 제시한다. "집안을 다스리기를 원한다면 반드시 먼저 정正을 들어서 자기 자신을 스스로 고쳐서 부인과 자식에게 부끄러움이 없어야 천지와 더불어 부끄러움이 없을 것이다."(『쾌주의부전快州義婦傳』) 그리고 또한 왕과 지방을 다스리는 제후들에게는 직접적으로 말하고 있다. "왕과 제후된 자는 자신의 마음을 바르게 함을 들어서 조정을 바르게 하고 백관을 바르게 하며 만민을 바르게 하는 근간으로 삼는다. 그리하여 처사處士의 잘못된 견해를 잘하는 것으로 만들지 말아야 한다."(『나산초대록那山樵對錄』)

선을 행하고 과욕寡慾하는 것 또한 그의 생각이다. 그는 무엇보다 먼저 선을 행한다면 뒤에 복이 될 것이라고 인정한다. 그리고 과욕을 행한다면 물욕의 유혹에 빠지지 않는다. 이것은 또한 유학자의 도덕관념이기도 하다.

당시에는 왕과 제후부터 관리에 이르기까지 모두가 유학자의 도덕적 주장들을 늘어놓았다. 이것은 다른 사람이 실행하도록 요구하기 위한 것이었으며, 또한 자신은 이로부터 벗어나기 위한 것이었다. 이러한 실제와 이설理說과의 모순은, 그에 따르면 모든 사회 재화災禍의 근원이었다. 위의 여러 언급들은, 그가 당시 권력을 쥔 사람들을 깨우치고 비판하려는 목적 의외의 것이 아니다.

응웬 즈Nguyễn Dữ의 도덕과 정치사상은 유심신비주의의 철학적 기초위에 이루어진 것이었다. 당시에 정치는 폭력적이었고, 통치자의 행위는 타락하였으며, 사람들은 유학자의 고상한 이설에 신념을 다하였으며, 사대부계층의 의협적인 정신을 기대하였다. 현실적으로 근본토대가 없었으므로, 그는 사회적 이상과 자신의 인생관념을 전파하기 위해서 신비적 유심주의에 기대는 것을 순순히 묵인했다.

『전기만록』에서는 불교 사상의 영향도 엿볼 수 있다. 콩을 심으면 콩이 나고 수박을 심으면 수박이 나는 것처럼 "인과因果가 분명하다".(『이장군전李將軍傳』) 하지만 응웬 즈Nguyễn Dữ는 사회의 정신적 삶에서 불교의 역할을 인정하지는 않았다. 그는 불교를 비판하면서, 부처의 외모는 자비롭고 관대하나 심중에는 의심스러움이 있다고 말한다. "아아 심하구나! 불 씨佛氏의 설은 진실로 무익하며 그 해가 심하다. 그 말을 들으면 자비慈悲, 광대廣大이며, 그 업보를 구하는 것은 바람을 잡는 것처럼 망연하다."(『동조폐사전東潮廢寺傳』) 그리고 많은 사람들이 공격하여, "그 책을 불태우고 그 머무는 곳을 오두막으로 삼아야 한다".(위와 같음) 그의 신비적 유심주의의 관점은 주로 유교와 도교에서 기원하는 것들이다. 유교에서 유심주의적 관점은 '천인감응'인데 이렇게 언급한다. "선을 행함은 사람에게 있고, 선한 복을 내림은 하늘에 있으니, 하늘과 사람은 서로 더불어 깊다."(『차동강탄록茶童降誕錄』) 이외에도 운명적 관점을 엿볼 수 있다. "부귀는 구한다고 되는 것이 아니며, 곤궁함 역시 자신의 운명 때문이다."(『야차부수전夜叉部帥傳』) 도교에서는 음부陰府에서의 징벌이 있고 하늘의 그물이 있으며, 도사의 말을 믿고 접신자의 말을 믿는 것과 같은 음공陰功, 음덕陰德 사상들이 있다. 이렇게 말한다. "음덕을 쌓으면 반드시 좋은 보답을 받는다."(『서식선혼록徐式仙婚錄』) "하늘의 그물은 넓고 넓어 성긴 것 같으나 빠져 나갈 수 없다."(『범자허유천조록范子虛遊天曹錄』) "사당을 불 질러 태워버리고 (…중략…) 죄가 있다면 염라왕이 심문할 것이다."(『산원사판사록傘圓祠判事錄』) 이것은 도교의 방술이며 신선도교는 아니다. 그는 신선사상을 간략하게 훑어 지나갔다. "괴이한 말을 하면 상도常道가 어지럽혀지니, 성현聖賢의 도가 아니다."(『서식선혼록徐式仙婚錄』) 이렇게 그는 유교의 신비주의와 도교의 신비주의를 결합시켰다.

당시 유교의 무기력함 때문에 사람들은 유도를 다른 도와 결합시켰다. 응웬 빈 키엠Nguyễn Bỉnh Khiêm은 유가와 도가를 결합시켰고, 응웬 즈Nguyễn Dữ는 유가의 이설理說과 도교의 이설을 결합시켰다. 비록 '도道'라는 명칭은 같지만, 내용은 서로 달랐다. 도가道家 즉 노장老莊의 도는 철학적 성질을 지니고 있었으며, 인간 개성을 벗어남에 대해서도 언급하였다. 그래서 응웬 빈 키엠Nguyễn Bỉnh Khiêm의 사상은 좀 더 지혜롭고 좀 더 인격적이며 좀 더 인간적이다. 도교는 달랐다. 그것은 하나의 종교이며 마술적 요소와 긴밀하게 관련되어 있고, 그것은 저 세계에 속한 신비한 힘의 역할에 대해 믿었다. 그러므로 응웬 즈Nguyễn Dữ의 사상은 좀 더 일반적이며 좀 더 무겁고 인간성이 보다 부족했다.

당시에 신비적 사상은 보편적인 현상이었다. 사회문화적 삶의 수준은 높지 않았으며, 실험적 과학은 출현하지 않았고, 여러 조건들이 자연과 사회 안에서 인간에게 신비스러움을 불러 일으켰기 때문에 신비적 유심 관념은 피하기가 매우 어려운 것이었다. 『전기만록』의 이야기들은 이러한 당시의 관념에 영향을 받았다. 응웬 즈Nguyễn Dữ는 견식이 있는 사람으로, 신선과 요괴의 이야기들을 완전히 믿는 것은 아니었고, 주저할 때도 있었다. "아아,

괴이한 말을 하면 상도常道가 어지럽혀지니, 성현聖賢의 도가 아니다. 그런 즉 뜨 특Từ Thức이 신선의 아내를 얻은 일이 실제로 그러한 것이 아닌가? 그 것이 없었다고 단정하기는 어렵다. 그러한 일이 실제로 있었던가? 반드시 그렇다고 할 수는 없다. 있거나 없거나 황당스럽고 그 말들은 기괴하다. 다 만 음덕을 쌓은 사람은 반드시 좋은 보답을 받는다는 것 또한 당연지사이 다."(『서식선혼록徐式仙婚錄』) 또는 이렇게 말한다. "이 자 쏘아Dạ Xoa 한편의 이 야기는 그 일이 있었거나 없었거나 분별하여 논할 겨를이 없다." "이 뀌 자 쏘아Quỷ Dạ Xoa 이야기는, 실로 즐겁지 아니한가? 그렇게 심하게 변론할 필 요는 없다."(『야차부수전夜叉部帥傳』) 하지만 이렇게 모호함을 의심하는 것은 믿음에게 자리를 양보하였다. 그는 여러 차례 자신의 신비주의적 사상의 편에 섰다. 이렇게 말한다. "그 학문이 환술이기 때문에 그르다고 하여 배척 하는 것은 불가하며, 그 길이 다르다고 이단이라 하여 그 선함을 덮어 버리 는 것은 안된다."(『목면수전木棉樹傳』) "의심스러운 일을 의심스러운 그대로 전하는 것은 지나친 것이 아니다."(『창강요괴록昌江妖怪錄』) 이러한 그의 사상 과 더불어 그의 작품에서 기묘한 이야기를 열렬히 묘사한 일은 객관적 측 면에서 민간에 신비적 유심주의의 사상이 퍼지도록 만들었다.

풍 칵 콴Phùng Khắc Khoan(1528~1613)은 짱 붕Trạng Bùng이라 불리우며, 호는 응이 짜이Nghị Trai, 毅齋이고 자는 호앙 푸Hoằng Phu, 弘夫이다. 1528년에 선 떠 이(Sơn Tây, 지금의 하 떠이(Hà Tây))성, 탁 텃Thạch Thất 현, 풍 싸Phùng Xá(또는 붕 Bùng마을이라 불린다)마을에서 태어났다. 17세(1545)에 그는 하이 즈엉Hải Dương 으로 건너가 당시 이학理學으로 명망이 높았던 응웬 빈 키엠Nguyễn Bỉnh Khiêm 에게서 유학 수업을 받았다. 그가 23세 되던 해(1550) 막Mạc조의 중신이었던 레 바 리Lê Bá Ly, 黎伯驪가 타인 화Thanh Hóa에 있는 레Lê 조에 귀순하였기 때문 에 그는 세상에 나아가기 위해 왕조를 선택해야 하는 문제에 직면했다. 26 세(1580)에 진사시에 합격했다. 70세 되던 해 그는 중국에 사신으로 가는 사신단의 정사正使로 뽑히게 되었다. 그는 85세(1613)에 세상을 떠났다. 그는 도급사중都給事中, 공부工部 우시랑右侍郎, 청화淸華 승정사承政使, 공부工部 좌시랑左侍郎 등의 관직을 거쳤다. 그의 작품으로는 『농사편람農事便覽』, 『의재시집毅齋詩集』, 『어부입도원漁父入桃源』, 『언지시집言志詩集』, 『매령사화시집梅嶺使華詩集』 등이 있다.

풍 칵 콴Phùng Khắc Khoan은 응웬 빈 키엠Nguyễn Bỉnh Khiêm, 응웬 즈Nguyễn Dữ와 동시대를 살았다. 당시는 나라가 나뉘어 있었고 봉건집단 간 전쟁이 지역마다 일어났으며 백성들의 삶은 매우 고단하였다. 응웬 빈 키엠Nguyễn Bỉnh Khiêm, 응웬 즈Nguyễn Dữ와 같은 통찰력 있고 시대에 앞선 인물들이 있었지만, 그가 품었던 시대에 대한 이상은 달랐고, 따라서 그의 사상도 달랐다.

혼란기의 사람들은 출세할 수 있는 서로 다른 여러 길들이 있다. 무업武業을 하는 사람도 있고, 문업文業을 하는 사람도 있다. 무업을 하면 승진하여 관직에 나아갈 수 있는 길이 더 많았고, 중요한 관직에 높은 권력을 가질 수 있는 기회도 많았다. 풍 칵 콴Phùng Khắc Khoan은 무의 길을 선택하지 않고 문文의 길이자 유업儒業의 길을 걸어갔다. 그는 이러한 길의 의의를 믿었다. "태평의 때에 이르기를 기다리고 인민의 사정이 좋으니, 그때야말로 책을 읽기에 고귀한 것이라고 믿는다."(「난세자탄亂世自歎」) 그리고 그는 두 가지 방면에서-사상가로서의 길과 사회활동가로서의 길- 유업儒業을 증명하였다.

사상가적 방면에서 보자면 그는 전도傳道와 행도行道의 책임이 있음을 보았다. 그는 사회활동과 수신의 일에 있어서 도의 중요한 역할을 긍정하였고, 도의 군건한 성질을 제기하였으며, 도를 전파하기 위해 책임을 지는 사람이 있어야 한다고 보았다. 그는 말한다. "도의 성질과 효과는 실로 크도다! 수신, 제가를 위해 도를 쓰면 우리의 몸은 정돈될 수 있으며 우리의 가정도 바르게 정돈할 수 있다. 치국, 평천하를 위해서 도를 쓰면, 나라는 성치盛治되고 천하는 안평安平할 것이다. 어떤 사람이 도를 얻는다면 성인 성현이 되며, 어떤 사람이 도를 경시하여 버린다면 어리석고 불초不肖한 자가 된다. 비바람은 기세가 어둡고 모호할 때가 있으나 도는 결코 바꿀 수가 없다. 만대에 성할때가 있고 쇠할때가 있으나 도는 결코 움직일 수 없다. 천지간에 우리의 도는 하루도 멈추고 쉬는 날이 없구나! 그렇지만 이러한 도는 일정하여 사람에게 먼저 있어야만 하고 그 뒤에야 이름을 날릴 수 있을 것이다."(「제홍도서당題弘道書堂」)

이러한 도는 무슨 도인가? 풍 칵 콴Phùng Khắc Khoan은 반드시 존중해야 할 두 대상을 제기한다. 그것은 군君과 친親이다. "일생에 지극히 큰 것은 왕과 부친이 전부이다." 동시에 두 의무가 있다. 왕과 더불어서는 반드시 충해야 하고, 아버지와 더불어서는 반드시 효해야 한다. "시서詩書의 은혜를 다행히 죽기 전에 알게 된다면, 충효의 이름은 그대가 감당하기를 바라서 이룬다."(「자하생남自賀生男」) "다만 하나의 마음이 충효를 온전히 간직하며, 공명功名을 위해 어떠한 일을 하는 것은 영원히 뒤의 일이다."(「여우서회旅寓書懷」) 다른 면에서 그는 인민에 대한 의무와 태도를 제기하였는데, 이것은 인의이다. "인에 머물고 의에 따름은 우리 유가의 일이다. 안민을 돕고 의지가 웅맹하다."(「제홍도서당題弘道書堂」) 이러한 여러 의무와 군신 개념, 충효 인의는 유학자들의 것이다. 하지만 역사적으로 보면 유학에는 여러 종류가 있다. 공맹유학이 있고, 한유가 있으며 송유 등이 있다. 유도라고 하지만 풍 칵 콴Phùng Khắc Khoan이 여기서 말하는 것은 송유이다. 감정적인 면에서 그는 송시대의 대유의 한 사람인 정이程頤의 사상과 서신을 주고 받는 것과 같은 흥취가 있다. 그는 정이의 시에 화운和韻을 맞추기도 한다. 학술적 내용면에서 그는 송시대의 이학理學의 이름에 걸맞았다. "황도의 강당은 이학의 토대 위에 열렸고, 시를 모아 중국 사신으로 가니 또한 인생이다."(「제홍도서당題弘道書堂」) 개념과 운용면에서 보자면 완전히 송유의 방식을 따랐다. "원하기를 조금만 한다면 우리 몸은 여유로워 편하고 즐거운 곳에 이르고, 인간의 마음속 욕망을 떨어뜨리면 천리天理를 이해하게 될 것이다." 이러한 '과욕', '인욕', '천리'와 같은 개념들은 송유의 것이다.

당시에 송유는 베트남에 커다란 영향을 끼치고 있었다. 응웬 빈 키엠 Nguyễn Bỉnh Khiêm, 응웬 즈Nguyễn Dữ와 같은 이름난 유학자들은 모두가 송유를 배운 사람들이다. 하지만 풍 칵 콴Phùng Khắc Khoan은 그들과 달랐다. 응웬 빈 키엠Nguyễn Bỉnh Khiêm에 있어서 유학은 노장도와 결합하였으며, 응웬 즈 Nguyễn Dữ에 있어서 유학은 도교와 결합하였다. 하지만 풍 칵 콴Phùng Khắc Khoan에 있어서 이것은 순수한 유학이며 다른 학설들과 혼합되지 않았다.

사회활동가적 측면에서 보면 풍 칵 콴Phùng Khắc Khoan은 중국역사에서 덕망과 재주가 있는 여러 사람들처럼 재능이 뛰어난 사람이 되기를 원하였다. 이러한 심사心事는 여러 곳에서 토로되고 있다. 때때로 생각하는 것은 이윤伊尹, 제갈량諸葛亮처럼 기회를 엿보아 재상직에 나아가는 것과 왕과 제후를 위한 군사가 되는 것이다. "와룡(제갈량)은 생민生民으로서 일어났는데, 어찌하여 계속 베개머리를 껴안고 앉아 남양南陽의 땅에서 흥얼거리고 있는가."(「망우望雨」) 그는 때때로 재능을 겨룰 기회가 있다면 장량張良보다 나을 것이라고 생각했다. "만약 기회가 있어 할 수 있다면 공을 이룸이 장량보다 모자랄지는 확실치 않은 것이다."(「견민遣悶」)

하지만 당시 사상가 또는 전략가가 되기를 원하는 사람들은 모두가 매우 어려웠다. 우선적으로 당대는 유교의 폐쇄성이 드러나는 상황이었지만 이에 다시 생명력을 불어 넣기가 매우 어려웠다는 점이다. 다음으로는 16세기 초기에 왕위를 계승한 레 우위 묵Lê Uy Mục, 레 뜨엉 즉Lê Tương Dực 등과 같은 레Lê왕조의 왕들이 인민의 마음을 잃어버렸고, 이러한 왕조와 더불어 인민의 신념을 다시금 회복하기는 매우 어려운 것이었다. 그렇기 때문에 풍 칵 콴Phùng Khắc Khoan은 약간의 주관적인 조건들을 제시하였는데, 우리가 눈여겨 볼만한 것은 행동과 사상과 관련된 전제들이다.

이것은 바로 신념과 의지이다. 그는 어떠한 시기에 이르면 자신의 공명 功名이 분명해질 것이라고 믿었다. "천지의 운명이 조짐을 보이기에 이르러, 때가 되면 나의 큰 공명功名은 분명히 드러날 것이다."(「원단元旦」) 자신의 인고하는 힘에 대한 믿음은 겨울철 소나무 잣나무와 같이 될 것이며, 자신의 의지는 고래처럼 좁은 곳은 견딜 수 없을 것이라고 여겼다.

"송백은 어떤 이유로도 눈과 추위 앞에서 항복하지 않는다. 커다란 고래가 어찌 고인 발자국 웅덩이를 그리워할 것인가. 남쪽바다에서는 곤鯤이 붕새로 변하여 날아오르고 날개를 펴 은하수를 가로질러 날아가는 것을 볼 수 있다."(「자술自述」)

그뿐만이 아니라 그는 자신을 탁월한 의지를 지닌 인재라고 믿었다. "장부丈夫가 된다는 것은 아마도 명예를 이루는 것일 것이다. 그렇다면 이유를 막론하고 다만 제대로 된 장부여야 한다."(「자술自述」) 바로 이러한 그의 신념과 의지는 그가 장애와 괴로움들을 상관하지 않고 멈춤없이 향상하고 촉진하는 동력이 되었다.

16세기 중엽, 유학자계층은 막Mạc 씨의 통치권 내에서 살았으나 마음은 막Mạc 씨를 혐오하였고 레Lê왕조를 향하였다. 그들은 재능이 있었고 의지가 있었다. 바로 그들의 사상과 행동은 레Lê왕조의 회복에 공헌하였고, 레Lê 중흥조를 일으켜 세웠다. 풍 칵 콴Phùng Khắc Khoan은 이러한 대표적인 인물이었다.

다른 유학자들처럼 풍 칵 콴Phùng Khắc Khoan은 천명이 있다는 것을 인정하였다. 이러한 조건은 이유가 있었다. 인간의 밖에 있는 세계의 운동은, 무엇보다 먼저 사회영역에서 복잡하기가 그지없었고, 인간은 절대로 전부 다 이해할 수는 없었다. 활동은 언제나 객관과 부합하는 것이 아니었고, 인간의 바람은 항상 진심으로 만족될 수 있는 것이 아니었다. 무엇보다도 당시에는 사회, 자연계와 인간에 대한 앎과 이해와 사유가 매우 제한적이었기 때문에 천명을 믿는 것은 자연스러운 것이었다. 하지만 이러한 측면에서 풍 칵 콴Phùng Khắc Khoan은 전통과 달랐고, 당대의 여러 사람들과도 역시 달랐다. 그는 천명을 받아들였지만 비관적이고 낙담하는 것 때문이 아니라 오히려 역설적으로 여전히 낙관을 믿었다는 의미이다. 따라서 그는 순자荀子의 "누가 천명을 마름하여 이용할 것인가"라는 사상을 제기하지 않았다. 그리고 그는 스스로의 힘으로 바꿀 수 있다고 믿었다. 그러므로 매번 그는 천명에 대해 제기할 때에는 그 뒤에 한탄하는 말이 아닌 정신력이나 방향을 바꾸는 것에 대한 믿음을 끌어 들였다. 예를 들어 다음과 같은 구절이 있다. "운명에 따른 명예는 미리 정해진 것이다"라는 구절은 "예로부터 가난한 집안에서 공명功名이 일어난다"(「병중서회病中書懷」)라는 구절과 이어진다. 또는 이 두 구절 다음에 하늘의 질서를 인정한다. "세상의 일은 구더기와 닮은 것 같고, 부귀공명은 하늘이 뜻대로 정하는 것 같다." 그리고 이는 바로 평탄함과 낙관적인 두 구절에 이른다. "가난한 집에서 삶의 고단함을 책망할 일이 아니니, 오로지 저 위에 있는 푸른 구름과 더불어 즐거울 뿐이다."(「자술自述」) 또는 다음과 같은 시時와 명命에 따라 안주하는 두 구절이 있다. "궁窮과 통通은 명命이 있어 지키면 편안하니, 시時에 따라서 만물이 모두 차례대로 없어지고 자라난다. 첫째 사내아이가 태어난 바로 그 해이니, 그 시기에 이르러 하늘이 도와 사내아이를 만든 것이다."(「행년行年」)

위의 여러 관점들로부터 풍 칵 콴Phùng Khắc Khoan의 천명에 대한 사상을 엿볼 수 있는데, 이는 인간이 반드시 하늘의 뜻에 따라야 한다는 것을 요구하는 관념이 아니다. 오히려 이를 넘어서서 당시의 셀 수도 없이 복잡한 고난과 어려움들 앞에서 하나의 행동의 주체로서 하나의 창조적인 인격으로서 긍정하고 있다.

당시의 사회의 상황에 대해서 풍 칵 콴Phùng Khắc Khoan은 만족할 수 없다는 것을 보았다. 여기에서 현실은 이상과 어그러지고, 현재는 과거와 어그러졌다. 현재는 수많은 괴로움들이 늘어났기 때문에 그는 많은 사람들을 이상으로 이끌기 위해서 조급해졌다. 그는 요순과 같은 치평 시대의 풍경이 바로 출현하기를 바랐다. "지금에 치평治平이 열리기를 희망한다. 다행스럽다면 舜순의 날과 堯요의 時시를 볼 수도 있을 것이다."(「행년行年」) 그리고 새해에는 태평하기를 바란다. "새해에는 새 복을 맞아 즐거울 수 있을 것이니, 태평세에는 만족스럽고 즐겁게 노닐 것이다."(「생년자술生年自述」)

태평세를 이루기 위해서는 어떻게 해야 할 것인가? 풍 칵 콴Phùng Khắc Khoan은 계속되는 전쟁으로 인한 지극히 괴로운 풍경을 볼 수 있었다. "끊임없는 전쟁으로 인민들은 괴롭고 흩어지니, 영웅된 자는 반드시 내일을 고민해야할 것이다."(「상란傷亂」) 그렇지만 그는 다시금 전쟁의 길이 어쩔 수 없음을, 유도와 어긋나는 일을 행함이 어쩔 수 없음을 인정한다. "끊임없이 영웅과 쟁패를 다툼이 가라앉지 않으니, 누가 우리 유학자의 호기로운 영웅의 의지를 알 수 있겠는가. 문헌은 서로 다투는 일을 중시하지 않으니, 수고롭다 하더라도 상심함을 버린다." 그는 심지어 유가의 노선을 지키는 것이 적합한 것으로 보고 난을 다스리고 시대를 구하기 위해서 인의의 깃발을 세우고자 했다.

어찌하여 인의의 노선을 주장해야만 했는가? 그에 따르면 이것은 유학자의 일이며, 유학자라면 인에 따라서 행해야만 하고 의를 본받아야 하는 것이다. "인에 의지하고, 의를 들어 간직하는 것은 우리 유학자의 일이다. 勢세가 있다면 시대를 구하고 인민을 안정시킬 기백의 영웅이 있을 것이다."(「제홍도서당題弘道書堂」) 다음으로 이것은 왕이 인민을 구하고 나라를 구하기 위한 최선의 노선이었다. "나라를 구하고 인민을 구하는 방책에 이르러서 말하자면, 인의는 왕에게 진상하는 약이다."(「단오약端午藥」) 그는 또한 인의의 효과에 대해서 하늘이 돕고 인민이 따르게 되는 것이라고 말한다.

"예로부터 창업을 하는 자는 성실한 공덕이 있으니, 하늘이 덕이 있는 사람을 더욱 돕는 것과 인민은 인이 있는 사람과 친하다는 것을 분명히 확인할 수 있다."(「과람산묘유감過藍山廟有感」)

인의의 역할이 위와 같다고 하면 인의의 내용은 무엇인가? 풍 칵 콴Phùng Khắc Khoan은 설명하지 않는다. 하지만 그의 시문을 통해 보면, 우리는 역시 기본적인 조건들을 이해할 수 있을 것이다. 인의의 노선은 공자로부터 근원을 삼고 있으며 맹자에 이르러 완전하게 발전할 수 있었다. 역사적으로 인의의 노선 혹은 맹자처럼 인정仁政이라 말한 것은 모든 시대에 받아들일 수 있는 것이었다. 인민을 위하는 일은 첫째는 재산을 일정하게 하고, 인민의 수입에는 등급이 있으며, 조세는 가볍고, 형벌을 줄이고, 도덕충효를 가르치고, 인민을 위해서는 예의를, 사회를 위해서는 화합을 이루는 것이다. 당시에 대한 이러한 내용은 묵묵히 받아들여질 수 있었고, 그래서 풍 칵 콴 Phùng Khắc Khoan은 따로 나열할 필요가 없었으며 사람들은 여전히 이해할 수가 있었다. 더구나 대대로 이어오며 그는 인민을 위해 이익이 되는 많은 일들을 하였는데, 무엇보다도 시골의 인민들과 관련된 일이 많았다. 인민을 위해 도랑을 파고 물을 끌어들이는 것을 지도하는 것, 비단을 짜는 일을 지도하는 것, 옥수수 씨앗을 가져다가 마을에 심는 것과 같은 일이었다. 이러한 여러 일들은 그가 인민과 더불어 인의의 마음이 있다는 것을 증명하는 것이다. 그리고 이러한 이유로 비록 그가 당시에 진사의 항렬에서는 두 번째로 합격하였지만 인민들이 존숭하고 경애하여 장원으로 옹립하였다. 이런 입장에서 그의 인의 사상은 전통에 따르는 적극적인 인의의 사상과 다른 것이 아니다.

레Lê왕조는 오직 인의만을 쓴 것은 아니었지만 천하를 얻을 수 있었다. 그들은 막Mạc 씨에 맞서 격렬한 전쟁으로 인해 발전한 찐Trịnh 씨에 기대었다. 레-찐Lê-Trịnh은 막Mạc 씨처럼 패자霸者를 일삼았다. 하지만 당시의 인의의 노선과 더불어 결합하였고, 풍 칵 콴Phùng Khắc Khoan은 이를 적극적으로 주장하였기 때문에 점차로 인민의 마음을 얻고 막Mạc 씨를 위협할 힘을 만들어 낼 수 있었다. 이렇게 풍 칵 콴Phùng Khắc Khoan의 사상은 실제로 적극적인 성질이 발휘될 수 있었다.

응웬 즈Nguyễn Dữ와 풍 칵 콴Phùng Khắc Khoan은 모두가 다 덕이 있고 인이 있고 인의의 사상과 삶에 있어서 과욕寡慾이 있는 인물이지만, 성격은 달랐으며 시대를 구하는 관념도 달랐기 때문에 당시의 세계관과 사상의 영역에서 서로 다른 두 위치를 차지하고 있다.

제19장

16~17세기와 18세기 초의 불교 사상

　15세기에 불교는 엄중하게 비난을 받았다. 집중적으로 승려들을 붙잡아서 과거시험을 치른 일 이외에도 1429년 말에 조정이 사원을 확장하여 건설하는 일에도 제한을 두었다. 1437년에 레 응언Lê Ngân 대신은 여식인 후에 피Huệ phi가 왕의 사랑을 받을 수 있도록 관음보살에게 빌었다는 이유로 죄를 받았다. 레 응언Lê Ngân이 죄를 받은 실제적인 이유는 물론 다른 것으로 불교에 빌었다는 것은 구실일 뿐이지만, 어쨌든 분명한 것은 불교가 더 이상 존숭을 받지는 못했다는 것이다. 1461년 말 레 타인 똥Lê Thánh Tông은 명을 내려서 사원을 더 세우는 것을 금하고 새롭게 종을 주조하거나 불상을 조성할 때에는 나라의 허락을 받도록 했다. 1463년 레 타인 똥Lê Thánh Tông은 다시 명을 내려 "나라 안에서 석가의 도를 행하는 사람은 지금 이후로는 황궁에 드나들면서 담소하고 왕래하는 것"을 금하였다. 불교는 통치 계급에서 밀려났으며, 다만 농촌에서 사상 문화의 한 부분처럼 민간에서 활동하는 것을 유지할 뿐이었다.

　16세기에 이르러서 전쟁은 지속되고 인민은 고단하였으며 중앙의 정권은 나약하였다. 이때 불교는 우선적으로 막Mạc 씨 정권이 지배하는 지역에서 다시금 일어났다. 하이 즈엉Hải Dương, 선 떠이Sơn Tây, 낀 박Kinh Bắc 지역에서 사원은 점차 증가하였다. 리Lý와 쩐Trần 시대의 옛 사찰은 모두 중수될

수 있었다. 낀 박Kinh Bắc에서는 펏 띡Phật Tích, 붓 탑Bút Tháp, 빈 응이엠Vĩnh
Nghiêm, 루이 러우Luy Lâu 사원이 모두 개수될 수 있었다. 하이 즈엉Hải Dương
에서는 뀐 럼Quỳnh Lâm, 숭 꽝Sùng Quang, 동 선Đông Sơn 등의 사찰들이 보다 더
크고 아름답게 세워졌다.

하이 즈엉Hải Dương지역(하이 흥Hải Hưng, 하이 퐁Hải Phòng) 그리고 꽝 닌Quảng
Ninh의 일부에서의 여러 불교 활동을 대표하는 인물은 쩐 응이엠Chân Nghiêm
선사禪師이다. 쩐 응이엠Chân Nghiêm 선사는 껌 지앙Cẩm Giàng 현(껌 빈Cẩm Bình,
하이 흥Hải Hưng) 쑤언 람Xuân Lam 마을의 숭 꽝Sùng Quang 사에 주지한 인물로 쭉
럼Trúc Lâm 이엔 뜨Yên Tử의 전통을 보존하기를 원하였다. 그는『성등록聖登
錄』을 인쇄하여 공포하고 스스로 책의 서문을 쓰기도 하였다.

『성등록聖登錄』 또는『성등어록聖登語錄』은 1550년에 판본으로 새겨졌다.
내용은 소사小史와 함께 쩐Trần 시대 큰 승려 다섯 명, 즉 쩐 타이 똥Trần Thái
Tông, 쩐 넌 똥Trần Nhân Tông, 팝 로아Pháp Loa, 휘엔 꽝Huyền Quang 그리고 쩐 민
똥Trần Minh Tông의 활동을 정리한 것이다.『성등록』은『과허록課虛錄』과『삼
조실록三祖實錄』과 겹치는 자료들이 많다. 쩐 응이엠Chân Nghiêm의 쭉 럼Trúc
Lâm 선을 제고하는 경향은 막Mạc 씨 정권의 — 비록 대외적으로는 비민족
적인 여러 점이 있는 정권이지만 — 지역에서 민족 불교를 제고한 흔적이
며, 현지화 된 불교의 반응이라 할 수 있을 것이다.

껌 지앙Cẩm Giàng에 있는 쩐 응이엠Chân Nghiêm 선사의 활동들과 더불어 동
시에 동 찌에우Đông Triều (오늘날 꽝 닌Quảng Ninh에 속함)에는 동 선Đông Sơn 선파
가 있었다. 동 선Đông Sơn 사찰은 본래 쩐Trần 시대부터 있었는데, 쩐 안 똥
Trần Anh Tông(1293~1314)대에 국사로 봉하여진 후에 녇Huệ Nhẫn 선사로부터
시작되었다. 이 선파는 레Lê 경흥景興(1740~1786)에 이르러 두 대찰인 동 선
Đông Sơn사와 꽝 카인Quang Khánh사와 더불어 크게 발전하였다.

「띤 하인 탑 비 끼Tịnh Hạnh tháp bi ký」(1757)와 「리엔 프엉 탑 비 끼Liên Phương tháp bi ký」(1757)와 같은 꽝 카인Quang Khánh사의 비문에 따르면 쭝 쯩Trùng Trùng, 느 반Như Văn, 띤 하인Tĩnh Hạnh 선사의 소사小史에 대해 언급되고 있는데 동 선Đông Sơn의 선禪은 불교와 유교가 조화를 이룬다고 전한다.[1]

17세기에 건너오자 천 응이엠Chân Nghiêm의 사상을 이은 인물로 천 응웬 Chân Nguyên 선사가 있다. 천 응웬Chân Nguyên의 실제 이름은 응웬 응이엠 Nguyễn Nghiêm으로 하이 즈엉Hải Dương, 타인 하Thanh Hà 현, 찌에우 리엣Triều Liệt 마을에서 1646년에 태어났으며, 화 이엔Hoa Yên사에서 19세의 나이에 뚜에 당Tuệ Đăng이라는 법명으로 출가수행하였다. 뒤에 그는 법명을 천 응 웬Chân Nguyên으로 바꾸고 꼰 끄엉Côn Cương 산에 있는 빈 푹Vĩnh Phúc사에서 수행하며 민 르엉Minh Lương선사와 더불어 배움에 들었다. 그는 뀐 럼Quỳnh Lâm(동 찌에우Đông Triều)과 롱 동Long Động사에서 쭉 럼Trúc Lâm의 의발을 전할 수 있었다. 1684년 천 응웬Chân Nguyên은 구품연화대를 세웠다. 1692년 그는 레 히 똥Lê Hy Tông의 부름을 받아 선학을 탐문하기 위해 탕 롱Thăng Long으로 갔다. 천 응웬Chân Nguyên은 왕으로부터 무상공無上公이라는 칭호를 받았다. 그 후에 또한 레Lê 왕은 승통僧統을 하사하고, 호를 정교화상正敎和尙이라 하였다. 그의 나이 80세였다.

천 응웬Chân Nguyên의 작품으로는 『안자산진조선종본행安子山陳朝禪宗本行』, 『오도인연悟道因緣』, 그리고 「선적부禪寂賦」가 있다. 천 응웬Chân Nguyên은 또한 제자와 더불어 쭉 럼Trúc Lâm의 작품들을 수집하고 교정하고 판각하여 유통시켰다.

고전적인 선사상과 마찬가지로 그가 불교의 각오覺悟를 인정한 것은 자성을 찾는 것으로, 자성은 다시금 만물 안에 체현된 것이다. "가섭의 높은 지혜여, 료오了悟 자성自性은 이로써 미소를 짓고, 변치 않고 늘 가까운 여래

---

1 부이 타인 바(Bùi Thanh Ba), 「동선불교」, 『고고학』 17호, 1976, 101면.

如來여, 중생 모든 사람마다 모두 연꽃이 있구나."(『선종본행禪宗本行』)

천 응웬Chân Nguyên은 선禪과 교敎의 두 인식방법을 분별하였다. "교는 일일이 헤아려 드러내는 경록經錄으로, 종이와 먹과 글은 항하사처럼 수북하다. 종宗은 본래 우리의 자성自性이며, 본래 일물一物도 없고 고요하여 신령스럽다."(『선종본행禪宗本行』)

사조師祖와 제자들의 여러 문답들은 기괴해 보이고 여러 행위들은 충분히 극적이라고 할 수 있는 선의 언어는, 송경誦經의 방법과는 대립되는 것으로 간주할 수 있었다. 천 응웬Chân Nguyên과 여러 다른 승려들은 이러한 문답의 방식을 설명하기를 사람들이 듣고 우매함과 폐쇄됨을 벗어나 일상의 습관을 흩어버리게 하는 방법이라 하였다. "경을 살펴보지만 불설佛說은 여전히 멀고, 기조機組를 확인하니 찰나에 알았다고 말한다. (…중략…) 오성悟性은 공적空寂할 뿐이니, 문답의 말이 해지는 것은 낯설지가 않다. 기관機關은 찬성과 반대 높고 낮음이 있으니, 미혹하는 앎은 꿈을 꾸도록 내버려 둔다. 대비大悲 설법은 남南을 가리키고, 우리를 위해 오도悟道는 오랫동안 경을 담론하지 않도록 한다."(『선종본행禪宗本行』)

그는 눈을 뜨고 쳐다보고, 눈썹을 찡그리고, 또는 한 소리 외쳐 크게 울려 퍼지고, 또는 곧바로 쳐다보거나 침묵하는 등의 여러 행위에 맞서 실제로 빠르게 각오覺悟하기 위하여 돈오頓悟를 제기하였다. "말을 사용하는 것은 중생의 갈망들을 대처하고 다스리기 위한 부득이한 일이다", "어리석은 사람이라면 여러 경전과 여러 교법이 필요하고, 상지上智의 사람이라면 다만 한 소리만이 필요하거나 한 웃음만으로도 자성自性의 깨달음에 이를 수 있을 것이다".

천 응웬Chân Nguyên은 대승 유식唯識 계열의 『능가경楞伽經』을 사용하는 것을 매우 좋아했다. "누구라서 신수信受하지 않고 의심하랴, 『능가경』 2권을 청하여 가만히 바라본다."(『선종본행禪宗本行』)

『능가경』의 돈오 방식의 영향을 받아서 천 응웬Chân Nguyên은『오도인연悟道因緣』편에서 눈의 활동에 대해서 즐겨 쓰고 있다. "마음의 등불에 부처의 눈이 막 생겨나니, 심인心印이 서로 보아 네 개의 눈이 본다. 다함이 없는 저곳으로 계속하여 등에 연결되니, 선림禪林의 탑塔은 광명의 빛을 늘 비추는구나."

단지 이렇게만 보더라도 종교의 한 수행방법이지만, 인식론적 측면에서도 또한 언어를 부정하고 논리적 인식의 과정을 무시한다. 이렇기 때문에 천 응웬Chân Nguyên은 불안佛眼을 강조하였으나, 법리法理, 불리佛理에 대해서 토의함은 적다. 마음에 부처가 있는 것이지 어느 먼 곳에 있는 것이 아니기 때문이다.

천 응웬Chân Nguyên 선사도 역시 공空에 대해 토의한다. 그는「천 응웬Chân Nguyên 담적湛寂」이라는 게송에서 이렇게 쓴다. "모든 현상은 허공虛空 가운데 꽃처럼 모두가 실제가 아니다. 군생群生이 바라니 거짓으로 잠시 그들에 이를 뿐이다. 예나 지금이나 존재하는 하나의 현상이 없다는 것을 분명하게 이해하고, 천 응웬Chân Nguyên은 조용하고 맑아서 그의 근원으로 다시금 돌아간다."

천 응웬Chân Nguyên의 제자는 1696년생으로 느 쫑Như Trừng이 있는데, 호는 구생상사救生上士이며, 실제 이름은 찐 텁Trịnh Thập으로 찐Trịnh 씨 포 광Phổ Quang왕의 아들이다. 찐 텁Trịnh Thập은 레 히 똥Lê Hy Tông 임금의 4번째 공주를 얻었고, 토 쓰엉Thọ Xương현 바익 마이Bạch Mai 방坊에 (18세기)개인의 궁전이 있었다. 찐 텁Trịnh Thập은 롱 동Long Động사에서 출가수행하였고, 천 응웬Chân Nguyên에게 득법得法한 후에 토 쓰엉Thọ Xương현 리엔 똥Liên Tông사에 돌아가 수행하였다. 느 쫑Như Trừng의 이러한 게송이 있다. "뿌리는 뿌리 없는 곳으로부터 생겨나며 무위無爲하나 이르게 되고, 다시금 무위와 더불어 돌아가며 이르지도 않고 가지고 않으니, 죽음과 삶은 어떻게 묶을 수가 있겠는가.”

천 응웬Chân Nguyên선사가 뀐 럼Quỳnh Lâm, 롱 동Long Động 산문에서 주지를 하는 것과 동시에, 홍강변에 있는 씩 당Xích Đằng사에서는 커다란 도량의 선두에 흐엉 하이Hương Hải 선사가 서 있었다.

흐엉 하이Hương Hải의 선조는 본래 응에 안Nghệ An진, 천 푹Chân Phúc현, 앙 도Áng Độ 마을 사람이다. 그의 4대조는 투언 꽝Thuận Quảng과 응웬 황Nguyễn Hoàng 왕을 따라 시중을 들던 쭝 록Trung Lộc이라는 인물이었다. 흐엉 하이Hương Hải는 1627년에 태어나 18세에 향공鄕貢에 합격하고 응웬Nguyễn 왕의 부府에 들어가 일을 하였고, 뒤에는 찌에우 퐁Triệu Phong부의 관리를 하였다. 25세에 그는 중국의 선사인 비엔 까인Viên Cảnh과 접촉하게 되었다. 그 후에 그는 비엔 까인Viên Cảnh을 따라 수행하였으며 법명을 휘엔 꺼Huyền Cơ라 하였고, 법자法字를 민 처우Minh Châu라 하였는데 흐엉 하이Hương Hải는 보통 또 꺼우Tố Cầu라 불렀다. 그는 띠엠 붓 라Tiêm Bút La섬에 사찰을 세웠고, 위신威信이 널리 알려졌다. 투언 뀐 꽁Thuận quận công인 쩐 투Trấn Thủ와 총태감總太監인 화 레Hoa Lệ가 그를 본토로 초청하여 집안을 위해 귀의하는 의식을 행하였다. 응웬 푹 떤Nguyễn Phúc Tần 왕이 그의 명성을 듣고, 그를 투언 화Thuận Hóa에 초대하여 티엔 띤 비엔Thiền Tĩnh viện을 세웠다.

당시에는 흐엉 하이Hương Hải를 의심하는 사람들이 있었는데, 태감太監인 지아 뀐 꽁Gia quận công이 북으로 도망하도록 결정하는데 관련이 있다고 여겼다. 응웬 푹 떤Nguyễn Phúc Tần은 그를 조사하기 위해 붙잡아 꽝 남Quảng Nam의 수용소로 보냈다. 흐엉 하이Hương Hải 선사는 불만스러웠다. 1682년에 이르러 그는 50 제자와 더불어 바다를 건너 북으로 갔다. 당 응와이Đàng Ngoài에 도착하자 그는 찐Trịnh 왕을 독대할 수 있었고, 선 남Sơn Nam진陣의 본부 포 히엔Phố Hiến에 인접한 낌 동Kim Động에 응윗 드엉Nguyệt Đường사를 세워 17년 동안 주지로 머물렀다. 당 응와이Đàng Ngoài에서 그는 좌선을 하기도 하고 불경을 주해하기도 하고 30작품이 넘는 시문詩文을 창작하기도 하였다. 그의 시와 게송 일부가 레 뀌 돈Lê Quý Đôn의 『견문소록見聞小錄』의 「선일禪逸」장에 기록될 수 있었다.

응웻 드엉Nguyệt Đường은 당 응와이Đàng Ngoài에서 가장 큰 불교의 중심지였다. 찐 끄엉Trịnh Cương 왕은 이 사찰을 참관하고 츠 놈Chữ Nôm으로 된 시를 남기기도 하였다. 레 주 똥Lê Dụ Tông 또한 수행의 방법에 대하여 그에게 물어보기도 하였다. 흐엉 하이Hương Hải는 86세의 나이로 1715년에 입적하였다.

흐엉 하이Hương Hải는 본래 과거에 급제한 유사儒士였고 관리를 지냈었다. 그래서 그의 유학적 사유는 불교와 함께 매우 깊고 넓었다. 한편으로 그는 유와 불을 융합한 인물이기도 하다. "유儒의 근원에 이르러 광대함을 보고, 법法의 깊은 바다에 들어 거대함을 본다."

그의 선사상은 특색이 있는 것은 아니지만 수행의 여러 방법에 대해서 설명하고 있다. 그렇지만 불경에 대한 강해講解를 할 때에 흐엉 하이Hương Hải는 불학佛學의 범주(부처와 중생, 심心과 경境, 미혹함과 깨어남, 선과 악 등) 일부에 대해서도 제기하고 있다. 선종의 일반적 관념에 따르면 열반을 강조하지 않고, 높고 먼 세계로 부처를 밀어내지 않는데 그것은 바로 부처가 마음에 있기 때문이다. "우리 마음 안에 스스로 불佛이 있으니, 무슨 일로 다른 곳에서 부처를 찾는가. 그러므로 경에 이르기를, 마음이 생하면 모든 법이 따라서 생하고, 마음이 멸하면 모든 법이 따라서 멸한다 하였다. 범부가 곧 부처이고, 번뇌가 곧 보리이다." "태양이 천하에 빛나게 돋을 때에도 허공虛空은 더하여 빛나지 않으며, 태양이 침잠하여 천하가 어둡다 하더라도 허공虛空은 더는 어두워지지 않는다. 밝고 어두운 풍광이 서로 다투어 싸우나, 허공虛空의 성性은 여전히 고요히 자여自如한다. 불과 중생은 심진여心眞如로 역시 그와 같다. 만약에 불의 관념이 청정광명이고, 중생의 관념이 어둡고 더럽다면, 항하사의 모래와 같은 수의 겁을 지나더라도 역시 보리의 도를 어디에서 볼 수 있을 것인가." 그에 따르면 불과 중생은 대립되는 어떠한 것이 아니다. 그는 중생과 더불어서야 부처에 이르고 비로소 진세는 없어지는 것으로 보기 때문에, 서방극락이라 부르는 것을 가볍게 여긴다.

위와 같은 인식과 함께하여 흐엉 하이Hương Hải는 미혹함과 깨어남, 진眞과 망妄은 서로 닮은 가까운 본성이라고 설명한다. "미혹함과 깨어남은 서로가 서로에게 기대어 있고, 진과 망은 서로가 대대對待한다. 만약에 진을 찾고 망을 버린다면, 사람이 햇살이 나는 밖에서 계속 달리면서 자신을 따라오는 그림자를 두려워하는 것과 무엇이 다른가. 만약에 망을 분명하게 안다면 곧 진이고, 그러면 그늘에 들어가는 것과 같고, 자연히 그림자는 사라지게 될 것이다."[2]

흐엉 하이Hương Hải는 또한 심과 경에 대해서도 언급한다. "보통 사람은 대부분 일을 함에 있어서 외부의 일 때문에 내부의 이성이 방해를 받고, 외경 때문에 진심이 장애를 받는다. 일상적으로 안심을 위해 외경을 피하기를 원하지만, 심이 경을 방해한다는 것은 그와 같이 알지 못한다."[3] "경을 세우니 심이 이어서 생기고 심이 없으니 경은 생김이 없다. 경과 심이 모두 고요하니 심이 경을 비춤이 분명하구나."

심과 경은 불교철학에서 커다란 두 범주이다. 만약에 심을 의식이라 부르고 경을 현상세계라 부른다면, 흐엉 하이Hương Hải에 따르면 의식은 여전히 결정적인 요소이다. "심이 없다면 경도 생겨나지 않는다." 하지만 그는 실제 인생에서 사물을 피해 도망갈 필요는 없다고 보았다. 『반야경般若經』의 사상에 따라서 그는 색, 성, 향, 미, 촉, 법과 같은 감각기관에 대해 설명하면서 그러한 것들이 우리의 마음을 위협할 수 있음을 인정한다. 왜냐하면 우리 마음은 역시 대상에 대한 느낌과 마음의 본질을 모두 다 깊이 이

---

2 레 뀌 돈(Lê Quý Đôn), 『레 뀌 돈 전집(Lê Quý Đôn toàn tập)』 2집, 「선일(禪逸)」.
3 레 뀌 돈(Lê Quý Đôn), 『레 뀌 돈 전집(Lê Quý Đôn toàn tập)』 2집, 「선일(禪逸)」.

해하지는 못하기 때문이다. 그의 의견에 따르면 사물을 벗어나는 것에서 안심을 구하는 것은, 즉 자기 자신이 할 수 없다는 것을 드러내는 것은 실제를 회피하고 도망치는 것이다. 『반야경』에 따르면 심의 본질과 사물의 본질은 진심이며, 공이며, 생멸함이 없는 하나의 실재이다. 심心이 진심에 돌아올 때 그리고 경境이 진경眞境에 돌아올 때에는 버리고 도망칠 필요가 없으며, 그가 말한 것처럼 해탈을 이루게 될 것이다. "심이 치우침이 없이 모든 경계에 들어간다면 모든 경계는 당연히 허공虛空이다."

원칙이 실현되기 위해서는 실제와 분리되어 떨어져서는 안된다. 그는 성聖을 쫓아 범凡을 버리면 안되고, 깨달음을 쫓아 미혹함을 버리면 안된다고 주장한다. 그는 경전을 인용하면서 이렇게 썼다. "허망한 몸을 거울에 임하여 그림자를 비추니 그림자와 허망한 몸이 다른 것이 아니다. 그림자를 버리고 몸만 지키려 한다면 몸이 허망한 것과 같은 줄 모르는 것이다. 저 몸이 곧 그림자와 같은 것이니 하나를 없애고 하나는 남길 수 있겠는가. 하나를 지키려 하면서 하나를 버리려고 한다면 실로 어긋나게 될 것이다. 성聖을 좋아하고 범凡을 싫어하는 사람이라도 생사번뇌는 계속된다. 번뇌는 마음 때문에 생기니 무심하면 번뇌는 어디에 있을 것인가. 만약 상相에 집착하여 분별하지 않는다면 당연히 신비한 도를 얻을 것이다.[4]

위와 같은 세계 인식론은 무심無心의 수행 방법을 만들어 내었다. 무심은 하나로 꿰뚫는 것으로 주체와 객관, 심과 경, 미혹함과 깨달음, 있음과 없음을 분별하지 않는다. 이는 그가 "일체무심자성계一切無心自性戒"라고 말한 것처럼, 심을 무심의 모습으로 늘 실현한다면 각오覺寤하게 되고, 어느 곳이나 모두 부처일 것이다. 이것은 또한 『반야경』의 여러 내용 가운데 하나이기도 하다.

4　응웬 랑(Nguyễn Lang), 『베트남불교사론』 제2집, 파리 : 라 보이(Lá Bối)출판사, 1978, 137면 참조할 것.

무심은 흐엉 하이Hương Hải가 주요하게 여긴 심득心得이다. 불학의 이론을 세우는데 있어서 일상적으로 서로 비추어서 비교하기 위하여 즉각卽覺의 빛을 예로 드는 경우가 많다. 가장 집중적으로 드러나는 부분은 그가 불도의 깊은 의미에 대한 이론을 세우는 방법과 관련해서 레 주 똥Lê Dụ Tông과 문답한 구절에서 찾아볼 수 있다. "기러기는 하늘을 가로질러 날고, 그림자는 가라앉아 차가운 물에 빠진다. 기러기는 흔적을 남길 생각이 없고 물은 그림자를 간직하여 흐를 마음이 없구나."

기독교나 회교와 같은 세계의 여러 종교들은 경의 수량이 넓지 않고 또한 그다지 복잡한 것이 없으나, 불교는 매우 복잡하고 수많은 경전이 있다. 수많은 불교의 경전 가운데 승려들은 보통 무엇을 가장 중요하게 사용하는가? 이는 대승에서 비롯된 기본적인 개념인 공空 사상이라 할 수 있다. 천 응웬Chân Nguyên, 느 쯩Như Trừng, 흐엉 하이Hương Hải는 모두가 공에 대하여 의견을 교환하고 있다. 이 세 승려 사이에서 공空 사상은 서로 특별하게 다른 것은 없다. 객관적으로 존재하는 현실세계는 그들에 따르면 거짓이고 공空이다. 천 응웬Chân Nguyên 선사는 말한다. "있음과 없음, 모두가 거짓이다." "군생群生을 가립假立으로 제도한다." 천 응웬Chân Nguyên의 관점은 용수Nàgàrjuna『중론中論』의 연기론에서 기원한다고 할 수 있을 것이다. 용수에 따르면 공空과 유有는 한 사물 안에서 통일된 두 측면이나, 공은 본질이고 유는 가상假象이다. 느 쯩Như Trừng 역시 이렇게 말한다. "근본은 근본 없음을 따른다." 그렇지만 이것이 있으면 반드시 저것이 있으니, 연기緣起에 관련되기 때문이다. 여러 선자禪者들은 공空은 가假이고, 유有 또한 가假라고 본다. 객관세계는 실체가 아니며 단지 여러 종류의 그러한 관계들일 뿐이다. 그렇지만 그러한 관계들 또한 공이다. 흐엉 하이Hương Hải는 이를 비유하여 그림자를 남기기 위해 기러기가 날고 물에 잠기는 것인데, 그러나 끝내 그림자 또한 잃게 된다고 하였다. 이러한 '공'사상은 흐엉 하이Hương Hải를 '무심'의 관념으로 이끌었다.

이러한 불교-불학의 여러 사상들 이외에 흐엉 하이Hương Hải 선사는 유교에 대해서도 깊게 고민하였다. 본래 과방科榜에 이름을 올린 적이 있었고, 관리를 한 적도 있었기 때문에 승려 안에 유학자적 사유가 존재하고 있었다. 인생의 말기에 이르러 그는 일상적으로 "원래삼교동일체元來三教同一體"라고 말하였다. 이러한 사상은 흐엉 하이Hương Hải를 좀 더 입세간적으로 만들었다. 불교는 본래 현실에 만족해하지 않으며, 객관적 현실을 괴로움이라 여겼다. 하지만 유교는 현실을 받아들이고 현실을 위해 몸을 던진다. 이 둘은 양립할 수 없는 것이지만 뛰어난 사상가이자 승려였던 흐엉 하이Hương Hải에 있어서는 함께 존재했다.

17, 18세기에 당 응와이Đàng Ngoài 사회는 많은 복잡한 변화와 전환을 거치는데, 레Lê 왕과 찐Trịnh 왕이 있었고, 관리계층은 권리를 차지하기 위해 다투고 있었으며 평민과 관리 사이에도 쟁투가 있었다. 선 남Sơn Nam과 하이 즈엉Hải Dương 지역은 홍Hồng강 유역 도시인 포 히엔Phố Hiến과 더불어 시장경제가 발전한 곳으로, 시민市民과 반半 시민계층이 늘어나고 있었다. 이러한 사회의 변화들은 그에 상응하는 의식에 대한 변화를 요구하였다. 이와 동시에 유교의 엄격한 삼종三從, 삼강三綱의 원리들은 사회관계들을 단순하게 만들었고, 사유를 딱딱한 틀에 맞추도록 하였다. 이는 여러 측면에서 위의 변화와 전환들과 더불어 부합하지 않았다. 이러한 상황에서 불교는 새로운 심리 구조가 만들어지고 중화되는 것을 확대하였는데, 한편으로는 옛것을 긍정하고 한편으로는 옛것을 부정하였으며, 현재를 받아들이는 한편 다시금 현재를 받아들이지 않았다. 유와 공, 심과 경, 진과 망, 무심 등의 관념과 더불어 매우 복잡하고 빠르게 변화하는 사회 풍경의 틀 속에는 많은 순順과 역逆 또는 절반의 순과 역이 시장경제가 발전하고 있는 지역 사람들의 삶과 사회에서 일상적으로 일어났다.

당 쫑Đàng Trong에서 응웬 황Nguyễn Hoàng과 여러 응웬Nguyễn 왕들은 계속하여 모두 불교가 발전하기를 원하였다. 1601년에 그는 흐엉 짜Hương Trà에 티엔 무Thiên Mụ 사찰을 건설하였다. 그 뒤에 그는 다시금 푸 방Phú Vang에 숭화Sùng Hóa사를 세우고 짜 끼에우Trà Kiệu에 바오 처우Bảo Châu사를 세웠는데, 이는 17, 18세기에 당 쫑Đàng Trong에서는 사원들이 매우 성장하였고 승려의 수도 적지 않다는 사실을 말해준다.

또한 17세기 후반기에 접어들어서 만청蠻淸군이 중국 화남華南 전 지역을 침략하였을 때에 광동廣東지역의 많은 승려들이 베트남으로 넘어왔다. 그 가운데 수십명에 이르는 인물들이 당 쫑Đàng Trong에 영원히 머물게 되었다. 대표적인 승려들의 일부를 헤아리면 다음과 같다.

— 꽝 찌Quảng Trị 지역의 비엔 까인Viên Cảnh과 비엔 코안Viên Khoan
— 뀌 년Quy Nhơn 지역의 응웬 티에우Nguyên Thiều
— 꽝 응아이Quảng Ngãi 지역의 팝 화Pháp Hóa
— 푸 이엔Phú Yên 지역의 떼 비엔Tế Viên

이상의 승려들은 모두 임제파에 속한 승려들이다. 당시에 새로운 지역의 베트남인 승려들은 불교와 불학에 성숙하지 않았다. 17세기 중 후반 무렵에 이주한 광동지역의 승려들은 불교의 저변을 확대하는데 중요한 역할을 하였는데, 가장 눈에 띄는 인물은 응웬 티에우Nguyên Thiều이다.

응웬 티에우Nguyên Thiều의 성은 따Tạ이며 법명은 호안 빅Hoán Bích으로 광동 사람이다. 그는 상선을 따라서 1665년에 당 쫑Đàng Trong으로 들어왔고, 뀌 닌Quy Ninh부에 머물렀다. 1683년 그는 투언 차인Thuận Chánh마을에 텁 탑 지 다Tháp Tháp Di Đà사를 세웠고, 그는 수행하는 기간 동안 투언 화Thuận Hóa로 나아가 꾸옥 언Quốc Ân사를 세우고, 포 동Phổ Đồng탑을 세웠다. 그가 입적하기 전 몇 년 동안은 하 쭝Hà Trung사에서 수행하였다. 그의 사상에 특별히 새로운 것은 없다. 다음과 같은 게송이 전한다. "조용한 거울은 그림자를 드리우지 않고, 눈부신 옥은 결코 모습을 얻지 않는다. 분명히 물物은 물이 아니니, 커다란 공空 또한 결코 공이 아니다."

중국의 지악 퐁Giác Phong, 뜨 중Từ Dung과 같은 여러 다른 선사들은 위신이 높았지만 오로지 수행에만 전념하였다. 당 응와이Đàng Ngoài에는 투이 응웻 Thủy Nguyệt(1636∼1794)이라는 승려가 있었는데, 흥 년Hưng Nhân현 타인 찌에 우Thanh Triều 마을 사람이었다. 그는 광동에서 공부하고 돌아왔다. 또 동 찌 에우Đồng Triều현 동 선Đồng Sơn사에는 똥 지엔Tông Diễn과 뚜에 냔Tuệ Nhãn이라 는 승려가 있었다. 당 쫑Đàng Trong에는 흐엉 리엔Hương Liên과 타익 리엠Thạch Liêm이라는 승려가 있었는데, 타익 리엠Thạch Liêm은 이곳에 머문 것은 아니 었지만 이 승려의 영향은 권력층 사이에서 매우 깊고 넓었다.

타익 리엠Thạch Liêm은 광동 사람이다. 1694년 응웬 푹 추Nguyễn Phúc Chu 왕 이 광동으로 사람을 보내어 타익 리엠Thạch Liêm을 초청하였다. 그의 배에는 100여 명에 이르는 사람들과, 제사를 지내는 단을 짓기 위한 경經과 상像, 법기法器들과 더불어 대월大越로 들어왔다. 1695년 2월, 타익 리엠Thạch Liêm 은 다이 라인Đại lãnh섬에 이르렀다. 65세가 된 승려는 한동안 티엔 럼Thiền Lâm사에서 머문 후에 호이 안Hội An에 있는 지 다Di Đà사에 이르렀고, 그 후 에는 푸 쑤언Phú Xuân으로 올라가서 제단을 세우고 불교활동에 들어갔다. 타익 리엠Thạch Liêm은 당 쫑Đàng Trong에서 1년 반을 머문 후 중국으로 돌아 갔다.

타익 리엠 틱 다이 산Thạch Liêm Thích Đại Sản의 선사상은 당 쫑Đàng Trong에 서 드러낸 것은 다음과 같은 것이었다.

— 선종과 정토종의 결합 : 정토종은 수행법이 간단하였고, 아미타불이 모든 사람의 자성이라 설명하며, 아미타불을 본다면 바로 자신의 오랜 윤

회의 흔적을 볼 수 있다고 설명하였다. 정토파가 그러한 것처럼 그는 사람들에게 염불을 권하였다. 응웬 푹 추Nguyễn Phúc Chu 왕의 부친을 위하여 쓴 『자성미타설』에서, 그는 "수행을 위한 여러 길들을 보지만, 염불 이외에는 어떠한 다른 길도 없다"라고 쓰고 있다.

— 유불의 결합 : 티엔 럼Thiền Lâm사에 있는 제단 앞에는 타익 리엠Thạch Liêm의 대구對句가 있다. "불佛은 계戒를 지니고, 유학자는 리理와 충忠이 있다. 성의誠意 수신修身에 그 종요宗要가 있으며 자연히 안으로는 공경과 정직이 있고 밖으로는 반듯한 의로움이 있다. 군자君子는 색거索居하고 선인禪人은 집정集定하니, 모두가 명심明心 견성見性을 귀히 여긴다. 논할 수는 있으나 결코 볼 수도 들을 수도 없는 것이 두렵다."

응웬 푹 추Nguyễn Phúc Chu에게 보내는 서신에서 그는 다음과 같이 쓰고 있다. "세간의 길과 출세간의 길은 두 방향이 아니다. 당우唐虞의 유儒는 장성함을 말하고, 공자는 일一을 말하고, 중용에서는 성誠을 말한다. 이름은 같지 않더라도 기원은 하나이다. 일一이란 무엇인가? 오직 심心일 뿐이다." 그는 응웬Nguyễn 왕에게 유학의 학교를 열 것과, 공성孔聖을 숭앙하기를 제의하였다.

타익 리엠Thạch Liêm의 제자들로는 응웬 프억 추Nguyễn Phước Chu와 티에우 즈엉 허우Thiều Dương Hầu가 있다.

당 쫑Đàng Trong에서 불교는 응웬Nguyễn 왕에게 권장을 받을 수 있었고, 빠르게 발전할 수 있었다. 응웬 프억 응웬Nguyễn Phước Nguyên 왕은 스스로를 승려라 칭하였다. 하지만 불교는 역시 사회를 조직하고 나라를 다스리는 일과 같은 정치사상 체계로 쓰일 수는 없었다. 당시 당 쫑Đàng Trong에서는 당 응와이Đàng Ngoài에서와 같이 유교가 지배적인 위치에 있었고, 작은 마을들에 이르기까지 넓혀가고 있었다. 응웬 끄 찐Nguyễn Cư Trinh은 유명한 사대부의 세력과 더불어『사미仕娌』340구에 대한 전傳에서 불교를 비판하였다.

16, 17, 18세기에 불교는 흥기興起하였다. 당 응와이Đàng Ngoài와 당 쫑Đàng Trong에서 사회·경제의 변화는 불교가 넓고 깊어지도록 만들었고 커다란 일부 중심도시들을 만들어냈다. 여러 승려들이 사회의식의 요구들에 답응하기 위하여 선학禪學에 대한 일부 의견을 제출하였다. 그렇지만 역사는 지나갔고, 그들의 여러 노력들은 타오 드엉Thảo Đường이나 쭉 럼Trúc Lâm과 같은 발전을 만들어낼 수는 없었다. 천 응웬Chân Nguyên, 흐엉 하이Hương Hải, 느쯩Như Trừng 등은 불교와 불학을 진흥시켰지만 리-쩐Lý-Trần 시대처럼 정점에 이르지는 못하였다. 16세기 이후에 불교는 이전처럼 지배적 정신의 요소가 되어서 나라에서 사용하는 사상체계의 역할을 더 이상 담당할 수 없었다. 불교는 인간에 대한 괴로움을 제시하였고, 깊은 인식도 제시하였으며, 동시에 이러한 괴로움을 해탈하기 위한 방법을 찾기 위해 노력하였다. 이는 불교의 고상한 인도적 가치이다. 하지만 불교의 괴로움에 대한 이설理說과 괴로움을 해탈하는 방법은 개체로 들어갔다. 사멸제四滅諦, 십이연기十二緣起, 팔정도八正道 등과 같은 불교의 이설은 개인의 정신과 신체에 대한 괴로운 인식을 만들어내었으나, 괴로움을 해탈하는 방법에 있어서는 개별적인 인간의 생리와 심리에 대한 여러 관념 위에서 형성될 수 있었다. 이시기의 불교는 가장 큰 괴로움인 계급의 압박, 민족의 압박에 대해서는 제기할 수 없었고, 크고 넓은 공동체를 위한 해탈의 방식을 만들어내지 않았다. 불교는 선종에 이르기까지 입세간적인 노력들을 많이 했으며, 많은 사람들이 사상을 제기하여 내놓았다. 유불융합적 사유는 '삼교일원三敎一源'을 만들어 내기도 했지만, 선종은 불교의 제한을 벗어나 넘어설 수 없었으며, 모두가 사회의 폐색閉塞을 해결할 수 없었다. 그러나 돌아보면 17세기부터 그 이후에 불교의 사상과 사원은 이러한 폐쇄성을 숨기는 곳이 되었다. 우리는 이를 다음과 같은 경우에서 엿볼 수 있다. 장원 응웬 빈 키엠

Nguyễn Bỉnh Khiêm, 장원 찐 뚜에Trịnh Tuệ, 응오 티 념Ngô Thì Nhậm이 선두에 선 쭉 럼Trúc Lâm파 내의 진사와 대신들에 속한 사람들을 비롯하여 다른 많은 인물들이 있다. 1578년에 들어 응웬 빈 키엠Nguyễn Bỉnh Khiêm이 87세 무렵 관직에서 물러나 20여 년이 가깝게 되었을 때 그는 「삼교상비명三敎像碑銘」을 지었다. "대개 불佛은 색과 심을 비추어 들어 인과 과를 분명하게 분별한다. 노자는 유柔에 이르기 위하여 기氣에 들어가기를 주장하고, 순전한 본질을 지키는 유일한 이치를 겨냥하였다. 공자는 인, 의, 문, 행, 충, 신의 도를 행한다. 모두가 다 도덕을 수양하는 교리에 따르는 것이다." 레-찐Lê-Trịnh의 정권을 위해 관리를 하던 적지 않은 수의 유학자들은 충효를 제고하고 삼강을 행하였지만 시세時勢에 부합하도록 힘을 쓸 수 없었다. 그들은 자신의 정학正學에만 머물러 만족할 수 없었으며, 사상의 폐색閉塞은 그들로 하여금 사찰에 오르고 불교에 이르러 찾도록 만들었다. 16~18세기 동안 유불노를 구성하는 각자의 직접적 구성 요소와, 이러한 요소들 사이의 생기롭고 유연한 관계의 구조 속에서 불교는 다시금 흥기하였던 것이다.

불교는 여러 작은 마을까지 퍼져 나갔고, 풍속과 결합하였다. 고전적인 신앙은 문학, 예술, 사유의 방법 안에서 인과, 연기 등의 변증적 요소와 더불어 그리고 선善과 인仁과 같은 도덕 관념들과 더불어서 독특한 민족 문화의 구성요소를 만들어 내었다.

이 시기에 불교 자체는 인식론과 사상 측면에서 크게 확대되었다. 불교 자체에서 선과 정토의 결합은 쉽게 이해할 수 있는 교리와 간단한 의식 등과 더불어 쉽게 받아들일 수 있었으며 높은 인문적 의의도 지니고 있다. 이러한 변화와 더불어 불교는 이전 시기의 역할과는 다른 측면에서 사회에 작용 하였고, 이 시기의 민족문화에 중요한 역할을 하였다. 불교는 리-쩐Lý-Trần 시기와 같이 중요한 위치는 아니었지만, 민간에서의 그 영향은 때때로 더 깊어지고 넓어졌다. 아미타불과 관세음의 자비, 인과응보, 구인도세의 사상은 계속해서 베트남의 심혼에 인애를 더욱 배양시켰다.

유학자들과 더불어 불교 또한 이들 사상에 중요한 요소이다. 장원 응웬 빈 키엠Nguyễn Bỉnh Khiêm을 시작으로 박학자였던 레 뀌 돈Lê Quý Đôn에 이르기까지 불학을 잘 이해하였고, 장원 찐 뚜에Trịnh Tuệ는 불교를 신앙하였으며 문학가인 응웬 지아 티에우Nguyễn Gia Thiều, 응웬 주Nguyễn Du는 불교의 인생관에서 영향을 받았다. 불학, 불교는 응웬 당 서Nguyễn Đăng Sở, 응오 티 념Ngô Thì Nhậm과 같은 인물들에 의해 새로운 쭉 럼Trúc Lâm파의 경향을 만들어냈다. 이렇게 불교는 17~18세기에 들어와 베트남 사상의 면모를 풍부하고 다양하게 만드는데 공헌하였다. 또한 불교는 대체로 세속적 성향을 강하게 지니고 간결하게 되면서 베트남 사회의 사상과 문화에 적응하게 되었다.

제6부

당 쫑Đàng Trong, 塘中
당 응와이Đàng Ngoài, 塘外 정권의
파국과 농민전쟁 시기의 사상

제20장

사회, 문화, 사상 환경

1786년에 이르기까지 대월은 여전히 두 지역으로 나뉘어져 있었다. 당 응와이Đàng Ngoài는 레-찐Lê-Trịnh 정권의 관리 지역에 속해 있었고, 당 쫑Đàng Trong은 응웬Nguyễn 정권의 것이었다. 두 지역의 정치 경제 상황은 다른 점들이 많았다. 당 응와이Đàng Ngoài는 침체되었고 그 뒤 1740년대를 지나면서 봉건제도는 빠르게 쇠퇴되었다. 또한 당 쫑Đàng Trong, 지아 딘Gia Định 지역에서는 황무지를 개간할 토지가 있었기 때문에 여러 지역에서 가난한 사람들을 끌어 당겼다. 하지만 1770년대에 이르면 봉건제도와 응웬Nguyễn 씨 집단은 심각한 공황상태에 빠졌다.

18세기 초에 당 응와이Đàng Ngoài에서 농업과 시장경제는 많은 어려움에 직면하였다. 공통의 경작지는 심각하게 줄어들게 되었다. 판 후이 쭈Phan Huy Chú에 따르면 "진산남하鎭山南下에는 많은 공공의 경작지가 남아 있지만, 다른 지역은 많이 줄어들게 되었다". 그리고 "어떠한 마을이라도 더 있어야만 군량과 우록寓祿을 공급할 만큼 충분하다". 그래서 레 주 똥Lê Dụ Tông(1705~1729) 조정은 공전公田을 보호할 목적으로 홍 득Hồng Đức 균전均田의 규칙을 조정하여 변법을 제기하였다. 하지만 조정의 변법은 역시 뜻하는 결과를 가져오지 않았다. 다른 측면에서 포 히엔Phố Hiến 도시지역은 17세기 한때 흥성興盛하였으나 이 시기에 들어오면 점점 쇠퇴해지고 다시금 '농촌화'가 되었다.

서양의 여러 점포와 상인들은 더 이상 남아 있지 않았다. 일본 사람들도 보이지 않고 단지 화교의 가게들만 몇몇 남아 있을 뿐이었다.

당 응와이Đàng Ngoài 사회는 날이 갈수록 깊게 분화分化하였고, 빈부는 날이 갈수록 격차가 벌어졌으며, 공전公田과 사전私田은 심할 정도로 균형이 무너졌다. 이러한 상황은 사회를 점점 더 공황상태로 이끄는 원인이 되었다. 이와 더불어 심각한 기근이 1739년부터 시작되었다.

1740, 1741년에는 홍Hồng 강 인근지역에서 기근이 발생하여 심하고 무섭게 퍼져 나갔는데, 팜 딘 호Phạm Đình Hổ는 『우중수필雨中隨筆』에서 이렇게 쓰고 있다. "경작지는 거의 무성한 숲이 되었다." 죽은 사람들이 길에 가득하였고, 인육을 먹는 경우도 있었다. "많은 인민들이 거의 죽음에 이른 상태로 나무껍질을 벗겨 먹어야 했고, 들판의 쥐를 잡아먹었다." 인민들은 마을을 버리고 유랑했고, 마을은 황폐해져 쓸쓸하였다. 농민의 풍조風潮는 선 남Sơn Nam과 하이 즈엉Hải Dương에서 일어났다.

1740년 찐 조안Trịnh Doanh이 왕위에 올라서 "정전법을 실로 흠모하여 빈부를 고르게 하고 부역을 공평하게 하고자 하였다".[1] 그러나 찐 조안Trịnh Doanh의 목적은 곧바로 반대에 부딪쳤다. 레-찐Lê-Trịnh 조정은 사회의 공황 앞에서 무력하였고 사회를 지속적으로 안정시킬 변법은 없었다. 1739년이 지나면서 당 응와이Đàng Ngoài의 농민은 날이 갈수록 들끓어 올랐다. 여러 유랑하는 가난하고 고단한 농민들은 언제든 농민봉기를 일으킬 역량을 지닌 배후세력이었다. 봉기의 시작은 응웬 즈엉 흥Nguyễn Dương Hưng으로부터 시작되었다.

옛 역사서에는 이렇게 기록하고 있다. "정사政事는 부정하였고, 세금은 무거웠으며, 인민의 마음은 어떻게든지 빨리 난을 일으키기를 원하였다.

---

1 판 후이 추(Phan Huy Chú), 『역조헌장류지(歷朝憲章類誌)』 3집, 70면.

당시에 하이 즈엉Hải Dương을 보면 닌 싸Ninh Xá에 응웬 뛰엔Nguyễn Tuyển, 응웬 끄Nguyễn Cừ의 무리가 있었고, 모 짝Mộ Trạch에는 부 짝 오아인Vũ Trác Oánh이 있었다. 선 남Sơn Nam에서 보자면 황 꽁 첫Hoàng Công Chất이 있었다. 큰 당黨과 작은 패거리들은 이곳에 자리가 없으면 저곳으로 선동하면서 서로 분주하게 옮겨 다녔다. 어느 곳이든지 스스로 군대를 일으키고 스스로 명호를 칭하였는데 응웬 뛰엔Nguyễn Tuyển은 자칭 명주明主라 하였고, 짝 오아인Trác Oánh은 비록 레Lê를 돕는다는 명분을 빌렸지만 스스로를 명공明公이라 칭하였다. 동남지역의 인민, 써레를 끄는 사람, 어깨에 매고 지고 지팡이를 짚고 따르는 사람들이, 많은 곳에서는 만 명이 넘는 데도 있었고, 작은 곳에서도 역시 수백 수천이 되었다. 그들은 여러 성城과 촌락을 에워싸고 공격했으며, 마을을 강탈하여 혼란시켰으나 조정에서는 저지할 수가 없었다."[2] 또한 선 남 하Sơn Nam Hạ에서 부 딘 중Vũ Đình Dung의 기의起義와 동시에 선 남 트엉Sơn Nam Thượng에는 뜨엉Tương이 있었고, 낀 박Kinh Bắc에는 뇨 봉Nho Bồng이 있었고, 선 떠이Sơn Tây에는 응웬 자인 프엉Nguyễn Danh Phương과 떼Tế가 있었다.

1741년 이후 농민운동은 계속되는 커다란 4차례의 기의起義로 이어졌다.

— 1740~1751년까지 응에 안Nghệ An, 낀 박Kinh Bắc, 안 꽝An Quảng, 하이 즈엉Hải Dương에서 일어난 응웬 흐우 꺼우Nguyễn Hữu Cầu의 기의로 세간에서는 그를 꿘 헤Quận He라 불렀다.

— 1740~1751년까지 선 남 하Sơn Nam Hạ에서 활동한 황 꽁 첫Hoàng Công Chất의 기의로 이후에는 흥 화Hưng Hóa로 옮겨서 1769년까지 활동하였다.

— 황 멋Hoàng Mật이라고도 불리는 레 주이 멋Lê Duy Mật의 기의인데 그는

---

2   응웬(Nguyễn)조 국사관(國史館), 『월사통감강목(越史通鑑綱目)』 17집, 사학출판사, 1958, 40면.

본래 왕족으로 레 주 똥Lê Dụ Tông의 아들이었다. 1739-1770년까지 응에 안
Nghệ An, 타인Thanh 에서 활동하였다.

당 응와이Đàng Ngoài에서 농민운동은 18세기 하반기에 결정적인 투쟁을
전개하였지만 모두 실패하였고, 모두 레-찐Lê-Trịnh 조정에 의해 진압되어
피의 바다가 되었다.

당 쫑Đàng Trong에서는 1760년 후반에 이르기까지는 여전히 민란과 전쟁
들이 없었다. 비록 이전보다는 줄어들었다 할지라도 호이 안Hội An, 사이
곤Sài Gòn과 같은 도시는 여전히 활동을 유지하고 있었다. 하지만 당 응와이
Đàng Ngoài에서 농민운동이 실패할 즈음에 당 쫑Đàng Trong의 농민들이 강하
게 일어나기 시작하였다. 1770년부터 그 이후에는 떠이 선Tây Sơn의 형제들
인 응웬 냑Nguyễn Nhạc, 응웬 훼Nguyễn Huệ, 응웬 르Nguyễn Lữ를 비롯한 다른 많
은 사람들이 농민들과 가난한 사람들, 소규모 상인들, 낀Kinh족과 바나Bana
족 사람 등을 결집시켰으며 결국 응웬Nguyễn 정권을 전복시켰다. 이 기회를
틈타서 찐 섬Trịnh Sâm 왕은 군대를 동원하여 투언 화Thuận Hóa와 꽝 남Quảng
Nam 북부지역을 침략하였다. 떠이 선Tây Sơn 운동은 응웬Nguyễn 씨 정권을 전
복시킨 후에 진군하여 레-찐Lê-Trịnh 정권도 전복시켜서 나라를 통일하는 발
걸음을 내디뎠다. 나라를 둘로 나눈 지아인Gianh 강 경계는 영원히 사라지고
당 쫑Đàng Trong과 땅 응와이Đàng Ngoài의 분별도 더 이상 존재하지 않았다. 떠
이 선Tây Sơn 기의는 위대한 전공을 세우기도 했는데, 1785년에 라익 검Rạch
Gầm-쏘아이 뭇Xoài Mut에서는 씨엠Xiêm군의 침략을 물리쳤으며, 1789년에는
동 다Đống Đa, 응옥 호이Ngọc Hồi에서 만청蠻淸군의 침략을 소멸시켰다.

뀌 년Quy Nhơn 부, 떠이 선Tây Sơn 촌락에서부터 시작된 떠이 선Tây Sơn 의군
義軍의 기의는 당 쫑Đàng Trong 농민들이 봉기한 지역의 힘에 의지하였고, 그
후에는 빠르게 전국으로 확장되면서 노쇠한 봉건국가들을 무너뜨린 후 외

부의 침략군을 소탕하였다. 떠이 선Tây Sơn봉기는 여러 봉건집단이 만들어 낸 반민족 반인민의 상황 아래에서 민족독립을 위한 보호투쟁과 계급투쟁 간의 결합이었다. 바로 계급과 민족 사이의 결합이 힘을 만들어 냈고 봉기 의 철저하고 빠른 승리를 가져왔다.

떠이 선Tây Sơn봉기의 발전은 당 쫑Đàng Trong과 당 응와이Đàng Ngoài의 사대 부계층에 깊게 작동하였다. 적지 않은 사대부들이 '오상과 충'을 품고 여전 히 레Lê왕조에 충성하고 있었지만, 한편 많은 사대부들은 시세時勢를 인식 하고 레-찐Lê-Trịnh 정권을 버리고 떠이 선Tây Sơn 세력과 협력하였다. 대표 적인 인물로는 쩐 반 끼Trần Văn Kỷ, 응오 티 념Ngô Thì Nhậm, 응웬 지아 판Nguyễn Gia Phan, 판 후이 익Phan Huy Ích, 도안 응웬 뚜언Đoàn Nguyễn Tuấn, 닌 똔Ninh Tốn, 쩐 바 람Trần Bá Lãm, 응웬 티엡Nguyễn Thiếp 등을 헤아릴 수 있다.

그렇지만 떠이 선Tây Sơn 기의의 발걸음도 역시 시대적 한계가 있었다. 여러 봉기의 지도자들은 전승을 거둔 이후에 다시 봉건왕조로 전환되었 다. 응웬 냑Nguyễn Nhạc은 타이 득Thái Đức 왕이 되었다. 응웬 훼Nguyễn Huệ는 꽝 쭝Quang Trung 황제가 되었고, 여러 수령들은 상서, 시랑, 도독, 후작, 백작이 되었다. 봉건국가는 다시 재건되었다. 떠이 선Tây Sơn왕조에서 무장과 문신 은 절대로 바뀔 수 없이 꽉 짜인 것은 아니었다. 적지 않은 수의 농민군 출 신의 무장들은 비록 사회관리 능력은 낮았지만 조정의 관리가 되어 주요 직책들을 차지하였다. 많은 수의 박 하Bắc Hà 사람들을 포함하는 문신들은 여러 진鎭에서 일을 보았다. 1792년 꽝 쭝Quang Trung이 사망하자 응오 티 념 Ngô Thì Nhậm, 판 후이 익Phan Huy Ích, 응웬 테 릭Nguyễn Thế Lịch, 닌 똔Ninh Tốn과 같은 박 하Bắc Hà의 유신儒臣들은 '고독한 기러기 그림자'와도 같았다. 그 후 에 그들은 믿음을 얻어서 등용되지 못하였고, 고향으로 돌아가거나 북쪽 으로 되돌아가는 사람들도 있었다. 떠이 선Tây Sơn 정권은 쇠약해졌으며 결 국에는 지아 딘Gia Định에서부터 거병하여 박 하Bắc Hà로 진군해 온 지아 롱

Gia Long 세력에 의해 1802년에 무너지게 되었다.

18세기는 베트남 역사에서 커다란 사건들이 많았으며, 민족과 농민들이 두각을 드러낸 시기라고 할 수 있다.

18세기에 접어들어 과거시험은 시간이 지날수록 더욱 더 넓어지게 되었다. 향시鄕試에서 공생貢生, 생도生徒와 같은 학위는 상품화가 되어 갔다. 판 후이 추Phan Huy Chú에 따르면 빈 틴Vinh Thịnh 7년(1711) 이전의 향시는, "여러 시험장에서는 사서四書, 역사, 사육四六에서 대략 10여개가 넘는 문제, 부賦에서 3~5문제를 출제하였다. 처음 출제한 것에서 바꾸지 않았기 때문에 '사서史書'라 불렀다. 학자들 중 많은 사람들이 시험문제들을 가져다가 팔았다. 시험을 보는 사람들은 떠들썩하게 이 시험문제들을 구매하기 위해 묻거나 혹은 암기하고 혹은 몰래 숨겨 들어가 베껴 쓰기도 한다". 18세기 초에 이르자 공개적으로 나라에서 학위의 증서를 파는 일이 행해졌다. "누구든지 '통경通經의 돈'이라 불리는 3관의 돈을 내면(당시에는 생도生徒 3관이라 불렀다) 시험을 치를 수 있는 권리가 주어졌다. 하지만 시험을 치르는 것은 아니었다. 이렇게 해서 농사를 짓는 사람이나 물건을 사고파는 상인, 고기를 파는 사람, 잡동사니를 파는 사람에 이르기까지 모두들 돈을 내기만 하면 시험을 치를 수 있었다. 시험을 보는 날이면 붐벼서 서로가 종이를 짓밟는 지경에 이르고, 시험장 입구에서 죽는 자도 있었다. 시험장 안에는 책을 지니고 있거나 글자를 물어보기도 하고 대리시험을 치기도 하는 것이 공공연한 것이니, 더 이상은 시험의 법이 무엇인지도 남아있지 않다." 판 후이 추Phan Huy Chú는 이렇게 쓰고 있다. "시험의 법을 바꾸자는 아첨꾼들이 있을 때부터 생도들은 3관이면 천하를 얻는데 충분하다. 이러하므로 윗사람들은 돈을 얻는데 두려워함이 없고, 아래 사람들은 시험에 합격하기 위해 돈을 거두는데 부끄러움이 없으니, 시험장이 시장판이 되어 가는 것이다."[3]

응웬Nguyễn 씨의 통치 지역인 당 쫑Đàng Trong에서는 당 응와이Đàng Ngoài에
서처럼 교육과 과거시험이 성행하지 않았다. 하지만 조정은 여전히 유교
를 사상의 골자로 삼았다. 1646년 응웬Nguyễn 조는 향시 과거제도를 실시하
기 시작하였다. 1715년에는 쩐 비엔Trấn Biên에 문묘를 세웠다. 레 뀌 돈Lê
Quý Đôn의 『무변잡록撫邊雜錄』에 따르면 5년에 한차례 봄철에 군시郡試를, 9
년에 가을철에 접어들어 회시會試를 한 차례 연다고 기록되어 있다. 선출된
여러 사람들은 3 부류로 나뉘는데, 갑甲항은 향공鄕貢이라 불렸으며, 을乙항
과 병丙항은 생도生徒라 불렸다.

떠이 선Tây Sơn 시기에 유교의 교육과 과거는 재건되었다. 숭정원崇正院이
세워졌는데 응웬 티엡Nguyễn Thiếp, 부이 즈엉 릭Bùi Dương Lịch 등이 책임을 맡
았다. 일부 경전들은 츠 놈Chữ Nôm으로 번역되어 교과서로 쓰였다. 사대부
계층을 지속적으로 유지하기 위해 재능과 덕이 있는 인재를 모으는 시험
이 진鎭에서 조직되었다. 하지만 떠이 선Tây Sơn 시기의 이러한 일들은 많은
한계도 지니고 있었다. 꽝 쭝Quang Trung과 꽝 또안Quang Toản은 회시會試와 정
시廷試를 열지 못하였다.

이처럼 과거제도의 변화는 18세기 중엽과 그 이후로 넘어가면서 당시
사람들에게 수준이 낮고 교조적이 되었다는 비판을 들어야 했다. 하지만
유사儒士의 수는 이전 시기와 비교하여 증가하였다. 15세기부터 연속된 과
거의 발전은 오랜 시간을 거치면서 유사儒士계층을 만들어 내어 조정과 지
방으로 넓게 퍼뜨렸으며 복잡하고 다양한 사회 등급을 만들어냈다.

과거는 가장 뛰어나고 중요한 관리를 선발하는 방식이었으며, 또한 관
료봉건정권을 위한 사회적 기초를 만드는 방식이기도 하였다. 레 서Lê Sơ
시기부터 관료제도는 정권체제 내에서 관리의 지위에 따른 경제적 권리를

---

3 판 후이 추(Phan Huy Chú), 『역조헌장류지(歷朝憲章類誌)』 3집, 앞의 책, 18~19면.

규정하였다. "한 사람이 관리를 하면 모든 집안사람이 의지할 수 있다." 과거를 통과하여 관료의 대열에 뛰어드는 일은 과거시험과 관직을 숭배하도록 만들었고, 그 당시는 물론 그 후에도 시간이 지날수록 더욱 심각해지면서 17, 18세기에 들어서는 전통적인 심리로 굳어지게 되었다. 과거에 대해 연구한 책들도 생겨났다. 대신이었던 응웬 호안Nguyễn Hoãn은『대월역조등과록大越歷朝登科錄』,『과방표기科榜標奇』를 지었고, 리 쩐 꽌Lý Trần Quán은『천남역과회부선天南歷科會賦選』, 쩐 띠엔Trần Tiến은『등과록수강登科錄搜講』등을 저술하여 과거시험을 고무하고 진사의 학위를 제고하는데 힘을 기울였다. 일부 은둔했던 적은 수의 사람들을 제외하고 대부분의 사대부들은 향시와 회시의 시험장에 피곤함도 잊고 도취되었다. 심지어는 고급 학위에 대해서 신성화할 정도로 숭배하는 사람들도 생겨났다.

이전 세기와 마찬가지로 18세기의 과거시험과 학행學行은 일부 망족望族들을 만들어냈다. 따 타인 오와이Tả Thanh Oai에서의 응오Ngô 씨, 낀 박Kinh Bắc에서의 쩐Trần 씨, 응에 안Nghệ An에서의 응오Ngô 씨, 하이 즈엉Hải Dương에서의 부우Vũ 씨, 응에 안Nghệ An에서의 호Hồ 씨 등의 가문은 봉건정권을 위해 많은 관리를 배출하였다. 여러 세대에 걸쳐 계속해서 관직에 오른 집안은 민간의 까 자오Ca Dao나 속담에도 영향을 주었다. 망족望族의 형성은 여러 세기에 걸친 관료화와 과거시험의 역사 과정이 만들어낸 한 결과였다.

그런데 아무나 가서 시험을 본다고 해서 공생貢生이나 진사進士가 되는 것은 아니었다. 급제하는 사람보다 떨어지는 사람들이 훨씬 많았다. 학행과 과거시험이 일상적으로 이어진다면 이러한 계층은 거듭날 수 있었다. 아래에 있던 학자계층은 행정을 조직하는 일에 관심을 기울이지 않았지만 그들과는 다른 지위와 권리가 있었다. 그들은 유학의 훈장이나 의학의 의약 선생 혹은 관상을 보거나 점을 치는 사람들, 풍수지리 선생 등이었다. 이들은 유학을 밑천으로 삼아 직업을 삼았는데, 학문을 가르치거나 기도 하는 일, 산소를 쓰는 일, 약을 쓰는 일 등이 주요한 생업이었다. 동시에 마을에서의 정신적 삶 또한 그들에게 빚지지 않을 수 없었다. 만약에 이 마을에 부족하다면 당연히 다른 마을에서 훈장을 모셔와야만 했다. 유학의 훈장은 농촌 마을에 굳게 자리 잡게 되었는데, 그들은 종교적, 교육적, 그리고 더 나아가서는 의술에 이르는 역할도 담당하였기 때문이다.

사회는 바로 정권을 위한 기초가 되는 유교질서의 추세에 따라서 기강을 유지하는 중요한 측면이었다.

과거를 거친 사대부계층은 현에서 조정에 이르기까지 정권의 여러 계급에서 관료의 대열로 걸어 들어갔는데, 이는 마을에서부터 조정에 이르기까지 수직의 축을 만들었다. 이러한 정권에는 중요한 두 견해가 있었다. 인간은 구체적 측면에서 일상적으로 바뀔 수 있었지만, 유교의 사상은 관리하기 위하여 핵심적인 것을 준수하고 지키고자 하였다. 18세기에 들어서면 당 응와이Đàng Ngoài와 당 쫑Đàng Trong 모두에서 봉건관료집단은 스스로 조정이 가능한 많은 일들을 대폭 감소시켰다. 보수체제는 무거운 장벽이 되어 발전하는 사회를 가로막았다.

또한 준수성과 보수성 때문에 많은 유학자들은 당시 사회에서 보편적이었던 상품-통화 관계에 적극적으로 반응하였다. 16세기 말부터 응웬 빈 키엠Nguyễn Bỉnh Khiêm은 존경받는 유학자는 부자富子가 될 수 있다고 보았고, 이러한 사회-경제 관계를 비판하는 많은 시편들을 썼다. "지난 도道 이러한 의義는 백가지 소리, 들어서는 그저 침묵하고 동전을 다시 청한다."

이후 18세기 말에 이르고 그 이후에도 유학자들의 이러한 관념은 지속되었는데, 특히 레 흐우 짝Lê Hữu Trác은 청빈을 칭송하고 이익을 경시하였다. 그들은 바로 동전으로 인해 사회질서와 고전적인 도덕 인륜관계들이 바뀌게 되었다고 여겼다. 그들은 상품-통화 관계가 객관적으로 필요한 것이라고 인정하지 않았다. 그들의 사상 안에서 이러한 경제 관계는 합리적인 것이 아니었다.

17세기부터 상품경제가 발전하고, 시민市民계층과 중간시민계층이 늘어나면서 의식의 변천을 요구하였다. 하지만 유교는 이러한 요구에 답응할 수 없었다. 봉건정권 또한 이러한 변화에 맞설 수 없었다.

18세기에 참종參從 벼슬을 지낸 느 딘 또안Nữ Đinh Toàn은 17세기에 팜 꽁 쯔Phạm Công Trứ가 편찬한 교화 47조를 츠 놈Chữ Nôm으로 꾸며 작은 마을에도 퍼지도록 인쇄하였다. 그러나 이 일은 뚜렷한 효과를 나타내지 못하였다.

18세기에 건너오자 불교는 계속해서 회복하고 발전할 수 있었다. 당 응와이Đàng Ngoài 지역 가운데 홍Hồng강 유역의 들판 지역에서는 사찰이 없는 마을이 없었으며, 큰 마을에는 2~3개에 이르는 사찰이 있었다. 어떠한 사찰이든지 개별적으로 경작지, 공원, 저수지 등을 소유하고 경제를 유지하였다. 어떠한 사찰은 '삼보'라는 시장이 있어서 수입을 더욱 증대시키기도 했다. 찐Trịnh 조정과 많은 관리들은 떠이 프엉Tây Phương, 낌 리엔Kim Liên, 께오Keo, 꿔 럼Quỳnh Lâm 등의 대규모 사찰들을 세우는 일에 인력과 재원을 낭비하였다. 정권의 관심 또한 불교가 발전하는 원인이 되었다. 당 쫑Đàng Trong에서는 응웬Nguyễn왕조의 숭불정책으로 규모가 커다란 사찰들이 세워졌는데, 티엔 무Thiên Mụ, 티엔 언Thiên Ấn 등의 사찰들이다. 중국 광동지역의 승려들은 화교의 무역선을 따라서 호이 안Hội An, 훼Huế 등에 전도하였다. 베트남의 상인들은 유교보다 불교를 믿는 사람이 많았기 때문에 당 쫑Đàng Trong에서 불교는 보편적이 될 수 있었다.

불교와 더불어서 18세기의 도교 또한 넓게 전파되었다. 많은 도관道觀이 탕 롱Thăng Long, 훼Huế, 랑 선Lạng Sơn 등지에서 인민의 신앙에 부응하기 위하여 건설되었다. 레 꿔 돈Lê Quý Đôn, 응오 티 시Ngô Thì Sĩ, 판 후이 익Phan Huy Ích 등 많은 저명한 유학자들 또한 도교를 믿었다. 이 시기의 도교는 유교와 불교와 비교할 만 하였다.

전통적인 종교와 사상 학설 옆에는 16세기부터 베트남에 유입한 천주교가 점차 넓어지면서 자리 잡게 되었다. 스페인, 포르투갈, 프랑스 등의 선교사들은 매우 열정적으로 활동하였다. 일부 인민들은 당대 정권과 그들의 사상에 불만을 가졌고, 그래서 천주를 믿기도 했다. 하지만 이 새로운 종교는 우선적으로 사회를 관리하던 유교의 학설을 비롯하여 전통적인 교리들과 단절되어 있었기 때문에 일부 사람들만이 호감을 갖고 있었다.

이외에도 일부 선교사들은 종교적 활동을 하면서 한편으로는 정치활동을 하였고, 사회 내부에 불평등을 조성하기도 하였기 때문에 종종 당 쫑Đàng Trong과 당 응와이Đàng Ngoài 정권은 이 도를 금지하거나 선교사들을 축출하여야만 했다.

외부에서 전해져 들어온 커다란 종교들과 더불어 평행하게 존재했던 것은 현지의 신앙이다. 이전 시기와 마찬가지로 이러한 신앙은 18세기에도 매우 다양하였다. 마을의 기초를 이루는 인민들에게는 많은 종류의 신들이 있었다. 구름, 비, 번개, 천둥, 강, 산, 다Đa 나무, 데Đề 나무의 신과 같은 자연신들이 있었다. 조상신, 나라를 구한 영웅신은 물론 심지어 익사한 사람, 걸식하는 사람, 거름을 치는 사람들의 신과 같은 인격신들이 있었다. 그리고 자신 본명本命에도 신이 있다는 본명신本命神도 있었다. 그들의 관념에 따르면 이러한 여러 신들은 인간의 삶과 동떨어진 것이 아니며 사람보다 그다지 더 높이 서 있는 것은 아니지만, 여러 일에서 인간을 위해 도움을 줄 수 있었다.

18세기의 혼란스러운 사회는 문학 창작과 문학적 사유들의 근원이 되기도 했다. 여러 뛰어난 문학작품들이 쏟아져 나왔다. 작가의 이름을 알 수 없는 작품으로는 『송진국화宋珍菊花』, 『범공국화范公菊花』 등이 있으며, 작가의 이름이 알려진 작품으로는 당 쩐 꼰Đàng Trần Côn과 도안 티 디엠Đoàn Thị Điểm의 『정부음征婦吟』, 응웬 지아 티에우Nguyễn Gia Thiều의 『궁원음곡宮怨吟

曲』, 응옥 헌Ngọc Hân 공주의 『애사만哀思挽』 등이 있는데, 이 가운데 주요한 것은 19세기 초에 나온 응웬 주Nguyễn Du의 『전교傳翹』로 베트남 고전문학의 대표적 작품이다. 위의 여러 작품들은 인간의 고단한 상황을 반영하고, 사람됨의 도와 삶의 이유 그리고 사랑에 대한 다양한 갈망들을 드러내고 있다. 이와 동시에 사회와 인생의 문제들을 해결하기 위한 다양한 방향에 대해서도 언급하고 있다.

이 당시에는 문화 활동과 더불어 과학 분야의 활동도 찾아볼 수 있다. 우선적으로 사회과학 분야의 발전적 추세를 엿볼 수 있고, 그 중에서 두드러지는 것은 역사학 분야의 발전이다. 레 뀌 돈Lê Quý Đôn은 『대월통사大越通史』, 『북사통록北使通錄』, 『견문소록見聞小錄』 등이 있으며, 응오 티 시Ngô Thì Sĩ는 『월사표안越史摽案』이 있고, 응웬 응이엠Nguyễn Nghiêm은 『월사비람越史備覽』 등이 있다. 뒤이어 헤아릴 만한 것은 지리학 측면이다. 응오 티 념Ngô Thì Nhậm은 『해동지략海東誌略』이 있고, 호앙 빈 친Hoàng Bình Chính은 『흥화처풍토록興化處風土錄』이 있고, 쩐 자인 럼Trần Danh Lâm은 『환주풍토화驩州風土話』 등이 있다. 의학분야에서는 레 흐우 짝Lê Hữu Trác의 거대한 『의종심령醫宗心領』 전집 등이 있다. 이러한 과학 활동들은 당대인들에게 사람과 나라에 대한, 그리고 사회와 역사에 대한 새로운 견식들을 대거 공급하였다.

특별한 것은 위의 활동 영역 가운데 경학經學과 도학道學이다. 역사적으로 보면 어떠한 시기도 이 시기만큼 경학과 도학에 대해서 활발하게 논의된 시기가 없었다고 말할 수 있을 것이다. 유학자들에 의한 경전작품들의 약술과 강해, 주석과 관련된 일련의 자료들이 나타나고 있다. 다음과 같은 자료들을 언급할 수 있다. 응웬 후이 오안Nguyễn Huy Oánh의 『사서찬요四書纂要』, 레 뀌 돈Lê Quý Đôn의 『사서약해四書約解』, 『역경부설易經膚說』, 『서경연의書經演義』, 『춘추략론春秋略論』, 『성모현범聖謀賢範』, 『예론禮論』 등을 비롯하여 당 타이 프엉Đặng Thái Phương의 『주역국음해의周易國音解義』, 응웬 냐Nguyễn Nha

의 『역의존의易義存疑』, 응오 디 넘Ngô Thi Nhậm의 『춘추관견春秋管見』, 팜 응웬 주Phạm Nguyễn Du의 『논어우안論語愚按』 등이 있다. 도리를 가르치는 교재 성격의 작품들도 출현하였는데, 응오 티 시Ngô Thi Sĩ의 『오씨가훈吳氏家訓』, 호 시 즈엉Hồ Sĩ Dương의 『수매가례壽梅家禮』, 부이 즈엉 릭Bùi Dương Lịch의 『배가 훈해裵家訓孩』, 팜 응웬 주Phạm Nguyễn Du의 『주훈찬요朱訓纂要』 등이 있다. 위의 여러 작품들을 보면 이전보다 더 전면적이고 깊어진 동양의 경전들에 대한 당대 학자들의 인식을 찾아볼 수 있다. 동시에 이전 시기와 비교해서 그들의 사유에서 개별적 특성들이 보다 더 분명하게 흔적을 남기고 있다.

이러한 문화와 정신의 활동영역들은 당대의 사상가들에게 사유와 체험을 넓혀주었다. 역사와 사회에 대한 그들의 견식은 이전 시기의 어떠한 인물보다도 더욱 풍부해졌다. 그리고 그들에게 있어서 나라와 사회의 요구와 재촉은 역시 어느 시기보다도 더 급박했다. 그렇기 때문에 그들이 형성한 사상들, 그들이 확립한 관념들, 그들이 운용한 사유 방법들은 이전 시기보다 훨씬 다양하고 수준이 높았다.

18세기에 조정에서 관심을 기울이고 사람들이 숭배한 불교와 도교는 여전히 중시되었다고 볼 수 있지만 신앙과 심리적 측면으로 흘러내린 것을 부인하기 어렵다. 이론적 입장에서도 그 역할은 분명하지 않다. 오늘날 응웬 티엡Nguyễn Thiếp 이외에 우리가 기억할만한 소요자재의 성질을 지닌 심사와 희망을 나타내는 한 쌍의 글이 있다. "상황에 따라서 굴신한다면 옳은 것이다. 이러한 도는 여기서 우리가 힘쓰려 한다."(「뜻있는 선비들」) "일장춘몽은 저기 소동파, 시험 보는 해에 등을 굽혀 도연명을 떠올린다."(「지난날 비바람이 불어 시험에 들어가지 못하고」) 이렇게 응웬 티엡Nguyễn Thiếp 이외에 다른 사람들은 한편으로는 도가를 멀리하거나, 다른 한편으로는 이러한 도를 향하더라도 사상적으로 헤아릴 가치를 찾기 어렵다. 여기서 노장의 도는 실제로는 도교라 할 수 있다. 16세기의 응웬 빈 키엠Nguyễn Bỉnh Khiêm처럼 저명한 도의 경향을 지닌 어떠한 사상가도 출현하는 것을 볼 수 없다. 불도佛道 역시 상황은 이와 비슷하다. 불교에서 우리가 찾아볼 수 있는 것은 응웬 지아 티에우Nguyễn Gia Thiều의 「궁원음곡宮怨吟曲」에서 보이는 것처럼 인생에 대한 탄식의 소리만 있다. 누구도 17세기의 흐엉 하이Hương Hải 선사처럼 사회의 정신적 삶에서 불교가 반드시 필요하다는 관점을 제시할 수가 없었다. 이론적 측면에서 유도儒道는 선두자리를 차지하게 되었고, 새로운 관점들을 제시하는 것도 멈추지 않았다.

유학자들은 이론과 사상적 측면에서 가장 역동적인 사람들이었다. 그들은 여러 유학자들의 경전을 고찰하고 주석하였으며, 그들의 관점을 기준으로 유교의 기본적 사상들을 전파하기 위하여 펼쳐 해석하였다. 그들은 '가훈家訓'류의 여러 책들을 편찬하였는데, 유학의 사람됨의 도리를 가르치기 위해서였다. 그들은 유학의 입장에서 정치적 주장들을 펼치고 건의들을 제시하기 위하여 사회를 조사하고 역사를 고찰하였다. 이러한 여러 일들은 이론적 환경에서 유학의 색채를 만들어내었는데, 문제를 제시하는 방법에서부터 범주와 관념의 내용에 이르기까지 모두 유학의 흔적들을 지니고 있었다. 레 뀌 돈Lê Quý Đôn, 응오 티 념Ngô Thì Nhậm, 응오 티 시Ngô Thì Sĩ는 이 시기에 이러한 경향을 대표하는 인물들이다.

하지만 이 시기에 유학이 강조되었다고 하더라도, 18세기 유교는 이전 시기의 유교와는 달랐다. 이 시기의 유교는 불佛, 노老와 완전히 떨어지지 않았으며, 그들과 대립하지도 않았다. 오히려 이와는 반대로 그들은 자신의 이설理說을 정립하면서 불과 유를 요약하였다. 이렇게 유교를 기초로 한 '삼교동원'의 경향은 날이 갈수록 강력한 추세를 형성했다.

'삼교동원'의 주장은 새로운 현상은 아니었다. 매우 이른 시기부터 동양철학의 역사에서도 우리들은 이러한 이야기들을 했었다. 베트남에서는 11~14세기 무렵, 리-쩐Lý-Trần 시기에 이미 출현하였었다. 이러한 주장이 출현한 이유는 모든 학설들이 제각기 한계가 있었기 때문이다. 유학은 주로 정치·사회 측면을 주장하였고, 불교의 경우에는 죽음과 삶의 문제를 해결하려 하였고, 노-장은 유학자들이 세상을 잃었을 때 대처하는 방식들을 공급하여 주었다. 동양 사람들의 인생은, 무엇보다도 사상가들은 중고대의 시기에 걸쳐서 유, 불, 노의 영향을 받는 환경에 놓여 있었으며, 삼교는 모두 제 기능을 발휘하기 위한 기초가 있었다. 하지만 학설들은 개별적으로 그들의 정신적인 삶을 충분히 만족시켜 줄 수 없었다. 쩐 타이 똥Trần Thái Tông은 이렇게 말하고 있다. "생사의 도리를 분명히 밝히는 길을 어리석은 사람들에게 권선하는 방편, 이것이 부처의 큰 가르침이다. 후세를 위해 규칙을 미리 마련하고 장래를 위해 교범을 삼는 것, 이것이 선성先聖의 책임이다." (『선종지남禪宗指南』) 17세기의 흐엉 하이Hương Hải 선사도 이와 유사한 관념이 있었다. 이렇게 동양 사람들의 세계관은 유, 불, 노의 복잡한 세계관이다.

그런데 18세기의 '삼교동원' 주장은 리-쩐Lý-Trần 시기와는 다르다. 리-쩐 Lý-Trần 시기에는 동원이 불교의 기초 위에 있었으나, 18세기에는 동원이 유교의 기초 위에 있었다. 레 뀌 돈Lê Quý Đôn은 불교에 대해서 "우리에게 윤리강상을 모조리 버리라고 말하는 것이 아니다"라고 말한다. 그리고 불자들의 수행에 대해서는 이렇게 평가한다. "한편 사람에게 이익이 되고 한편 자신에게 이익이 되니, 요약하자면 모두가 인仁 하나의 마음이다."(『견문소록見聞小錄』) 응오 티 시Ngô Thi Sĩ는 이렇게 말한다. "불도, 노도는 역시 우리 공부자孔夫子의 도의 범위 안에 있으며, 불, 노만 각자 따로 있는 것이 아니다."((『오봉문집午峰文集』) 응오 티 넘Ngô Thi Nhậm 또한 이렇게 언급한다. "위대한 선사(응오 티 넘Ngô Thi Nhậm)가 말한다. 천년 뒤에 험담하는 사람이 있는 것은 우리가 잘못 이해하여 유학, 불교를 일삼기 때문이다. 여러 사람들이 알면 반드시 험담하지 않으며, 험담하는 사람은 반드시 알지 못한다."(『죽림종지원성竹林宗旨元聲』) 장원 찐 뚜에Trịnh Tuệ도 말한다. "삼교는 여전히 하나의 문門이며, 세 흐름은 여전히 하나의 이치이다. 근본은 물불, 금金과 석탄, 흑백, 달콤함과 씁쓸함과 같이 서로 맞서는 성질이 있는 것이 아니다."(『삼교일원설三敎一源說』) 불교의 기초 위에서 동원을 주장하는 것과, 유교의 기초 위에서 동원을 주장하는 것은 둘 다 옳은 것이 아니다. 왜냐하면 이러한 학설은 각자 본래 지니고 있는 여러 이론이 있으며, 서로 다른 체계들을 따르기 때문이다.

이렇게 본다면 리-쩐Lý-Trần 시기에 '동원'을 주장하는 것은 사상가들이 유학을 이해하는데 철저하지 못했기 때문이다. 또한 18세기에 동원을 주장하는 것은 사상가들이 사회의 문제들을 해석하기 위하여 할 수 없이 유교를 사용하였기 때문이다.

하지만 '삼교동원'의 주장은 역시 18세기 말에야 비로소 반응이 야기되었다. 18세기 말에서 19세기 초에 살았던 부이 즈엉 릭Bùi Dương Lịch(1757~1827), 팜 응웬 주Phạm Nguyễn Du(1739~1784), 팜 꿔 틱Phạm Quý Thích(1760~1825), 부이 후이 빅Bùi Huy Bích(1744~1818) 등과 같은 많은 사람들은 모두가 '삼교동원'의 관점에 반대하였고 불과 노를 비판하였다. 부이 즈엉 릭Bùi Dương Lịch은 이렇게 말한다. "또한 노도老道와 같은 것은 만족함을 하나의 목적으로 삼으며, 성지聖智는 해롭기 때문에 반드시 버려야만 하는 것이다."(「옥루화시문屋漏話詩文」) 팜 응웬 주Phạm Nguyễn Du는 말한다. "지금은 불교의 학설이 매우 성하니 사찰과 승려가 천하의 거의 절반이나 된다. 정권을 쥔 한 쓰엉 레Hàn Xương Lê와 같은 사람들은 '승려를 붙잡아 환속시키고, 사찰은 사람들을 위해 살아갈 집으로 삼으며, 불서는 모조리 태워버려야 한다'고 말하는데 어찌 즐겁지 아니한가!"(『논어우안論語愚按』) 팜 꿔 틱Phạm Quý Thích은 이렇게 말한다. "불은 우선 이익으로 사람을 어르고 이익 때문에 자기 스스로를 어른다. 불자의 설을 믿는 자는 어름을 당한 사람이다."(『범입재시문집范立齋詩文集』) 이러한 경향이 출현한 것은 '동원'의 관점 때문으로 어느 정도 강요된 것이라 할 수 있다. 아울러 불과 노장을 중시하는 것으로는 역시 당대의 사회를 위해 해결할 수 있는 것이 아무것도 없었다. 이러한 비판은 뒤에 이 어지는 단계에서 유학의 독존 현상이 등장하는 것에 대한 신호이다. 응웬 Nguyễn왕조는 19세기에 유교를 존숭하게 되었는데, 이는 응웬Nguyễn왕조가 요구하는 중앙집권제도 때문만이 아니라 이전의 발전 추세에 따라서 필요 성이 대두되었기 때문이기도 하다.

철학과 정치사회사상에서는 이전 시기에 토의할 수 있었던 문제들이 지 속되었다. 치란治亂의 근원, 운명의 원인과 같은 여러 문제들, 당대의 나라 를 다스리기 위한 주장들, 어떻게 하면 사람됨의 도를 이룰 것인가 하는 문 제 등 모두가 다시금 인식하고 고찰할 수 있는 것들이다. 이전과 비교하면 제출하는 수준이 보다 급박하고, 여러 범주를 둘러 싼 의견은 보다 분명하 였으며, 변론은 역시 보다 직설적이었다. 이러한 발전은 한 측면에서는 이 전 단계의 이론의 성취를 계승할 수 있었기 때문이며, 다른 측면에서는 넓 은 형식으로 실천을 총괄하고 역사를 총괄할 수 있었기 때문이다.

전쟁, 혼란, 근심과 괴로움, 전쟁으로 인한 죽음은 다시금 시대를 고민 하던 지식인들에게 아픔을 불러 일으켰다. 그들은 치란治亂의 원인을 찾아 내야만 했다. 그들의 사유에 따르면 지도자와 그들이 따르던 통치 집단은 사회적 조건이었는데, 치세와 난세가 일어나는 것은 하늘의 뜻과 인민의 마음과 이러한 통치 집단의 태도 때문이었다. 인민의 마음이란 것은 인민 의 바람과 뜻이며, 하늘의 뜻은 인간과 인간사회를 지배하는 무형의 힘이 자 필수적인 움직임으로, 신비주의적 유심론자에게는 이것이 인격을 지닌 하늘의 의지가 된다. 또한 무신 유물론자들에게는 이것이 인간을 지배하 는 객관적 규율과 같은 것으로 인간은 다른 것을 행할 수 없다. 18세기에는 이러한 문제에 대해서 두 관점을 지니고 있다. 우선 인민의 마음을 중시하 는 관점이다. 레 뀌 돈Lê Quý Đôn의 언급은 경서에 있다. "인민은 나라의 근원, 근원이 튼튼하면 나라는 안정된다. 인민을 구한다는 것은 나라를 위한 것이다."(『음즐문주陰騭文注』) 응웬 티엡Nguyễn Thiếp은 또한 이렇게 말한다. "인민은 근원으로, 근원이 튼튼하면 나라가 편안하다."(응에 안Nghệ An의 민정民情에 대해 꽝 중Quang Trung에게 올린 표문) 응오 티 넘Ngô Thi Nhậm은 이를 보다 강력하고 철저하게 제기하였다. 인민의 마음은 하늘의 뜻을 결정하는 것이었다. "하늘이 보살피고 하늘이 듣는 것은 그 뜻이 인민에 있기 때문이다. 인민의 마음이 안정되면 하늘의 뜻 또한 바뀐다", "인민이 아래에서 감화하면 하늘이 위에서 응화하니, 효험은 기약하지 않더라도 스스로 온다".(당시 정사政事에 대한 상주문上奏文) 위의 관점과 달리 하늘의 뜻이 인민의 마음에 체현된다는 관점도 있다. 응오 티 시Ngô Thi Sĩ는 이렇게 말한다. "하늘이 보살피고 듣는 것은 인민 때문이다. 그러므로 길조와 흉조를 하늘이 정하여 드러냄이 모두가 사람 마음의 즐거움과 슬픔에 관련되어 있다", "하늘의 흉조와 길조는 인간의 일과 맞물려 있으며, 나라의 정사는 하늘에 이르기까지 연결되어 있다".(천재지변의 사정에 대한 상주문上奏文) 응오 티 넘Ngô Thi Nhậm과 같은 여러 사람들의 관점은 비록 유물론적이거나 무신론적은 아니지만 인민의 마음을 중시하는 의식의 실현을 동력으로 삼았으며 인민의 마음을 얻으면 좋은 운을 곧 맞이하게 될 것으로 보고 있다. 또한 응오 티 넘Ngô Thi Nhậm의 아버지인 응오 티 시Ngô Thi Sĩ의 관점은 종교적 유심주의의 성질을 지니고 있었고, 동양에 본래적으로 있는 천인감응의 양식을 지니고 있었다.

18세기에 위와 다른 범주의 관점은 일반적으로 두 입장으로 정리하여 논의할 수 있는데 바로 '시時'와 '명命'이다. 이러한 관점의 첫째 종류는 모든 사람들이 하나의 명命이 있고 하늘에 따라서 존재한다는 것이다. 응오 티 시Ngô Thi Sĩ와 판 후이 익Phan Huy Ích은 적절한 예이다. 응오 티 시Ngô Thi Sĩ는 이렇게 말한다. "우리는 모두가 명이 있어서 태어났다. (…중략…) 명은 하늘에 달려 있는 것이다."(『앵언시집鸚言詩集』) 판 후이 익Phan Huy Ích은 말한다. "하늘은 인민 때문에 왕을 내리고 선생을 두는데, 커다란 일은 본래 운명이다."(『유암문집裕庵文集』) 이러한 관점은 특별히 새로운 것은 없으며 다만 이전시기 유심주의 유학자들의 관점을 다시 반복하고 있다. 하지만 이러한 관점은 여기서 멈추지 않았다. 이는 사람들이 운명과 함께 편안하도록 머물게 만들고, 수동적으로 앉아서 기다리도록 한다. "사람들은 모두가 타고난명이 있다. 군자는 단지 평이平易하게 살아갈 뿐이다. 관직에 나아가거나 머물러 은둔하거나 평안하며, 귀하거나 천하거나 이러한 것이든 저러한 것이든 평안하다."(『앵언시집鸚言詩集』) "우리가 계속 시명時命과 더불어 편안하면비록 허둥대더라도 역시 견딜 수 있다."(『명견시집鳴鵑詩集』) 둘째 종류는 이와다르다. 이는 결론적으로 행동의 최후에 이르러서는 천명이 있다는 입장을받아들이는 것이다. 현실적으로 인간의 일들이 모두 최선의 결과를 기약할수 있는 것은 아니며, 주관적인 생각과 맞아 떨어지기 때문이다. 하지만 이는 수동적인 것은 아니다. 반대로 생각하면 이는 오히려 인간의 주관적 요구가 외부 세계의 운동을 관찰하고 행동하는데 적합한 실마리를 선택한다는 것이기도 하다. 이러한 관점을 대표하는 인물은 응오 티 념Ngô Thì Nhậm이다. 한 측면에서 그는 말한다. "성함과 쇠함, 길고 짧은 것은 하늘에 따른 운명으로, 인간의 힘으로는 만들어 낼 수 없는 것이다."(『한각영화翰閣英花』) 다른 측면에서 그는 인식과 행동에서 '시時' 개념을 발휘한다. 예를 들어 그는시時가 때마다 다르다고 말한다. "도는 바뀜이 있고, 시時는 변통이 있다. 성인聖人은 천도를 따라 나라 안에서는 왕이 되고 인민의 부모가 되니 다만 하나의 뜻이 있을 뿐이다."(『한각영화翰閣英花』) 행동이 시時에 적절하고 시時에따른다면 강력한 힘이 있다고도 말한다. "비가 시時에 따르고 논밭에 넘치니, 단지 한차례 쟁기질로 천千의 논밭을 끝낸다. 바람이 화和하게 불어 강과 바다가 평온하니 다만 하나의 돛으로 물건이 배에 가득하다."(『금마행여金

馬行餘』) 일을 함이 시時에 맞으면 후회가 없다고도 언급한다. "쓰이면 행하고 놓이면 그만둔다. 나아갈 때에나 머무를 때, 말할 때나 침묵할 때 모두 시에 맞다."(『금마행여金馬行餘』) "전국시대, 춘추시대, 시세時勢를 만남은 세시勢時가 그러하기 때문이다."(당 쩐 트엉Đặng Trần Thường 답서答書) 분명히 뒤의 관점은 적극적이고 변증법적인 것이다.

'이기理氣'는 사상가들의 철학적 입장을 드러내 말하는 범주쌍으로, 베트남에서는 18세기에 처음으로 토의될 수 있었던 송유의 기본 범주쌍이다. 송유의 영향에 대해서 말하자면 14세기부터 있었으며 호 뀌 리Hồ Quý Ly가 비판하기도 하였다. 송유의 태극, 리, 수 등의 범주들이 일상적으로 등장하는 것은 16세기 응웬 빈 키엠Nguyễn Bỉnh Khiêm의 작품에서 비롯된다. 하지만 그에게 있어서도 이기理氣의 범주쌍은 보이지 않는다. 응웬 빈 키엠Nguyễn Bỉnh Khiêm의 사유는 타당하게 '천도'와 '인도'에 집중하고 있지만 사유와 존재의 관계에 대해서는 토의한 것이 보이지 않는다. 18세기로 넘어오면 물론 견식이 넓어진 이유도 있지만 여러 사상가들이 이러한 철학적 의의가 있는 영역까지 이르고 있기 때문이기도 하다. 레 뀌 돈Lê Quý Đôn은 당대에 이기의 관계에 관해서 가장 주의를 기울인 인물이다. 그는 이기의 내용과 두 개념의 관계에 대해서 토론하고 인용하기 위하여 『운대류어蕓臺類語』 안에 「이기理氣」장을 분명하게 마련하고 있다. 여기에서 레 뀌 돈Lê Quý Đôn은 그가 언급한 것들을 보면 미숙한 측면이 있지만 유물사상가라 할 수 있다. "이理는 기氣 안에 있고 기의 드러남이다."(『운대류어蕓臺類語』 「이기理氣」) "둥근 하늘 아래, 땅 위의 모든 것은 바람과 기이다."(『운대류어蕓臺類語』 「이기理氣」) "번개, 바람, 폭풍 등은 모두 기가 만들어낸 것이다."(『운대류어蕓臺類語』 「이기理氣」) 하지만 그의 이러한 입장은 철저하지 않았다. 그는 이렇게 말할 때도 있었다. "나라의 운명과 사대부의 운명은 모두가 아득한 곳 앞에서 정해진다."(『운대류어蕓臺類語』 「이기理氣」) 이는 신비주의적 유심 관점이다. 시대는 그가 보다 멀리 내다볼 수 있도록 허락하지 않았다. 부이 즈엉 릭Bùi Dương Lịch 또한 『예안기乂安記』의 「누이 낌 남Núi Kim Nham」편에서 만물의 근원을 해석하기 위하여 '기'를 사용하고 있다. 이(정신)와 기(물질) 사이의 여러 관계에 대해서 토의하고, 다시 세계의 근원을 해석하기 위하여 '기'를 쓰는 것은 18세기 사상가들이 민족의 사유 수준을 높이고 이성화의 한 걸음을 내디딘 것이었다. 아쉬운 것은 이러한 상황이 이후의 시기에 유지되지 못했다는 것이다. 응웬Nguyễn왕조에서는 다시 한유漢儒를 존숭하는 데로 돌아갔으며 사상의 발전 또한 허락하지 않았다.

나라를 다스리는 도의 영역으로 넘어가면, 18세기에는 역시 이전과는 다른 조건이 있다. 일반적으로 말하면 18세기에는 이전의 많은 시기처럼 여러 사상가들이 모두들 인의의 깃발을 높이 치켜들고 있으며, 모두들 공맹과 왕도의 노선을 주장하고 패도와 법가의 노선을 비판하였다. 일부 소수의 사람들만 다른 사상을 제시하였다. 10세기의 전前-레Lê왕조 시기에도 팝 투언Đỗ Pháp Thuận은 나라를 다스리는 도들 가운데 도가의 사상 중 하나인 '무위無爲'사상을 제기한 적이 있다. "만약에 조정이 무위의 노선을 쓴다면 곳곳에서 모두 도병刀兵이 멈출 것이다." 하지만 이후의 왕조에는 영향을 미치지 못하였다. 18세기에는 거의 모두의 사상가들이 현실적으로 모두가 힘을 사용하는 것을 주장하고, 적을 제거하기 위하여 군대를 사용하는 것을 주장하였다. 이는 법가의 패도의 노선을 쓰는 것이지만 그들은 인의의 노선을 칭송하였으며 유교의 왕도의 깃발을 얻기 위해 다투었다. 그들은 현실을 두려워하였다. 레 꾀 돈Lê Quý Đôn은 유일하게 실제로 두뇌를 쓴 인물이다. 그는 유교와 법가를 결합하였고, 인의와 무력을 결합하였다. '이理'는 유가의 오상五常이며, '세勢'는 법가의 힘이었다. 그는 이들의 결합을 제기하였다. "천하의 일은 '이理'와 '세勢' 이외에는 없다. 하지만 이 둘은 일상적으로 서로 기대어 있다. '이'를 알지만 '세'를 살피지 못하면 일은 이루지 못한다. '세'를 살피지만 '이'를 알지 못하면 역시 일을 이룰 수가 없다."(『군서고변群書考辨』) "만약에 단지 '이' 하나만 또는 '세' 하나만 꿰뚫는 것도 어렵다. 송양공宋襄公의 '인의'는 다만 '이'에 머물고, 상앙商鞅의 '공리公利'는 다만 '세'에 머문다.(『군서고변群書考辨』) 이는 그가 나라를 다스리는 길을 찾는 일에서 체험한 것이다. 하지만 이러한 관념은 후대는 물론 당대에도 영향을 끼치지 못하였다. 당연히 이는 새로운 관념이었고 현실을 있는 그대로 직시하는 대범한 것이었으며 베트남 사상사에서 보자면 낯설고 특이한 관념이었다.

18세기 혼란스러운 시세時勢는 여러 사상가들로 하여금 자기 자신과 사람들을 위해서 그리고 삶의 규칙을 건설하고 사회를 안정시키는데 기여하기 위해서 사람됨의 도를 다시 찾도록 만들었다.

우선 당대 사상가들 앞에 높여진 문제는 출세하여 은둔하거나 아니면 세간에 머물러 관직에 나아가는 것인가 하는 것이었다. 출세를 주장하는 사상가들이 있기는 했지만 그다지 많지 않았다. 입세를 주장하는 사람들은 당시의 주요한 역량이었다. 흥망성쇠의 팽팽한 리듬과 더불어 사회의 운동은 그들로 하여금 무시하여 얼굴을 돌릴 수 없도록 만들었다. 그들은 이해하여 찾아내고 행동하고 자신의 관점을 정립하기 위해 반박하고 증명하기 위해 삶 속으로 뛰어 들어야만 했다.

유도는 대표적인 입세의 도로서, 입세를 주장하는 여러 사람들은 모두가 자신의 행동과 사유를 위해 유도를 끌어 들였다. 그러나 그들과 유도의 긴밀함에 있어서는 많은 정도의 차이가 있었다. 당 쩐 꼰Đặng Trần Côn과 도안 티 디엠Đoàn Thị Điểm과 같은 일부 사람들은 이상理想 앞에서 주저하며 망설였다. 「정부음征婦吟」에서 그들의 장수將帥는 처음에는 "늘어선 성城을 곧바로 손에 쥐고 밝은 왕에게 바치고자 하니, 척검尺劍은 장차 하늘의 적과 동행하지 않으리라 결심하였다"라고 하지만, 뒤에는 다시 정부征婦의 말을 빌려 한탄하면서 차라리 그가 작봉爵封을 받지 말 것을 충고하지 못한 것을 후회하고 있다. 판 후이 익Phan Huy Ích과 같은 일부의 사람들은 습관적으로 도리道理의 깃발을 펼치고 있다. "충에 의지하고 의에 따르며, 마음속에는 여유가 있으니 어디를 가든지 즐겁지 않겠는가"(『유암문집裕庵文集』) 또한 부이 후이 빅Bùi Huy Bích은 "하늘을 숭배하기 위하여 스스로 마음을 지키고, 스스로 성性을 키운다".(『여충잡설呂忠雜說』) 일부 사람들은 이러한 도리를 견지하면서도 서로 입장이 달랐고 서로 대립하기도 하였다.

당대 유학의 요점만을 들어 언급하자면, 사람이 있으면 '충효'를 생각하고, '인의충정'을 생각하고, '사단'을 생각하고, '삼강'을 생각하는 것이었다. 이러한 여러 판단들은 이렇게 나열하거나 혹은 제시하는 상황에 따라서 고찰하면 모두가 적절한 것이었다. 하지만 당대 투쟁국면의 초점과 사유의 초점은 오직 '충'이라는 글자에 대한 관념이었다. 시대는 사람들에게 하나의 전통적 관념이 반복적으로 전복되도록 만드는데, 이것은 도리에 맞는 것을 이해하기 위해서뿐만 아니라 평안하게 행동하기 위한 것이기도 했다. 떠이 선Tây Sơn이 북하北河로 나온 것은 이러한 측면에서 뜨거운 쟁론을 만들어내는 상황이었다.

일부 레-찐Lê-Trịnh의 조정대신들은 떠이 선Tây Sơn 군대가 북으로 나오는 것을 보고 당황하고 걱정하였다. 그들은 협력하지 않았을 뿐만 아니라 응웬 훼Nguyễn Huệ 옷을 입은 영웅들을 적대시하였다. 그들은 자신이 충성하던 그 사람과 가족들이 어떻게 되든지간에 오로지 한 사람의 통치자와 그 혈통만을 충이라는 관념으로 단단히 고수하였다. 그들은 단지 자신의 왕이 있는 것만 알았고 자신의 왕만을 향하였다. 쩐 자인 안Trần Danh Án은 말한다. "그가 세운 것을 살펴보자면 왕만을 아는 무지한 무리로, 해바라기 꽃이 괴로운 때에도 여전히 태양을 향하는 것이다."(『요암시집了庵詩集』), "그들의 저러한 견식을 보면 왕만을 아는 작은 벌레와 같은 무리로, 해바라기가 시들어 가면서도 해를 향하는 것과 같다."(띤 파이Tinh Phái와 투이 냠Thụy Nham 후侯에게 보내는 답서答書) 응웬 하인Nguyễn Hành은 이렇게 제기한다. "충효 자가 어찌 다시금 두 임금을 섬기던가."(『명견시집鳴鵑詩集』) 그들은 오직 마음속에 레-찐Lê-Trịnh왕조만을 품었다. 리 쩐 꽌Lý Trần Quán은 죽기 전에 여전히 찐Trịnh 왕에 대한 충의 마음이 완전하지 않음을 걱정하였다. "효는 3년이면 완수하지만, 충은 십분의 일도 온전히 하지 못한다." 쩐 자인 안Trần Danh Án은 또한 한결같이 레Lê왕조와 함께 하기를 원한다. "내가 죽은 이후에라도 길을 지나는 여러 과객들이 모두가 무덤에서 이곳은 쩐Trần 씨 일가로 레Lê 조정의 진사라고 말하기를 원한다"(『요암시집了庵詩集』), "죽더라도 강상을 간직한다면 죽음 역시 찬란한 것이다". 응웬 하인Nguyễn Hành은 이렇게 말한다. "왕의 녹을 먹고 왕을 위해 죽으니 영혼은 여전히 웅강雄强하다." 그리고 이렇게 맹세한다. "나는 나이가 들어서도 여전히 절개를 지키기를 맹세한다."(『명견시집鳴鵑詩集』)

사대부들이 이러한 관점과 태도를 지니는 것은 한편 시대를 인식하고 민감하게 반응한 것이기도 하다. 대표적인 인물들은 응오 티 냠Ngô Thì Nhậm, 쩐 반 끼Trần Văn Kỷ, 닌 똔Ninh Tốn 등이다. 떠이 선Tây Sơn의 커다란 사업을 보고 응웬 훼Nguyễn Huệ의 재능을 보면서 그들은 감복하면서 확신을 갖게 되었으며, 동시에 이 왕조와 이 사람에 대해서 충성해야 한다는 의식이 생겼다. 그들은 진부하고 수구적인 사람들을 비난하였다. 응오 티 냠Ngô Thì Nhậm의 목소리가 대표적인 목소리였다. "여러 사람들은 수양首陽에 머물지 않지만 역시 백이와 숙제의 습관을 배운다 하고, 해도海島에 살지 않지만 전횡田橫을 흉내낸다고 한다. 뿐만 아니라 승부와 성패의 기미가 모호하며 또한 옳고 그름의 이유를 전혀 헤아리지 않으며 오히려 더 잃게 되더라도 그러한다고만 한다. 이는 절대로 충의를 꿰뚫은 사람들의 행위가 아니다."(『한각영화翰閣英花』)

위의 두 관점은 서로 다른 두 정신 상태와 두 결과에 이르도록 한다. 여러 고루한 사람들은 정신적으로 우울함에 빠져서 결과적으로는 은둔하는 지경에 이른다. 이는 고독한 심경으로 나타난다. "밝은 일월과 같이 고독한 충의 한 마음"(『요암시집了庵詩集』) 이것은 또한 쓸쓸한 사정으로도 표현된다. "백이숙제는 죽은 지 오래 되었다. 나는 누구와 더불어 친구 삼을지를 안다!"(위와 같음) 이것은 또한 길을 잃은 것이다. "가자, 가자! 나는 어디로 가는지 아는가? 돌아가자! 어떻게 쉽게 돌아갈 수 있겠는가?"(『명견시집鳴鵑詩集』) 동정을 일으킬만한 방황으로 묘사되기도 한다. "애처롭구나 하나의 나라가 300년이 넘었는데, 인도와 하늘의 규칙은 다만 한 아녀자만이 간직하여 지키는구나!"(『관동해觀東海』) 시대를 헤아리는 많은 사람들은 새로운 임금과 새로운 사업에 대해서 매우 기뻐하였다. 그들은 응웬 훼Nguyễn Huệ 옷을 입은 영웅들을 칭송하였다. 이들은 역사와 더불어서 뛰어난 공로가 있었다. "황조의 위덕이 울려 퍼지니 북의 청나라 군대를 굴복시키고 사방에 이름을 떨쳤으며, 남방의 태국과 크메르를 진압하고 (…중략…) 성천자聖天子께서 멀리 보시고 헤아림이 다른 왕들보다 분명히 뛰어나다."(『한각영화翰閣英花』) 만청蠻淸과는 위엄을 내세우면서 우호를 맺었다. "전쟁과 화평은 나의 결정에 말미암는 것이며, 친선親善은 사람들과 기쁨을 함께하기 위한 것이다."(『한각영화翰閣英花』) 노랫말에는 자부심이 가득한 흔적이 담겨 있으며, 스스로 그러한 찬란한 사업을 만드는데 공헌하였다고 주장하고 있다.

유가의 방식으로 제기된 사람됨의 도와 다른 측면에서 레 흐우 짝Lê Hữu Trác의 사람됨의 도가 있다. 그의 호는 하이 트엉 란 옹Hải Thượng Lãn Ông, 海上懶翁인데, 명리를 쫓지도 않고 관직에 나아갈 필요도 없는 바닷가의 게으른 늙은이라는 의미이다. 그의 면모를 엿볼 수 있는 구절이 있다. "도의 청한한 맛은 마땅히 늘 마실만하다", "공명이 분에 넘치면 흐르는 물을 보는 것과 같다." 대략적으로 그의 사상을 살펴보면 그는 도교의 방식으로 사람됨의 도를 선전하고 있는 것처럼 보인다. 하지만 실제로는 그렇지 않다. 그의 사상은 당대 인의의 이상을 실현하는 또 다른 하나의 방향을 새롭게 열고 있었다.

18세기는 마치 이전부터 당시에 이르기까지 전 과정에서 베트남 사상사의 정점에 있는 것처럼 보인다. 이전과 비교하면 이 시기의 작품들은 훨씬 많고 보다 다양하며 사상의 범위 또한 더 넓어졌고 이론과 사상의 영역에서의 투쟁 역시 더욱 분명해졌다. 18세기에 사상가들은 높은 시선을 지니고 있다. 그들 안에는 신神적 요소를 위협하는 인간적 요소, 보수적 요소보다 훨씬 많은 개창開創적 요소가 있다. 그들은 창조적 의식의 문지방을 넘어서 앞으로 나아갔다. 그들의 사상과 사업은 당시의 사유를 새롭게 바꾸는 문제를 만들어 내었다. 하지만 응웬Nguyễn왕조에 들어서서 위의 문제는 지속될 수 없었다. 어쨌든 이 시기는 오늘날의 사상과 문화를 건설하는 일에 비추어 보았을 때 커다란 의의를 남겨 준 한 세기라고 할 수 있다.

18세기의 작가들은 매우 많다. 전부 열거하기 힘들 정도이다. 여기서는 단지 각기 다른 경향을 보이는 대표적인 세 인물만을 살펴보기로 한다. 그들은 레 뀌 돈Lê Quý Đôn, 레 흐우 짝Lê Hữu Trác, 그리고 응오 티 념Ngô Thì Nhậm이다.

제21장

레 꿰 돈Lê Quý Đôn, 黎貴惇의 사상과
당대의 사상 경향

레 꿰 돈Lê Quý Đôn, 黎貴惇은 타이 빈Thái Bình 성의 흥 하Hưng Hà 현, 주엔 하
Duyên Hà 마을에서 1726년에 태어났다. 어렸을 적의 이름은 레 자인 프엉Lê
Danh Phương이며, 커서 이름을 꿰 돈Quý Đôn으로 바꾸었다. 그의 자는 조안 허
우Đoãn Hậu이고 호는 꿰 드엉Quế Đường이다. 그는 총명하고 넓은 학문으로 향
시에서부터 회시에 이르기까지 모두 1등으로 합격하였다. 그는 한림원翰林
院 시독侍讀, 국자감國子監 사업司業, 중국사절단의 부사副使, 한림원翰林院 승지
承旨, 하이 즈엉Hải Dương 독동督同, 국사관國史館 총재總裁 등 레-찐Lê-Trịnh 조정
의 관직을 두루 거쳤다. 그는 1784년에 세상을 떠났다. 그의 작품은 매우 많
다. 대표적인 작품으로는 『국사속편國史續編』, 『대월통사大越通史』, 『무변잡
록撫邊雜錄』, 『군서고변群書考辨』, 『춘추약론春秋略論』, 『북사통록北使通錄』, 『전
월시록全越詩錄』, 『운대류어篔臺類語』, 『견문소록見聞小錄』, 『서경연의書經演
義』, 『역경부설易經膚說』, 『황월문해皇越文海』, 『계당시집桂堂詩集』 등을 들 수
있다.

레 꿰 돈Lê Quý Đôn에 대해 학술적 측면에서 평가할 때, 그의 공헌은 주로
분석하여 밝히고, 고찰하여 연구하며, 수집하는 측면이라고 밝히는 의견

들이 있다. 이 가운데 옳은 것은 그가 이러한 측면에서 크게 공헌한 것은
맞지만, 그의 공로는 또한 보다 더 큰 측면이 있다. 그의 수십 권에 이르는
저술에서 찾아볼 수 있는 것은 그가 사상 측면에서 중요한 기여를 하였다
는 것이다.

그의 사상에 대해 논술할 때, 그의 레-찐Lê-Trịnh 조정에 대한 존숭의 입
장에 대해서 많은 주의를 기울이거나, 당시 농민의 운동에 대한 그의 반대
적 시각에 대해서 많은 주의를 기울이는 사람들이 있다. 이러한 연구 경향
때문에 그의 사상에 대해서 다소간 실제와 다른 인식을 만들어내기도 한
다. 옳은 것은 정치적 입장에 대한 측면인데, 그는 일정한 한계들을 지니고
있다. 하지만 다른 면에서 살펴보면 그의 사상은 단지 그러한 것만이 아니
다. 그의 사상을 전면적이고 객관적인 방식으로 평가하기 위해서는 그의
사상에서 기본적인 문제들을 살펴보지 않을 수가 없는데, 우리가 보기에
이는 그의 시대의 사상적 추세와 관련되어 있는 문제들이기도 하다.

1. 민족의 특색을 지니고 발전된 사상 문화를
건설하려는 의식

레 꿔 돈Lê Quý Đôn의 시기에 이르기까지 베트남 공동체는 견고한 민족
국가로 형성되었고 이러한 국가는 자신의 개별적인 문화예술과 풍속습관
삶의 방식과 더불어 남방의 색채가 짙은 풍부한 문화를 지니고 있었다. 그
렇다 하더라도 이러한 문화가 민족의 삶을 충분히 반영하였다거나 나라의
발전의 요구를 드러내었다고 말하거나 민족의 특색을 완전히 드러낸다는

의미는 아니다. 여기에는 건설하고 개조할 손길들이 필요한 덜 성숙하고 부족한 것들도 있고 한계들도 있다.

당대 문화의 성숙하지 못하고 부족한 상황은 여러 측면에서 표현할 수 있다. 과거의 문건들을 정리하고 체계화하지 못하였고, 민족의 심리 인식과 관련된 의식에는 올바른 방향으로 발전하지 못한 측면이 있으며, 문화적 풍습에는 중국의 영향이 남아 있는 부분이 있는 것 등이다. 그리고 이러한 여러 해를 끼치는 것들은 결코 작은 것이 아니었다. 이것은 사람들에게 민족의 과거 문화의 성취들을 올바르게 이해하지 못하도록 만들었고, 모방하려는 심리상태와 자기 비하적인 심리를 조성하였으며, 창조적인 정신이 없었고, 일부 사람들에게는 실제로 나라의 주인이 아니었다. 이는 이론과 실제, 학습과 행동, 아는 것과 행하는 것 사이를 분리시켜 놓았으며 사회 발전에까지 나쁜 영향을 끼쳤다.

박학한 사람으로서 레 뀌 돈Lê Quý Đôn은 정세에 민감하였다. 그는 냉담하지 않았다. 반대로 당대 문화의 실제 상태는 그로 하여금 심각하게 여러 영향을 받도록 만들었다. 나라의 전통적 문화 자료들은 중국의 침략에 의해 약탈당하였고 불태워졌으며 비범한 인물들은 어그러진 일을 당했다. 이러한 상황은 그를 걱정하고 고민하도록 만들었고, 그로 하여금 갈망하도록 만들었다. 일부 사람들에게 있었던 민족에 대한 자기 비하는 그로 하여금 마음을 아프게 만들었다.

문화를 만드는 사람의 구체적 행동으로서 레 뀌 돈Lê Quý Đôn은 문제마다 해결책을 제시하려 하였다. 그는 수많은 시편들, 수많은 사건들과 더불어 역사적 사실은 물론 옳다고 인정되는 많은 것들을 정리하였다. 리Lý 시기부터 레Lê 중흥에 이르는 시기까지의 시문작품 전부를 수집하고 체계화하였고, 당시 인민들의 정신과 물질생활의 거의 전부를 조사하고 분류하고 기록하였으며, 당시 세계의 폭넓은 지식들을 민족에게 소개할 목적으로 평가하고 기록하고 찾아서 읽었다. 이러한 여러 일들은 그로 하여금 민족적 특색을 지니게 만들었고, 발전적 문화 사상을 건설하는 일에 있어서도 매우 중요한 기여를 하도록 하였다.

민족의식은 지속적으로 레 뀌 돈Lê Quý Đôn이 나라의 이익을 위해 행동하고 숙고하도록 자극하였다. 그는 중국의 봉건무리들이 우리 사신을 '이관夷官 혹은 이목夷牧'이라고 부르는 것을 단호하게 비판하고 거부하였으며, 천조天朝라 자칭하는 무리들이 베트남의 변경을 침식하는 것에 대해서는 여러 수단을 이용하여 설득력 넘치는 방식으로 분명히 밝혔다. 다른 면에서 그는 분기奮起의 정신으로 다음과 같은 일들을 기록하는 것과 같은 것을 통하여 나라의 인재를 선양하는데 힘을 쏟았다. 명조 시기 북경 성호城壕(성곽과 해자)를 건설하고 배치하는 데 공을 세운 베트남 사람인 응웬 안Nguyễn An의 일, 다른 베트남 사람으로서 명나라가 배워야만 하는 신기神機총통을 발명해낸 호 응웬 쯩Hồ Nguyên Trừng의 일, 베트남 리Lý왕조의 효과적이고 빈틈없는 군대 조직의 방식을 모방해야만 했던 송나라의 일 등이다. 이외에 그는 나라의 산물産物들을 매우 높게 평가하였다. 북방(중국)이 흠모해야만 했던 우리의 계피, 침향, 족향(침향의 종류)의 효과를 제기하고, 중국인삼을 대신할 수 있을 것으로 보이는 응에 안Nghệ An의 삼, 보 친Bố Chính 삼의 뛰어난 치병治病의 효과를 주장하였다. 이러한 일들을 통해서 그는 민족의 자존과 자부심을 건설할 수 있었으며, 모든 베트남 각 사람들마다 자연의 산물과 나라를 사랑하고 인간을 사랑하는 마음을 더욱 증대시킬 수가 있었다. 그의 이러한 일들은 매우 의의가 있는 것이었는데, 왜냐하면 당대 일부의 베트남 사람들에게는 맹목적으로 중국을 숭배하고 민족을 스스로 천하게 여기고 경시하는 심리가 있었기 때문이다.

지식을 좋아하는 정신은 레 뀌 돈Lê Quý Đôn으로 하여금 한편으로는 탐구하는 힘을 드러내어 새로운 것들을 연구하고 다른 한편에서는 여러 조건들을 종합하고 체계화하는 방법을 찾아내어 축적할 수 있도록 하였다. 탐구하고 학습하는 일은 그의 견식見識을 날이 갈수록 거대하고 풍부하도록 하였고, 종합하고 체계화하는 것은 그의 견식을 나날이 찬란하고 깊어지도록 만들었다. 그의 종합하는 것 자체는 문화-사회의 발전과 더불어 커다란 의의를 가지고 있다. 왜냐하면 종합은 강점, 약점을 볼 수 있도록 하며, 종합에서 경험으로 나올 수 있도록 하며 문화의 발전 규칙을 드러낼 수 있도록 하는데, 한 사람의 종합의 결과는 다른 많은 사람들의 발전을 들어올리는 것의 기초가 될 수 있기 때문이다. 19세기 초의 판 후이 쭈Phan Huy Chú는 방대한 『역조헌장류지歷朝憲章類誌』편을 세울 수 있었는데 이를 어떤 측면에서 보자면 레 뀌 돈Lê Quý Đôn의 편찬 작업들보다 더 가치가 있지만, 이는 레 뀌 돈Lê Quý Đôn이 이미 편집한 작업들을 일부 계승하고 있다.

당시 봉건계급의 대표라 할 수 있는 레-찐Lê-Trịnh 조정은 민족 문화사상을 건설해야만 한다는 필요성을 볼 수가 없었다. 왜냐하면 그들은 역사의 역할을 잃어버렸기 때문이다. 당시의 많은 유학자들 또한 민족정신영역의 문제들 앞에서의 책임을 볼 수가 없었는데 그들은 중국을 숭배하는 심리를 무겁게 지니고 있었기 때문이다. 역시 봉건계급 내부의 사람, 또한 유학자의 한 사람이지만 레 뀌 돈Lê Quý Đôn은 다른 사람들이 보지 못하는 여러 조건들을 인식할 수가 있었다. 경방제세經邦濟世의 의지는 그로 하여금 시국을 직시하도록 만들었고 그렇기 때문에 시국이 제기하는 문제들을 다소간 볼 수가 있었으며, 총명하고 박학한 지식은 그로 하여금 베트남 문화의 결핍된 부분을 쉽게 알아볼 수 있었다. 이는 그의 공헌들의 견고한 기초들이다.

2. 전인류의 견식을 받아들이는 의식

우리 민족 자신의 발전의 노선은 지속적으로 문화 사상 발전의 두 추세와 나란히 진행되어 왔다. 하나는 자신의 문화적 성취들을 주변국들에게 발휘하는 것이며, 다른 하나는 자신을 풍부하게 하기 위하여 다른 나라들의 사상 문화의 성취들을 접수하는 것을 멈추지 않았다는 것이다. 그렇지만 베트남 역사상 처음으로 이 개념의 가장 새로운 내용과 더불어 전인류의 견식을 접수하는 의식이 있는 사람이 레 뀌 돈Lê Quý Đôn이다.

한 민족이 자신을 넉넉하게 하기 위하여 다른 한 민족의 사상 문화를 접수하는 것은 통상적인 일로, 문화와 견식은 국경이 없기 때문이며, 문화교류는 인류 역사의 보편적인 규율이기 때문이다. 지금으로부터 약 2000여 년 전, 우리 민족은 남아시아 여러 나라의 문화를 접수하였고, 문을 닫지 않은 나라였다. 왜냐하면 베트남은 북-남, 동-서 교류의 선상에 위치하고 있어서, 일상적으로 서로간의 문화-사상들과 접촉하기 위한 조건이 맞았고 스스로를 위해 필요한 여러 조건들을 선택하였기 때문이다. 하지만 논의할 필요가 없는 이러한 통상적인 일을 다시 들어 올리는 것은, 중국문화의 영향으로 우리 민족이 여러 세기에 걸쳐 북쪽을 제외한 많은 방향에 문을 닫아 온 결과 사회 발전을 지체하는 상황을 불러 일으켰기 때문이다. 긴 시간동안 베트남은 다만 동아시아의 견식에서 어슬렁거리는 지경에 빠졌고 그런 가운데 오로지 중국이 중심이라는 것만을 알았다.

누구든지 중국이 세계적으로 아주 이른 시기에 문명을 발전시킨 나라들 가운데 하나라는 것을 인정해야 한다. 중국의 견식은 본래 여러 측면이 있다. 중국 사람은 인류의 진보를 위해 많은 기여를 하였다. 나침반의 발명, 화약, 종이, 인쇄술, 천문역법, 의학 등과 같은. 하지만 중국의 봉건계급은 이러한 물질 문명들을 중시하지 않았다. 그들은 다만 정치-도덕의 견식에 주의를 기울였고 유학자의 정치-도덕 견식으로 제한되었다. 중국 봉건계급의 견식이 우리에게 강요되었고, 베트남 봉건계급은 유학자의 정치-도덕 견식만을 접수하는데 주의를 기울였다.

어느 한 때에는 봉건계급의 정치-도덕의 견식이 유교를 들어 중심에 놓고 사회의 요구에 답응할 수가 있었다고 말해야만 할 것이다. 하지만 이러한 시간은 베트남 역사에서 길지 않으며, 경제-사회의 발전과 더불어 그 자신이 지닌 모순으로 인해 중국 방식의 견식은 무기력하게 되었다. 16세기~19세기에 이르는 긴 시간동안 우리 민족은 견식체계에 대해, 세계관에 대해 공황(위기)을 겪어야 했다. 하지만 민족의 발전과 존재는 옛 견식의 틀을 깨뜨리기를 요구하고, 이를 넘어서서 새로운 견식들을 받아들이기를 요구하였다. 이러한 요구는 날이 갈수록 더욱 분명해지고 급박해졌다. 레 뀌 돈Lê Quý Đôn은 역사의 사명을 실현한 선구적인 인물이며, 이를 넘어 중국 견식의 포위를 벗어났고, 전인류의 견식을 접수하는 곳으로 나아갔다.

18세기는 레 뀌 돈Lê Quý Đôn이 살았던 세기로, 유럽에서는 제1차 산업혁명이 일어났다. 자연과 사회에 대한 유럽사람들의 견식과 환경개조는 매우 풍부하고 광범위했다. 당연히 당시 동양 사람은 그러한 견식을 모조리 알아보기 위한 조건이 되지 않았고, 시의적절한 방법도 역시 알 수가 없었다. 그들은 단지 일부 어느 정도는 알았는데, 동양에 건너와서 전도하는 기독교도 신부들의 소개를 통해서, 마테오 리치Matteo Ricei(이탈리아인 신부) 페르디난트 페르비스트Ferdinendue Verbiest(벨기에인 신부), 샬 폰 벨Schall Von Bel(독일인 신부) 등의 책을 통해서 알았는데, 통상적으로 유럽 현실과 비교하면 느린 것이었다. 이외에도 이러한 견식은 전교하는 사람의 바라보는 방식에 따라 비뚤어진 반영이 될 때가 있었다. 비록 그렇다 하더라도 동양 사람은 근대 유럽 견식의 윤곽들을 이해할 수 있는 조건이 있었다. 레 뀌 돈Lê

Quý Đôn은 당대 한문으로 번역된 과학, 지리, 천문에 대해 쓴 서양 신부들의 많은 책들을 찾아 읽을 수 있었다. 그러한 덕분에 그는 인간을 둘러싼 세계가 물질임을 알 수 있었으며, 여러 별들의 정확한 위치를 알 수 있었고, 지구가 둥글고 경선, 위선, 적도, 여러 대륙과 대양을 알 수 있었고, 시계가 톱니바퀴로 움직인다는 것 등도 알게 되었다. 당시 유럽인들에게는 이러한 견식들에 이르는 것이 특별한 것이 아니었지만, 동양인에게 그 가운데서도 당시의 베트남 사람에게는 새롭고 드문 일이었다. 유명한 독일의 고전철학자인 헤겔은 견식이 있는 사람으로서 자신의 시대를 넘어선 사람이 있다고 말한 적이 있다. 우리는 아마 레 뀌 돈Lê Quý Đôn을 이러한 인물 가운데 하나라고 여길 수 있을 것이다.

하지만 중요한 점은 아는데 이르는 것이 아니라 인식하고 평가하는데에 있다. 19세기 말에서 20세기 초의, 말하자면 레 뀌 돈Lê Quý Đôn보다 한 세기 후에 살았던 중국 개인 자본주의 사상가들은, 근대 유럽 견식의 양에 대해서 보면 레 뀌 돈Lê Quý Đôn에 비해 몇곱절 더 훨씬 새롭고 훨씬 많지만 그들은 다만 이를 '용用'이라 보고 여전히 중국의 학문을 '체體'라고 보는 것이 기본이었다. 레 뀌 돈Lê Quý Đôn이 태어난 약 100여 년 후, 응웬Nguyễn왕조의 구태의연한 조정대신들은, 서양의 과학적 견식 앞에서 일렬로 늘어서 '사설邪說' '이단異端'이라고 보았다. 레 뀌 돈Lê Quý Đôn은 그렇지 않았다. 그는 과학적 견식의 진보들 앞에서 보수적이지 않았고 편견도 없었는데, 그는 공명公明한 방식으로 평가하고 분명한 방식으로 인정하였다. 이는 그의 시선이 멀리 보고, 그의 사상이 높다는 것을 말해준다.

당연히 우리는 레 뀌 돈Lê Quý Đôn을 지나치게 높게 평가해서는 안 되며, 그의 역할을 현대화해서도 안 된다. 인류견식의 진보들 앞에서 그는 여전히 주저하는 태도가 있으며, 여전히 회의하는 곳이 있고, 또한 여러 학설들을 정리하면서 서로 병립하는 방식을 따르고 서로 부정하지는 않는다. 또한 중국을 들어 평가의 기준으로 삼는데, 유럽의 학설들을 칭송한 후에는 다시금 "중국과 더불어 다름이 없다"[1]고 판단하고 있다.

이는 그의 한계이다. 이러한 한계는 당시 베트남 사회가 여전히 중국봉건문화의 무거운 영향을 받고 있기 때문이며, 그 외에도 그가 새롭게 접수한 견식들은 여전히 그에게 증명되지 못한 책의 형태이기 때문이기도 하다. 그는 그렇게 멀리 나아가지는 못했다. 그리고 그렇기 때문에 당시 진보적인 인류 견식을 접수하는 문제는 그에게 다만 하나의 의식, 하나의 경향으로만 드러나며 분명한 하나의 관념을 형성하지는 못했다.

비록 그저 단지 하나의 의식일 뿐이라 하더라도 레 뀌 돈Lê Quý Đôn은 여전히 베트남에서 중국 전통문화의 한계를 볼 수 있었고, 인류의 새로운 견식을 향해야 하는 필요성을 볼 수 있었던 선두에 선 사람이다.

베트남의 예전 사대부계층은 중국을 배우고, 중국의 전통문화와 사상의 지배를 심하게 받았으며, 그래서 여러 사람들이 현실의 발전 앞에서 눈을 감았다. 레 뀌 돈Lê Quý Đôn이 넘어 올라선 것은 그가 사회의 실제를 기록하고 조사하는데 주의를 기울였기 때문이며 넓게 알고 많이 들었기 때문이며, 그의 궁극에 이르기까지 사물을 사려하는 방식 때문이다.

3. 사회 생활에서 유교의 독존적 역할을 부인하는 경향

유교가 베트남 봉건계급의 통치 학설로 형성된 때부터 레 뀌 돈Lê Quý Đôn의 시기에 이르기까지 누구도 유교의 역할을 부인하지 않았다. 호 뀌

---

1   레 뀌 돈(Lê Quý Đôn), 『운대류어(蕓臺類語)』 1집, 74면에서 인용.

리Hồ Quý Ly가 저술한 「명도明道」에서는 주공의 역할이 공자의 역할보다 더 높다고 평가하고, 송유의 추상적인 주해의 말을 비난하고, 보다 실제적인 성질을 지닌 유교를 위해 마음을 쓰지만 이는 유를 비판하는 것은 아니며, 다만 당시 현실의 요구에 부합하도록 유를 개량하는 행동이었다. 유를 부인하는 것은 더 높은 사상 체계의 역할에 속한 것이다.

봉건시대 사람으로서 레 뀌 돈Lê Quý Đôn의 세계관은 여전히 봉건적 세계관이며 그래서 그는 유교를 비난할 수가 없었다. 심지어 그는 유교를 선전하는 곳과 선전할 때도 있었는데, 유교의 작용을 과장하기도 하고 유교의 성인을 존숭하기도 한다. 하지만 다른 측면에서 보면 그에게 있어서 다시 볼 수 있는 것은 유교의 독보적 역할을 부인하는 추세가 있다는 것이다. 이는 이해하기가 어려워 보이는 일인데, 그의 일삼음과 말하는 것 사이, 실질과 외형 사이의 관계들 안에 그것들을 놓을 때에 이해할 수 있을 것이다.

정치-도덕 관점에 대해서 레 뀌 돈Lê Quý Đôn은 정통 유교와는 다른 많은 주장들을 하고 있다. 만약에 정통유교의 관념이 왕의 사업이 단지 왕도의 사업밖에 없다고 한다면, 레 뀌 돈Lê Quý Đôn은 이러한 사업에 대해 왕업에다가 패업을 더하고 있으며, 그뿐만 아니라 그는 제환공, 진문공, 진시황, 조조와 같은 패왕들의 사업을 칭송하기도 한다. 만약에 정통유교가 치국의 노선 관념이 다만 유가의 노선밖에 없다고 할 수 있다면, 레 뀌 돈Lê Quý Đôn은 이러한 주장에 유가와 더불어 법가를 더하고 있으며, 그뿐만 아니라 그는 법가의 노선을 흠모하고 있음을 드러내고 있다. 만약에 정통 유교가 일을 처리하는 방식을 반드시 인의와 순리에 따르는 것에 의지하고 있다면, 레 뀌 돈Lê Quý Đôn은 부드러움은 반드시 딱딱함과 결합하여야 하고, 인의는 반드시 '술術' '세勢'와 결합하여야 한다고 본다. 만약에 정통 유교가 인간을 평가하는데 반드시 덕에 기대어야 한다고 주장한다면 레 뀌 돈Lê Quý Đôn은 반드시 덕德과 재才의 결합을 말하고, 오히려 재才의 측면에 더 치우

치고 있다. 레 꿰 돈Lê Quý Đôn의 이러한 관점은 실로 대담한 것이다. 왜냐하면 유교의 아성亞聖인 맹자는 여러 시대를 설명하면서 "오패五覇는 삼왕三王의 죄인이다"(『맹자』 「고자」)라고 하고, 진시황은 여러 역사 시기에서 유학자들에 의해 포악한 왕으로 비난받았으며, 조조는 간웅으로 여겨졌다. 이러한 관점들은 그가 여러 기본적인 형태에서 유교를 개변하였다는 것을 볼 수 있게 한다.

사상체계에서 정통 유교는 비록 현실적으로는 불교와 노老 모두를 믿을 때도 있었지만, 늘 공맹정주의 학설만을 그들의 사상 체계로 인정하고 주장하였다. 그러나 레 꿰 돈Lê Quý Đôn에 있어서는 유와 불노佛老, 음양, 오행의 결합을 인정하는 것을 공개하였고, 그뿐 아니라 그는 불노의 편에 서서 칼을 들어 물을 내려 자르면 칼이 지나가고 물이 곧바로 다시 맞닿는 것과 같이 인간의 사상 덩어리에서 불노를 떼어내면 다른 것이 남지 않는다고 인정한다. 이외에 지리설, 풍수설 역시 그의 사상에서 헤아릴 가치가 있는 위치를 차지한다. 결과적으로 레 꿰 돈Lê Quý Đôn은 유교를 다른 여러 학설들과 동등하게 놓았다. 그리고 그렇기 때문에 실제에서 유교의 전통의 역할을 부인한 것이 된다.

새로운 것을 평가하는 것에 대해서 유학자들은 오늘날보다 옛 것을 인정하고, 다른 모든 나라보다도 중국을 인정한다. 새로운 사건들을 볼 때마다 그들은 모두가 이단이라고 생각하며 법칙에 벗어난다고 생각한다. 그들은 또한 근대 유럽의 학술을 평가하기 위해 이러한 눈을 이용한다. 하지만 레 꿰 돈Lê Quý Đôn은 유럽의 천문, 지리, 역법 등의 학설을 열정적인 방식으로 읽고 공명公明한 방식으로 가치를 평가하여 이러한 견식에 대해서 "깊고도 무궁하게 새롭고 신기하다 (…중략…) 여러 면에서 우리 선유가 찾지 못한 것이 많다고 말할 수 있을 것이다".(『운대류어芸臺類語』 「이기理氣」)라고 인정한다. 또는 서양인들의 지구가 둥글다는 학설에 대해서 인정하면서 그는 "기묘하다"고 하지만 다시 이렇게 말한다. "중국인들은 모두가 전력을 다해 믿으며, 아무도 감히 헐뜯지 않는다."(『운대류어叢臺類語』「형상形象」) 많은 사람들이 유교를 존숭하고 새롭기 신기한 것들을 멸시하는데, 레 뀌 돈Lê Quý Đôn의 위의 관점은 분명히 각별한 것이고 유교의 고전적 관념에 맞선 것이라 말할 수 있을 것이다.

한가지 더 언급하자면 그의 사상과 정통 유가 사상 사이의 각별함은 성인과 문명에 대한 관점이다. 그는 여러 문명을 인정한다. 그는 자신의 저술에서 서로 다른 중국문명, 인도문명, 아랍문명, 유럽문명에 대해서 언급한다. 그는 공자 이외에도 석가, 무함마드, 예수 등 여러 성인들도 인정한다. 여러 문명과 여러 성인을 제시하는 것은 그의 박학한 학문을 말해주는 것일 뿐만 아니라, 오직 중국을 나라의 중심으로 존숭하고 오직 화하 문명만을 한 문명으로 인정하며 오직 성인은 공자만을 공인하는 유학자들 사이에서 그들을 최대한 회피하는 것이고 새로운 입장이었다.

이러한 여러 점들은 결코 우연이 아니며 역시 무의식적인 것도 아니며, 무엇보다도 여러 관념들이 그 내부에 축적되어 있고 사려가 깊고 세심하게 주의를 기울이고 있다고 생각할 수 있다. 그는 유교의 역할에 대한 전통과는 다른 관념을 위하여 투쟁한 것이다.

레 뀌 돈Lê Quý Đôn은 유럽에 가본적도 없고, 유교보다 더 높은 사상체계를 위한 기초가 되는 봉건적 생산 방식보다 더 높은 생산 방식을 본 적도 없었다. 유의 전통적 역할을 부인하는 경향으로 나아가는 것은 그에게는 매우 어려운 일이었다. 하지만 그는 할 수 있었는데, 그는 경험이 풍부한 사람으로 여러 곳을 다니고, 당시 베트남 이외에도 중국에 사신으로 다녀오기도 했다. 어디에 이르든지 그는 유교의 견해들을 넘어서는 풍부하고 복잡한 현실을 보게 된다. 그는 서양 사람들이 그들의 학설에 대해서 소개하는 책들을 읽을 수 있었는데 이러한 책들은 그에서 여러 점에서 새로운 인식을 가져왔고 그가 인정하지 않을 수 없게 만들었다. 이외에도 많이 알고 넓게 배운 의식은 그에게 나라를 위한 인식의 새로운 방향을 찾도록 시켰다. 이것이 그의 사상에서 전변轉變이 일어나는 이유들이다.

레 뀌 돈Lê Quý Đôn의 작품에는 여전히 유를 찬양하는 곳이 있다. 이는 이해하기 어려운 것이 아니다. 그가 옛 전통과 레-찐Lê-Trịnh 집단의 입장에 지배를 받았기 때문이다. 하지만 그의 이러한 입장은 당시 사회의 폐쇄적 상황을 해석하는 일에 운용할 수 없었다. 그래서 그가 비록 칭송하고 있지만 열성이 없으며, 언급하고 있지만 흥취가 없다. 그러한 칭송은 단지 형식적인 것이고 예의에 지나지 않는 것이다.

4. 세계관의 기본 문제에 집중하는 인식 경향

레 뀌 돈Lê Quý Đôn은 인간에서 사회에 이르기까지, 나라 안의 현실에서부터 외국에서의 현상에 이르기까지, 과거의 일에서부터 현재에 이르기까지의 외부 세계를 그는 모두 심취하여 찾아 이해한다. 이러한 심취는 그로 하여금 통상적인 인식만으로는 마음이 차지 않도록 만들었고, 알고 있는 정치적 인식의 유형에도 서지 못하게 했으며, 일상적으로 보는 인간과 사회를 관찰하는 대상의 한계를 넘어서도록 하였다. 그는 보다 높은 인식에 도달하기기 위하여 인식대상을 넓혔다.

레 뀌 돈Lê Quý Đôn은 조사와 관찰이 가능한 실제와 책의 이설을 고찰하여 결합하였다. 전통적으로 본래는 상상력과 신화, 종교의 한 영역인 자연계에 대한 고찰과 더불어 인간과 사회의 관찰을 결합하였으며, 직관적으로 드러낼 수 있는 경험들과 자신의 체계적 총괄을 결합하였다. 이러한 결합을 통해 그는 자신의 인식이 세계관의 기본 문제에 들어서고, 깊고 먼 철학적 의의가 있는 문제들로 향하게 할 수 있었다. 베트남 역사상 다른 사상가들처럼 레 뀌 돈Lê Quý Đôn은 철학적인 전문 논문들은 없으며 철학적 성질을 지닌 평론과 발췌와 인용들이 있다. 비록 그렇다 하더라도 그의 사유는 여전히 세계관의 기본에 속하는 문제들에 이르고 있다. 우리는 이러한 문제들 가운데 만물의 본질과 근원에 대하여, 사물 인식방법에 대하여 그리고 인간의 활용과 평가와 고찰 방법에 대한 그의 관념들을 찾아낼 수 있을 것이다.

사물의 본질과 근원에 대해 그는 '기氣'가 천지, 일월, 성신, 넓은 우주공간, 천둥, 바람 등을 낳는다고 보았다. 이러한 인식은 그가 중국 고대의 사상가들의 저술들로부터 읽고 뽑아낸 것들과 더불어 근대 유럽 과학의 견식들로 보충할 수 있었다. 그래서 이것들은 송시대 이학자들의 '기'에 대한 관점보다 더 풍부하고 기초적인 증명이 보다 잘 이루어져 있다. 비록 '기'가 만물의 사실적 본질과 근원을 말하여 줄 수는 없지만 이것은 그의 철학적 입장이 유물적 성질을 지닌 것이라고 보게 하는데, 왜냐하면 이것이 세계의 물질적 현상들을 해석하기 위하여 물질(기)을 들고 있기 때문이다.

사물의 인식 문제와 더불어서 그는 송시대 철학에 친숙한 개념인 '이'개념을 제기한다. 하지만 이 개념 내용을 살펴보면 레 뀌 돈Lê Quý Đôn에 있어서는 이것의 운용 등이 일반적 이학과는 다르다. 송시대 철학사상에서 '이'는 도덕의식과 정신적인 의의가 있는 것으로 '기'와 대립된 관계에 놓인다. '이'가 '기' 앞에 있는 관념일 때 이는 유심적 입장이며, '이'가 '기'의 뒤에 있는 관념일 때는 유물적 입장이 된다. 이러한 '이'는 본체론적 측면에서 고찰하는 것이다. 하지만 레 뀌 돈Lê Quý Đôn의 작품에서 '이' 개념은 본체론적 경우로 쓰이지 않으며, 인식론 방면에서 쓰인다. 그는 '이'와 '기'를 대립시키지 않는다. 그는 말하기를 "음과 양, 기와 우(홀수와 짝수), 지와 행, 체와 용은 서로 대립하는 것이라 말할 수 있지만, 이와 기와 같은 것은 서로 대립할 수 없는 것이라고 말할 수 있다".(『운대류어薈蕢類語』「이기理氣」) 그는 또한 '이'를 '기'의 한 속성으로 본다. "기 안에 있는 이", "각각의 물에는 하나의 이가 있다"(『운대류어薈蕢類語』「이기理氣」) 이러한 '이'는 봉건도덕의 정신적 실체가 아니라 사물의 발전과 존재의 규칙이다. 그는 다시 덧붙여 분명히 말한다. "물이 있으면 곧 규칙이 있다"(『서경연의書經演義』) "우왕이 하늘을 얻어 치수의 일에 있어서 성공함은 그 안에 이가 있는 것이다."(『서경연의書經演義』) 모든 물에 모두 이가 있고 그것의 규칙이 있다는 사상을 제기한다면 레 뀌 돈Lê Quý Đôn은 인식론에서 중요한 문제를 제기하고 있는 것이다. 즉 사물을 인식하는 것은 반드시 그것의 규칙과 이치를 인식하는 것이거나, 혹은 오늘날 철학적 언어에 따라서 말하자면 사물의 발전 규칙을 인식하는 것이 된다. 이는 인식방법적 측면에서 그리고 인식의 목적에 있어서 깊은 의의가 있는 문제를 제기하는 것이다.

사람을 사용하고 평가하고 판단하는 방법에 대해서 레 뀌 돈Lê Quý Đôn은 자신의 개별적 관점을 가지고 있다. 그가 분명히 알고 있는 것은 이러한 문제에 대해서 서로 다른 여러 관념들이 있다는 것이다. 정통적 유교 학파에서는 덕에 근거해야만 한다고 인정하고, 묵가 학파에서는 재才에 근거해야 한다고 인정하며, 법가 학파의 경우에는 '공리'에 근거해야만 한다고 제기한다. 하지만 그는 어느 하나에도 전적으로 찬성하지 않는다. 그는 사람을 관찰하는데 반드시 재才와 덕德 두 측면에서 해야 한다고 주장하며, 그 안에서 각각의 측면은 모두가 의의를 지닌 것으로 본다. 그가 사람을 관찰하여 말할 때에는 반드시 모두 작은 행위를 근거로 삼지만, 사람을 쓸 경우에는 반드시 큰 행위에 기대야만 하고 재능에 의지해야만 한다고 본다. "특별한 재능이 있으면 특별한 공업工業을 세울 수 있기" 때문이다.(『군서고변群書考辨』) 그의 관점은 합리성이 있고 일정하게 적극성이 있다.

그의 철학 관념들을 다 헤아리기 위해서는 아마도 더 많이 연구해야만 할 것이다.[2] 하지만 민족의 사유 이론의 역사에서, 인식의 역사에서 그의 역할을 살펴보는데 어느 정도는 충분하다고 본다. 그는 새로운 인식 문제들을 놓을 수 있었고, 그들과 더불어 철학적 측면에서 깊은 이해로 나아간 여러 사람 가운데 한 사람이다.

하지만 이러한 측면에서 그는 여전히 여러 한계를 지니고 있다. 그의 철학적 입장은 비록 유물적 성질을 지닌다 하더라도 굳건하지 않으며, 신비 유심주의를 표현한 곳이 여전히 있으며, 예언을 믿고 음즐문陰騭文과 같은 종류의 보응을 믿는 구석이 있고,[3] 재능있는 사람이 역사의 발전을 결정한다는 등의 한계가 여전히 있다. 하지만 심사숙고하면 이러한 조건은 그의 시대를 살아가는 사람으로서는 피하기 어려운 것이었다.

---

2 18세기에 민족의 사상 영역에서 레 뀌 돈(Lê Quý Đôn)에 대해서는 1979년 타이 빈(Thái Bình) 문화통신사에서 출판된 응웬 따이 트(Nguyễn Tài Thư) 교수의 『18세기 베트남 박학자 레 뀌 돈(Lê Quý Đôn)』을 참조할 것.

3 까오 쑤언 휘(Cao Xuân Huy) 교수는 "레 뀌 돈(Lê Quý Đôn)은 유물주의의 방식으로 이기의 문제를 해결하지만 결국에 가서는 다시 원시적 혼합주의로 굴러 떨어진다"고 설명한다. 『운대류어(蕓臺類語)』 1집, 문화출판사, 1962, 41면 참조.

제22장

레 흐우 짝Lê Hữu Trác, 黎有晫

의업醫業에서 장성한 뛰어난 사상가

레 흐우 짝Lê Hữu Trác(1720~1791)은 호가 하이 트엉 란 옹Hải Thượng Lãn Ông, 海上懶翁으로, 세간에서는 치에우 바이Chiêu Bảy(일곱 번째 자식)라 부르며 레 흐우 므우Lê Hữu Mưu 진사의 아들로 하이 즈엉Hải Dương성 드엉 하오Đường Hào현 리에우 싸Liêu Xá마을(오늘날의 하이 흥Hải Hưng성, 미 반Mỹ Văn현) 사람이다. 그는 1720년에 태어나 스무 살이 되던 해 부친이 돌아가시고, 22세 되던 해에는 군대에서 지냈으며, 26세에 군대를 그만두고 어머니의 고향인 하 띤Hà Tĩnh 성, 흐엉 선Hương Sơn현 띤 지엠Tĩnh Diệm 마을에서 살았다. 30세에는 병을 고치고 약을 쓰는 공부를 하였고, 34세에는 탕 롱Thăng Long 경도로 가서 약을 사고 약을 배우기 위해 선생을 찾았다. 40세에는 어머니의 고향에서 의약을 가르치는 학교를 열었다. 50세에는 『의종심령醫宗心領』을 위한 서문을 썼으며, 61세에는 경도로 올라가 찐 섬Trịnh Sâm 왕 부자父子의 병을 치료하였다. 71세에 어머니의 고향에서 세상을 떴다.

두 세기가 넘는 시간 동안 사람들 사이에 명의名醫 레 흐우 짝Lê Hữu Trác의 이름이 유전流傳하는 것이 약해지지 않았다. 200여 년이 넘는 시간 동안 우리는 그의 도덕과 철학 사상을 탐험하였다. 이러한 도덕과 철학사상은 민족 사상의 역사와 마찬가지로 의업醫業에서 성장한 사상가들의 반열에서 그의 위치를 긍정하도록 하였다.

레 흐우 짝Lê Hữu Trác의 직업은 사람의 병을 치료하고 약을 쓰고 병을 진단하는 것이다. 하지만 이러한 직업은 단지 질병을 구제하거나 탕약을 쓰는 정해진 일을 한다는 단순한 것이 아니라, 그 뒷편에는 인간의 공통적인 세계관에 이르기까지 연관되어 있으며 의리醫理의 체계가 놓여 있다. 의리醫理에서 철리哲理에 이르고, 다시 철리에서 의리로 돌아가는 것은 레 흐우 짝Lê Hữu Trác에 있어서는 반복되는 과정이고 자각하는 방식의 실현이다.

베트남을 포함한 동양의 전통에서 보면 의학과 유학은 서로가 밀접하게 연관되어 있다. 유학은 사회와 자연과 인간에 대한 관념들을 제시한다. 의학 역시 인간과 자연과 사회의 일반적 관념들을 들어서 자신의 의리醫理의 기초로 삼는다. 명확한 의리醫理를 원한다면 유도를 공부해야만 한다. 레 흐우 짝Lê Hữu Trác 역시 그렇게 인식하고 있다. 그는 이렇게 말한다. "비록 여러 사람들이 약을 공부하기를 마치더라도 반드시 유도의 이론을 철저히 이해해야만 비로소 의약을 공부한 것이 새롭고 용이하다."(「의훈격언醫訓格言」) 그뿐만이 아니라 그는 또한 의술 역시 유업儒業의 기능을 실현해야 한다고 간주한다. "약의 책은 비록 병을 고치는 것을 가르치는 것이라 할지라도, 아울러 그 안에는 왕을 보필하여 나라를 돕는 과정을 포괄하고 있다."(『의종심령醫宗心領』「서序」)

의업의 발전을 기초하기 위해서 레 흐우 짝Lê Hữu Trác은 유학 내의 봉건 도덕과 정치이론 부분을 주의하지는 않지만, 사람과 사물 내의 변화와 관계에 대한 이론 부분에 대해서는 많은 주의를 기울인다. 그는 자신의 직업과 더불어 『역경』의 음양설, 「홍범」의 오행설, 『맹자』와 『장자』의 작품에 있는 '천인합일'의 관념, 주돈이의 「태극도설」 등의 중요한 의의를 눈여겨 보았다. 그 가운데 음양오행의 변화 학설의 역할을 무엇보다도 중요하게 여겨졌다. 그는 긍정한다. "의약을 하는 일은 음양오행의 원리를 벗어나 넘어가는 일이 없으면서도 여러 위험한 병을 치료하고 구제한다"(『의가관면醫家冠冕』), "『역경』을 배움에 대해 말하자면 『역경』의 여러 단어들을, 여러 괘를, 여러 효를 배우는 것을 말하는 것이 아니다. 다만 오행의 상생과 상극의 법칙을, 음양의 변화 법칙을 아는 것을 배우는 것이 필요하다".(의가관면醫家冠冕』), "반드시 『역경』을 먼저 배운 후에라야 비로서 의醫에 이르러 말할 수 있다. 음양의 이치는 의醫의 이치이다".(「의의醫意와 의리醫理에 대한 논論」)

근본적인 측면에서는 그렇지만 레 흐우 짝Lê Hữu Trác의 경우에는 위의 일반적 원리에 멈추지 않는다. 반대로 보면 그는 인간과 천지의 현상들을 해석하고 고찰하는 일을 발전시키고 운용한 것이다. 그로부터 하나의 특색이 있고 개별적인 세계관이 만들어진 것이다.

무엇보다도 음양에 대한 이치이다. 이러한 이치는 그에게 여러 측면에서 드러나고 있으며 거기에는 객관적 실제와 부합하는 질박한 변증법이 증명된다. 그는 음과 양 사이의 모순 또는 결합된 모든 관계를 나열하고 있다. 그는 말하기를, 음과 양이 서로 모순되지만 다시 통일된 구성에서는 서로가 단단히 결합하며, 음과 양이 서로 대립하지만 다시금 서로의 존재 조건이 되고 모두가 사물에서는 부족해서는 안 되는 면이 있다. 그는 말한다. "양기는 음에 뿌리를 내리고 있으며, 음기는 양에 뿌리를 내리고 있다. 음이 없다면 양도 살 수가 없으며, 양이 없다면 음도 변화할 수가 없다. 완전히 음의 경우에는 양이 자랄 수가 없고, 완전히 양의 경우라면 음이 발생할 수가 없다. 싹을 키우려면 반드시 근원을 튼튼하게 유지해야 한다. 아래에 있는 밑동을 자르면 위에 꼭대기가 마른다. 그러므로 반드시 음양의 근원에 따르기 위해서 조절해야만 한다"(「내경요지內經要旨」), "음은 안에서 양을 위해 유지하고, 양은 밖에서 음을 위해 보호한다".(「의해구원醫海求源」)

그는 음양의 보편적 성질을 제기한다. 천지와 인간에게 모두 있는 음양에 대해서 이렇게 언급한다. "사람들은 대체로 천지의 두 기(음양) 사이에서 태어나므로, 인간의 신체안에도 역시 태극의 모양이 충분하니, 어찌하여 이를 유심히 관찰하지 않겠는가."(「현빈발미玄牝發微」)

그는 음양을 사물 외부에서 서로 통일하거나 대립하는 현상을 생산하기 위한 기초라 해석하면서, 물과 불, 추위와 더위, 해와 달처럼 인간의 각관覺觀으로 감인感認할 수 있다고 본다. 그는 말한다. "수화는 음양의 신호이며, 음양의 실체이다. 해와 달은 수화의 정화精華이며, 추위와 더운 것은 수화의 작용이다. 물物을 살게 하는 것은 불이며, 물物이 젊음을 윤택하게 하는 것은 물이다. 불이 없으면 멸滅을 당하며, 물이 없으면 말라서 타버릴 것이다."(「현빈발미玄牝發微」)

음양은 인간과 사물의 발전 동력과 기초, 근원의 역할을 맡았다. 위의 여러 제시된 것들은 이전 시기 역학과 관련된 책들에서 이야기한 것들이다. 다른 점은 그의 판단에는 총괄함과 분명함이 있고 일관됨이 있으며, 『역경』이 본래부터 지니고 있는 신비의 흔적을 지니지 않는 것이다.

위의 음양에 대한 인식에서부터, 그리고 병든 사람을 관찰하면서 운용함으로부터 레 흐우 짝Lê Hữu Trác은 다른 인식으로 나아갔다. 그것은 사물과 인간에서 음양을 말할 때에는 반드시 균형의 세勢를 유지해야만 평상적인 발전이 있다는 것이다. 그는 이를 가리켜 음양의 '조화' 또는 '승평昇平'이라 불렀다. 그는 말한다. "양이 음을 해치면 정혈이 마르고 불이 타며, 음이 양을 해치면 정기精氣가 가라앉고 불이 꺼진다. 비록 모든 병이 생기는데 어떠한 병이라도 음양이 서로 해치기 때문에 조화를 잃어버린 것이 아닌 것이 없다."(「의해구원醫海求源」), "비록 사람의 백가지 병이 음양이 서로 어그러지기 때문이 아닌 것은 아무것도 없으니, 이는 죽음과 삶에 이르기까지 연관된다".(「의해구원醫海求源」), "음양은 승평昇平을 본질로 하니, 한편에 치우쳐서는 안된다. 사람의 신체 안에 수화 또한 균형을 이루는 저울대와 같으니, 만약에 이쪽 편이 무거우면 저쪽편이 가볍고, 만약 이쪽편이 가벼우면 저쪽편이 무겁다. 병을 고치는 방법도 그러하니, 만약 저쪽편이 무겁다면 이쪽편을 보하고, 만약 이쪽편이 무겁다면 저쪽 편을 보하며, 반드시 서로 어그러지도록 내버려 두지 않아 한 그릇이 균형을 이루게 한다".(위의 인용) 이러한 것들은 그가 동양의학의 여러 경전의 의리醫理로부터 뽑아낸 것들이기 때문이다. 그의 독자적인 것은 숙달되고 관철된 방법으로 드러난다.

의학자로서 레 흐우 짝Lê Hữu Trác은 형形(육체)-신神(정신)의 관계에 대한 문제에 관심을 가져야만 했고, 병든 사람을 고치고 구하는 방법을 위하여 이러한 관계에 대한 견해가 있어야만 했다. 이러한 문제는 그의 이전에도 역사적으로 여러 의학자들이 철학자들처럼 신체가 정신을 결정한다거나 또는 정신이 신체를 결정한다고 하는, 서로 다른 두 방식으로 해결하려 한 적이 있었다. 레 흐우 짝Lê Hữu Trác은 신체가 정신을 결정한다는 관점을 가지고 있었는데, 정신은 신체에 부속한 것이 된다. 이러한 그의 입장은 유물론자의 입장이다. 다른 점은 그의 일관되고 분명한 입론立論의 격식이다.

그는 인간의 정감과 사상은 살아있는 신체에 근원하고 있다고 보았다. 그는 말한다. "칠정(슬픔, 기쁨, 즐거움, 화남, 사랑함, 싫어함, 욕망)은 무형에 속하지만, 유형에 의해 드러난다."(『의가관면醫家冠冕』) 다른 면에서 그는 정신이 신체에 되돌아와 작용하고, 정신이 지나치게 긴장하면 역시 병을 만든다고 보았다. 예를 들면 "칠정이 지나치게 작동하면 안의 원기가 상하게 되어 병을 이루게 되고, 병을 일으키는 것은 오장이 허하기 때문이며, 기가 거칠어져 흐르지 못하고 그래서 실제로 병이 된다",(『의가관면醫家冠冕』) "지나치게 즐거워하면 마음을 해치고 정신을 끓어오르게 만들며, 맥은 사방으로 흩어진다."(『의가관면醫家冠冕』) 이러한 해석은 완전히 유물적이며 실제와 부합할 뿐만 아니라, 적합한 약방을 쓰고 병을 진단하는데 도움이 된다.

의술은 자신의 능력에 따라서 삶과 죽음, 명이 다하는 것, 아들과 딸을 낳는 것과 같은 문제들과 마주설 수밖에 없다. 그리고 자신의 의업 때문에 확실한 태도로 분명하게 설명하여 약사에게 시켜야 한다. 많은 사람들이 사상적 입장에 대한 한계와 의술 측면에 대한 부족함 때문에 많은 것들을 운명론적으로 여겼다. 레 흐우 짝Lê Hữu Trác은 이와는 달리 유물과 무신無神의 입장에서 해결하였다. 명이 다한 삶과 죽음에 대해서도 그는 분명히 천명에 대한 관점을 버리고 인간의 능력을 긍정하고 있다. 그는 말한다. "인간의 능력은 하늘의 운명을 바꿀 수 있으니, 장래를 예측하지 않음이 어떠한가."(「상경기사上京記事」) 아들을 낳거나 딸을 낳는 것의 원인에 대해서 그는 역시 유물에 기초한 방식으로 해석한다. "남자가 만약 육맥六脈이 홍洪맥으로 달達하고, 척맥尺脈이 힘이 있으면 아들을 많이 낳고 딸을 적게 낳는다. 만약 육맥이 침맥沈脈으로 세細하며, 척맥尺脈으로 침沈하고 약하면 아들은 적고 딸은 많이 낳는데, 혹은 아들이 태어나더라도 어릴 적에 죽게 되는데 이는 여러 차례 경험한 것이다. 아울러 두 신神이 함께 교결交結하고 합하여 형形을 이룬다."(「부도찬연婦道燦然」)

위의 관점은 약사에게 천명사상의 한계를 보여 주는데, 다른 측면에서 보면 병자를 치료하는 일에 있어서 사람의 능력을 고도로 발휘하도록 한다. 당연히 레 흐우 짝Lê Hữu Trác도 위험하고 곤란한 여러 난치병이나 나이가 들어서 기력을 소진한 병들을 보지 않은 것은 아니었다. 그래서 그는 「의음안醫陰案」에서 이러한 것들을 드러내고 있지만, 자신의 직업이 주는 시련들 앞에서 손을 놓고 운명에 맡기지는 않았다.

레 흐우 짝Lê Hữu Trác의 위의 사상은 원시적인 유물과 질박한 변증에 속하는데, 당시로서는 적극적인 사상이었다. 이러한 사상 이외에도 그의 세계관은 독자적인 사유의 방법을 포함하고 있다. 그것은 실제적이고 창조적인 사유의 방법으로 분명하게 특이한 형태를 지닌 것이었다.

실제에서 출발하는 것은 그의 사유 방법에서 우선적으로 눈에 띄는 것이다. 병에 걸린 사람들 앞에서 약사는 보통 경험과 주관으로부터 출발하거나 책에서부터 출발했지만 레 흐우 짝Lê Hữu Trác은 달랐다. 그는 실제에서 출발하였는데 눈앞의 실제는 각각 사실적 정보들을 포함한 것이었다. 또한 주요한 것은 과거와 현재, 체상과 심상, 인간과 자연과 같은 관계들 안에서의 실제이다. 이러한 생동하는 실제로부터 그는 병의 형세를 진단하였고 적합한 약을 처방하는 결정을 하였다. 여기서 옛 사람의 서적과 지난 사람들의 경험은 단지 참고의 성질을 지닐 뿐이었다. 그는 기후가 다르면 치료하는 방식도 역시 달라져야만 한다고 보았다. "지나치게 운기運氣의 설에 얽매어서는 안된다. 왜냐하면 병의 발생은 외부에 그 원인이 있고 기후에 따라서 감염되기 때문이다."(『운기비전運氣秘典』) "운기에 이르러 말하자면 반드시 수기응변隨機應變하는 것인데, 이는 먼저 해마다 바뀌는 기후에 따라야 한다는 의미이다. 만약에 그해에 비가 많으면 병의 대부분은 습濕하기 때문이니, 반드시 축축하고 맛이 쓴 나무약재를 쓸 것이다."(위의 인용) 다른 풍토에서라면 치료하고 고치는 것 또한 반드시 다르다. "베트남은 동-남 지역에 있어 해에 가깝고 한겨울에도 나무의 잎은 떨어지지 않고, 물은 얼음으로 얼지 않으며, 하늘에서는 눈이 내리지 않는다. 겨울철에도 보통 따뜻하며, 약간 움직이게 되면 땀을 흘린다. 그래서 약을 쓰는 방법은 북방과 같지 않다."(『외감통치外感通治』) 시대가 달라도 약의 처방 역시 달라진다. "옛날은 지금과 같지 않으니 천지의 기氣는 매일 서서히 적어지고, 사람이 품부받은 것 또한 매일 조금씩 약해진다. 만약 단지 옛 사람의 한량극벌寒涼剋伐의 약 처방을 흉내 낸다면 (…중략…) 여러 약 처방이 닳아 없어진 것이라 하더라도 건강한 신체를 지키기 위해서는 꺼내서는 안 된다."(『유유수지幼幼須知』) 이와 더불어 체상體狀이 다르면 약방문 또한 달라야 한다. 찐 깐Trịnh Cán의 체상을 보면서 그는 이렇게 말한다. "나는 성체聖體가 여

위고 맥은 세細, 척尺인 것을 본다. 이는 음양이 모두가 손상되어 해가 된 것이다. 이제 반드시 약처방은 비脾와 신腎을 배양하기 위해 실제로 보補하는 것을 써야 하는데, 선천先天의 근기를 유지하는 것이 골자이며 후천을 위해서 근본으로 삼는다."(「상경기사上京記事」)

학습하지만 모방하지 않는 것은 그의 사유의 방법에서 두 번째로 큰 것이다. 옛 사람의 저술을 학습하는 것은 당연한 것인데, 중국 의가醫家의 뛰어난 선생들을 배우는 것은 그의 일관된 의식이다. 왜냐하면 그는 학습을 하면서 이전 사람들을 즐겨 계승하여 자기발전의 조건으로 삼았기 때문이다. 하지만 그가 학습함에 있어서 다른 사람과 다른 점은 옛 사람을 모방하는 것과 우상을 숭배하는 것이다. 그의 학습은 옛 사람이 제기하였던 문제를 토의하기 위한 것이고, 서책의 밖에서 여러 가지를 찾아보기 위한 것이며, 사람들보다 더 이해하고 알기 위한 것이다. 그는 배움이란 옛 사람과 더불어 스스로 말하고 스스로 토의하는 것이라고 말한다. "내가 의약을 배움은 옛 현철賢哲의 말한 구절들을 가져와서 집중하여 한 길을 이루고, 눈으로 보고 입으로 읽으며, 갈 때는 따라서 지니며, 앉을 때는 골똘히 사유하며, 스스로 말하고 스스로 토의하기를 옛 사람과 함께 하는 것처럼 대화를 나누니, 즐겁기 그지없는 것이다. 임상을 할 때에 이르면 기이한 증명을 만나게 되고, 많은 부분에서 책에서 권고한 것 이외에 창견創見이 있으니, 이는 참으로 깊은 심득心得의 자리이다."(「의해구원醫海求源」) 그는 럽 짜이Lập Trai, 立齋, 까인 낙Cảnh Nhạc, 景岳, 풍 티Phùng Thi, 馮氏 등과 같은 옛 명의名醫들을 존중하고 그들의 약방문들을 중시한다. 하지만 그는 그들과 다른 약방문이 있어야만 하는 것을 알았다. "옛날과 지금 사람들의 태어날 때 품부받은 기는 서로 같지 않다. 기질에 대해서 보자면 후세 사람들이 가벼운 것이 서로 다르니, 오늘날 사람들을 고치기 위해서는 오늘날의 약방문을 세우지 않을 수가 없는 것이다"(「도류여운導類餘韻」), "중경仲景의 상한론傷寒論을 공부하고 중경의 방법을 쓰지만 중경의 약방문을 따르지 않는다". 이러한 정신은 그의 평생 의업에서 관철되고 있다.

반드시 창조적이어야 한다는 것은 그의 사유 방법에서는 세 번째로 큰 것이다. 옛 사람을 닮거나 뛰어난 선왕을 따르고자 하는 것은 동양의 전통이다. 이러한 사상은 후대의 여러 시대에 걸쳐 사람들의 자유로운 탐구를 정체시켰다. 레 흐우 짝Lê Hữu Trác은 이러한 전통을 넘어서기 위해 노력하였다. 그는 반드시 창조가 필요하다고 보았다. 실제로 접촉하고 병자를 치료하는 것이 그가 창조적이 될 수 있는 조건이었다. 용감한 마음은 그의 동력이었다. 그의 창조적 의식은 이렇게 체현되어 나올 수 있었다. 그는 의리醫理에서도 역시 그러한 의식을 추구하였다. "나는 유학을 공부한 사람들 가운데 한 사람으로 약을 배우기로 결정하였다. 오랫동안 약의 책들을 체험하여 보고 곧 여러 의리義理들을 마음 속에 간직하니, 모든 것들이 내가 이전부터 보았던 자리들이다. 병이 낫지 않는 것은 나로 하여금 다시금 숙고하여 약을 갈아서 만들게 하고 숨겨진 곳을 파헤치고 세밀한 곳까지 찾아들게 하였다. 이러한 것들은 결국 모두 새로운 의리醫理를 찾는 것이었다."(위의 인용) "선배의 입론을 살펴보니 어떠한 곳이든 전부 말하지 않은 곳이 없다. 주의를 기울여 깊게 다시금 읽어서 명백히 밝히기를 더하여 어떠한 곳이든 후대의 사람들이 합리적이 아니라고 보충하는 것을 줄이려 하였다. 나 또한 분석하고 다시 살핀 후에 정정訂正한다. 실로 나에게 행운인 것은 본래 질박한 옛 문장들을 꾸밀 수 있었다는 것이며, 아직 결핍된 옛 학설들을 보충할 수 있었다는 것이다."(위의 인용) "내가 20여 년 병을 치료하면서 경험은 깊어졌고, 변변치 않지만 중요한 자리를 알았다. 후대를 위해 돕기를 원하면서 지름길이 있으면 그 길을 찾아 갔으며, 계단이 있으면 올라갔다. 그래서 깊게 사려하는데 온 정신을 기울이고 여러 방식을 전부 검사하여 뒤죽박죽된 곳은 빼서 버리고 옳은 곳은 남겨서 전하고, 내 자신의 의견을 모아 정미精微한 곳은 잘 드러내고 주요한 곳을 뽑아내어 의약 선생들을 위한 빗장이 되고 병을 고치는 방법을 위한 지남침指南針이 되고자 한다.”(「의중관건醫中關鍵」) 지속적으로 새로운 조건들을 찾아내려는 책임감도 있었다. “차라리 내가 뛰어난 선배들에게 죄를 받을지언정, 내 스스로 배운 바를 책임 지는 것이 더 낫다.”(「도류여운導類餘韻」) 또 이렇게 말한다. “먹는 것도 잊고 자는 것도 잊고 이전의 헛갈리는 증세를 따라 정신을 모조리 기울이고 고집부리지 않으며, 통상적으로 병을 고치는 방법 이외에 가능한 모든 영활靈活한 방법을 운용하고 (…중략…) 옛 사람의 금지하는 서랍에 들어있는 말로 걸어 들어가는 것을 꺼리는 마음이 없다.”(「의음안醫陰案」)

당시에는 수도 안에 그리고 밖의 여러 도시에도 의술을 펼치는 사람들이 많았는데, 무엇보다 탕 롱Thăng Long 수도에서는 의술을 공부하고 교류할 수 있는 조건들이 많았으며 참고하기 위한 서적들도 많았으며, 치료하기 위한 좋은 약재들도 많았다. 그렇지만 누구도 벽촌에서 살아가던 그와 같지는 않았다. 이것은 그의 창조적이고 실제적인 사유 때문이다.

역사적 환경에 의해서 베트남은 지속적으로 북방 봉건국가의 위협을 받았으며, 오랫동안 뛰어난 인물이 나타나 침략하는 사람에게 저항하기를 바라는 수동적 심리가 형성되었다. 그리고 또한 고대로부터 거대한 중국의 문화와 많은 책들 많은 학자들 때문에, 자신의 나라 사람에 대한 자기비하적 심리가 조성되어 있었으며 감히 다르게 말하지 못하고 감히 다르게 행하지도 못했다. 바로 그렇기 때문에 민족의 사상가들은 독특한 면모가 많지 않다. 레 흐우 짝Lê Hữu Trác은 민족의 특별한 현상으로 민족의 창조적 정신을 찬란하게 만드는데 기여하였다.

하지만 레 흐우 짝Lê Hữu Trác은 옛 의리醫理 체계를 비판하고 새로운 체계를 세우는 수준까지는 나아가지 못하였다. 그는 새롭게 운용하고 발휘하여 보태거나 줄이고 유지하거나 버려서, 어떻게든 베트남의 약초와 사람

기후환경에 부합하는 정도의 자리에서 멈춰 섰다. 그는 세계관 일반과 의학에서 혁명을 체현하지 못하였다. 당연히 이것은 매우 어려운 일이다. 시대가 허락하지 않았고, 그뿐만 아니라 그의 사상은 여전히 민간 경험에서 비롯된 왜곡된 요소들을 지니고 있었고, 일반적인 견식으로 예측하는 성질들도 많이 지니고 있었다. "임신기에 있는 어머니가 만약 딸을 아들로 바꾸기를 원한다면 웅황雄黄을 붉은 천 주머니에 넣어서, 왼쪽 엉덩이와 배 근처에 붙이고 다니거나, 또는 비밀스럽게 남편의 머리카락과 손톱 발톱을 돗자리 아래에 넣어둔다."(「부도찬연婦道燦然」) 또 그는 내경內徑의 관점을 받아들이고 있다. "사람에게는 천지에 응하기 위해 365개의 뼈마디가 있는데, 오래전부터 그러한 것이다." 이는 가치가 없는 견식들로 실험을 거친 것이 아니고 그의 다른 입론과도 모순이 있었다. 비록 그렇지만 그는 여전히 민족의 철학과 의학의 역사에서 빛나는 위치에 있다.

다른 방면에서 살펴보면 레 흐우 짝Lê Hữu Trác의 사상에는 인생에 대한 관념이 있다. 그의 작품에서 여러 차례 이러한 관념을 드러내고 있다. 동양 사상의 전통은 종종 인생에서 삶의 이유와 사람됨의 도에 대해 제시하고 있다. 그도 또한 예외가 아니다. 하지만 그에게 있어서 이러한 문제를 언급하는 것은 오래전부터 동양에 정통적으로 만들어진 도리에 따르고 긍정하기 위한 것이 아니라, 삶의 기초와 행동을 위한 새로운 도리를 확립하기 위한 것이다.

유학자의 관례에 따르면 유학의 길을 통해 명리名利를 쫓고 유도에 따라 관직에 나아가는 것이다. 공자는 이렇게 말한 적이 있다. "학문이 뛰어나다면 관직을 한다." 관직을 하는데 만약 왕이 쓰지 않는다면 돌아가 은거하며, 은거하는데 만약 왕이 다시 쓴다면 다시 나아가 관직을 한다. 이러한 사상은 당대를 살아가는 매우 많은 망족望族과 세가勢家의 자제들과 수많은 학자들을 지배하는 것이었다. 전통적으로 과거급제자와 관리를 배출해 온 집안의 자제로서 레 흐우 짝Lê Hữu Trác은 초기에 역시 이러한 사상을 지녔다. 그는 어렸을 적에 유학을 공부하고 커서는 전쟁에 종군하여 나갔다. 유학의 이상을 실현하기 위해서 무업武業으로 출세하기를 바랐다. 하지만 오래지 않아 그는 형과 아버지를 포함한 선배들의 삶의 관념과 길에 진력이 났다.

봉건시기에 관직에 나아가는 것은 결코 평탄한 길이 아니었다. 많은 학자들이 걸려 넘어지고 많은 사람들이 그만 두었다. 하지만 사회에서의 삶을 보면 사람들에게는 신념이 반드시 필요했고, 따르기 위한 도리도 필요하였다. 일부 사람들은 유儒로부터 시작해서 선仙과 불佛로 옮겨 가기도 하였다. 중국에서는 르우 턴Lưu Thần, 劉晨, 응웬 찌에우Nguyễn Triệu, 阮肇 베트남에서는 뜨 특Từ Thức이, 중국에서는 드엉 휘엔 장Đường Huyền Trang, 唐玄奘, 뚜에 낭Tuệ Năng, 慧能이, 베트남에는 쩐 년 똥Trần Nhân Tông, 팝 로아Pháp Loa, 휘엔 꽝Huyền Quang이 있었는데 그들이 일찍이 볼 수 있었던 것은 따라서 닮기 위한 여러 목표들이었다. 하지만 그는 그렇지 않았다. 그에게 이러한 도리는 동떨어지고 신비한 것들이었다. 그는 스스로 말한다. "문득 진시황과 한문제의 일을 떠올려 보면 옛날에는 신선을 찾기 위해 심력을 기울였지만 끝내 어디서도 봉래蓬萊의 흔적을 볼 수 없었으니, 실로 매우 잘못된 것이다."(「상경기사上京記事」), "뛰어난 의약을 함이 선을 수행함과 불을 수행함보다 못한 것이라니, 과연 그런 것인가?"(『의종심령醫宗心領』「서序」)

레 흐우 짝Lê Hữu Trác은 자신에게 적합한 삶의 방식을 찾았는데 그것은 마을과 고향과 가정과 더불어 머무는 것에 대한 것이다. 그는 어머니의 고향에서 살았다. 당시에는 이러한 삶을 은둔하는 것이라 불렀다. 그는 죽을 때까지 은둔하는 삶을 즐거워했다. 수많은 기회 앞에서도 전혀 동요함이 없었다. 꿘 후이Quận Huy가 태자의 병을 치료하기 위해 서울로 올라가고자 그를 불렀는데, 이것은 조정에서 중요한 직무로 임용될 수 있는 기회였지만 그는 이것을 근심으로 보았다. "나는 다만 후회하니, 어찌하여 나는 은둔하였는데 굳건하게 숨지 못하였는가?"(『의종심령醫宗心領』 「서序」) 사람이 이러한 태도를 지니는 것은 낯선 일이다. "속세의 사람이 일을 들어 관직을 하는 것은 즐거운 것인데, 이 사람은 다시금 사임하는 것을 행운으로 삼으니 실로 다른 사람과 다르다."(『의종심령醫宗心領』 「서序」) 그는 해명할만한 충분한 이유가 있었다. 병을 낫게 하기 위해서는 참아야만 했다. "저 나무에는 꽃이 있으니 사람들에게 해침을 당한다. 사람들은 허명이 있으니 이름에 대해 참아야만 한다. 만일 이름을 피한다면 더 즐거울 것인가?"(『의종심령醫宗心領』 「서序」) 즐겁게 소요逍遙하기 위해서 그는 이렇게 말하기도 한다. "나는 어린 시절 칼을 갈고 책을 읽었으며 15세에 강호를 유랑하였지만 아무런 소득이 없었다. 나는 공명功名을 보았고 버렸다. 향산香山에 오두막집을 지어 어머니를 모시고 책을 읽고 황제黃帝와 기백岐伯의 도리道理의 정원을 즐겁게 소요하기를 바랐다."(『의종심령醫宗心領』 「서序」) 자연의 경치와 더불어 즐거워하기도 하였다. "다행히 옛 산의 맹세의 말은 잊지 않았고, 비록 몸은 명리名利에 휘감아 걸렸으나 여전히 이명利名에 미혹되지는 않았다. 나서면 한가하고 돌아오면 비틀거린다. 다시금 옛 산에 돌아온다. 다시금 돌 위에 편안하게 눕고, 다시금 꽃 아래서 잠든다."(『의종심령醫宗心領』 「서序」)

이러한 삶은 노장, 도잠陶潛, 중국 진晉나라의 장항張亢의 삶과 비슷해 보인다. 장항을 그와 비교한 사람이 있다. "옛 사람에 야채 무침이 그립고 고향의 물고기 맛이 그리워 관직을 버리고 집으로 돌아간다." 하지만 실제로는 그렇지 않다. 여기에서 비슷하긴 하지만 다시 보면 같지는 않다. 같은 것은 명리名利를 경시한 것에 있으며, 장소를 촌야村野로 선택하여 즐겁게 살아갈 곳으로 삼은 것이다. 같지 않은 것은 머무는 곳에서 살면서 많은 은둔한 사람들은 단지 청한淸閒함에 이르러 생각하며, 사유를 보자면 좋아하는 것은 가장 즐거운 것을 추구하는 것이다. 이외에도 그들은 다른 사람에 대한 관심이 없었다. 레 흐우 짝Lê Hữu Trác은 여전히 인민을 구하기 위해 고민하는데, 유학자와는 달리 병을 고쳐 사람을 구제하는 방식으로 인민을 구하는 것이다. 그렇기 때문에 그와 단순히 은둔하는 사람들 사이에는 외면적으로는 서로 닮아 보이지만 실질적으로 내부에서는 서로 다르다.

전통적으로 동양의학의 고장인 트엉 홍Thượng Hồng에서 태어났지만, 당시에 레 흐우 짝Lê Hữu Trác은 의술의 길을 염두에 두지 않고 명리名利의 길에만 몰두하여 생각했다. 의술을 하게 된 것은 하 띤Hà Tĩnh, 흐엉 선Hương Sơn에 머물 때, 그리고 그 일이 벌어진 후에야 뜻이 정해진 것이다. 그는 매우 아팠고 한 의약 선생이 병을 낫게 고쳐줬다. 이 일은 그로 하여금 도리를 깨닫게 해 주었다. 의약을 하는 것 또한 사람을 구하는 한 방편이며, 의약을 하는 것이 그의 일생을 돕는 소원에 답응할 수도 있다는 것을 알았던 것이다. 이때부터 그는 의술에 마음을 다하고 사회가 요구하는 분야에 거슬러서 이 직업으로 옮기기로 결심하였다.

이를 이루기 위해서 무엇보다도 그는 유학자의 관념을 비판하여야만 했으며, 오로지 유학의 가치만을 중시하는 사람들, 또한 의술을 하더라도 단지 하나의 '술術'로 일삼는 사람들을 비판하여야만 했다. 그는 이에 대해서는 '완고한' 태도를 보였고, '충분히 험난한 가시밭길을 가기 위해 순탄한 길을 버려두었으며', "순탄한 길을 버렸지만 꼬불꼬불 복잡한 길에 접어드는 곳으로 발걸음을 옮겼다".(『의종심령醫宗心領』「서序」) 그 다음에 그는 모든 사람들이 의술의 고귀함을 볼 수 있도록 하여야 했다. 그는 의약에 대해 말하기를 인간 산 목숨을 구하는 일이라 했다. "의약을 하는 도는 인술仁術로서 인간의 산 목숨을 전문으로 보호하며 지키는 것으로, 인간의 근심을 근심해야 하고, 인간의 기쁨을 기뻐해야 한다. 단지 인간의 산 목숨을 구하는 일로서 자신의 본분을 삼아야 하며, 공치사를 하며 이익을 추구해서는 안 된다."(「의훈격언醫訓格言」) 그에게 의술을 펼치는 것은 삶을 돕는 일이다. "의

약을 하는 직업은 인술仁術을 펴는 것이다. 의약 선생은 반드시 사람을 돕는 일로서 즐거워야 한다.”(「음양의안陰陽醫案」) 그에게 의술을 행하는 것은 또한 즐거운 일이었다. “사옹師翁은 수운水雲과 더불어 한가하지만, 방안에서 의약 선생을 하는 것과는 비교할 수가 없다”, “날이면 날마다 병을 보고 막 끝내고 나면, 밤이면 밤마다 악기를 연주하면서 둥근 달에 기댄다”.

의술을 통해 삶에 도움이 된다는 의식은 그에게 있어서 강력한 동력이 되었다. 그는 두 방면에서 분투하여야만 했다. 의약 선생으로서 깊게 들어서는 것과 병든 사람을 위한 마음이었다. 이러한 두 방면은 서로 모순되지 않았으며, 서로 한계를 짓지 않았고 오히려 서로가 발전을 위한 전제가 되었다. 의술에 깊게 들어선다는 것은 사람을 구하고 병을 치료하는데 많은 효과를 낸다는 것이며, 진심으로 사람을 위한 마음으로 병을 치료한다는 것은 의술을 향상시키는 자극이 되는 것이다. 이러한 두 동기는 그의 사업에서 함께 존재하면서 끊임없이 운용하고 끊임없이 발전하는 것이었다.

높은 의학의 진도에 도달하기 위한 투쟁은 그가 밤낮으로 숙고해야 하는 것이었다. 현실과 연결된 끈은 이러한 의식의 기초이다. 환자의 괴로워함과 살고자 함은 그로 하여금 더 뛰어나기를 소망하도록 만들었다. 베트남 땅에는 그가 좀 더 뛰어나게 치료하는데 쓰이기 위한 풍부한 약재들이 준비되어 있었다. 민족 역사의 진보는 마치 그에게 이전 세대보다 후세대가 더 뛰어나야 한다는 것을 권유하는 것 같았다. 모든 것들은 결심과 갈망에 이르렀다. 그는 말한다. “나는 의약 선생으로서 살다가 죽기로 나에게 허락하였으니, 의술을 배우는 학교에 붉은 깃발을 꽂기 위해 늘 의업에서 뛰어난 일들에 힘쓰기를 원하고, 의술 앞에서 실로 깊어지기를 원한다”(『의종심령醫宗心領』「서序」), “뛰어난 장수를 하지 못한다면 역시 잘하는 선생을 한다”(「의훈격언醫訓格言」), “내가 유학을 버리고 약학으로 건너간 지 20년이 넘었다. 와신상담하고, 성공을 꿈꾸며 전력을 다하고, 의리醫理를 투철하게 다하기를 결심하였다".(『의해구원醫海求源』) 그의 성공들은 이러한 것으로부터 기원하는 것이었다.

민족 의술의 발전을 이루어야 하는 것은 그의 또 다른 바람이다. 그에게 있어서 의술을 펼치는 일은 동양의 의리醫理에 충분하게 계승될 수 있어야 할 정도가 되어야 할 뿐만 아니라, 베트남에서 지속적으로 발전되어야 하는 것이었다. 여기에는 토양, 기후, 사람, 약재 등의 조건이 있는데 북방과는 다른 것이다. 또한 그에게 있어 이러한 수준은 한 사람에게만 국한된 것이 아니라 여러 사람들과 더불어 있는 것이다. 많은 견식들이 전파되고 보편화되었지만, 뛰어난 인재의 경험은 이러한 일들을 실현하는 조건 가운데 하나가 된다. 이기적인 심리를 지니거나 자신의 특별한 의술과 방법을 숨기는 것과 당대의 독선기신獨善其身의 태도를 버리고 그는 자신이 심득心得한 의술을 모으고 편찬하였다. 『의종심령醫宗心領』은 총 66권으로 되어 있는데, 1770년에 그가 50세가 되었을 때 완성되었다. 그는 널리 퍼뜨리기 위하여 인쇄하고자 하였다. 하지만 이 일은 여러 어려움과 재정적 문제 등으로 이루어지지 못하였지만, 그의 초고草稿는 필사되어 여러 곳에 전해졌다. 민족의 의학은 그를 통해 한 걸음 더 올라섰다.

병든 사람을 위해 모든 힘을 다한다는 것은 그의 위대한 마음이다. 손에 의술이 있으면 사람들은 쉽게 생계비를 벌 수 있었지만, 레 흐우 짝Lê Hữu Trác에 있어서 의술은 속세의 사람들에게 기대어 단지 밥을 벌어먹는 수단이 아니었다. 그에게 있어서 주요한 것은 사람을 돕고 구하기 위한 직업이라는 것이었다. 그의 마음에는 늘 아름다운 염원이 있었다. "속세에 아프고 괴로운 사람이 모두 사라지기를 바라며, 달마다 날마다 한가로이 시와 술로 보낸다", "모든 사람들이 해마다 복福을 받길, 오랫동안 수명을 누리기를 함께 할 수 있기 위하여".(『도류여운導類餘韻』) 그의 마음속에는 이러한 일에 대한 책임이 늘 담겨 있었다. 이는 반드시 사람을 구한다는 것이었다.

"약을 한다고 할 때에는 사람을 구하는 일을 생각하여야만 한다."(「상경기사上京記事」) 병든 사람을 살리고 구하기 위한 방법들을 충분히 찾아야만 했다. "의약 선생은 그 자신의 손 안에서 사람의 화복禍福, 삶과 죽음, 생명을 유지하는 사람이다. 지식이 통활通活하지 않고, 행동이 솔직하지 않고, 마음이 신중하지 않고, 간이 용감하지 않으면 어떻게 알아서 행할 수 있겠는가." (「음양의안陰陽醫案」) 늘 곁에서 시중든다는 정신도 있어야만 한다. "비록 의약 선생이 사람을 돕는 일에 생각이 미치더라도, 술을 가지고 산을 올라 경치를 구경하고 놀이에 열중하는 것처럼 자발적으로 즐거움을 구하지 않는다면, 혹 잠시 집을 비우게 되고, 그러한 경우에 위급한 환자가 생긴다면 그 사람은 위태로움이 목숨에 달려서 기다리면서 애를 태우게 될 것이다." (「의훈격언醫訓格言」) 그리고 그의 병든 사람에 대한 입장은 바꿀 수가 없는 것이었다. "이 맑은 도의 맛은 마땅히 항상 가져다 마시며, 인의仁義의 신비스러운 약방문은 금을 준다고 하더라도 바꿀 수가 없는 것이다", "공명功名은 분수에 넘치는 일로 마치 흘러 내려가는 물처럼 보며, 인의仁義의 처방은 귀하게 여겨 잘 지켜 어떠한 것과도 바꾸지 않는다".(「의리투한리언부지醫理偶開俚言附志」) 이러한 의식을 보면 그는 속세의 사람들을 아끼고 사랑하는 것이며, 우연히 언급하는 것이 아니다.

레 흐우 짝Lê Hữu Trác의 이러한 인도仁道의 마음은 의식에만 머문 것이 아니라 행동의 여러 원칙에도 적용되었다. 이러한 원칙들은 모든 대응하는 데 기초가 되는 일들을 제시하였다. 의약 선생은 준비가 되어 있어야만 하고, 고난과 번잡함을 두려워하지 않아야 한다. "묵묵히 고단함을 견뎌내며, 비바람이 부는 날 밤이라도 싫어하지 않고 스스로 그 곳에 이르러서 환자를 보아야 하며, 비록 교묘한 성공의 신묘한 재주가 없더라도 망문문절望聞問切의 어느 하나도 없애서는 안된다."(「의음안醫陰案」) 의약 선생은 반드시 정신이 긴장해야 한다. "약을 쓰는 것은 마치 병사를 쓰는 것과 같다",

"병을 구제하는 것은 마치 불을 끄는 것과 같다". 의술을 행하는 것은 이익을 구하는 일이 아니며, 귀천貴賤에 근거하여 대처하는 것도 아니다. "병의 경중에 근거하고, 귀천을 분별해서는 안 된다". "병을 진료하러 갈 때에는 긴급한 병인지 아닌지에 따라야 하고, 먼저 방문하는지 나중에 갈 것인지를 정렬해야 한다. 귀하고 부자인지 천하고 가난한지를 이유삼지 말며 먼저 갈 곳인지 뒤에 갈 곳인지를 분별하고, 또는 다시 약을 처방할 것인지의 다소多少를 분별한다." 선물을 고려하지도 않는다. "누군가의 병을 낫게 치료했을 때 선물을 구하기를 고려해서는 안 된다."(「의훈격언醫訓格言」) 가난한 사람, 고아, 과부에 이르러서는 보다 더 주의할 것을 당부한다. "가난하고 궁핍한 집에서 병을 보거나 고아나 과부의 병을 볼 때에는, 더욱 더 특별히 보살펴야 한다. 왜냐하면 귀하고 부자인 사람들은 병을 고치는 사람이 없을까 걱정하지 않지만, 가난하고 궁핍한 사람들은 훌륭한 의약 선생을 맞이할 힘이 충분하지 않다. 그러니 우리가 그들에게 좀 더 마음을 둔다면 그들이 일생을 살아갈 수 있게 될 것이다. 또한 부모를 공경하는 착한 자식이나 어진 부인이 병에 걸린 경우에, 약을 쓰는 것 밖에는 다른 일을 할 수 없을 지경이라면 좀 더 그들을 위해 힘을 다해서 보살펴야 한다. 왜냐하면 약은 있지만 먹을 것이 없다면 죽을 자리로 갈 수밖에 없기 때문이다. 또한 방탕하게 놀기에 열중하는 사람이라면 그렇게 보살필 필요가 없다. 왜냐하면 그들 스스로 가난해서 배가 고프고 질병을 일으키게 되니, 아파하고 애석해할 가치가 없기 때문이다." 이러한 그의 가르침들은 실로 오늘날에도 의의가 있는 것이다.

당시에는 복을 짓고 선을 행하는 많은 동기들이 있었다. 윗사람이 선을 행하는 것은 흉년에 기근이 들었을 때 곡식을 나누어줘서 인민들이 난을 피하도록 하는 것이다. 불교의 선을 짓는 것은 인과응보에 따르는 선보善報이다. 보통 사람들의 선을 행함은 친하고 사랑하는 것과 마찬가지로 다른 사람과 함께 아파하는 것으로, 오늘 사람을 도우면 훗날 내가 괴로움을 만났을 때, 사람들이 다시금 나를 도와줄 것이기 때문이다. 결국 그들에게 있어서 사람들을 위하는 것은 곧 자신을 위한 것이다. 레 흐우 짝Lê Hữu Trác에 있어서 선善은 은혜를 갚는 것을 요구하지 않는 것으로, 선을 일삼는 것은 사람들을 위할 뿐 자신을 위한 것이 아니다. 그의 인도주의는 높은 경지에 있는 것이다.

당시에 사람들은 명성을 위해, 이익을 위해 서로 경쟁하였다. 봉건주의는 그렇게 많은 이익을 위해서 인仁을 해치는 사람들을 만들어 내었다. 레 흐우 짝Lê Hữu Trác이 행한 일은 무엇보다도 그처럼 귀한 출신 환경을 지닌 재능이 있는 사람에게 있어서는 매우 비범한 일이었다. 그는 아마도 적지 않은 괴로움과 역경과 장애를 겪었을 것이다. 이익을 얻으려는 마음의 유혹, 아는 사람들과 친구들의 비난과 무시, 병든 사람을 치료하는 길에서 만나는 고단함들. 하지만 그는 이러한 모든 것들을 넘어섰다.

당연히 레 흐우 짝Lê Hữu Trác은 자신의 일에서 즐거움을 찾아내야만 했다. 병든 사람을 낫게 치료했을 때 함께 즐거워하는데 이러한 즐거움 이외에도 그는 일상적으로 그 자신만의 개별적인 흥취도 있었다. 이것은 매력적인 자연환경에서 살아갈 수 있고, 자유로울 수 있으며, 인격을 발전시킬 수 있는 것이었다. "나는 작은 아이를 데리고 산에 오른다. 마음가는 대로 즐거이 구름과 경치를 완상玩賞한다. 응헨 퐁Nghênh Phong 정자에 앉아 낚시를 드리우거나 띠 휘엔Ty Huyên 루에서 줄을 타며 연주하고, 또이 꽝Tối Quảng 정자에 앉아서 책을 읽고, 지 천Di Chân 집 바둑판 앞에서 잠을 청한다. 마음대로 함이 즐겁구나! 늘상 얼큰히 취해 집으로 돌아온다."(『상경기사上京記事』) 이는 나라의 아름다운 풍광 앞에서 유유자적할 수 있는 것이다. "대송大宋의 기도基圖가 천년이 넘는 시간인데, 남쪽 하늘의 우주는 사철 봄이다."(『상경기사上京記事』) 이러한 즐거움은 그럴 만한 것이다. 겉으로 보기에는 노-장이지만, 노-장은 결코 아니다. 그는 현실의 삶을 사랑하면서도 낙관할 수 있는 사람이었다.

레 흐우 짝Lê Hữu Trác은 18세기의 특별한 현상의 하나이다. 스스로 자신만의 독특한 길을 걸어갔다. 스스로 자신의 일을 충분한 의식할 수 있었다. 다른 사람을 두려워하지 않고, 고난과 역경을 두려워하지 않았으며, 스스로 충심의 언어로 표현하였다. 바로 그렇기 때문에 세계관과 인생관 모두 사상의 정점에 다다를 수 있었고, 그의 사유와 삶의 길은 당시와 후세에 커다란 영향을 끼쳤다.

제23장

응오 티 념Ngô Thì Nhậm, 吳時任

사회변란시기 탁월한 사상가

    응오 티 념Ngô Thì Nhậm(1746~1803)은 응오 티 시Ngô Thì Sĩ의 장남이다. 고향은 하 떠이Hà Tây성, 타인 오아이Thanh Oai현, 따 타인 오아이Tả Thanh Oai(세간에서는 또Tó마을이라 부른다)이다. 그는 수많은 변란變亂의 시기를 살았다. 정치적으로 커다란 사건들이 일어나고 쌓였다. 당 응와이Đàng Ngoài에서는 이곳에서 저곳에 이르기까지 모든 곳에서 농민들이 기의起義하여 레-찐Lê-Trịnh조정에 맞섰고, 계속해서 떠이 선Tây Sơn이 찐Trịnh 왕을 무너뜨리고 북으로진출하였고, 그 후에 응웬 훼Nguyễn Huệ는 청나라의 29만 대군의 침략을 물리쳤으며, 결국에 가서는 응웬 아인Nguyễn Ánh이 떠이 선Tây Sơn을 멸하였다.이러한 시기의 첫 부분은 그의 아버지인 응오 티 시Ngô Thì Sĩ와 탁월한 박학가인 레 뀌 돈Lê Quý Đôn이 모두 결실을 맺었다. 하지만 떠이 선Tây Sơn이 탕롱Thăng Long으로 진군할 무렵 그들은 이미 세상을 뜬 뒤였다. 이러한 시대적 환경 때문에 응오 티 념Ngô Thì Nhậm의 사유와 행동은 부친이나 자신의뛰어난 선배들과는 모두가 다른 사유와 행동으로 반영되어 나타날 수 있었다.

    응오 티 념Ngô Thì Nhậm의 작품에는 『이십일사촬요二十一史撮要』, 『필해총

담필海叢談』,『황화도보皇華圖譜』,『한각영화翰閣英花』,『금마행여金馬行餘』,『춘추관견春秋管見』,『죽림종지원성竹林宗旨元聲』 등이 있다.

1. 정치・사회 사상

응오 티 넘Ngô Thì Nhậm에 따르면 당시 사회가 어지러운 것은 하늘 때문이 아니며 인간 때문이고 조정의 정책들 때문에 야기된 것이었다. 그리고 그러한 국면에 이르게 된 것은 개별성을 지닌 독립적이고 즉시적인 원인에 있는 것이 아니라 이전부터 오랫동안 펼쳐진 여러 사건들의 결과이다. 그는 말한다. "적의 무리 때문에 편안하지 않으며, 방어하는 일은 그치지 않는데, 양식을 모으고 병사를 억지로 모으더라도 확실하게 그침을 이루지도 못한다. 그러므로 민간에 사람이 있어 베틀을 들어 올려 보지만 비탄에 젖고, 하염없이 내리는 비를 보면 추모의 기억을 떠올리게 되니, 점차 그 심경은 음양이 어긋나는 지경에 이른다."(『금마행여金馬行餘』) 그는 사회가 흐르는 추세와 역량 사이에 균형을 이루고 태평하기 위해서는 어떻게 음양을 화합시켜야 할 것인지 고민한다.

전통적인 사상가들과 마찬가지로 사회의 문제를 해결하기 위해서 그는 정치・사회 방면에서부터 출발한다. 여기에서 그는 어떠한 역량이라도 안위安危에 결정적인 역할을 하고 중심이 되어야 한다고 생각했다. 그리고 사회적 상황이 바뀌었을 때의 정치적 태도가 변하는 것과 마찬가지로 어떻게든 화합하려는 해결방식과 사회관계들에 대해 생각했다.

응오 티 넘Ngô Thì Nhậm이 보기에, 왕은 여전히 사회를 대표하는 인물이고 성왕聖王 현신賢臣의 이상은 먼 옛날부터 이어져 내려온 것으로 여전히 그의 열망이기도 하다. 하지만 그는 이러한 대상이 아닌 평상의 인민들에 대해서도 고민하였다. 그들은 나라의 대부분을 차지하는 사람들로 사회와 조정의 생활을 유지하기 위해서 물질적 재산을 만들어내는 사람들이었다. 이들은 부역에 나가고 병사로 전장에 나가고 세금을 내는 사람들이다. 농민들은 큰 비가 내리거나 가뭄이 들어 경작지를 걱정하고, 옷감을 짓는 사람들은 높은 부역과 무거운 세금으로 베틀 옆에서 비탄에 잠겨 있다. 그에 따르면 이러한 사람들의 태도와 동향은 조정의 운명과 직접적인 영향을 맺고 있는 것이다.

인민의 역할에 대해서 유교 경전 작품들에서는 이렇게 말한다. 『서경』에서는 "민民은 나라의 근원"이라 말하고, 『맹자』에서는 "민民이 중요하며 다음에는 사직이고 나머지 왕은 가볍다"고 말한다. 15세기 민족의 위대한 사상가인 응웬 짜이Nguyễn Trãi 역시 "왕은 배이고 인민은 물이다. 물은 배를 싣지만 또한 배를 뒤집기도 한다"라고 말했다. 응오 티 넘Ngô Thi Nhậm 은 이러한 사상들을 이어받는다. 하지만 그는 여기에서 멈추지 않는다. 그는 보다 구체화하고 심원한 곳으로 나아간다. 그는 인민을 천인관계와 우주의 중심으로 본다. "하늘이 보고 하늘이 듣는 것은 하늘이 인민에 있기 때문이다. 인민의 마음이 안정되면 하늘의 뜻 또한 방향을 바꾼다."(『금마행여金馬行餘』) 일을 신중히 하여 인민의 마음을 얻는 것은 화합과 발전의 기초이며, 사회에서 균형을 이루기 위한 조건이다. 그러므로 당연히 나라 안이 평안한 것은 인민의 마음을 얻었기 때문이다. "두 지역에 있는 인민의 마음이 안정되면 화기和氣가 다시금 모이게 된다", "인민이 아래에서 느껴서 화和하면 하늘이 위에서 응하여 화和하니, 계절이 기약하지 않아도 오는 것처럼 명백한 것이다".(『금마행여金馬行餘』) 이러한 것들은 그 이전에는 누구도 분명하게 언급하지 않은 것이다.

인민의 마음을 얻기 위해서는 어떻게 해야 하는가. 이 문제는 역사적으로 여러 사상가들이 고민했던 것이다. 쩐 꾸옥 뚜언Trần Quốc Tuấn은 "여유로운 인민의 힘은 견고한 뿌리가 되는 깊은 원천의 책략이다"라고 말했다. 응오 티 넘Ngô Thì Nhậm은 이를 계승하고 발휘한다. 그는 인민을 위해 공납貢納을 줄여야만 한다고 주장한다. "인민의 마음을 얻길 원한다면, 골자는 두 곳(타인 화Thành Hóa, 응에 안Nghệ An)과 북부지역 네 곳을 여유롭게 해야만 한다". 그는 농민들을 만족(마음을 흡족하게)시키며, 상인들을 만족(바라는 것을 얻어서 다투지 않고 즐거운 마음상태)시키고 병사들도 만족(뜻에 부합하게)시켜야한다고 보았다. "조세 또한 두 차례 정궁正宮에 내는 것 이외에는 어떠한 것이든 즉시 면할 수 있는 것은 면하여서 농민들이 만족하여 마음이 즐겁도록 해야 한다." "화물 운송에 세금을 매기는 순사巡司는 본청 하나만 빼고는 장사를 하는 사람들이 바라는 것을 얻어서 만족할 수 있도록 나머지 부속 관청은 폐지할 수 있는 곳은 폐지하도록 한다. 인민들이 병사가 되어 전쟁에 나가기 위해 군대로 옮길 때는, 기지基地와 대隊, 선船의 경우 반드시 철저하게 목록을 작성하여 어떤 사람이 전쟁에서 죽으면 그 자식의 세를 면제해주며, 어떠한 사람이든지 병영에 머물고 있으면 가정에 급료를 지급하여 병사들로 하여금 만족하게 한다."(『금마행여金馬行餘』) 그는 급료를 약탈하는 정책들을 버리는 것부터 요청한다. "일단 급료를 취하는 정책을 시행한다면 다시금 착복하는 사람들이 출현하고, 착복하는 사람이 출현하게 되면 평화롭게 다스리는 법률은 폐지되고 말 것이다. 평화롭게 다스리는 법률이 폐지되면 사민四民의 직업이 황폐해지고, 사민의 직업이 황폐하게 되면 부패한 관습이 자라나게 된다."(「근폭치언芹曝巵言」) 이러한 것들은 당시 난국과 같은 공황 상태를 가라앉히는 일에 의의가 있는 것이었다. 하지만 그 시기에 레-찐Lê-Trịnh 조정에는 황족과 관리들의 수가 헤아릴 수 없이 가득 차 있었고, 한편으로는 끊임없이 벌어지는 전쟁 상황에 대처해야만 했기 때문에 위의 주장들이 훌륭하다고 할지라도 현실적으로 받아들여질 수 없었다.

인민의 문제에 이어서 그는 관리의 문제에 대해 제기하고 있다. 그에 따르면 관리를 하는 사람들은 반드시 재교육을 받아야만 한다. 그들을 문文이 있으면서 덕행이 있는 사람들로 만들어야 했다. 이러한 행行은 깨끗한 품성을 유지하는 것이며, 염치廉恥와 기절氣節을 아는 것이다. 그는 주장한다. "그들에게 호연지기를 배양하도록 하고, 그들에게 염치를 일상의 습관이 되도록 양성한다."(『금마행여金馬行餘』) 이러한 염치의 습관화는 매우 중요한 것이었다. "예로부터 사람들이 인정하였다. 음양이 화和를 잃으니, 그보다 더 두려워할만 한 것은 아무것도 없다. 하지만 만약에 염치가 남아 있지 않으면, 칭찬과 비난이 도리에 맞지 않으니 이것이야말로 진실로 더욱 두려운 것이다."(『금마행여金馬行餘』) 그리고 그는 특별히 그들에게 반드시 시대를 잘 인식하고 예민하게 느껴야 하며, 통찰력으로 꿰뚫는 결정을 내리기 위하여 용감해야만 한다고 요구한다. 그의 이러한 관념은 적극적이며 당시의 긴급한 요구를 반영한 것으로 사회 개조를 위한 인간을 건설하는 것이다.

동양의 역사에서 많은 사상가들은 단지 정치-도덕 방면에서 사회 문제의 원인을 찾으려 했으며 경제 방면에서는 고찰하는 것에 대해서는 도외시했다. 응오 티 념Ngô Thì Nhậm은 달랐다. 그는 사회문제의 원인을 경제에서 찾아야 한다고 주장한다. 공자는 농사를 짓고 정원을 가꾸는 일들을 소인小人의 일로 보았다. 맹자는 곡식을 생산하는 일, 비단과 마를 짜는 일에 대해서 노동하는 사람의 일로 보았다. 하지만 응오 티 념Ngô Thì Nhậm은 이를 바로 자신의 일로 여겼다. "일을 한다는 그것은 농, 공, 상인데, 어찌 우리 유학자들만 그렇게 생각하지 않는 것인가."(「위지부爲之賦」) 실제에서도 그는 사회 안녕의 경제적 근원에 대해서 많은 고민들을 하였다.

그는 인민들이 이곳에서 다른 곳으로 유랑해야 하는 현상에 대해서, 인민이 조정의 주장들을 실현하지 않고 오히려 일어나서 적이 되는 현상의 원인을 무엇보다도 먼저 그들의 삶이 충분히 배부르지 않기 때문이라고 보았다. 이러한 입장은 춘추시대 왕의 일에 대해서 그가 인정하는 것에서도 드러나고 있다. "어찌하여 장공莊公은 국사에 관심을 기울이나 잘못 실수하여 그렇게 양위하게 되었는가. 성城은 반드시 인민을 지켜야 하고, 인민은 반드시 양식이 있어야 살아갈 수 있다. 흉년이 들어 인민이 굶주려 제齊나라로 양식을 구하러 가는데, 다시 또 긴급하게 성城을 쌓아서는 무엇을 할 것인가."(『춘추관견春秋管見』) 당나라 시대 어느 왕을 예로 들어 말한다. "당나라의 현종은 오색五色의 아름다운 말들을 무척 즐겨 탔는데, 오양五楊의 적군을 막지 못하였다. 나라가 굶주리면 인민은 반드시 유랑하는데, 그 많은 말로는 무엇하랴."(위의 인용)

그는 조정의 체계에서 자신의 직분을 수행하지 못하는 관리들의 상황을 보았다. 학문을 가르치는 선생은 정통함이 없고, 대신大臣은 상벌에 공명정대함이 없고, 관리는 청렴함이 없는 이유를 그는 무엇보다도 그들의 삶이 극빈하기 때문으로 보았다. "가르치는 선생은 정통함이 없고, 상벌은 공평함이 없으며 봉록은 충분하지 않으니 원인은 모두가 부족한 상황에 있다. 실제로 그들의 극빈한 현실이 이를 일으키는 것이니, 이 일은 보다 긴급한 일이다. 만약에 그 실마리를 잡지 않는다면 비록 '지智'가 있더라도 그저 알기만 할뿐 결코 '세勢'로 펴보지 못한다."(「근폭치언芹曝卮言」)

이러한 인식들로부터 그는 조정의 모든 업무가 인민들이 충분히 배불리 먹을 수 있도록 하는데 집중해야 하며, 관리는 풍족하여 옷매무새와 머리를 만질 정도가 되어야 한다고 주장한다. 성을 쌓는 것과 말을 사는 것과 같은 일은 모두가 그 다음의 일로, 위의 기본적인 일들이 담보된 이후에야 실현할 수 있는 것으로 보았다. 이러한 관점은 사회의 문제를 해결하는데 가장 기본적인 물질적 측면을 해결하는 것이 절실하다는 사실을 직시한 것이었다. 만약 레-찐Lê-Trịnh 조정이 그의 이러한 관점을 받아들일 수 있었다면 당시의 나라를 완전히 새롭게 바꾸는 도이 머이đổi mới가 가능했을 것이다.

극빈함은 조정 관리계층의 부패의 근원이며, 사회적으로는 안녕을 잃어버리는 것의 근원이다. 극빈함을 극복하는 것은 그가 온 힘을 다해 관심을 기울인 것이다. "실마리는 무엇보다 극심한 상황과 극심한 사실들을 정리하여 연구하는 것이다. 이는 만대의 다스리는 심법心法이다."(『금마행여金馬行餘』) 하지만 어디서부터 시작해야 하는 것인지 그리고 어떻게 해결해야 하는 것인지 파악하기는 어려운 것이다. 당시 사회는 농업사회로 농업이 기본이 되고 부의 근원은 모두 농업에서 나오는 것이다. 사회에서 살아가기 위한 많은 양식들을 위해서는 두가지 조건이 있어야 했다. 경작지는 노동력과 반드시 결합되어야 한다. 응오 티 넘Ngô Thi Nhậm은 이러한 점을 볼수 있었고 일부 주장과 변법에서 이를 제기하였다.

경작지에 대해서 살펴보면 마을의 호족과 이른바 '큰 가문'에서 공공의 경작지를 침식하는 상황이었다. 그들은 경작지를 거짓으로 신고하여 세금을 내는 선량한 인민들을 붙잡아갔기 때문에 경작지는 불모지가 되었다. 먼 변방의 경작지는 개발하는 사람이 없으며, 논이 많은 사람은 황폐하게 버려두게 되었고, 노동력이 있는 사람이 있더라도 경작할 땅이 없었다. 이러한 상황은 반드시 해결해야 하는 것이었다. 응오 티 넘Ngô Thi Nhậm은 레-찐Lê-Trịnh 조정에 이를 설명하는 여러 서계書啓를 올렸다. 그 안에서 그는 긴급한 문제로서 경작지를 정돈하기를 주장하였다. "신이 생각하건대 인민들이 충분히 배부를 수 있도록 만들기 위해서 경작지 정책을 정돈하는 일은 지금에 결코 늦추어서는 안 되는 일입니다."(『한각영화翰閣英花』) 그리고 그는 구체적인 변법들도 제기하고 있다. 경작지를 새로 조사하고, 황폐화시킨 토지나 침식한 토지는 몰수하고, 새로운 지역에 대한 개발을 하는 등의 일이었다.

노동력에 대해서 살펴보면, 일반적으로 노동이 가능한 연령에 이르는 인구는 적지 않지만, 어느 곳이든지 경작하는 사람은 부족해 보였다. 농지는 황폐화되도록 방치하고 곡식은 심히 부족하여 마을마다 쓸쓸하다. 기근으로 일어난 난으로 체포당하고, 높은 부역과 무거운 세금은 여러 마을의 인민들이 집과 논밭을 버리고 유랑하도록 만들었다. 유민流民을 회복하여 옛 고향으로 돌아가도록 하고, 이주민들에게는 황무지를 개간하도록 하며, 농민들은 경작지에서 농사를 지을 수 있도록 만들어야 하는 일이 급선무였다. 응오 티 념Ngô Thì Nhậm은 이렇게 주장한다. "유랑하는 사람들은 완고하게 돌아가려 하지 않으며, 사람들과 더불어서 부자가 되는 것은 헤아리기 어려워서 아무도 알지 못한다. 이 난을 방지하기를 원한다면 무엇보다도 유민을 회복해야 하고 이주민이 황무지를 경작지로 개간하게 하고, '무위도식'하는 사람들을 바꾸어 논밭으로 돌아가도록 해야 한다."(위의 인용) 그리고 그는 이러한 일을 진행해 나가면서 실현해야 할 구체적 규정들을 제기한다.

응오 티 념Ngô Thì Nhậm의 당시 사회에 대한 인식과, 모순과 폐쇄된 것을 해결하기 위한 변법과 노선에 대한 그의 관념은 적극적인 성향이 있다. 하지만 객관적인 조건들은 이를 허락하지 않았다. 레-찐Lê-Trịnh 시기에 조정의 여러 정파 도당들은 그의 일을 저지하였고, 떠이 선Tây Sơn 시기에는 오로지 전쟁에 집중해야만 했다. 뛰어난 왕이었던 꽝 쭝Quang Trung은 일찍 세상을 떠났다. 사회를 다시 건설하기 위한 그의 주장과 노선은 더 이상 현실에서 이루어질 수 없게 되었다.

2. 철학사상

응오 티 넘Ngô Thi Nhậm은 역사적 실제와 부합하는 인식론을 스스로 건설하려는 의식이 있는 당대 여러 사람 가운데 하나이다. 당시에 많은 사람들은 실제와 부합하지 않는 그들의 인식 때문에 걸려 넘어졌다. 역사와 사회의 사건은 비록 많은 모양을 지니고 복잡하지만 여전히 일정한 추세들에 따라서 드러나며, 만약에 인간이 이를 이해하고 행동한다면 실제에서 많은 성공이 가능할 것이다. 동양의 선배 사상가들은 일부 인식의 대상 문제에 대해 제기하였다. 그는 이를 계속해야 한다고 보았으며 동시에 좀 더 깊이 나아갈 책임이 있다고 보았다.

객관세계는 지속적으로 인식의 대상이다. 하지만 이러한 세계는 서로 다른 많은 형상 아래에 존재하고, 서로 다른 현상과 본질이 있으며, 서로 다른 운동과 정지가 있다. 응오 티 넘Ngô Thi Nhậm은 그러한 것들의 총괄적인 형상 아래서 객관세계를 이해하기 위한 방법이 없었기 때문에 다만 역사-사회의 형상을 고찰하였다. 바로 이러한 형상과 더불어 그는 인간의 인식이 현상에 머무르는 것이 아니고 현상의 본질로 깊게 들어가야 한다는 것을 보았다. "만약 인간이 단지 산을 높다고 생각하고, 강을 길다고 생각하고, 바람을 시원하다고 생각하고, 달을 둥글다고 생각하여 보고 안다면, 그렇다면 단지 상형象形에 따라서 보고 아는 것일 뿐 회의會意는 알지 못하는 것이다."(「봉의시일정기奉擬始一亭記」) 문제는 그 안에 담긴 깊고 먼 의의를 완전히 이해해야 하는 것이다. 뿐만 아니라 그는 반드시 사물을 이루고 있는 본질과 그 근원을 알아야 한다는 문제도 제기하였다. "보통 사람은 단지 산을 보는 것으로 산의 근거로 삼아서 다만 산이 높다는 것만 알고, 그렇게 되는 이유는 얻지 못한다. 산이 어찌해서 높은지에 대한 원인을 다시금 찾아내는 것은 알지 못한다. 보통 사람은 물을 보는 것으로 물의 근거를 삼아서 다만 깊다고만 알고 어떻게 해서 계량할 수 있는지는 모른다. 물은 어떻게 해서 깊은지에 대한 원인을 다시 찾아내는 것은 알지 못한다."(『춘추관견春秋管見』, 「서序」) 좀 더 나아가서 그는 분명한 방식을 제기한다. 나라를 다스리는 도는 반드시 그 실마리를 잡을 수 있어야만 하는 것이다. "신이 듣기를 동자董子는 이렇게 말하였습니다. 다스리는 도는 다른 것이 없고 다만 '주의를 기울임'을 골자로 삼는 것일 뿐으로, '주의를 기울임'은 늦게까지 깨어 있고 일찍 일어나며 날마다 일을 하는데 시간이 충분하지 않을 정도로 한다는 뜻이 아니며, 또한 열고 닫고 동요하고 제도를 바꾼다는 뜻도 아니라, 다만 '주의를 기울임'은 그 실마리를 잡는다는 것입니다."(「근폭치언芹曝卮言」) 응오 티 념Ngô Thì Nhậm은 단지 눈앞의 사물을 본 것이 아니라, 여러 관계들, 운동과 그들의 발전 추세들을 보았다. 이로부터 그는 자신의 인식 관점 내부의 일부 공통된 것들을 제기할 수 있었다.

무엇보다도 먼저 응오 티 념Ngô Thì Nhậm은 하늘, 땅, 사람처럼 한편으로는 통일성이 있으면서 한편으로는 다양성이 있는 환경을 포함한 외부 세계를 보았다. 그는 각각의 이러한 환경들이 모두가 다 중심과 주변을 둘러싼 물질이 있고, 무수한 다른 물질과 간접적 직접적 관계를 맺고 있다고 보았다. 위의 하늘을 예로 들어보면 태양은 중심이고 이것의 주변을 둘러싼 것은 달, 별, 구름, 바람 등이 있다. 아래의 땅을 보면 강과 산이 중심이고 이것의 주변에는 들판, 나무, 새와 짐승 등이 있다. 사람에 있어서는 왕이 중심이고 그 주변에는 신민臣民이 있다. 그래서 그는 이렇게 말한다. "천지의 수는 하나의 근원에서 시작하고, 음양의 이치는 하나의 태극에서 시작한다. '하나'라는 것은 화공化工(조물주)의 흔적이 세운 것으로 무진無盡하고, 성인聖人은 고갈됨이 없는 것을 담고 있다."(「봉의시일정기奉擬始一亭記」) 또는 이렇게 말한다. "만화귀일萬化歸一하고, 홀로 된 것은 합하여 다발을 이루니,

이러한 이치와 천지 음양의 수는 모두 여기에 있는 것이다."(『금마행여金馬行餘』) 통일성과 다양성 이외에 응오 티 넘Ngô Thi Nhậm은 사물의 두 측면인 긴밀성과 대립성을 보고 있다. '체體'가 있으면 '용用'이 있으며, '산散'이 있으면 '취聚'가 있으며, '이異'가 있으면 '동同'이 있고, '강剛'이 있으면 '유柔'가 있다. "체體가 있으되 용用이 없이는 어떠한 것도 할 수 없고, 산散이 있으되 취聚가 없이는 또한 어떠한 것도 할 수 없으며, 이異가 있으되 동同이 없으면 또한 어떠한 것도 할 수 없다. 산취散聚, 이동異同의 도리를 오로지 이해한다면 곧 도道에 대해 말할 수 있을 것이다."(위의 인용) 그뿐만 아니라 그는 또한 이러한 여러 측면들이 비록 서로 대립하더라도 다시 서로 긴밀하게 연관되어, 서로 존재의 조건이 되며 자의적으로 어떠한 측면을 버릴 수는 없다고 본다. 실제로 행동에서 그렇게 된다면 점차 옳은 것을 위해 행동하고 분명히 볼 수 있게 되는 것이다. "딱딱하면 쉽게 꺾이고 부드러우면 오래가며, 혀든 이빨이든 세거나 약한 것을 경쟁하지 않는다."(「천군태연부天君泰然賦」)

인식에서 보면 응오 티 넘Ngô Thi Nhậm은 노자의『도덕경』,『역경』, 춘추전국시대의『역전』, 송시대 주돈이의「태극도설」등 고대 중국의 작품들에 들어 있는 사상을 발휘하고 계승하고 있다. 그는 이설理說에 대해서는 많이 드러내지 않지만 인식과 행동에 있어서 옛 사람의 관점을 관철하고 있다. 이러한 이유 때문에 그는 사변事變들 앞에서 경험이 부족하지 않았으며, 또한 처세에 있어서도 딱딱하게 메마르지 않았다.

좀 더 의의가 있는 것은 보다 많은 창조성을 지니는 것으로 '시時'나 '천명天命'과 같은 동양철학의 일부 범주를 발전시키고 계승하고 있는 것이다.

'시時'는 동양 역사에서 오래전부터 출현한 개념으로 본래는 시절, 계절의 뜻이 있는데 농업생산과 천문기상의 영역에서 가장 일찍 사용되었다. 여기에서는 해의 시간적 단계의 하나로 자연적 성질을 말하고 있으며, 물

物을 키우고 곡식을 심는 데 있어서 어떠한 영향이 있는 그러한 시간의 요소로 언급하고 있다. 이후에 '시時' 개념은 '시기時機', '시운時運'처럼 점점 사회 활동의 영역으로 옮겨 해석되었다. '시時'개념은 또한 일부 고대 중국 철학자들이 철학의 한 범주로 운용하였고, '시時'와 '세勢', '시時'와 '사람', '시時'와 '명命'을 언급하였다. 하지만 '시時' 개념을 보다 일반적으로 사용하고, 보다 더 철학적 의의를 지닌 것으로 사용한 것은 베트남 사상가들이었다. 쩐꾸옥 뚜언Trần Quốc Tuấn은 '수세隨勢'를 말하고, 당 중Đặng Dung은 '시래時來', '운거運去'를 말하며, 응웬 짜이Nguyễn Trãi는 '시時여, 시時여! 실로 결코 놓쳐서는 안된다'라고 말한다. 응오 티 념Ngô Thì Nhậm은 뛰어난 선배들의 관점을 계승하고 자신의 입장을 발전시켰다. 응오 티 념Ngô Thì Nhậm에 있어서 '시時'는 한 조정의 운명에 중요한 역할을 하며, '시時'를 붙잡고 '시時'에 따라 행동한다면 조정은 떠오를 것이며, '시時'를 잃고 '시時'에 어긋나게 행동한다면 조정은 가라앉을 것이다. 다른 측면에서 그는 계속해서 변화와 전환하는 흐름 속에서 '시時'가 있으니 도道 또한 부합하도록 바뀌어야만 하는 것으로 설명하기도 한다. 조정이 계속해서 바뀌어야 하는 것은 그 때문이다. 이러한 뜻을 그는 다음과 같이 표현한다. "짐이 생각하기를 5대代의 제帝는 그들을 바꾸어서 명命을 맡았고, 3대代의 왕王은 시時를 만나 운運을 열었으니, 도道는 바뀜이 있고, 시時는 변통이 있다. 성인이 천도를 따름은 나라를 주재主宰하고 인민의 부모가 되기 위함이니, 다만 하나의 뜻이 있을 뿐이다."(왕위에 오르는 조詔-꽝 쯩Quang Trung황제를 대신하여 씀)

응오 티 념Ngô Thì Nhậm은 인식의 기초위에 일부 원칙을 건설하였고 행동을 위한 기초로 삼았다. 이 가운데에는 일반적 원칙과 구체적 원칙이 있었다.

일반적 원칙에 대해서 그는 시時에 따라서 반드시 바꾸어야 한다는 사상을 제기하였는데, 이는 인간이 자유를 얻을 수 있다는 것이었다. 그는 이렇게 말한다. "분명하지 않은 일을 할 때에는 반드시 경계하며, 스스로 해를 끼칠 심경에 이르도록 가라앉지 말라. '시時'와 함께하면 변화하니, 멀어지게 되고 익숙하게 되고 편안한 곳으로 돌아온다."(「천군태연부天君泰然賦」)

응오 티 넘Ngô Thì Nhậm은 일반적 원칙에 머무르지 않고 보다 좀 더 나아가서 구체적 원칙을 제기한다. 이것은 형세가 다르면 처리하는 방식 또한 달라야 한다는 것이다. 그는 응오 반 서Ngô Văn Sở가 알고 있던 장수인 응웬 반 중Nguyễn Văn Dụng을 위해 람 선Lam Sơn 의군義軍이 명군과 싸우는 방식처럼 침략한 청나라 군과 싸우는 방식을 조직해서는 안된다고 분석하였다. "하나만 알고 둘은 모르는 것이다. 천하의 일은 사정이 비록 서로 같으나 세勢가 서로 다르고, 이 때문에 득실 역시 완전히 다르다."(『황여일통지皇黎一統志』) 또한 그는 응웬 아인Nguyễn Ánh의 장군인 당 쩐 트엉Đặng Trần Thường과 함께 말한 것처럼 개괄하는 방식으로 자신의 일을 해석한다. "시세時勢를 만나는 것은 세시勢時가 세勢가 되어야 하는 것이다." 이는 다른 환경이라면 목적을 이루기 위한 방편도 역시 달라야 한다는 것이다. 그는 말한다. "물이 흐르면 배를 쓰고, 길이 험하면 말의 고삐를 쓴다."(『죽림종지원성竹林宗旨元聲』) 이는 또한 어떠한 시時든지 그러한 시時의 일이 있으며, 현재에 붙잡지 못한다면 옛날과 같아지는 것이다. 그는 여러 사람들이 실제 앞에서 눈을 감는 것을 비난하는데, 자신의 저속함의 흔적을 덮어 감추기 위해서 고인古人의 말에 기대는 것만을 안다고 하면서 그들을 불러 '고향집 재상'이라 한다. 그는 말한다. "그러한 관원은 자신을 위해 스스로 주공 단이나 백이숙제와 나란히 고귀하고 뛰어나다고 한다. 자신의 얕고 편협함을 장식하기 위해 옛 사람의 말을 꺾어 내린다. 계속해서 그들은 왕에게 원하기를 음식은 질그릇에 먹고, 흙으로 만든 잔에 마시고, 거친 옷감의 옷을 입고, 가죽 신발을 신으라고 말하며 그와 같음이 곧 그럴 만 하다고 하지만, 이것은 단지 당요唐堯와 한나라 문제文帝의 찌꺼기에 지나지 않는다. 다시 원하기를 왕은 밤중에도 옷을 입고, 닭이 울지 않을 때 이미 자리에 앉아 있으며, 경전을 토론하고, 계속해서 한밤중까지 궁전에 있다가 막 잠자리에 드니, 말하기를 그렇게 함이 곧 그럴 만 하다고 하지만, 이것은 단지 주 선왕과 당 태종의 쌀겨와 낙엽에 지나지 않는 것일 뿐이다.”(「근폭치언芹曝卮言」) 이러한 여러 원칙들로부터 응오 티 넘Ngô Thi Nhậm은 모든 정황에서 시의적절하게 처세하였고 그 방식은 남들과 달랐으며, 더불어 그는 반성하고 뉘우쳤다.

응오 티 넘Ngô Thi Nhậm은 동양의 다른 전통 철학의 범주의 하나인 '천명天命' 역시 이해하였고 자신의 방식에 따라 운용하였다. '천명'은 사람의 외부에 있는 역량의 하나이지만 인간의 삶을 지배하며, 인간은 결코 저항할 수 없는 것이었다. 이는 객관적 조건이었다. 응오 티 넘Ngô Thi Nhậm 또한 그렇게 받아들이고 있다. 그는 말한다. “성쇠, 길고 짧은 것, 하늘에 달린 운명, 인간의 힘으로 만들어 낼 수 있는 것이 아니다.”(왕위에 오르는 조詔-꽝 쭝Quang Trung황제를 대신하여 씀)

하지만 응오 티 넘Ngô Thi Nhậm에게 있어서는 유교의 경전 작품들과 내용면에서 다른 점이 있다. 가장 쉽게 엿볼 수 있는 다른 점은, 이러한 천명이 『서경』, 『시경』, 『춘추번로』에서 보이는 하늘의 명령하는 의지를 더 이상 지니고 있지 않으며, 순수한 유심객관의 관념으로 인간과 긴밀하게 연관된 것이다. 이는 인간의 여러 관계에서 드러나고 때때로 인간의 원망願望과 의지를 원천으로 삼기도 한다. 그는 꽝 쭝Quang Trung을 대신하여 이렇게 언급한다. “이제 보건대 기신氣神은 매우 중하고, 하늘은 실로 어렵다. 짐은 다만 감당하지 못할까 두려워하지만, 사방의 억조창생이 모두가 짐의 몸을 둘러싼 것이니, 이는 하늘의 뜻이 정하여진 것으로 사람 때문에 일삼아 나오는 것이 결코 아니다. 짐은 이제 천명에 응하고 사람의 마음에 순하여 겸양을 지키려 완고하게 노력하지는 않을 것이다.”(왕위에 오르는 조詔-꽝 쭝Quang Trung황제를 대신하여 씀) 또는 보다 직접적으로 분명하게 말한다. “하늘의 도리는 사람의 마음에 있다.”(『희윤시문집希尹詩文集』) 그리고 논리적으로 자기 자신의 문제는 하늘의 뜻이 결정하는 것이 아니라 사람의 마음이 결정하며, 대다수 사람들의 의지가 결정한다.

'천명'의 개념은 보통 북방 통치의 무리들이 그들에게 복종하도록 우리 민족을 강제하기 위해서 정신적 공구로 삼아 쓰던 것이다. "작은 나라는 천명을 두려워하여 큰 나라를 숭상한다." 레Lê를 돕고 떠이 선Tây Sơn을 멸한 것에 대해서 "나라를 다시 세운 것을 잃어버렸고, 흐름을 다시 이은 것을 잘라버린 것"이기 때문에 천명에 따라 그러한 것으로 합리화한다. 응오 티 넘Ngô Thì Nhậm 역시 이러한 적의 천명의 관점에 맞서 싸우기 위해 자신의 '천명'의 관념을 사용하였다. 꽝 쭝Quang Trung을 대신하여 그는 청淸의 왕에게 쓴다. "천조天朝는 당당한 넓은 하나의 나라인데도 작은 한 나라와 승패를 다투어 경쟁하고, 다시금 무력을 추구하여 끝까지 이르기를 원하며, 내쫓긴 인민들은 잔혹함을 참기 위해서 전장 밖으로 나가니, 이는 반드시 성인 또한 어떠한 마음으로도 그렇게 하는 것을 참지 못할 것이다. 만일에 또한 끝내지 않고서 계속하여 서로 싸워야만 한다면 그때는 신神이 더 이상 천명을 듣고 따르도록 묶어서 작은 나라가 큰 나라를 섬기도록 하지 않을 것이니, 앞으로 어찌될 것인지 미리 어찌 알 수 있을 것인가."(『방교호화邦交好話』)

이러한 인식들로부터 응오 티 넘Ngô Thì Nhậm은 스스로 서로가 밀접하게 연관되어 있는 세 가지 요소인 천명天命-인심人心-시時를 포함한 정치 사유를 건설하는 곳으로 나아갔다. 이것은 승리의 근원이었다. 그는 꽝 쭝Quang Trung황제를 대신하여 말한다. "짐은 하늘의 도리를 따랐고 사람의 마음에 순順하였는데, 시時에 인하니 혁명革命이며, 병사를 일으킴은 천하에 정定해진 것이다."(중국 내지內地 병사와 사람들에게 항복하기를 효유하는 조詔) 비록 그는 이러한 요소들의 결합과 출현의 이유를 해석하는데 깊게 들어가지 못하였지만, 이렇게 간결하게 제시하는 방식은 성공에 이르는 조건으로 철리哲理를 드러내고 있다. 그것 때문에 한편 천명天命과 같은 객관적인 추세를 담보하면서, 다른 한편 시時와 같은 운동의 주기 안에서의 중요한 핵심적 시점들을 볼 수 있었다.

이러한 인식들을 제기하는 것은 응오 티 넘Ngô Thì Nhậm이 능동적 사상가이기 때문이며, 이설理說을 운용하여 창조적 방식으로 행동으로 실천하는 것을 알았기 때문이다. 또한 이설理說을 보충하고 고찰하기 위하여 역사적 실제를 가져오는 것을 알았기 때문이고 보통 사람들과 다른 용감한 정신이 있었기 때문이다. 그의 철학 사상은 그렇기 때문에 합리적이고 변증적 성질을 많이 지니고 있으며, 개별적으로 하나의 명성을 세우는데 충분하다.

하지만 응오 티 넘Ngô Thì Nhậm의 사상에도 여전히 한계들이 있다. 베트남에는 중국으로 흘러드는 강이 있어서 베트남 역시 중국과 마찬가지로 문명이 있다는 지리결정론적 혹은 풍수적 관점의 주장을 피력하기도 한다. 불가지론적 태도도 그에게서 엿볼 수 있다. 그는 마음과 힘 사이의 관계를 이해할 수 없다고 생각한다. 또한 창조, 인생, 인과관계와 같은 물음 앞에서 당황스럽고 막막한 것처럼 마음과 힘 사이의 관계들을 이해할 수 없다고 생각하지만, 그는 그러한 문제들과 마주해야만 했다.(『황화도보皇華圖譜』)

3. 사람됨의 도

응오 티 넘Ngô Thì Nhậm을 밤낮으로 가로막는 여러 문제들 가운데 하나는 사람됨의 도이다. 계속되는 전쟁의 상황은 반세기에 걸쳐 이어졌는데, 삶을 전복시키게 하고 사람과 사람 사이에서 통상적으로 대처하는 원칙들을 부숴버렸다. 사회도덕은 몰락하였다. 이는 난시亂時가 만들어낸 것이었지만 동시에 심각한 침울함도 그러한 원인을 부추겼다. 응오 티 넘Ngô Thì Nhậm은 어떻게든 가정에서부터 밖으로 나가 사회에 이르기까지 온화함이 있고, 어떻게든 집안에서 부父와 형兄과 더불어 나라에서는 임금과 신하에 이르기까지 질서와 기강이 있는 사람됨의 도를 건설할 필요가 있다고 보았다.

동양의 전통에 따르면 일반적으로 사상가들은 삼도(유·불·노)의 영향을 받았다. 인생에서 많은 불행한 일을 겪은 사람이 나이가 들면 노장의 도를 향하는 것이 많고, 불도에 따르는 사람들도 있었다. 응오 티 넘Ngô Thì Nhậm 자신은 인생 말기에 불도를 연구하였고, 선원禪院을 세우고, 『죽림종지원성竹林宗旨元聲』을 지었으며, '죽림竹林 제4조'라 자임하였다. 하지만 그의 사람됨의 도의 관념은 노장의 도가 아니며 불도도 아니다. 그는 불을 연구하였지만 사상에서 폐쇄성을 탈피하고 도를 전파하기 위하여 그가 늘 추구하였던 부득이한 하나의 일에 지나지 않았다. 전후가 하나인 것처럼 그에게 있어서는 일관된 태도가 드러나고 있다. 분명한 것은 그가 노장과 불의 사람됨의 도에 대해서 부인하고 있다. 그는 학습을 알지 못하거나 또는 불의 학설에 빠지거나 장자의 설에 빠진 일부 선유先儒의 한계를 지적하였다. "여러 학문이 넓고 멀리 생각하는 학자들이 '주경主敬'을 배우면 선禪의 설에 빠지고, '궁리窮理'를 배우면 장자의 설에 빠진다. 그러나 그들은 왜 이러한 두 설에 빠져드는지를 알지 못한다."(『금마행여金馬行餘』) 그는 선禪과 장莊의 길이 해롭다는 것을 지적한다. "학자들이 만약에 심성을 키우고 기질을 변화시켜 바꾸지 않고서 선禪과 장莊의 길로 계속 빠져 들어가게 되면, 비록 자기 자신을 살펴보고 우리 문장을 다듬기를 원하더라도, 실제로 돌아가기 위해 외관의 화려함을 버리고 순수함을 유지하기 위하여 옳지 않은 것들을 자르는 것과 같은 것은 역시 어떠한 것도 할 수가 없다."(『금마행여金馬行餘』)

사람됨의 도에 대해 응오 티 넘Ngô Thì Nhậm은 유도를 통해 전파하기를 원하였다. 이는 여러 곳에서 드러나고 있다. 종종 선조 유학자들의 논점을 되풀이할 때 이렇게 말한다. "하늘이 사람을 위하여 선한 마음을 낳으니, 사람은 상성常性이 있다."(『죽림종지원성竹林宗旨元聲』) 이것은 본래 맹자의 '선성善性'에서 기원한 것이다. 때로는 분명한 방식으로 유儒의 편에 선다. "공자는 도道를 체體로 삼고, 육경을 배로 삼았다. 그리하여 비록 백가가 풍파처럼 일어나더라도 공자의 배는 흐름 가운데에서 여전히 굳건하여 흔들리지 않았다. 양주, 묵적, 한비, 이사가 파괴적인 힘을 내었으나 배는 여전히 침몰하지 않았고 태양과 달과 별처럼 늘 다름이 없었다. 비록 검은 구름이라 하더라도 햇살이 오르는 것을 막지 못한다. 산과 강물에 비록 안개와 연기가 있더라도 높고 깊음을 줄일 수가 없었다."(위의 인용) 그는 스스로에 대한 책임을 제기하면서 계속 나아가기도 한다. "그러나 사람됨의 도는 우리가 왜 세워야만 하는지를 생각해 보아야만 한다. 성현은 가고 돌아오지 않는다. 그러나 언제나 어딜 가든 있다. 성현의 사업을 우리가 반드시 왜 계속해야 하는지 생각해야만 한다."(위의 인용)

응오 티 념Ngô Thì Nhậm이 주장하는 유도儒道는 송유宋儒이며, 그 가운데 특히 주희朱熹가 중심이다. 전국시대의 맹자처럼 선유의 반열에서 한漢 시대의 양웅揚雄, 당시대의 한유, 송시대의 장재, 소옹, 주돈이와 더불어 유학의 발전에 주희가 기여한 공로를 제기한다. 특히 그는 주희가 집대성의 역할을 담당하였음을 지목한다. "주자가 세상에 나와 다시금 모든 것들을 모아 하나의 커다란 덩어리를 이루었다. 주자의 문장文章은 대체로 육경의 배에 있는 구멍이 뚫려 물이 새는 곳들을 치유하는 것과 같다."(위의 인용) 이렇게 그는 주희를 긍정하고 칭송한다.

공맹정주孔孟程朱의 도는 오래전부터 베트남 유학의 교육 내용이었다. 이것은 또한 오씨吳氏 가문의 정통 학문이었다. 그의 가정은 대대로 정주程朱의 학을 배웠다. 응오 티 쩐Ngô Thì Trân(그의 4대조), 응오 티 욱Ngô Thì Úc(그의 조부), 응오 티 시Ngô Thi Si(그의 친부) 모두 이름난 유학자들이었다. 응오 티 시 Ngô Thi Si는 유도를 칭송하는데 마음을 다했다. "우리의 도는 일원一元의 기 氣처럼, 천지 곳곳에 주류周流하여, 진나라가 없어지더라도 수나라가 약해 지더라도 상관이 없다."(『오씨가훈吳氏家訓』) 응오 티 넘Ngô Thi Nhâm 자신도 유 학을 공부하였고 유학시험을 치렀으며 유도에 따라서 행하였다. 그가 이 렇게 유도의 중요함을 논하는 것은 아마도 다른 이유가 있기 때문으로 보 인다.

당시의 학자들은 역사 앞에서 사명을 담당하는 사람으로서 그럴만한 인 격을 지니지 못했으며, 당대 조정을 들어 올릴만한 사기士氣도 없었다. 그 들은 청렴결백함도 없었다. 그는 그들에 대해 이렇게 평한다. "교만한 사 람들이 있어 윗사람과 더불어 스스로 뛰어나다고 여기고, 어른과 더불어 미끌미끌하게 아부하면서 기분이 좋다고 여긴다. 자신을 고치는 것은 좋 아하지 않으면서 나랏일을 논하는 것은 좋아하며, 자신에게 열중하지는 않으면서 다른 사람의 일에는 열심이다. 그들은 날카로운 입과 혀를 가지 고 그들의 비밀스러운 속사정을 아름답게 꾸미고, 경솔한 두뇌를 가지고 와서 그들의 간사한 속마음을 덮어 버린다."(『금마행여金馬行餘』) "옛날에 이 렇게 말하는 사람이 있었다. 음양이 화합을 잃어 아무것도 얻지 못한다면 두려워할만 한 일이다. 그렇지만 만약 염치가 남아 있지 않아서 칭찬과 비 난이 도리에 맞지 않는다면 이것이야말로 실로 두려워할 만한 일이다."(위 의 인용) 그들은 시대에 뒤떨어져서, 완고하게 억지로 옛 것을 꽉 붙잡고 모 든 새로운 것들을 거부한다. 그는 그들의 이러한 정치적 태도를 지적한다. "또한 문을 지키고 목탁을 두드리고 나서면 바다이나 들어서면 개천인 사 람이 있어, 얕은 곳에서 익사하지만 스스로 알지 못하고, 층층이 둘러친 곳 에 숨어서 거의 한세상에 이른다."(구현조求賢詔_꽝 쭝Quang Trung을 대신하여 씀) 응오 티 넘Ngô Thi Nhâm은 그들을 위해 주희의 도를 다시 교육할 필요가 있다고 보았다.

주희의 도는 이기理氣의 학문이다. 주희는 이와 기의 관계에 대하여 어떤 것을 먼저 있는 것으로 볼 것인지, 어떤 것을 나중에 있는 것으로 볼 것인지에 대해 많은 토의를 하였다. 우주의 근원에 대해서 토의하고 인간의 도덕에 대해서 토의하였다. 응오 티 넘Ngô Thì Nhậm은 다만 사람됨의 도, 도덕의 영역만을 주장하였다. "가정에서 가르치는 일과 여러 국학과 향학의 서당에서 학습하는 일은, 단지 문文에 대해 가르치는 것만 열중하고 행行에 대해 가르치는 것은 알지 못한다."(『금마행여金馬行餘』) 그는 '행行'이 없기 때문에 여러 사람이 교육을 받고 나가서 쉽게 부패하여 한심스러운 관원들, 횡령 착복하는 아전들, 진실함이 없는 사람들, 간사하고 교활한 벼슬아치가 되며, 완강하게 말을 듣지 않고 거짓말하는 백성이 된다고 설명한다.(위의 인용) 그에게 있어서 사람됨의 도는 무엇보다도 먼저 '행行'이 있어야만 하는 것이다.

응오 티 넘Ngô Thì Nhậm은 여러 관계에서 먹고 자는 것을 포함하는 의무와 대처에 대한 전면적인 덕행에 대해 제시한다. "신명神明을 숭배함은 성경誠敬의 도道에 잘못이 없고, 왕과 아버지를 숭배함은 충효의 도에 잘못이 없으며, 가정에서 사람됨은 양선良善을 행하고, 마을에서 사람됨은 품행이 바르다. 솔직하나 서로가 다투지 않으며 온화하게 서로가 거처居處한다."(『서목정기敍睦亭記』) 아울러 그의 마음은 무엇보다도 충효를 중하게 여겼다.

응오 티 넘Ngô Thì Nhậm은 충효에 대하여 여러 차례 주의를 기울였는데, 충효는 유도의 기본적인 내용이다. 그는 충효의 덕목이 공맹의 말로 직접 기록한 책에서 드러나고 있을 뿐만 아니라 『춘추春秋』와 같은 여러 경서經書에도 나타나고 있다고 설명한다. "천지는 산과 강의 군君과 부친父親이다. 그렇지만 임금과 부친은 『춘추』에 근거한다. 『춘추』의 종지는 임금과 부친이 큰 도를 밝히기 위한 것이며, 천지의 커다란 의義를 세우기 위한 것이다. 하늘의 의義는 두 해가 없는 것이며, 땅에는 두 왕이 없는 것이고, 집에는 두 주인이 없으며, 존숭함에는 두 서열이 없고, 모든 일과 모든 물物은 그 근원이 있어야만 하는 것이다.(『춘추관견春秋管見』서序), "배움은 참다움을 아는 것을 그 골자로 삼지만 도道를 구하기 위한 문은 다른 것이 아니라 『춘추』로서 절요切要를 삼고 친밀히 하는 일이다. 도는 다른 것이 아니라 충효, 그것일 뿐이다".(위의 인용) 이외에도 이러한 사상은 그의 시문詩文을 창작하는 목적에서도 드러난다. "시詩는 말을 읊기 위한 것이며, 말은 도道를 나르기 위한 것이다. 도道는 오직 충효忠孝일 뿐이다."(『금당한화錦堂閒話』)

당대의 모든 사람들은 충효에 대해서 말하였는데, 그가 여기에서 충효를 강조하는 것은 무슨 의미가 있다는 것인가? 실제로 그의 말은 개념의 내용에 있어서 바뀐 것이 없다. 그의 사상은 『논어』에서 자하子夏의 말에 드러난 관념과 다른 것이 아니다. "부모를 공경함은 능히 그 힘을 다하고, 임금을 섬김은 그 몸을 다한다." 새로운 것은 그가 충효의 도를 바르게 세우기 위해 보충하여 제기하는 것들이다. 사람이 중시할 것은 충효로 이는 반드시 행동으로 나타나야 한다. 헛된 말이어서는 안되며, 다른 음모를 획책하기 위한 가면으로 충효를 일삼아서도 안된다. "신하된 사람이 임금을 공경하는 데 있어서 할 수 있는 것인데도 하지 않는 것, 이것이 불충不忠이다. 한 조정에 서서 말을 할 수 있는데도 스스로 침묵하여 말하지 않는 것, 이것이 불성不誠이다."(『근폭치언芹曝厄言』) 이것은 용감하고 강건한 마음을 지녀야 할 수 있는 것이며, 책임과 더불어 호연지기가 있어야 하는 것이다. "『춘추』에서 가르치기를 우리가 신하가 되어서는 임금에게 충을 해야 하고, 자식이 되어서는 부모에게 효를 해야 하는 것이 근본이다. 그리고 이러한 근본을 세우는 것은 호연지기를 키우는 뼈대이다. 일단 호연지기가 키워진다면 풍족함에 처하더라도 지나치지 않게 되고, 궁핍함에 처하더라도 또한 안분安分을 알게 된다. 권위에 위협당하여 굴복하지 않으니 그렇게 된다면 충효의 마음은 곧 굳건해 질 수 있다."(『춘추관견春秋管見』「서序」)

레-찐Lê-Trịnh 시대에 응오 티 넘Ngô Thì Nhậm의 관념은 보수적 성질이 있고, 송 시대의 엄격한 유학자들의 관념과 크게 다른 것도 아니다. "부모가 인자하지 않더라도 자식은 효도하지 않으면 안된다. 왕이 불인不仁하더라도 신하는 충忠하지 않을 수 없다. 형이 효우孝友하지 않더라도 동생은 공경恭敬하지 않을 수 없다."(『춘추관견春秋管見』) 하지만 역사의 페이지가 넘어가서 떠이 선Tây Sơn이 등장하게 되면 그는 옛 입장을 버리고 응웬 훼Nguyễn Huệ의 옷을 입은 영웅, 밝은 군주에 따르는 충忠으로 옮겨간다. 그는 꽝 쭝Quang Trung을 대신하여 나라 안의 신민臣民에게 고告하는 많은 조詔를 썼으며, 예전에 응웬 짜이Nguyễn Trãi가 행했던 일들처럼 청(중국)과 교섭하는 많은 서신을 썼다. 충효에 대한 그의 새로운 관념은, 무엇보다도 그가 역사적 전환점에서 행동하고 인식하는 가운데 도약을 실현하기 위한 기초였다.

충효이외에 응오 티 넘Ngô Thì Nhậm은 인의仁義, 도덕道德에 대해서도 언급하고 있다. 하지만 여기에서 그가 대상으로 삼는 것은 개인이 아니라 조정이다. 그에게 있어서 개인들 사이의 인의와 도덕은 경전에 여러 차례 언급하였기 때문에 다만 실천만이 필요할 뿐이었다. 그렇기 때문에 그의 요구는 왕을 겨냥하고 있다. "인의는 임금된 자가 확실하게 자신을 감추기 위한 장소이다."(『춘추관견春秋管見』) "성城을 지키기를 원한다면 반드시 덕으로 견고하게 하고, 사람으로 튼튼하게 해야 한다."(『춘추관견春秋管見』) "인의仁義, 중정中正은 사람의 큰 도이다. 짐은 이제 백성과 더불어 새롭게 바꾸고, 이전 시기 성왕聖王의 뛰어난 계획을 따르고 교화하여 천하를 다스릴 것이다."(왕위에 오르는 조詔_꽝 쭝Quang Trung황제를 대신하여 씀) 그의 뜻은 나라의 사람들이 변화하여 백성에게는 경작지를 가져다주고, 사람들에게는 살 권리를, 나라에는 안녕과 마을에는 안정을 가져다주는 경제, 사회, 정치에 대한 정책을 만들어내는 것이다.

그가 사람됨의 도에서 충효와 인의의 요소들을 제기한 것은, 그 자신의 개별적 관념과 더불어 정책과 인간의 측면에서, 정치와 사회의 측면에서 윤리적이고 도덕적인 문제들을 들어 올린 것이었다. 그의 이러한 일은 본래부터 유도에 친밀한 정치와 도덕을 동양사상의 전통안에서 더욱 밀접하게 결합되도록 만들었다. 이러한 일은 또한 인의도덕을 기초로 들지 않을 수 없는 인본정치를 떠올리게 한다.

인생 말기의 수년간 그는 일부 교우들과 선원禪院을 세우고, 불도를 연구하여 마치 유교에서 불교로 옮겨간 것 같은 현상을 보인다. 하지만 그는 여전히 유학자였다. 이는 그의 부친과도 유사한 것이다. 응오 티 시Ngô Thì Sĩ는 자칭 '이청거사二青居士'라 하면서도 다음과 같은 관념을 드러낸다. "도는 오로지 하나이다. 불과 노는 단지 이름이 다를 뿐이다. 실제로는 모두가 유儒일 뿐이다."(「이청동기二青洞記」) 응오 티 넘Ngô Thì Nhậm도 이렇게 말한다. "유儒와 석釋의 작용은, 다만 하나의 도리로서, 여전히 그 근원은 하나이다."(『죽림종지원성竹林宗旨元聲』) 그리고 그는 불교에서 인간을 고찰하는 것에 대해 '석군자釋君子', '석소인釋小人'이라고 인간의 명호에 대해서 설명하는 것처럼 불교의 관념을 해석하기 위하여 '심心'과 '성性', '이理'와 '욕欲'과 같은 유儒의 개념을 사용한다. 하지만 이는 단지 폐쇄적으로 만들어진 것이었다. 이러한 경향을 유학자들은 받아들이지 않았다. 당대에 그는 재능이 뛰어나고 학문이 깊은 인물로, 나라와 사회를 위해 많은 공헌을 하였지만 뛰어난 선생으로 존경받지 못하였다. 반대로 보수적인 유학자였던 응웬 티엡Nguyễn Thiếp은 대담하게도 부자夫子라 불릴 수 있는 유사儒士였다. 이러한 경향은 불교에서도 마찬가지로 그의 업적을 받아들이지 않았다. 그를 '죽림竹林 제4조'라 부르던 그의 선원禪院에 속한 몇몇 사람을 제외하고는 당대의 불자들과 그 뒤에도 모두 그에 대해 불교를 왜곡하였다고 보았다. 그는 물론 정식으로 선사禪師가 된 적이 없었다.

4. 응오 티 넘Ngô Thì Nhậm의 인간

당대에는 누구도 응오 티 넘Ngô Thì Nhậm처럼 인격적으로 비난당한 사람이 없었다. 첫째로 레-찐Lê-Trịnh 조정의 대신들 일부가 그에게 죄를 뒤집어씌우면서 '시랑侍郎을 하기 위해 4명의 아버지를 죽였다'고 모함하였다.[1] 둘째는 응웬Nguyễn왕조 초(1802)에 탕 롱Thăng Long 문묘에서 매질을 당한 것으로, 죄목은 레Lê왕조의 대신이자 유학자로서 적(떠이 선Tây Sơn왕조)을 따랐다는 것이었다. 이러한 인격에 대한 판결은 잔인한 것이었다. 이러한 사실에 대해서는 상세히 밝혀야할 필요가 있다.

이러한 것들은, 응웬Nguyễn왕조의 『월사통감강목越史通鑑綱目』에 기록된 것이다. 하지만 이것은 레-찐Lê-Trịnh 시대 말기의 일로서, 조정 안에서 퍼진 무기명 투서와 날조된 정보에 의한 것이었다. 하지만 이러한 이야기들을 기록한 작가는 명망을 얻기를 원하거나, 어쩔 수 없이 기록해야 하는 학자들이었다. 그들은 자신을 내세우고 다른 사람들을 험담하기 위하여 교묘하게 이야기를 꾸며냈다. 응오 티 넘Ngô Thì Nhậm은 이러한 학자들에 대해서 비판의 목소리를 높인 적이 있었다. 더구나 『월사통감강목』은 응웬Nguyễn왕조의 사관史官이 편찬한 것이기 때문에, 떠이 선Tây Sơn과 관련된 그 누구라도 적대시하였고, 응오 티 넘Ngô Thì Nhậm은 떠이 선Tây Sơn을 따랐기 때문에 결코 예외가 될 수 없었다. 이러한 심리는 그들로 하여금 하나의 마음이 되도록 하였고, 낭설을 여기저기서 주워 만들어내도록 하였다. 다만 전하는 말만으로 기록할 수 없어서 응오 티 넘Ngô Thì Nhậm의 사업과 행위, 사상, 인생을 끌어들이고 있다.

---

1 『월사통감강목(越史通鑑綱目)』19집, 사학출판사, 1960, 69면 참조. 그의 친부와 친부가 모시던 임금, 그리고 친부의 두 친구와 관련된 일을 말한다.

응오 티 념Ngô Thì Nhậm은 총명하고 박식한 사람이었다. 23세 되던 해 장원급제하고, 24세에는 사망시士望試과에 급제하고, 29세에는 진사에 급제하였다. 일찍이 관리에 임명되었다. 24세 무렵에 그는 하이 즈엉Hải Dương 헌찰사憲察司에 임명되었다. 29세에는 급사중給事中에 임명되었고 이후에 매우 빠르게 감찰어사監察御史, 북경北京(하노이) 독동督同, 타이 응웬Thái Nguyên 독동督同, 동각교서東閣校書 등 여러 관직에 올랐다. 이처럼 빠르게 출세한 일 또한 일부 사대부들의 시기를 샀다.

당대의 여러 사람들과 다르게 응오 티 념Ngô Thì Nhậm은 관직에 나아가는 것을 봉록을 모으는 것이 아닌 백성을 구하고 돕는 것을 목적으로 삼았다. 민족정신과 나라를 사랑하는 주의主義는 늘 가슴 속에 끓어오르는 것이었다. 그는 이렇게 토로한 적이 있다. "노둔한 이 몸을 나라에 허락한 이후로, 밤낮으로 내달리고 채찍질함을 어찌 싫어할 수 있겠는가."(「병술病述」) 그는 스스로를 믿고 긍정한 적도 있었다. 청에 사신으로 갈 때 비교하고 관찰할 기회가 있었는데, 그는 자신의 나라와 사람들을 더욱 사랑하게 되었다. "우리에 대해 친구들과 더불어 말을 하는데, 실로 남쪽나라에서 태어날 수 있었던 것이 다행스럽다." 그의 나라를 사랑하는 마음은 늘 자신의 이익보다 나라의 이익을 앞에 두도록 하였다.

나라를 사랑하지만 응오 티 념Ngô Thì Nhậm은 학자이자 지식인으로 자기 스스로의 역량을 조직화할 수 없었다. 사회에 있었던 세력에 의지해야만 했다. 당시에는 나라의 발전 방향을 결정하기 위해 서로 투쟁하는 여러 역량들이 있었다. 북하北河(북부지방)에는 레-찐Lê-Trịnh이, 남하南河(남쪽지방)에는 떠이 선Tây Sơn과 응웬Nguyễn 왕이 있었다. 북하北河에서도 여러 세력이 있었다. 레-찐Lê-Trịnh은 정통세력이며, 농민의 기의起義에도 여러 세력들이 있었다. 이들은 비록 분산되어 있다 할지라도 헤아리지 않을 수 없는 세력이었다. 젊은 시절부터 응오 티 념Ngô Thì Nhậm은 농민의 봉기들을 보았다.

응웬 끄Nguyễn Cừ, 응웬 뛰엔Nguyễn Tuyển, 응웬 자인 프엉Nguyễn Danh Phương, 황 꽁 첫Hoàng Công Chất, 응웬 흐우 꺼우Nguyễn Hữu Cầu 등이었다. 이러한 정치적 국면은 사람들에게 분명한 하나의 입장을 가지도록 속박했다. 그는 이러 한 여러 기의起義들을 찬성하지 않았다. 왜냐하면 봉기의 지도자들이 설득 력 있는 정치적 강령을 내세우지 않았기 때문이다. 이러한 상황은 가정의 전통과 더불어 그에게 레-찐Lê-Trịnh 세력과 긴밀하도록 만들었다.

응오 티 넘Ngô Thì Nhậm의 정치적 활동 상황에서 전환점은 그가 떠이 선 Tây Sơn에 따르기 시작할 때부터이다. 하지만 이러한 전환은 우연한 것이 아 니다. 찐 썸Trịnh Sâm이 죽은 뒤(1782), 그는 산남하山南下로 피난을 가야 했다. 4년여에 이르는 기간은(1782~1786) 그가 레-찐Lê-Trịnh 조정과 찐Trịnh 왕의 나라를 관리하는 능력의 가능성에 대해 숙려하고 결론을 도출하기에 충분 했다. 한편 변동이 많았던 중국의 춘추시대와 관련된 것처럼 보였다. 그는 『춘추관견春秋管見』을 저술하고, 그때부터 자신의 길로 나아가기 시작했다. 1786년 응오 티 넘Ngô Thì Nhậm은 레Lê왕조의 부름을 받아 탕 롱Thăng Long으 로 갔다. 그때부터 1788년까지, 응웬 훼Nguyễn Huệ가 2차로 북진하여 레Lê 조 정을 쓸어버릴 때, 그는 이 조정의 무기력하고 썩어빠진 것을 분명하게 보 았다. 동시에 그는 떠이 선Tây Sơn의 봉기를 저지할만한 힘이 아무것도 없다 는 것도 보았다. 옛 입장을 고수하고 있을 수만은 없었다. 그는 자신의 재 능과 심혈을 기울여 떠이 선Tây Sơn왕조를 위해 일하기로 마음과 몸을 옮겼 다. 그의 전향은 그 당시 일부 사람들과 같지 않았다. 그는 그들과 결코 동 일할 수 없었다. 그는 응웬 흐우 친Nguyễn Hữu Chỉnh처럼 기회가 없었거나, 판 후이 익Phan Huy Ích처럼 부득이한 것도 아니었다. 그의 결정은 역사와 부합 하고 관통하는 것이었다. 그 덕분에 그는 응웬 훼Nguyễn Huệ가 청군을 멸하 기 위해 대군을 지휘할 때 땀 디엡Tam Điệp에서의 후퇴를 주장하거나, 또는 민족의 불굴의 정신과 더불어 꽝 쭝Quang Trung을 대신하여 청나라와 교섭

하는 여러 문건들을 작성하는 것과 같은, 이전에는 자신이 한 적이 없었던 나라를 위한 거대한 실질적 공헌을 하였다.

그의 사업은 성패가 있었지만 그의 성격은 비난할 수가 없다. 당시 여러 사대부들은 리 쩐 꽌^{Lý Trần Quán}, 쩐 자인 안^{Trần Danh Án}처럼 완고한 사람들 이었다. 리 쩐 꽌^{Lý Trần Quán}은 스스로 관에 들어가 땅에 파묻혔는데 찐 카이^{Trịnh Khải} 왕에 대한 충성을 지키기 위해서였다. 쩐 자인 안^{Trần Danh Án}의 경우는 시세^{時勢}가 바뀌는 것을 불문하고 오로지 레^{Lê}조정의 진사로서 자부심을 마음에 품고 있다. 그의 무덤이 후대 사람들에게도 영원히 모두 쩐^{Trần} 가문의 레^{Lê}왕조 진사의 것임을 알 수 있도록 바랐다. 하지만 그들의 이러한 시대에 대한 잘못된 입장을 세우는 완고함은 단지 역사의 발전추세를 가로막는 작용을 할 뿐이었다. 그들을 어떻게 응오 티 넘^{Ngô Thì Nhậm}과 비교할 수 있겠는가. 당시에 역시 자신의 사업과 공명^{功名}에서 응오 티 넘^{Ngô Thì Nhậm}과 더불어 자랑할 만한 당 쩐 트엉^{Đặng Trần Thường}과 같은 인물이 있다. 하지만 응오 티 넘^{Ngô Thì Nhậm}은 이러한 의기양양한 사람들을 오만하다고 경멸하였다.

또한 사상적으로 이러한 여러 사람들은 응오 티 넘^{Ngô Thì Nhậm}처럼 높은 수준에 이르는 것이 결코 아니었다. "우리의 일을 할 때 천명에 순^順하면, 천하를 가져다 계단을 오르는 다리를 세워도 또한 큰 것이 아니다", "우리의 가는 걸음이 '이^理'와 합한다면, 비록 범의 꼬리를 밟아 오르더라도 또한 문제가 없을 것이다". 이런 응오 티 넘^{Ngô Thì Nhậm}의 말이 다른 사람들에게 어떻게 있을 수 있겠는가.

그에 대해 평가한 당대 사람들 가운데 그의 윗사람들은 보다 더 객관적인 시각이 있었다. 그들은 그와는 환경이 서로 달랐지만 모두가 그의 인격을 칭송하는데 일치하고 있다. 응오 티 시^{Ngô Thì Sĩ}는 응오 티 넘^{Ngô Thì Nhậm}에 대해서 "우리 아들은 재능을 들자면 비상한 지우^{知遇}가 있고, 심기^{心機}를 들자면 난관을 위탁할 만하며, 충성을 들자면 병들게 하는 때를 부수고 모든 음흉함을 버리기 위한 약을 위험을 무릅쓰고 행한다. (…중략…) 대장부로서 문무를 충분히 갖추었고, 마치 거친 곳처럼 평평한 곳을 바라보니, 실로 올바름이 그와 같다".(독동讀同 벼슬을 하는 큰아들에게 보내는 편지) 찐 섬 Trịnh Sâm은 응오 티 념Ngô Thì Nhậm을 칭찬하여 '준마駿馬'와 같다고 하면서, 까다로운 일을 함에 있어서도 비판적이고 꼼꼼하게 '늘 이빨로 뜯고 발로 차며', 어떤 명령이라도 무조건 듣지 않는다고 평한다. 응웬 훼Nguyễn Huệ는 응오 티 념Ngô Thì Nhậm을 평하면서 한편으로는 신하이자 한편으로는 손님이며, 북하北河를 대표하는 사대부라고 한다.(『황여일통지皇黎一統志』) 이러한 위의 평가들은 당대의 의견을 대표하는 것이라 볼 수 있을 것이다.

Các Mác, *Phridrich-Angghe thuyển tập(6tập)*, Nxb Sự Thật, Hà Nội 1980, 1981, 1982, 1983, 1984.

Các Mác, *Tư bản*, quyển ba, Tập Ⅲ, Nxb Sự Thật, Hà Nội, 1963.

Lênin toàn tập, tập ⅩⅩⅨ, Nxb Tiến Bộ, Moskva 1981.

Nghị quyết của Bộ Chính trị Đảng Cộng sản Việt Nam về chính sách khoa học-kỹ thuật, Hà Nội, 1981.

Viện Triết học, *Nho giáo và lịch sử tư tưởng Việt Nam*, Tài liệu chưa in của Viện Triết học.

Viện Triết học, Mấy vấn đề về Phật giáo và lịch sử tư tưởng Việt Nam, Hà Nội, 1986.

Nguyễn Tài Thư(chủ biên), *Lịch sử Phật giáo Việt Nam*, Nxb Khoa học xã hội, Hà Nội, 1986.

Viện Hàn lâm khoa học Liên Xô, *Lịch sử triết học(6tập)*, Nxb Sự Thật, Hà Nội, 1958-1962.

Ủy ban khoa học xã hội Việt Nam, *Lịch sử Việt Nam*, Tập I, Nxb Khoa học xã hội, Hà Nội, 1971.

Phan Huy Lê, Trần Quốc Vượng, Hà Văn Tấn, Lương Ninh, *Lịch sử Việt Nam*, Tập I, Nxb Đại học và Trung học chuyên nghiệp, Hà Nội, 1983.

Trần Văn Giàu, *"Sự phát triển của tư tưởng ở Việt Nam từ thế kỷ ⅩⅨ đến cách mạng tháng Tám"*, Nxb Khoa học xã hội, Hà Nội, Tập I, 1973, Tập Ⅱ, 1975.

Trần Văn Giàu, "Tư tưởng yêu nước", Nxb Văn Nghệ, TP Hồ Chí Minh, 1983.

Vũ Khiêu(chủ biên), "*Nho giáo xưa và nay*", Nxb Khoa học xã hội, Hà Nội, 1991.

Ishi Da Kazu-yoshi, *Nhật Bản tư tưởng sử*, Bản dịch của Châm Vũ, Nguyễn Văn Tần, Sài Gòn, 1972.

Sử thần triều Lê, *Đại Việt sử ký toàn thư*, Nxb Khoa học xã hội, Hà Nội, Tập I, 1967, Tập Ⅱ, 1967, Tập Ⅲ, 1968, Tập Ⅳ, 1968.

Sử thần triều Lê, *Đại Việt sử ký toàn thư(Dịch bản in năm chính Hòa 18)*, Nxb Khoa học xã hội, Hà Nội, Tập I, 1983, Tập Ⅱ, 1985.

Quốc sử quán triều Nguyễn, *Việt sử thống giám cương mục(bộ 20 tập)*, Nxb Văn Sử Địa, Hà Nội, 1957-1960.

Nguyễn Đăng Thục, *Lịch sử tư tưởng Việt Nam thời Bắc thuộc(2tập)*, Bộ Văn hóa Ngụy quyền xuất bản, Sài Gòn, 1967, 1969.

Viện Triết học, *Tư tưởng Việt Nam thế kỷ ⅩⅧ(Trích tuyển tư liệu)*, Tập Ⅰ, Ⅱ, Hà Nội, 1972.

Viện Triết học, *Tư tưởng Việt Nam thế kỷ ⅩⅨ(Trích tuyển tư liệu)*, Tập Ⅰ, Ⅱ, Hà Nội, 1974.

Nguyễn Lang, *Việt Nam Phật giáo sử luận(2tập)*, Tập I, Nxb Lá Bối, Sài Gòn 1974, Tập Ⅱ, Lá Bối, Paris, 1978.

Trần Văn Giáp, *Phật giáo Việt Nam-Từ nguyên thủy đến thế kỷ ⅩⅢ*, Tuệ Sỹ dịch, Đại học Vạn Hạnh, Sài Gòn, 1968.

Thiền uyển tập anh, Ngô Đức Thọ và Nguyễn Thúy Nga dịch, Nxb Văn học, Hà Nội, 1989.

Thơ văn Lý-Trần, Tập I, Nxb Khoa học xã hội, Hà Nội, 1977.

Thơ văn Lý-Trần, Tập III,Nxb Khoa học xã hội, Hà Nội, 1978.

Thơ văn Lý-Trần, Tập II, Quyển thượng, Nxb Khoa học xã hội, Hà Nội, 1989.

Văn học Việt Nam, Tập I, Nxb Đại học và Trung học chuyên nghiệp, Hà Nội, 1987. 28. Trường Chinh, *Cuộc kháng chiến nhất định thắng lợi*, Nxb Sự Thật, Hà Nội, 1964.

Nguyễn Trãi toàn tập, Bản dịch của Nxb Khoa học xã hội, Hà Nội, 1976.

Trùng san Lam Sơn thực lục, Trần Nghĩa dịch, Nxb Khoa học xã hội, Hà Nội, 1992.

Phan Huy Chú, *Lịch triều hiến chương loại chí*, Tập II, Nxb Sử học, Hà Nội, 1961.

Phan Huy Chú, *Lịch triều hiến chương loại chí*, Tập III, Nxb Sử học, Hà Nội, 1961. 33. Viện nghiên cứu Hán Nôm, *Thơ văn Lê Thánh Tông*, Nxb Khoa học xã hội, Hà Nội, 1986.

Thơ văn Nguyễn Bỉnh Khiêm, Nxb Văn học, Hà Nội, 1983.

Nguyễn Dữ, *Truyền kỳ mạn lục*, Nxb Văn học, Hà Nội, 1971.

Bùi Duy Tân, Ngọc Liễn, *Trạng Bùng Phùng Khắc Khoan*, Hà Sơn Bình, 1979.

Trần Lê Sáng, *Phùng Khắc Khoan, cuộc đời và thơ văn*, Nxb Hà Nội, 1985.

Lê Quý Đôn toàn tập, Tập I(Phủ Biên tạp lục), Nxb Khoa học xã hội, Hà Nội, 1977.

Lê Quý Đôn toàn tập, Tập II(Kiến văn tiểu lục), Nxb Khoa học xã hội, Hà Nội, 1977.

Lê Quý Đôn toàn tập, Tập III(Đại Việt thông sử), Nxb Khoa học xã hội, Hà Nội,1978.

Lê Quý Đôn, "Vân Đài loại ngữ" Hai tập, Nxb Văn Hóa, Hà Nội, 1961, 1962.

Kỷ niệm lần thứ 250 ngày sinh Hải thượng Lãn ông Lê Hữu Trác, Nxb Y học, Hà Nội, 1971.

Thơ văn Ngô Thì Nhậm, Tập I(Trúc Lâm tông chỉ nguyên thanh), Cao Xuân Huy dịch, Nxb Khoa học xã hội, Hà Nội,1978.

Thuyển tập thơ văn Ngô Thì Nhậm(2tập), Cao Xuân Huy, Thạch Can dịch, Nxb Khoa học xã hội, Hà Nội, 1978.

Hoàng Lê nhất thống chí, Nguyễn Đức Vân và Kiều Thu Hoạch dịch, Nxb Văn học, Hà Nội, 1970.

Nguyễn Gia Thiều, *Cung oán ngâm khúc*, Nxb Văn Hóa, Hà Nội, 1959.

Những khúc ngâm chọn lọc Tập I(Chinh phụ ngâm khúc, Cung oán ngâm khúc), Nxb Đại học và Trung học chuyên nghiệp, Hà Nội, 1987.

Hà Văn Tấn, *Người Phùng Nguyên và đối xứng*, Khảo cổ học số 3-4, 1969.

Bùi Huy Hồng, *Lịch thời Hùng Vương trên mặt trống đồng Hoàng Hạ*, Khảo cổ học số 14, 1974.

Bùi Huy Hồng, *Ý nghĩa thiên văn học trên những vòng tròn có tiếp tuyến dùng để trang trí trống đồng Ngọc Lũ trong Những phát hiện mới về khảo cổ học năm 1976*, Viện khảo cổ học, Hà Nội, 1976.

Trịnh Sinh, *Hợp kim có chì, vua Hùng và văn hóa Đông Sơn*, Khảo cổ học số 2, 1989.

Bùi Thanh Ba, *Phật giáo Đông sơn*, Khảo cổ học, Số 17, 1976.

Các bài về các học thuyết phương Đông và Lịch sử tư tưởng Việt Nam trên Thông báo thiết học và tạp chí triết học.

Lĩnh Nam trích quái liệt truyện, Thư viện Viện Hán Nôm, VHV.1266.

Thiền Uyển tập anh, Thư viện Viện Hán Nôm, VHV.1267.

An Nam chí lược, Quyển 16, Tạp kỷ.

Đại Việt sử ký toàn thư, Bản in năm Chính Hòa 18, Microphim Thư viện Viện Hán Nôm.

Quốc sử quán triều Nguyễn, *Khâm định Đại Nam hội điển sự lệ*.

Văn bia tiến sĩ thời Lê.

Tam tổ thực lục, Ba sách, Thư viện Viện Hán Nôm.

Lê Thánh Tông, *Thiên Nam dư hạ tập*, Thư viện Viện Hán Nôm VHV.334/1-10.

Nguyễn Bỉnh Khiêm, *Bạch vân am thi tập*, Thư viện Viện Hán Nôm, VHb.264.

Nguyễn Bỉnh Khiêm, *Trình quốc công ký*, Thư viện Viện Hán Nôm VHV.1453/b.

Nguyễn Dữ, *Truyền kỳ mạn lục*, Thư viện Viện Hán Nôm, VHV.1840.

Phùng Khắc Khoan, *Nghị Trai thi tập*, Thư viện Viện Hán Nôm, A.597.

Phùng Khắc Khoan, *Phùng Khắc Khoan thi tập*, Thư viện Viện Hán Nôm, A.555.

Thiền sư Hương Hải, *Hương Hải thiền sư ngữ lục*, Thư viện Viện Hán Nôm, VHV.2379.

Lê Quý Đôn, *Kiến văn tiểu lục*, Thư viện Viện Hán Nôm, A.32.

Lê Quý Đôn, *Phủ Biên tạp lục*, Thư viện Viện Hán Nôm, A.184/1-2.

Lê Quý Đôn, *Quần thư khảo biện*, Thư viện Viện Hán Nôm, VHV.90/1-2.

Lê Quý Đôn, *Thái Ất giản dị lục*, Thư viện Viện Hán Nôm, VHV.365.

Lê Quý Đôn, *Âm chất văn chú*, Thư viện Viện Hán Nôm, AC.30.

Lê Quý Đôn, *Thánh mô hiền phạm lục*, Thư viện Viện Hán Nôm, VHV.275/1-4.

Lê Quý Đôn, *Thư kinh diễn nghĩa*, Thư viện Viện Hán Nôm, A.1251.

Lê Hữu Trác, *Y tông tâm lĩnh*, Thư viện Viện Hán Nôm, A.902/1-10.

Ngô Thì Nhậm, *Bang giao hảo thoại*, Thư viện Viện Hán Nôm, A.117/a/7.

Ngô Thì Nhậm, *Hàn các anh hoa*, Thư viện Viện Hán Nôm, A.2170.

Ngô Thì Nhậm, *Kim mã hành dư*, Thư viện Viện Hán Nôm, A.117/a/8,9,10.

Ngô Thì Nhậm, *Hải Đông chí lược*, Thư viện Viện Hán Nôm, A.103.

Ngô Thì Nhậm, *Xuân thu quản kiến*, Thư viện Viện Hán Nôm, VHV.806/1-4.

Ngô Thì Nhậm, *Trúc lâm tông chỉ nguyên thanh*, Thư viện Viện Hán Nôm, A.460.

Tam quốc chí, *Ngô chí*, Quyển 4.

Thích Đạo Tuyên, *Tục Cao tăng truyện*, Đại tạng Kinh, Sử truyện bộ Ⅱ.

Nhị thập tứ sử, Hậu Hán Thư, Quyển 86.

Nhị thập tứ sử, Tấn thư, Quyển 57.

Tả truyện, Hy Công năm thứ 16.

Thượng thư, Ngũ Tử chi ca.

Tiền Hán thư, Lưu An truyện.

Hậu Hán Thư, Mã Viện truyện.

Kinh Tử thập nhị chương.

Kinh Di giáo.

Phạm Văn Lan, *Trung Quốc thông sử giản biên*, Tập Ⅱ, Nhân dân xuất bản xã, Bắc Kinh, 1958.

Mâu Bác, *Lý hoặc luận trong "Hoằng minh tập"*, xem "Đại chính tân tu Đại tạng kinh", Sử truyện bộ Ⅱ, tập 52.

Thích Tuệ Kiểu, *Cao tăng truyện*, xem "Đại chính tân tu Đại tạng kinh", Sử truyện bộ Ⅱ, quyển 50.

Mã Đoan Lâm(Thời Nguyên, Trung Quốc), *Văn hiến thông khảo.*

Tiêu Thống(Thời Lương), *Chiêu sinh văn tuyển.*

Chu Hy(Thời Tống, Trung Quốc), *Thông giám cương mục.*

Thích Đại Sán, *Hải ngoại kỷ sự.*

Chu tử tập thành(8 tập), Trung Hoa thư cục xuất bản xã, Thượng Hải.

Phùng Hữu Lan, *Trung Quốc triết học sử tân biên*, Nhân dân xuất bản xã, Đệ tam bản, Bắc Kinh, 1982.

Nhậm Kế Dũ(chủ biên), *Trung Quốc triết học sử giản biên*, Nhân dân xuất bản xã, Bắc Kinh, 1974.

Thang Dụng Đồng, *Hán Ngụy Lưỡng Tấn Nam Bắc triều Phật giáo sử*, Thượng hạ sách, Trung Hoa thư cục, Bắc Kinh, 1983.

Nhậm Kế Dũ(chủ biên), *Trung Quốc Phật giáo sử(cuốn I)*, Trung Quốc xã hội khoa học xuất bản xã, Bắc Kinh, 1988.

Trung Quốc Phật giáo tư tưởng tư liệu tuyển biên, Trung Hoa thư cục xuất bản xã, Cuốn I và III, Bắc Kinh, 1987.

Trung Quốc Đại bách khoa toàn thư-Triết học(2 tập), Bắc Kinh, 1987.

Trung Quốc Đại bách khoa toàn thư-Tôn giáo, Bắc Kinh, 1988.

Nhậm Kế Dũ, *Học tập Trung Quốc triết học sử tam thập niên*, Triết học nghiên cứu, Bắc Kinh, Số 9-1979.

Bình luận viên tập chí Triết học nghiên cứu, Khai triển Trung Quốc triết học sử phạm trù đích nghiên cứu, Triết học nghiên cứu, Bắc Kinh, Số 10-1983.

T.I.Oizerman, *Problemy istoriko-Filosofskoj Nauki*, Mysl, Moskva, 1982.

Iu-I Semenov, *Kak vozniklo chelovechestvo?*, Moskva, 1966.

B.A.Rybakov, *Kosmogonija i milofologija zemledelcev eneolita*, Sovetskaja Arkheologija, No.1.2, 1965.

V.V.Ivanov, *K lingvisticheskomu i kulturno-antropologicheskomu aspektam problem antropogeneza.* "Rannyaja etnicheskaja istorija narodov vostochnoj Azii", Moskva, 1977.

D.J.Struik, *Stone Age mathematics*, scientific American, 1948.

H.G.Quaritch Wales, "Prehistory and Religion in South-East Asia, London, 1957.

H.H.E.Loofs-Wissowa, *The distribution of Dongson drums: some thought in Peter Snoy(ed) Ethnologie und Geschste*, Wiesbaden, 1983.

A.Leroi-Gourhan, *le geste et la parole: Technique et Language*, Paris, 1964.

C.Lévi-Strauss, La pensée sauvage, Paris, 1962.

M.Colani, *Survivance d'un culte solaire in "Proceedings of the Third Congress of Prehisterians of the Far East"*, Singapore, 1940.

E.Porée-Maspéro, *Étude sur les rites agraires de Cambodgiens*, T.I-III, Paris, 1962~1969.

Denis Huisman chủ trì, *Dictionnaire des Philosophes Presses Universitaire de France*, Paris, 1984.

Friedrich Schlette, *Konvergen-Zerscheinungen in der Kunst der Urgesellschaft und ein Versuch ihrer Duetung In "Aus Ur-und Friihgeschichte"*, Akademie-Verlag Berlin, 1962.